7년 연속 **전체 수석** **합격자 배출**

KB123880

감정평가사 1차
4개년 전과목 기출문제집

민법 | 경제학원론 | 부동산학원론 | 감정평가관계법규 | 회계학

백운정, 조경국, 국승옥, 도승하, 신은미 공편저

박문각 감정평가사

백운정 교수

학력 및 약력
고려대학교 법과대학 및 법과대학원(민법 전공)
서울법학원 민법, 구 민사소송법 담당
감정평가사 민법 담당
행정사 민법 담당

저서
감정평가사 민법 기본서
감정평가사 민법 문제집
감정평가사 민법 연도별 기출문제집
감정평가사 합격이 보이는 민법 조문&기출
감정평가사 민법 필수 암기장
행정사 1차 민법총칙 기본서
행정사 1차 민법총칙 문제집
행정사 1차 민법총칙 기출문제집
행정사 2차 민법계약 기본서

조경국 교수

학력 및 약력
고려대학교 경제학과
서울대학교 행정대학원
행정고등고시 재경직 합격

저서
감정평가사 경제학원론 기본서(미시편거시편국제편)
감정평가사 경제학원론 문제집(미시편거시편국제편)
감정평가사 경제학원론 베스트 기출정선
감정평가사 경제학원론 단원별 기출문제집
감정평가사 경제학원론 단권화 합격노트

국승옥 교수

학력 및 약력
전남대학교 졸업
現 노량진 박문각 부동산학 담당
現 평택 박문각 부동산학 담당
現 병점 박문각 부동산학 담당
現 은평 박문각 부동산학 담당
現 일산 박문각 부동산학 담당
現 서울법학원 부동산학원론 담당

저서
공인중개사 부동산학개론 요약집
공인중개사 부동산학개론 기출문제집
공인중개사 부동산학개론 최종모의고사
감정평가사 부동산학원론 기본서
감정평가사 부동산학원론 문제집
감정평가사 부동산학원론 연도별 기출문제집
감정평가사 부동산학원론 강의노트

도승하 감정평가사

학력 및 약력
감정평가사 / 투자상담사/도장/온수온돌/유리시공/방수기능사
경희대학교 법학석사
전북대학교 법학박사(과정)
명지전문대학교 초빙
현대백화점 유통대학 초빙
감정평가협회 R&D 초빙
농협중앙회 직무교육 초빙
前 ST&COMPANY 행정법 전임
　　이그잼웅지아카데미 행정법 전임
　　합격의 법학원 행정법 전임
　　양천구청 용역심의 위원
　　한양사이버대학교 겸임교수
現 서울법학원 행정법 전임
　　감정평가학회 이사
　　한국입법학회 이사
　　보상법학회 이사

저서
감정평가관계법규 기본서
감정평가관계법규 문제집
감정평가관계법규 연도별 기출문제집
감정평가관계법규 필기노트
감정평가 및 보상법규 판례해설
감정평가 및 보상법규 행정법 사례해설
감정평가 및 보상법규 개별법 사례해설
감정평가 및 보상법규 기출문제해설
감정평가 및 보상법규 미니법전 및 서브노트

신은미 세무사

학력 및 약력
숙명여대 경영학, 정보방송학
세무사, CFP
(주)대우증권
(주)미래에셋증권
세무법인 다솔
강남세무회계학원 재무회계
한성아카데미(주) 재무회계
대한민국 우수인재상
숙명여대 전체수석
세무사 성적우수 표창
前 세무사시험 출제검토위원

저서 및 공동 학술 용역 등
중급회계 요약집
재무회계연습 요약집
IFRS 회계원리
1차대비 실전모의고사
2차대비 실전모의고사
공무원 회계학 기본서
공무원 회계학 기출문제집
공무원 회계학 예상문제집
감정평가사 / 관세사 / 공무원 회계학 기본서
감정평가사 / 관세사 / 공무원 회계학 문제집
감정평가사 회계학 연도별 기출문제집
감정평가사 회계원리 기본서

감정평가사란?

감정평가란 토지 등의 경제적 가치를 판정하여 그 결과를 가액으로 표시하는 것을 말한다. 감정평가사(Certified Appraiser)는 부동산·동산을 포함하여 토지, 건물 등의 유무형의 재산에 대한 경제적 가치를 판정하여 그 결과를 가액으로 표시하는 전문직업인으로 국토교통부에서 주관, 산업인력관리공단에서 시행하는 감정평가사시험에 합격한 사람으로 일정기간의 수습과정을 거친 후 공인되는 직업이다.

시험과목 및 시험시간

가. 시험과목(감정평가 및 감정평가사에 관한 법률 시행령 제9조)

시험구분	시험과목
제1차 시험	❶ 「민법」중 총칙, 물권에 관한 규정 ❷ 경제학원론 ❸ 부동산학원론 ❹ 감정평가관계법규(「국토의 계획 및 이용에 관한 법률」, 「건축법」, 「공간정보의 구축 및 관리 등에 관한 법률」중 지적에 관한 규정, 「국유재산법」, 「도시 및 주거환경정비법」, 「부동산등기법」, 「감정평가 및 감정평가사에 관한 법률」, 「부동산 가격공시에 관한 법률」 및 「동산·채권 등의 담보에 관한 법률」) ❺ 회계학 ❻ 영어(영어시험성적 제출로 대체)
제2차 시험	❶ 감정평가실무 ❷ 감정평가이론 ❸ 감정평가 및 보상법규(「감정평가 및 감정평가사에 관한 법률」, 「공익사업을 위한 토지 등의 취득 및 보상에 관한 법률」, 「부동산 가격공시에 관한 법률」)

나. 과목별 시험시간

시험구분	교시	시험과목	입실완료	시험시간	시험방법
제1차 시험	1교시	❶ 민법(총칙, 물권) ❷ 경제학원론 ❸ 부동산학원론	09:00	09:30~11:30(120분)	객관식 5지 택일형
	2교시	❹ 감정평가관계법규 ❺ 회계학	11:50	12:00~13:20(80분)	

	1교시	❶ 감정평가실무	09:00	09:30~11:10(100분)	과목별
제2차 시험	중식시간 11:10 ~ 12:10(60분)				4문항
	2교시	❷ 감정평가이론	12:10	12:30~14:10(100분)	(주관식)
	휴식시간 14:10 ~ 14:30(20분)				
	3교시	❸ 감정평가 및 보상법규	14:30	14:40~16:20(100분)	

※ 시험과 관련하여 법률·회계처리기준 등을 적용하여 정답을 구하여야 하는 문제는 시험시행일 현재 시행 중인 법률·회계처리기준 등을 적용하여 그 정답을 구하여야 함

※ 회계학 과목의 경우 한국채택국제회계기준(K-IFRS)만 적용하여 출제

다. 출제영역 : 큐넷 감정평가사 홈페이지(www.Q-net.or.kr/site/value) 자료실 게재

📋 응시자격 및 결격사유

가. 응시자격 : 없음

※ 단, 최종 합격자 발표일 기준, 감정평가 및 감정평가사에 관한 법률 제12조의 결격사유에 해당하는 사람 또는 같은 법 제16조 제1항에 따른 처분을 받은 날부터 5년이 지나지 아니한 사람은 시험에 응시할 수 없음

나. 결격사유(감정평가 및 감정평가사에 관한 법률 제12조, 2023.8.10. 시행)

다음 각 호의 어느 하나에 해당하는 사람

1. 파산선고를 받은 사람으로서 복권되지 아니한 사람
2. 금고 이상의 실형을 선고받고 그 집행이 종료(집행이 종료된 것으로 보는 경우를 포함한다)되거나 그 집행이 면제된 날부터 3년이 지나지 아니한 사람
3. 금고 이상의 형의 집행유예를 받고 그 유예기간이 만료된 날부터 1년이 지나지 아니한 사람
4. 금고 이상의 형의 선고유예를 받고 그 선고유예기간 중에 있는 사람
5. 제13조에 따라 감정평가사 자격이 취소된 후 3년이 지나지 아니한 사람. 다만 제6호에 해당하는 사람은 제외한다.
6. 제39조 제1항 제11호 및 제12호에 따라 자격이 취소된 후 5년이 지나지 아니한 사람

합격자 결정

가. 합격자 결정(감정평가 및 감정평가사에 관한 법률 시행령 제10조)
- 제1차 시험

  영어 과목을 제외한 나머지 시험과목에서 과목당 100점을 만점으로 하여 모든 과목 40점 이상이고, 전 과목 평균 60점 이상인 사람
- 제2차 시험
  - 과목당 100점을 만점으로 하여 모든 과목 40점 이상, 전 과목 평균 60점 이상을 득점한 사람
  - 최소합격인원에 미달하는 경우 최소합격인원의 범위에서 모든 과목 40점 이상을 득점한 사람 중에서 전 과목 평균점수가 높은 순으로 합격자를 결정

  ※ 동점자로 인하여 최소합격인원을 초과하는 경우에는 동점자 모두를 합격자로 결정. 이 경우 동점자의 점수는 소수점 이하 둘째 자리까지만 계산하며, 반올림은 하지 아니함

나. 제2차 시험 최소합격인원 결정(감정평가 및 감정평가사에 관한 법률 시행령 제10조)

공인어학성적

가. 제1차 시험 영어 과목은 영어시험성적으로 대체
- 기준점수(감정평가 및 감정평가사에 관한 법률 시행령 별표 2)

| 시험명 | 토플 | | 토익 | 텝스 | 지텔프 | 플렉스 | 토셀 | 아이엘츠 |
	PBT	IBT						
일반응시자	530	71	700	340	65 (level-2)	625	640 (Advanced)	4.5 (Overall Band Score)
청각장애인	352	–	350	204	43 (level-2)	375	145 (Advanced)	–

- 제1차 시험 응시원서 접수마감일부터 역산하여 2년이 되는 날 이후에 실시된 시험으로, 제1차 시험 원서 접수 마감일까지 성적발표 및 성적표가 교부된 경우에 한해 인정함

※ 이하 생략(공고문 참조)

CONTENTS
이책의 차례

PREFACE   GUIDE

◀ **기출문제편**

■ 정답 및 해설편

감정평가사 1차
기출문제편

PART

01

2024년 제35회
감정평가사 1차 기출문제

제1과목 | 민법

01 민법의 법원(法源)에 관한 설명으로 옳지 않은 것은? (다툼이 있으면 판례에 따름)

① 민사에 관한 헌법재판소의 결정은 민법의 법원이 될 수 있다.

② 사적자치가 인정되는 분야의 제정법이 주로 임의규정인 경우, 사실인 관습은 법률행위 해석기준이 될 수 있다.

③ 법원(法院)은 판례변경을 통해 기존 관습법의 효력을 부정할 수 있다.

④ 관습법은 사회 구성원의 법적 확신으로 성립된 것이므로 제정법과 배치되는 경우에는 관습법이 우선한다.

⑤ 법원(法院)은 관습법에 관한 당사자의 주장이 없더라도 직권으로 그 존재를 확정할 수 있다.

02 신의성실의 원칙에 관한 설명으로 옳지 않은 것은? (다툼이 있으면 판례에 따름)

① 숙박계약상 숙박업자는 투숙객의 안전을 배려하여야 할 신의칙상 보호의무를 부담한다.

② 입원계약상 병원은 입원환자에 대하여 휴대품 도난 방지를 위하여 필요한 적절한 조치를 할 신의칙상 보호의무가 있다.

③ 기획여행계약상 여행업자는 여행객의 신체나 재산의 안전을 배려할 신의칙상 보호의무를 부담한다.

④ 계약성립의 기초가 되지 않은 사정의 변경으로 일방당사자가 계약 당시 의도한 계약목적을 달성할 수 없게 되어 손해를 입은 경우, 그 계약의 효력을 그대로 유지하는 것은 특별한 사정이 없는 한 신의칙에 반한다.

⑤ 토지거래허가구역 내의 토지에 관해 허가를 받지 않고 매매계약을 체결한 자가 허가가 없음을 이유로 그 계약의 무효를 주장하는 것은 특별한 사정이 없는 한 신의칙에 반하지 않는다.

03 의사무능력자 甲은 乙은행으로부터 5천만원을 차용하는 대출거래약정을 체결하면서 그 담보로 자신의 X부동산에 근저당권을 설정하고 乙명의로 그 설정등기를 마쳐주었다. 이에 관한 설명으로 옳은 것을 모두 고른 것은? (다툼이 있으면 판례에 따름)

> ㄱ. 甲과 乙이 체결한 대출거래약정 및 근저당권설정계약은 무효이다.
> ㄴ. 甲은 그 선의·악의를 묻지 않고 乙에 대하여 현존이익을 반환할 책임이 있다.
> ㄷ. 만약 甲이 乙로부터 대출받은 금원을 곧바로 丙에게 다시 대여하였다면, 乙은 甲에게 丙에 대한 부당이득반환채권의 양도를 구할 수 있다.

① ㄱ   ② ㄴ   ③ ㄷ
④ ㄱ, ㄴ   ⑤ ㄱ, ㄴ, ㄷ

04 제한능력자에 관한 설명으로 옳은 것은?

① 미성년자가 법정대리인으로부터 허락을 얻은 특정한 영업에 관해서는 법정대리인의 대리권이 소멸한다.
② 제한능력을 이유로 하는 취소는 특별한 사정이 없는 한 선의의 제3자에게 대항할 수 없다.
③ 제한능력자의 단독행위는 유효한 추인이 있은 후에도 상대방이 거절할 수 있다.
④ 가정법원은 취소할 수 없는 피성년후견인의 법률행위의 범위를 정할 수 없다.
⑤ 가정법원은 정신적 제약으로 특정한 사무에 관해 후원이 필요한 사람에 대해서는 본인의 의사에 반하더라도 특정후견 심판을 할 수 있다.

05 비법인사단 A의 유일한 대표자 甲은 乙에게 대표자로서의 모든 권한을 포괄적으로 위임하고 자신은 이사의 직무를 집행하지 않았다. 이에 관한 설명으로 옳은 것을 모두 고른 것은? (다툼이 있으면 판례에 따름)

> ㄱ. 甲의 행위는 이사의 직무상 선량한 관리자의 주의의무를 위반한 행위이다.
> ㄴ. 乙이 A의 사실상 대표자로서 丙과 금전소비대차계약을 체결한 경우, 그 계약의 효력은 원칙적으로 A에게 미친다.
> ㄷ. 乙이 A의 사실상 대표자로서 사무를 집행하면서 그 직무에 관한 불법행위로 丁에게 손해를 입힌 경우, A는 丁에 대하여 법인의 불법행위로 인한 손해배상책임을 부담한다.

① ㄱ   ② ㄴ   ③ ㄱ, ㄷ
④ ㄴ, ㄷ   ⑤ ㄱ, ㄴ, ㄷ

06 사단법인 A의 대표이사 甲이 A를 대표하여 乙과 금전소비대차계약을 체결하였다. 이에 관한 설명으로 옳지 않은 것은? (다툼이 있으면 판례에 따름)

① 甲이 A를 위하여 적법한 대표권 범위 내에서 계약을 체결한 경우, 그 계약의 효력은 A에게 미친다.

② 甲이 자신의 사익을 도모할 목적으로 대표권 범위 내에서 계약을 체결한 경우, 乙이 이 사실에 대해 알았다면 계약은 A에 대하여 효력이 없다.

③ A의 정관에 甲이 금전소비대차계약을 체결할 수 없다는 규정이 있었지만 이를 등기하지 않은 경우, 乙이 이 사실에 대해 알았다면 A는 그 정관 규정으로 乙에게 대항할 수 있다.

④ A의 乙에 대한 계약상 채무불이행책임 여부를 판단하는 경우, 원칙적으로 A의 고의·과실은 甲을 기준으로 결정한다.

⑤ 만약 계약의 체결이 甲과 A의 이해가 상반하는 사항인 경우, 甲은 계약체결에 대해 대표권이 없다.

07 민법상 사단법인에 관한 설명으로 옳지 않은 것은? (다툼이 있으면 판례에 따름)

① 설립자가 법인의 해산사유를 정하는 경우에는 정관에 그 사유를 기재하여야 한다.

② 사원총회 결의에 의한 정관의 해석은 정관의 규범적 의미와 다르더라도 법인의 구성원을 구속하는 효력이 있다.

③ 사원의 지위는 정관에 달리 정함이 없으면 양도할 수 없다.

④ 정관에 이사의 해임사유에 관한 규정이 있는 경우, 법인은 특별한 사정이 없는 한 정관에서 정하지 않은 사유로 이사를 해임할 수 없다.

⑤ 법원의 직무집행정지 가처분결정에 의해 권한이 정지된 대표이사가 그 정지기간 중 체결한 계약은 그 후 가처분신청이 취하되었더라도 무효이다.

08 권리의 객체에 관한 설명으로 옳지 않은 것은? (다툼이 있으면 판례에 따름)

① 토지의 개수는 「공간정보의 구축 및 관리 등에 관한 법률」에 의한 지적공부상 토지의 필수(筆數)를 표준으로 결정된다.

② 1필의 토지의 일부가 「공간정보의 구축 및 관리 등에 관한 법률」상 분할절차 없이 분필등기가 된 경우, 그 분필등기가 표상하는 부분에 대한 등기부취득시효가 인정될 수 있다.

③ 주물에 대한 점유취득시효의 효력은 점유하지 않은 종물에 미치지 않는다.

④ 주물의 상용에 제공된 X동산이 타인 소유이더라도 주물에 대한 경매의 매수인이 선의취득 요건을 구비하는 경우, 그 매수인은 X의 소유권을 취득할 수 있다.

⑤ 명인방법을 갖춘 미분리과실은 독립한 물건으로서 거래의 객체가 될 수 있다.

09 불공정한 법률행위에 관한 설명으로 옳지 않은 것은? (다툼이 있으면 판례에 따름)

① 불공정한 법률행위에 해당하는지는 원칙적으로 법률행위 시를 기준으로 판단한다.

② 대리인에 의한 법률행위의 경우, 궁박 상태의 여부는 본인을 기준으로 판단한다.

③ 경매에는 불공정한 법률행위에 관한 민법 제104조가 적용되지 않는다.

④ 불공정한 법률행위는 추인으로 유효로 될 수 없지만 법정추인은 인정된다.

⑤ 불공정한 법률행위는 이를 기초로 새로운 이해관계를 맺은 선의의 제3자에 대해서도 무효이다.

10 의사표시에 관한 설명으로 옳지 않은 것은? (다툼이 있으면 판례에 따름)

① 의사표시자가 통지를 발송한 후 사망하더라도 그 의사표시의 효력에 영향을 미치지 않는다.

② 통정허위표시의 경우, 통정의 동기나 목적은 허위표시의 성립에 영향이 없다.

③ 통정허위표시로 무효인 경우, 당사자는 가장행위의 채무불이행이 있더라도 이를 이유로 하는 손해배상을 청구할 수 없다.

④ 착오로 인하여 표의자가 경제적 불이익을 입지 않는 경우에는 특별한 사정이 없는 한 중요부분의 착오라고 할 수 없다.

⑤ 상대방이 표의자의 착오를 알고 이용하였더라도 착오가 표의자의 중대한 과실로 인한 경우에는 표의자는 착오를 이유로 그 의사표시를 취소할 수 없다.

11 사기 · 강박에 의한 의사표시에 관한 설명으로 옳은 것은? (다툼이 있으면 판례에 따름)

① 피기망자에게 손해를 가할 의사는 사기에 의한 의사표시의 성립요건이다.

② 상대방이 불법으로 어떤 해악을 고지하였다면, 표의자가 이로 말미암아 공포심을 느끼지 않았더라도 강박에 의한 의사표시에 해당한다.

③ 상대방의 대리인이 한 사기는 제3자의 사기에 해당한다.

④ 단순히 상대방의 피용자에 지나지 않는 사람이 한 강박은 제3자의 강박에 해당하지 않는다.

⑤ 매도인을 기망하여 부동산을 매수한 자로부터 그 부동산을 다시 매수한 제3자는 특별한 사정이 없는 한 선의로 추정된다.

12 甲은 乙의 임의대리인이다. 이에 관한 설명으로 옳은 것은? (다툼이 있으면 판례에 따름)

① 甲이 乙로부터 매매계약체결의 대리권을 수여받아 매매계약을 체결하였더라도 특별한
사정이 없는 한 甲은 그 계약에서 정한 중도금과 잔금을 수령할 권한은 없다.

② 甲이 乙로부터 금전소비대차 계약을 체결할 대리권을 수여받은 경우, 특별한 사정이 없
는 한 甲은 그 계약을 해제할 권한도 가진다.

③ 乙이 사망하더라도 특별한 사정이 없는 한 甲의 대리권은 소멸하지 않는다.

④ 미성년자인 甲이 乙로부터 매매계약체결의 대리권을 수여받아 매매계약을 체결한 경우,
乙은 甲이 체결한 매매계약을 甲이 미성년자임을 이유로 취소할 수 없다.

⑤ 甲이 부득이한 사유로 丙을 복대리인으로 선임한 경우, 丙은 甲의 대리인이다.

13 표현대리에 관한 설명으로 옳지 않은 것은? (다툼이 있으면 판례에 따름)

① 표현대리행위가 성립하는 경우, 상대방에게 과실이 있더라도 과실상계의 법리를 유추적
용하여 본인의 책임을 경감할 수 없다.

② 상대방의 유권대리 주장에는 표현대리의 주장이 포함되는 것은 아니므로 이 경우 법원은
표현대리의 성립여부까지 판단해야 하는 것은 아니다.

③ 민법 제126조의 권한을 넘은 표현대리 규정은 법정대리에도 적용된다.

④ 복대리인의 대리행위에 대해서는 표현대리가 성립할 수 없다.

⑤ 수권행위가 무효인 경우, 민법 제129조의 대리권 소멸 후의 표현대리가 적용되지 않는다.

14 乙은 대리권 없이 甲을 위하여 甲소유의 X토지를 丙에게 매도하였다. 이에 관한 설명으로
옳지 않은 것은? (다툼이 있으면 판례에 따름)

① 乙이 丙으로부터 받은 매매대금을 甲이 수령한 경우, 특별한 사정이 없는 한 甲은 위
매매계약을 추인한 것으로 본다.

② 甲이 乙을 상대로 위 매매계약의 추인을 한 경우, 그 사실을 丙이 안 때에는 甲은 丙에게
추인의 효력을 주장할 수 있다.

③ 甲을 단독상속한 乙이 자신의 매매행위가 무효임을 주장하는 것은 신의칙에 반하여 허용
되지 않는다.

④ 丙이 甲에게 기간을 정하여 그 추인 여부의 확답을 최고하였으나 甲이 기간 내에 확답을
발송하지 않으면 추인은 거절한 것으로 본다.

⑤ 甲이 추인을 하더라도 丙은 乙을 상대로 무권대리인의 책임에 따른 손해배상을 청구할
수 있다.

15 甲은 토지거래허가구역 내에 있는 자신의 X토지에 대해 허가를 받을 것을 전제로 乙에게 매도하는 계약을 체결하였으나 아직 허가는 받지 않은 상태이다. 이에 관한 설명으로 옳지 않은 것은? (다툼이 있으면 판례에 따름)

① 乙은 甲에게 계약의 이행을 청구할 수 없다.

② 甲이 토지거래허가신청절차에 협력하지 않는 경우, 乙은 이를 이유로 계약을 해제할 수 있다.

③ 토지거래허가구역 지정이 해제된 경우, 특별한 사정이 없는 한 위 매매계약은 확정적으로 유효하다.

④ 甲과 乙이 토지거래허가를 받으면 위 매매계약은 소급해서 유효로 되므로 허가 후에 새로 매매계약을 체결할 필요는 없다.

⑤ 甲의 사기에 의하여 위 매매계약이 체결된 경우, 乙은 토지거래허가를 신청하기 전이라도 甲의 사기를 이유로 매매계약을 취소할 수 있다.

16 취소에 관한 설명으로 옳지 않은 것은? (다툼이 있으면 판례에 따름)

① 매도인에 의해 매매계약이 적법하게 해제된 후에는 매수인은 그 매매계약을 착오를 이유로 취소할 수 없다.

② 법률행위의 취소를 전제로 한 이행거절 가운데는 특별한 사정이 없는 한 취소의 의사표시가 포함된 것으로 볼 수 있다.

③ 취소할 수 있는 법률행위가 일단 취소된 후에는 취소할 수 있는 법률행위의 추인에 의하여 이를 다시 확정적으로 유효하게 할 수는 없다.

④ 취소권은 추인할 수 있는 날로부터 3년 내에 법률행위를 한 날로부터 10년 내에 행사하여야 한다.

⑤ 취소할 수 있는 법률행위의 취소권의 행사기간은 제척기간이다.

17 조건과 기한에 관한 설명으로 옳지 않은 것은?

① 기성조건이 정지조건이면 조건 없는 법률행위가 된다.

② 불능조건이 해제조건이면 조건 없는 법률행위가 된다.

③ 불법조건은 그 조건만이 무효가 되고 그 법률행위는 조건 없는 법률행위로 된다.

④ 기한은 당사자의 특약에 의해서도 소급효를 인정할 수 없다.

⑤ 기한은 원칙적으로 채무자의 이익을 위한 것으로 추정한다.

18 소멸시효의 기산점이 잘못 연결된 것은? (다툼이 있으면 판례에 따름)

① 불확정기한부 채권 - 기한이 객관적으로 도래한 때
② 부당이득반환청구권 - 기한의 도래를 안 때
③ 정지조건부 권리 - 조건이 성취된 때
④ 부작위를 목적으로 하는 채권 - 위반행위를 한 때
⑤ 선택채권 - 선택권을 행사할 수 있을 때

19 소멸시효의 중단에 관한 설명으로 옳지 않은 것은? (다툼이 있으면 판례에 따름)

① 응소행위로 인한 시효중단의 효력은 원고가 소를 제기한 때에 발생한다.
② 물상보증인이 제기한 저당권설정등기 말소등기청구의 소에 응소한 채권자 겸 저당권자의 행위는 시효중단사유가 아니다.
③ 재판상의 청구로 중단된 시효는 재판이 확정된 때부터 새로이 진행한다.
④ 가압류에 의한 시효중단의 효력은 가압류신청을 한 때에 소급한다.
⑤ 채권의 양수인이 채권양도의 대항요건을 갖추지 못한 상태에서 채무자를 상대로 재판상의 청구를 하는 것은 소멸시효 중단사유에 해당한다.

20 통정허위표시의 무효를 이유로 대항할 수 없는 '제3자'에 해당하지 않는 자는? (다툼이 있으면 판례에 따름)

① 가장소비대차의 계약상의 지위를 이전 받은 자
② 가장매매의 목적물에 대하여 저당권을 취득한 자
③ 가장의 금전소비대차에 기한 대여금채권을 가압류한 자
④ 가장매매에 의한 매수인으로부터 목적 부동산을 매수하여 소유권이전등기를 마친 자
⑤ 가장의 전세권설정계약에 기하여 등기가 마쳐진 전세권에 관하여 저당권을 취득한 자

21 물권에 관한 설명으로 옳지 않은 것은? (다툼이 있으면 판례에 따름)

① 적법한 분할절차를 거치지 않은 채 토지 중 일부만에 관하여 소유권보존등기를 할 수 없다.
② 온천에 관한 권리는 관습법상의 물권이 아니다.
③ 1필 토지의 일부도 점유취득시효의 대상이 될 수 있다.
④ 부속건물로 등기된 창고건물은 분할등기 없이 원채인 주택과 분리하여 경매로 매각될 수 있다.
⑤ 지상권은 저당권의 객체가 될 수 있다.

22 甲이 乙소유 X토지에 권원 없이 Y건물을 신축하여 소유하고 있다. 이에 관한 설명으로 옳은 것은? (다툼이 있으면 판례에 따름)

① 乙은 Y를 관리하는 甲의 직원 A에게 X의 반환청구를 할 수 있다.

② 甲이 법인인 경우 乙은 甲의 대표이사 B 개인에게 X의 반환청구를 할 수 있다.

③ 乙이 甲에게 X의 반환청구를 하여 승소한 경우, 乙은 甲에게 Y에서 퇴거할 것을 청구할 수 있다.

④ 미등기인 Y를 丙이 매수하여 인도받았다면 乙은 丙을 상대로 건물철거 청구를 할 수 있다.

⑤ 乙은 甲에 대한 X의 반환청구권을 유보하고 X의 소유권을 丁에게 양도할 수 있다.

23 등기에 의하여 추정되지 않는 것은? (다툼이 있으면 판례에 따름)

① 환매특약등기 - 특약의 진정성립

② 대리인에 의한 소유권이전등기 - 적법한 대리행위의 존재

③ 저당권등기 - 피담보채권의 존재

④ 부적법하게 말소된 등기 - 말소된 등기상 권리의 존재

⑤ 토지등기부의 표제부 - 등기부상 면적의 존재

24 甲이 乙소유 X도자기에 관해 무단으로 丙에게 질권을 설정해 주었고, 丙은 질권의 선의취득을 주장하고 있다. 이에 관한 설명으로 옳지 않은 것은? (다툼이 있으면 판례에 따름)

① 丙은 평온·공연하게 X의 점유를 취득하였어야 한다.

② 丙은 甲이 소유자가 아니라는 사실에 대하여 그 자신이 선의이고 무과실이라는 사실을 증명하여야 한다.

③ 丙이 甲과 질권설정계약을 체결할 당시 선의였다면 질물의 인도를 받을 때 악의라도 丙의 선의취득은 인정된다.

④ 丙이 X에 대하여 甲이 직접점유를 취득하는 형태로 점유를 취득한 경우, 丙의 선의취득은 인정되지 아니한다.

⑤ 만약 甲이 미성년자임을 이유로 丙과의 질권설정계약을 취소하면 丙은 선의취득을 할 수 없다.

25 점유자와 회복자의 관계에 관한 설명으로 옳은 것은? (다툼이 있으면 판례에 따름)

① 지상권자는 선의점유자라도 자주점유자가 아니므로 과실수취권이 인정되지 아니한다.

② 타주점유자가 점유물을 반환하는 경우, 점유자는 특별한 사정이 없는 한 회복자에 대하여 점유물을 보존하기 위하여 지출한 금액의 상환을 청구할 수 있다.

③ 악의의 점유자는 과실(過失) 없이 과실(果實)을 수취하지 못한 경우에도 그 대가를 보상하여야 한다.

④ 점유물이 점유자의 책임 있는 사유로 멸실된 경우, 선의의 타주점유자는 이익이 현존하는 한도에서 배상하여야 한다.

⑤ 점유자가 점유물에 유익비를 지출한 경우, 특별한 사정이 없는 한 점유자는 회복자에 대하여 그 가액의 증가가 현존한 경우에 한하여 점유자의 선택에 좇아 그 지출금액이나 증가액의 상환을 청구할 수 있다.

26 상린관계에 관한 설명으로 옳지 않은 것은?

① 경계에 설치된 담이 공유인 경우, 공유자는 그 분할을 청구할 수 있다.

② 인접하여 토지를 소유한 자는 다른 관습이 없으면 공동비용으로 통상의 경계표나 담을 설치할 수 있다.

③ 경계표 설치를 위한 측량비용은 다른 관습이 없으면 토지의 면적에 비례하여 부담한다.

④ 인접지의 수목뿌리가 경계를 넘은 경우, 토지소유자는 임의로 그 뿌리를 제거할 수 있다.

⑤ 건물을 축조함에는 특별한 관습 또는 약정이 없으면 경계로부터 반미터 이상의 거리를 두어야 한다.

27 시효취득의 대상이 아닌 것은? (다툼이 있으면 판례에 따름)

① 지상권   ② 저당권

③ 소유권   ④ 계속되고 표현된 지역권

⑤ 동산질권

28 부합에 관한 설명으로 옳지 않은 것은? (다툼이 있으면 판례에 따름)

① 부동산에 부합되어 동산의 소유권이 소멸한 때에는 그 동산을 목적으로 한 다른 권리도 소멸한다.

② 부합한 동산 간의 주종을 구별할 수 없는 때에는 특약이 없는 한 동산의 소유자는 부합 당시 가액의 비율로 합성물을 공유한다.

③ X토지 소유자의 승낙 없이 토지임차인의 승낙만 받아 제3자가 X에 수목을 심은 경우, 그 수목은 X에 부합하지 않으므로 제3자가 식재한 수목임을 알지 못하는 X의 양수인은 그 수목을 벌채할 수 없다.

④ 타인의 권원에 기하여 부동산에 부합된 물건이 부동산의 구성부분이 된 경우, 부동산의 소유자는 방해배제청구권에 기하여 부합물의 철거를 청구할 수 없다.

⑤ 건물의 증축부분이 축조 당시 독립한 권리의 객체성을 상실하여 본건물에 부합된 후 구조의 변경 등으로 독립한 권리의 객체성을 취득하게 된 때에는 본건물과 독립하여 거래의 대상이 될 수 있다.

29 물권의 소멸에 관한 설명으로 옳지 않은 것은? (다툼이 있으면 판례에 따름)

① X토지에 甲이 1번 저당권, 乙이 2번 저당권을 취득하고, 丙이 X토지를 가압류한 후 乙이 X토지를 매수하여 소유권을 취득한 경우 乙의 저당권은 혼동으로 소멸하지 않는다.

② 유치권자가 유치권 성립 후에 이를 포기하는 의사표시를 한 경우에도 점유를 반환하여야 유치권은 소멸한다.

③ 점유권과 소유권은 혼동으로 소멸하지 아니한다.

④ 지역권은 20년간 행사하지 않으면 시효로 소멸한다.

⑤ 후순위 저당권이 존재하는 주택을 대항력을 갖춘 임차인이 경매절차에서 매수한 경우, 임차권은 혼동으로 소멸한다.

30 甲은 그 소유 X토지에 대한 배타적 사용·수익권을 포기하고 타인(사인, 국가 등 일반 공중)의 통행을 위한 용도로 제공하였다. 이에 관한 설명으로 옳지 않은 것은? (다툼이 있으면 판례에 따름)

① 甲은 그 타인에 대하여 X의 인도청구를 할 수 없다.
② 甲이 X에 대한 소유권을 보유한 채 사용·수익권을 대세적·영구적으로 포기하는 것은 허용되지 않는다.
③ 甲은 일반 공중의 통행을 방해하지 않는 범위에서 X를 처분할 수 있다.
④ 甲의 상속인의 X에 대한 배타적 사용·수익권도 제한된다.
⑤ 만약 甲이 X를 일반 공중의 통행목적이 아니라 지상건물의 소유자만을 위하여 배타적 사용·수익권을 포기한 경우, 특별한 사정이 없는 한 X의 매수인의 배타적 사용·수익권 행사는 제한된다.

31 X토지를 3분의 1씩 공유하는 甲, 乙, 丙의 법률관계에 관한 설명으로 옳은 것은? (다툼이 있으면 판례에 따름)

① 甲이 乙과 丙의 동의 없이 X토지 중 3분의 1을 배타적으로 사용하는 경우, 乙은 방해배제를 청구할 수 없다.
② 甲과 乙이 협의하여 X토지를 매도하면 그 효력은 丙의 지분에도 미친다.
③ 丁이 X토지의 점유를 무단으로 침해하고 있는 경우, 甲은 X토지 중 자신의 지분에 한하여 반환을 청구할 수 있다.
④ 甲이 자신의 지분을 포기하더라도 乙과 丙이 이전등기를 하여야 甲의 지분을 취득한다.
⑤ 丙이 1년 이상 X토지의 관리비용을 부담하지 않은 경우, 甲과 乙은 丙의 지분을 무상으로 취득할 수 있다.

32 X토지를 3분의 1씩 공유하는 甲, 乙, 丙의 공유물분할에 관한 설명으로 옳지 않은 것은? (다툼이 있으면 판례에 따름)

① 甲은 乙과 丙의 동의를 얻지 않고서 공유물의 분할을 청구할 수 있다.
② 甲, 乙, 丙이 3년간 공유물을 분할하지 않기로 합의한 것은 유효하다.
③ 공유물분할의 소에서 법원은 X를 甲의 단독소유로 하고 乙과 丙에게 지분에 대한 합리적인 가액을 지급하도록 할 수 있다.
④ 甲의 지분 위에 설정된 근저당권은 공유물분할이 되어도 특단의 합의가 없는 한 X 전부에 관하여 종전의 지분대로 존속한다.
⑤ 甲, 乙, 丙 사이에 공유물분할에 관한 협의가 성립하였으나 분할협의에 따른 지분이전등기에 협조하지 않으면 공유물분할의 소를 제기할 수 있다.

33 지상권에 관한 설명으로 옳지 않은 것은? (다툼이 있으면 판례에 따름)

① 저당물의 담보가치를 유지하기 위해 설정된 지상권은 피담보채권이 소멸하면 함께 소멸한다.

② 기존 건물의 사용을 목적으로 설정된 지상권은 그 존속기간을 30년 미만으로 정할 수 있다.

③ 수목의 소유를 목적으로 하는 지상권이 존속기간의 만료로 소멸한 경우, 특약이 없는 한 지상권자가 존속기간 중 심은 수목의 소유권은 지상권설정자에게 귀속된다.

④ 양도가 금지된 지상권의 양수인은 양수한 지상권으로 지상권설정자에게 대항할 수 있다.

⑤ 토지양수인이 지상권자의 지료 지급이 2년 이상 연체되었음을 이유로 지상권소멸청구를 하는 경우, 종전 토지소유자에 대한 연체기간의 합산을 주장할 수 없다.

34 토지전세권에 관한 설명으로 옳은 것을 모두 고른 것은? (다툼이 있으면 판례에 따름)

ㄱ. 전세권의 존속기간이 만료하면 전세권의 용익물권적 권능은 전세권설정등기의 말소 없이도 당연히 소멸한다.

ㄴ. 전세금의 지급은 전세권의 성립요소가 되는 것이므로 기존의 채권으로 전세금 지급을 대신할 수 없다.

ㄷ. 전세권 존속기간이 시작되기 전에 마친 전세권설정등기도 특별한 사정이 없는 한 유효한 것으로 추정된다.

ㄹ. 당사자가 채권담보의 목적으로 전세권을 설정하였으나 설정과 동시에 목적물을 인도하지 않았다면, 장차 전세권자가 목적물을 사용·수익하기로 하였더라도 그 전세권은 무효이다.

① ㄱ, ㄴ   ② ㄱ, ㄷ   ③ ㄱ, ㄹ

④ ㄴ, ㄹ   ⑤ ㄷ, ㄹ

35 유치권에 관한 설명으로 옳은 것은? (다툼이 있으면 판례에 따름)

① 피담보채권이 존재한다면 타인의 물건에 대한 점유가 불법행위로 인한 것인 때에도 유치권이 성립한다.

② 유치권자가 유치물 소유자의 승낙 없이 유치물을 임대한 경우, 특별한 사정이 없는 한 유치물의 소유자는 유치권의 소멸을 청구할 수 없다.

③ 목적물에 대한 점유를 상실한 경우, 유치권자가 점유회수의 소를 제기하여 점유를 회복할 수 있다는 것만으로는 유치권이 인정되지 않는다.

④ 채무자를 직접점유자로 하여 채권자가 간접점유를 하였더라도 채권자는 유효하게 유치권을 취득할 수 있다.

⑤ 저당물의 제3취득자가 저당물의 개량을 위하여 유익비를 지출한 때에는 민법 제367조에 의한 비용상환청구권을 피담보채권으로 삼아 유치권을 행사할 수 있다.

36 유치권이 유효하게 성립할 수 있는 경우는? (다툼이 있으면 판례에 따름)

① 주택수선공사를 한 수급인이 공사대금채권을 담보하기 위하여 주택을 점유한 경우
② 임대인이 지급하기로 약정한 권리금의 반환청구권을 담보하기 위하여 임차인이 상가건물을 점유한 경우
③ 매도인이 매수인에 대한 매매대금채권을 담보하기 위하여 매매목적물을 점유한 경우
④ 주택신축을 위하여 수급인에게 공급한 건축자재에 대한 대금채권을 담보하기 위하여 그 공급자가 주택을 점유한 경우
⑤ 임차인이 임차보증금반환채권을 담보하기 위하여 임차목적물을 점유한 경우

37 질권에 관한 설명으로 옳지 않은 것은?

① 질물보다 다른 재산이 먼저 경매된 경우, 질권자는 그 매각대금으로부터 배당을 받을 수 없다.
② 질권자가 채권 일부를 변제받았더라도 질물 전부에 대하여 그 권리를 행사할 수 있다.
③ 질물이 멸실된 경우에도 그로 인하여 질권설정자가 받을 금전을 압류하면 질권의 효력이 그 금전에 미친다.
④ 정당한 이유 있는 때에는 질권자는 채무자 및 질권설정자에게 통지하고 감정자의 평가에 의하여 질물로 직접 변제에 충당할 것을 법원에 청구할 수 있다.
⑤ 질권자는 그 권리의 범위 내에서 자기의 책임으로 질물을 전질할 수 있다.

38 저당권의 효력이 미치는 범위에 관한 설명으로 옳지 않은 것은? (다툼이 있으면 판례에 따름)

① 담보권 실행을 위하여 저당부동산을 압류한 경우, 저당부동산의 압류 이후 발생한 차임채권에는 저당권의 효력이 미친다.
② 주물 그 자체의 효용과는 직접 관계없지만 주물 소유자의 상용에 공여되고 있는 물건이 경매목적물로 평가되었다면 경매의 매수인이 소유권을 취득한다.
③ 구분건물의 전유부분에 대한 저당권의 효력은 특별한 사정이 없는 한 대지사용권에도 미친다.
④ 기존건물에 부합된 증축부분이 기존건물에 대한 경매절차에서 경매목적물로 평가되지 아니하였더라도 경매의 매수인이 증축부분의 소유권을 취득한다.
⑤ 특약이 없는 한 건물에 대한 저당권의 효력은 건물의 소유를 목적으로 하는 지상권에도 미친다.

39 법정지상권이 성립하는 경우를 모두 고른 것은? (특별한 사정은 없고, 다툼이 있으면 판례에 따름)

> ㄱ. X토지에 저당권을 설정한 甲이 저당권자 乙의 동의를 얻어 Y건물을 신축하였으나 저당권 실행 경매에서 丙이 X토지의 소유권을 취득한 경우
> ㄴ. 甲소유의 X토지와 그 지상건물에 공동저당권이 설정된 후 지상건물을 철거하고 Y건물을 신축하였고 저당권의 실행으로 X토지의 소유자가 달라진 경우
> ㄷ. X토지를 소유하는 甲이 乙과 함께 그 지상에 Y건물을 신축·공유하던 중 X토지에 저당권을 설정하였고 저당권 실행 경매에서 丙이 X토지의 소유권을 취득한 경우

① ㄱ   ② ㄷ   ③ ㄱ, ㄴ
④ ㄴ, ㄷ   ⑤ ㄱ, ㄴ, ㄷ

40 甲은 乙에 대한 3억원의 채권을 담보하기 위하여 乙소유 X토지와 丙소유 Y토지에 대하여 각각 1번 공동저당권을 취득하였고, 丁은 X에 대하여 피담보채권액 2억원의 2번 저당권을 취득하였다. 그 후, 甲이 Y에 대한 경매를 신청하여 매각대금 2억원을 배당받은 후 X에 대한 경매를 신청하여 X가 3억원에 매각된 경우, 丁이 X의 매각대금에서 배당받을 수 있는 금액은? (경매비용·이자 등은 고려하지 않으며, 다툼이 있으면 판례에 따름)

① 0원   ② 5천만원   ③ 1억원
④ 1억 5천만원   ⑤ 2억원

제2과목 I 경제학원론

01 ( )에 들어갈 내용으로 옳은 것은?

아래 그림과 같이 두 재화 X, Y에 대한 갑의 예산선이 AC에서 BC로 변했을 때, Y재 가격이 변하지 않았다면, X재 가격은 (ㄱ)하고, 소득은 (ㄴ)한 것이다.

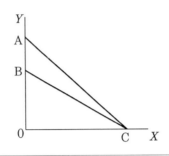

① ㄱ: 하락, ㄴ: 감소 ② ㄱ: 하락, ㄴ: 증가

③ ㄱ: 불변, ㄴ: 감소 ④ ㄱ: 상승, ㄴ: 증가

⑤ ㄱ: 상승, ㄴ: 불변

02 재화의 특성에 관한 설명으로 옳은 것은?

① 사치재는 수요의 가격탄력성이 1보다 큰 재화를 말한다.

② 열등재는 가격이 오르면 수요가 감소하는 재화를 말한다.

③ 절댓값으로 볼 때, 가격효과가 소득효과보다 큰 열등재를 기펜재(Giffen goods)라고 한다.

④ 두 상품이 완전 대체재이면 무차별 곡선은 원점에 대하여 볼록한 모양이다.

⑤ 수요가 가격 탄력적인 상품을 판매하는 기업이 가격을 내리면 판매수입은 증가한다.

03 두 재화 X, Y에 대한 갑의 효용함수가 $U = X + Y + \min\{X, Y\}$일 때, 갑의 무차별 곡선으로 적절한 것은?

①

②

③

④

⑤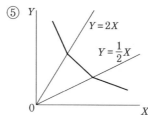

04 두 재화 X, Y에 대해 효용을 극대화하는 갑의 효용함수가 $U(X, Y) = (X+2)(Y+1)$이다. 한계대체율이 4이고, X재 선택은 14일 때, Y재의 선택은? (단, 한계대체율은 $\left|\dfrac{dY}{dX}\right|$이다.)

① 10
② 18
③ 32
④ 63
⑤ 68

05 등량곡선에 관한 설명으로 옳은 것을 모두 고른 것은? (단, 한계기술대체율은 절댓값으로 나타낸다.)

> ㄱ. 한계기술대체율은 두 생산요소의 한계생산 비율과 같다.
> ㄴ. 두 생산요소 사이에 완전 대체가 가능하다면 등량곡선은 직선이다.
> ㄷ. 등량곡선이 원점에 대해 볼록한 모양이면 한계기술대체율체감의 법칙이 성립한다.
> ㄹ. 콥-더글러스(Cobb-Douglas) 생산함수의 한계기술대체율은 0이다.

① ㄱ, ㄴ
② ㄴ, ㄷ
③ ㄷ, ㄹ
④ ㄱ, ㄴ, ㄷ
⑤ ㄱ, ㄴ, ㄷ, ㄹ

06 완전경쟁시장에서 모든 기업이 이윤을 극대화하고 있는 산업 A는 비용곡선이 $C(Q) = 2 + \dfrac{Q^2}{2}$인 100개의 기업과 $C(Q) = \dfrac{Q^2}{10}$인 60개의 기업으로 구성되어 있다. 신규 기업의 진입이 없을 때, 가격이 2보다 큰 경우 산업 A의 공급곡선은? (단, Q는 생산량이다.)

① $Q = 200P$ ② $Q = 300P$ ③ $Q = 400P$

④ $Q = 415P$ ⑤ $Q = 435P$

07 완전경쟁시장에서 기업 A가 생산하는 휴대폰의 가격이 100이고, 총비용함수가 $TC = 4Q^2 + 4Q + 100$일 때, 이윤을 극대화하는 (ㄱ) 생산량과 극대화된 (ㄴ) 이윤은? (단, Q는 생산량이다.)

① ㄱ: 10, ㄴ: 476   ② ㄱ: 10, ㄴ: 566

③ ㄱ: 10, ㄴ: 1000   ④ ㄱ: 12, ㄴ: 476

⑤ ㄱ: 12, ㄴ: 566

08 시장실패를 발생시키는 요인으로 옳지 않은 것은?

① 역선택   ② 규모에 대한 수익체감 기술

③ 긍정적 외부성   ④ 불완전한 정보

⑤ 소비의 비경합성과 배제불가능성

09 두 재화 X, Y에 대해 양(+)의 소득 M을 가지고 효용을 극대화하는 갑의 효용함수는 $U(X, Y) = X + Y$이다. Y재 가격은 6이며, X재 가격은 5에서 8로 상승하였다. 이에 관한 설명으로 옳은 것은?

① X재 수요량 변화는 대체효과에 기인한다.

② X재 수요량 변화는 소득효과에 기인한다.

③ Y재 수요량 변화는 없다.

④ 수요량 변화의 1/3은 대체효과에 기인한다.

⑤ 수요량 변화의 2/3는 소득효과에 기인한다.

10 독점기업의 독점력과 가격규제 정책에 관한 설명으로 옳지 않은 것은?

① 러너의 독점력지수(Lerner index of monopoly power)는 수요곡선상의 이윤극대화점에서 측정한 수요의 가격탄력성의 역수와 같은 값이다.

② 한계비용가격설정은 자연독점 기업에게 손실을 초래한다.

③ 평균비용가격설정은 기업이 손실을 보지 않으면서 가능한 많은 상품을 낮은 가격에 공급하도록 유도할 수 있다.

④ 이중가격설정(two-tier pricing)은 한계비용가격설정의 장점을 살리면서도 독점기업의 손실을 줄일 수 있도록 하는 정책이다.

⑤ 이중가격설정은, 낮은 가격은 한계비용과 한계수입이 일치하는 가격으로, 높은 가격은 한계비용곡선과 수요곡선이 교차하는 지점의 가격으로 판매하도록 하는 정책이다.

11 수요와 공급의 가격탄력성에 관한 설명으로 옳은 것을 모두 고른 것은?

> ㄱ. 수요곡선이 수직선인 경우, 수요의 가격탄력성은 수요곡선상의 모든 점에서 동일하다.
> ㄴ. 수요곡선이 직각쌍곡선 형태인 경우, 수요의 가격탄력성은 수요곡선상의 모든 점에서 동일하다.
> ㄷ. 공급곡선이 원점을 지나는 직선인 경우, 공급의 가격탄력성은 기울기와 관계없이 동일하다.
> ㄹ. 수요곡선이 우하향하는 직선인 경우, 수요의 가격탄력성은 수요곡선상의 모든 점에서 동일하다.

① ㄱ

② ㄱ, ㄴ

③ ㄱ, ㄴ, ㄷ

④ ㄴ, ㄷ, ㄹ

⑤ ㄱ, ㄴ, ㄷ, ㄹ

12 정부의 실효성 있는 가격규제의 효과에 관한 설명으로 옳은 것은? (단, 수요곡선은 우하향, 공급곡선은 우상향한다.)

① 가격상한제가 실시되면, 시장에서의 실제 거래량은 실시 이전보다 증가할 것이다.

② 가격하한제가 실시되면, 시장에서의 실제 거래량은 실시 이전보다 증가할 것이다.

③ 최저임금제는 가격상한제에 해당하는 가격규제이다.

④ 가격하한제가 실시되면, 초과수요가 발생하여 암시장이 형성된다.

⑤ 가격상한제와 가격하한제 모두 자중손실(deadweight loss)이 발생한다.

13 비용곡선에 관한 설명으로 옳은 것을 모두 고른 것은?

> ㄱ. 기술진보는 평균비용곡선을 아래쪽으로 이동시킨다.
> ㄴ. 규모에 대한 수익이 체증하는 경우 장기평균비용곡선은 우하향한다.
> ㄷ. 단기에서 기업의 평균비용곡선은 한계비용곡선의 최저점에서 교차한다.
> ㄹ. 규모의 경제가 있으면 평균비용곡선은 수평이다.

① ㄱ, ㄴ   ② ㄱ, ㄷ   ③ ㄴ, ㄷ
④ ㄴ, ㄹ   ⑤ ㄷ, ㄹ

14 완전경쟁시장에서 비용을 극소화하는 기업 A의 생산함수는 $Q(L, K) = L^{0.5}K^{0.5}$이고, 생산요소 L, K의 가격이 각각 12, 24일 때, 두 생산요소의 투입관계는? (단, Q는 생산량이다.)

① $L = K$ ② $L = 0.5K$ ③ $L = 2K$
④ $L = 12K$ ⑤ $L = 24K$

15 사회후생함수에 관한 설명으로 옳지 않은 것은?

① 평등주의 경향이 강할수록 사회무차별 곡선은 원점에 대해 더 오목한 모양을 갖는다.
② 평등주의적 사회후생함수는 개인들의 효용수준의 차이를 반영해야 한다는 평등주의적가치판단을 근거로 한다.
③ 공리주의자의 사회후생함수는 사회구성원의 효용수준에 동일한 가중치를 부여한다.
④ 롤즈(J. Rawls)의 가치판단을 반영한 사회무차별곡선은 L자 모양이다.
⑤ 롤즈의 최소극대화 원칙(maximin principle)은 한 사회에서 가장 가난한 사람의 생활수준을 가능한 한 크게 개선시키는 것이 재분배정책의 최우선 과제라는 주장이다.

16 독점 기업 A의 비용 함수는 $C(Q) = 750 + 5Q$이고, 역수요함수는 $P = 140 - Q$이다. 이 기업이 '독점을 규제하는 법률'에 따라 한계비용과 동일하게 가격을 설정한다면, 이에 관한 설명으로 옳은 것은? (단, Q는 수량, P는 가격이다.)

① 양(+)의 이윤을 얻는다.   ② 이윤은 0이다.
③ 손실이 375이다.   ④ 손실이 450이다.
⑤ 손실이 750이다.

17 기업 A의 고정비용은 400이고, 단기생산함수는 $Q=4L^{0.5}$이다. 가변생산요소의 가격이 400일 때, 단기 총비용곡선은? (단, Q는 생산량, L은 가변생산요소이다.)

① $\dfrac{400}{Q}+400$

② $800Q$

③ $400Q+400$

④ $0.25Q^2+400$

⑤ $25Q^2+400$

18 사회후생 관점에서 자원의 효율적 활용에 관한 설명으로 옳지 않은 것은?

① 계약곡선상의 점들은 생산의 효율성을 보장하는 점들의 집합이다.

② 효용가능곡선은 주어진 상품을 두 사람에게 배분할 때, 두 사람이 얻을 수 있는 최대한의 효용수준의 조합이다.

③ 효용가능경계란 한 경제에 존재하는 경제적 자원을 가장 효율적으로 배분했을 때 얻을 수 있는 효용수준의 조합이다.

④ 종합적 효율성(overall efficiency)이란 생산의 효율성과 교환의 효율성이 동시에 달성된 상태를 말한다.

⑤ 생산가능곡선은 한 나라의 경제가 주어진 생산요소와 생산기술을 사용하여 최대한 생산할 수 있는 산출물들의 조합이다.

19 완전경쟁시장에서 이윤 극대화를 추구하는 기업 A의 공급곡선은 $Q_A(P)=\dfrac{P}{2}$이다. 이 기업의 생산량이 5일 때, 가변비용은? (단, Q_A는 공급량, P는 가격이다.)

① 23

② 25

③ 37.5

④ 46

⑤ 50

20 기업 A가 직면하는 노동공급곡선은 $w=60+0.08L$이다. 현재 기업 A가 1,000의 노동량을 고용할 때, 노동의 한계요소비용은? (단, w는 임금률, L은 노동량이다.)

① 임금률보다 80 크다.

② 임금률보다 160 크다.

③ 임금률과 같다.

④ 임금률보다 80 작다.

⑤ 임금률보다 160 작다.

21 두 재화 X, Y만을 생산하는 A국의 2022년과 2023년의 생산량과 가격이 아래와 같다. 2023년의 전년대비 (ㄱ) 경제성장률(실질GDP증가율)과 평균적인 가계의 소비조합이 X재 2단위, Y재 1단위일 때 (ㄴ) 소비자물가상승률은? (단, 기준연도는 2022년이다.)

연도	X		Y	
	수량	가격	수량	가격
2022년	100	10	80	50
2023년	100	15	100	40

① ㄱ: 10%, ㄴ: 0%
② ㄱ: 10%, ㄴ: 10%
③ ㄱ: 20%, ㄴ: −10%
④ ㄱ: 20%, ㄴ: 0 %
⑤ ㄱ: 25%, ㄴ: 10%

22 2023년에 기업 A는 한국에서 생산한 부품 100억 달러를 베트남 현지 공장에 수출하였다. 같은 해에 베트남 현지 공장에서 그 부품을 조립하여 소비재 완제품 200억 달러를 만들어 그 중 50억 달러는 한국에 수출하고, 140억 달러는 미국에 수출하였으며 10억 달러는 재고로 남았다. 이월된 재고 10억 달러는 2024년 베트남 국내에서 모두 판매되었다. 이에 관한 설명으로 옳은 것은?

① 2023년 한국의 GDP는 50억 달러이다.
② 2023년 베트남의 GDP는 200억 달러이다.
③ 2023년 베트남의 투자는 10억 달러이다.
④ 2023년 베트남의 순수출은 190억 달러이다.
⑤ 2024년 베트남의 소비와 GDP는 각각 10억 달러이다.

23 A국 국민소득계정의 구성항목에서 민간투자가 50, 정부소비와 정부투자가 각각 40과 60, 조세가 50이고, 수출과 수입이 동일할 때, 민간저축은?

① 40
② 50
③ 80
④ 100
⑤ 120

24 필립스곡선이 단기에는 우하향하고 장기에는 수직인 경제에서 중앙은행은 테일러 준칙 (Taylor's rule)에 의해 통화정책을 시행한다. 중앙은행이 높은 인플레이션율을 낮추기 위해 인플레이션 감축정책(디스인플레이션 정책)을 시행할 때, 이에 관한 설명으로 옳은 것을 모두 고른 것은?

> ㄱ. 기대인플레이션이 빨리 조정될수록 장기균형에 빨리 도달한다.
> ㄴ. 단기에는 실질이자율이 하락한다.
> ㄷ. 단기에는 총생산이 감소하여 경기침체가 나타난다.

① ㄱ
② ㄴ
③ ㄱ, ㄷ
④ ㄴ, ㄷ
⑤ ㄱ, ㄴ, ㄷ

25 중앙은행이 아래와 같은 손실함수를 최소화하도록 인플레이션율을 결정하려고 한다.

$$L(\pi_t) = -0.5(\pi_t - \pi_t^e) + 0.5(\pi_t)^2$$

중앙은행의 정책결정 이전에 민간의 기대인플레이션율이 0으로 고정되어 있을 때, 중앙은행이 결정하는 인플레이션율은? (단, $L(\pi_t)$, π_t, π_t^e는 각각 손실함수, 인플레이션율, 민간의 기대인플레이션율이다.)

① 0
② 0.5
③ 1
④ 1.5
⑤ 2

26 통화정책에 관한 설명으로 옳지 않은 것은?
① 공개시장 매입은 본원통화를 증가시켜 이자율을 하락시킨다.
② 재할인율 인상은 재할인대출을 감소시켜 이자율을 상승시킨다.
③ 자산가격경로는 이자율이 하락할 경우 자산가격이 상승하여 부(富)의 효과로 소비가 증가하는 경로이다.
④ 신용경로는 중앙은행이 화폐공급을 축소할 경우 은행대출이 감소되어 기업투자와 가계소비가 위축되는 경로이다.
⑤ 환율경로는 이자율이 상승할 경우 자국통화가치가 하락하여 순수출이 증가하는 경로이다.

27 아래와 같은 고전학파 모형에서 정부지출이 150에서 200으로 증가할 경우 실질이자율과 민간투자의 변화에 관한 설명으로 옳은 것은? (단, S, $\overline{Y}$, $\overline{T}$, $\overline{G}$, I, r, $s(r)$은 각각 총저축, 총생산, 조세, 정부지출, 투자, 실질이자율(%), 민간저축률이며, 민간저축률은 실질이자율의 함수이다.)

- $S = s(r)(\overline{Y} - \overline{T}) + (\overline{T} - \overline{G})$
- $\overline{Y} = 1,000$, $\overline{T} = 200$, $\overline{G} = 150$
- $I = 200 - 10r$
- $s(r) = 0.05r$

① 실질이자율은 1%포인트 상승하고 민간투자는 10 감소한다.
② 실질이자율은 3%포인트 상승하고 민간투자는 30 감소한다.
③ 실질이자율은 5%포인트 상승하고 민간투자는 50 감소한다.
④ 실질이자율과 민간투자는 변화가 없다.
⑤ 실질이자율은 1%포인트 하락하고 민간투자는 10 증가한다.

28 소비이론에 관한 설명 중 옳은 것은?
① 케인즈(Keynes)의 소비이론에 따르면 이자율이 소비의 주요 결정요인이다.
② 생애주기가설에 따르면 은퇴연령의 변화 없이 기대수명이 증가하면 소비가 감소한다.
③ 리카도 등가(Ricardian equivalence)정리는 케인즈의 소비함수에 기초한 이론이다.
④ 케인즈의 소비이론은 소비자들의 소비평탄화(consumption smoothing)를 강조한다.
⑤ 소비에 대한 임의보행(random walk)가설은 유동성제약에 직면한 소비자의 소비 선택을 설명한다.

29 아래와 같은 거시경제모형의 초기 균형에서 정부지출을 1만큼 증가시킬 때, 균형국민소득의 증가분은? (단, Y, C, I, G, T는 각각 국민소득, 소비, 투자, 정부지출, 조세이다.)

- $Y = C + I + G$
- $I = 2$
- $T = 2 + 0.2Y$
- $C = 1 + 0.5(Y - T)$
- $G = 10$

① 1.2
② $\dfrac{4}{3}$
③ $\dfrac{5}{3}$
④ 2
⑤ 2.5

30 아래의 거시경제모형에서 균형이자율은? (단, Y, C, I, G, T, r은 각각 국민소득, 소비, 투자, 정부지출, 조세, 이자율이다.)

- $Y = C + I + G$
- $G = T = 10$
- $I = 2 - 10r$
- $Y = 20$
- $C = 2 + 0.8(Y - T)$

① 0.1
② 0.2
③ 0.25
④ 0.4
⑤ 0.5

31 갑국의 생산함수는 $Y = AK^{0.5}L^{0.5}$이다. 자본량과 노동량의 증가율은 각각 4%와 −2%이고 총생산량 증가율이 5%라면, 솔로우 잔차(Solow residual)는? (단, Y는 총생산량, K는 자본량, L은 노동량, $A > 0$이다.)

① 1%
② 2%
③ 3%
④ 4%
⑤ 5%

32 한국과 미국의 인플레이션율이 각각 3%와 5%이다. 구매력평가설과 이자율평가설(interest parity theory)이 성립할 때, 미국의 명목이자율이 5%라면, 한국의 명목이자율은? (단, 기대인플레이션율은 인플레이션율과 동일하다.)

① 1%
② 2%
③ 3%
④ 4%
⑤ 5%

33 1인당 생산함수가 $y = 0.5k^{0.2}$, 자본의 감가상각률이 0.1, 저축률이 0.2인 솔로우(Solow) 경제성장모형에 관한 설명으로 옳은 것을 모두 고른 것은? (단, y는 1인당 생산량, k는 1인당 자본량이고, 인구증가와 기술진보는 없다.)

> ㄱ. 현재 1인당 자본량이 2일 때, 1인당 투자는 증가한다.
> ㄴ. 현재 1인당 자본량이 2일 때, 1인당 자본의 감가상각은 1인당 저축보다 작다.
> ㄷ. 균제상태(steady state)에서 벗어나 있는 경우, 현재 1인당 자본량에 관계없이, 1인당 생산량의 변화율은 0으로 수렴한다.
> ㄹ. 균제상태의 1인당 자본량은 황금률(Golden Rule) 수준과 같다.

① ㄱ, ㄴ   ② ㄱ, ㄷ   ③ ㄴ, ㄷ
④ ㄴ, ㄹ   ⑤ ㄷ, ㄹ

34 고정환율제를 채택하고 있는 정부가 시장균형환율보다 높은 수준의 환율을 설정했다고 할 때, 즉 자국통화가치를 균형수준보다 낮게 설정한 경우, 옳은 것을 모두 고른 것은?

> ㄱ. 투기적 공격이 발생하면 국내 통화공급이 감소한다.
> ㄴ. 투기적 공격이 발생하면 외환보유고가 감소한다.
> ㄷ. 자본이동이 완전히 자유로운 경우, 중앙은행은 독립적으로 통화공급을 결정할 수 없다.
> ㄹ. 투자자들이 국내통화의 평가절상을 기대하게 되면, 국내통화로 계산된 외국채권의 기대수익률이 하락한다.

① ㄱ, ㄴ   ② ㄱ, ㄹ   ③ ㄴ, ㄷ
④ ㄷ, ㄹ   ⑤ ㄴ, ㄷ, ㄹ

35 폐쇄경제 IS-LM모형에 관한 설명으로 옳은 것은?

① 화폐수요의 이자율 탄력성이 0이면 경제는 유동성함정(liquidity trap) 상태에 직면한다.
② LM곡선이 수직선이고 IS곡선이 우하향하면, 완전한 구축효과(crowding-out effect)가 나타난다.
③ IS곡선이 수평선이고 LM곡선이 우상향하면, 통화정책은 국민소득에 영향을 미치지 않는다.
④ 소비가 이자율에 영향을 받을 때, 피구효과(Pigou effect)가 발생한다.
⑤ IS곡선이 우하향할 때, IS곡선의 위쪽에 있는 점은 생산물시장이 초과수요 상태이다.

36 아래의 폐쇄경제 IS–LM 모형에서 중앙은행은 균형이자율을 현재보다 5만큼 높이는 긴축적 통화정책을 실시하여 균형국민소득을 감소시키고자 한다. 현재 명목화폐공급량(M)이 40일 때, 이를 달성하기 위한 명목화폐공급량의 감소분은? (단, r은 이자율, Y는 국민소득, M^d는 명목화폐수요량, P는 물가수준이고 1로 고정되어 있다.)

- IS 곡선 : $r = 120 - 5Y$
- 실질화폐수요함수 : $\dfrac{M^d}{P} = 3Y - r$

① 5   ② 8
③ 10   ④ 15
⑤ 20

37 현재 한국과 미국의 햄버거 가격이 각각 5,000원, 5달러인 경우, 이에 관한 설명으로 옳은 것을 모두 고른 것은? (단, 햄버거를 대표상품으로 한다.)

ㄱ. 현재 구매력평가 환율은 1,000(원/달러)이다.
ㄴ. 변동환율제도하에서 현재 환율이 1,100(원/달러)이다. 장기적으로 구매력평가설이 성립하고 미국의 햄버거 가격과 환율이 변하지 않는다면, 장기적으로 한국의 햄버거 가격은 상승한다.
ㄷ. 변동환율제도하에서 현재 환율이 1,100(원/달러)이다. 장기적으로 구매력평가설이 성립하고 한국과 미국의 햄버거 가격이 변하지 않는다면, 장기적으로 환율은 상승한다.

① ㄱ   ② ㄷ
③ ㄱ, ㄴ   ④ ㄴ, ㄷ
⑤ ㄱ, ㄴ, ㄷ

38 거시경제이론과 관련된 경제학파에 대한 설명으로 옳은 것은?
① 새케인즈학파(New Keynesian)는 단기 필립스곡선이 수직이라고 주장한다.
② 새케인즈학파는 가격 신축성에 근거하여 경기변동을 설명한다.
③ 새케인즈학파는 단기에서 화폐중립성이 성립한다고 주장한다.
④ 실물경기변동이론에 따르면 경기변동국면에서 소비의 최적화가 달성된다.
⑤ 새고전학파는 메뉴비용의 존재가 경기변동에 중요한 역할을 한다고 주장한다.

39 t시점의 실업률은 10%, 경제활동참가율은 50%이다. t시점과 $t+1$시점 사이에 아래와 같은 변화가 발생할 때, $t+1$시점의 실업률은? (단, 취업자와 비경제활동인구 사이의 이동은 없고, 소수점 둘째자리에서 반올림하여 소수점 첫째자리까지 구한다.)

> • 실업자 중에서
>   − 취업에 성공하는 비율(구직률): 20%
>   − 구직을 단념하여 비경제활동인구로 편입되는 비율: 10%
> • 취업자 중에서 실직하여 구직활동을 하는 비율(실직률): 1%
> • 비경제활동인구 중에서 구직활동을 시작하는 비율: 1%

① 8.9%　　　　　　　　　　② 9.5%

③ 9.9%　　　　　　　　　　④ 10.0%

⑤ 10.5%

40 모든 사람들이 화폐(M2)를 현금 25%, 요구불예금 25%, 저축성예금 50%로 나누어 보유하고, 은행의 지급준비율은 요구불예금과 저축성예금에 대하여 동일하게 10%라고 할 때, M2 통화승수는? (단, 소수점 둘째자리에서 반올림하여 소수점 첫째자리까지 구한다.)

① 2.5　　　　　　　　　　② 2.8

③ 3.1　　　　　　　　　　④ 3.6

⑤ 4.5

제3과목 | 부동산학원론

01 토지의 일부로 간주되는 정착물에 해당하는 것을 모두 고른 것은?

> ㄱ. 가식 중에 있는 수목
> ㄴ. 매년 경작의 노력을 요하지 않는 다년생 식물
> ㄷ. 건물
> ㄹ. 소유권보존등기된 입목
> ㅁ. 구거
> ㅂ. 경작수확물

① ㄱ, ㅂ   ② ㄴ, ㅁ
③ ㄷ, ㄹ   ④ ㄹ, ㅁ
⑤ ㅁ, ㅂ

02 공인중개사법령상 개업공인중개사에 관한 내용으로 옳지 않은 것은?

① 개업공인중개사는 그 사무소의 명칭에 "공인중개사사무소" 또는 "부동산중개"라는 문자를 사용하여야 한다.
② 개업공인중개사가 아닌 자는 중개대상물에 대한 표시·광고를 하여서는 아니 된다.
③ 개업공인중개사는 「민사집행법」에 의한 경매 및 「국세징수법」 그 밖의 법령에 의한 공매 대상 부동산에 대한 권리분석 및 취득의 알선과 매수신청 또는 입찰신청의 대리를 할 수 있다.
④ 개업공인중개사는 대통령령으로 정하는 기준과 절차에 따라 등록관청의 허가를 받아 그 관할 구역 외의 지역에 분사무소를 둘 수 있다.
⑤ 개업공인중개사는 다른 사람에게 자기의 성명 또는 상호를 사용하여 중개업무를 하게 하거나 자기의 중개사무소등록증을 양도 또는 대여하는 행위를 하여서는 아니 된다.

03 주택법령상 주택의 정의에 관한 설명으로 옳은 것은?

① 민영주택은 임대주택을 제외한 주택을 말한다.

② 세대구분형 공동주택은 공동주택의 주택 내부 공간의 일부를 세대별로 구분하여 생활이 가능한 구조로 하되, 그 구분된 공간의 일부를 구분소유할 수 있는 주택으로서 대통령령으로 정하는 건설기준, 설치기준, 면적기준 등에 적합한 주택을 말한다.

③ 도시형 생활주택은 300세대 미만의 국민주택규모에 해당하는 주택으로서 대통령령으로 정하는 주택을 말한다.

④ 에너지절약형 친환경주택은 저에너지 건물 조성기술 등 대통령령으로 정하는 기술을 이용하여 에너지 사용량을 절감하거나 이산화탄소 배출량을 증대할 수 있도록 건설된 주택을 말한다.

⑤ 장수명 주택은 구조적으로 오랫동안 유지·관리될 수 있는 내구성을 갖추고 있어 내부 구조를 쉽게 변경할 수 없는 주택을 말한다.

04 지방세법령상 토지에 관한 재산세 과세대상 중 별도합산과세대상인 것은?

① 공장용지·전·답·과수원 및 목장용지로서 대통령령으로 정하는 토지

② 국가 및 지방자치단체 지원을 위한 특정목적 사업용 토지로서 대통령령으로 정하는 토지

③ 국토의 효율적 이용을 위한 개발사업용 토지로서 대통령령으로 정하는 토지

④ 산림의 보호육성을 위하여 필요한 임야 및 종중 소유 임야로서 대통령령으로 정하는 임야

⑤ 철거·멸실된 건축물 또는 주택의 부속토지로서 대통령령으로 정하는 부속토지

05 건축원자재 가격의 하락에 따른 영향을 디파스퀠리-위튼(DiPasquale & Wheaton)의 사분면 모형을 통해 설명한 것으로 옳지 않은 것은? (단, 주어진 조건에 한함)

① 건축원자재 가격의 하락으로 인해 부동산개발부문에서 신규건설비용이 하락한다.

② 주어진 부동산자산가격 수준에서 부동산개발의 수익성이 높아지므로 신규건설량이 증가한다.

③ 새로운 장기균형에서 균형공간재고는 감소한다.

④ 새로운 장기균형에서 부동산공간시장의 균형임대료는 하락한다.

⑤ 새로운 장기균형에서 부동산자산시장의 균형가격은 하락한다.

06 토지의 분류 및 용어에 관한 설명으로 옳은 것을 모두 고른 것은?

ㄱ. 획지(劃地)는 인위적, 자연적, 행정적 조건에 따라 다른 토지와 구별되는 가격수준이 비슷한 일단의 토지를 말한다.
ㄴ. 후보지(候補地)는 용도적 지역의 분류 중 세분된 지역 내에서 용도에 따라 전환되는 토지를 말한다.
ㄷ. 공지(空地)는 관련법령이 정하는 바에 따라 안전이나 양호한 생활환경을 확보하기 위해 건축하면서 남겨놓은 일정 면적의 토지를 말한다.
ㄹ. 갱지(更地)는 택지 등 다른 용도로 조성되기 이전 상태의 토지를 말한다.

① ㄱ
② ㄹ
③ ㄱ, ㄷ
④ ㄴ, ㄹ
⑤ ㄱ, ㄷ, ㄹ

07 부동산 중개계약에 관한 설명으로 (   )에 들어갈 것으로 옳은 것은?

(ㄱ) : 중개의뢰인이 특정한 개업공인중개사를 정하여 그 개업공인중개사에게 한정하여 해당 중개대상물을 중개하도록 하는 중개계약
(ㄴ) : 중개의뢰인이 해당 중개대상물의 중개를 불특정 다수의 개업공인중개사에게 의뢰하고 먼저 거래를 성사시킨 개업공인중개사에게 보수를 지급하는 중개계약

① ㄱ: 일반중개계약, ㄴ: 전속중개계약
② ㄱ: 일반중개계약, ㄴ: 공동중개계약
③ ㄱ: 전속중개계약, ㄴ: 공동중개계약
④ ㄱ: 공동중개계약, ㄴ: 일반중개계약
⑤ ㄱ: 전속중개계약, ㄴ: 일반중개계약

08 지방세기본법상 부동산 관련 조세 중 시·군세(광역시의 군세 포함)에 해당하는 것으로 옳게 묶인 것은?

① 취득세, 지방소득세
② 재산세, 지방소비세
③ 재산세, 지방소득세
④ 취득세, 등록면허세
⑤ 등록면허세, 지방소비세

09 외부효과에 관한 내용으로 ( )에 들어갈 것으로 옳은 것은?

> • 부동산의 특성 중에서 (ㄱ)은 외부효과를 발생시킨다.
> • 부동산시장 참여자가 자신들의 행동이 초래하는 외부효과를 의사결정에서 감안하도록 만드는 과정을 외부효과의 (ㄴ)라 한다.

① ㄱ: 부동성, ㄴ: 유동화   ② ㄱ: 부동성, ㄴ: 내부화
③ ㄱ: 인접성, ㄴ: 유동화   ④ ㄱ: 개별성, ㄴ: 내부화
⑤ ㄱ: 개별성, ㄴ: 유동화

10 빈집 및 소규모주택 정비에 관한 특례법상 소규모주택정비사업에 해당하지 않는 것은?

① 빈집정비사업   ② 자율주택정비사업
③ 가로주택정비사업   ④ 소규모재건축사업
⑤ 소규모재개발사업

11 감정평가에 관한 규칙에 관한 내용으로 옳지 않은 것은?

① 대상물건에 대한 감정평가액은 시장가치를 기준으로 결정한다.
② 감정평가는 기준시점에서의 대상물건의 이용상황(불법적이거나 일시적인 이용은 제외한다) 및 공법상 제한을 받는 상태를 기준으로 한다.
③ 감정평가는 대상물건마다 개별로 하여야 한다.
④ 감정평가법인등이 토지를 감정평가할 때에는 수익환원법을 적용해야 한다.
⑤ 하나의 대상물건이라도 가치를 달리하는 부분은 이를 구분하여 감정평가할 수 있다.

12 다음 자료를 활용하여 원가법으로 평가한 대상건물의 가액은? (단, 주어진 조건에 한함)

- 대상건물: 철근콘크리트구조, 다가구주택, 연면적 350㎡
- 기준시점: 2024.04.05.
- 사용승인시점: 2013.06.16.
- 사용승인시점의 적정한 신축공사비: 1,000,000원/㎡
- 건축비지수
  - 기준시점: 115
  - 사용승인시점: 100
- 경제적 내용연수: 50년
- 감가수정방법: 정액법(만년감가기준)
- 내용연수 만료 시 잔존가치 없음

① 313,000,000원 ② 322,000,000원
③ 342,000,000원 ④ 350,000,000원
⑤ 352,000,000원

13 원가방식에 관한 설명으로 옳은 것을 모두 고른 것은?

ㄱ. 원가법과 적산법은 원가방식에 해당한다.
ㄴ. 재조달원가는 실제로 생산 또는 건설된 방법 여하에 불구하고 도급방식을 기준으로 산정한다.
ㄷ. 대상부동산이 가지는 물리적 특성인 지리적 위치의 고정성에 의해서 경제적 감가요인이 발생한다.
ㄹ. 정액법, 정률법, 상환기금법은 대상부동산의 내용연수를 기준으로 하는 감가수정방법에 해당한다.

① ㄱ, ㄴ ② ㄷ, ㄹ
③ ㄱ, ㄴ, ㄹ ④ ㄱ, ㄷ, ㄹ
⑤ ㄱ, ㄴ, ㄷ, ㄹ

14 감정평가 실무기준상 수익방식에 관한 내용으로 옳은 것은?

① 직접환원법은 복수기간의 순수익을 적절한 환원율로 환원하여 대상물건의 가액을 산정하는 방법을 말한다.

② 수익가액이란 수익분석법에 따라 산정된 가액을 말한다.

③ 순수익은 대상물건에 귀속하는 적절한 수익으로서 가능총수익에서 운영경비를 공제하여 산정한다.

④ 직접환원법에서 사용할 환원율은 투자결합법으로 구하는 것을 원칙으로 한다.

⑤ 할인현금흐름분석법의 적용에 따른 복귀가액은 보유기간 경과 후 초년도의 순수익을 추정하여 최종환원율로 환원한 후 매도비용을 공제하여 산정한다.

15 부동산 가격의 제원칙에 관한 내용으로 옳지 않은 것은?

① 부동산의 가격이 대체·경쟁관계에 있는 유사한 부동산의 영향을 받아 형성되는 것은 대체의 원칙에 해당된다.

② 부동산의 가격이 경쟁을 통해 초과이윤이 없어지고 적합한 가격이 형성되는 것은 경쟁의 원칙에 해당된다.

③ 부동산의 가격이 부동산을 구성하고 있는 각 요소가 기여하는 정도에 영향을 받아 형성되는 것은 기여의 원칙에 해당된다.

④ 부동산의 가격이 내부적인 요인에 의하여 긍정적 또는 부정적 영향을 받아 형성되는 것은 적합의 원칙에 해당된다.

⑤ 부동산 가격의 제원칙은 최유효이용의 원칙을 상위원칙으로 하나의 체계를 형성하고 있다.

16 감정평가에 관한 규칙상 주된 평가방법으로 수익환원법을 적용해야 하는 것은 모두 몇 개인가?

• 광업재단	• 상표권	• 영업권
• 특허권	• 전용측선이용권	• 과수원

① 2개   ② 3개

③ 4개   ④ 5개

⑤ 6개

17 감정평가의 지역분석에 관한 내용으로 옳은 것은?

① 인근지역이란 감정평가의 대상이 된 부동산이 속한 지역으로서 부동산의 이용이 동질적이고 가치형성요인 중 지역요인을 공유하는 지역을 말한다.

② 유사지역이란 대상부동산이 속한 지역으로서 인근지역과 유사한 특성을 갖는 지역을 말한다.

③ 동일수급권이란 대상부동산과 수요·공급 관계가 성립하고 가치 형성에 서로 영향을 미치지 않는 관계에 있는 다른 부동산이 존재하는 권역을 말한다.

④ 지역분석은 대상지역 내 토지의 최유효이용 및 대상부동산의 가격을 판정하는 것이다.

⑤ 지역분석은 개별분석 이후에 실시하는 것이 일반적이다.

18 토지와 건물로 구성된 대상건물의 연간 감가율(자본회수율)은? (단, 주어진 조건에 한함)

- 거래가격: 20억원
- 순영업소득: 연 1억 8천만원
- 가격구성비: 토지 80%, 건물 20%
- 토지환원율, 건물상각후환원율: 각 연 8%

① 4%   ② 5%

③ 6%   ④ 7%

⑤ 8%

19 토지의 특성과 감정평가에 관한 내용이다. (　　)에 들어갈 것으로 옳은 것은?

- (ㄱ)은 장래편익의 현재가치로 평가하게 한다.
- (ㄴ)은 원가방식의 평가를 어렵게 한다.
- (ㄷ)은 개별요인의 분석과 사정보정을 필요하게 한다.

① ㄱ: 영속성, ㄴ: 부증성, ㄷ: 개별성

② ㄱ: 개별성, ㄴ: 영속성, ㄷ: 부동성

③ ㄱ: 영속성, ㄴ: 개별성, ㄷ: 부증성

④ ㄱ: 부증성, ㄴ: 영속성, ㄷ: 개별성

⑤ ㄱ: 영속성, ㄴ: 개별성, ㄷ: 부동성

20 대상물건에 관한 감정평가방법으로 옳지 않은 것은? (단, 주어진 조건에 한함)

① 주택으로 쓰는 층수가 4개 층으로 1개 동의 바닥면적의 합계가 700제곱미터인 건물에서 구분소유 부동산의 감정평가액은 합리적인 배분기준에 따라 토지가액과 건물가액으로 구분하여 표시할 수 있다.

② 주택으로 쓰는 층수가 3개 층으로 15세대가 거주할 수 있고 주택으로 쓰이는 바닥면적의 합계가 600제곱미터인 1개 동이며 구분소유가 아닌 건물의 감정평가는 토지와 건물을 일괄평가하는 것을 원칙으로 한다.

③ 주택으로 쓰는 층수가 6개 층인 건물에서 구분소유 부동산의 감정평가는 거래사례비교법으로 하는 것을 원칙으로 한다.

④ 주택으로 쓰는 층수가 4개 층으로 1개 동의 바닥면적의 합계가 500제곱미터인 건물에서 구분소유 부동산의 감정평가는 토지와 건물을 일괄평가하는 것을 원칙으로 한다.

⑤ 구분소유 부동산을 감정평가할 때에는 층별·위치별 효용요인을 반영하여야 한다.

21 X 노선 신역사가 들어선다는 정보가 있다. 만약 부동산 시장이 할당효율적이라면 투자자가 최대한 지불할 수 있는 정보비용의 현재가치는? (단, 제시된 가격은 개발정보의 실현 여부에 의해 발생하는 가격차이만을 반영하고, 주어진 조건에 한함)

- X 노선 신역사 예정지 인근에 일단의 A 토지가 있다.
- 1년 후 도심에 X 노선 신역사가 들어설 확률이 60%로 알려져 있다.
- 1년 후 도심에 X 노선 신역사가 들어서면 A 토지의 가격은 5억 5,000만원, 신역사가 들어서지 않으면 2억 7,500만원으로 예상된다.
- 투자자의 요구수익률(할인율)은 연 10%이다.

① 5천만원   ② 1억원

③ 1억 5천만원   ④ 2억원

⑤ 2억 5천만원

22 부동산의 수요와 공급에 관한 설명으로 옳지 않은 것은? (단, 우하향하는 수요곡선과 우상향하는 공급곡선을 가정하며, 다른 조건은 동일함)

① 단기적으로 가격이 상승해도 부동산의 공급량이 크게 증가할 수 없기 때문에 공급이 비탄력적이다.

② 부동산의 공급량은 주어진 가격 수준에서 일정기간에 판매하고자 하는 최대수량이다.

③ 용도전환 및 개발이 가능한 장기에는 공급의 탄력성이 커진다.

④ 부동산의 수요량은 구매능력을 갖춘 수요자들이 구매하려는 수량이므로 유효수요를 의미한다.

⑤ 공급의 가격탄력성이 작을수록 수요변화 시 균형가격의 변동폭은 작지만 균형거래량의 변동폭은 크다.

23 다음 중 유량(flow)의 경제변수가 아닌 것은?

① 소득　　　　　　　　　　② 수출
③ 재산　　　　　　　　　　④ 소비
⑤ 투자

24 부동산 증권에 관한 설명으로 옳은 것을 모두 고른 것은?

> ㄱ. MPTS(Mortgage Pass-Through Securities)는 채권을 표시하는 증권으로 원리금수취권과 주택저당에 대한 채권을 모두 투자자에게 이전하는 증권이다.
> ㄴ. MBB(Mortgage-Backed Bond)는 모기지 풀(Pool)에서 발생하는 현금흐름으로 채권의 원리금이 지급되고, 모기지 풀의 현금흐름으로 채권의 원리금지급이 안 될 경우 발행자가 초과부담을 제공하는 채권이다.
> ㄷ. CMO(Collateralized Mortgage Obligation)는 원금과 조기상환대금을 받아갈 순서를 정한 증권으로 증권별로 만기가 일치하도록 만든 자동이체형 증권이다.
> ㄹ. MPTB(Mortgage Pay-Through Bond)는 채권으로 발행자의 대차대조표에 부채로 표시된다.
> ㅁ. 금융기관은 MBS(Mortgage-Backed Securities)를 통해 자기자본비율(BIS)을 높일 수 있다.

① ㄱ, ㄴ, ㄷ　　　　　　　② ㄱ, ㄴ, ㄹ
③ ㄱ, ㄷ, ㅁ　　　　　　　④ ㄴ, ㄹ, ㅁ
⑤ ㄷ, ㄹ, ㅁ

25 프로젝트 파이낸싱(PF)에 관한 설명으로 옳지 않은 것은?

① 사업주의 대차대조표에 부채로 표시되어 사업주의 부채비율에 영향을 미친다.

② 프로젝트 자체의 수익성과 향후 현금흐름을 기초로 개발에 필요한 자금을 조달한다.

③ 대출기관은 시행사에게 원리금상환을 요구하고, 시행사가 원리금을 상환하지 못하면 책임준공의 의무가 있는 시공사에게 채무상환을 요구할 수 있다.

④ 금융기관은 부동산개발사업의 사업주와 자금공여 계약을 체결한다.

⑤ 프로젝트 파이낸싱의 구조는 비소구금융이 원칙이나, 제한적 소구금융의 경우도 있다.

26 다음의 조건을 가진 오피스텔의 대부비율(LTV)은? (단, 연간 기준이며, 주어진 조건에 한함)

- 순영업소득: 4천만원
- 매매가격: 4억원
- 부채감당률: 2
- 저당상수: 0.1

① 20%

② 30%

③ 40%

④ 50%

⑤ 60%

27 아파트시장의 균형가격과 균형거래량에 관한 설명으로 옳지 않은 것은? (단, 완전탄력적과 완전비탄력적 조건이 없는 경우는 수요와 공급의 법칙에 따르며, 다른 조건은 동일함)

① 수요의 증가폭이 공급의 증가폭보다 클 경우, 균형가격은 하락하고 균형거래량은 증가한다.

② 균형상태인 아파트시장에서 건축원자재의 가격이 상승하면 균형가격은 상승하고 균형거래량은 감소한다.

③ 공급이 가격에 대해 완전탄력적인 경우, 수요가 증가하면 균형가격은 변하지 않고 균형거래량만 증가한다.

④ 공급이 가격에 대해 완전비탄력적인 경우, 수요가 증가하면 균형가격은 상승하고 균형거래량은 변하지 않는다.

⑤ 공급의 감소폭이 수요의 감소폭보다 클 경우, 균형가격은 상승하고 균형거래량은 감소한다.

28 부동산투자회사법령상 부동산투자회사에 관한 내용으로 옳지 않은 것은?

① 영업인가를 받거나 등록을 한 날부터 최저자본금준비기간이 지난 자기관리 부동산투자회사의 최저자본금은 70억원 이상이 되어야 한다.

② 최저자본금준비기간이 끝난 후에는 매 분기 말 현재 총자산의 100분의 80 이상을 부동산, 부동산 관련 증권 및 현금으로 구성하여야 한다. 이 경우 총자산의 100분의 70 이상은 부동산(건축 중인 건축물을 포함한다)이어야 한다.

③ 부동산투자회사는 부동산 등 자산의 운용에 관하여 회계처리를 할 때에는 금융감독원이 정하는 회계처리기준에 따라야 한다.

④ 부동산투자회사의 상근 임원은 다른 회사의 상근 임직원이 되거나 다른 사업을 하여서는 아니 된다.

⑤ 위탁관리 부동산투자회사란 자산의 투자·운용을 자산관리회사에 위탁하는 부동산투자회사를 말한다.

29 아파트시장에서 아파트의 수요곡선을 우측(우상향)으로 이동시킬 수 있는 요인은 모두 몇 개인가? (단, 다른 조건은 동일함)

- 아파트 가격의 하락
- 대체 주택 가격의 상승
- 총부채원리금상환비율(DSR) 규제 완화
- 가구수 증가
- 모기지 대출(mortgage loan) 금리의 상승
- 수요자의 실질 소득 감소
- 부채감당률(DCR) 규제 강화

① 2개   ② 3개   ③ 4개
④ 5개   ⑤ 6개

30 부동산금융에 관한 설명으로 옳은 것은? (단, 주어진 조건에 한함)

① 콜옵션(call option)은 저당대출 대출자에게 주어진 조기상환권이다.

② 금융기관은 위험을 줄이기 위해 부채감당률이 1보다 작은 대출안의 작은 순서대로 대출을 실행한다.

③ 대출수수료와 조기상환수수료를 차입자가 부담하는 경우, 차입자의 실효이자율은 조기상환시점이 앞당겨질수록 하락한다.

④ 대출조건이 동일할 경우 대출채권의 듀레이션(평균회수기간)은 원리금균등분할상환방식이 원금균등분할상환방식보다 더 길다.

⑤ 고정금리방식의 대출에서 총상환액은 원리금균등분할상환방식이 원금균등분할상환방식보다 더 작다.

31 부동산투자의 수익과 위험에 관한 설명으로 옳지 않은 것은?

① 다양한 자산들로 분산된 포트폴리오는 체계적 위험을 감소시킨다.

② 위험회피형 투자자는 위험 증가에 따른 보상으로 높은 기대수익률을 요구한다.

③ 동일한 자산들로 구성된 포트폴리오라도 자산들의 구성비중에 따라 포트폴리오의 수익과 위험이 달라진다.

④ 시장상황에 대한 자산가격의 민감도가 높을수록 수익률의 표준편차는 커진다.

⑤ 지분투자수익률은 지분투자자의 투자성과를 나타낸다.

32 다음에서 설명하는 민간투자 사업방식은?

> • 시설의 소유권은 시설의 준공과 함께 정부 등에 귀속
> • 사업시행자는 일정기간의 시설관리 운영권을 획득
> • 사업시행자는 시설의 최종수요자로부터 이용료를 징수하여 투자비를 회수
> • SOC시설 소유권을 민간에 넘기는 것이 부적절한 경우에 주로 사용

① BOT(build-operate-transfer)방식　　② BTO(build-transfer-operate)방식

③ BLT(build-lease-transfer)방식　　④ LBO(lease-build-operate)방식

⑤ BOO(build-own-operate)방식

33 다음과 같은 조건에서 대상부동산의 수익가액 산정 시 적용할 환원이율(capitalization rate)은? (단, 주어진 조건에 한함)

> • 가능총소득(PGI): 연 85,000,000원
> • 공실상당액: 가능총소득의 5%
> • 재산관리수수료: 가능총소득의 2%
> • 유틸리티비용: 가능총소득의 2%
> • 관리직원인건비: 가능총소득의 3%
> • 부채서비스액: 연 20,000,000원
> • 대부비율: 25%
> • 대출조건: 이자율 연 4%로 28년간 매년 원리금균등분할상환(고정금리)
> • 저당상수(이자율 연 4%, 기간 28년): 0.06

① 5.61%　　　　② 5.66%　　　　③ 5.71%

④ 5.76%　　　　⑤ 5.81%

34 부동산투자에 관한 설명으로 옳지 않은 것은? (단, 주어진 조건에 한함)

① 영업비용비율(OER)은 운영경비(OE)를 유효총소득(EGI)으로 나눈 비율이다.

② 총부채상환비율(DTI)이 높을수록 차입자의 부채상환가능성이 낮아진다.

③ 채무불이행률(DR)은 유효총소득(EGI)으로 운영경비(OE)와 부채서비스(DS)를 감당할 수 있는 정도를 나타낸다.

④ 총투자수익률(ROI)은 총투자액을 순영업소득(NOI)으로 나눈 비율이다.

⑤ 지분투자수익률(ROE)은 세후현금흐름(ATCF)을 지분투자액으로 나눈 비율이다.

35 부동산 마케팅활동에 관한 설명으로 옳지 않은 것은?

① 시장세분화란 부동산시장에서 마케팅활동을 수행하기 위하여 구매자의 집단을 세분화하는 것이다.

② 세분시장은 그 규모와 구매력 등의 특성이 측정될 수 있어야 한다.

③ 세분시장은 개념적으로 구분될 수 있으며 마케팅 믹스 요소에 대해 동일하게 반응한다.

④ 표적시장이란 세분화된 시장 중 가장 효과적인 성과가 기대되어 마케팅활동의 수행대상이 되는 시장을 말한다.

⑤ 포지셔닝은 표적시장에서 고객의 욕구를 파악하여 경쟁제품과 차별화된 자사제품의 개념을 정해 이를 소비자의 지각 속에 적절히 위치시키는 것이다.

36 부동산투자분석에 관한 내용으로 옳지 않은 것은?

① 동일한 현금흐름을 가지는 투자안이라도 투자자의 요구수익률에 따라 순현재가치는 달라질 수 있다.

② 서로 다른 내부수익률을 가지는 두 자산에 동시에 투자하는 투자안의 내부수익률은 각 자산의 내부수익률을 더한 것과 같다.

③ 동일한 투자안에 대해 내부수익률이 복수로 존재할 수 있다.

④ 내부수익률법에서는 내부수익률과 요구수익률을 비교하여 투자의사결정을 한다.

⑤ 투자규모에 차이가 나는 상호배타적인 투자안을 검토할 때, 순현재가치법과 수익성지수법을 통한 의사결정이 달라질 수 있다.

37 부동산관리의 위탁관리방식에 관한 설명으로 옳지 않은 것은?

① 신뢰도가 높은 업체를 선정하는 것이 중요하다.
② 관리업무의 전문성과 효율성을 제고할 수 있다.
③ 오피스빌딩과 같은 대형건물의 관리에 유용하다.
④ 관리환경 변화에 대한 예측과 적응에 유리하다.
⑤ 자기관리방식보다 기밀유지 측면에서 유리하다.

38 부동산투자에서 (ㄱ)타인자본을 활용하지 않은 경우와 (ㄴ)타인자본을 40% 활용하는 경우, 각각의 1년간 자기자본수익률(%)은? (단, 주어진 조건에 한함)

- 부동산 매입가격: 10,000만원
- 1년 후 부동산 처분
- 순영업소득(NOI): 연 500만원(기간 말 발생)
- 보유기간 동안 부동산가격 상승률: 연 2%
- 대출조건: 이자율 연 4%, 대출기간 1년, 원리금은 만기일시상환

① ㄱ: 7.0, ㄴ: 7.0   ② ㄱ: 7.0, ㄴ: 8.0
③ ㄱ: 7.0, ㄴ: 9.0   ④ ㄱ: 7.5, ㄴ: 8.0
⑤ ㄱ: 7.5, ㄴ: 9.0

39 다음은 매장의 매출액이 손익분기점 매출액 이하이면 기본임대료만 지급하고, 손익분기점 매출액 초과이면 초과매출액에 대하여 일정 임대료율을 적용한 추가임대료를 기본임대료에 가산하여 임대료를 지급하는 비율임대차(percentage lease)방식의 임대차계약의 조건이다. 이 임대차계약에서 계약기간 동안 지급할 것으로 예상되는 임대료의 합계는? (단, 주어진 조건에 한함)

- 계약기간: 1년(1월 ~ 12월)
- 매장 임대면적: 200㎡
- 임대면적당 기본임대료: 월 5만원/㎡
- 손익분기점 매출액: 월 2,000만원
- 각 월별 예상매출액
  - 1월 ~ 7월: 8만원/㎡
  - 8월 ~ 12월: 20만원/㎡
- 손익분기점 초과 시 초과매출액에 대한 임대료율: 10%

① 11,000만원   ② 11,500만원
③ 12,000만원   ④ 12,500만원
⑤ 13,000만원

40 부동산개발방식에 관한 설명으로 옳은 것을 모두 고른 것은?

ㄱ : 토지소유자와의 약정에 의해 수익증권을 발행하고 수익증권의 소유자에게 수익을 배당하는 방식
ㄴ : 원래의 토지소유자에게 사업 후 사업에 소요된 비용 등을 제외하고 면적비율에 따라 돌려주는 방식
ㄷ : 공익성이 강하고 대량공급이 가능한 택지개발사업에서 주로 수행하는 방식

① ㄱ: 신탁방식,   ㄴ: 환지방식, ㄷ: 공영개발방식
② ㄱ: 신탁방식,   ㄴ: 수용방식, ㄷ: 공영개발방식
③ ㄱ: 사업위탁방식, ㄴ: 환지방식, ㄷ: 민간개발방식
④ ㄱ: 사업위탁방식, ㄴ: 수용방식, ㄷ: 민간개발방식
⑤ ㄱ: 컨소시엄방식, ㄴ: 수용방식, ㄷ: 민관협력개발방식

제4과목 | 감정평가관계법규

01 국토의 계획 및 이용에 관한 법령상 기반시설과 그 해당 시설의 연결로 옳지 않은 것은?

① 공간시설 – 녹지
② 유통·공급시설 – 공동구
③ 공공·문화체육시설 – 공공청사
④ 환경기초시설 – 도축장
⑤ 방재시설 – 유수지

02 국토의 계획 및 이용에 관한 법령상 광역도시계획에 관한 설명으로 옳은 것은?

① 군수는 도지사에게 광역계획권의 지정을 요청할 수 없다.
② 도지사가 광역계획권을 변경하려면 중앙도시계획위원회의 심의를 거쳐 관계 중앙행정기관의 장의 승인을 받아야 한다.
③ 국토교통부장관은 광역계획권을 변경하면 지체 없이 관계 중앙행정기관의 장에게 그 사실을 통보하여야 한다.
④ 광역계획권을 지정한 날부터 2년이 지날 때까지 시장·군수의 광역도시계획 승인 신청이 없는 경우에는 관할 도지사가 광역도시계획을 수립한다.
⑤ 국토교통부장관은 기초조사정보체계를 구축한 경우 등록된 정보의 현황을 5년마다 확인하고 변동사항을 반영하여야 한다.

03 국토의 계획 및 이용에 관한 법령상 도시·군관리계획에 관한 설명으로 옳지 않은 것은?

① 국토교통부장관은 국가계획과 관련된 경우에는 직접 도시·군관리계획을 입안할 수 있다.
② 도시·군관리계획은 광역도시계획과 도시·군기본계획에 부합되어야 한다.
③ 주민은 지구단위계획의 수립에 관한 사항에 대하여 도시·군관리계획의 입안을 제안할 수 있다.
④ 도시·군관리계획의 입안을 제안받은 자는 제안된 도시·군관리계획의 입안 및 결정에 필요한 비용의 전부를 제안자에게 부담시킬 수는 없다.
⑤ 주거지역에 도시·군관리계획을 입안하는 경우 토지적성평가를 실시하지 아니할 수 있다.

04 국토의 계획 및 이용에 관한 법령상 용도지역·용도지구의 내용으로 옳지 않은 것은?

① 제2종일반주거지역 : 중고층주택을 중심으로 편리한 주거환경을 조성하기 위하여 필요한 지역

② 일반상업지역 : 일반적인 상업기능 및 업무기능을 담당하게 하기 위하여 필요한 지역

③ 생산녹지지역 : 주로 농업적 생산을 위하여 개발을 유보할 필요가 있는 지역

④ 시가지방재지구 : 건축물·인구가 밀집되어 있는 지역으로서 시설 개선 등을 통하여 재해 예방이 필요한 지구

⑤ 집단취락지구 : 개발제한구역안의 취락을 정비하기 위하여 필요한 지구

05 국토의 계획 및 이용에 관한 법령상 공동구에 관한 설명으로 옳은 것은?

① 「도시개발법」에 따른 100만제곱미터 규모의 도시개발구역에서 개발사업을 시행하는 자는 공동구를 설치하여야 한다.

② 통신선로는 공동구협의회의 심의를 거쳐야 수용할 수 있다.

③ 공동구의 설치비용은 「국토의 계획 및 이용에 관한 법률」 또는 다른 법률에 특별한 규정이 있는 경우를 제외하고는 공동구 점용예정자와 사업시행자가 부담한다.

④ 부담금의 납부통지를 받은 공동구 점용예정자는 공동구설치공사가 착수되기 전에 부담액의 3분의 2 이상을 납부하여야 한다.

⑤ 공동구관리자는 1년에 2회 이상 공동구의 안전점검을 실시하여야 한다.

06 국토의 계획 및 이용에 관한 법령상 개발행위허가 시 개발행위 규모의 제한을 받는 경우 용도지역별로 허용되는 토지형질변경면적으로 옳은 것은?

① 자연환경보전지역 : 5천제곱미터 미만   ② 자연녹지지역 : 3만제곱미터 미만

③ 공업지역 : 1만제곱미터 미만   ④ 생산녹지지역 : 5천제곱미터 미만

⑤ 주거지역 : 3만제곱미터 미만

07 국토의 계획 및 이용에 관한 법령상 용도지역별 건폐율의 최대한도가 큰 순서대로 나열된 것은? (단, 조례 및 기타 강화 · 완화조건은 고려하지 않음)

> ㄱ. 제2종전용주거지역   ㄴ. 유통상업지역
> ㄷ. 일반공업지역   ㄹ. 농림지역

① ㄴ - ㄱ - ㄷ - ㄹ   ② ㄴ - ㄷ - ㄱ - ㄹ
③ ㄷ - ㄴ - ㄹ - ㄱ   ④ ㄷ - ㄹ - ㄱ - ㄴ
⑤ ㄹ - ㄷ - ㄴ - ㄱ

08 국토의 계획 및 이용에 관한 법령상 개발행위허가를 받은 자가 행정청인 경우 개발행위에 따른 공공시설의 귀속에 관한 설명으로 옳지 않은 것은?

① 개발행위허가를 받은 자가 새로 설치한 공공시설은 그 시설을 관리할 관리청에 무상으로 귀속된다.

② 개발행위허가를 받은 자가 기존의 공공시설에 대체되는 공공시설을 설치한 경우 종래의 공공시설은 개발행위허가를 받은 자에게 무상으로 귀속된다.

③ 새로 설치된 공공시설의 귀속시점은 준공검사를 받은 날이다.

④ 개발행위허가를 받은 자는 개발행위가 끝나 준공검사를 마친 때에는 해당 시설의 관리청에 공공시설의 종류와 토지의 세목을 통지하여야 한다.

⑤ 개발행위허가를 받은 자는 그에게 귀속된 공공시설의 처분으로 인한 수익금을 도시 · 군계획사업 외의 목적에 사용하여서는 아니 된다.

09 국토의 계획 및 이용에 관한 법령상 개발밀도관리구역에 관한 설명으로 옳지 않은 것은?

① 공업지역에서의 개발행위로 기반시설의 수용능력이 부족할 것이 예상되는 지역 중 기반시설의 설치가 곤란한 지역을 개발밀도관리구역으로 지정할 수 있다.

② 개발밀도관리구역에서는 해당 용도지역에 적용되는 용적률 최대한도의 30퍼센트 범위에서 용적률을 강화하여 적용한다.

③ 개발밀도관리구역을 변경하려면 해당 지방자치단체에 설치된 지방도시계획위원회의 심의를 거쳐야 한다.

④ 지정권자는 개발밀도관리구역을 지정한 경우 그 사실을 당해 지방자치단체의 공보에 게재하는 방법으로 고시하여야 한다.

⑤ 개발밀도관리구역의 지정기준을 정할 때 고려되는 기반시설에 수도공급설비도 포함된다.

10 국토의 계획 및 이용에 관한 법률상 성장관리계획에 관한 조문의 일부이다. (   )에 들어갈 숫자로 옳은 것은?

> 성장관리계획구역에서는 다음 각 호의 구분에 따른 범위에서 성장관리계획으로 정하는 바에 따라 특별시·광역시·특별자치시·특별자치도·시 또는 군의 조례로 정하는 비율까지 건폐율을 완화하여 적용할 수 있다.
> 1. 계획관리지역 : (ㄱ)퍼센트 이하
> 2. 생산관리지역·농림지역 및 대통령령으로 정하는 녹지지역 : (ㄴ)퍼센트 이하

① ㄱ : 30, ㄴ : 20 ② ㄱ : 30, ㄴ : 30
③ ㄱ : 50, ㄴ : 30 ④ ㄱ : 50, ㄴ : 50
⑤ ㄱ : 60, ㄴ : 50

11 국토의 계획 및 이용에 관한 법령상 용도지역에 관한 설명으로 옳은 것은?

① 용도지역을 세분하는 지정은 도시·군기본계획으로도 할 수 있다.

② 하나의 시·도 안에서 둘 이상의 시·군에 걸쳐 지정되는 용도지역에 대해서는 국토교통부장관이 직접 도시·군관리계획을 입안할 수 있다.

③ 하천의 매립목적이 그 매립구역과 이웃하고 있는 용도지역의 내용과 같으면 도시·군관리계획의 입안 및 결정 절차 없이 그 매립준공구역은 이웃하고 있는 용도지역으로 지정된 것으로 본다.

④ 「산업입지 및 개발에 관한 법률」에 따라 국가산업단지로 지정된 지역은 「국토의 계획 및 이용에 관한 법률」에 따른 도시지역으로 결정·고시된 것으로 본다.

⑤ 「택지개발촉진법」에 따른 택지개발지구가 개발사업의 완료로 해제되는 경우 그 지역은 택지개발지구를 지정하기 이전의 용도지역으로 환원된 것으로 본다.

12 국토의 계획 및 이용에 관한 법령상 시가화조정구역에 관한 설명으로 옳지 않은 것은?

① 시가화를 유보할 수 있는 기간은 5년 이상 20년 이내이다.

② 시가화조정구역의 지정에 관한 도시·군관리계획 결정이 있는 경우 결정 당시 이미 허가를 받아 공사에 착수한 자는 관할 관청에 신고하고 그 공사를 계속할 수 있다.

③ 시가화조정구역에서 해제되는 구역 중 계획적인 개발 또는 관리가 필요한 지역에 대하여는 지구단위계획구역을 지정할 수 있다.

④ 시가화조정구역에서 입목의 조림 또는 육림은 관할 관청에 신고하고 그 행위를 할 수 있다.

⑤ 시가화조정구역의 지정에 관한 도시·군관리계획의 결정은 시가화 유보기간이 끝난 날의 다음날부터 그 효력을 잃는다.

13 국토의 계획 및 이용에 관한 법령상 도시혁신구역에 대하여 각 법률 규정에도 불구하고 도시혁신계획으로 따로 정할 수 있는 경우가 아닌 것은?

① 「건축법」 제43조에 따른 공개 공지 등의 확보

② 「주택법」 제35조에 따른 부대시설의 설치기준

③ 「주차장법」 제19조에 따른 부설주차장의 설치

④ 「문화예술진흥법」 제9조에 따른 건축물에 대한 미술작품의 설치

⑤ 「공익사업을 위한 토지 등의 취득 및 보상에 관한 법률」 제22조에 따른 사업인정 고시

14 부동산 가격공시에 관한 법령상 표준주택가격의 조사·산정보고서에 포함되는 사항을 모두 고른 것은?

ㄱ. 주택 대지의 용도지역   ㄴ. 주건물 구조 및 층수 ㄷ. 「건축법」에 따른 사용승인연도   ㄹ. 도로접면

① ㄱ, ㄴ

② ㄷ, ㄹ

③ ㄱ, ㄴ, ㄷ

④ ㄴ, ㄷ, ㄹ

⑤ ㄱ, ㄴ, ㄷ, ㄹ

15 부동산 가격공시에 관한 법령상 비주거용 부동산가격의 공시에 관한 설명으로 옳지 않은 것은?

① 공시기준일 이후에 「건축법」에 따른 대수선이 된 비주거용 일반부동산은 해당 비주거용 개별부동산가격의 공시기준일을 다르게 할 수 있다.
② 비주거용 표준부동산의 임시사용승인일은 비주거용 표준부동산가격의 공시사항에 포함되지 않는다.
③ 비주거용 표준부동산가격은 국가 등이 그 업무와 관련하여 비주거용 개별부동산가격을 산정하는 경우에 그 기준이 된다.
④ 국토교통부장관은 비주거용 집합부동산가격을 공시하기 위하여 그 가격을 산정할 때에는 비주거용 집합부동산의 소유자와 그 밖의 이해관계인의 의견을 들어야 한다.
⑤ 국토교통부장관은 공시한 비주거용 집합부동산가격의 오기를 정정하려는 경우에는 중앙부동산가격공시위원회의 심의를 거치지 아니할 수 있다.

16 부동산 가격공시에 관한 법령상 지가의 공시에 관한 설명으로 옳은 것은?

① 개별공시지가에 이의가 있는 자는 그 결정·공시일부터 60일 이내에 서면으로 관할 관청에 이의를 신청할 수 있다.
② 표준지공시지가의 단위면적은 3.3제곱미터로 한다.
③ 개발부담금의 부과대상이 아닌 토지에 대하여는 개별공시지가를 결정·공시하여야 한다.
④ 표준지공시지가의 공시에는 표준지에 대한 지목 및 용도지역이 포함되어야 한다.
⑤ 개별공시지가의 결정·공시에 드는 비용은 30퍼센트 이내에서 국고에서 보조한다.

17 감정평가 및 감정평가사에 관한 법령상 감정평가사에 대한 징계의 종류가 아닌 것은?

① 견책 ② 자격의 취소
③ 2년 이하의 업무정지 ④ 등록의 취소
⑤ 6개월 이하의 자격의 정지

18 감정평가 및 감정평가사에 관한 법령상 감정평가법인에 관한 설명으로 옳지 않은 것은?

① 감정평가법인은 전체 사원 또는 이사의 100분의 90 이상을 감정평가사로 두어야 한다.
② 국토교통부장관은 감정평가법인등이 장부 등의 검사를 거부 또는 방해한 경우에는 그 설립인가를 취소할 수 있다.
③ 감정평가법인등은 토지등의 매매업을 직접 하여서는 아니 된다.
④ 감정평가법인의 자본금은 2억원 이상이어야 한다.
⑤ 감정평가법인의 대표사원 또는 대표이사는 감정평가사여야 한다.

19 감정평가 및 감정평가사에 관한 법령상 감정평가사에 관한 설명으로 옳지 않은 것은?

① 감정평가사는 감정평가업을 하기 위하여 1개의 사무소만을 설치할 수 있다.
② 견책을 받은 감정평가사는 감정평가사 교육연수의 대상자에 포함된다.
③ 국유재산을 관리하는 기관에서 5년 이상 감정평가와 관련된 업무에 종사한 사람에 대해서는 감정평가사시험 중 제1차 시험을 면제한다.
④ 국토교통부장관은 등록한 감정평가사가 파산선고를 받고 복권되지 아니한 경우에는 그 등록을 취소하여야 한다.
⑤ 등록한 감정평가사는 5년마다 그 등록을 갱신하여야 한다.

20 국유재산법상 용어의 정의이다. ( )에 들어갈 내용으로 옳은 것은?

> • (ㄱ)(이)란 국가 외의 자가 제5조 제1항 각 호에 해당하는 재산의 소유권을 무상으로 국가에 이전하여 국가가 이를 취득하는 것을 말한다.
> • (ㄴ)이란 사용허가나 대부계약 없이 국유재산을 사용·수익하거나 점유한 자에게 부과하는 금액을 말한다.
> • 총괄청이란 (ㄷ)을 말한다.

① ㄱ : 기부채납, ㄴ : 부담금, ㄷ : 중앙관서의 장
② ㄱ : 무상양도, ㄴ : 변상금, ㄷ : 기획재정부장관
③ ㄱ : 기부채납, ㄴ : 변상금, ㄷ : 기획재정부장관
④ ㄱ : 무상양도, ㄴ : 변상금, ㄷ : 중앙관서의 장
⑤ ㄱ : 기부채납, ㄴ : 부담금, ㄷ : 기획재정부장관

21 국유재산법령상 국유재산에 관한 설명으로 옳지 않은 것은?

① 정부시설에서 사용하는 궤도차량으로서 해당 시설의 폐지와 함께 포괄적으로 용도폐지된 것은 해당 시설이 폐지된 후에는 국유재산으로 하지 아니한다.

② 총괄청은 일반재산을 보존용재산으로 전환하여 관리할 수 있다.

③ 등기가 필요한 국유재산이 부동산인 경우 그 권리자의 명의는 국(國)으로 하되 소관 중앙관서의 명칭을 함께 적어야 한다.

④ 총괄청이나 중앙관서의 장은 소유자 없는 부동산을 국유재산으로 취득한다.

⑤ 지상권, 전세권, 광업권은 국유재산의 범위에 속한다.

22 국유재산법령상 행정재산의 사용허가에 관한 설명으로 옳은 것은?

① 사용허가를 받은 자는 허가기간이 끝난 경우에는 중앙관서의 장이 미리 상태의 변경을 승인하였더라도 그 재산을 원래 상태대로 반환하여야 한다.

② 경작용으로 실경작자에게 사용허가를 하는 경우에는 수의의 방법으로 사용허가를 받을 자를 결정할 수 없다.

③ 중앙관서의 장은 사용허가를 받은 자가 해당 재산의 보존을 게을리한 경우 그 허가를 철회할 수 있다.

④ 사용허가에 관하여는 「국유재산법」에서 정한 것을 제외하고는 「민법」의 규정을 준용한다.

⑤ 사용허가를 받은 자가 그 재산에 대하여 유지·보수 외의 시설을 설치하려는 때에는 총괄청의 허가를 받아야 한다.

23 국유재산법령상 일반재산에 관한 설명으로 옳지 않은 것은?

① 국가가 매각한 일반재산을 일정기간 계속하여 점유·사용하는 경우에는 매각대금이 완납되기 전에 매각재산의 소유권을 이전할 수 있다.

② 일반재산을 매각한 경우에 매수자가 매각대금을 체납하면 그 매각계약을 해제할 수 있다.

③ 일반재산의 매각대금이 3천만원을 초과하는 경우 매각대금을 5년 이내의 기간에 걸쳐 나누어 내게 할 수 있다.

④ 일반재산을 용도를 지정하여 매각하는 경우에는 매수자는 매각일부터 10년 이상 지정된 용도로 활용하여야 한다.

⑤ 부동산신탁을 취급하는 신탁업자에게 신탁하여 개발된 일반재산의 대부기간은 30년 이내로 할 수 있으며, 20년의 범위에서 한 차례만 연장할 수 있다.

24 건축법령상 용어의 정의에 관한 설명으로 옳지 않은 것은?

① 기존 건축물의 전부를 해체하고 그 대지에 종전과 같은 규모의 범위에서 건축물을 다시 축조하는 것은 "개축"에 해당한다.

② "재축"에 해당하려면 연면적 합계는 종전 규모 이하로 하여야 한다.

③ "이전"이란 건축물의 주요구조부를 해체하지 아니하고 같은 대지의 다른 위치로 옮기는 것을 말한다.

④ 16층 이상인 건축물은 그 용도에 관계없이 "다중이용 건축물"이다.

⑤ 기둥과 기둥 사이의 거리가 15미터 이상인 건축물은 "특수구조 건축물"이다.

25 건축법령상 시설군과 그에 속하는 건축물의 용도의 연결로 옳지 않은 것은?

① 영업시설군 – 운동시설

② 주거업무시설군 – 교정시설

③ 문화집회시설군 – 장례시설

④ 교육 및 복지시설군 – 의료시설

⑤ 그 밖의 시설군 – 동물 및 식물 관련 시설

26 건축법령상 특별가로구역에 관한 조문의 내용이다. (   )에 들어갈 내용으로 옳은 것은?

> 국토교통부장관 및 허가권자는 「건축법」 및 관계 법령에 따라 일부 규정을 적용하지 아니하거나 완화하여 적용할 수 있도록 (ㄱ)에서 (ㄴ)에 접한 대지의 일정 구역을 특별가로구역으로 지정할 수 있다.

① ㄱ : 개발진흥지구, ㄴ : 허가권자가 리모델링 활성화가 필요하다고 인정하여 지정·공고한 지역 안의 도로

② ㄱ : 경관지구, ㄴ : 「지역문화진흥법」에 따른 문화지구 안의 도로

③ ㄱ : 개발진흥지구, ㄴ : 보행자전용도로로서 도시미관 개선을 위하여 허가권자가 건축조례로 정하는 도로

④ ㄱ : 경관지구, ㄴ : 「도시 및 주거환경정비법」에 따른 정비구역 안의 도로

⑤ ㄱ : 개발진흥지구, ㄴ : 건축선을 후퇴한 대지에 접한 도로로서 허가권자가 건축조례로 정하는 도로

27 건축법령상 소음 방지를 위한 일정한 기준에 따라 층간바닥(화장실의 바닥은 제외)을 설치해야 하는 건축물이 아닌 것은? (단, 건축법령상의 특례는 고려하지 않음)

① 업무시설 중 오피스텔　　　　　② 단독주택 중 다가구주택

③ 교육연구시설 중 도서관　　　　④ 숙박시설 중 다중생활시설

⑤ 제2종 근린생활시설 중 다중생활시설

28 공간정보의 구축 및 관리 등에 관한 법령상 지목과 그를 지적도 및 임야도에 등록하는 때 표기하는 부호의 연결로 옳지 않은 것은?

① 주차장 – 차　　　　　　　　　② 양어장 – 양

③ 유원지 – 원　　　　　　　　　④ 공장용지 – 장

⑤ 주유소용지 – 유

29 공간정보의 구축 및 관리 등에 관한 법령상 등록전환을 신청할 수 있는 경우가 아닌 것은?

① 「건축법」에 따른 건축신고를 한 경우

② 도시·군관리계획선에 따라 토지를 분할하는 경우

③ 「산지관리법」에 따른 산지일시사용허가를 받은 경우

④ 지적도에 등록된 토지가 사실상 형질변경되었으나 지목변경을 할 수 없는 경우

⑤ 대부분의 토지가 등록전환되어 나머지 토지를 임야도에 계속 존치하는 것이 불합리한 경우

30 공간정보의 구축 및 관리 등에 관한 법령상 지목에 관한 설명으로 옳은 것을 모두 고른 것은?

> ㄱ. 지목의 설정은 필지마다 하나의 지목을 설정하는 방법으로 한다.
> ㄴ. 송유시설의 부지는 지목을 잡종지로 한다.
> ㄷ. 건축물의 용도가 변경된 경우는 지목변경을 신청할 수 없다.
> ㄹ. 지적소관청은 지목변경을 하려면 시·도지사의 승인을 받아야 한다.

① ㄱ, ㄴ　　　　　　　　　　　　② ㄱ, ㄷ

③ ㄷ, ㄹ　　　　　　　　　　　　④ ㄱ, ㄴ, ㄹ

⑤ ㄴ, ㄷ, ㄹ

31 **공간정보의 구축 및 관리 등에 관한 법령상 토지소유자에 관한 설명으로 옳은 것은?**

① 토지대장에 토지소유자의 주민등록번호는 등록하지 않는다.
② 공유지연명부의 등록사항에 토지소유자의 변경 원인은 포함되지 않는다.
③ 토지의 이동(異動)이 있는 경우에도 토지소유자의 신청이 없으면 지적소관청은 지적공부에 등록하는 지목 또는 경계를 직권으로 결정할 수 없다.
④ 지적공부에 등록된 토지가 바다로 된 경우 토지소유자는 지적공부의 등록말소 신청을 할 수 없다.
⑤ 공공사업에 따라 지목이 도로가 되는 토지를 합병하려는 경우 토지소유자가 하여야 할 합병 신청을 해당 사업의 시행자가 대신할 수 있다.

32 **부동산등기법령상 대표자나 관리인이 있는 법인 아닌 사단(이하 '비법인사단')에 속하는 부동산의 등기에 관한 설명으로 옳은 것은?**

① 등기에 관하여는 비법인사단의 대표자나 관리인을 등기권리자 또는 등기의무자로 한다.
② 비법인사단의 부동산등기용등록번호는 소재지 관할 등기소의 등기관이 부여한다.
③ 권리에 관한 등기를 비법인사단의 명의로 할 때에는 그 대표자나 관리인의 성명, 주소를 등기사항으로 기록하지 않아도 된다.
④ 비법인사단은 사용자등록을 하고 등기에 관하여 전자신청을 할 수 있다.
⑤ 비법인사단의 대표자나 관리인이 등기를 신청한 경우 등기관은 등기를 마치면 그 대표자나 관리인에게 등기필정보를 통지한다.

33 **부동산등기법령상 권리에 관한 등기에 관한 설명으로 옳은 것은?**

① 임차권을 정지조건부로 설정하는 청구권을 보전하려는 경우에도 가등기를 할 수 있다.
② 등기관이 등기를 마친 후 그 등기가 신청할 권한이 없는 자가 신청한 것임을 발견한 때에는 등기를 직권말소한다는 뜻을 통지하여야 한다.
③ 환매특약등기는 이해관계 있는 제3자의 승낙이 없는 경우 부기로 할 수 없다.
④ 미등기의 토지에 대해 매매계약서에 의하여 소유권을 증명하는 자는 그 토지에 관한 소유권보존등기를 신청할 수 있다.
⑤ 등기관이 직권으로 등기를 말소한 처분에 대하여 관할 법원에 이의를 신청하면 등기말소처분은 효력이 정지된다.

34 부동산등기법령상 등기사무에 관한 설명으로 옳지 않은 것은?

① 등기관은 접수번호의 순서에 따라 등기사무를 처리하여야 한다.

② 등기관은 등기사무를 처리한 때에는 등기사무를 처리한 등기관이 누구인지 알 수 없도록 조치하여야 한다.

③ 토지등기부와 건물등기부는 영구히 보존하여야 한다.

④ 등기부를 편성할 때 1동의 건물을 구분한 건물에 있어서는 1동의 건물에 속하는 전부에 대하여 1개의 등기기록을 사용한다.

⑤ 폐쇄한 등기기록의 열람 청구는 관할 등기소가 아닌 등기소에 대하여도 할 수 있다.

35 부동산등기법령상 구분건물에 대한 등기에 관한 설명으로 옳지 않은 것은?

① 등기관은 구분건물인 경우 건물 등기기록의 표제부에 도면의 번호를 기록하여야 한다.

② 구분건물이 속하는 1동 전부가 멸실된 경우에는 그 구분건물의 소유권의 등기명의인은 1동의 건물에 속하는 다른 구분건물의 소유권의 등기명의인을 대위하여 1동 전부에 대한 멸실등기를 신청할 수 있다.

③ 1동의 건물에 속하는 구분건물 중 일부만에 관하여 소유권보존등기를 신청하는 경우에는 나머지 구분건물의 표시에 관한 등기를 동시에 신청하여야 한다.

④ 대지권이 등기된 구분건물의 등기기록에는 건물만에 관한 저당권설정등기를 할 수 있다.

⑤ 구분건물에 대하여는 전유부분마다 부동산고유번호를 부여한다.

36 동산 · 채권 등의 담보에 관한 법령상 담보등기에 관한 설명으로 옳은 것은?

① 장래에 취득할 동산은 특정할 수 있는 경우에도 이를 목적으로 담보등기를 할 수 없다.

② 등기명의인 표시의 변경의 등기는 등기명의인 단독으로 신청할 수 있다.

③ 담보권자가 담보권의 존속기간을 갱신하려면 그 존속기간 만료 전후 1개월 내에 연장등기를 신청하여야 한다.

④ 포괄승계로 인한 등기는 등기권리자 또는 등기의무자 단독으로 신청할 수 있다.

⑤ 담보목적물인 동산이 멸실된 경우 그 말소등기의 신청은 담보권설정자가 하여야 한다.

37 도시 및 주거환경정비법령상 정비사업에 관한 설명으로 옳은 것은?

① 재개발사업이란 정비기반시설은 양호하나 노후·불량건축물에 해당하는 공동주택이 밀집한 지역에서 주거환경을 개선하기 위한 사업을 말한다.

② 재건축사업의 경우 정비구역의 지정권자는 하나의 정비구역을 둘 이상의 정비구역으로 분할하여 지정할 수 없다.

③ 재건축사업은 관리처분계획에 따라 건축물을 공급하거나 환지로 공급하는 방법으로 한다.

④ 재개발사업의 시행자가 작성하는 사업시행계획서에는 임시거주시설을 포함한 주민이주대책이 포함되어야 한다.

⑤ 토지등소유자가 20인 미만인 경우에는 토지등소유자가 직접 재개발사업을 시행할 수 없다.

38 도시 및 주거환경정비법령상 주택재개발조합이 조합설립인가를 받은 사항 중 시장·군수등에게 신고하고 변경할 수 있는 사항을 모두 고른 것은? (단, 정관 및 조례는 고려하지 않음)

ㄱ. 착오임이 명백한 사항
ㄴ. 토지의 매매로 조합원의 권리가 이전된 경우의 조합원의 교체
ㄷ. 정비구역의 면적이 15퍼센트 변경됨에 따라 변경되어야 하는 사항
ㄹ. 조합의 명칭

① ㄱ, ㄴ   ② ㄴ, ㄷ

③ ㄷ, ㄹ   ④ ㄱ, ㄴ, ㄹ

⑤ ㄱ, ㄷ, ㄹ

39 도시 및 주거환경정비법령상 정비구역에 관한 설명으로 옳은 것은?

① 광역시의 군수가 정비계획을 입안한 경우에는 직접 정비구역을 지정할 수 있다.

② 정비구역에서 건축물의 용도만을 변경하는 경우에는 따로 시장·군수등의 허가를 받지 않아도 된다.

③ 재개발사업을 시행하는 지정개발자가 사업시행자 지정일부터 3년이 되는 날까지 사업시행계획인가를 신청하지 않은 경우 해당 정비구역을 해제하여야 한다.

④ 토지등소유자는 공공재개발사업을 추진하려는 경우 정비계획의 입안권자에게 정비계획의 입안을 제안할 수 있다.

⑤ 정비구역이 해제된 경우에도 정비계획으로 변경된 용도지역, 정비기반시설 등은 정비구역 지정 이후의 상태로 존속한다.

40 도시 및 주거환경정비법령상 재건축사업의 관리처분계획에 관한 설명으로 옳은 것은?

① 관리처분계획에 포함될 분양대상자별 분양예정인 건축물의 추산액을 평가하기 위하여 시장·군수 등이 선정·계약한 감정평가법인등을 변경하는 경우에는 조합총회의 의결을 거치지 않아도 된다.

② 토지등소유자에 대한 사업시행자의 매도청구에 대한 판결에 따라 관리처분계획을 변경하는 경우에는 시장·군수 등의 변경인가를 받아야 한다.

③ 사업시행자는 관리처분계획이 인가·고시된 날부터 90일 이내에 분양신청을 하지 않은 자와 손실보상에 관한 협의를 하여야 한다.

④ 관리처분계획에 포함되는 세입자별 손실보상을 위한 권리명세 및 그 평가액은 시장·군수 등이 선정한 2인 이상의 감정평가법인등이 평가한 금액을 산술평균하여 산정한다.

⑤ 시장·군수 등이 직접 관리처분계획을 수립하는 경우에는 토지등소유자의 공람 및 의견 청취절차를 생략할 수 있다.

01 재무보고를 위한 개념체계에 관한 설명으로 옳지 않은 것은?

① 경제적효익의 유입가능성이나 유출가능성이 낮더라도 자산이나 부채가 존재할 수 있다.

② 부채가 발생하거나 인수할 때의 역사적 원가는 발생시키거나 인수하면서 수취한 대가에서 거래원가를 가산한 가치이다.

③ 매각이나 소비되는 자산의 원가에 대한 정보와 수취한 대가에 대한 정보는 예측가치를 가질 수 있다.

④ 가격 변동이 유의적일 경우, 현행원가를 기반으로 한 이익은 역사적 원가를 기반으로 한 이익보다 미래 이익을 예측하는 데 더 유용할 수 있다.

⑤ 합리적인 추정의 사용은 재무정보 작성의 필수적인 부분이며 추정치를 명확하고 정확하게 기술하고 설명한다면 정보의 유용성을 훼손하지 않는다.

02 재무제표 표시에 관한 설명으로 옳은 것은?

① 기업이 재무상태표에 유동자산과 비유동자산, 그리고 유동부채와 비유동부채로 구분하여 표시하는 경우, 이연법인세자산은 유동자산으로 분류한다.

② 한국채택국제회계기준을 준수하여 작성된 재무제표는 국제회계기준을 준수하여 작성된 재무제표임을 주석으로 공시할 수 있다.

③ 환경 요인이 유의적인 산업에 속해 있는 경우나 종업원이 재무제표이용자인 경우 재무제표 이외에 환경보고서나 부가가치보고서도 한국채택국제회계기준을 적용하여 작성한다.

④ 부적절한 회계정책은 이에 대하여 공시나 주석 또는 보충자료를 통해 설명하여 정당화될 수 있다.

⑤ 당기손익과 기타포괄손익은 별개의 손익계산서가 아닌 단일의 포괄손익계산서로 작성되어야 한다.

03 ㈜감평의 20×1년 기말재고자산에 대한 자료가 다음과 같다.

항목	원가	확정판매계약가격	일반판매가격	현행대체원가
제품 A	₩1,000	₩900	₩950	–
제품 B	1,200	–	1,250	–
원재료 A	1,100	–	–	₩1,000
원재료 B	1,000	–	–	900

- 제품 A는 모두 확정판매계약을 이행하기 위하여 보유하고 있으며, 제품 A와 제품 B는 판매 시 계약가격 또는 일반판매가격의 10%에 해당하는 판매비용이 소요될 것으로 예상된다.
- 원재료 A를 이용하여 생산하는 제품은 원가 이상으로 판매될 것으로 예상된다.
- 원재료 B를 이용하여 생산하는 제품의 원가는 순실현가능가치를 초과할 것으로 예상된다.

모든 재고자산에 대해 항목별기준을 적용할 때 20×1년도에 인식할 재고자산평가손실은? (단, 재고자산 감모는 발생하지 않았으며, 기초재고자산평가충당금은 없다.)

① ₩300
② ₩335
③ ₩350
④ ₩365
⑤ ₩380

04 ㈜감평은 재고자산을 원가기준 선입선출소매재고법으로 측정한다. 20×1년 재고자산 자료가 다음과 같을 때, 매출원가는? (단, 평가손실과 감모손실은 발생하지 않았다.)

항목	원가	판매가
기초재고액	₩1,000	₩1,500
당기매입액	9,000	11,500
인상액	–	1,400
인상취소액	–	800
인하액	–	700
인하취소액	–	600
당기매출액	–	9,500

① ₩6,800
② ₩7,000
③ ₩7,160
④ ₩7,315
⑤ ₩7,375

05 ㈜감평은 20×1년 초 종업원 100명에게 각각 현금결제형 주가차액보상권 10개씩을 3년의 용역조건으로 부여하였다. 20×1년에 실제로 5명이 퇴사하였으며, 20×2년에 8명, 20×3년에 12명이 각각 추가로 퇴사할 것으로 추정하였다. 20×2년에는 실제로 7명이 퇴사하였고, 20×3년에 추가로 15명이 퇴사할 것으로 추정하였으며, 20×3년 말 최종가득자는 75명, 권리행사자는 40명이다. 주가차액보상권의 공정가치가 각각 20×1년 말 ₩14, 20×2년 말 ₩15, 20×3년 말 ₩17이고, 20×3년 말 내재가치는 ₩16일 때, 동 주가차액보상권과 관련하여 20×3년 인식할 보상비용(순액)은?

① ₩5,050
② ₩5,450
③ ₩5,950
④ ₩6,400
⑤ ₩6,800

06 ㈜감평의 20×1년도 재무제표 및 자본 관련 자료가 다음과 같을 때 총자산이익률은? (단, 총자산이익률 계산 시 평균자산을 이용한다.)

• 기초자산	₩10,000	• 기말자산	₩11,000
• 기초부채	9,000	• 기말부채	9,500
• 무상증자 실시	250	• 주식배당 결의	100
• 자기주식 취득	150	• 현금배당 결의	165
• 당기순이익 발생	?	• 기타포괄이익 발생	80

① 7%
② 9%
③ 11%
④ 13%
⑤ 15%

07 20×1년 초 설립된 ㈜감평의 20×1년 주식과 관련된 자료가 다음과 같다.

- 20×1년 초 유통보통주식수 : 3,000주
- 4월 초 모든 주식에 대하여 10% 무상증자 실시
- 7월 초 전환사채의 보통주 전환 : 900주
- 10월 초 주주우선배정 방식으로 보통주 1,000주 유상증자 실시(발행금액 : 주당 ₩2,000, 증자 직전 주식의 공정가치 : 주당 ₩2,500)

무상신주는 원구주에 따르고, 유상증자대금은 10월 초 전액 납입완료되었을 때, 20×1년 가중평균유통보통주식수는? (단, 유통보통주식수는 월할계산한다.)

① 3,796주   ② 3,875주   ③ 4,000주
④ 4,082주   ⑤ 4,108주

08 ㈜감평은 20×1년부터 20×3년까지 매년 말 다음과 같이 기말재고자산을 과소 또는 과대계상하였으며 오류수정 전 20×2년도와 20×3년도의 당기순이익은 각각 ₩200과 ₩250이다. 20×3년도 장부가 마감되기 전 오류를 발견하고 해당 오류가 중요하다고 판단하였을 경우, 오류수정 후 20×3년도 당기순이익은?

20×1년도	20×2년도	20×3년도
₩30 과소계상	₩10 과소계상	₩20 과대계상

① ₩190   ② ₩220   ③ ₩230
④ ₩240   ⑤ ₩250

09 20×1년 초 설립된 ㈜감평의 자본계정은 다음과 같으며, 설립 후 20×3년 초까지 자본금 변동은 없었다. 우선주에 대해서는 20×1년도에 배당가능이익이 부족하여 배당금을 지급하지 못한 ㈜감평이 20×3년 초 ₩500의 현금배당을 결의하였을 때, 우선주에 배분될 배당금은?

- 보통주 자본금 : 액면금액 ₩20, 발행주식수 200주(배당률 4%)
- 우선주 자본금 : 액면금액 ₩20, 발행주식수 50주(누적적, 완전참가적, 배당률 5%)

① ₩100   ② ₩108   ③ ₩140
④ ₩148   ⑤ ₩160

10 20×1년 초 설립된 ㈜감평은 커피머신 1대를 이전(₩300)하면서 2년간 일정량의 원두를 공급(₩100)하기로 하는 계약을 체결하여 약속을 이행하고 현금 ₩400을 수령하였다. 이 계약이 고객과의 계약에서 생기는 수익의 기준을 모두 충족할 때 수익 인식 5단계 과정에 따라 순서대로 옳게 나열한 것은? (단, 거래가격의 변동요소는 고려하지 않는다.)

> ㄱ. 거래가격을 ₩400으로 산정
> ㄴ. 고객과의 계약에 해당하는지 식별
> ㄷ. 거래가격 ₩400을 커피머신 1대 이전에 대한 수행의무 1(₩300)과 2년간 원두공급에 대한 수행의무 2(₩100)에 배분
> ㄹ. 커피머신 1대 이전의 수행의무 1과 2년간 원두 공급의 수행의무 2로 수행의무 식별
> ㅁ. 수행의무 1(₩300)은 커피머신이 인도되는 시점에 수익을 인식하며, 수행의무 2(₩100)는 2년간 기간에 걸쳐 수익인식

① ㄱ → ㄴ → ㄷ → ㄹ → ㅁ
② ㄴ → ㄱ → ㅁ → ㄷ → ㄹ
③ ㄴ → ㄹ → ㄱ → ㄷ → ㅁ
④ ㅁ → ㄷ → ㄱ → ㄴ → ㄹ
⑤ ㅁ → ㄹ → ㄴ → ㄱ → ㄷ

11 ㈜감평은 20×1년 1월 1일에 액면금액 ₩1,000(표시이자율 : 연 5%, 이자지급일 : 매년 12월 31일, 만기 : 20×3년 12월 31일)인 사채를 발행하였다. 발행 당시 유효이자율은 연 10%이고, 사채의 발행금액은 ₩876이다. ㈜감평은 동 사채의 일부를 20×2년 6월 30일에 조기상환(상환가액 ₩300, 사채상환이익 ₩84)했다. ㈜감평의 20×2년 말 재무상태표상 사채 장부금액(순액)은? (단, 화폐금액은 소수점 첫째자리에서 반올림하며, 단수차이로 인한 오차는 가장 근사치를 선택한다.)

① ₩400
② ₩474
③ ₩500
④ ₩574
⑤ ₩650

12 ㈜감평은 20×1년 1월 1일 다음과 같은 조건의 비분리형 신주인수권부사채를 액면발행하였다.

- 액면금액 : ₩1,000
- 표시이자율 : 연 5%
- 사채발행 시 신주인수권이 부여되지 않은 일반사채의 시장이자율 : 연 12%
- 이자지급일 : 매년 12월 31일
- 행사가격 : 1주당 ₩200
- 발행주식의 액면금액 : 1주당 ₩100
- 만기상환일 : 20×3년 12월 31일
- 상환조건 : 신주인수권 미행사 시 상환기일에 액면금액의 113.5%를 일시상환

20×2년 초 상기 신주인수권의 60%가 행사되어 3주가 발행되었다. 20×2년 초 상기 신주인수권의 행사로 인해 증가하는 ㈜감평의 주식발행초과금은? (단, 신주인수권 행사 시 신주인수권대가는 주식발행초과금으로 대체한다. 화폐금액은 소수점 첫째자리에서 반올림하며, 단수차이로 인한 오차는 가장 근사치를 선택한다.)

기간	단일금액 ₩1의 현재가치		정상연금 ₩1의 현재가치	
	5%	12%	5%	12%
1	0.9524	0.8928	0.9524	0.8928
2	0.9070	0.7972	1.8594	1.6900
3	0.8638	0.7118	2.7232	2.4018

① ₩308   ② ₩335   ③ ₩365
④ ₩408   ⑤ ₩435

13 20×1년 초 설립된 ㈜감평은 우유생산을 위하여 20×1년 2월 1일 어미 젖소 2마리(1마리당 순공정가치 ₩1,500)를 1마리당 ₩1,500에 취득하였으며, 관련 자료는 다음과 같다.

- 20×1년 12월 27일 처음으로 우유 100리터(ℓ)를 생산하였으며, 동 일자에 생산된 우유 1리터(ℓ)당 순공정가치는 ₩10이다.
- 20×1년 12월 28일 ㈜감평은 생산된 우유 100리터(ℓ) 전부를 거래처인 ㈜대한에 1리터(ℓ)당 ₩12에 판매하였다.
- 20×1년 12월 29일 송아지 1마리가 태어났다. 이 시점의 송아지 순공정가치는 1마리당 ₩300이다.
- 20×1년 말 어미 젖소와 송아지의 수량 변화는 없으며, 기말 현재 어미 젖소의 순공정가치는 1마리당 ₩1,600이고 송아지의 순공정가치는 1마리당 ₩250이다.

㈜감평의 20×1년도 포괄손익계산서 상 당기순이익 증가액은?

① ₩1,000

② ₩1,350

③ ₩1,500

④ ₩1,650

⑤ ₩2,000

14 ㈜감평은 20×1년 초 A사 주식 10주(보통주, @₩100)를 수수료 ₩100을 포함한 ₩1,100에 취득하여 당기손익-공정가치측정 금융자산으로 분류하였다. ㈜감평은 20×2년 7월 1일 A사 주식 5주를 1주당 ₩120에 매각하고, 거래수수료로 매각대금의 3%와 거래세로 매각대금의 2%를 각각 지급하였다. A사 주식의 1주당 공정가치는 20×1년 말 ₩900이고, 20×2년 말 ₩110일 때, ㈜감평의 20×2년도 포괄손익계산서의 당기순이익 증가액은?

① ₩0

② ₩100

③ ₩140

④ ₩180

⑤ ₩220

15 리스제공자 입장에서 일반적으로 금융리스로 분류될 수 있는 조건이 아닌 것은?

① 리스기간 종료시점에 기초자산의 소유권을 그 시점의 공정가치에 해당하는 변동 지급액으로 이전하는 경우

② 기초자산의 소유권이 이전되지는 않더라도 리스기간이 기초자산의 경제적 내용연수의 상당 부분(major part)을 차지하는 경우

③ 리스약정일 현재, 리스료의 현재가치가 적어도 기초자산 공정가치의 대부분에 해당하는 경우

④ 기초자산이 특수하여 해당 리스이용자만이 주요한 변경 없이 사용할 수 있는 경우

⑤ 리스이용자가 선택권을 행사할 수 있는 날의 공정가치보다 충분히 낮을 것으로 예상되는 가격으로 기초자산을 매수할 수 있는 선택권을 가지고 있고, 그 선택권을 행사할 것이 리스약정일 현재 상당히 확실한 경우

16 충당부채를 인식할 수 있는 상황을 모두 고른 것은? (단, 금액은 모두 신뢰성 있게 측정할 수 있다.)

> ㄱ. 법률에 따라 항공사의 항공기를 3년에 한 번씩 정밀하게 정비하도록 하고 있는 경우
> ㄴ. 새로운 법률에 따라 매연 여과장치를 설치하여야 하는데, 기업은 지금까지 매연 여과장치를 설치하지 않은 경우
> ㄷ. 법적규제가 아직 없는 상태에서 기업이 토지를 오염시켰지만, 이에 대한 법률 제정이 거의 확실한 경우
> ㄹ. 기업이 토지를 오염시킨 후 법적의무가 없음에도 불구하고 오염된 토지를 정화한다는 방침을 공표하고 준수하는 경우

① ㄱ, ㄴ   ② ㄱ, ㄷ
③ ㄴ, ㄷ   ④ ㄴ, ㄹ
⑤ ㄷ, ㄹ

17 ㈜감평은 20×1년 초 토지 A(취득원가 ₩1,000)와 토지 B(취득원가 ₩2,000)를 각각 취득하고, 재평가모형을 적용하였다. 동 2건의 토지에 대하여 공정가치가 다음과 같을 때, 각 연도별 당기순이익 또는 기타포괄이익에 미치는 영향으로 옳은 것은? (단, 토지에 대한 재평가잉여금의 일부를 이익잉여금으로 대체하지 않는다.)

	20×1년 말	20×2년 말	20×3년 말
토지 A	₩1,100	₩950	₩920
토지 B	1,700	2,000	2,100

① 20×1년 말 토지 A로부터 당기순이익 ₩100이 증가한다.
② 20×2년 말 토지 A로부터 당기순이익 ₩150이 감소한다.
③ 20×2년 말 토지 B로부터 기타포괄이익 ₩300이 증가한다.
④ 20×3년 말 토지 A로부터 기타포괄이익 ₩30이 감소한다.
⑤ 20×3년 말 토지 B로부터 기타포괄이익 ₩100이 증가한다.

18 ㈜감평은 ㈜대한이 발행한 사채(발행일 20×1년 1월 1일, 액면금액 ₩1,000, 표시이자율 연 8%, 매년 말 이자지급, 20×4년 12월 31일에 일시상환)를 20×1년 1월 1일에 사채의 발행가액으로 취득하였다(취득 시 신용이 손상되어 있지 않음). ㈜감평은 취득한 사채를 상각후원가로 측정하는 금융자산으로 분류하였으며, 사채발행시점의 유효이자율은 연 10%이다. ㈜감평은 ㈜대한으로부터 20×1년도 이자 ₩80은 정상적으로 수취하였으나 20×1년 말에 상각후원가로 측정하는 금융자산의 신용이 손상되었다고 판단하였다. ㈜감평은 채무불이행을 고려하여 20×2년부터 20×4년까지 현금흐름에 대해 매년 말 수취할 이자는 ₩50, 만기에 수취할 원금은 ₩800으로 추정하였다. ㈜감평의 20×1년도 포괄손익계산서의 당기순이익에 미치는 영향은? (단, 화폐금액은 소수점 첫째자리에서 반올림하며, 단수차이로 인한 오차는 가장 근사치를 선택한다.)

기간	단일금액 ₩1의 현재가치		정상연금 ₩1의 현재가치	
	8%	10%	8%	10%
3	0.7938	0.7513	2.5771	2.4868
4	0.7350	0.6830	3.3120	3.1698

① ₩94 감소　　　　　　　　② ₩94 증가
③ ₩132 감소　　　　　　　④ ₩226 감소
⑤ ₩226 증가

19 ㈜감평은 20×1년 1월 1일에 액면금액 ₩900, 표시이자율 연 5%, 매년 말 이자를 지급하는 조건의 사채(매년 말에 액면금액 ₩300씩을 상환하는 연속상환사채)를 발행하였다. 사채발행 당시의 유효이자율은 연 6%이다. ㈜감평의 20×2년 말 재무상태표상 사채의 장부금액(순액)은? (단, 화폐금액은 소수점 첫째자리에서 반올림하며, 단수차이로 인한 오차는 가장 근사치를 선택한다.)

기간	단일금액 ₩1의 현재가치		정상연금 ₩1의 현재가치	
	5%	6%	5%	6%
1	0.9524	0.9434	0.9524	0.9434
2	0.9070	0.8900	1.8594	1.8334
3	0.8638	0.8396	2.7232	2.6730

① ₩298　　　　　　　　　② ₩358
③ ₩450　　　　　　　　　④ ₩550
⑤ ₩592

20 특수관계자 공시에 관한 설명으로 옳지 않은 것은?

① 보고기업에 유의적인 영향력이 있는 개인이나 그 개인의 가까운 가족은 보고기업의 특수 관계자로 보며, 이때 개인의 가까운 가족의 범위는 자녀 및 배우자로 한정한다.

② 지배기업과 종속기업 사이의 관계는 거래의 유무에 관계없이 공시한다.

③ 특수관계자거래가 있는 경우, 재무제표에 미치는 특수관계의 잠재적 영향을 파악하는 데 필요한 거래, 채권·채무 잔액에 대한 정보뿐만 아니라 특수관계의 성격도 공시한다.

④ 기업의 재무제표에 미치는 특수관계자거래의 영향을 파악하기 위하여 분리하여 공시할 필요가 있는 경우를 제외하고는 성격이 유사한 항목은 통합하여 공시할 수 있다.

⑤ 지배기업과 최상위 지배자가 일반이용자가 이용할 수 있는 연결재무제표를 작성하지 않는 경우에는 일반이용자가 이용할 수 있는 연결재무제표를 작성하는 가장 가까운 상위의 지배기업의 명칭도 공시한다.

21 ㈜감평은 20×1년 1월 1일에 달러표시 사채(액면금액 $1,000)를 $920에 할인발행하였다. 동 사채는 매년 12월 31일에 액면금액의 연 3% 이자를 지급하며, 20×3년 12월 31일에 일시상환한다. 사채발행일 현재 유효이자율은 연 6%이다. 환율이 다음과 같을 때, ㈜감평의 20×1년도 포괄손익계산서의 당기순이익에 미치는 영향은? (단, ㈜감평의 기능통화는 원화이다. 화폐금액은 소수점 첫째자리에서 반올림하며, 단수차이로 인한 오차는 가장 근사치를 선택한다.)

	20×1.1.1	20×1.12.31	20×1년 평균
환율(₩/$)	1,300	1,250	1,280

① ₩400 감소
② ₩400 증가
③ ₩37,500 증가
④ ₩60,000 감소
⑤ ₩70,000 감소

22 ㈜감평은 20×1년 초 유형자산인 기계장치를 ₩50,000에 취득(내용연수 5년, 잔존가치 ₩0, 정액법 상각)하여 사용하고 있다. 20×2년 중 자산손상의 징후를 발견하고 손상차손을 인식하였으나 20×3년 말 손상이 회복되었다고 판단하였다. 동 기계장치의 순공정가치와 사용가치가 다음과 같을 때, 20×2년 말 인식할 손상차손(A)과 20×3년 말 인식할 손상차손환입액(B)은? (단, 동 기계장치는 원가모형을 적용한다.)

구분	순공정가치	사용가치
20×2년 말	₩15,000	₩18,000
20×3년 말	21,000	17,000

	A	B		A	B
①	₩12,000	₩8,000	②	₩12,000	₩9,000
③	₩15,000	₩8,000	④	₩15,000	₩9,000
⑤	₩15,000	₩12,000			

23 도소매업을 영위하는 ㈜감평은 20×1년 초 건물을 취득(취득원가 ₩10,000, 내용연수 5년, 잔존가치 ₩0, 정액법 상각)하였다. 공정가치가 다음과 같을 때, ㈜감평이 동 건물을 유형자산으로 분류하고 재평가모형을 적용하였을 경우(A)와 투자부동산으로 분류하고 공정가치모형을 적용한 경우(B), 20×2년 당기순이익에 미치는 영향은?

구분	20×1년 말	20×2년 말
공정가치	₩9,000	₩11,000

	A	B		A	B
①	영향 없음	₩1,000 증가	②	₩2,250 감소	₩1,000 증가
③	₩2,250 감소	₩2,000 증가	④	₩2,000 감소	₩2,000 증가
⑤	₩2,000 증가	영향 없음			

24 ㈜감평은 20×1년 초 유류저장고(취득원가 ₩13,000, 내용연수 5년, 잔존가치 ₩1,000, 정액법 상각)를 취득하고 원가모형을 적용하였다. 동 설비는 내용연수가 종료되면 원상 복구해야 할 의무가 있으며, 복구시점에 ₩3,000이 소요될 것으로 예상된다. 이는 충당부채의 인식 요건을 충족하며, 복구원가에 적용할 할인율이 연 7%일 경우 동 유류저장고와 관련하여 20×1년도 포괄손익계산서에 인식할 비용은? (단, 단일금액 ₩1의 현가계수(5년, 7%)는 0.7130이며, 화폐금액은 소수점 첫째자리에서 반올림하고 단수차이로 인한 오차는 가장 근사치를 선택한다.)

① ₩2,139
② ₩2,828
③ ₩2,978
④ ₩4,208
⑤ ₩6,608

25 20×1년 1월 1일에 설립된 ㈜감평은 확정급여제도를 운영하고 있다. 20×1년도 관련 자료가 다음과 같을 때, 20×1년 말 재무상태표의 기타포괄손익누계액에 미치는 영향은? (단, 확정급여채무 계산 시 적용하는 할인율은 연 10%이다.)

• 기초 확정급여채무의 현재가치	₩120,000
• 기초 사외적립자산의 공정가치	90,000
• 퇴직급여 지급액(사외적립자산에서 기말 지급)	10,000
• 당기 근무원가	60,000
• 사외적립자산에 기여금 출연(기말 납부)	20,000
• 기말 확정급여채무의 현재가치	190,000
• 기말 사외적립자산의 공정가치	110,000

① ₩2,000 감소
② ₩2,000 증가
③ 영향 없음
④ ₩7,000 감소
⑤ ₩7,000 증가

26 생물자산에 관한 설명으로 옳지 않은 것은?

① 어떠한 경우에도 수확시점의 수확물은 공정가치에서 처분부대원가를 뺀 금액으로 측정한다.

② 수확 후 조림지에 나무를 다시 심는 원가는 생물자산의 원가에 포함된다.

③ 최초의 원가 발생 이후에 생물적 변환이 거의 일어나지 않는 경우 원가가 공정가치의 근사치가 될 수 있다.

④ 생물자산이나 수확물을 미래 일정시점에 판매하는 계약을 체결할 때, 공정가치는 시장에 참여하는 구매자와 판매자가 거래하게 될 현행시장의 상황을 반영하기 때문에 계약가격이 공정가치의 측정에 반드시 목적적합한 것은 아니다.

⑤ 생물자산이나 수확물을 유의적인 특성에 따라 분류하면 해당 자산의 공정가치 측정이 용이할 수 있을 것이다.

27 무형자산의 회계처리에 관한 설명으로 옳은 것을 모두 고른 것은?

> ㄱ. 경영자가 의도하는 방식으로 운용될 수 있으나 아직 사용하지 않고 있는 기간에 발생한 원가는 무형자산의 장부금액에 포함한다.
> ㄴ. 자산을 사용가능한 상태로 만드는 데 직접적으로 발생하는 종업원 급여와 같은 직접 관련되는 원가는 무형자산의 원가에 포함한다.
> ㄷ. 최초에 비용으로 인식한 무형항목에 대한 지출은 그 이후에 무형자산의 원가를 신뢰성 있게 측정할 수 있다면 무형자산으로 인식할 수 있다.
> ㄹ. 새로운 지역에서 또는 새로운 계층의 고객을 대상으로 사업을 수행하는데서 발생하는 원가 등은 무형자산 원가에 포함하지 않는다.

① ㄱ, ㄴ
② ㄱ, ㄷ
③ ㄱ, ㄹ
④ ㄴ, ㄷ
⑤ ㄴ, ㄹ

28 매각예정으로 분류된 비유동자산 또는 처분자산집단의 회계처리에 관한 설명으로 옳지 않은 것은?

① 매각예정으로 분류된 비유동자산(또는 처분자산집단)은 공정가치에서 처분부대원가를 뺀 금액과 장부금액 중 큰 금액으로 측정한다.
② 1년 이후에 매각될 것으로 예상된다면 처분부대원가는 현재가치로 측정하고, 기간 경과에 따라 발생하는 처분부대원가 현재가치의 증가분은 금융원가로서 당기손익으로 회계처리한다.
③ 매각예정으로 분류하였으나 중단영업의 정의를 충족하지 않는 비유동자산(또는 처분자산집단)을 재측정하여 인식하는 평가손익은 계속영업손익에 포함한다.
④ 비유동자산이 매각예정으로 분류되거나 매각예정으로 분류된 처분자산집단의 일부이면 그 자산은 감가상각(또는 상각)하지 아니한다.
⑤ 매각예정으로 분류된 처분자산집단의 부채와 관련된 이자와 기타 비용은 계속해서 인식한다.

29 ㈜감평은 20×1년 4월 1일 업무용 기계장치를 취득(취득원가 ₩61,000, 내용연수 5년, 잔존가치 ₩1,000)하여 정액법으로 감가상각하였다. ㈜감평은 20×2년 10월 1일 동 기계장치의 감가상각방법을 연수합계법으로 변경하고 남은 내용연수도 3년으로 재추정하였으며, 잔존가치는 변경하지 않았다. 20×2년도 포괄손익계산서에 인식할 기계장치의 감가상각비는? (단, 동 기계장치는 원가모형을 적용하며, 감가상각은 월할계산한다.)

① ₩5,250 ② ₩9,150 ③ ₩12,200
④ ₩13,250 ⑤ ₩14,250

30 ㈜감평과 ㈜한국은 사용 중인 유형자산을 상호 교환하여 취득하였다. 동 교환거래에서 ㈜한국의 유형자산 공정가치가 ㈜감평의 유형자산 공정가치보다 더 명백하며, ㈜감평은 ㈜한국으로부터 추가로 현금 ₩3,000을 수취하였다. 두 회사가 보유하고 있는 유형자산의 장부금액과 공정가치가 다음과 같을 때, ㈜감평과 ㈜한국이 인식할 유형자산처분손익은? (단, 두 자산의 공정가치는 신뢰성 있게 측정할 수 있으며, 상업적 실질이 있다.)

구분	㈜감평	㈜한국
장부금액(순액)	₩10,000	₩8,000
공정가치	9,800	7,900

	㈜감평	㈜한국			㈜감평	㈜한국
①	손실 ₩200	손실 ₩100		②	손실 ₩200	손실 ₩1,200
③	이익 ₩200	이익 ₩900		④	이익 ₩900	손실 ₩100
⑤	이익 ₩900	손실 ₩1,200				

31 ㈜감평은 정상원가계산제도를 채택하고 있으며, 20×1년 재고자산은 다음과 같다.

구분	기초	기말
직접재료	₩5,000	₩6,000
재공품	10,000	12,000
제품	7,000	5,000

20×1년 매출액 ₩90,000, 직접재료 매입액 ₩30,000, 직접노무원가 발생액은 ₩20,000이고, 시간당 직접노무원가는 ₩200이다. 직접노무시간을 기준으로 제조간접원가를 예정배부할 때 20×1년 제조간접원가 예정배부율은? (단, 20×1년 매출총이익률은 30%이다.)

① ₩10 ② ₩12 ③ ₩14
④ ₩16 ⑤ ₩18

32 ㈜감평은 두 개의 제조부문 P1, P2와 두 개의 보조부문 S1, S2를 통해 제품을 생산하고 있다. S1과 S2의 부문원가는 각각 ₩60,000과 ₩30,000이다. 다음 각 부문 간의 용역수수 관계를 이용하여 보조부문원가를 직접배분법으로 제조부문에 배분할 때 P2에 배분될 보조부문원가는? (단, S1은 기계시간, S2는 kW에 비례하여 배분한다.)

| 사용 | 제조부문 | | 보조부문 | |
제공	P1	P2	S1	S2
S1	30기계시간	18기계시간	5기계시간	8기계시간
S2	160kW	240kW	80kW	50kW

① ₩18,000 ② ₩22,500 ③ ₩37,500
④ ₩40,500 ⑤ ₩55,500

33 ㈜감평은 종합원가계산제도를 채택하고 있으며, 제품 X의 생산관련 자료는 다음과 같다.

구분	물량
기초재공품(전환원가 완성도)	60단위(70%)
당기착수량	300단위
기말재공품(전환원가 완성도)	80단위(50%)

직접재료는 공정 초에 전량 투입되고, 전환원가(conversion cost, 또는 가공원가)는 공정 전반에 걸쳐 균등하게 발생한다. 품질검사는 전환원가(또는 가공원가) 완성도 80% 시점에 이루어지며, 당기에 품질검사를 통과한 합격품의 5%를 정상공손으로 간주한다. 당기에 착수하여 완성된 제품이 200단위일 때 비정상공손 수량은? (단, 재고자산의 평가방법은 선입선출법을 적용한다.)

① 7단위 ② 10단위 ③ 13단위
④ 17단위 ⑤ 20단위

34 ㈜감평은 20×1년 초 영업을 개시하였으며, 표준원가계산제도를 채택하고 있다. 직접재료 kg당 실제 구입가격은 ₩5, 제품 단위당 직접재료 표준원가는 ₩6(2kg × ₩3/kg)이다. 직접재료원가에 대한 차이 분석결과 구입가격차이가 ₩3,000(불리), 능률차이가 ₩900(유리)이다. 20×1년 실제 제품 생산량이 800단위일 때, 기말 직접재료 재고수량은? (단, 기말재공품은 없다.)

① 50kg ② 100kg ③ 130kg
④ 200kg ⑤ 230kg

35 ㈜감평은 20×1년 초 영업을 개시하였으며, 제품 X를 생산·판매하고 있다. 재고자산 평가방법은 선입선출법을 적용하고 있으며, 20×1년 1분기와 2분기의 영업활동 결과는 다음과 같다.

구분	1분기	2분기
생산량	500단위	800단위
전부원가계산에 의한 영업이익	₩7,000	₩8,500
변동원가계산에 의한 영업이익	5,000	6,000

1분기와 2분기의 판매량이 각각 400단위와 750단위일 때, 2분기에 발생한 고정제조간접원가는? (단, 각 분기별 단위당 판매가격, 단위당 변동원가는 동일하며, 재공품 재고는 없다.)

① ₩20,000   ② ₩22,000   ③ ₩24,000
④ ₩26,000   ⑤ ₩30,000

36 ㈜감평은 결합공정을 거쳐 주산품 A, B와 부산품 F를 생산하여 주산품 A, B는 추가가공한 후 판매하고, 부산품 F의 회계처리는 생산시점에서 순실현가치법(생산기준법)을 적용한다. ㈜감평의 당기 생산 및 판매 자료는 다음과 같다.

구분	분리점 이후 추가가공원가	추가가공 후 단위당 판매가격	생산량	판매량
A	₩1,000	₩60	100단위	80단위
B	200	30	140	100
F	500	30	50	40

결합원가 ₩1,450을 분리점에서의 순실현가능가치 기준으로 각 제품에 배분할 때 주산품 A의 매출총이익은? (단, 기초 재고자산은 없다.)

① ₩2,714   ② ₩2,800   ③ ₩2,857
④ ₩3,714   ⑤ ₩3,800

37 ㈜감평은 제품 A를 생산하여 단위당 ₩1,000에 판매하고 있다. 제품 A의 단위당 변동원가는 ₩600, 총고정원가는 연 ₩30,000이다. ㈜감평이 20×1년 법인세차감 후 순이익 ₩12,500을 달성하기 위한 제품 A의 판매수량은? (단, 법인세율은 ₩10,000 이하까지는 20%, ₩10,000 초과분에 대해서는 25%이다.)

① 85단위   ② 95단위
③ 105단위   ④ 115단위
⑤ 125단위

38 ㈜감평은 두 개의 사업부 X와 Y를 운영하고 있으며, 최저필수수익률은 10%이다. 20×1년 사업부 X와 Y의 평균영업자산은 각각 ₩70,000과 ₩50,000이다. 사업부 X의 투자수익률은 15%이고, 사업부 X의 잔여이익이 사업부 Y보다 ₩2,500 더 클 때 사업부 Y의 투자수익률은?

① 11%
② 12%
③ 13%
④ 14%
⑤ 15%

39 ㈜감평의 20×1년 말 재무상태표 매출채권 잔액은 ₩35,000이며, 이 중 ₩5,000은 11월 판매분이다. 매출채권은 판매한 달에 60%, 그 다음 달에 30%, 그 다음다음 달에 10%가 회수되며, 판매한 달에 회수한 매출채권에 대해 5%를 할인해준다. 20×2년 1월 판매예산이 ₩100,000일 때, 1월 말의 예상 현금유입액은? (단, 매출은 전액 신용매출로 이루어진다.)

① ₩27,500
② ₩52,000
③ ₩62,500
④ ₩79,500
⑤ ₩84,500

40 최신의 관리회계기법에 관한 설명으로 옳지 않은 것은?

① 목표원가는 목표가격에서 목표이익을 차감하여 결정한다.
② 카이젠원가계산은 제조이전단계에서의 원가절감에 초점을 맞추고 있다.
③ 균형성과표는 조직의 전략과 성과평가시스템의 연계를 강조하고 있다.
④ 품질원가의 분류에서 내부실패원가는 불량품의 재작업원가나 폐기원가 등을 말한다.
⑤ 제품수명주기원가계산은 단기적 의사결정보다는 장기적 의사결정에 더욱 유용하다.

2023년 제34회
감정평가사 1차 기출문제

제1과목 | **민법**

01 민법의 법원(法源)에 관한 설명으로 옳은 것은? (다툼이 있으면 판례에 따름)

① 민법 제1조에서 민법의 법원으로 규정한 '민사에 관한 법률'은 민법전만을 의미한다.
② 민법 제1조에서 민법의 법원으로 규정한 '관습법'에는 사실인 관습이 포함된다.
③ 대법원이 정한 「공탁규칙」은 민법의 법원이 될 수 없다.
④ 헌법에 의하여 체결·공포된 국제조약은 그것이 민사에 관한 것이더라도 민법의 법원이 될 수 없다.
⑤ 미등기무허가 건물의 양수인에게는 소유권에 준하는 관습법상의 물권이 인정되지 않는다.

02 제한능력에 관한 설명으로 옳지 않은 것은? (다툼이 있으면 판례에 따름)

① 성년후견인은 여러 명을 둘 수 있다.
② 가정법원은 본인의 청구에 의하여 취소할 수 없는 피성년후견인의 법률행위의 범위를 변경할 수 있다.
③ 가정법원이 피성년후견인에 대하여 한정후견 개시의 심판을 할 때에는 종전의 성년후견의 종료 심판을 하여야 한다.
④ 한정후견의 개시를 청구한 사건에서 의사의 감정 결과 성년후견 개시의 요건을 충족하고 있다면 법원은 본인의 의사를 고려하지 않고 성년후견을 개시할 수 있다.
⑤ 특정후견의 심판이 있은 후에 피특정후견인이 특정후견인의 동의 없이 재산상의 법률행위를 하더라도 이는 취소의 대상이 되지 않는다.

03 부재자의 재산관리에 관한 설명으로 옳지 않은 것은? (다툼이 있으면 판례에 따름)

① 부재자로부터 재산처분권한을 수여받은 재산관리인은 그 재산을 처분함에 있어 법원의 허가를 받을 필요가 없다.
② 부재자가 재산관리인을 정하지 않은 경우, 부재자의 채권자는 재산관리에 필요한 처분을 명할 것을 법원에 청구할 수 있다.
③ 법원이 선임한 재산관리인은 법원의 허가 없이 부재자의 재산에 대한 차임을 청구할 수 있다.
④ 재산관리인의 처분행위에 대한 법원의 허가는 이미 행한 처분행위를 추인하는 방법으로 할 수 있다.
⑤ 부재자가 사망한 사실이 확인되면 부재자 재산관리인 선임결정이 취소되지 않더라도 관리인의 권한은 당연히 소멸한다.

04 민법상 법인의 정관에 관한 설명으로 옳은 것은? (다툼이 있으면 판례에 따름)

① 감사의 임면에 관한 사항은 정관의 필요적 기재사항이다.

② 정관의 임의적 기재사항은 정관에 기재되더라도 정관의 변경절차 없이 변경할 수 있다.

③ 정관변경의 의결정족수가 충족되면 주무관청의 허가가 없어도 정관변경의 효력이 생긴다.

④ 재단법인이 기본재산을 편입하는 행위는 주무관청의 허가를 받지 않아도 유효하다.

⑤ 재단법인의 기본재산에 관한 저당권 설정행위는 특별한 사정이 없는 한 주무관청의 허가를 얻을 필요가 없다.

05 비법인사단에 관한 설명으로 옳지 않은 것은? (다툼이 있으면 판례에 따름)

① 비법인사단의 대표자는 자신의 업무를 타인에게 포괄적으로 위임할 수 있다.

② 정관이나 규약에 달리 정함이 없는 한, 사원총회의 결의를 거치지 않은 총유물의 관리행위는 무효이다.

③ 고유한 의미의 종중은 종중원의 신분이나 지위를 박탈할 수 없고, 종중원도 종중을 탈퇴할 수 없다.

④ 고유한 의미의 종중은 자연발생적 종족단체이므로 특별한 조직행위나 성문의 규약을 필요로 하지 않는다.

⑤ 비법인사단의 사원이 집합체로서 물건을 소유할 때에는 총유로 한다.

06 형성권으로만 모두 연결된 것은?

① 저당권 - 취소권 - 동의권

② 상계권 - 준물권 - 예약완결권

③ 해제권 - 취소권 - 지상물매수청구권

④ 추인권 - 해지권 - 물권적 청구권

⑤ 해지권 - 부양청구권 - 부속물매수청구권

07 민법상 법인의 기관에 관한 설명으로 옳은 것은? (다툼이 있으면 판례에 따름)

① 이사의 변경등기는 대항요건이 아니라 효력발생요건이다.

② 이사가 수인인 경우, 특별한 사정이 없는 한 법인의 사무에 관하여 이사는 공동으로 법인을 대표한다.

③ 사단법인의 정관 변경에 관한 사원총회의 권한은 정관에 의해 박탈할 수 있다.

④ 이사회에서 법인과 어느 이사와의 관계사항을 의결하는 경우, 그 이사는 의사정족수 산정의 기초가 되는 이사의 수에 포함된다.

⑤ 법인의 대표권 제한에 관한 사항이 등기되지 않았더라도 법인은 대표권 제한에 대해 악의인 제3자에게 대항할 수 있다.

08 물건에 관한 설명으로 옳지 않은 것은? (다툼이 있으면 판례에 따름)

① 주물의 구성부분은 종물이 될 수 없다.

② 1필의 토지의 일부는 분필절차를 거치지 않는 한 용익물권의 객체가 될 수 없다.

③ 국립공원의 입장료는 법정과실이 아니다.

④ 주물과 장소적 밀접성이 인정되더라도 주물 그 자체의 효용과 직접 관계가 없는 물건은 종물이 아니다.

⑤ 저당권 설정행위에 "저당권의 효력이 종물에 미치지 않는다"는 약정이 있는 경우, 이를 등기하지 않으면 그 약정으로써 제3자에게 대항할 수 없다.

09 법률행위의 목적에 관한 설명으로 옳은 것을 모두 고른 것은?

> ㄱ. 甲이 乙에게 매도한 건물이 계약체결 후 甲의 방화로 전소하여 乙에게 이전할 수 없게 된 경우, 甲의 손해배상책임이 문제될 수 있다.
>
> ㄴ. 甲이 乙에게 매도한 토지가 계약체결 후 재결수용으로 인하여 乙에게 이전할 수 없게 된 경우, 위험부담이 문제될 수 있다.
>
> ㄷ. 甲이 乙에게 매도하기로 한 건물이 계약체결 전에 지진으로 전파(全破)된 경우, 계약체결상의 과실책임이 문제될 수 있다.

① ㄴ

② ㄱ, ㄴ

③ ㄱ, ㄷ

④ ㄴ, ㄷ

⑤ ㄱ, ㄴ, ㄷ

10 반사회적 법률행위로서 무효가 아닌 것은? (다툼이 있으면 판례에 따름)

① 변호사가 민사소송의 승소대가로 성공보수를 받기로 한 약정
② 도박자금에 제공할 목적으로 금전을 대여하는 행위
③ 수증자가 부동산 매도인의 배임행위에 적극 가담하여 체결한 부동산 증여계약
④ 마약대금채무의 변제로서 토지를 양도하기로 한 계약
⑤ 처음부터 보험사고를 가장하여 오로지 보험금을 취득할 목적으로 체결한 생명보험계약

11 통정허위표시에 관한 설명으로 옳은 것은? (다툼이 있으면 판례에 따름)

① 통정허위표시에 의한 급부는 특별한 사정이 없는 한 불법원인급여이다.
② 대리인이 대리권의 범위 안에서 현명하여 상대방과 통정허위표시를 한 경우, 본인이 선의라면 특별한 사정이 없는 한 그는 허위표시의 유효를 주장할 수 있다.
③ 가장행위인 매매계약이 무효라면 은닉행위인 증여계약도 당연히 무효이다.
④ 통정허위표시의 무효로부터 보호되는 선의의 제3자는 통정허위표시를 알지 못한 것에 대해 과실이 없어야 한다.
⑤ 가장매매계약의 매수인과 직접 이해관계를 맺은 제3자가 악의라 하더라도 그와 다시 법률상 이해관계를 맺은 전득자가 선의라면 가장매매계약의 무효로써 전득자에게 대항할 수 없다.

12 착오로 인한 의사표시에 관한 설명으로 옳지 않은 것은? (다툼이 있으면 판례에 따름)

① 매도인의 하자담보책임이 성립하더라도 착오를 이유로 한 매수인의 취소권은 배제되지 않는다.
② 계약 당시를 기준으로 하여 장래의 미필적 사실의 발생에 대한 기대나 예상이 빗나간 경우, 착오취소는 인정되지 않는다.
③ 동기의 착오는 동기가 표시되어 해석상 법률행위의 내용으로 된 경우에 한해서만 유일하게 고려된다.
④ 매매계약에서 매수인이 목적물의 시가에 관해 착오를 하였더라도 이는 원칙적으로 중요 부분의 착오에 해당하지 않는다.
⑤ 상대방이 표의자의 착오를 알면서 이용하였다면 표의자의 착오에 중대한 과실이 있더라도 착오취소가 인정된다.

13 의사표시의 효력발생에 관한 설명으로 옳지 않은 것은? (다툼이 있으면 판례에 따름)

① 의사표시의 발신 후 표의자가 사망하였다면, 그 의사표시는 상대방에게 도달하더라도 무효이다.

② 의사표시의 효력발생시기에 관해 도달주의를 규정하고 있는 민법 제111조는 임의규정이다.

③ 상대방이 정당한 사유 없이 의사표시의 수령을 거절하더라도 상대방이 그 의사표시의 내용을 알 수 있는 객관적 상태에 놓여 있다면 그 의사표시는 효력이 있다.

④ 재단법인 설립행위의 효력발생을 위해서는 의사표시의 도달이 요구되지 않는다.

⑤ 미성년자는 그 행위능력이 제한되고 있는 범위에서 수령무능력자이다.

14 법률행위의 대리에 관한 설명으로 옳지 않은 것은? (다툼이 있으면 판례에 따름)

① 무권대리인의 상대방에 대한 책임은 대리권의 흠결에 관하여 대리인에게 귀책사유가 있는 경우에만 인정된다.

② 민법 제124조에서 금지하는 자기계약이 행해졌다면 그 계약은 유동적 무효이다.

③ 행위능력자인 임의대리인이 성년후견개시 심판을 받아 제한능력자가 되면 그의 대리권은 소멸한다.

④ 대리인이 수인인 경우, 법률 또는 수권행위에서 다른 정함이 없으면 각자가 본인을 대리한다.

⑤ 상대방 없는 단독행위의 무권대리는 특별한 사정이 없는 한 확정적 무효이다.

15 복대리에 관한 설명으로 옳은 것은? (다툼이 있으면 판례에 따름)

① 복대리인은 대리인의 대리인이다.

② 복대리인은 본인에 대해 어떠한 권리·의무도 부담하지 않는다.

③ 복대리인이 선임되면 복대리인의 대리권 범위 내에서 대리인의 대리권은 잠정적으로 소멸한다.

④ 대리인이 복대리인을 선임한 후 사망하더라도 특별한 사정이 없는 한 그 복대리권은 소멸하지 않는다.

⑤ 복임권 없는 대리인에 의해 선임된 복대리인의 대리행위에 대해서도 권한을 넘은 표현대리에 관한 규정이 적용될 수 있다.

16 법률행위의 무효에 관한 설명으로 옳지 않은 것은? (다툼이 있으면 판례에 따름)

① 무권대리행위에 대한 본인의 추인은 다른 의사표시가 없는 한 소급효를 가진다.

② 법률행위의 일부분이 무효일 때, 그 나머지 부분의 유효성을 판단함에 있어 나머지 부분을 유효로 하려는 당사자의 가정적 의사를 고려하여야 한다.

③ 토지거래허가구역 내의 토지를 매매한 당사자가 계약체결 시부터 허가를 잠탈할 의도였더라도, 그 후 해당 토지에 대한 허가구역 지정이 해제되었다면 위 매매계약은 유효가 된다.

④ 무효인 법률행위를 추인에 의하여 새로운 법률행위로 보기 위해서는 당사자가 그 무효를 알고서 추인하여야 한다.

⑤ 처분권자는 명문의 규정이 없더라도 처분권 없는 자의 처분행위를 추인하여 이를 유효하게 할 수 있다.

17 법률행위의 취소에 관한 설명으로 옳지 않은 것은? (다툼이 있으면 판례에 따름)

① 취소권의 단기제척기간은 취소할 수 있는 날로부터 3년이다.

② 취소권의 행사 시 반드시 취소원인의 진술이 함께 행해져야 하는 것은 아니다.

③ 취소할 수 있는 법률행위의 상대방이 그 행위로 취득한 특정의 권리를 양도한 경우, 양수인이 아닌 원래의 상대방에게 취소의 의사표시를 하여야 한다.

④ 노무자의 노무가 일정 기간 제공된 후 행해진 고용계약의 취소에는 소급효가 인정되지 않는다.

⑤ 매도인이 매매계약을 적법하게 해제한 후에도 매수인은 그 매매계약을 착오를 이유로 취소할 수 있다.

18 법률행위 부관인 조건에 관한 설명으로 옳지 않은 것은? (다툼이 있으면 판례에 따름)

① 물권행위에는 조건을 붙일 수 없다.

② 조건이 되기 위해서는 법률이 요구하는 것이 아니라 당사자가 임의로 부가한 것이어야 한다.

③ 조건의 성취를 의제하는 효과를 발생시키는 조건성취 방해 행위에는 과실에 의한 행위도 포함된다.

④ 부첩(夫妾)관계의 종료를 해제조건으로 하는 부동산 증여계약은 해제조건뿐만 아니라 증여계약도 무효이다.

⑤ 당사자의 특별한 의사표시가 없는 한 정지조건이든 해제조건이든 그 성취의 효력은 소급하지 않는다.

19 소멸시효에 관한 설명으로 옳지 않은 것은? (다툼이 있으면 판례에 따름)

① 손해배상청구권에 대해 법률이 제척기간을 규정하고 있더라도 그 청구권은 소멸시효에 걸린다.

② 동시이행의 항변권이 붙어 있는 채권은 그 항변권이 소멸한 때로부터 소멸시효가 기산한다.

③ 채권양도 후 대항요건을 갖추지 못한 상태에서 양수인이 채무자를 상대로 소를 제기하면 양도된 채권의 소멸시효는 중단된다.

④ 비법인사단이 채무를 승인하여 소멸시효를 중단시키는 것은 사원총회의 결의를 요하는 총유물의 관리・처분행위가 아니다.

⑤ 채권의 소멸시효 완성 후 채무자가 채권자에게 그 담보를 위해 저당권을 설정해 줌으로써 소멸시효의 이익을 포기했다면 그 효력은 그 후 저당부동산을 취득한 제3자에게도 미친다.

20 甲의 乙에 대한 채권의 소멸시효 완성을 독자적으로 원용할 수 있는 자를 모두 고른 것은? (다툼이 있으면 판례에 따름)

ㄱ. 甲이 乙에 대한 채권을 보전하기 위하여 행사한 채권자취소권의 상대방이 된 수익자
ㄴ. 乙의 일반채권자
ㄷ. 甲의 乙에 대한 채권을 담보하기 위한 유치권이 성립된 부동산의 매수인
ㄹ. 甲의 乙에 대한 채권을 담보하기 위해 저당권이 설정된 경우, 그 후순위 저당권자

① ㄱ, ㄴ   ② ㄱ, ㄷ
③ ㄴ, ㄹ   ④ ㄱ, ㄴ, ㄷ
⑤ ㄴ, ㄷ, ㄹ

21 물권의 객체에 관한 설명으로 옳은 것은? (다툼이 있으면 판례에 따름)

① 지상권은 물건이 아니므로 저당권의 객체가 될 수 없다.

② 법률상 공시방법이 인정되지 않는 유동집합물이라도 특정성이 있으면 이를 양도담보의 목적으로 할 수 있다.

③ 저당권과 질권은 서로 다른 물권이므로 하나의 물건에 관하여 동시에 성립할 수 있다.

④ 토지소유권은 토지의 상하에 미치므로 지상공간의 일부만을 대상으로 하는 구분지상권은 원칙적으로 허용되지 않는다.

⑤ 기술적인 착오 없이 작성된 지적도에서의 경계가 현실의 경계와 다르다면, 토지소유권의 범위는 원칙적으로 현실의 경계를 기준으로 확정하여야 한다.

22 법률에서 정하는 요건이 충족되면 당연히 성립하는 법정담보물권에 해당하는 것은?

① 유치권
② 채권질권
③ 법정지상권
④ 전세권저당권
⑤ 동산·채권 등의 담보에 관한 법률에 따른 동산담보권

23 등기의 유효요건에 관한 설명으로 옳지 않은 것은? (다툼이 있으면 판례에 따름)

① 물권에 관한 등기가 원인 없이 말소되더라도 특별한 사정이 없는 한 그 물권의 효력에는 영향을 미치지 않는다.
② 미등기건물의 승계취득자가 원시취득자와의 합의에 따라 직접 소유권보존등기를 마친 경우, 그 등기는 실체관계에 부합하는 등기로서 유효하다.
③ 멸실된 건물의 보존등기를 멸실 후에 신축된 건물의 보존등기로 유용할 수 없다.
④ 중복된 소유권보존등기의 등기명의인이 동일인이 아닌 경우, 선등기가 원인무효가 아닌 한 후등기는 무효이다.
⑤ 토지거래허가구역 내의 토지에 대한 최초매도인과 최후매수인 사이의 중간생략등기에 관한 합의만 있더라도, 그에 따라 이루어진 중간생략등기는 실체관계에 부합하는 등기로서 유효하다.

24 등기를 마치지 않더라도 물권변동의 효력이 발생하는 경우는? (다툼이 있으면 판례에 따름)

① 지상권설정계약에 따른 지상권의 취득
② 피담보채권의 시효소멸에 따른 저당권의 소멸
③ 공익사업에 필요한 토지에 관하여 토지소유자와 관계인 사이의 협의에 의한 토지소유권의 취득
④ 공유토지의 현물분할에 관한 조정조서의 작성에 따른 공유관계의 소멸
⑤ 당사자 사이의 법률행위를 원인으로 한 소유권이전등기절차 이행의 소에서의 승소판결에 따른 소유권의 취득

25 동산의 선의취득에 관한 설명으로 옳지 않은 것은? (다툼이 있으면 판례에 따름)

① 등기나 등록에 의하여 공시되는 동산은 원칙적으로 선의취득의 대상이 될 수 없다.

② 선의취득이 성립하기 위해서는 양도인이 무권리자라고 하는 점을 제외하고는 아무런 흠이 없는 거래행위이어야 한다.

③ 양도인이 제3자에 대한 반환청구권을 양수인에게 양도하고 지명채권 양도의 대항요건을 갖춘 경우, 선의취득에 필요한 점유의 취득 요건을 충족한다.

④ 동산질권의 선의취득을 저지하기 위해서는 취득자의 점유취득이 과실에 의한 것임을 동산의 소유자가 증명하여야 한다.

⑤ 양수인이 도품을 공개시장에서 선의·무과실로 매수한 경우, 피해자는 양수인이 지급한 대가를 변상하고 그 물건의 반환을 청구할 수 있다.

26 자주점유에 관한 설명으로 옳지 않은 것은? (다툼이 있으면 판례에 따름)

① 점유매개자의 점유는 타주점유에 해당한다.

② 부동산의 매매 당시에는 그 무효를 알지 못하였으나 이후 매매가 무효임이 밝혀지더라도 특별한 사정이 없는 한, 매수인의 점유는 여전히 자주점유이다.

③ 양자간 등기명의신탁에 있어서 부동산 명의수탁자의 상속인에 의한 점유는 특별한 사정이 없는 한, 자주점유에 해당하지 않는다.

④ 공유토지 전부를 공유자 1인이 점유하고 있는 경우, 특별한 사정이 없는 한 다른 공유자의 지분비율 범위에 대해서는 타주점유에 해당한다.

⑤ 자주점유의 판단기준인 소유의 의사 유무는 점유취득의 원인이 된 권원의 성질이 아니라 점유자의 내심의 의사에 따라 결정된다.

27 점유자와 회복자의 관계에 관한 설명으로 옳은 것은? (다툼이 있으면 판례에 따름)

① 선의의 점유자라도 점유물의 사용으로 인한 이익은 회복자에게 반환하여야 한다.

② 임차인이 지출한 유익비는 임대인이 아닌 점유회복자에 대해서도 민법 제203조 제2항에 근거하여 상환을 청구할 수 있다.

③ 과실수취권 있는 선의의 점유자란 과실수취권을 포함하는 본권을 가진다고 오신할 만한 정당한 근거가 있는 점유자를 가리킨다.

④ 선의점유자에 대해서는 점유에 있어서의 과실(過失) 유무를 불문하고 불법행위를 이유로 한 손해배상책임이 배제된다.

⑤ 점유물이 타주점유자의 책임 있는 사유로 멸실된 경우, 그가 선의의 점유자라면 현존 이익의 범위에서 손해배상책임을 진다.

28 상린관계에 관한 설명으로 옳지 않은 것은? (다툼이 있으면 판례에 따름)

① 인접하는 토지를 소유한 자들이 공동비용으로 통상의 경계표를 설치하는 경우, 다른 관습이 없으면 측량비용은 토지의 면적에 비례하여 부담한다.

② 지상권자 상호 간에도 상린관계에 관한 규정이 준용된다.

③ 주위토지통행권은 장래의 이용을 위하여 인정될 수 있으므로, 그 범위와 관련하여 장래의 이용상황까지 미리 대비하여 통행로를 정할 수 있다.

④ 건물을 축조함에는 특별한 관습이 없으면 경계로부터 반미터 이상의 거리를 두어야 한다.

⑤ 경계에 설치된 경계표나 담은 특별한 사정이 없는 한, 상린자의 공유로 추정한다.

29 부동산의 점유취득시효에 관한 설명으로 옳지 않은 것은? (다툼이 있으면 판례에 따름)

① 집합건물의 공용부분은 취득시효에 의한 소유권 취득의 대상이 될 수 없다.

② 시효완성을 이유로 한 소유권취득의 효력은 점유를 개시한 때로 소급하지 않으며 등기를 함으로써 장래를 향하여 발생한다.

③ 점유자가 점유 개시 당시에 소유권 취득의 원인이 될 수 있는 법률행위가 없다는 사실을 알면서 타인 소유의 토지를 무단점유한 것이 증명된 경우, 그 토지 소유권의 시효취득은 인정되지 않는다.

④ 시효완성자는 취득시효의 기산점과 관련하여 점유기간을 통틀어 등기명의인이 동일한 경우에는 임의의 시점을 기산점으로 할 수 있다.

⑤ 시효이익의 포기는 특별한 사정이 없는 한, 시효취득자가 취득시효완성 당시의 진정한 소유자에 대하여 하여야 한다.

30 부합에 관한 설명으로 옳지 않은 것은? (다툼이 있으면 판례에 따름)

① 부동산에의 부합 이외에 동산 상호 간의 부합도 인정된다.

② 동산 이외에 부동산은 부합물이 될 수 없다.

③ 동일인 소유의 부동산과 동산 상호 간에는 원칙적으로 부합이 인정되지 않는다.

④ 분리가 가능하지만 분리할 경우 상호 부착되거나 결합된 물건의 경제적 가치가 심하게 손상되는 경우에도 부합이 인정된다.

⑤ 부동산의 소유자는 원칙적으로 그 부동산에 부합한 물건의 소유권을 취득한다.

31 공동소유에 관한 설명으로 옳지 않은 것은? (다툼이 있으면 판례에 따름)

① 공유자는 다른 공유자의 동의 없이 공유물을 처분하거나 변경하지 못한다.

② 합유는 수인이 조합체로서 물건을 소유하는 형태이고, 조합원은 자신의 지분을 조합원 전원의 동의 없이 처분할 수 없다.

③ 합유물에 대한 보존행위는 합유자 전원의 동의를 요하지 않는다.

④ 구조상·이용상 독립성이 있는 건물부분이라 하더라도 구분소유적 공유관계는 성립할 수 없다.

⑤ 공유물분할 금지약정은 갱신할 수 있다.

32 부동산 실권리자명의 등기에 관한 법률에 대한 설명으로 옳은 것은? (다툼이 있으면 판례에 따름)

① 명의신탁자에게 법률효과를 직접 귀속시킬 의도의 매매계약을 체결한 사정이 인정되더라도, 부동산매매계약서에 명의수탁자가 매수인으로 기재되어 있다면 계약명의신탁으로 보아야 한다.

② 부동산소유권 또는 그 공유지분은 명의신탁 대상이 되지만, 용익물권은 명의신탁의 대상이 될 수 없다.

③ 탈법적 목적이 없는 종중재산의 명의신탁에 있어서 종중은 명의신탁재산에 대한 불법점유자 내지 불법등기명의자에 대하여 직접 그 인도 또는 등기말소를 청구할 수 있다.

④ 탈법적 목적이 없더라도 사실혼 배우자 간의 명의신탁은 무효이다.

⑤ 계약당사자인 매수인이 명의수탁자라는 사정을 매도인이 알지 못하였더라도, 매매로 인한 물권변동은 무효이다.

33 지상권에 관한 설명으로 옳은 것은? (다툼이 있으면 판례에 따름)

① 건물의 소유를 목적으로 하는 지상권의 양도는 토지소유자의 동의를 요한다.

② 지료합의가 없는 지상권 설정계약은 무효이다.

③ 수목의 소유를 목적으로 하는 지상권의 최단존속기간은 10년이다.

④ 지상권이 설정된 토지의 소유자는 그 지상권자의 승낙 없이 그 토지 위에 구분지상권을 설정할 수 있다.

⑤ 「장사 등에 관한 법률」 시행 이전에 설치된 분묘에 관한 분묘기지권의 시효취득은 법적 규범으로 유지되고 있다.

34 지역권에 관한 설명으로 옳지 않은 것은? (다툼이 있으면 판례에 따름)

① 지역권은 요역지의 사용가치를 높이기 위해 승역지를 이용하는 것을 내용으로 하는 물권이다.

② 요역지와 승역지는 서로 인접한 토지가 아니어도 된다.

③ 요역지 공유자 중 1인에 대한 지역권 소멸시효의 정지는 다른 공유자를 위하여도 효력이 있다.

④ 지역권자는 승역지의 점유침탈이 있는 경우, 지역권에 기하여 승역지 반환청구권을 행사할 수 있다.

⑤ 지역권은 계속되고 표현된 것에 한하여 시효취득할 수 있다.

35 전세권에 관한 설명으로 옳은 것은? (다툼이 있으면 판례에 따름)

① 건물 일부의 전세권자는 나머지 건물 부분에 대해서도 경매신청권이 있다.

② 전세권 설정계약의 당사자는 전세권의 사용·수익권능을 배제하고 채권담보만을 위한 전세권을 설정할 수 있다.

③ 전세권설정 시 전세금 지급은 전세권 성립의 요소이다.

④ 전세권자는 특별한 사정이 없는 한 전세권의 존속기간 내에서 전세목적물을 타인에게 전전세 할 수 없다.

⑤ 전세권이 소멸된 경우, 전세권자의 전세목적물의 인도는 전세금의 반환보다 선이행되어야 한다.

36 유치권에 관한 설명으로 옳지 않은 것은? (다툼이 있으면 판례에 따름)

① 유치물의 소유자가 변동된 후 유치권자가 유치물에 관하여 새로이 유익비를 지급하여 가격증가가 현존하는 경우, 유치권자는 그 유익비를 피보전채권으로 하여서도 유치권을 행사할 수 있다.

② 다세대주택의 창호공사를 완성한 하수급인이 공사대금채권 잔액을 변제받기 위하여 그 중 한 세대를 점유하는 유치권 행사는 인정되지 않는다.

③ 수급인의 재료와 노력으로 건물을 신축한 경우, 특별한 사정이 없는 한 그 건물에 대한 수급인의 유치권은 인정되지 않는다.

④ 유치권의 목적이 될 수 있는 것은 동산, 부동산 그리고 유가증권이다.

⑤ 유치권자가 유치물에 대한 보존행위로서 목적물을 사용하는 것은 적법하다.

37 질권에 관한 설명으로 옳지 않은 것은? (다툼이 있으면 판례에 따름)

① 점유개정에 의한 동산질권설정은 인정되지 않는다.

② 질권자는 채권 전부를 변제받을 때까지 질물 전부에 대하여 그 권리를 행사할 수 있다.

③ 질물이 공용징수된 경우, 질권자는 질권설정자가 받을 수용보상금에 대하여도 질권을 행사할 수 있다.

④ 전질은 질물소유자인 질권설정자의 승낙이 있어도 허용되지 않는다.

⑤ 부동산의 사용, 수익을 내용으로 하는 질권은 물권법정주의에 반한다.

38 저당권에 관한 설명으로 옳지 않은 것은? (다툼이 있으면 판례에 따름)

① 채권자와 제3자가 불가분적 채권자의 관계에 있다고 볼 수 있는 경우에는 그 제3자 명의의 저당권등기도 유효하다.

② 근저당권설정자가 적법하게 기본계약을 해지하면 피담보채권은 확정된다.

③ 무효인 저당권등기의 유용은 그 유용의 합의 전에 등기상 이해관계가 있는 제3자가 없어야 한다.

④ 저당부동산의 제3취득자는 부동산의 개량을 위해 지출한 유익비를 그 부동산의 경매대가에서 우선 변제받을 수 없다.

⑤ 저당권자가 저당부동산을 압류한 이후에는 저당권설정자의 저당부동산에 관한 차임채권에도 저당권의 효력이 미친다.

39 乙명의의 저당권이 설정되어 있는 甲소유의 X토지 위에 Y건물이 신축된 후, 乙의 저당권이 실행된 경우에 관한 설명으로 옳은 것을 모두 고른 것은? (다툼이 있으면 판례에 따름)

> ㄱ. 甲이 Y건물을 신축한 경우, 乙은 Y건물에 대한 경매도 함께 신청할 수 있으나 Y건물의 경매대가에서 우선변제를 받을 수는 없다.
>
> ㄴ. Y건물을 甲이 건축하였으나 경매 당시 제3자 소유로 된 경우, 乙은 Y건물에 대한 경매도 함께 신청할 수 있다.
>
> ㄷ. Y건물이 X토지의 지상권자인 丙에 의해 건축되었다가 甲이 Y건물의 소유권을 취득하였다면 乙은 Y건물에 대한 경매도 함께 신청할 수 있다.

① ㄴ

② ㄱ, ㄴ

③ ㄱ, ㄷ

④ ㄴ, ㄷ

⑤ ㄱ, ㄴ, ㄷ

40 법정지상권의 성립에 관한 설명으로 옳지 않은 것은? (다툼이 있으면 판례에 따름)

① 토지에 저당권이 설정된 후에 저당권자의 동의를 얻어 건물이 신축된 경우라도 법정지상권은 성립한다.

② 토지의 정착물로 볼 수 없는 가설 건축물의 소유를 위한 법정지상권은 성립하지 않는다.

③ 무허가건물이나 미등기건물을 위해서도 관습법상의 법정지상권이 인정될 수 있다.

④ 토지공유자 중 1인이 다른 공유자의 동의를 얻어 그 지상에 건물을 소유하면서 자신의 토지지분에 저당권을 설정한 후 그 실행경매로 인하여 그 공유지분권자와 건물소유자가 달라진 경우에는 법정지상권이 성립하지 않는다.

⑤ 동일인 소유의 토지와 건물 중 건물에 전세권이 설정된 후 토지소유자가 바뀐 경우, 건물소유자가 그 토지에 대하여 지상권을 취득한 것으로 본다.

제2과목 | **경제학원론**

01 X재의 시장수요곡선과 시장공급곡선이 각각 $Q_D = 100 - 2P$, $Q_S = 20$이다. 정부가 X재 한 단위당 10의 세금을 공급자에게 부과한 이후 X재의 시장가격은? (단, Q_D는 수요량, Q_S는 공급량, P는 가격이다.)

① 10   ② 20   ③ 30
④ 40   ⑤ 50

02 수요 및 공급의 탄력성에 관한 설명으로 옳은 것은?

① 수요의 교차탄력성이 양(+)이면 두 재화는 보완관계이다.
② 수요의 소득탄력성이 0보다 큰 상품은 사치재이다.
③ 수요곡선이 수평이면 수요곡선의 모든 점에서 가격탄력성은 0이다.
④ 공급곡선의 가격축 절편이 양(+)의 값을 갖는 경우에는 공급의 가격탄력성이 언제나 1보다 작다.
⑤ 원점에서 출발하는 우상향 직선의 공급의 가격탄력성은 언제나 1의 값을 갖는다.

03 시장수요함수와 시장공급함수가 각각 $Q_D = 36 - 4P$, $Q_S = -4 + 4P$일 때, 시장균형에서 (ㄱ) 생산자잉여와 (ㄴ) 소비자잉여는? (단, Q_D는 수요량, Q_S는 공급량, P는 가격이다.)

① ㄱ : 32, ㄴ : 32   ② ㄱ : 25, ㄴ : 25   ③ ㄱ : 25, ㄴ : 32
④ ㄱ : 32, ㄴ : 25   ⑤ ㄱ : 0, ㄴ : 64

04 두 재화 X, Y를 소비하는 갑의 효용함수가 $U = XY^2$이고, X재의 가격은 1, Y재의 가격은 2, 소득은 90이다. 효용함수와 소득이 각각 $U = \sqrt{XY}$, 100으로 변경되었을 경우, 갑의 효용이 극대화되는 X재와 Y재의 구매량의 변화로 옳은 것은?

① X재 10 증가, Y재 5 감소
② X재 10 증가, Y재 5 증가
③ X재 20 증가, Y재 5 감소
④ X재 20 증가, Y재 10 감소
⑤ X재 20 증가, Y재 10 증가

05 소비자이론에 관한 설명으로 옳은 것을 모두 고른 것은?

> ㄱ. 무차별곡선은 효용을 구체적인 수치로 표현할 수 있다는 가정하에 같은 만족을 주는 점들을 연결한 것이다.
> ㄴ. 상품의 특성에 따라 무차별곡선은 우상향할 수도 있다.
> ㄷ. 열등재이면서 대체효과보다 소득효과의 절대적 크기가 매우 클 경우 그 재화는 기펜재 (Giffen goods)이다.
> ㄹ. 유행효과(bandwagon effect)가 존재하면 독자적으로 결정한 개별수요의 수평적 합은 시장수요이다.

① ㄱ, ㄴ   ② ㄱ, ㄷ   ③ ㄱ, ㄹ
④ ㄴ, ㄷ   ⑤ ㄴ, ㄹ

06 생산자이론에 관한 설명으로 옳지 않은 것은?

① 한계기술대체율은 등량곡선의 기울기를 의미한다.
② 등량곡선이 직선일 경우 대체탄력성은 무한대의 값을 가진다.
③ 0차 동차생산함수는 규모수익불변의 성격을 갖는다.
④ 등량곡선이 원점에 대해 볼록하다는 것은 한계기술대체율이 체감하는 것을 의미한다.
⑤ 규모수익의 개념은 장기에 적용되는 개념이다.

07 독점기업 A가 직면한 수요곡선이 $Q=100-2P$이고, 총비용함수가 $TC=Q^2+20Q$일 때, 기업 A의 이윤을 극대화하는 (ㄱ) 생산량과 (ㄴ) 이윤은? (단, Q는 생산량, P는 가격이다.)

① ㄱ : 10, ㄴ : 150   ② ㄱ : 10, ㄴ : 200   ③ ㄱ : 20, ㄴ : 250
④ ㄱ : 20, ㄴ : 300   ⑤ ㄱ : 30, ㄴ : 350

08 독점 및 독점적 경쟁시장에 관한 설명으로 옳은 것은?

① 자연독점은 규모의 불경제가 존재할 때 발생한다.
② 순수독점은 경제적 순손실(deadweight loss)을 발생시키지 않는다.
③ 독점적 경쟁시장의 장기균형에서 각 기업은 0의 이윤을 얻고 있다.
④ 독점적 경쟁시장은 동질적 상품을 가정하고 있다.
⑤ 독점적 경쟁시장에서 기업들은 비가격경쟁이 아니라 가격경쟁을 한다.

09 꾸르노(Cournot) 복점모형에서 시장수요곡선이 $Q = 20 - P$이고, 두 기업 A와 B의 한계비용이 모두 10으로 동일할 때, 꾸르노 균형에서의 산업전체 산출량은? (단, Q는 시장전체의 생산량, P는 가격이다.)

① 10/3 ② 20/3 ③ 40/3
④ 50/3 ⑤ 60/3

10 게임이론에 관한 설명으로 옳은 것은?

① 내쉬균형은 상대방의 전략에 관계없이 자신에게 가장 유리한 전략을 선택하는 것을 말한다.
② 복점시장에서의 내쉬균형은 하나만 존재한다.
③ 어떤 게임에서 우월전략균형이 존재하지 않더라도 내쉬균형은 존재할 수 있다.
④ 순차게임에서는 내쉬조건만 충족하면 완전균형이 된다.
⑤ 승자의 불행(winner's curse) 현상을 방지하기 위해 최고가격입찰제(first-price sealed-bid auction)가 도입되었다.

11 복점시장에서 기업 1과 기업 2는 각각 a와 b의 전략을 갖고 있다. 성과보수행렬이 다음과 같을 때, 내쉬균형을 모두 고른 것은? (단, 보수행렬 내 괄호 안 왼쪽은 기업 1의 보수, 오른쪽은 기업 2의 보수이다.)

		기업 2	
		전략 a	전략 b
기업 1	전략 a	(16, 8)	(8, 6)
	전략 b	(3, 7)	(10, 11)

① (16, 8) ② (10, 11) ③ (8, 6), (10, 11)
④ (16, 8), (3, 7) ⑤ (16, 8), (10, 11)

12 완전경쟁시장의 장기균형의 특징에 관한 설명으로 옳은 것을 모두 고른 것은? (단, LMC는 장기한계비용, LAC는 장기평균비용, P는 가격이다.)

> ㄱ. $P = LMC$이다.
> ㄴ. $P > LAC$이다.
> ㄷ. 각 기업의 정상이윤이 0이다.
> ㄹ. 시장의 수요량과 공급량이 같다.
> ㅁ. 더 이상 기업의 진입과 이탈이 일어나지 않는 상태를 말한다.

① ㄱ, ㄴ, ㄷ   ② ㄱ, ㄹ, ㅁ   ③ ㄴ, ㄹ, ㅁ
④ ㄷ, ㄹ, ㅁ   ⑤ ㄴ, ㄷ, ㄹ, ㅁ

13 생산요소시장에 관한 설명으로 옳은 것을 모두 고른 것은?

> ㄱ. 수요독점의 노동시장에서 수요독점자가 지불하는 임금률은 노동의 한계수입 생산보다 낮다.
> ㄴ. 노동시장의 수요독점은 생산요소의 고용량과 가격을 완전경쟁시장에 비해 모두 더 낮은 수준으로 하락시킨다.
> ㄷ. 생산요소의 공급곡선이 수직선일 경우 경제적 지대(economic rent)는 발생하지 않는다.
> ㄹ. 전용수입(transfer earnings)은 고용된 노동을 현재 수준으로 유지하기 위해 생산요소의 공급자가 받아야 하겠다는 최소한의 금액이다.

① ㄷ, ㄹ   ② ㄱ, ㄴ, ㄷ   ③ ㄱ, ㄴ, ㄹ
④ ㄴ, ㄷ, ㄹ   ⑤ ㄱ, ㄴ, ㄷ, ㄹ

14 소득분배에 관한 설명으로 옳은 것을 모두 고른 것은?

> ㄱ. 국민소득이 임금, 이자, 이윤, 지대 등으로 나누어지는 몫이 얼마인지 보는 것이 계층별 소득분배이다.
> ㄴ. 로렌츠곡선이 대각선에 가까울수록 보다 불평등한 분배 상태를 나타낸다.
> ㄷ. 두 로렌츠곡선이 교차하면 소득분배 상태를 비교하기가 불가능하다.
> ㄹ. 지니계수 값이 1에 가까울수록 보다 불평등한 분배 상태를 나타낸다.

① ㄱ, ㄴ   ② ㄱ, ㄷ   ③ ㄴ, ㄷ
④ ㄴ, ㄹ   ⑤ ㄷ, ㄹ

15 후생경제이론에 관한 설명으로 옳지 않은 것은?

① 계약곡선 위의 모든 점은 파레토효율적 배분을 대표한다.
② 일정한 전제하에서 왈라스균형은 일반경쟁균형이 될 수 있다.
③ 차선의 이론에 따르면 점진적 접근방식에 의한 부분적 해결책이 최선은 아닐 수 있다.
④ 후생경제학의 제1정리에 따르면 일반경쟁균형의 배분은 파레토효율적이다.
⑤ 후생경제학의 제2정리는 재분배를 위한 목적으로 가격체계에 개입하는 것에 정당성을 부여한다.

16 외부성에 관한 설명으로 옳은 것은?

① 생산의 부정적 외부성이 있는 경우 사회적 최적생산량이 시장균형생산량보다 크다.
② 생산의 부정적 외부성이 있는 경우 사적 한계비용이 사회적 한계비용보다 작다.
③ 소비의 부정적 외부성이 있는 경우 사적 한계편익이 사회적 한계편익보다 작다.
④ 코즈(R. Coase)의 정리는 거래비용의 크기와 무관하게 민간경제주체들이 외부성을 스스로 해결할 수 있다는 정리를 말한다.
⑤ 공유자원의 비극(tragedy of the commons)은 긍정적 외부성에서 발생한다.

17 가격차별에 관한 설명으로 옳지 않은 것은?

① 극장에서의 조조할인 요금제는 가격차별의 한 예이다.
② 이부가격제(two-part pricing)는 가격차별 전략 중 하나이다.
③ 제3급 가격차별을 가능하게 하는 조건 중 하나는 전매가 불가능해야 한다는 것이다.
④ 제3급 가격차별의 경우 수요의 가격 탄력성이 상대적으로 작은 시장에서 더 낮은 가격이 설정된다.
⑤ 제1급 가격차별에서는 소비자잉여가 발생하지 않는다.

18 정보재(information goods)의 기본적인 특성에 관한 설명으로 옳은 것을 모두 고른 것은?

> ㄱ. 상품에 포함된 정보가 상품으로서의 특성을 결정하는 것을 정보재라 한다.
>
> ㄴ. 정보재는 초기 개발비용이 크고 한계비용이 0에 가깝기 때문에 규모의 불경제가 일어난다.
>
> ㄷ. 정보재에는 쏠림현상(tipping)과 같은 네트워크효과가 나타난다.
>
> ㄹ. 정보재의 경우 무료견본을 나눠주는 것은 잠김효과(lock-in effect)를 노린 마케팅 전략이다.

① ㄱ, ㄹ   ② ㄴ, ㄷ   ③ ㄱ, ㄴ, ㄷ
④ ㄱ, ㄷ, ㄹ   ⑤ ㄴ, ㄷ, ㄹ

19 정보의 비대칭성에 관한 설명으로 옳은 것은?

① 도덕적 해이(moral hazard)는 감춰진 속성(hidden characteristics)과 관련된다.
② 직업감독제도는 역선택(adverse selection) 방지를 위한 효율적인 수단이다.
③ 자동차보험에서 기초공제(initial deduction)제도를 두는 이유는 역선택 방지를 위함이다.
④ 상품시장에서 역선택 방지를 위해 품질보증제도를 도입한다.
⑤ 노동시장에서 교육수준을 선별의 수단으로 삼는 이유는 도덕적 해이를 방지하기 위함이다.

20 기업 A의 사적한계비용 $MC = \frac{1}{2}Q + 300$, $P = 500$ 이고 기업 A가 발생시키는 환경오염 피해액은 단위당 100이다. 기업 A의 사회적 최적산출량은? (단, 완전경쟁시장을 가정하고, Q는 산출량, P는 가격이다.)

① 200   ② 400   ③ 600
④ 800   ⑤ 1,000

21 고전학파의 국민소득결정모형에 관한 설명으로 옳지 않은 것은?

① 세이의 법칙(Say's law)이 성립하여, 수요측면은 국민소득 결정에 영향을 미치지 못한다.
② 물가와 임금 등 모든 가격이 완전히 신축적이고, 노동시장은 균형을 달성한다.
③ 노동시장의 수요는 실질임금의 함수이다.
④ 노동의 한계생산이 노동시장의 수요를 결정하는 중요한 요인이다.
⑤ 통화공급이 증가하여 물가가 상승하면, 노동의 한계생산이 증가한다.

22 국내총생산에 관한 설명으로 옳지 않은 것은?

① 국내총생산은 시장에서 거래되는 최종생산물만 포함한다.
② 국내순생산은 국내총생산에서 고정자본소모를 제외한 부분이다.
③ 명목 국내총생산은 재화와 서비스의 생산의 가치를 경상가격으로 계산한 것이다.
④ 3면 등가의 원칙으로 국내총생산은 국내총소득과 일치한다.
⑤ 국내총생산은 요소비용국내소득에 순간접세와 고정자본소모를 더한 것이다.

23 다음과 같은 균형국민소득 결정모형에서 정부지출이 220으로 증가할 경우 (ㄱ) 새로운 균형소득과 (ㄴ) 소득의 증가분은? (단, 폐쇄경제를 가정한다.)

• $C = 120 + 0.8(Y - T)$　　　• Y : 국내총생산　　　• C : 소비 • 투자(I) = 100　　　• 정부지출(G) = 200　　　• 조세(T) = 200

① ㄱ : 1,400, ㄴ : 100
② ㄱ : 1,400, ㄴ : 200
③ ㄱ : 1,420, ㄴ : 100
④ ㄱ : 1,420, ㄴ : 200
⑤ ㄱ : 1,440, ㄴ : 200

24 A국의 사과와 배에 대한 생산량과 가격이 다음과 같다. 파셰물가지수(Paasche price index)를 이용한 2010년 대비 2020년의 물가상승률은? (단, 2010년을 기준연도로 한다.)

2010년			2020년		
재화	수량	가격	재화	수량	가격
사과	100	2	사과	200	3
배	100	2	배	300	4

① 80%　　　　　② 150%　　　　　③ 250%
④ 350%　　　　　⑤ 450%

25 소비와 투자에 관한 설명으로 옳지 않은 것은?

① 소비수요는 사전적으로 계획된 소비를 말한다.
② 고전학파는 투자가 이자율이 아니라 소득에 의해 결정된다고 주장한다.
③ 케인즈(J. Keynes)에 의하면 소비수요를 결정하는 중요한 요인은 현재의 절대소득이다.
④ 독립투자수요는 내생변수와 관계없이 외생적으로 결정된다.
⑤ 평균소비성향은 소비를 소득으로 나누어 계산한다.

26 본원통화에 관한 설명으로 옳지 않은 것은?

① 본원통화는 현금통화와 은행의 지급준비금의 합과 같다.

② 본원통화는 중앙은행의 화폐발행액과 은행의 중앙은행 지급준비예치금의 합과 같다.

③ 중앙은행의 대차대조표상의 순대정부대출이 증가하면 본원통화는 증가한다.

④ 중앙은행의 대차대조표상의 순해외자산이 증가하면 본원통화는 증가한다.

⑤ 추가로 발행된 모든 화폐가 은행의 시재금(vault cash)으로 보관된다면 본원통화는 증가하지 않는다.

27 $IS-LM$ 곡선에 관한 설명으로 옳은 것을 모두 고른 것은? (단, 폐쇄경제를 가정한다.)

> ㄱ. 투자가 이자율에 영향을 받지 않는다면 LM 곡선은 수직선이 된다.
> ㄴ. 투자가 이자율에 영향을 받지 않는다면 IS 곡선은 수직선이 된다.
> ㄷ. 통화수요가 이자율에 영향을 받지 않는다면 LM 곡선은 수직선이 된다.
> ㄹ. 통화수요가 소득에 영향을 받는다면 LM 곡선은 수직선이 된다.

① ㄱ, ㄴ   ② ㄱ, ㄷ   ③ ㄴ, ㄷ

④ ㄴ, ㄹ   ⑤ ㄷ, ㄹ

28 폐쇄경제 $IS-LM$ 모형에서 투자의 이자율 탄력성이 무한대인 경우, 중앙은행이 긴축통화정책을 실행할 시 예상되는 효과로 옳은 것을 모두 고른 것은? (단, LM 곡선은 우상향한다.)

> ㄱ. 국민소득 감소   ㄴ. 이자율 증가
> ㄷ. 이자율 불변   ㄹ. 국민소득 증가
> ㅁ. 이자율 감소

① ㄱ, ㄴ   ② ㄱ, ㄷ   ③ ㄱ, ㅁ

④ ㄴ, ㄹ   ⑤ ㄷ, ㄹ

29 다음 모형에 관한 설명으로 옳지 않은 것은? (단, Y^D, Y, C, I^D, r, G, T는 각각 총수요, 국민소득, 소비, 투자수요, 이자율, 정부지출, 조세이며, I_0, G_0, T_0, α, β, δ는 모두 상수이다.)

- $Y^D = C + I^D + G$
- $C = \alpha + \beta(Y - T)$, $\alpha > 0$, $0 < \beta < 1$
- $I^D = I_0 - \delta r$, $I_0 > 0$, $\delta > 0$
- $G = G_0$, $T = T_0$
- $Y^D = Y$

① 모형에서 도출된 IS곡선은 우하향한다.
② I_0가 증가하면, IS곡선이 우측으로 이동한다.
③ G_0가 증가하면, IS곡선이 우측으로 이동한다.
④ β가 증가하면, IS곡선 기울기의 절댓값이 커진다.
⑤ δ가 증가하면, IS곡선 기울기의 절댓값이 작아진다.

30 다음과 같은 특징을 가진 화폐시장의 균형에 관한 설명으로 옳지 않은 것은? (단, 폐쇄경제를 가정한다.)

- 실질화폐수요는 이자율의 감소함수이다.
- 실질화폐수요는 국민소득의 증가함수이다.
- 명목화폐공급은 중앙은행에 의해 외생적으로 결정된다.
- 물가수준은 단기적으로 고정되어 있으며, 장기적으로 신축적이다.
- 화폐공급이 증가하면 장기적으로 물가수준은 상승한다.

① LM곡선은 우상향한다.
② 명목화폐공급이 증가하면 단기적으로 LM곡선이 우측으로 이동한다.
③ 국민소득이 일정할 때, 명목화폐공급이 이자율에 미치는 영향은 단기보다 장기에서 더 작다.
④ 실질화폐공급이 증가하면 LM곡선은 우측으로 이동한다.
⑤ 장기적으로 실질화폐공급이 변화하지 않는다면, LM곡선은 수직이다.

31 A국 경제의 총수요곡선과 총공급곡선이 각각 $Y_D = -P + 8$, $Y_S = (P - P_e) + 4$이다. 기대물가(P_e)가 2에서 4로 증가할 때, (ㄱ) 균형소득수준의 변화와 (ㄴ) 균형물가수준의 변화는? (단, Y_D는 총수요, Y_S는 총공급, P는 물가, P_e는 기대물가이다.)

① ㄱ : 2, ㄴ : 2
② ㄱ : -2, ㄴ : 2
③ ㄱ : -1, ㄴ : 0
④ ㄱ : -1, ㄴ : 1
⑤ ㄱ : 0, ㄴ : 0

32 폐쇄경제의 $IS - LM$모형에서 화폐시장 균형조건이 $\dfrac{M}{P} = L(r,\ Y - T)$일 때, 조세삭감이 미치는 효과로 옳은 것을 모두 고른 것은? (단, 초기는 균형상태, IS곡선은 우하향, LM곡선은 우상향하며, M은 통화량, P는 물가, r은 이자율, Y는 국민소득, T는 조세이다.)

ㄱ. IS곡선 우측이동	ㄴ. LM곡선 우측이동
ㄷ. 통화수요 감소	ㄹ. 이자율 상승

① ㄱ, ㄴ
② ㄱ, ㄷ
③ ㄱ, ㄹ
④ ㄴ, ㄷ
⑤ ㄴ, ㄹ

33 인플레이션에 관한 설명으로 옳지 않은 것은?
① 메뉴비용은 인플레이션에 맞춰 가격을 변경하는 데에 발생하는 각종 비용을 말한다.
② 디스인플레이션(disinflation) 상황에서는 물가상승률이 감소하고 있지만 여전히 물가는 상승한다.
③ 초인플레이션은 극단적이고 장기적인 인플레이션으로 통제가 어려운 상황을 말한다.
④ 구두창비용은 인플레이션에 따라 발생하는 현금 관리 비용을 말한다.
⑤ 디플레이션은 인플레이션이 진행되는 상황에서 경제가 침체하는 상황을 말한다.

34 필립스곡선에 관한 설명으로 옳지 않은 것은?
① 필립스(A. W. Phillips)는 임금상승률과 실업률 간 음(-)의 경험적 관계를 발견했다.
② 우상향하는 단기 총공급곡선과 오쿤의 법칙(Okun's Law)을 결합하면 필립스곡선의 이론적 근거를 찾을 수 있다.
③ 적응적 기대를 가정하면 장기에서도 필립스곡선은 우하향한다.
④ 단기 총공급곡선이 가파른 기울기를 가질수록 필립스곡선은 가파른 기울기를 가진다.
⑤ 새고전학파(New Classical)는 합리적 기대를 가정할 경우 국민소득의 감소 없이 인플레이션을 낮출 수 있다고 주장한다.

35 A국의 중앙은행은 필립스곡선, 성장률과 실업률의 관계, 이자율 준칙에 따라 이자율을 결정한다. 현재 목표물가상승률이 2%, 자연실업률이 3%이고, 국내총생산은 잠재국내총생산, 물가상승률은 목표물가상승률, 그리고 실업률은 자연실업률과 같다고 가정할 때, 이에 관한 설명으로 옳지 않은 것은? (단, r, π, π^e, π^T, u, u_n, u_{-1}, Y, Y^P는 각각 이자율, 물가상승률, 기대물가상승률, 목표물가상승률, 실업률, 자연실업률, 전기의 실업률, 국내총생산, 잠재국내총생산이다.)

- 필립스곡선 : $\pi = \pi^e - 0.5(u - u_n)$
- 이자율 준칙 : $r = \pi + 2.0\% + 0.5(\pi - \pi^T) + 0.5G$
- 성장률과 실업률의 관계 : 국내총생산의 성장률 $= 3\% - 2(u - u_{-1})$
- $G = \dfrac{(Y - Y^p)}{Y^p} \times 100$

① 현재 이자율은 4%이다.
② 현재 기대물가상승률은 2%이다.
③ 실업률이 5%로 상승하고 기대물가상승률이 변화하지 않았다면, 물가상승률은 1%이다.
④ 기대물가상승률이 3%로 상승하면, 이자율은 5.5%이다.
⑤ 실업률이 1%로 하락하고, 기대물가상승률이 3%로 상승하면, 이자율은 7%이다.

36 총수요곡선 및 총공급곡선에 관한 설명으로 옳지 않은 것을 모두 고른 것은?

ㄱ. 총수요곡선은 물가수준과 재화 및 용역의 수요량간의 관계를 보여준다.
ㄴ. 통화수요 또는 투자가 이자율에 영향을 받지 않을 경우 총수요곡선은 수평이 된다.
ㄷ. 단기적으로 가격이 고정되어 있을 경우 총공급곡선은 수평이 된다.
ㄹ. 정부지출의 변화는 총수요곡선 상에서의 변화를 가져온다.

① ㄱ, ㄴ   ② ㄱ, ㄷ   ③ ㄴ, ㄷ
④ ㄴ, ㄹ   ⑤ ㄷ, ㄹ

37 장기적으로 경제성장을 촉진시킬 수 있는 방법으로 옳은 것을 모두 고른 것은?

ㄱ. 투자지출을 증가시켜 실물 자본을 증가시킨다.
ㄴ. 저축률을 낮추어 소비를 증가시킨다.
ㄷ. 교육 투자지출을 증가시켜 인적 자본을 증가시킨다.
ㄹ. 연구개발에 투자하여 새로운 기술을 개발하고 실용화한다.

① ㄱ, ㄴ   ② ㄴ, ㄷ   ③ ㄷ, ㄹ
④ ㄱ, ㄷ, ㄹ   ⑤ ㄱ, ㄴ, ㄷ, ㄹ

38 다음과 같은 생산함수에 따라 생산되는 단순경제를 가정할 때, 솔로우 모형의 균제상태 (steady-state)조건을 이용한 균제상태에서의 (ㄱ) 1인당 소득과 (ㄴ) 1인당 소비수준은? (단, 인구증가와 기술진보는 없다고 가정하며, K는 총자본, L은 총노동, δ는 감가상각률, s는 저축률이다.)

- $Y = F(K, L) = \sqrt{KL}$
- $\delta = 20\%$
- $s = 40\%$

① ㄱ : 1, ㄴ : 1
② ㄱ : 2, ㄴ : 1.2
③ ㄱ : 2, ㄴ : 1.6
④ ㄱ : 4, ㄴ : 2.2
⑤ ㄱ : 4, ㄴ : 2.4

39 보호무역을 옹호하는 주장의 근거가 아닌 것은?

① 자유무역으로 분업이 강력하게 진행되면 국가 안전에 대한 우려가 발생할 수 있다.
② 관세를 부과하면 경제적 순손실(deadweight loss)이 발생한다.
③ 환경오염도피처가 된 거래상대국으로부터 유해한 물질이 자유무역으로 인해 수입될 가능성이 높다.
④ 정부가 신생 산업을 선진국으로부터 보호해서 육성해야 한다.
⑤ 자유무역은 국내 미숙련근로자의 임금에 부정적 영향을 줄 수 있다.

40 소규모 개방경제의 먼델-플레밍(Mundell-Fleming)모형에서 정부의 재정긴축이 미치는 영향으로 옳은 것은? (단, 초기의 균형상태, 완전한 자본이동과 고정환율제, 국가별 물가수준 고정을 가정한다.)

① IS곡선 우측이동
② 국민소득 감소
③ LM곡선 우측이동
④ 통화공급 증가
⑤ 원화가치 하락

제3과목 | 부동산학원론

01 **토지의 분류 및 용어에 관한 설명으로 옳은 것은?**

① 획지(劃地)는 하나의 필지 중 일부에 대해서도 성립한다.
② 건부지(建敷地)는 건축물의 부지로 이용 중인 토지 또는 건축물의 부지로 이용가능한 토지를 말한다.
③ 나지(裸地)는 택지 중 정착물이 없는 토지로서 공법상 제한이 없는 토지를 말한다.
④ 제내지(堤內地)는 제방으로부터 하심측으로의 토지를 말한다.
⑤ 일단지(一團地)는 용도상 불가분의 관계에 있는 두 필지 이상을 합병한 토지를 말한다.

02 **감정평가사 A가 실지조사를 통해 확인한 1개 동의 건축물 현황이 다음과 같다. 건축법령상 용도별 건축물의 종류는?**

• 1층 전부를 필로티 구조로 하여 주차장으로 사용하며, 2층부터 5층까지 주택으로 사용함
• 주택으로 쓰는 바닥면적의 합계가 1,000m²임
• 세대수 합계가 16세대로서 모든 세대에 취사시설이 설치됨

---

① 아파트   ② 기숙사
③ 연립주택   ④ 다가구주택
⑤ 다세대주택

03 **등기를 통해 소유권을 공시할 수 있는 물건 또는 권리는 몇 개인가?**

• 총톤수 30톤인 기선(機船)
• 적재용량 25톤인 덤프트럭
• 최대 이륙중량 400톤인 항공기
• 동력차 2량과 객차 8량으로 구성된 철도차량
• 면허를 받아 김 양식업을 경영할 수 있는 권리
• 5천만원을 주고 구입하여 심은 한 그루의 소나무

---

① 1개   ② 2개

③ 3개   ④ 4개

⑤ 5개

04 주택법령상 준주택에 해당하지 않는 것은?

① 건축법령상 공동주택 중 기숙사

② 건축법령상 업무시설 중 오피스텔

③ 건축법령상 숙박시설 중 생활숙박시설

④ 건축법령상 제2종 근린생활시설 중 다중생활시설

⑤ 건축법령상 노유자시설 중 노인복지시설로서 「노인복지법」상 노인복지주택

05 토지의 특성과 내용에 관한 설명으로 옳지 않은 것은?

① 토지는 시간의 경과에 의해 마멸되거나 소멸되지 않으므로 투자재로서 선호도가 높다.

② 물리적으로 완전히 동일한 토지는 없으므로 부동산시장은 불완전경쟁시장이 된다.

③ 토지는 공간적으로 연결되어 있으므로 외부효과를 발생시키고, 개발이익 환수의 근거가 된다.

④ 토지는 용익물권의 목적물로 활용할 수 있으므로 하나의 토지에 다양한 물권자가 존재할 수 있다.

⑤ 토지의 소유권은 정당한 이익 있는 범위 내에서 토지의 상하에 미치며, 한계고도와 한계 심도의 범위는 법률로 정하고 있다.

06 감정평가사 A는 표준지공시지가의 조사ㆍ평가를 의뢰받고 실지조사를 통해 표준지에 대해 다음과 같이 확인하였다. 표준지조사ㆍ평가보고서상 토지특성 기재방법의 연결이 옳은 것은?

> ㄱ. 토지이용상황 : 주변의 토지이용상황이 '전'으로서 돈사와 우사로 이용되고 있음
> ㄴ. 도로접면 : 폭 10미터의 도로와 한면이 접하면서 자동차 통행이 불가능한 폭 2미터의 도로에 다른 한면이 접함

① ㄱ : 전기타, ㄴ : 중로한면   ② ㄱ : 전기타, ㄴ : 소로한면

③ ㄱ : 전축사, ㄴ : 소로각지   ④ ㄱ : 전축사, ㄴ : 소로한면

⑤ ㄱ : 목장용지, ㄴ : 소로한면

07 아파트 가격이 5% 하락함에 따라 아파트의 수요량 4% 증가, 아파트의 공급량 6% 감소, 연립주택의 수요량이 2% 증가하는 경우, (ㄱ) 아파트 공급의 가격탄력성, (ㄴ) 아파트와 연립주택의 관계는? (단, 수요의 가격탄력성은 절댓값이며, 주어진 조건에 한함)

① ㄱ : 탄력적, ㄴ : 보완재　　　　② ㄱ : 비탄력적, ㄴ : 보완재
③ ㄱ : 탄력적, ㄴ : 대체재　　　　④ ㄱ : 비탄력적, ㄴ : 대체재
⑤ ㄱ : 단위탄력적, ㄴ : 대체재

08 부동산의 가격탄력성과 균형변화에 관한 설명으로 옳지 않은 것은? (단, 완전탄력적과 완전비탄력적 조건이 없는 경우 수요와 공급법칙에 따르며, 다른 조건은 동일함)

① 공급이 완전비탄력적일 경우, 수요가 증가하면 균형가격은 상승하고 균형량은 불변이다.
② 수요가 완전비탄력적일 경우, 공급이 감소하면 균형가격은 상승하고 균형량은 불변이다.
③ 수요가 완전탄력적일 경우, 공급이 증가하면 균형가격은 불변이고 균형량은 증가한다.
④ 공급이 증가하는 경우, 수요의 가격탄력성이 작을수록 균형가격의 하락폭은 크고 균형량의 증가폭은 작다.
⑤ 수요가 증가하는 경우, 공급의 가격탄력성이 작을수록 균형가격의 상승폭은 작고 균형량의 증가폭은 크다.

09 저량(stock)의 경제변수가 아닌 것은?

① 가계자산　　　　　　　　　　② 주택가격
③ 주택재고량　　　　　　　　　④ 주택보급률
⑤ 신규주택 공급량

10 부동산시장에 관한 설명으로 옳은 것은?

① 할당 효율적 시장은 완전경쟁시장을 의미하며 불완전경쟁시장은 할당 효율적 시장이 될 수 없다.
② 완전경쟁시장이나 강성 효율적 시장에서는 할당 효율적인 시장만 존재한다.
③ 약성 효율적 시장에서 과거의 역사적 정보를 통해 정상 이상의 수익을 획득할 수 있다.
④ 완전경쟁시장에서는 초과이윤이 발생할 수 있다.
⑤ 준강성 효율적 시장에서 공표된 정보는 물론 공표되지 않은 정보도 시장가치에 반영된다.

11 부동산시장의 수요와 공급의 가격탄력성에 관한 설명으로 옳지 않은 것은? (단, 다른 조건은 동일함)

① 측정하는 기간이 길수록 수요의 탄력성은 더 탄력적이다.
② 공급의 탄력성은 생산요소를 쉽게 얻을 수 있는 상품일수록 더 탄력적이다.
③ 수요의 탄력성이 탄력적일 경우 임대료가 상승하면 전체 임대수입은 감소한다.
④ 대체재가 많을수록 수요의 탄력성은 더 탄력적이다.
⑤ 제품의 가격이 가계소득에서 차지하는 비중이 작을수록 수요의 탄력성이 더 탄력적이다.

12 A도시와 B도시 사이에 있는 C도시는 A도시로부터 5km, B도시로부터 10km 떨어져 있다. 각 도시의 인구 변화가 다음과 같을 때, 작년에 비해 금년에 C도시로부터 B도시의 구매활동에 유인되는 인구수의 증가는? (단, 레일리(W. Reilly)의 소매인력법칙에 따르고, C도시의 모든 인구는 A도시와 B도시에서만 구매하며, 다른 조건은 동일함)

구분	작년 인구수	금년 인구수
A도시	5만 명	5만 명
B도시	20만 명	30만 명
C도시	2만 명	3만 명

① 6,000명
② 7,000명
③ 8,000명
④ 9,000명
⑤ 10,000명

13 시장실패의 원인으로 옳지 않은 것은?

① 외부효과
② 정보의 대칭성
③ 공공재의 공급
④ 불완전경쟁시장
⑤ 시장의 자율적 조절기능 상실

14 외부효과에 관한 설명으로 옳은 것은?

① 외부효과란 거래 당사자가 시장메커니즘을 통하여 상대방에게 미치는 유리하거나 불리한 효과를 말한다.

② 부(−)의 외부효과는 의도되지 않은 손해를 주면서 그 대가를 지불하지 않는 외부경제라고 할 수 있다.

③ 정(+)의 외부효과는 소비에 있어 사회적 편익이 사적 편익보다 큰 결과를 초래한다.

④ 부(−)의 외부효과에는 보조금 지급이나 조세경감의 정책이 필요하다.

⑤ 부(−)의 외부효과는 사회적 최적생산량보다 시장생산량이 적은 과소생산을 초래한다.

15 투자부동산 A에 관한 투자분석을 위해 관련 자료를 수집한 내용은 다음과 같다. 이 경우 순영업소득은? (단, 주어진 자료에 한하며, 연간 기준임)

• 유효총소득 : 360,000,000원	• 직원 인건비 : 80,000,000원
• 대출원리금 상환액 : 50,000,000원	• 감가상각비 : 40,000,000원
• 수도광열비 : 36,000,000원	• 용역비 : 30,000,000원
• 수선유지비 : 18,000,000원	• 재산세 : 18,000,000원
• 공실손실상당액・대손충당금 : 18,000,000원	• 사업소득세 : 3,000,000원

① 138,000,000원

② 157,000,000원

③ 160,000,000원

④ 178,000,000원

⑤ 258,000,000원

16 부동산투자와 위험에 관한 설명으로 옳은 것은?

① 상업용 부동산투자는 일반적으로 다른 상품에 비하여 초기투자비용이 많이 들며 투자비용의 회수기간이 길지만 경기침체에 민감하지 않아 투자위험이 낮다.

② 시장위험이란 부동산이 위치한 입지여건의 변화 때문에 발생하는 위험으로서, 부동산시장의 수요・공급과 관련된 상황의 변화와 관련되어 있다.

③ 사업위험이란 부동산 사업자체에서 발생하는 수익성 변동의 위험을 말하며 시장위험, 입지위험, 관리・운영위험 등이 있다.

④ 법・제도적 위험에는 소유권위험, 정부정책위험, 정치적 위험, 불가항력적 위험, 유동성 위험이 있다.

⑤ 위험과 수익 간에는 부(−)의 관계가 성립한다.

17 부동산투자에 관한 설명으로 옳은 것은?

① 부동산투자는 부동산이 갖고 있는 고유한 특성이 있지만 환금성, 안전성 측면에서 주식투자와 다르지 않다.

② 부동산은 실물자산이기 때문에 인플레이션 방어 능력이 우수하여 디플레이션과 같은 경기침체기에 좋은 투자대상이다.

③ 부동산은 다른 투자상품에 비하여 거래비용의 부담이 크지만 부동산시장은 정보의 대칭성으로 인한 효율적 시장이다.

④ 부동산투자는 부동산의 사회적·경제적·행정적 위치의 가변성 등으로 인해 부동산시장의 변화를 면밀히 살펴야 한다.

⑤ 투자의 금융성이란 투자자가 투자자산을 필요한 시기에 손실 없이 현금으로 전환할 수 있는 안전성의 정도를 말한다.

18 부동산투자에 관한 설명으로 옳은 것을 모두 고른 것은?

ㄱ. 순현재가치(NPV)법이란 투자로부터 발생하는 현재와 미래의 모든 현금흐름을 적절한 할인율로 할인하여 현재가치로 환산하고 이를 통하여 투자의사결정에 이용하는 기법이다.

ㄴ. 추계된 현금수지에 대한 위험을 평가하는 위험할증률의 추계는 투자기간의 결정 및 현금수지에 대한 예측 이전에 해야 한다.

ㄷ. 내부수익률(IRR)이란 투자로부터 발생하는 미래의 현금흐름의 순현재가치와 부동산가격을 1로 만드는 할인율을 말한다.

ㄹ. 수익성지수(PI)는 투자로 인해 발생하는 현금유입의 현재가치를 현금유출의 현재가치로 나눈 비율로서 1보다 크면 경제적 타당성이 있는 것으로 판단한다.

① ㄱ, ㄹ
② ㄴ, ㄷ
③ ㄱ, ㄴ, ㄷ
④ ㄱ, ㄴ, ㄹ
⑤ ㄱ, ㄴ, ㄷ, ㄹ

19 화폐의 시간가치에 관한 설명으로 옳지 않은 것은?

① 인플레이션, 화폐의 시차선호, 미래의 불확실성은 화폐의 시간가치를 발생시키는 요인이다.

② 감채기금이란 일정기간 후에 일정금액을 만들기 위해 매 기간 납입해야 할 금액을 말한다.

③ 연금의 미래가치란 매 기간마다 일정금액을 불입해 나갈 때, 미래 일정시점에서의 불입금액 총액의 가치를 말한다.

④ 현재가치에 대한 미래가치를 산출하기 위하여 사용하는 이율을 이자율이라 하고, 미래가치에 대한 현재가치를 산출하기 위하여 사용하는 이율을 할인율이라 한다.

⑤ 부동산 경기가 침체하는 시기에 상업용 부동산의 수익이 일정함에도 불구하고 부동산 가격이 떨어지는 것은 할인율이 낮아지기 때문이다.

20 A씨는 주택을 구입하고자 한다. 다음 조건과 같이 기존 주택저당대출을 승계할 수 있다면 신규 주택저당대출 조건과 비교할 때, 이 승계권의 가치는 얼마인가? (단, 주어진 자료에 한함)

> • 기존 주택저당대출 조건
>   – 현재 대출잔액 : 1억 5천만원
>   – 원리금균등분할상환방식 : 만기 20년, 대출금리 5%, 고정금리대출
> • 신규 주택저당대출 조건
>   – 대출금액 : 1억 5천만원
>   – 원리금균등분할상환방식 : 만기 20년, 대출금리 7%, 고정금리대출
> • 월 기준 연금현가계수
>   – (5%, 20년) : 150
>   – (7%, 20년) : 125

① 2,000만원　　　　　　　② 2,250만원

③ 2,500만원　　　　　　　④ 2,750만원

⑤ 3,000만원

21 주택금융의 상환방식에 관한 설명으로 옳지 않은 것은?

① 만기일시상환방식은 대출만기 때까지는 원금상환이 전혀 이루어지지 않기에 매월 내는 이자가 만기 때까지 동일하다.

② 원금균등분할상환방식은 대출 초기에 대출원리금의 지급액이 가장 크기에 차입자의 원리금지급 부담도 대출 초기에 가장 크다.

③ 원리금균등분할상환방식은 매기의 대출원리금이 동일하기에 대출 초기에는 대체로 원금상환 부분이 작고 이자지급 부분이 크다.

④ 점증상환방식은 초기에 대출이자를 전부 내고, 나머지 대출원금을 상환하는 방식으로 부의 상환(negative amortization)이 일어날 수 있다.

⑤ 원금균등분할상환방식이나 원리금균등분할상환방식에서 거치기간을 별도로 정할 수 있다.

22 프로젝트 금융에 관한 설명으로 옳은 것은?

① 기업 전체의 자산 또는 신용을 바탕으로 자금을 조달하고, 기업의 수익으로 원리금을 상환하거나 수익을 배당하는 방식의 자금조달기법이다.

② 프로젝트 사업주는 기업 또는 개인일 수 있으나, 법인은 될 수 없다.

③ 프로젝트 사업주는 대출기관으로부터 상환청구를 받지는 않으나, 이러한 방식으로 조달한 부채는 사업주의 재무상태표에는 부채로 계상된다.

④ 프로젝트 회사가 파산 또는 청산할 경우, 채권자들은 프로젝트 회사에 대해 원리금상환을 청구할 수 없다.

⑤ 프로젝트 사업주의 도덕적 해이를 방지하기 위해 금융기관은 제한적 소구금융의 장치를 마련해두기도 한다.

23 부동산금융 및 투자에 관한 설명으로 옳지 않은 것은?

① 부동산금융은 부동산의 매입이나 매각, 개발 등과 관련하여 자금이나 신용을 조달하거나 제공하는 것을 말한다.

② 부동산의 특성과 관련하여 분할거래의 용이성과 생산의 장기성으로 인해 부동산금융은 부동산의 거래나 개발 등에서 중요한 역할을 하게 된다.

③ 부동산투자에서 지분투자자가 대상 부동산에 가지는 권한을 지분권이라 하고, 저당투자자가 대상 부동산에 가지는 권한을 저당권이라 한다.

④ 부동산보유자는 보유부동산의 증권화를 통해 유동성을 확보할 수 있다.

⑤ 부동산금융이 일반금융과 다른 점으로는 담보기능과 감가상각 및 차입금 이자에 대한 세금감면이 있다.

24 부동산시장세분화에 관한 설명으로 옳지 않은 것은?

① 시장세분화는 가격차별화, 최적의사결정, 상품차별화 등에 기초하여 부동산시장을 서로 다른 둘 또는 그 이상의 상위시장으로 묶는 과정이다.

② 시장을 세분화하는 데 주로 사용되는 기준으로는 지리적 변수, 인구통계학적 변수, 심리적 변수, 행동적 변수 등이 있다.

③ 시장세분화 전략은 세분된 시장을 대상으로 상품의 판매 지향점을 명확히 하는 것을 말한다.

④ 부동산회사가 세분시장을 평가할 때, 우선해야 할 사항으로 적절한 시장규모와 성장성을 들 수 있다.

⑤ 세분시장에서 경쟁력과 매력도를 평가할 때 기존 경쟁자의 위협, 새로운 경쟁자의 위협, 대체재의 위협, 구매자의 협상력 증가 위협, 공급자의 협상력 증가 위협 등을 고려한다.

25 다음 설명에 모두 해당하는 부동산개발방식은?

- 사업부지를 소유하고 있는 토지소유자가 개발이 완료된 후 개발업자나 시공사에게 공사대금을 완공된 일부의 건물로 변제하고, 나머지는 분양하거나 소유하는 형태이다.
- 토지소유자는 대상 부지의 소유권을 소유한 상태에서 개발사업이 진행되도록 유도할 수 있고, 그 결과 발생되는 부동산가치의 상승분을 취득할 수 있는 이점이 있다.

---

① 공영개발방식   ② 직접개발방식

③ 대물교환방식   ④ 토지신탁방식

⑤ BTL사업방식

26 부동산개발사업의 위험에 관한 설명이다. (　　)에 들어갈 내용으로 옳은 것은?

- (ㄱ)은 추정된 토지비, 건축비, 설계비 등 개발비용의 범위 내에서 개발이 이루어져야 하는데, 인플레이션 및 예상치 못한 개발기간의 장기화 등으로 발생할 수 있다.
- (ㄴ)은 용도지역제와 같은 토지이용규제의 변화와 관계기관 인허가 승인의 불확실성 등으로 야기될 수 있다.
- (ㄷ)은 개발기간 중 이자율의 변화, 시장침체에 따른 공실의 장기화 등이 원인일 수 있다.

---

① ㄱ : 시장위험, ㄴ : 계획위험, ㄷ : 비용위험
② ㄱ : 시장위험, ㄴ : 법률위험, ㄷ : 비용위험
③ ㄱ : 비용위험, ㄴ : 계획위험, ㄷ : 시장위험
④ ㄱ : 비용위험, ㄴ : 법률위험, ㄷ : 시장위험
⑤ ㄱ : 비용위험, ㄴ : 법률위험, ㄷ : 계획위험

27 도시 및 주거환경정비법령상 다음에 해당하는 정비사업은?

> 도시저소득 주민이 집단거주하는 지역으로서 정비기반시설이 극히 열악하고 노후·불량건
> 축물이 과도하게 밀집한 지역의 주거환경을 개선하거나 단독주택 및 다세대주택이 밀집한
> 지역에서 정비기반시설과 공동이용시설 확충을 통하여 주거환경을 보전·정비·개량하기
> 위한 사업

① 도시환경정비사업   ② 주거환경개선사업
③ 주거환경관리사업   ④ 가로주택정비사업
⑤ 재정비촉진사업

28 부동산신탁에 관한 설명으로 옳지 않은 것은?

① 신탁회사의 전문성을 통해 이해관계자들에게 안전성과 신뢰성을 제공해 줄 수 있다.
② 부동산신탁의 수익자란 신탁행위에 따라 신탁이익을 받는 자를 말하며, 위탁자가 지정한
   제3자가 될 수도 있다.
③ 부동산신탁계약에서의 소유권 이전은 실질적 이전이 아니라 등기부상의 형식적 소유권
   이전이다.
④ 신탁재산은 법률적으로 수탁자에게 귀속되지만 수익자를 위한 재산이므로 수탁자의 고
   유재산 및 위탁자의 고유재산으로부터 독립된다.
⑤ 부동산담보신탁은 저당권 설정보다 소요되는 경비가 많고, 채무불이행 시 부동산 처분
   절차가 복잡하다.

29 공인중개사법령상 개업공인중개사가 인터넷을 이용하여 중개대상물인 건축물에 관한 표시 ·광고를 할 때 명시하여야 하는 사항이 아닌 것은?

① 건축물의 방향
② 건축물의 소유자
③ 건축물의 총 층수
④ 건축물의 준공검사를 받은 날
⑤ 건축물의 주차대수 및 관리비

30 공인중개사법령상 중개계약 시 거래계약서에 기재하여야 하는 사항은 모두 몇 개인가?

- 물건의 표시
- 권리이전의 내용
- 물건의 인도일시
- 거래당사자의 인적 사항
- 거래금액·계약금액 및 그 지급일자 등 지급에 관한 사항
- 계약의 조건이나 기한이 있는 경우에는 그 조건 또는 기한

① 2개
② 3개
③ 4개
④ 5개
⑤ 6개

31 우리나라의 부동산 조세정책에 관한 설명으로 옳은 것을 모두 고른 것은?

ㄱ. 부가가치세와 등록면허세는 국세에 속한다.
ㄴ. 재산세와 상속세는 신고납부방식이다.
ㄷ. 증여세와 재산세는 부동산의 보유단계에 부과한다.
ㄹ. 상속세와 증여세는 누진세율을 적용한다.

① ㄹ
② ㄱ, ㄹ
③ ㄴ, ㄷ
④ ㄱ, ㄴ, ㄷ
⑤ ㄱ, ㄴ, ㄹ

32 우리나라의 부동산등기제도와 권리분석에 관한 설명으로 옳지 않은 것은?

① 소유권이전등기 청구권을 확보하기 위해 처분금지가처분의 등기가 가능하다.

② 현재 환매(특약)등기제와 예고등기제는 「부동산등기법」상 폐지되었다.

③ 등기의 순서는 같은 구(區)에서 한 등기 상호 간에는 순위번호에 따른다.

④ 근저당권과 담보가등기는 부동산경매에서 말소기준권리가 된다.

⑤ 부동산임차권은 부동산물권이 아니지만 등기할 수 있다.

33 등기사항전부증명서의 갑구(甲區)에서 확인할 수 없는 내용은?

① 가압류   ② 가등기

③ 소유권   ④ 근저당권

⑤ 강제경매개시결정

34 토지에 관한 강제경매절차에서 토지의 부합물로서 낙찰자가 소유권을 취득할 수 있는 경우를 모두 고른 것은? (다툼이 있으면 판례에 의함)

ㄱ. 토지소유자가 마당에 설치한 연못

ㄴ. 타인이 토지소유자의 동의 없이 임의로 심은 조경수

ㄷ. 토지에 지상권을 가진 자가 경작을 위해 심은 감나무

ㄹ. 기둥, 지붕 및 주벽의 공사가 완료되어 건물로서의 외관을 갖추었으나 사용승인을 받지 못한 건물

① ㄱ, ㄴ   ② ㄴ, ㄷ

③ ㄱ, ㄴ, ㄷ   ④ ㄱ, ㄷ, ㄹ

⑤ ㄱ, ㄴ, ㄷ, ㄹ

35 감정평가에 관한 규칙과 감정평가 실무기준상 임대료 감정평가에 관한 설명으로 옳지 않은 것은?

① 임대사례비교법으로 감정평가할 때 임대사례에 특수한 사정이나 개별적 동기가 반영되어 수집된 임대사례의 임대료가 적절하지 못한 경우에는 사정보정을 통해 그러한 사정이 없었을 경우의 적절한 임대료 수준으로 정상화하여야 한다.
② 시점수정은 대상물건의 임대료 변동률로 함을 원칙으로 한다.
③ 감정평가법인등은 임대료를 감정평가할 때에 임대사례비교법을 적용해야 한다.
④ 적산법은 원가방식에 기초하여 대상물건의 임대료를 산정하는 감정평가방법이다.
⑤ 수익분석법이란 일반기업 경영에 의하여 산출된 총수익을 분석하여 대상물건이 일정한 기간에 산출할 것으로 기대되는 순수익에 대상물건을 계속하여 임대하는 데에 필요한 경비를 더하여 대상물건의 임대료를 산정하는 감정평가방법을 말한다.

36 감정평가방법 중 거래사례비교법과 관련된 설명으로 옳지 않은 것은?

① 거래사례비교법은 실제 거래되는 가격을 준거하므로 현실성이 있으며 설득력이 풍부하다는 장점이 있다.
② 거래사례비교법과 관련된 가격원칙은 대체의 원칙이고, 구해진 가액은 비준가액이라 한다.
③ 거래사례비교법은 대상부동산과 동질·동일성이 있어서 비교 가능한 사례를 채택하는 것이 중요하다.
④ 거래사례는 위치에 있어서 동일성 내지 유사성이 있어야 하며, 인근지역에 소재하는 경우에는 지역요인비교를 하여야 한다.
⑤ 거래사례에 사정보정요인이 있는 경우 우선 사정보정을 하고, 거래시점과 기준시점 간의 시간적 불일치를 정상화하는 작업인 시점수정을 하여야 한다.

37 감정평가방식 중 원가방식에 관련된 설명으로 옳은 것은?

① 원가방식은 대체의 원칙, 수요와 공급의 원칙, 균형의 원칙, 외부의 원칙, 예측의 원칙과 밀접한 관련이 있다.

② 재조달원가란 대상물건을 기준시점에 재생산 또는 재취득하는 데 필요한 적정원가의 총액으로서 원칙적으로 그 대상물건값의 상한선을 나타낸다.

③ 대치원가(replacement cost)란 건축자재, 설비공법 등에 있어 신축시점의 표준적인 것을 사용한 적정원가로서 이미 기능적 감가는 반영되어 있다.

④ 재조달원가를 구하는 방법은 직접법으로 총가격적산법(총량조사법), 변동률적용법(비용지수법) 등이 있고, 간접법으로 부분별단가적용법, 단위비교법 등이 있다.

⑤ 감가수정에 있어서 감가요인은 물리적 요인, 기능적 요인, 경제적 요인이 있으며, 감가상각에 있어서 감가요인은 물리적 요인, 경제적 요인이 있다.

38 다음 조건을 가진 부동산을 통해 산출한 내용으로 옳지 않은 것은? (단, 주어진 조건에 한함)

- 가능총소득(PGI) : 연 150,000,000원
- 공실손실상당액·대손충당금 : 가능총소득의 10%
- 운영경비(OE) : 유효총소득의 30%
- 대출원리금 상환액 : 연 40,000,000원
- 가격구성비 : 토지 40%, 건물 60%
- 토지환원이율 : 연 3%
- 건물환원이율 : 연 5%

① 운영경비는 40,500,000원이다.

② 종합환원이율은 연 4.2%이다.

③ 순영업소득(NOI)은 94,500,000원이다.

④ 유효총소득(EGI)은 135,000,000원이다.

⑤ 세전현금흐름(BTCF)은 53,500,000원이다.

39 다음 자료를 활용하여 공시지가기준법으로 평가한 대상토지의 시산가액(m²당 단가)은?

- 대상토지 현황 : A시 B구 C동 101번지, 일반상업지역, 상업나지
- 기준시점 : 2023.04.08.
- 비교표준지 : A시 B구 C동 103번지, 일반상업지역, 상업나지
  2023.01.01. 기준 표준지공시지가 10,000,000원/m²
- 지가변동률 : 1) 2023.01.01. ~ 2023.03.31. : -5.00%
  2) 2023.04.01. ~ 2023.04.08. : -2.00%
- 지역요인 : 비교표준지는 대상토지의 인근지역에 위치함
- 개별요인 : 대상토지는 비교표준지대비 획지조건에서 4% 열세하고, 환경조건에서 5% 우세하며, 다른 조건은 동일함
- 그 밖의 요인보정 : 대상토지 인근지역의 가치형성요인이 유사한 정상적인 거래사례 및 평가사례 등을 고려하여 그 밖의 요인으로 20% 증액 보정함
- 상승식으로 계산할 것
- 산정된 시산가액의 천원 미만은 버릴 것

① 11,144,000원
② 11,168,000원
③ 11,190,000원
④ 11,261,000원
⑤ 11,970,000원

40 감정평가에 관한 규칙의 내용으로 옳지 않은 것은?

① 시장가치란 감정평가의 대상이 되는 토지 등이 통상적인 시장에서 충분한 기간 동안 거래를 위하여 공개된 후 그 대상물건의 내용에 정통한 당사자 사이에 신중하고 자발적인 거래가 있을 경우 성립될 가능성이 가장 높다고 인정되는 대상물건의 가액을 말한다.

② 일체로 이용되고 있는 대상물건의 일부분에 대하여 감정평가하여야 할 특수한 목적이나 합리적인 이유가 있는 경우에는 그 부분에 대하여 감정평가할 수 있다.

③ 감정평가는 대상물건마다 개별로 하여야 하되, 가치를 달리하는 부분은 이를 구분하여 감정평가할 수 있다.

④ 감정평가법인등은 과수원을 감정평가할 때에 공시지가기준법을 적용해야 한다.

⑤ 감정평가는 기준시점에서의 대상물건의 이용상황(불법적이거나 일시적인 이용은 제외한다) 및 공법상 제한을 받는 상태를 기준으로 한다.

01 국토의 계획 및 이용에 관한 법령상 도시의 지속가능성 및 생활인프라 수준평가에 관한 설명으로 옳지 않은 것은?

① 도시의 지속가능성 및 생활인프라 수준의 최종평가 주체는 시·도지사이다.

② 지속가능성 평가기준에서는 토지이용의 효율성, 환경친화성, 생활공간의 안전성·쾌적성·편의성 등에 관한 사항을 고려하여야 한다.

③ 국가와 지방자치단체는 지속가능성 및 생활인프라 수준 평가 결과를 도시·군계획의 수립 및 집행에 반영하여야 한다.

④ 생활인프라 평가기준에서는 보급률 등을 고려한 생활인프라 설치의 적정성, 이용의 용이성·접근성·편리성 등에 관한 사항을 고려하여야 한다.

⑤ 「도시재생 활성화 및 지원에 관한 특별법」에 따른 도시재생 활성화를 위한 비용의 보조 또는 융자에 지속가능성 및 생활인프라 수준 평가결과를 활용하도록 할 수 있다.

02 국토의 계획 및 이용에 관한 법령상 광역도시계획에 관한 설명으로 옳은 것은?

① 광역계획권이 둘 이상의 시·도의 관할 구역에 걸쳐 있는 경우에는 관할 시·도지사가 공동으로 광역도시계획을 수립한다.

② 광역계획권을 지정한 날부터 2년이 지날 때까지 관할 시·도지사로부터 광역도시계획의 승인 신청이 없는 경우에는 국토교통부장관이 광역도시계획을 수립한다.

③ 중앙행정기관의 장, 시·도지사, 시장 또는 군수는 국토교통부장관이나 도지사에게 광역계획권의 지정 또는 변경을 요청할 수 없다.

④ 도지사가 시장 또는 군수의 요청에 의하여 관할 시장 또는 군수와 공동으로 광역도시계획을 수립하는 경우에는 국토교통부장관의 승인을 받아야 한다.

⑤ 국토교통부장관, 시·도지사, 시장 또는 군수가 기초조사정보체계를 구축한 경우에는 등록된 정보의 현황을 3년마다 확인하고 변동사항을 반영하여야 한다.

03 국토의 계획 및 이용에 관한 법령상 주민이 도시·군관리계획 입안권자에게 도시·군관리계획의 입안을 제안할 수 있는 사항을 모두 고른 것은?

> ㄱ. 시가화조정구역의 지정 및 변경　　ㄴ. 기반시설의 설치·정비
> ㄷ. 지구단위계획의 수립 및 변경　　　ㄹ. 입지규제최소구역의 지정 및 변경

① ㄱ, ㄴ　　　　　　　② ㄱ, ㄷ　　　　　　　③ ㄴ, ㄹ
④ ㄴ, ㄷ　　　　　　　⑤ ㄱ, ㄴ, ㄷ, ㄹ

04 국토의 계획 및 이용에 관한 법령상 용도지역과 용적률의 최대한도의 연결로 옳은 것은? (단, 조례 및 기타 강화·완화조건은 고려하지 않음)

① 준공업지역 : 350퍼센트
② 근린상업지역 : 1,300퍼센트
③ 계획관리지역 : 100퍼센트
④ 자연환경보전지역 : 150퍼센트
⑤ 제2종일반주거지역 : 150퍼센트

05 국토의 계획 및 이용에 관한 법령상 개발행위의 허가에 관한 설명으로 옳지 않은 것은? (단, 조례는 고려하지 않음)

① 개발행위허가를 제한하고자 하는 자가 시·도지사인 경우에는 당해 시·도에 설치된 지방도시계획위원회의 심의를 거쳐야 한다.
② 「사도법」에 의한 사도개설허가를 받은 토지의 분할은 개발행위허가를 받지 아니하고 할 수 있다.
③ 시장 또는 군수는 개발행위허가에 조건을 붙이려는 때에는 미리 개발행위허가를 신청한 자의 의견을 들어야 한다.
④ 「사방사업법」에 따른 사방사업을 위한 개발행위는 중앙도시계획위원회와 지방도시계획위원회의 심의를 거치지 아니한다.
⑤ 개발행위허가를 받은 부지면적을 5퍼센트 확장하는 경우에는 별도의 변경허가를 받지 않아도 된다.

06 국토의 계획 및 이용에 관한 법령상 기반시설부담구역에 관한 내용이다. (   )에 들어갈 숫자로 옳은 것은?

> 기반시설부담구역에서 기반시설설치비용의 부과대상인 건축행위는 「국토의 계획 및 이용에 관한 법률」 제2조 제20호에 따른 시설로서 (   )제곱미터(기존 건축물의 연면적 포함)를 초과하는 건축물의 신축·증축행위로 한다.

① 100　　　　　　　② 200　　　　　　　③ 300
④ 400　　　　　　　⑤ 500

07 국토의 계획 및 이용에 관한 법령상 도시·군계획시설부지의 매수청구에 관한 설명으로 옳지 않은 것은? (단, 조례는 고려하지 않음)

① 매수청구를 한 토지의 소유자는 매수의무자가 그 토지를 매수하지 아니하기로 결정한 경우 개발행위허가를 받아 5층 이하의 제1종근린생활시설을 설치할 수 있다.
② 매수의무자는 매수하기로 결정한 토지에 대하여 매수 결정을 알린 날부터 2년 이내에 매수하여야 한다.
③ 도시·군계획시설채권의 상환기간은 10년 이내로 한다.
④ 지방자치단체인 매수의무자는 토지소유자가 원하는 경우 채권을 발행하여 매수대금을 지급할 수 있다.
⑤ 매수의무자는 매수청구를 받은 날부터 6개월 이내에 매수 여부를 결정하여야 한다.

08 국토의 계획 및 이용에 관한 법령상 지구단위계획에 관한 설명으로 옳지 않은 것은?

① 도시지역 내 지구단위계획구역의 지정목적이 한옥마을을 보존하고자 하는 경우에는 지구단위계획으로 「주차장법」 제19조 제3항의 규정에 의한 주차장 설치기준을 100퍼센트까지 완화하여 적용할 수 있다.
② 주민이 입안을 제안한 경우, 지구단위계획에 관한 도시·군관리계획결정의 고시일부터 3년 이내에 허가를 받아 사업이나 공사에 착수하지 아니하면 그 3년이 된 날에 지구단위계획구역의 지정에 관한 도시·군관리계획결정은 효력을 잃는다.
③ 도시지역 외에서 지정되는 지구단위계획구역(산업·유통개발진흥지구 제외)에서는 지구단위계획으로 해당 용도지역 또는 개발진흥지구에 적용되는 건폐율의 150퍼센트 및 용적률의 200퍼센트 이내에서 건폐율 및 용적률을 완화하여 적용할 수 있다.

④ 도시지역에 개발진흥지구를 지정하고 당해 지구를 지구단위계획구역으로 지정한 경우에는 지구단위계획으로 당해 용도지역에 적용되는 용적률의 120퍼센트 이내에서 용적률을 완화하여 적용할 수 있다.

⑤ 국토교통부장관은 「도시개발법」에 따라 지정된 도시개발구역의 전부 또는 일부에 대하여 지구단위계획구역을 지정할 수 있다.

09 국토의 계획 및 이용에 관한 법령상 공간재구조화계획의 결정권자가 도시혁신구역으로 지정할 수 있는 지역에 해당하는 것은?

① 산업구조 또는 경제활동의 변화로 복합적 토지이용이 필요한 지역

② 노후 건축물 등이 밀집하여 단계적 정비가 필요한 지역

③ 도시·군계획시설 준공 후 10년이 경과한 경우로서 해당 시설의 개량 또는 정비가 필요한 경우

④ 주변지역 정비 또는 지역경제 활성화를 위하여 기반시설의 복합적 이용이 필요한 경우

⑤ 도시·군기본계획에 따른 도심·부도심

10 국토의 계획 및 이용에 관한 법령상 성장관리계획에 포함되어야 할 사항으로 명시되어 있지 않은 것은?

① 건축물의 용도제한, 건축물의 건폐율 또는 용적률

② 환경관리 및 경관계획

③ 건축물의 디자인 및 건축선

④ 성장관리계획구역 내 토지개발·이용, 기반시설, 생활환경 등의 현황 및 문제점

⑤ 도로, 공원 등 기반시설의 배치와 규모에 관한 사항

11 국토의 계획 및 이용에 관한 법령상 도시·군계획시설사업의 단계별 집행계획에 관한 설명으로 옳은 것은?

① 국토교통부장관은 단계별 집행계획의 수립주체가 될 수 있다.
② 「도시 및 주거환경정비법」에 따라 도시·군관리계획의 결정이 의제되는 경우에는 해당 도시·군계획시설결정의 고시일부터 3년 이내에 단계별 집행계획을 수립할 수 있다.
③ 단계별 집행계획은 제1단계 집행계획과 제2단계 집행계획 및 제3단계 집행계획으로 구분하여 수립한다.
④ 3년 이내에 시행하는 도시·군계획시설사업은 제2단계 집행계획에 포함되도록 하여야 한다.
⑤ 단계별 집행계획이 수립되어 공고되면 변경할 수 없다.

12 국토의 계획 및 이용에 관한 법령상 도시·군계획시설사업에 관한 설명으로 옳은 것은?

① 대도시 시장이 작성한 도시·군계획시설사업에 관한 실시계획은 국토교통부장관의 인가를 받아야 한다.
② 도시·군계획시설사업이 둘 이상의 시 또는 군의 관할구역에 걸쳐 시행되게 되는 경우에는 국토교통부장관이 시행자를 정한다.
③ 도시·군계획시설사업의 대상시설을 둘 이상으로 분할하여 도시·군계획시설사업을 시행할 수 없다.
④ 「한국토지주택공사법」에 따른 한국토지주택공사가 도시·군계획시설사업의 시행자로 지정받기 위해서 제출해야 하는 신청서에 자금조달계획은 포함되지 않는다.
⑤ 「한국전력공사법」에 따른 한국전력공사는 도시·군계획시설사업의 시행자가 될 수 있다.

13 국토의 계획 및 이용에 관한 법령상 국토교통부장관, 시·도지사, 시장 또는 군수나 도시·군계획시설사업의 시행자가 타인의 토지에 출입할 수 있는 경우를 모두 고른 것은?

ㄱ. 도시·군계획에 관한 기초조사	ㄴ. 개발밀도관리구역에 관한 기초조사
ㄷ. 도시·군계획시설사업에 관한 측량	ㄹ. 지가의 동향에 관한 조사

① ㄱ
② ㄴ
③ ㄷ, ㄹ
④ ㄱ, ㄴ, ㄷ
⑤ ㄱ, ㄴ, ㄷ, ㄹ

14 부동산 가격공시에 관한 법령상 표준지공시지가에 관한 설명으로 옳지 않은 것은?

① 국토교통부장관은 개별공시지가의 산정을 위하여 필요하다고 인정하는 경우에는 토지가격비준표를 작성하여 시장·군수 또는 구청장에게 제공하여야 한다.

② 표준지공시지가의 공시에는 표준지의 1제곱미터당 가격이 포함되어야 한다.

③ 표준지공시지가의 공시에는 표준지에 대한 도로상황이 포함되어야 한다.

④ 표준지공시지가에 대한 이의신청은 서면(전자문서 포함)으로 하여야 한다.

⑤ 「산림조합법」에 따른 산림조합은 국유지 취득을 위해 표준지공시지가를 조사·평가할 수 있다.

15 부동산 가격공시에 관한 법령상 개별공시지가에 관한 설명으로 옳지 않은 것은?

① 시·도지사는 개별공시지가를 산정한 때에는 중앙부동산가격공시위원회의 심의를 거쳐 이를 공시하여야 한다.

② 표준지로 선정된 토지에 대한 개별공시지가가 결정·공시되지 아니한 경우 해당 토지의 표준지공시지가를 개별공시지가로 본다.

③ 공시기준일 이후에 토지의 형질변경으로 「공간정보의 구축 및 관리 등에 관한 법률」에 따른 지목변경이 된 토지는 개별공시지가 공시기준일을 다르게 할 수 있는 토지에 해당한다.

④ 개별공시지가의 결정·공시에 소요되는 비용 중 국고에서 보조할 수 있는 비용은 개별공시지가의 결정·공시에 드는 비용의 50퍼센트 이내로 한다.

⑤ 토지가격비준표의 적용에 오류가 있는 경우는 개별공시지가를 정정하여야 할 사유에 해당한다.

16 부동산 가격공시에 관한 법령상 주택가격의 공시에 관한 설명으로 옳지 않은 것은?

① 이의신청의 기간·절차 및 방법은 표준주택가격을 공시할 때 관보에 공고해야 하는 사항이다.

② 표준주택가격의 공시에는 표준주택의 용도가 포함되어야 한다.

③ 비주거용 집합부동산의 조사 및 산정지침은 중앙부동산가격공시위원회의 심의 대상이다.

④ 국토교통부장관은 표준주택가격을 조사·산정한 때에는 둘 이상의 감정평가법인등의 검증을 받아야 한다.

⑤ 공동주택가격의 공시에는 공동주택의 면적이 포함되어야 한다.

17 감정평가 및 감정평가사에 관한 법령상 국토교통부장관이 한국부동산원에 위탁한 것이 아닌 것은?

① 감정평가서에 대한 표본조사
② 감정평가서의 원본과 관련 서류의 보관
③ 감정평가 타당성조사를 위한 기초자료 수집
④ 감정평가 정보체계의 구축
⑤ 감정평가 정보체계의 운영

18 감정평가 및 감정평가사에 관한 법령상 과징금에 관한 설명이다. (   )에 들어갈 내용을 순서대로 나열한 것은?

> • 감정평가법인에 대한 과징금부과처분의 경우 과징금최고액은 (   )원이다.
> • 과징금납부의무자가 과징금을 분할납부하려면 납부기한 (   )일 전까지 국토교통부장관에게 신청하여야 한다.
> • 과징금을 납부기한까지 납부하지 아니한 경우에는 납부기한의 다음 날부터 과징금을 (   )까지의 기간에 대하여 가산금을 징수할 수 있다.

① 3억, 10, 납부한 날의 전날
② 3억, 30, 납부한 날
③ 5억, 10, 납부한 날의 전날
④ 5억, 10, 납부한 날
⑤ 5억, 30, 납부한 날의 전날

19 감정평가 및 감정평가사에 관한 법령상 과태료의 부과대상은?

① 감정평가법인등이 아닌 자로서 감정평가업을 한 자
② 사무직원이 될 수 없는 자를 사무직원으로 둔 감정평가법인
③ 둘 이상의 감정평가사사무소를 설치한 사람
④ 구비서류를 거짓으로 작성하여 감정평가사 등록을 한 사람
⑤ 감정평가사 자격증 대여를 알선한 자

20 국유재산법령상 행정재산과 일반재산에 관한 내용으로 옳지 않은 것은?

① 행정재산의 사용허가기간을 갱신받으려는 자는 허가기간이 끝나기 1개월 전에 중앙관서의 장에게 신청하여야 한다.

② 중앙관서의 장은 행정재산의 사용허가를 철회하려는 경우에는 청문을 하여야 한다.

③ 일반재산의 대부계약은 수의계약의 방법으로 대부할 때에는 1회만 갱신할 수 있다.

④ 행정재산의 사용허가가 취소된 경우에는 재산을 원래 상태대로 반환하여야 하지만, 중앙관서의 장이 미리 상태의 변경을 승인한 경우에는 변경된 상태로 반환할 수 있다.

⑤ 일반재산을 매각한 이후 매수자가 매각대금을 체납한 경우 그 계약을 해제할 수 있다.

21 국유재산법령상 국유재산에 관한 설명으로 옳은 것은?

① 재판상 화해에 의해 일반재산에 사권(私權)을 설정할 수 없다.

② 총괄청의 허가를 받은 경우라 할지라도 국유재산에 관한 사무에 종사하는 직원은 그 처리하는 국유재산을 취득할 수 없다.

③ 국가 외의 자는 기부를 조건으로 축조하는 경우에도 국유재산에 영구시설물을 축조할 수 없다.

④ 총괄청은 다음 연도의 국유재산의 관리・처분에 관한 계획의 작성을 위한 지침을 매년 6월 30일까지 중앙관서의 장에게 통보하여야 한다.

⑤ 한국예탁결제원은 총괄청이나 중앙관서의 장 등이 증권을 보관・취급하게 할 수 있는 법인에 해당한다.

22 국유재산법령상 행정재산의 사용허가와 일반재산의 처분에 있어 두 번의 일반경쟁입찰에도 낙찰자가 없는 경우 세 번째 입찰부터의 예정가격 조정・결정의 방법에 관한 설명이다. ( )에 들어갈 숫자로 옳은 것은?

• 행정재산 사용허가의 경우 : 최초 사용료 예정가격의 100분의 (ㄱ)을 최저 한도로 하여 매회 100분의 10의 금액만큼 그 예정가격을 낮추는 방법으로 조정할 수 있다.

• 일반재산 처분의 경우 : 최초 매각 예정가격의 100분의 (ㄴ)을 최저 한도로 하여 매회 100분의 10의 금액만큼 그 예정가격을 낮출 수 있다.

---

① ㄱ : 10, ㄴ : 30 ② ㄱ : 10, ㄴ : 50

③ ㄱ : 20, ㄴ : 30 ④ ㄱ : 20, ㄴ : 50

⑤ ㄱ : 30, ㄴ : 50

23 국유재산법령상 일반재산에 관한 설명으로 옳지 않은 것은?

① 일반재산의 처분가격은 대통령령으로 정하는 바에 따라 시가(時價)를 고려하여 결정한다.

② 총괄청은 일반재산이 3년 이상 활용되지 않은 경우 이 일반재산을 민간사업자인 법인(외국법인 제외)과 공동으로 개발할 수 있다.

③ 일반재산의 매각에 있어 매각대금이 완납되기 전에 해당 매각재산의 소유권을 이전하는 경우에는 저당권 설정 등 채권의 확보를 위하여 필요한 조치를 취하여야 한다.

④ 부동산신탁을 취급하는 신탁업자에게 신탁하여 개발된 일반재산의 대부기간은 30년 이내로 할 수 있으며, 20년의 범위에서 한 차례만 연장할 수 있다.

⑤ 일반재산을 현물출자함에 있어 지분증권의 산정가액이 액면가에 미달하는 경우에는 그 지분증권의 액면가에 따라 출자가액을 산정한다.

24 건축법령상 이행강제금에 관한 설명으로 옳은 것을 모두 고른 것은?

> ㄱ. 허가권자는 시정명령을 받은 자가 이를 이행하면 새로운 이행강제금의 부과를 즉시 중지하되, 이미 부과된 이행강제금은 징수하여야 한다.
>
> ㄴ. 동일인이 「건축법」에 따른 명령을 최근 2년 내에 2회 위반한 경우 부과될 금액을 100분의 150의 범위에서 가중하여야 한다.
>
> ㄷ. 허가권자는 최초의 시정명령이 있었던 날을 기준으로 하여 1년에 최대 3회 이내의 범위에서 그 시정명령이 이행될 때까지 반복하여 이행강제금을 부과·징수할 수 있다.

① ㄱ   ② ㄴ   ③ ㄱ, ㄴ
④ ㄴ, ㄷ   ⑤ ㄱ, ㄴ, ㄷ

25 건축법령상 주요구조부의 해체가 없는 등 대수선의 경우로 신고를 하면 건축허가가 의제되는 것은?

① 내력벽의 면적을 20제곱미터 이상 수선하는 것

② 특별피난계단을 수선하는 것

③ 보를 두 개 이상 수선하는 것

④ 지붕틀을 두 개 이상 수선하는 것

⑤ 기둥을 두 개 이상 수선하는 것

26 건축법령상 조정(調停) 및 재정(裁定)에 관한 설명으로 옳지 않은 것은?

① 조정 및 재정을 하기 위하여 국토교통부에 건축분쟁전문위원회를 둔다.

② 부득이한 사정으로 연장되지 않는 한 건축분쟁전문위원회는 당사자의 조정신청을 받으면 60일 이내에 절차를 마쳐야 한다.

③ 조정안을 제시받은 당사자는 제시를 받은 날부터 30일 이내에 수락 여부를 조정위원회에 알려야 한다.

④ 조정위원회는 필요하다고 인정하면 당사자나 참고인을 조정위원회에 출석하게 하여 의견을 들을 수 있다.

⑤ 건축분쟁전문위원회는 재정신청이 된 사건을 조정에 회부하는 것이 적합하다고 인정하면 직권으로 직접 조정할 수 있다.

27 건축법령상 안전영향평가를 실시하여야 할 건축물은 다음 각 호의 어느 하나에 해당하는 건축물이다. (   )에 들어갈 내용으로 옳은 것은?

> 1. 초고층 건축물
> 2. 연면적(하나의 대지에 둘 이상의 건축물을 건축하는 경우에는 각각의 건축물의 연면적을 말한다)이 (ㄱ)만 제곱미터 이상이고 (ㄴ)층 이상인 건축물

① ㄱ : 5, ㄴ : 15   ② ㄱ : 7, ㄴ : 15

③ ㄱ : 7, ㄴ : 16   ④ ㄱ : 10, ㄴ : 15

⑤ ㄱ : 10, ㄴ : 16

28 공간정보의 구축 및 관리 등에 관한 법령상 용어의 정의에 관한 내용으로 옳지 않은 것은?

① 자치구가 아닌 구의 구청장은 "지적소관청"이 될 수 있다.

② "지목"이란 토지의 주된 용도에 따라 토지의 종류를 구분하여 지적공부에 등록한 것을 말한다.

③ "경계"란 필지별로 경계점들을 직선으로 연결하여 지적공부에 등록한 선을 말한다.

④ "등록전환"이란 지적공부에 등록되어 있지 아니한 토지를 지적공부에 등록하는 것을 말한다.

⑤ "축척변경"이란 지적도에 등록된 경계점의 정밀도를 높이기 위하여 작은 축척을 큰 축척으로 변경하여 등록하는 것을 말한다.

29 공간정보의 구축 및 관리 등에 관한 법령상 지적에 관한 설명으로 옳지 않은 것은?

① 지번은 지적소관청이 지번부여지역별로 차례대로 부여한다.

② 면적의 단위는 제곱미터로 한다.

③ 지적도면의 번호는 경계점좌표등록부에 등록하여야 할 사항에 속한다.

④ 토지소유자는 신규등록할 토지가 있으면 그 사유가 발생한 날부터 90일 이내에 지적소 관청에 신규등록을 신청하여야 한다.

⑤ 행정구역의 명칭이 변경되었으면 지적공부에 등록된 토지의 소재는 새로운 행정구역의 명칭으로 변경된 것으로 본다.

30 공간정보의 구축 및 관리 등에 관한 법령상 축척변경에 관한 설명으로 옳지 않은 것은?

① 하나의 지번부여지역에 서로 다른 축척의 지적도가 있는 경우 그 지역의 축척을 변경할 수 있다.

② 축척변경을 하려면 축척변경 시행지역의 토지소유자 2분의 1 이상의 동의를 받아야 한다.

③ 합병하려는 토지가 축척이 다른 지적도에 각각 등록되어 있어 축척변경을 하는 경우 시 ·도지사 또는 대도시 시장의 승인을 요하지 않는다.

④ 도시개발사업의 시행지역에 있는 토지로서 그 사업 시행에서 제외된 토지의 축척변경은 축척변경위원회의 의결을 요하지 않는다.

⑤ 지적소관청은 축척변경 승인을 받았을 때에는 지체 없이 축척변경의 시행에 관한 세부계획을 20일 이상 공고하여야 한다.

31 공간정보의 구축 및 관리 등에 관한 법령상 지목에 관한 설명으로 옳은 것은?

① 토지가 임시적인 용도로 사용될 때에는 지목을 변경할 수 있다.

② 합병하려는 토지의 지목이 서로 다르더라도 소유자가 동일한 경우에는 토지의 합병을 신청할 수 있다.

③ 자동차 정비공장 안에 설치된 급유시설 부지의 지목은 "주유소용지"로 한다.

④ 고속도로의 휴게소 부지의 지목은 "도로"로 한다.

⑤ 토지소유자는 지목변경을 할 토지가 있으면 그 사유가 발생한 날부터 30일 이내에 지적소관청에 지목변경을 신청하여야 한다.

32 부동산등기법령상 표시에 관한 등기에 관한 설명으로 옳지 않은 것은?

① 등기관은 토지 등기기록의 표제부에 등기목적을 기록하여야 한다.

② 토지의 분할이 있는 경우 그 토지 소유권의 등기명의인은 그 사실이 있는 때부터 1개월 이내에 그 등기를 신청하여야 한다.

③ 구분건물로서 그 대지권의 변경이 있는 경우 구분건물의 소유권의 등기명의인은 1동의 건물에 속하는 다른 구분건물의 소유권의 등기명의인을 대위하여 그 등기를 신청할 수 있다.

④ 건물이 구분건물인 경우에 그 건물의 등기기록 중 1동 표제부에 기록하는 등기사항에 관한 변경등기는 그 구분건물과 같은 1동의 건물에 속하는 다른 구분건물에 대하여도 변경등기로서의 효력이 있다.

⑤ 1동의 건물에 속하는 구분건물 중 일부만에 관하여 소유권보존등기를 신청하는 경우에는 나머지 구분건물의 표시에 관한 등기를 동시에 신청하여야 한다.

33 부동산등기법령상 권리에 관한 등기에 관한 설명으로 옳지 않은 것은?

① 국가·지방자치단체·국제기관 및 외국정부의 부동산등기용등록번호는 법무부장관이 지정·고시한다.

② 등기관이 환매특약의 등기를 할 때에는 매수인이 지급한 대금을 기록하여야 한다.

③ 등기원인에 권리의 소멸에 관한 약정이 있을 경우 신청인은 그 약정에 관한 등기를 신청할 수 있다.

④ 등기의 말소를 신청하는 경우에 그 말소에 대하여 등기상 이해관계 있는 제3자가 있을 때에는 제3자의 승낙이 있어야 한다.

⑤ 등기관이 토지에 대하여 소유권경정등기를 하였을 때에는 지체 없이 그 사실을 지적소관청에 알려야 한다.

34 부동산등기법령상 이의에 관한 설명으로 옳은 것을 모두 고른 것은?

> ㄱ. 새로운 사실이나 새로운 증거방법을 근거로 이의신청을 할 수 있다.
> ㄴ. 등기관은 이의가 이유 없다고 인정하면 이의신청일부터 7일 이내에 의견을 붙여 이의신청서를 관할 지방법원에 보내야 한다.
> ㄷ. 이의에는 집행정지의 효력이 없다.
> ㄹ. 송달에 대하여는 「민사소송법」을 준용하고, 이의의 비용에 대하여는 「비송사건절차법」을 준용한다.

① ㄱ, ㄴ   ② ㄱ, ㄷ   ③ ㄱ, ㄹ
④ ㄴ, ㄷ   ⑤ ㄷ, ㄹ

35 부동산등기법령상 소유권등기 및 담보권등기에 관한 설명으로 옳지 않은 것은?

① 등기관이 소유권보존등기를 할 때에는 등기원인과 그 연월일을 기록하지 아니한다.

② 미등기의 토지 또는 건물의 경우 수용(收用)으로 인하여 소유권을 취득하였음을 증명하는 자는 소유권보존등기를 신청할 수 있다.

③ 등기관이 동일한 채권에 관하여 3개의 부동산에 관한 권리를 목적으로 하는 저당권설정의 등기를 할 때에는 공동담보목록을 작성하여야 한다.

④ 등기관은 근저당권을 내용으로 하는 저당권설정의 등기를 할 때에는 채권의 최고액을 기록하여야 한다.

⑤ 등기관이 채권의 일부에 대한 대위변제로 인한 저당권 일부이전등기를 할 때에는 변제액을 기록하여야 한다.

36 도시 및 주거환경정비법령상 조합에 관한 설명으로 옳은 것은?

① 조합이 정관의 기재사항인 조합임원의 수를 변경하려는 때에는 시장·군수 등의 인가를 받아야 한다.

② 조합은 명칭에 정비사업조합이라는 문자를 사용하여야 한다.

③ 토지등소유자의 수가 100인을 초과하는 경우 조합에 두는 이사의 수는 7명 이상으로 한다.

④ 조합임원의 임기는 5년 이하의 범위에서 정관으로 정하되, 연임할 수 없다.

⑤ 조합의 대의원회는 조합원의 10분의 1 이상으로 구성하며, 조합장이 아닌 조합임원도 대의원이 될 수 있다.

37 도시 및 주거환경정비법령상 사업시행계획의 변경 시 신고대상인 경미한 사항의 변경에 해당하지 않는 것은? (단, 조례는 고려하지 않음)

① 대지면적을 10퍼센트의 범위에서 변경하는 때

② 사업시행자의 명칭을 변경하는 때

③ 건축물이 아닌 부대시설의 설치규모를 확대하는 때(위치가 변경되는 경우 포함)

④ 정비계획의 변경에 따라 사업시행계획서를 변경하는 때

⑤ 내장재료를 변경하는 때

38 도시 및 주거환경정비법령상 정비사업에 관한 설명이다. (   )에 들어갈 내용으로 옳은 것은?

> • 시장·군수 등이 아닌 사업시행자가 정비사업을 시행하려는 경우에는 사업시행계획서에 정관등과 그 밖에 국토교통부령으로 정하는 서류를 첨부하여 시장·군수 등에게 제출하고 사업시행계획(ㄱ)을(를) 받아야 한다.
> • 시장·군수 등이 아닌 사업시행자가 정비사업 공사를 완료한 때에는 대통령령으로 정하는 방법 및 절차에 따라 시장·군수 등의 준공(ㄴ)을(를) 받아야 한다.

① ㄱ : 승인, ㄴ : 인가　　　　② ㄱ : 승인, ㄴ : 허가
③ ㄱ : 인가, ㄴ : 승인　　　　④ ㄱ : 인가, ㄴ : 인가
⑤ ㄱ : 인가, ㄴ : 허가

39 도시 및 주거환경정비법령상 비용의 부담 등에 관한 설명으로 옳지 않은 것은?

① 사업시행자는 토지등소유자로부터 정비사업비용과 정비사업의 시행과정에서 발생한 수입의 차액을 부과금으로 부과·징수할 수 있다.
② 체납된 부과금 또는 연체료의 부과·징수를 위탁받은 시장·군수 등은 지방세 체납처분의 예에 따라 부과·징수할 수 있다.
③ 공동구점용예정자가 부담할 공동구의 설치에 드는 비용의 부담비율은 공동구의 점용예정면적비율에 따른다.
④ 부담금의 납부통지를 받은 공동구점용예정자는 공동구의 설치공사가 착수되기 전에 부담금액의 3분의 1 이상을 납부하여야 한다.
⑤ 시장·군수 등은 시장·군수 등이 아닌 사업시행자가 시행하는 정비사업의 정비계획에 따라 설치되는 임시거주시설에 대해서는 그 건설비용의 전부를 부담하여야 한다.

40 동산·채권 등의 담보에 관한 법령상 동산담보권에 관한 설명으로 옳은 것은?

① 창고증권이 작성된 동산을 목적으로 담보등기를 할 수 있다.
② 담보권설정자의 사업자등록이 말소된 경우 그에 따라 이미 설정된 동산담보권도 소멸한다.
③ 담보권설정자의 행위에 의한 사유로 담보목적물의 가액(價額)이 현저히 증가된 경우 담보목적물의 일부를 반환받을 수 있다.
④ 동산담보권의 효력은 담보목적물에 대한 압류가 있은 후에 담보권설정자가 그 담보목적물로부터 수취할 수 있는 과실(果實)에 미친다.
⑤ 담보권자와 담보권설정자 간 약정에 따른 동산담보권의 득실변경(得失變更)은 담보등기부에 등기하지 않더라도 그 효력이 생긴다.

제5과목 | 회계학

제2교시

※ 아래의 문제들에서 특별한 언급이 없는 한 기업의 보고기간(회계기간)은 매년 1월 1일부터 12월 31일 까지이다. 또한, 기업은 주권상장법인으로 계속해서 한국채택국제회계기준(K-IFRS)을 적용해오고 있다고 가정하고, 답지항 중에서 물음에 가장 합당한 답을 고르시오. 단, 자료에서 제시한 모든 항목과 금액은 중요하며, 자료에서 제시한 것 이외의 사항은 고려하지 않고 답한다. 예를 들어, 법인세에 대한 언급이 없으면 법인세 효과는 고려하지 않는다.

01 재무제표 표시에 관한 일반사항으로 옳지 않은 것은?

① 서술형 정보는 당기 재무제표를 이해하는 데 목적적합하더라도 비교정보를 표시하지 아니한다.

② 재무제표가 계속기업 기준으로 작성되지 않을 경우, 그 사실과 함께 재무제표 작성기준과 계속기업으로 보지 않는 이유를 공시하여야 한다.

③ 기업은 현금흐름 정보를 제외하고는 발생기준 회계를 사용하여 재무제표를 작성한다.

④ 중요하지 않은 항목은 성격이나 기능이 유사한 항목과 통합하여 표시할 수 있다.

⑤ 한국채택국제회계기준을 준수하여 작성된 재무제표는 공정하게 표시된 재무제표로 본다.

02 무형자산에 관한 설명으로 옳지 않은 것은?

① 무형자산은 손상의 징후가 있거나 그 자산을 사용하지 않을 때에 상각을 중지한다.

② 무형자산의 인식기준을 충족하지 못해 비용으로 인식한 지출은 그 이후에 무형자산의 원가로 인식할 수 없다.

③ 내부적으로 창출한 영업권은 자산으로 인식하지 아니한다.

④ 개별취득 무형자산은 자산에서 발생하는 미래경제적효익의 유입가능성이 높다는 인식기준을 항상 충족한다.

⑤ 무형자산으로 정의되려면 식별가능성, 자원에 대한 통제와 미래경제적효익의 존재를 충족하여야 한다.

03 투자부동산의 분류에 관한 설명으로 옳지 않은 것은?

① 미사용부동산을 운용리스로 제공한 경우에는 투자부동산으로 분류한다.
② 리스계약에 따라 이전받은 부동산을 다시 제3자에게 임대한다면 리스이용자는 해당 사용권자산을 투자부동산으로 분류한다.
③ 지배기업이 다른 종속기업에게 자가사용 건물을 리스하는 경우 당해 건물은 연결재무제표에 투자부동산으로 분류할 수 없다.
④ 건물 소유자가 그 건물의 사용자에게 제공하는 부수적 용역의 비중이 경미하면 해당 건물을 투자부동산으로 분류한다.
⑤ 처분예정인 자가사용부동산은 투자부동산으로 분류한다.

04 (주)감평은 20×1년 1월 종업원 70명에게 향후 3년 동안의 계속 근무 용역제공조건으로 가득되는 주식결제형 주식선택권을 1명당 50개씩 부여하였다. 권리 부여일 현재 주식선택권의 개당 공정가치는 ₩10(향후 변동없음)으로 추정되며, 연도별 종업원 퇴직현황은 다음과 같다.

연도	실제 퇴직자(명)	추가 퇴직 예상자(명)
20×1년	6	10
20×2년	8	5

(주)감평의 20×2년 말 재무상태표상 주식선택권 장부금액은?

① ₩8,000
② ₩9,000
③ ₩17,000
④ ₩18,667
⑤ ₩25,500

05 재무보고를 위한 개념체계에 관한 설명으로 옳지 않은 것은?

① 개념체계는 특정 거래나 다른 사건에 적용할 회계기준이 없는 경우에 재무제표 작성자가 일관된 회계정책을 개발하는 데 도움을 준다.
② 개념체계의 어떠한 내용도 회계기준이나 회계기준의 요구사항에 우선하지 아니한다.
③ 일반목적재무보고의 목적을 달성하기 위해 회계기준위원회는 개념체계의 관점에서 벗어난 요구사항을 정하는 경우가 있을 수 있다.
④ 개념체계는 수시로 개정될 수 있으며, 개념체계가 개정되면 자동으로 회계기준이 개정된다.
⑤ 개념체계에 기반한 회계기준은 경영진의 책임을 묻기 위한 필요한 정보를 제공한다.

06 20×1년 설립된 (주)감평의 20×1년 주식과 관련된 자료는 다음과 같다.

- 20×1년 1월 초 유통주식수 : 보통주 5,000주, 우선주 300주
- 6월 초 모든 주식에 대해 무상증자 10% 실시
- 10월 초 보통주 자기주식 300주 취득
- 20×1년도 당기순이익 : ₩900,000

20×1년 (주)감평의 기본주당이익이 ₩162일 때, 우선주 배당금은? (단, 기간은 월할 계산한다.)

① ₩21,150 ② ₩25,200 ③ ₩27,510
④ ₩32,370 ⑤ ₩33,825

07 재무정보의 질적 특성에 관한 설명으로 옳지 않은 것을 모두 고른 것은?

ㄱ. 오류가 없다는 것은 현상의 기술에 오류나 누락이 없고, 보고 정보를 생산하는 데 사용되는 절차의 선택과 적용 시 절차상 완벽하게 정확하다는 것을 의미한다.
ㄴ. 재무정보가 과거 평가에 대해 피드백을 제공한다면 확인가치를 갖는다.
ㄷ. 회계기준위원회는 중요성에 대한 획일적인 계량임계치를 정하거나 특정한 상황에서 무엇이 중요한 것인지를 미리 결정할 수 있다.
ㄹ. 목적적합하고 충실하게 표현된 정보의 유용성을 보강시키는 질적 특성으로는 비교가능성, 검증가능성, 적시성 및 이해가능성이 있다.

① ㄱ, ㄴ ② ㄱ, ㄷ ③ ㄱ, ㄹ
④ ㄴ, ㄷ ⑤ ㄷ, ㄹ

08 퇴직급여제도의 용어에 관한 설명으로 옳은 것은?

① 비가득급여 : 종업원의 미래 계속 근무와 관계없이 퇴직급여제도에 따라 받을 권리가 있는 급여
② 약정퇴직급여의 보험수리적 현재가치 : 퇴직급여제도에 의거하여 현직 및 전직 종업원에게 이미 제공한 근무용역에 대해 지급할 예상퇴직급여의 현재가치
③ 급여지급에 이용가능한 총자산 : 제도의 자산에서 약정퇴직급여의 보험수리적 현재가치를 제외한 부채를 차감한 잔액

④ 확정기여제도 : 종업원에게 지급할 퇴직급여금액이 일반적으로 종업원의 임금과 근무연수에 기초하는 산정식에 의해 결정되는 퇴직급여제도

⑤ 기금적립 : 퇴직급여를 지급할 현재의무를 충족하기 위해 사용자와는 구별된 실체(기금)에 자산을 이전하는 것

09 20×1년 말 (주)감평의 올바른 당좌예금 금액을 구하기 위한 자료는 다음과 같다. (주)감평의 입장에서 수정 전 당좌예금계정 잔액에 가산 또는 차감해야 할 금액은?

---

(1) 수정 전 잔액
- 은행의 당좌예금잔액증명서상 금액 : ₩4,000
- (주)감평의 당좌예금 계정원장상 금액 : ₩2,100

(2) 은행과 (주)감평의 당좌예금 수정 전 잔액 차이 원인
- 20×1년 말 현재 (주)감평이 발행·기록한 수표 중 은행에서 미결제된 금액 : ₩1,200
- 20×1년도 은행이 기록한 수수료 미통지 금액 : ₩100
- 20×1년 말 받을어음 추심으로 당좌예금 계좌에 기록되었으나, (주)감평에 미통지된 금액 : ₩1,000
- 20×1년 중 거래처로부터 받아 기록하고 추심 의뢰한 수표 중 은행으로부터 부도 통지받은 금액 : ₩200

	가산할 금액	차감할 금액
①	₩1,000	₩300
②	₩1,100	₩200
③	₩1,300	₩1,400
④	₩1,400	₩100
⑤	₩2,200	₩300

10 (주)감평은 20×1년 초 전환사채(액면금액 ₩10,000, 만기 3년, 표시이자율 연 3%, 매년 말 이자지급)를 액면발행하였다. 사채발행 당시 전환권이 없는 일반사채의 시장이자율은 연 8%이며, 전환권 미행사 시 만기일에 연 7%의 수익을 보장한다. 동 전환사채가 만기 상환될 경우, 다음 미래가치를 이용하여 계산한 상환할증금은? (단, 금액은 소수점 첫째자리에서 반올림하여 계산한다.)

〈단일금액 ₩1의 미래가치〉

기간	7%	8%
1년	1.070	1.080
2년	1.145	1.166
3년	1.225	1.260

① ₩1,119   ② ₩1,286
③ ₩1,299   ④ ₩1,376
⑤ ₩1,402

11 (주)감평은 20×1년 초 영업에 사용할 목적으로 특수장비(내용연수 5년, 잔존가치 ₩0, 정액법 감가상각, 원가모형 적용)를 ₩30,000에 취득하여 사용하다가, 20×2년 중 동 특수장비에 심각한 손상이 발생하였다. 특수장비의 회수가능액은 20×2년 말 ₩15,000으로 추정되었다. (주)감평의 20×2년 말 특수장비와 관련된 회계처리가 당기순이익에 미치는 영향은?

① ₩3,000 증가   ② ₩3,000 감소
③ ₩6,000 증가   ④ ₩6,000 감소
⑤ ₩9,000 감소

12 (주)감평은 20×1년 초 사채(액면금액 ₩60,000, 표시이자율 연 10%, 매년 말 이자지급, 만기 3년, 매년 말 ₩20,000씩 원금상환 조건)를 발행하였다. 동 사채의 발행 당시 유효이자율은 연 12%이다. 다음 현재가치를 이용하여 계산한 사채의 발행가액과 20×2년도에 인식할 이자비용은? (단, 금액은 소수점 첫째자리에서 반올림하여 계산한다.)

〈단일금액 ₩1의 현재가치〉

기간	10%	12%
1년	0.9091	0.8929
2년	0.8264	0.7972
3년	0.7513	0.7118

	발행가액	20×2년 이자비용
①	₩48,353	₩3,165
②	₩48,353	₩3,279
③	₩52,487	₩3,934
④	₩58,008	₩4,676
⑤	₩58,008	₩6,961

13 (주)감평은 고객에게 매출액의 1%를 사용기간 제한 없는 포인트로 제공한다. 고객은 이 포인트를 (주)감평의 상품 구매대금 결제에 사용할 수 있다. (주)감평의 20×1년도 매출액은 ₩50,000, 포인트의 단위당 공정가치는 ₩10이다. 20×1년에 총 2,500포인트가 사용될 것으로 추정되며, 20×1년 중 500포인트가 실제로 사용되었다. (주)감평이 20×1년 인식할 포인트 관련 매출은?

① ₩0　　　　　　　　　　　　② ₩1,000
③ ₩1,250　　　　　　　　　　④ ₩1,500
⑤ ₩5,000

14 (주)감평은 20×1년 1월 초에 본사건물을 착공하여 20×2년 11월 말 완공하였다. 본사건물 신축 관련 자료가 다음과 같을 때, (주)감평이 20×1년도에 자본화할 차입원가는? (단, 기간은 월할 계산한다.)

(1) 공사비 지출

일자	금액
20×1.1.1.	₩2,000,000
20×1.7.1.	400,000

(2) 차입금 현황

구분	차입금액	차입기간	연이자율
특정차입금	₩2,000,000	20×1.7.1. ~ 20×1.12.31.	3%
일반차입금	100,000	20×1.1.1. ~ 20×2.6.30.	5%

① ₩30,000　　　　　　　　　② ₩35,000
③ ₩50,000　　　　　　　　　④ ₩65,000
⑤ ₩90,000

15 20×1년부터 (주)감평은 제품판매 후 2년 동안 제품하자보증을 실시하고 있다. 20×2년도에 판매된 제품에 대하여 경미한 결함은 ₩100, 치명적인 결함은 ₩4,000의 수리비용이 발생한다. 과거 경험에 따르면 10%는 경미한 결함이, 5%는 치명적인 결함이 발생할 것으로 예상된다. 20×1년 말에 제품보증충당부채 잔액은 ₩200이다. 20×2년 기중에 20×1년 판매된 제품에 대한 수리비용이 ₩300 지출되었다면, (주)감평의 20×2년도 재무제표에 보고할 제품보증비와 제품보증충당부채는?

	제품보증비	제품보증충당부채
①	₩100	₩310
②	₩210	₩210
③	₩210	₩310
④	₩310	₩210
⑤	₩310	₩310

16 (주)감평은 20×1년 초 총 계약금액이 ₩1,200인 공사계약을 체결하고, 20×3년 말에 완공하였다. 다음 자료를 기초로 (주)감평이 20×1년도 재무제표에 인식할 공사이익과 계약자산(또는 계약부채)은? (단, 진행률은 누적발생공사원가를 추정총공사원가로 나눈 비율로 계산한다.)

	20×1년	20×2년	20×3년
실제발생 공사원가	₩300	₩500	₩350
완성시까지 예상 추가 공사원가	700	200	–
공사대금 청구액	400	300	500
공사대금 회수액	320	200	680

	공사이익	계약자산(계약부채)
①	₩40	₩40
②	₩60	₩40
③	₩60	₩(40)
④	₩80	₩40
⑤	₩80	₩(40)

17 금융상품에 관한 설명으로 옳지 않은 것은?

① 종류별로 금융상품을 공시하는 경우에는 공시하는 정보의 특성에 맞게, 금융상품의 특성을 고려하여 금융상품을 종류별로 분류하여야 한다.

② 기타포괄손익−공정가치로 측정하는 금융자산의 장부금액은 손실충당금에 의해 감소되지 않는다.

③ 당기손익−공정가치로 측정되는 지분상품은 후속적 공정가치 변동을 기타포괄손익으로 표시하도록 최초 인식시점에 선택할 수 있다.

④ 금융자산과 금융부채를 상계하면 손익이 발생할 수 있다.

⑤ 금융자산의 회수를 합리적으로 예상할 수 없는 경우에는 해당 금융자산의 총 장부금액을 직접 줄인다.

18 (주)감평의 20×2년 자본관련 자료이다. 20×2년 말 자본총계는? (단, 자기주식 거래는 선입선출법에 따른 원가법을 적용한다.)

(1) 기초자본	
• 보통주 자본금(주당 액면금액 ₩500, 발행주식수 40주)	₩20,000
• 보통주 주식발행초과금	4,000
• 이익잉여금	30,000
• 자기주식(주당 ₩600에 10주 취득)	(6,000)
• 자본총계	₩48,000
(2) 기중자본거래	
• 4월 1일 자기주식 20주를 1주당 ₩450에 취득	
• 5월 25일 자기주식 8주를 1주당 ₩700에 처분	
• 6월 12일 자기주식 3주를 소각	
• 8월 20일 주식발행초과금 ₩4,000과 이익잉여금 중 ₩5,000을 재원으로 무상증자 실시	
(3) 20×2년 당기순이익 : ₩50,000	

① ₩77,300
② ₩87,500
③ ₩94,600
④ ₩96,250
⑤ ₩112,600

19 (주)감평의 창고에 보관 중인 20×1년 말 상품 재고실사 금액은 ₩2,840이다. 다음 자료를 반영한 이후 20×1년 말 재무상태표에 표시할 기말상품 금액은?

- 기말 현재 일부 상품(원가 ₩100)을 물류회사에 보관 중이며, 보관료 ₩20을 지급하기로 하였다.
- 수탁회사에 적송한 상품(원가 ₩600) 중 20%는 기말까지 판매되지 않았다.
- 고객에게 발송한 시송품(원가 ₩500) 중 기말 현재 고객으로부터 매입의사 표시를 통보받지 못한 상품이 ₩200이다.
- 20×1년 12월 28일에 도착지 인도조건으로 거래처에서 매입한 상품(원가 ₩250)이 기말 현재 운송 중에 있다.

① ₩3,260   ② ₩3,510   ③ ₩3,560
④ ₩3,740   ⑤ ₩3,810

20 (주)감평은 기계장치(장부금액 ₩2,000, 공정가치 ₩3,500)를 제공하고, (주)한국의 건물과 현금 ₩700을 취득하는 교환거래를 하였다. 건물의 공정가치는 ₩2,500으로 기계장치의 공정가치보다 더 명백하며, 이 교환거래는 상업적 실질이 있다고 할 때, (주)감평이 인식할 유형자산처분손익은?

① 유형자산처분손익 ₩0   ② 유형자산처분손실 ₩1,200
③ 유형자산처분이익 ₩1,200   ④ 유형자산처분손실 ₩2,200
⑤ 유형자산처분이익 ₩2,200

21 (주)감평의 20×1년도 상품관련 자료는 다음과 같다. 기말상품 실사수량은 30개이며, 수량 감소분 중 40%는 정상감모손실이다. (주)감평의 20×1년의 매출원가는? (단, 정상감모손실과 평가손실은 매출원가에 포함한다.)

	수량	단위당 취득원가	단위당 판매가격	단위당 순실현가능가치
기초재고	70개	₩60	–	–
매입	100개	₩60	–	–
매출	120개	–	₩80	–
기말재고	50개	–	–	₩50

① ₩7,200   ② ₩7,500   ③ ₩7,680
④ ₩7,980   ⑤ ₩8,700

22 리스에 관한 설명으로 옳은 것을 모두 고른 것은?

> ㄱ. 단기리스나 소액 기초자산 리스를 제외한 모든 리스에 대해서 리스이용자는 사용권자
> 산과 리스부채를 인식해야 한다.
> ㄴ. 리스이용자는 리스의 내재이자율을 쉽게 산정할 수 없는 경우에는 리스제공자의 증분
> 차입이자율을 사용하여 리스료를 할인한다.
> ㄷ. 리스이용자는 사용권자산이 손상되었는지를 판단하고 식별되는 손상차손을 회계처리하
> 기 위하여 자산손상 기준서를 적용한다.
> ㄹ. 투자부동산의 정의를 충족하는 사용권자산은 재무상태표에 투자부동산으로 표시한다.

① ㄱ, ㄴ   ② ㄱ, ㄷ   ③ ㄷ, ㄹ
④ ㄱ, ㄷ, ㄹ   ⑤ ㄴ, ㄷ, ㄹ

23 고객과의 계약에서 생기는 수익에 관한 설명으로 옳은 것은?

① 계약의 결과로 기업의 미래 현금흐름의 위험, 시기, 금액이 변동될 것으로 예상되지 않
는 경우에도 고객과의 계약으로 회계처리할 수 있다.
② 계약은 서면으로, 구두로, 기업의 사업 관행에 따라 암묵적으로 체결할 수 있다.
③ 이전할 재화나 용역의 지급조건을 식별할 수 없는 경우라도 고객과의 계약으로 회계처리
할 수 있다.
④ 계약변경은 반드시 서면으로만 승인될 수 있다.
⑤ 고객과의 계약에서 식별되는 수행의무는 계약에 분명히 기재한 재화나 용역에만 한정된다.

24 다음은 20×1년 초 설립한 (주)감평의 법인세 관련 자료이다.

> • 20×1년 세무조정사항
> – 감가상각비한도초과액   ₩55,000
> – 정기예금 미수이자   25,000
> – 접대비한도초과액   10,000
> – 자기주식처분이익   30,000
> • 20×1년 법인세비용차감전순이익   ₩400,000
> • 연도별 법인세율은 20%로 일정하다.
> • 당기 이연법인세자산(부채)은 인식요건을 충족한다.

20×1년도 법인세비용은?

① ₩80,000   ② ₩81,000   ③ ₩82,000
④ ₩86,000   ⑤ ₩94,000

25 (주)감평은 20×1년 초에 폐기물처리시설(내용연수 5년, 잔존가치 ₩0, 정액법 월할상각)을 ₩1,000,000에 취득하였다. 주변민원으로 20×1년 10월 초부터 3개월간 가동이 일시 중단되었다. 20×2년 초에 사용종료(4년 후) 시 환경복구(지출 추정금액 ₩300,000, 현재가치 계산에 적용할 할인율 연 6%)를 조건으로 시설을 재가동하였다. 20×2년도 동 폐기물처리시설의 감가상각비는? (단, 금액은 소수점 첫째자리에서 반올림하여 계산한다.)

기간	단일금액 ₩1의 현재가치(할인율 = 6%)
4	0.7921
5	0.7473

① ₩244,838   ② ₩247,526   ③ ₩259,408
④ ₩268,548   ⑤ ₩271,908

26 (주)감평은 20×1년 초 임대수익을 목적으로 건물을 ₩320,000에 취득하고 공정가치모형을 적용하였다. (주)감평은 20×2년 9월 1일 동 건물을 자가사용 건물로 대체하였으며, 정액법(내용연수 10년, 잔존가치 ₩0)으로 상각(월할상각)하고 재평가모형을 적용하였다. 시점별 건물의 공정가치는 다음과 같다.

20×1년 말	20×2년 9월 1일	20×2년 말
₩340,000	₩330,000	₩305,000

동 건물 관련 회계처리가 20×2년 당기순이익에 미치는 영향은?

① ₩14,000 감소   ② ₩21,000 감소   ③ ₩24,000 감소
④ ₩25,000 감소   ⑤ ₩35,000 감소

27 (주)감평은 20×1년 초 투자부동산(내용연수 10년, 잔존가치 ₩0, 정액법상각)을 ₩200,000에 취득하고 원가모형을 적용하였다. (주)감평은 20×2년부터 동 투자부동산에 대하여 공정가치 모형을 적용하기로 하였으며 이러한 회계변경은 정당하다. 20×1년 말, 20×2년 말 동 투자부동산의 공정가치는 각각 ₩190,000, ₩185,000이다. 회계변경효과를 반영하여 20×2년 말 작성하는 비교재무제표(20×1년, 20×2년)에 표시될 금액에 관한 설명으로 옳은 것은?

① 20×1년도 투자부동산(순액)은 ₩180,000이다.
② 20×1년도 투자부동산 감가상각비는 ₩0이다.
③ 20×1년도 투자부동산평가손익은 ₩0이다.
④ 20×2년도 투자부동산평가이익은 ₩5,000이다.
⑤ 20×2년도 투자부동산(순액)은 ₩190,000이다.

28 (주)감평은 20×1년 초 (주)한국의 의결권주식 20%를 ₩300,000에 취득하고 지분법을 적용하는 관계기업투자주식으로 분류하였다. 취득 당시 (주)한국의 순자산 장부금액은 ₩1,000,000이었으며, 토지와 건물(내용연수 10년, 정액법상각)의 장부금액에 비해 공정가치가 각각 ₩100,000, ₩200,000 더 높은 것을 제외하고 자산과 부채의 장부금액은 공정가치와 일치하였다. 20×1년도에 (주)한국은 당기순이익과 기타포괄이익을 각각 ₩100,000, ₩30,000 보고하였으며, ₩15,000의 현금배당을 실시하였다. (주)감평의 20×1년 말 관계기업투자주식의 장부금액은?

① ₩312,000   ② ₩316,000

③ ₩319,000   ④ ₩320,000

⑤ ₩326,000

29 (주)감평의 매출액은 ₩215,000, 재고구입에 따른 현금유출액은 ₩120,000이다. 다음 (주)감평의 재고자산, 매입채무 변동 자료를 이용할 경우, 매출총이익은?

구분	금액
재고자산 증가액	₩4,000
매입채무 증가액	6,000

① ₩85,000   ② ₩89,000

③ ₩91,000   ④ ₩93,000

⑤ ₩97,000

30 (주)감평의 20×1년 현금흐름표 작성을 위한 자료이다.

당기순이익	₩147,000	감가상각비	₩5,000
법인세비용	30,000	매출채권 감소액	15,000
유형자산처분이익	20,000	재고자산 증가액	4,000
이자비용	25,000	매입채무 감소액	6,000
이자수익	15,000	배당금수익	8,000

(주)감평의 20×1년 영업에서 창출된 현금은?

① ₩159,000   ② ₩161,000   ③ ₩167,000

④ ₩169,000   ⑤ ₩189,000

31 범용기계장치를 이용하여 제품 X와 Y를 생산·판매하는 (주)감평의 당기 예산자료는 다음과 같다.

구분	제품 X	제품 Y
단위당 판매가격	₩1,500	₩1,000
단위당 변동원가	1,200	800
단위당 기계가동시간	2시간	1시간
연간 정규시장 판매수량	300단위	400단위
연간 최대기계가동시간	1,000시간	

(주)감평은 신규거래처로부터 제품 Z 200단위의 특별주문을 요청받았다. 제품 Z의 생산에는 단위당 ₩900의 변동원가가 발생하며 단위당 1.5 기계가동시간이 필요하다. 특별주문 수락 시 기존 제품의 정규시장 판매를 일부 포기해야 하는 경우, (주)감평이 제시할 수 있는 단위당 최소판매가격은? (단, 특별주문은 전량 수락하든지 기각해야 한다.)

① ₩900
② ₩1,125
③ ₩1,150
④ ₩1,200
⑤ ₩1,350

32 (주)감평은 제품 X, Y, Z를 생산·판매하고 있으며, 각 제품 관련 자료는 다음과 같다.

구분	제품 X	제품 Y	제품 Z
매출배합비율(매출수량기준)	20%	60%	20%
단위당 공헌이익	₩12	₩15	₩8
손익분기점 매출수량	?	7,800단위	?

(주)감평은 제품 Z의 생산중단을 고려하고 있다. 제품 Z의 생산을 중단하는 경우에 고정비 중 ₩4,000을 회피할 수 있으며, 제품 X와 Y의 매출배합비율(매출수량기준)은 60%와 40%로 예상된다. (주)감평이 제품 Z의 생산을 중단할 경우, 목표이익 ₩33,000을 달성하기 위한 제품 X의 매출수량은?

① 6,900단위
② 7,800단위
③ 8,400단위
④ 8,700단위
⑤ 9,000단위

33 (주)감평은 표준원가계산제도를 채택하고 있으며, 직접노무시간을 기준으로 제조간접원가를 배부한다. 당기 제조간접원가 관련 자료는 다음과 같다.

고정제조간접원가 표준배부율	₩100/시간
변동제조간접원가 표준배부율	₩300/시간
기준조업도(직접노무시간)	5,000시간
실제직접노무시간	4,850시간
실제생산량에 허용된 표준 직접노무시간	4,800시간
제조간접원가 배부차이	₩20,000 과소배부

(주)감평의 당기 제조간접원가 실제 발생액은?

① ₩1,900,000   ② ₩1,920,000

③ ₩1,940,000   ④ ₩1,960,000

⑤ ₩1,980,000

34 (주)감평은 제품 생산에 필요한 부품 400단위를 매년 외부에서 단위당 ₩1,000에 구입하였다. 그러나 최근 외부구입가격 인상이 예상됨에 따라 해당 부품을 자가제조하는 방안을 검토하고 있다. 다음은 (주)감평이 부품 100단위를 자가제조할 경우의 예상제조원가 자료이다.

직접재료원가	₩25,000
직접노무원가	₩30,000(₩100/직접노무시간)
변동제조간접원가	₩20,000(직접노무원가의 2/3)
고정제조간접원가	₩100,000(전액 유휴생산설비 감가상각비)

(주)감평은 현재 보유하고 있는 유휴생산설비를 이용하여 매년 필요로 하는 부품 400단위를 충분히 자가제조할 수 있을 것으로 예상하고 있으며, 부품은 한 묶음의 크기를 100단위로 하는 묶음생산방식으로 생산할 예정이다. 해당 부품을 자가 제조하는 경우, 직접노무시간이 학습률 90%의 누적평균시간 학습모형을 따를 것으로 추정된다. (주)감평이 부품 400단위를 자가제조할 경우, 단위당 제조원가는?

① ₩650   ② ₩712

③ ₩750   ④ ₩905

⑤ ₩1,000

35 변동원가계산제도를 채택하고 있는 (주)감평의 당기 기초재고자산과 영업이익은 각각 ₩64,000과 ₩60,000이다. 전부원가계산에 의한 (주)감평의 당기 영업이익은 ₩72,000이고, 기말재고자산이 변동원가계산에 의한 기말재고자산에 비하여 ₩25,000이 많은 경우, 당기 전부원가계산에 의한 기초재고자산은?

① ₩58,000

② ₩62,000

③ ₩68,000

④ ₩77,000

⑤ ₩89,000

36 당기에 설립된 (주)감평은 결합공정을 통하여 제품 X와 Y를 생산·판매한다. 제품 X는 분리점에서 즉시 판매하고 있으나, 제품 Y는 추가가공을 거쳐 판매한다. 결합원가는 균등이익률법에 의해 각 제품에 배분되며, 직접재료는 결합공정 초에 전량 투입되고 전환원가는 결합공정 전반에 걸쳐 균등하게 발생한다. 당기에 (주)감평은 직접재료 3,000단위를 투입하여 2,400단위를 제품으로 완성하고, 600단위는 기말재공품(전환원가 완성도 50%)으로 남아있다. 당기에 발생한 직접재료원가와 전환원가는 각각 ₩180,000과 ₩108,000이다. (주)감평의 당기 생산 및 판매 관련 자료는 다음과 같다.

구분	생산량	판매량	단위당 추가가공원가	단위당 판매가격
제품 X	800단위	800단위	–	₩150
제품 Y	1,600	900	₩15	200

제품 Y의 단위당 제조원가는? (단, 공손 및 감손은 발생하지 않는다.)

① ₩100

② ₩105

③ ₩110

④ ₩115

⑤ ₩120

37 (주)감평은 분권화된 사업부 A와 B를 이익중심점으로 운영한다. 사업부 A는 매년 부품 X를 8,000단위 생산하여 전량 외부시장에 단위당 ₩150에 판매하여 왔다. 최근 사업부 B는 제품 단위당 부품 X가 1단위 소요되는 신제품 Y를 개발하고, 단위당 판매가격 ₩350에 4,000단위를 생산·판매하는 방안을 검토하고 있다. 다음은 부품 X에 대한 제조원가와 신제품 Y에 대한 예상제조원가 관련 자료이다.

구분	부품 X	신제품 Y
단위당 직접재료원가	₩40	₩80
단위당 직접노무원가	35	70
단위당 변동제조간접원가	25	30
연간 고정제조간접원가	200,000	100,000
연간 최대생산능력	10,000단위	5,000단위

사업부 B는 신제품 Y의 생산에 필요한 부품 X를 사내대체하거나 외부로부터 단위당 ₩135에 공급받을 수 있다. 사업부 A는 사내대체를 전량 수락하든지 기각해야 하며, 사내대체 시 외부시장 판매를 일부 포기해야 한다. 사업부 A가 사내대체를 수락할 수 있는 부품 X의 단위당 최소대체가격은?

① ₩100
② ₩125
③ ₩135
④ ₩170
⑤ ₩180

38 (주)감평은 정상개별원가계산제도를 채택하고 있다. 제조간접원가는 직접노무원가의 40%를 예정배부하고 있으며, 제조간접원가 배부차이는 전액 매출원가에서 조정하고 있다. (주)감평의 당기 재고자산 및 원가 관련 자료는 다음과 같다.

구분	기초잔액	기말잔액
직접재료	₩3,200	₩6,200
재공품	8,600	7,200
제품	6,000	8,000

- 직접재료매입액 : ₩35,000
- 기초원가(기본원가) : ₩56,000

(주)감평의 당기 제조간접원가 배부차이 조정 후 매출원가가 ₩67,700인 경우, 당기에 발생한 실제 제조간접원가는?

① ₩6,900
② ₩9,700
③ ₩10,700
④ ₩11,300
⑤ ₩12,300

39 단일 제품을 생산·판매하는 (주)감평의 당기 생산 및 판매 관련 자료는 다음과 같다.

단위당 판매가격	₩1,000
단위당 변동제조원가	600
연간 고정제조간접원가	600,000
단위당 변동판매관리비	100
연간 고정판매관리비	120,000

(주)감평은 단위당 판매가격을 10% 인상하고, 변동제조원가 절감을 위한 새로운 기계장치 도입을 검토하고 있다. 새로운 기계장치를 도입할 경우, 고정제조간접원가 ₩90,000이 증가할 것으로 예상된다. (주)감평이 판매가격을 인상하고 새로운 기계장치를 도입할 때, 손익분기점 판매수량 1,800단위를 달성하기 위하여 절감해야 하는 단위당 변동제조원가는?

① ₩50 ② ₩52.5

③ ₩70 ④ ₩72.5

⑤ ₩75

40 (주)감평은 가중평균법에 의한 종합원가계산제도를 채택하고 있으며, 단일공정을 통해 제품을 생산한다. 모든 원가는 공정 전반에 걸쳐 균등하게 발생한다. (주)감평의 당기 생산 관련 자료는 다음과 같다.

구분	물량(완성도)	직접재료원가	전환원가
기초재공품	100단위(?)	₩4,300	₩8,200
당기착수	900	20,000	39,500
기말재공품	200(?)	?	?

(주)감평의 당기 완성품환산량 단위당 원가가 ₩80이고 당기 완성품환산량이 선입선출법에 의한 완성품환산량보다 50단위가 더 많을 경우, 선입선출법에 의한 기말재공품 원가는? (단, 공손 및 감손은 발생하지 않는다.)

① ₩3,500 ② ₩4,500

③ ₩5,500 ④ ₩6,500

⑤ ₩7,000

PART

03

2022년 제33회
감정평가사 1차 기출문제

제1과목 | 민법

01 민법의 법원(法源)에 관한 설명으로 옳은 것을 모두 고른 것은? (다툼이 있으면 판례에 따름)

> ㄱ. 헌법에 의해 체결·공포된 민사에 관한 조약은 민법의 법원이 되지 않는다.
> ㄴ. 관습법이 되기 위해서는 사회구성원의 법적 확신이 필요하다.
> ㄷ. 관습법은 법령에 저촉되지 않는 한 법칙으로서의 효력이 있다.

① ㄱ
② ㄴ
③ ㄱ, ㄷ
④ ㄴ, ㄷ
⑤ ㄱ, ㄴ, ㄷ

02 신의칙에 관한 설명으로 옳은 것을 모두 고른 것은? (다툼이 있으면 판례에 따름)

> ㄱ. 법원은 당사자의 주장이 없으면 직권으로 신의칙 위반 여부를 판단할 수 없다.
> ㄴ. 무권대리인이 무권대리행위 후 단독으로 본인의 지위를 상속한 경우, 본인의 지위에서 그 무권대리행위의 추인을 거절하는 것은 신의칙에 반한다.
> ㄷ. 부동산거래에서 신의칙상 고지의무의 대상은 직접적인 법령의 규정뿐만 아니라 계약상, 관습상 또는 조리상의 일반원칙에 의해서도 인정될 수 있다.

① ㄱ
② ㄴ
③ ㄱ, ㄷ
④ ㄴ, ㄷ
⑤ ㄱ, ㄴ, ㄷ

03 미성년자 甲과 그의 유일한 법정대리인인 乙에 관한 설명으로 옳은 것은? (다툼이 있으면 판례에 따름)

① 甲이 그 소유 물건에 대한 매매계약을 체결한 후에 미성년인 상태에서 매매대금의 이행을 청구하여 대금을 모두 지급받았다면 乙은 그 매매계약을 취소할 수 없다.
② 乙이 甲에게 특정한 영업에 관한 허락을 한 경우에도 乙은 그 영업에 관하여 여전히 甲을 대리할 수 있다.
③ 甲이 乙의 동의 없이 타인의 적법한 대리인으로서 법률행위를 했더라도 乙은 甲의 제한능력을 이유로 그 법률행위를 취소할 수 있다.
④ 甲이 乙의 동의 없이 신용구매계약을 체결한 이후에 乙의 동의 없음을 이유로 그 계약을 취소하는 것은 신의칙에 반한다.
⑤ 乙이 재산의 범위를 정하여 甲에게 처분을 허락한 경우, 甲이 그에 관한 법률행위를 하기 전에는 乙은 그 허락을 취소할 수 있다.

04 부재와 실종에 관한 설명으로 옳은 것은? (다툼이 있으면 판례에 따름)

① 부재자재산관리인의 권한초과행위에 대한 법원의 허가는 과거의 처분행위를 추인하는 방법으로는 할 수 없다.

② 법원은 선임한 재산관리인에 대하여 부재자의 재산으로 상당한 보수를 지급할 수 있다.

③ 후순위 상속인도 실종선고를 청구할 수 있는 이해관계인에 포함된다.

④ 동일인에 대하여 2차례의 실종선고가 내려져 있는 경우, 뒤에 내려진 실종선고를 기초로 상속관계가 인정된다.

⑤ 실종선고를 받은 자가 실종기간 동안 생존했던 사실이 확인된 경우, 실종선고의 취소 없이도 이미 개시된 상속은 부정된다.

05 민법상 법인에 관한 설명으로 옳지 않은 것은? (다툼이 있으면 판례에 따름)

① 재단법인의 정관변경은 그 정관에서 정한 방법에 따른 경우에도 주무관청의 허가를 얻지 않으면 효력이 없다.

② 사단법인과 어느 사원과의 관계사항을 의결하는 경우에는 원칙적으로 그 사원은 결의권이 없다.

③ 사단법인의 사원자격의 득실에 관한 규정은 정관의 필요적 기재사항이다.

④ 민법상 법인의 청산절차에 관한 규정에 반하는 합의에 의한 잔여재산처분행위는 특별한 사정이 없는 한 무효이다.

⑤ 청산 중 법인의 청산인은 채권신고기간 내에는 채권자에 대하여 변제할 수 없으므로 법인은 그 기간 동안 지연배상 책임을 면한다.

06 甲사단법인의 대표이사 乙이 외관상 그 직무에 관한 행위로 丙에게 불법행위를 한 경우에 관한 설명으로 옳지 않은 것은? (다툼이 있으면 판례에 따름)

① 乙의 불법행위로 인해 甲이 丙에 대해 손해배상책임을 지는 경우에도 乙은 丙에 대한 자기의 손해배상책임을 면하지 못한다.

② 甲의 손해배상책임 원인이 乙의 고의적인 불법행위인 경우에는 丙에게 과실이 있더라도 과실상계의 법리가 적용될 수 없다.

③ 丙이 乙의 행위가 실제로는 직무에 관한 행위에 해당하지 않는다는 사실을 알았거나 중대한 과실로 알지 못한 경우에는 甲에게 손해배상책임을 물을 수 없다.

④ 甲의 사원 丁이 乙의 불법행위에 가담한 경우, 丁도 乙과 연대하여 丙에 대하여 손해배상책임을 진다.

⑤ 甲이 비법인사단인 경우라 하더라도 甲은 乙의 불법행위로 인한 丙의 손해를 배상할 책임이 있다.

07 甲사단법인이 3인의 이사(乙, 丙, 丁)를 두고 있는 경우에 관한 설명으로 옳지 않은 것은? (다툼이 있으면 판례에 따름)

① 乙, 丙, 丁은 甲의 사무에 관하여 원칙적으로 각자 甲을 대표한다.
② 甲의 대내적 사무집행은 정관에 다른 규정이 없으면 乙, 丙, 丁의 과반수로써 결정한다.
③ 甲의 정관에 乙의 대표권 제한에 관한 규정이 있더라도 이를 등기하지 않으면 그와 같은 정관의 규정에 대해 악의인 제3자에 대해서도 대항할 수 없다.
④ 丙이 제3자에게 甲의 제반 사무를 포괄 위임한 경우, 그에 따른 제3자의 사무대행행위는 원칙적으로 甲에게 효력이 없다.
⑤ 甲의 토지를 丁이 매수하기로 한 경우, 이 사항에 관하여 丁은 대표권이 없으므로 법원은 이해관계인이나 검사의 청구에 의하여 임시이사를 선임하여야 한다.

08 반사회질서의 법률행위로서 무효가 아닌 것은? (다툼이 있으면 판례에 따름)

① 반사회질서적인 조건이 붙은 법률행위
② 상대방에게 표시된 동기가 반사회질서적인 법률행위
③ 부첩(夫妾)관계의 종료를 해제조건으로 하는 증여계약
④ 오로지 보험사고를 가장하여 보험금을 취득할 목적으로 체결한 생명보험계약
⑤ 주택매매계약에서 양도소득세를 면탈할 목적으로 소유권이전등기를 일정 기간 후에 이전받기로 한 특약

09 불공정한 법률행위에 관한 설명으로 옳지 않은 것은? (다툼이 있으면 판례에 따름)

① 급부와 반대급부 사이의 현저한 불균형은 그 무효를 주장하는 자가 증명해야 한다.
② 무경험은 어느 특정 영역에서의 경험부족이 아니라 거래일반에 대한 경험부족을 의미한다.
③ 대리인에 의한 법률행위의 경우, 궁박 상태에 있었는지 여부는 본인을 기준으로 판단한다.
④ 불공정한 법률행위로서 무효인 경우, 원칙적으로 추인에 의하여 유효로 될 수 없다.
⑤ 경매절차에서 매각대금이 시가보다 현저히 저렴한 경우, 그 경매는 불공정한 법률행위로서 무효이다.

10 물건에 관한 설명으로 옳지 않은 것은? (다툼이 있으면 판례에 따름)

① 주물에 대한 압류의 효력은 특별한 사정이 없는 한 종물에는 미치지 않는다.
② 사람의 유골은 매장·관리의 대상이 될 수 있는 유체물이다.
③ 전기 기타 관리할 수 있는 자연력은 물건이다.
④ 법정과실은 수취할 권리의 존속기간 일수의 비율로 취득함이 원칙이다.
⑤ 주물만 처분하고 종물은 처분하지 않기로 하는 특약은 유효하다.

11 착오에 의한 의사표시에 관한 설명으로 옳지 않은 것은? (다툼이 있으면 판례에 따름)

① 대리인이 의사표시를 한 경우, 착오의 유무는 본인을 표준으로 판단하여야 한다.

② 착오가 표의자의 중대한 과실로 인한 때에는 표의자는 특별한 사정이 없는 한 그 의사표시를 취소할 수 없다.

③ 착오로 인하여 표의자가 경제적인 불이익을 입지 않았다면 법률행위 내용의 중요부분의 착오라 할 수 없다.

④ 상대방이 표의자의 진의에 동의한 경우, 표의자는 착오를 이유로 그 의사표시를 취소할 수 없다.

⑤ 착오를 이유로 의사표시를 취소하는 자는 착오가 없었더라면 의사표시를 하지 않았을 것이라는 점을 증명하여야 한다.

12 사기·강박에 의한 의사표시에 관한 설명으로 옳지 않은 것은? (다툼이 있으면 판례에 따름)

① 상대방의 기망행위로 의사결정의 동기에 관하여 착오를 일으켜 법률행위를 한 경우, 사기를 이유로 그 의사표시를 취소할 수 있다.

② 상대방이 불법적인 해악의 고지 없이 각서에 서명 날인할 것을 강력히 요구하는 것만으로는 강박이 되지 않는다.

③ 부작위에 의한 기망행위로도 사기에 의한 의사표시가 성립할 수 있다.

④ 제3자에 의한 사기행위로 계약을 체결한 경우, 표의자는 먼저 그 계약을 취소하여야 제3자에 대하여 불법행위로 인한 손해배상을 청구할 수 있다.

⑤ 매수인이 매도인을 기망하여 부동산을 매수한 후 제3자에게 저당권을 설정해 준 경우, 특별한 사정이 없는 한 제3자는 매수인의 기망사실에 대하여 선의로 추정된다.

13 상대방 있는 의사표시의 효력발생에 관한 설명으로 옳은 것은? (다툼이 있으면 판례에 따름)

① 의사표시의 도달은 표의자의 상대방이 이를 현실적으로 수령하거나 그 통지의 내용을 알았을 것을 요한다.

② 제한능력자는 원칙적으로 의사표시의 수령무능력자이다.

③ 보통우편의 방법으로 발송된 의사표시는 상당기간 내에 도달하였다고 추정된다.

④ 표의자가 의사표시를 발송한 후 사망한 경우, 그 의사표시는 효력을 잃는다.

⑤ 표의자가 과실로 상대방을 알지 못하는 경우에는 민사소송법 공시송달 규정에 의하여 의사표시의 효력을 발생시킬 수 있다.

14 복대리에 관한 설명으로 옳지 않은 것은? (다툼이 있으면 판례에 따름)

① 대리권이 소멸하면 특별한 사정이 없는 한 복대리권도 소멸한다.

② 복대리인의 대리권은 대리인의 대리권의 범위보다 넓을 수 없다.

③ 복대리인의 대리행위에 대해서는 표현대리가 성립할 수 없다.

④ 법정대리인은 그 책임으로 복대리인을 선임할 수 있다.

⑤ 임의대리인은 본인의 승낙이 있거나 부득이한 사유 있는 때가 아니면 복대리인을 선임하지 못한다.

15 甲으로부터 대리권을 수여받지 않은 甲의 처(妻) 乙은, 자신의 오빠 A가 丙에게 부담하는 고가의 외제자동차 할부대금채무에 대하여 甲의 대리인이라고 하면서 甲을 연대보증인으로 하는 계약을 丙과 체결하였다. 이에 관한 설명으로 옳은 것은? (다툼이 있으면 판례에 따름)

① 甲이 乙의 무권대리행위를 추인하기 위해서는 乙의 동의를 얻어야 한다.

② 甲이 자동차할부대금 보증채무액 중 절반만 보증하겠다고 한 경우, 丙의 동의가 없으면 원칙적으로 무권대리행위의 추인으로서 효력이 없다.

③ 乙의 대리행위는 일상가사대리권을 기본대리권으로 하는 권한을 넘은 표현대리가 성립한다.

④ 계약 당시 乙이 무권대리인임을 알지 못하였던 丙이 할부대금보증계약을 철회한 후에도 甲은 乙의 무권대리행위를 추인할 수 있다.

⑤ 계약 당시 乙이 무권대리인임을 알았던 丙은 甲에게 乙의 무권대리행위의 추인 여부의 확답을 최고할 수 없다.

16 법률행위의 무효에 관한 설명으로 옳지 않은 것은? (다툼이 있으면 판례에 따름)

① 매매계약이 약정된 매매대금의 과다로 인하여 불공정한 법률행위에 해당하는 경우, 무효행위의 전환에 관한 민법 제138조가 적용될 수 있다.

② 취소할 수 있는 법률행위를 취소한 후에도 무효인 법률행위의 추인의 요건과 효력으로서 추인할 수 있다.

③ 법률행위의 일부무효에 관한 민법 제137조는 임의규정이다.

④ 집합채권의 양도가 양도금지특약을 위반하여 무효인 경우, 채무자는 집합채권의 일부 개별 채권을 특정하여 추인할 수 없다.

⑤ 무효인 가등기를 유효한 등기로 전용하기로 한 약정은 특별한 사정이 없는 한 그때부터 유효하고 이로써 그 가등기가 소급하여 유효한 등기로 전환될 수 없다.

17 법률행위의 취소에 관한 설명으로 옳지 않은 것은? (다툼이 있으면 판례에 따름)

① 취소할 수 있는 미성년자의 법률행위를 친권자가 추인하는 경우, 그 취소의 원인이 소멸한 후에 하여야만 효력이 있다.

② 제한능력자가 그 의사표시를 취소한 경우, 제한능력자는 그 행위로 인하여 받은 이익이 현존하는 한도에서 상환(償還)할 책임이 있다.

③ 강박에 의하여 의사표시를 한 자의 포괄승계인은 그 의사표시를 취소할 수 있다.

④ 취소권은 추인할 수 있는 날로부터 3년 내에, 법률행위를 한 날로부터 10년 내에 행사하여야 한다.

⑤ 의사표시의 취소는 취소기간 내에 소를 제기하는 방법으로만 행사하여야 하는 것은 아니다.

18 법률행위의 조건에 관한 설명으로 옳지 않은 것은?

① 조건의 성취로 인하여 이익을 받을 당사자가 신의성실에 반하여 조건을 성취시킨 때에는 상대방은 그 조건이 성취하지 아니한 것으로 주장할 수 있다.

② 법률행위 당시 이미 성취된 조건을 해제조건으로 하는 법률행위는 조건 없는 법률행위이다.

③ 정지조건이 있는 법률행위는 특별한 사정이 없는 한 조건이 성취한 때로부터 그 효력이 생긴다.

④ 조건 있는 법률행위의 당사자는 조건의 성부가 미정한 동안에 조건의 성취로 인하여 생길 상대방의 이익을 해하지 못한다.

⑤ 조건의 성취가 미정인 권리도 일반규정에 의하여 담보로 할 수 있다.

19 소멸시효의 기산점이 옳게 연결되지 않은 것은? (다툼이 있으면 판례에 따름)

① 부작위를 목적으로 하는 채권 – 위반행위 시

② 동시이행의 항변권이 붙어 있는 채권 – 이행기 도래 시

③ 이행불능으로 인한 손해배상청구권 – 이행불능 시

④ 甲이 자기 소유의 건물 매도시 그 이익을 乙과 분배하기로 약정한 경우 乙의 이익금 분배청구권 – 분배약정 시

⑤ 기한이 있는 채권의 이행기가 도래한 후 채권자와 채무자가 기한을 유예하기로 합의한 경우 그 채권 – 변경된 이행기 도래 시

20 소멸시효의 중단과 정지에 관한 설명으로 옳지 않은 것은?

① 시효의 중단은 원칙적으로 당사자 및 그 승계인 간에만 효력이 있다.

② 파산절차참가는 채권자가 이를 취소하거나 그 청구가 각하된 때에는 시효중단의 효력이 없다.

③ 부재자재산관리인은 법원의 허가 없이 부재자를 대리하여 상대방의 채권의 소멸시효를 중단시키는 채무의 승인을 할 수 없다.

④ 천재 기타 사변으로 인하여 소멸시효를 중단할 수 없을 때에는 그 사유가 종료한 때로부터 1월 내에는 시효가 완성하지 아니한다.

⑤ 부부 중 한쪽이 다른 쪽에 대하여 가지는 권리는 혼인관계가 종료된 때부터 6개월 내에는 소멸시효가 완성되지 아니한다.

21 부동산등기에 관한 설명으로 옳지 않은 것은? (다툼이 있으면 판례에 따름)

① 가등기된 권리의 이전등기는 가등기에 대한 부기등기의 형식으로 할 수 있다.

② 근저당권등기가 원인 없이 말소된 경우, 그 회복등기가 마쳐지기 전이라도 말소된 등기의 등기명의인은 적법한 권리자로 추정된다.

③ 청구권보전을 위한 가등기에 기하여 본등기가 경료되면 본등기에 의한 물권변동의 효력은 가등기한 때로 소급하여 발생한다.

④ 소유권이전등기의 원인으로 주장된 계약서가 진정하지 않은 것으로 증명되었다면 그 등기의 적법추정은 복멸된다.

⑤ 동일 부동산에 관하여 등기명의인을 달리하여 중복된 소유권보존등기가 경료된 경우, 선행보존등기가 원인무효가 아닌 한 후행보존등기는 실체관계에 부합하더라도 무효이다.

22 물권적 청구권에 관한 설명으로 옳지 않은 것은? (다툼이 있으면 판례에 따름)

① 지역권자는 지역권을 방해하는 자에 대하여 방해의 제거를 청구할 수 있다.

② 간접점유자는 제3자의 점유침해에 대하여 물권적 청구권을 행사할 수 있다.

③ 직접점유자가 임의로 점유를 타인에게 양도한 경우에는 그 점유이전이 간접점유자의 의사에 반하더라도 간접점유자의 점유가 침탈된 경우에 해당하지 않는다.

④ 부동산 양도담보의 피담보채무가 전부 변제되었음을 이유로 양도담보권설정자가 행사하는 소유권이전등기말소청구권은 소멸시효에 걸린다.

⑤ 민법 제205조 제2항이 정한 점유물방해제거청구권의 행사를 위한 '1년의 제척기간'은 출소기간이다.

23 甲이 20년간 소유의 의사로 평온, 공연하게 乙소유의 X토지를 점유한 경우에 관한 설명으로 옳은 것을 모두 고른 것은? (다툼이 있으면 판례에 따름)

> ㄱ. X토지가 미등기 상태라면 甲은 등기 없이도 X토지의 소유권을 취득한다.
> ㄴ. 乙은 甲에 대하여 점유로 인한 부당이득반환청구를 할 수 있다.
> ㄷ. 乙이 丙에게 X토지를 유효하게 명의신탁한 후 丙이 甲에 대해 소유자로서의 권리를 행사하는 경우, 특별한 사정이 없는 한 甲은 점유취득시효의 완성을 이유로 이를 저지할 수 있다.

① ㄱ
② ㄷ
③ ㄱ, ㄴ
④ ㄴ, ㄷ
⑤ ㄱ, ㄴ, ㄷ

24 첨부에 관한 설명으로 옳지 않은 것은? (다툼이 있으면 판례에 따름)

① 주종을 구별할 수 있는 동산들이 부합하여 분리에 과다한 비용을 요할 경우, 그 합성물의 소유권은 주된 동산의 소유자에게 속한다.
② 타인이 권원에 의하여 부동산에 부속시킨 동산이 그 부동산과 분리되면 경제적 가치가 없는 경우, 그 동산의 소유권은 부동산 소유자에게 속한다.
③ 양도담보권의 목적인 주된 동산에 甲소유의 동산이 부합되어 甲이 그 소유권을 상실하는 손해를 입은 경우, 특별한 사정이 없는 한 甲은 양도담보권자를 상대로 보상을 청구할 수 있다.
④ 타인의 동산에 가공한 경우, 가공으로 인한 가액의 증가가 원재료의 가액보다 현저히 다액인 때에는 가공자의 소유로 한다.
⑤ 건물의 증축 부분이 기존 건물에 부합하여 기존 건물과 분리해서는 별개의 독립물로서의 효용을 갖지 못하는 경우, 기존 건물에 대한 경매절차에서 경매목적물로 평가되지 않았더라도 매수인은 부합된 증축 부분의 소유권을 취득한다.

25 선의취득에 관한 설명으로 옳지 않은 것은? (다툼이 있으면 판례에 따름)

① 경매에 의해서는 동산을 선의취득할 수 없다.
② 점유개정에 의한 인도로는 선의취득이 인정되지 않는다.
③ 동산질권도 선의취득할 수 있다.
④ 선의취득자는 임의로 선의취득의 효과를 거부하고 종전 소유자에게 동산을 반환받아 갈 것을 요구할 수 없다.
⑤ 점유보조자가 횡령한 물건은 민법 제250조의 도품·유실물에 해당하지 않는다.

26 주위토지통행권에 관한 설명으로 옳지 않은 것은? (다툼이 있으면 판례에 따름)

① 토지의 분할로 주위토지통행권이 인정되는 경우, 통행권자는 분할당사자인 통행지 소유자의 손해를 보상하여야 한다.

② 통행지 소유자는 통행지를 배타적으로 점유하고 있는 주위토지통행권자에 대해 통행지의 인도를 청구할 수 있다.

③ 주위토지통행권은 법정의 요건을 충족하면 당연히 성립하고 요건이 없어지면 당연히 소멸한다.

④ 주위토지통행권에 기한 통행에 방해가 되는 축조물을 설치한 통행지 소유자는 그 철거의무를 부담한다.

⑤ 주위토지통행권의 범위는 현재의 토지의 용법에 따른 이용의 범위에서 인정된다.

27 점유에 관한 설명으로 옳은 것은? (다툼이 있으면 판례에 따름)

① 미등기건물의 양수인은 그 건물에 관한 사실상의 처분권을 보유하더라도 건물부지를 점유하고 있다고 볼 수 없다.

② 건물 공유자 중 일부만이 당해 건물을 점유하고 있는 경우, 그 건물의 부지는 건물 공유자 전원이 공동으로 점유하는 것으로 볼 수 있다.

③ 점유자의 권리적법추정 규정(민법 제200조)은 특별한 사정이 없는 한 등기된 부동산에도 적용된다.

④ 선의의 점유자라도 본권에 관한 소에 패소한 때에는 그 패소판결이 확정된 때로부터 악의의 점유자로 본다.

⑤ 진정한 소유자가 점유자를 상대로 소유권이전등기의 말소청구소송을 제기하여 점유자의 패소로 확정된 경우, 그 소가 제기된 때부터 점유자의 점유는 타주점유로 전환된다.

28 甲, 乙, 丙은 X토지를 각각 7분의 1, 7분의 2, 7분의 4의 지분으로 공유하고 있다. 이에 관한 설명으로 옳지 않은 것은? (다툼이 있으면 판례에 따름)

① 甲이 乙, 丙과의 협의 없이 X토지 전부를 독점적으로 점유하는 경우, 乙은 甲에 대하여 공유물의 보존행위로서 X토지의 인도를 청구할 수 없다.

② 丁이 X토지 전부를 불법으로 점유하는 경우, 甲은 단독으로 X토지 전부의 인도를 청구할 수 있다.

③ 丙이 甲, 乙과의 협의 없이 X토지 전부를 戊에게 임대한 경우, 甲은 戊에게 차임 상당액의 7분의 1을 부당이득으로 반환할 것을 청구할 수 있다.

④ 甲, 乙, 丙 사이의 X토지 사용·수익에 관한 특약이 공유지분권의 본질적 부분을 침해하지 않는 경우라면 그 특약은 丙의 특정승계인에게 승계될 수 있다.

⑤ 甲은 특별한 사정이 없는 한 乙, 丙의 동의 없이 X토지에 관한 자신의 지분을 처분할 수 있다.

29 공유물 분할에 관한 설명으로 옳지 않은 것은? (다툼이 있으면 판례에 따름)

① 공유물분할청구권은 형성권에 해당한다.

② 공유관계가 존속하는 한 공유물분할청구권만이 독립하여 시효로 소멸될 수 없다.

③ 부동산의 일부 공유지분 위에 저당권이 설정된 후 그 공유부동산이 현물분할된 경우, 저당권은 원칙적으로 저당권설정자에게 분할된 부분에 집중된다.

④ 공유물분할청구의 소에서 법원은 원칙적으로 공유물분할을 청구하는 원고가 구하는 방법에 구애받지 않고 재량에 따라 합리적 방법으로 분할을 명할 수 있다.

⑤ 공유자는 특별한 사정이 없는 한 언제든지 공유물의 분할을 청구할 수 있다.

30 관습상의 법정지상권에 관한 설명으로 옳지 않은 것은? (다툼이 있으면 판례에 따름)

① 토지 또는 그 지상 건물의 소유권이 강제경매절차로 인하여 매수인에게 이전된 경우, 매수인의 매각대금 완납 시를 기준으로 토지와 그 지상 건물이 동일인 소유에 속하였는지 여부를 판단하여야 한다.

② 관습상의 법정지상권이 성립하였으나 건물소유자가 토지소유자와 건물의 소유를 목적으로 하는 토지 임대차계약을 체결한 경우, 그 관습상의 법정지상권은 포기된 것으로 보아야 한다.

③ 관습상의 법정지상권은 이를 취득할 당시의 토지소유자로부터 토지소유권을 취득한 제3자에게 등기 없이 주장될 수 있다.

④ 관습상의 법정지상권이 성립한 후에 건물이 증축된 경우, 그 법정지상권의 범위는 구건물을 기준으로 그 유지·사용을 위하여 일반적으로 필요한 범위 내의 대지 부분에 한정된다.

⑤ 관습상의 법정지상권 발생을 배제하는 특약의 존재에 관한 주장·증명책임은 그 특약의 존재를 주장하는 측에 있다.

31 지역권에 관한 설명으로 옳지 않은 것은? (다툼이 있으면 판례에 따름)

① 통행지역권의 점유취득시효는 승역지 위에 도로를 설치하여 늘 사용하는 객관적 상태를 전제로 한다.

② 요역지의 공유자 중 1인이 지역권을 취득한 때에는 다른 공유자도 이를 취득한다.

③ 요역지의 공유자 중 1인에 의한 지역권소멸시효의 중단은 다른 공유자에게는 효력이 없다.

④ 점유로 인한 지역권 취득기간의 중단은 지역권을 행사하는 모든 공유자에 대한 사유가 아니면 그 효력이 없다.

⑤ 통행지역권을 시효취득한 요역지 소유자는 특별한 사정이 없는 한 승역지에 대한 도로 설치 및 사용에 의하여 승역지 소유자가 입은 손해를 보상해야 한다.

32 전세권에 관한 설명으로 옳지 않은 것은? (다툼이 있으면 판례에 따름)

① 전세금의 지급은 전세권 성립의 요소이다.

② 기존 채권으로 전세금의 지급에 갈음할 수 있다.

③ 농경지를 전세권의 목적으로 할 수 있다.

④ 전세금이 경제사정의 변동으로 인하여 상당하지 아니하게 된 때에는 당사자는 장래에 대하여 그 증감을 청구할 수 있다.

⑤ 전세권의 목적물의 전부 또는 일부가 전세권자에 책임 있는 사유로 인하여 멸실된 경우, 전세권설정자는 전세권이 소멸된 후 전세금으로써 손해의 배상에 충당할 수 있다.

33 전세권에 관한 설명으로 옳지 않은 것은? (다툼이 있으면 판례에 따름)

① 타인의 토지에 있는 건물에 전세권을 설정한 때에는 전세권의 효력은 그 건물의 소유를 목적으로 한 지상권에 미친다.

② 건물전세권설정자가 건물의 존립을 위한 토지사용권을 가지지 못하여 그가 토지소유자의 건물철거 등 청구에 대항할 수 없는 경우, 전세권자는 토지소유자의 권리행사에 대항할 수 없다.

③ 지상권을 가지는 건물소유자가 그 건물에 전세권을 설정하였으나 그가 2년 이상의 지료를 지급하지 아니하였음을 이유로 지상권설정자가 지상권의 소멸을 청구한 경우, 전세권자의 동의가 없다면 지상권은 소멸되지 않는다.

④ 대지와 건물이 동일한 소유자에 속한 경우에 건물에 전세권을 설정한 때에는 그 대지소유권의 특별승계인은 전세권설정자에 대하여 지상권을 설정한 것으로 본다.

⑤ 건물에 대한 전세권의 존속기간을 1년 미만으로 정한 때에는 이를 1년으로 한다.

34 민사유치권자 甲에 관한 설명으로 옳지 않은 것은? (다툼이 있으면 판례에 따름)

① 甲이 수취한 유치물의 과실은 먼저 피담보채권의 원본에 충당하고 그 잉여가 있으면 이자에 충당한다.

② 甲은 피담보채권의 변제를 받기 위하여 유치물을 경매할 수 있다.

③ 甲이 유치권을 행사하더라도 피담보채권의 소멸시효의 진행에는 영향을 미치지 않는다.

④ 甲은 채무자의 승낙이 없더라도 유치물의 보존에 필요한 사용은 할 수 있다.

⑤ 甲은 피담보채권 전부의 변제를 받을 때까지 유치물 전부에 대하여 그 권리를 행사할 수 있다.

35 민사유치권에 관한 설명으로 옳은 것은? (다툼이 있으면 판례에 따름)

① 유치권 배제 특약이 있더라도 다른 법정요건이 모두 충족되면 유치권이 성립한다.

② 채무자는 상당한 담보를 제공하고 유치권의 소멸을 청구할 수 있다.

③ 원칙적으로 유치권은 채권자 자신 소유 물건에 대해서도 성립한다.

④ 채권자가 채무자를 직접점유자로 하여 간접점유하는 경우, 채권자의 점유는 유치권의 요건으로서의 점유에 해당한다.

⑤ 채권자의 점유가 불법행위로 인한 경우에도 유치권이 성립한다.

36 민사동산질권에 관한 설명으로 옳지 않은 것은?

① 질권자는 피담보채권의 변제를 받기 위하여 질물을 경매할 수 있고, 그 매각대금으로부터 일반채권자와 동일한 순위로 변제받는다.

② 질권은 양도할 수 없는 물건을 목적으로 하지 못한다.

③ 질권은 다른 약정이 없는 한 원본, 이자, 위약금, 질권실행의 비용, 질물보존의 비용 및 채무불이행 또는 질물의 하자로 인한 손해배상의 채권을 담보한다.

④ 질권자는 피담보채권의 변제를 받을 때까지 질물을 유치할 수 있으나 자기보다 우선권이 있는 채권자에게 대항하지 못한다.

⑤ 수개의 채권을 담보하기 위하여 동일한 동산에 수개의 질권을 설정한 때에는 그 순위는 설정의 선후에 의한다.

37 민법 제365조의 일괄경매청구권에 관한 설명으로 옳은 것을 모두 고른 것은? (다툼이 있으면 판례에 따름)

> ㄱ. 토지에 저당권을 설정한 후 그 설정자가 그 토지에 건물을 축조하여 저당권자가 토지와 함께 그 건물에 대하여도 경매를 청구하는 경우, 저당권자는 그 건물의 경매대가에 대해서도 우선변제를 받을 권리가 있다.
> ㄴ. 저당권설정자로부터 저당토지에 대한 용익권을 설정받은 자가 그 토지에 건물을 축조한 후 저당권설정자가 그 건물의 소유권을 취득한 경우, 저당권자는 토지와 건물을 일괄하여 경매를 청구할 수 있다.
> ㄷ. 토지에 저당권을 설정한 후 그 설정자가 그 토지에 축조한 건물의 소유권이 제3자에게 이전된 경우, 저당권자는 토지와 건물을 일괄하여 경매를 청구할 수 없다.

① ㄱ
② ㄴ
③ ㄷ
④ ㄴ, ㄷ
⑤ ㄱ, ㄴ, ㄷ

38 민법 제366조의 법정지상권에 관한 설명으로 옳은 것을 모두 고른 것은? (다툼이 있으면 판례에 따름)

> ㄱ. 미등기건물의 소유를 위해서도 법정지상권이 성립할 수 있다.
> ㄴ. 당사자 사이에 지료에 관하여 협의한 사실이나 법원에 의하여 지료가 결정된 사실이 없다면, 법정지상권자가 지료를 지급하지 않았다고 하더라도 지료 지급을 지체한 것으로 볼 수 없다.
> ㄷ. 건물 소유를 위한 법정지상권을 취득한 사람으로부터 경매에 의해 건물소유권을 이전받은 매수인은 특별한 사정이 없는 한 건물의 매수취득과 함께 위 지상권도 당연히 취득한다.

① ㄱ
② ㄴ
③ ㄱ, ㄷ
④ ㄴ, ㄷ
⑤ ㄱ, ㄴ, ㄷ

39 근저당권에 관한 설명으로 옳지 않은 것은? (다툼이 있으면 판례에 따름)

① 근저당권의 존속기간이나 결산기를 정한 경우, 원칙적으로 결산기가 도래하거나 존속기간이 만료한 때에 그 피담보채무가 확정된다.

② 근저당권의 존속기간이나 결산기를 정하지 않고 피담보채권의 확정방법에 관한 다른 약정이 없는 경우, 근저당권설정자는 근저당권자를 상대로 언제든지 계약 해지의 의사표시를 하여 피담보채무를 확정시킬 수 있다.

③ 근저당권자가 피담보채무의 불이행을 이유로 경매신청을 한 경우, 경매신청 시에 근저당권의 피담보채권액이 확정된다.

④ 후순위 근저당권자가 경매를 신청한 경우, 선순위 근저당권의 피담보채권은 매수인이 매각대금을 완납한 때에 확정된다.

⑤ 공동근저당권자가 저당목적 부동산 중 일부 부동산에 대하여 제3자가 신청한 경매절차에 소극적으로 참가하여 우선배당을 받은 경우, 특별한 사정이 없는 한 나머지 저당목적 부동산에 관한 근저당권의 피담보채권도 확정된다.

40 저당권에 관한 설명으로 옳지 않은 것은? (다툼이 있으면 판례에 따름)

① 저당권은 그 담보한 채권과 분리하여 타인에게 양도하거나 다른 채권의 담보로 하지 못한다.

② 저당물의 소유권을 취득한 제3자는 그 저당물에 관한 저당권 실행의 경매절차에서 경매인이 될 수 있다.

③ 특별한 사정이 없는 한 건물에 대한 저당권의 효력은 그 건물에 종된 권리인 건물의 소유를 목적으로 하는 지상권에도 미친다.

④ 전세권을 목적으로 한 저당권이 설정된 후 전세권이 존속기간 만료로 소멸된 경우, 저당권자는 전세금반환채권에 대하여 물상대위권을 행사할 수 있다.

⑤ 저당목적물의 변형물인 물건에 대하여 이미 제3자가 압류하여 그 물건이 특정된 경우에도 저당권자는 스스로 이를 압류하여야 물상대위권을 행사할 수 있다.

제2과목 | 경제학원론

01 재화 X의 시장수요곡선(D)과 시장공급곡선(S)이 아래 그림과 같을 때, 균형가격(P^*)과 균형거래량(Q^*)은? (단, 시장수요곡선과 시장공급곡선은 선형이며, 시장공급곡선은 수평이다.)

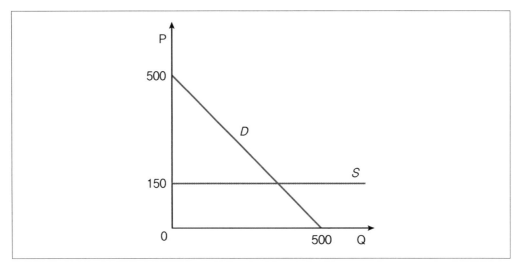

① $P^* = 150$, $Q^* = 150$ ② $P^* = 150$, $Q^* = 350$ ③ $P^* = 150$, $Q^* = 500$

④ $P^* = 350$, $Q^* = 150$ ⑤ $P^* = 500$, $Q^* = 150$

02 기업 A의 생산함수는 $Q = \min\{L, 2K\}$이다. 노동가격은 3이고, 자본가격은 5일 때, 최소비용으로 110을 생산하기 위한 생산요소 묶음은? (단, Q는 생산량, L은 노동, K는 자본이다.)

① $L = 55$, $K = 55$ ② $L = 55$, $K = 110$ ③ $L = 110$, $K = 55$

④ $L = 110$, $K = 70$ ⑤ $L = 110$, $K = 110$

03 ( )에 들어갈 내용으로 옳은 것은?

> • 소비의 긍정적 외부성이 존재할 때, (ㄱ)이 (ㄴ)보다 크다.
> • 생산의 부정적 외부성이 존재할 때, (ㄷ)이 (ㄹ)보다 작다.

① ㄱ: 사회적 한계편익, ㄴ: 사적 한계편익, ㄷ: 사적 한계비용, ㄹ: 사회적 한계비용
② ㄱ: 사적 한계편익, ㄴ: 사회적 한계편익, ㄷ: 사적 한계비용, ㄹ: 사회적 한계비용
③ ㄱ: 사회적 한계편익, ㄴ: 사적 한계편익, ㄷ: 사회적 한계비용, ㄹ: 사적 한계비용
④ ㄱ: 사적 한계편익, ㄴ: 사회적 한계편익, ㄷ: 사회적 한계비용, ㄹ: 사적 한계비용
⑤ ㄱ: 사회적 한계편익, ㄴ: 사적 한계비용, ㄷ: 사적 한계편익, ㄹ: 사회적 한계비용

04 기업 A의 생산함수는 $Q = \sqrt{L}$ 이며, 생산물의 가격은 5, 임금률은 0.50이다. 이윤을 극대화하는 노동투입량(L^*)과 산출량(Q^*)은? (단, Q는 산출량, L은 노동투입량이며, 생산물시장과 노동시장은 완전경쟁시장이다.)

① $L^* = 10$, $Q^* = \sqrt{10}$　　② $L^* = 15$, $Q^* = \sqrt{15}$　　③ $L^* = 20$, $Q^* = 2\sqrt{5}$

④ $L^* = 25$, $Q^* = 5$　　　　⑤ $L^* = 30$, $Q^* = \sqrt{30}$

05 ( )에 들어갈 내용으로 옳지 않은 것은? (단, 수요곡선은 우하향, 공급곡선은 우상향한다.)

> 정부는 X재에 대해 종량세를 부과하려고 한다. 동일한 세율로 판매자에게 부과하는 경우와 구매자에게 부과하는 경우를 비교할 때, ( )

① 구매자가 내는 가격은 동일하다.
② 판매자가 받는 가격은 동일하다.
③ 조세수입의 크기는 동일하다.
④ 균형거래량이 모두 증가한다.
⑤ 총잉여는 모두 감소한다.

06 완전경쟁시장에서 이윤극대화를 추구하는 기업 A의 한계비용(MC), 평균총비용(AC), 평균 가변비용(AVC)은 아래 그림과 같다. 시장가격이 P_1, P_2, P_3, P_4, P_5로 주어질 때, 이에 관한 설명으로 옳지 않은 것은?

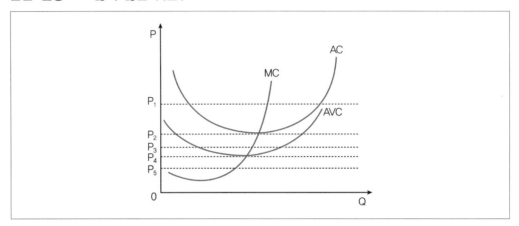

① P_1일 때 총수입이 총비용보다 크다.

② P_2일 때 손익분기점에 있다.

③ P_3일 때 총수입으로 가변비용을 모두 충당하고 있다.

④ P_4일 때 총수입으로 고정비용을 모두 충당하고 있다.

⑤ P_5일 때 조업중단을 한다.

07 기술혁신으로 노동의 한계생산이 증가한다면, (ㄱ) 균형 노동량의 변화와 (ㄴ) 균형 임금률의 변화는? (단, 생산물시장과 노동시장은 완전경쟁적이며, 노동공급곡선은 우상향, 노동수요곡선은 우하향하고 있다.)

① ㄱ : 감소, ㄴ : 감소   ② ㄱ : 감소, ㄴ : 증가   ③ ㄱ : 감소, ㄴ : 불변
④ ㄱ : 증가, ㄴ : 감소   ⑤ ㄱ : 증가, ㄴ : 증가

08 시장 구조를 비교하여 요약·정리한 표이다. (ㄱ) ~ (ㅁ) 중 옳지 않은 것은? (단, MR은 한계수입, MC는 한계비용, P는 가격이다.)

속성	완전경쟁시장	독점적 경쟁시장	독점시장
이윤극대화 조건	(ㄱ) $MR = MC$	$MR = MC$	(ㄴ) $MR = MC$
균형 가격	(ㄷ) $P = MC$	(ㄹ) $P = MC$	$P > MC$
상품 성격	동질적	(ㅁ) 이질적	동질적

① ㄱ   ② ㄴ   ③ ㄷ
④ ㄹ   ⑤ ㅁ

09 ( )에 들어갈 내용으로 옳은 것은?

> 과점시장에서 보수를 극대화하는 두 기업 A와 B가 각각 전략 1과 전략 2를 통해 아래 표와 같은 보수(payoff)를 얻을 수 있다.
>
> | | | 기업 B | |
> |---|---|---|---|
> | | | 전략 1 | 전략 2 |
> | 기업 A | 전략 1 | (22, 10) | (33, 8) |
> | | 전략 2 | (32, 14) | (30, 12) |
>
> ※ ( ) 안의 앞의 숫자는 기업 A의 보수, 뒤의 숫자는 기업 B의 보수이다.
>
> • 기업 A와 기업 B가 동시에 전략을 선택할 때, 균형에서 기업 A의 보수는 (ㄱ)이다.
> • 기업 A가 먼저 전략을 선택하고 신뢰할 수 있는 방법으로 확약할 때, 균형에서 기업 B의 보수는 (ㄴ)이다.

① ㄱ : 22, ㄴ : 8   ② ㄱ : 30, ㄴ : 8   ③ ㄱ : 32, ㄴ : 10
④ ㄱ : 32, ㄴ : 14   ⑤ ㄱ : 33, ㄴ : 12

10 단일 가격을 부과하던 독점기업이 제1급(first-degree) 가격차별 또는 완전(perfect) 가격차별을 실행하는 경우에 나타나는 변화로 옳은 것을 모두 고른 것은?

> ㄱ. 생산량이 증가한다.   ㄴ. 이윤이 증가한다.
> ㄷ. 소비자잉여가 증가한다.   ㄹ. 총잉여가 감소한다.

① ㄱ, ㄴ   ② ㄱ, ㄷ   ③ ㄱ, ㄹ
④ ㄴ, ㄷ   ⑤ ㄷ, ㄹ

11 소비자 갑의 효용함수는 $U = 3X^2 + Y^2$이며 X재 가격은 6, Y재 가격은 2, 소득은 120이다. 효용을 극대화하는 갑의 최적소비조합 (X, Y)은?

① (0, 60)   ② (6, 42)   ③ (10, 30)
④ (15, 15)   ⑤ (20, 0)

12 ( )에 들어갈 내용으로 옳은 것은? (단, P는 가격, Q는 수요량이다.)

> 독점기업의 수요곡선은 $P = 30 - 2Q$이고 현재 가격이 10이다. 이때 수요의 가격탄력성은 (ㄱ)이고, 총수입을 증대시키기 위해 가격을 (ㄴ)해야 한다.

① ㄱ: 비탄력적, ㄴ: 인하
② ㄱ: 비탄력적, ㄴ: 인상
③ ㄱ: 단위탄력적, ㄴ: 유지
④ ㄱ: 탄력적, ㄴ: 인하
⑤ ㄱ: 탄력적, ㄴ: 인상

13 X재 가격이 하락할 때 아래의 설명 중 옳은 것을 모두 고른 것은? (단, X재와 Y재만 존재하며 주어진 소득을 두 재화에 모두 소비한다.)

> ㄱ. X재가 정상재인 경우 보상수요곡선은 보통수요곡선보다 더 가파르게 우하향하는 기울기를 가진다.
> ㄴ. X재가 열등재인 경우 보상수요곡선은 우상향한다.
> ㄷ. X재가 기펜재인 경우 보통수요곡선은 우상향하고 보상수요곡선은 우하향한다.

① ㄱ   ② ㄴ   ③ ㄱ, ㄷ
④ ㄴ, ㄷ   ⑤ ㄱ, ㄴ, ㄷ

14 두 재화 X, Y를 소비하는 갑의 효용함수가 $U(X, Y) = X^{0.3} Y^{0.7}$이다. 이에 관한 설명으로 옳지 않은 것은?

① 선호체계는 단조성을 만족한다.

② 무차별곡선은 원점에 대해 볼록하다.

③ 효용을 극대화할 때, 소득소비곡선은 원점을 지나는 직선이다.

④ 효용을 극대화할 때, 가격소비곡선은 X재 가격이 하락할 때 Y재의 축과 평행하다.

⑤ 효용을 극대화할 때, 소득이 2배 증가하면 X재의 소비는 2배 증가한다.

15 두 재화 X재와 Y재를 소비하는 갑은 가격이 $(P_X, P_Y) = (1, 4)$일 때 소비조합 $(X, Y) = (6, 3)$, 가격이 $(P_X, P_Y) = (2, 3)$으로 변화했을 때 소비조합 $(X, Y) = (7, 2)$, 그리고 가격이 $(P_X, P_Y) = (4, 2)$으로 변화했을 때 소비조합 $(X, Y) = (6, 4)$를 선택하였다. 이에 관한 설명으로 옳은 것을 모두 고른 것은?

> ㄱ. 소비조합 $(X, Y) = (6, 3)$이 소비조합 $(X, Y) = (7, 2)$보다 직접 현시선호되었다.
> ㄴ. 소비조합 $(X, Y) = (6, 4)$이 소비조합 $(X, Y) = (7, 2)$보다 직접 현시선호되었다.
> ㄷ. 소비조합 $(X, Y) = (6, 3)$이 소비조합 $(X, Y) = (6, 4)$보다 직접 현시선호되었다.
> ㄹ. 선호체계는 현시선호이론의 약공리를 위배한다.

① ㄱ, ㄴ   ② ㄱ, ㄷ   ③ ㄱ, ㄹ

④ ㄴ, ㄷ   ⑤ ㄷ, ㄹ

16 두 재화 X와 Y만을 소비하는 두 명의 소비자 갑과 을이 존재하는 순수교환경제에서 갑의 효용함수는 $U_갑(X_갑, Y_갑) = \min\{X_갑, Y_갑\}$, 을의 효용함수는 $U_을(X_을, Y_을) = X_을 \times Y_을$이다. 갑과 을의 초기 부존자원$(X, Y)$이 각각 (30, 60), (60, 30)이고 X재의 가격이 1이다. 일반균형(general equilibrium)에서 Y재의 가격은?

① 1/3   ② 1/2   ③ 1

④ 2   ⑤ 3

17 꾸르노(Cournot) 복점모형에서 시장수요곡선이 $Q = 60 - \frac{1}{2}P$이고 두 기업 A, B의 비용 함수가 각각 $C_A = 40Q_A + 10$, $C_B = 20Q_B + 50$일 때, 꾸르노 균형에서 총생산량(Q^*)과 가격(P^*)은? (단, Q는 총생산량, P는 가격, Q_A는 기업 A의 생산량, Q_B는 기업 B의 생산량이다.)

① $Q^*: 10$, $P^*: 100$ ② $Q^*: 20$, $P^*: 80$ ③ $Q^*: 30$, $P^*: 60$

④ $Q^*: 40$, $P^*: 40$ ⑤ $Q^*: 50$, $P^*: 20$

18 A국에서는 교역 이전 X재의 국내가격이 국제가격보다 더 높다. 교역 이후 국제가격으로 A국이 X재의 초과수요분을 수입한다면, 이로 인해 A국에 나타나는 효과로 옳은 것은? (단, 공급곡선은 우상향, 수요곡선은 우하향한다.)

① 교역 전과 비교하여 교역 후 생산자잉여가 감소한다.
② 교역 전과 비교하여 교역 후 소비자잉여가 감소한다.
③ 생산자잉여는 교역 여부와 무관하게 일정하다.
④ 교역 전과 비교하여 교역 후 총잉여가 감소한다.
⑤ 총잉여는 교역 여부와 무관하게 일정하다.

19 노동시장이 수요독점일 때 이에 관한 설명으로 옳은 것을 모두 고른 것은? (단, 생산물시장은 완전경쟁시장이며, 노동수요곡선은 우하향, 노동공급곡선은 우상향한다.)

> ㄱ. 노동의 한계생산가치(value of marginal product of labor)곡선이 노동수요곡선이다.
> ㄴ. 한계요소비용(marginal factor cost)곡선은 노동공급곡선의 아래쪽에 위치한다.
> ㄷ. 균형 고용량은 노동의 한계생산가치곡선과 한계요소비용곡선이 만나는 점에서 결정된다.
> ㄹ. 노동시장이 완전경쟁인 경우보다 균형 임금률이 낮고 균형 고용량이 많다.

① ㄱ, ㄴ   ② ㄱ, ㄷ   ③ ㄱ, ㄹ
④ ㄴ, ㄷ   ⑤ ㄷ, ㄹ

20 독점기업이 공급하는 X재의 시장수요곡선은 $Q = 200 - P$이고, 기업의 사적 비용함수는 $C = Q^2 + 20Q + 10$이고, 환경오염에 의한 추가적 비용을 포함한 사회적 비용함수는 $SC = 2Q^2 + 20Q + 20$이다. 이 경우 사회적으로 바람직한 최적생산량은? (단, Q는 생산량, P는 시장가격이다.)

① 24   ② 36   ③ 60
④ 140   ⑤ 164

21 개방경제하에서 국민소득의 구성 항목이 아래와 같을 때 경상수지는? (단, C는 소비, I는 투자, G는 정부지출, T는 조세, S^P는 민간저축이다.)

• $C = 200$	• $I = 50$	• $G = 70$
• $T = 50$	• $S^P = 150$	

① 50   ② 60   ③ 70
④ 80   ⑤ 90

22 물가지수에 관한 설명으로 옳은 것을 모두 고른 것은?

> ㄱ. GDP디플레이터를 산정할 때에는 국내에서 생산되는 모든 최종 재화와 서비스를 대상으로 한다.
> ㄴ. 소비자물가지수의 산정에 포함되는 재화와 서비스의 종류와 수량은 일정 기간 고정되어 있다.
> ㄷ. 생산자물가지수를 산정할 때에는 기업이 생산 목적으로 구매하는 수입품은 제외한다.

① ㄱ   ② ㄴ   ③ ㄱ, ㄴ
④ ㄱ, ㄷ   ⑤ ㄴ, ㄷ

23 A국의 생산가능인구는 100만 명, 경제활동인구는 60만 명, 실업자는 6만 명이다. 실망실업자(구직단념자)에 속했던 10만 명이 구직활동을 재개하여, 그중 9만 명이 일자리를 구했다. 그 결과 실업률과 고용률은 각각 얼마인가?

① 6%, 54%   ② 10%, 54%   ③ 10%, 63%
④ 10%, 90%   ⑤ 15%, 90%

24 A국의 단기 필립스 곡선이 아래와 같을 때 이에 관한 설명으로 옳지 않은 것은? (단, π, π^e, u, u_n은 각각 인플레이션율, 기대 인플레이션율, 실업률, 자연 실업률이다.)

$$\pi - \pi^e = -0.5(u - u_n)$$

① 총공급곡선이 수직선인 경우에 나타날 수 있는 관계이다.
② 총수요 충격이 발생하는 경우에 나타날 수 있는 관계이다.
③ 인플레이션율과 실업률 사이에 단기적으로 상충관계가 있음을 나타낸다.
④ 고용이 완전고용수준보다 높은 경우에 인플레이션율은 기대 인플레이션율보다 높다.
⑤ 인플레이션율을 1%p 낮추려면 실업률은 2%p 증가되어야 한다.

25 A국 중앙은행은 아래의 테일러 규칙(Taylor rule)에 따라 명목정책금리를 조정한다. 이에 관한 설명으로 옳지 않은 것은? (단, 총생산갭 = (실질GDP - 완전고용 실질GDP) / 완전고용 실질GDP이다.)

명목정책금리 = 인플레이션율 + 0.02 + 0.5 × (인플레이션율 - 0.03) + 0.5 × (총생산 갭)

① A국 중앙은행의 인플레이션율 목표치는 3%이다.
② 인플레이션율 목표치를 2%로 낮추려면 명목정책금리를 0.5%p 인하해야 한다.
③ 인플레이션율이 목표치와 동일하고 총생산 갭이 1%인 경우 실질 이자율은 2.5%이다.
④ 완전고용 상태에서 인플레이션율이 2%인 경우에 명목정책금리는 3.5%로 설정해야 한다.
⑤ 인플레이션율이 목표치보다 1%p 더 높은 경우에 명목정책금리를 0.5%p 인상한다.

26 아래의 개방경제 균형국민소득 결정모형에서 수출이 100만큼 늘어나는 경우 (ㄱ)균형소득의 변화분과 (ㄴ)경상수지의 변화분은? (단, C는 소비, Y는 국민소득, T는 세금, I는 투자, G는 정부지출, X는 수출, M은 수입이며, 수출 증가 이전의 경제상태는 균형이다.)

• $C = 200 + 0.7(Y-T)$	• $I = 200$	• $G = 100$
• $T = 100$	• $X = 300$	• $M = 0.2(Y-T)$

① ㄱ : 1,000, ㄴ : 100
② ㄱ : 1,000/3, ㄴ : 100/3
③ ㄱ : 1,000/3, ㄴ : 100
④ ㄱ : 200, ㄴ : 60
⑤ ㄱ : 200, ㄴ : 100

27 폐쇄경제 $IS-LM$과 $AD-AS$의 동시균형 모형에서 투자를 증가시키되 물가는 원래 수준으로 유지시킬 가능성이 있는 것은? (단, IS곡선은 우하향, LM곡선은 우상향, AD곡선은 우하향, AS곡선은 우상향한다.)

① 긴축 재정정책
② 팽창 통화정책
③ 긴축 재정정책과 팽창 통화정책의 조합
④ 팽창 재정정책과 긴축 통화정책의 조합
⑤ 팽창 재정정책과 팽창 통화정책의 조합

28 투자가 실질 이자율에 의해 결정되는 폐쇄경제 $IS-LM$모형에서 기대 인플레이션이 상승할 때 나타나는 결과로 옳은 것은? (단, IS곡선은 우하향, LM곡선은 우상향한다.)

① 명목 이자율과 실질 이자율이 모두 상승한다.
② 명목 이자율과 실질 이자율이 모두 하락한다.
③ 명목 이자율은 하락하고, 실질 이자율은 상승한다.
④ 실질 이자율은 상승하고, 생산량은 감소한다.
⑤ 실질 이자율은 하락하고, 생산량은 증가한다.

29 폐쇄 경제 $IS-LM$모형에서 재정정책과 통화정책이 생산량에 미치는 효과의 크기에 관한 설명으로 옳은 것을 모두 고른 것은? (단, IS는 우하향, LM은 우상향하는 직선이다.)

ㄱ. 투자가 이자율에 민감할수록 통화정책의 효과가 작다.
ㄴ. 화폐수요가 이자율에 민감할수록 재정정책의 효과가 크다.
ㄷ. 한계소비성향이 클수록 통화정책의 효과가 크다.

① ㄱ
② ㄷ
③ ㄱ, ㄴ
④ ㄱ, ㄷ
⑤ ㄴ, ㄷ

30 자본이동이 완전한 소규모 개방경제의 먼델－플레밍(Mundell－Fleming)모형에서 변동환율제도인 경우, 긴축 통화정책을 시행할 때 나타나는 경제적 효과를 모두 고른 것은? (단, 물가수준은 고정이다.)

ㄱ. 소득 감소	ㄴ. 경상수지 개선
ㄷ. 자국 통화가치 절하	ㄹ. 해외자본 유입

① ㄱ, ㄴ   ② ㄱ, ㄷ   ③ ㄱ, ㄹ
④ ㄴ, ㄷ   ⑤ ㄷ, ㄹ

31 인구 증가와 기술진보가 없는 솔로우(Solow) 경제성장모형에서 1인당 생산함수는 $y = 5k^{0.4}$, 자본의 감가상각률은 0.2일 때, 황금률(Golden rule)을 달성하게 하는 저축률은? (단, y는 1인당 생산량, k는 1인당 자본량이다.)

① 0.1   ② 0.2   ③ 0.25
④ 0.4   ⑤ 0.8

32 경기변동이론에 관한 설명으로 옳은 것은?

① 신케인즈 학파(new Keynesian)는 완전경쟁적 시장구조를 가정한다.
② 신케인즈 학파는 총수요 외부효과(aggregate-demand externality)를 통해 가격경직성을 설명한다.
③ 신케인즈 학파는 총공급 충격이 경기변동의 근본 원인이라고 주장한다.
④ 실물경기변동이론은 실질임금의 경직성을 가정한다.
⑤ 실물경기변동이론에 따르면 불경기에는 비용 최소화가 달성되지 않는다.

33 경제성장모형인 $Y = AK$모형에서 A는 0.5이고 저축률은 s, 감가상각률은 δ일 때 이에 관한 설명으로 옳은 것은? (단, Y는 생산량, K는 자본량, $0 < s < 1$, $0 < \delta < 1$이다.)

① 자본의 한계생산은 체감한다.
② $\delta = 0.1$이고 $s = 0.4$이면 경제는 지속적으로 성장한다.
③ 감가상각률이 자본의 한계생산과 동일하면 경제는 지속적으로 성장한다.
④ $\delta = s$이면 경제는 균제상태(steady-state)이다.
⑤ 자본의 한계생산이 자본의 평균생산보다 크다.

34 소비이론에 관한 설명으로 옳은 것은?

① 항상소득가설(permanent income hypothesis)에 따르면, 현재소득이 일시적으로 항상소득보다 작게 되면 평균소비성향은 일시적으로 증가한다.

② 생애주기가설(life-cycle hypothesis)은 소비자가 저축은 할 수 있으나 차입에는 제약(borrowing constraints)이 있다고 가정한다.

③ 케인즈 소비함수는 이자율에 대한 소비의 기간별 대체효과를 반영하고 있다.

④ 소비에 대한 임의보행(random walk)가설은 소비자가 근시안적(myopic)으로 소비를 결정한다고 가정한다.

⑤ 항상소득가설은 소비자가 차입제약에 직면한다고 가정한다.

35 토빈 q(Tobin's q)에 관한 설명으로 옳지 않은 것은?

① 법인세가 감소되면 토빈 q는 증가한다.

② $q < 1$이면, 자본 스톡(capital stock)이 증가한다.

③ 자본의 한계생산물이 증가하면 토빈 q는 증가한다.

④ 자본재의 실질가격이 하락하면 토빈 q는 증가한다.

⑤ 설치된 자본의 시장가치가 하락하면 토빈 q는 감소한다.

36 아래의 폐쇄경제 $IS-LM$모형에서 도출된 총수요곡선으로 옳은 것은? (단, r은 이자율, Y는 국민소득, M^d는 명목화폐수요량, P는 물가수준, M^s는 명목화폐공급량이고, $Y > 20$이다.)

- IS곡선: $r = 10 - 0.4Y$

- 실질화폐수요함수: $\dfrac{M^d}{P} = 0.1Y - r$

- 명목화폐공급함수: $M^s = 4$

① $P = \dfrac{1}{2(Y-20)}$ ② $P = \dfrac{1}{(Y-20)}$ ③ $P = \dfrac{2}{(Y-20)}$

④ $P = \dfrac{4}{(Y-20)}$ ⑤ $P = \dfrac{8}{(Y-20)}$

37 경제활동인구가 6,000만 명으로 불변인 A국에서 매기 취업자 중 직업을 잃는 비율인 실직률이 0.05이고, 매기 실업자 중 새로이 직업을 얻는 비율인 구직률이 0.2이다. 균제상태(steady - state)에서의 실업자의 수는?

① 500만 명   ② 800만 명   ③ 900만 명

④ 1,000만 명   ⑤ 1,200만 명

38 (　　)에 들어갈 내용으로 옳은 것은? (단, 전염병이 발생하기 전의 경제는 균형상태이고, 총공급곡선은 우상향하고 총수요곡선은 우하향한다.)

> 폐쇄경제 $AD - AS$모형에서 전염병의 발생으로 인하여 총수요와 총공급이 모두 감소할 때, 균형국민소득은 (ㄱ)하고 균형물가수준은 (ㄴ)하(한)다.

① ㄱ : 감소, ㄴ : 감소   ② ㄱ : 불확실, ㄴ : 불변   ③ ㄱ : 감소, ㄴ : 증가

④ ㄱ : 불변, ㄴ : 불변   ⑤ ㄱ : 감소,   ㄴ : 불확실

39 갑국의 생산함수는 $Y = AL^{0.6}K^{0.4}$ 이다. 총요소생산성 증가율은 5%이고, 노동량과 자본량 증가율은 각각 −2%와 5%일 경우, 성장회계에 따른 노동량 1단위당 생산량 증가율은? (단, Y는 총생산량, A는 총요소생산성, L은 노동량, K는 자본량이다.)

① 5%   ② 5.5%   ③ 6.2%

④ 7.2%   ⑤ 7.8%

40 아래의 $IS - LM$모형에서 균형민간저축(private saving)은? (단, C는 소비, Y는 국민소득, T는 조세, I는 투자, r은 이자율, G는 정부지출, M^S는 명목화폐공급량, P는 물가수준, M^D는 명목화폐수요량이다.)

> - $C = 8 + 0.8(Y - T)$ - $I = 14 - 2r$ - $G = 2$
> - $T = 5$ - $M^S = 10$ - $P = 1$
> - $M^D = Y - 10r$

① 2   ② 4   ③ 5

④ 8   ⑤ 10

제3과목 | 부동산학원론

01 토지에 관한 설명으로 옳지 않은 것은?

① 공간으로서 토지는 지표, 지하, 공중을 포괄하는 3차원 공간을 의미한다.
② 자연으로서 토지는 인간의 노력에 의해 그 특성을 바꿀 수 없다.
③ 소비재로서 토지는 그 가치가 시장가치와 괴리되는 경우가 있다.
④ 생산요소로서 토지는 그 가치가 토지의 생산성에 영향을 받는다.
⑤ 재산으로서 토지는 사용·수익·처분의 대상이 된다.

02 부동산 활동에 관련된 설명으로 옳은 것을 모두 고른 것은?

> ㄱ. 공유지(共有地)란 1필지의 토지를 2인 이상이 공동으로 소유한 토지로, 지분비율 또는 지분의 위치에 따라 감정평가한다.
> ㄴ. 일단지란 용도상 불가분의 관계에 있고 지가형성요인이 같은 2필지 이상의 토지로, 필지별로 감정평가한다.
> ㄷ. 선하지란 고압선 아래의 토지로, 고압선 등 통과부분의 면적 등 제한의 정도를 고려하여 감정평가한다.
> ㄹ. 맹지란 도로와 접한 면이 없는 토지로, 도로로 사용하기 위한 지역권이 설정되어 있는 경우 도로가 있는 것으로 보고 감정평가한다.
> ㅁ. 환지란 도시개발사업에서 사업 전 토지의 위치 등을 고려하여 소유자에게 재분배하는 사업 후의 토지로, 환지처분 이전에 환지예정지로 지정된 경우에는 종전 토지의 위치 등을 기준으로 감정평가한다.

① ㄱ, ㄴ, ㄷ
② ㄱ, ㄷ, ㄹ
③ ㄱ, ㄷ, ㅁ
④ ㄴ, ㄷ, ㄹ
⑤ ㄴ, ㄹ, ㅁ

03 토지의 특성에 관한 설명이다. ( )에 들어갈 내용으로 옳게 연결된 것은?

> - (ㄱ)은 토지에 대한 소유욕을 증대시키며 토지이용을 집약화시킨다.
> - (ㄴ)은 임장활동과 지역분석의 근거가 된다.
> - (ㄷ)은 토지 간의 비교를 어렵게 하며 완전한 대체를 제약시킨다.

① ㄱ : 개별성, ㄴ : 부동성, ㄷ : 영속성
② ㄱ : 영속성, ㄴ : 부동성, ㄷ : 용도의 다양성
③ ㄱ : 영속성, ㄴ : 인접성, ㄷ : 용도의 다양성
④ ㄱ : 부증성, ㄴ : 인접성, ㄷ : 부동성
⑤ ㄱ : 부증성, ㄴ : 부동성, ㄷ : 개별성

04 부동산의 특성에 관한 설명으로 옳은 것의 개수는?

> - 용도의 다양성은 최유효이용을 선택할 수 있는 근거가 된다.
> - 인접성은 외부효과의 원인이 된다.
> - 분할·합병의 가능성은 부동산의 가치를 변화시킨다.
> - 부동성은 인근지역과 유사지역의 분류를 가능하게 한다.
> - 영속성은 부동산 활동을 장기적으로 고려하게 한다.

① 1   ② 2
③ 3   ④ 4
⑤ 5

05 디파스퀠리 – 위튼(DiPasquale & Wheaton)의 4사분면 모형에 관한 설명으로 옳지 않은 것은? (단, 주어진 조건에 한함)

① 장기균형에서 4개의 내생변수, 즉 공간재고, 임대료, 자본환원율, 건물의 신규 공급량이 결정된다.
② 신축을 통한 건물의 신규 공급량은 부동산 자산가격, 생산요소가격 등에 의해 영향을 받는다.
③ 자본환원율은 요구수익률을 의미하며 시장이자율 등에 의해 영향을 받는다.
④ 최초 공간재고가 공간서비스에 대한 수요량과 일치할 때 균형 임대료가 결정된다.
⑤ 건물의 신규 공급량과 기존 재고의 소멸에 의한 재고량 감소분이 일치할 때 장기균형에 도달한다.

06 A지역 전원주택시장의 시장수요함수가 $Q_D = 2,600 - 2P$이고, 시장공급함수가 $3Q_S = 600 + 4P$일 때, 균형에서 수요의 가격탄력성과 공급의 가격탄력성의 합은? (단, Q_D : 수요량, Q_S : 공급량, P : 가격이고, 가격탄력성은 점탄력성을 말하며, 다른 조건은 동일함)

① $\dfrac{58}{72}$ ② $\dfrac{87}{72}$

③ $\dfrac{36}{29}$ ④ $\dfrac{145}{72}$

⑤ $\dfrac{60}{29}$

07 부동산 시장에 대한 정부의 간접개입방식으로 옳게 묶인 것은?

① 임대료상한제, 부동산보유세, 담보대출규제
② 담보대출규제, 토지거래허가제, 부동산거래세
③ 개발부담금제, 부동산거래세, 부동산가격공시제도
④ 지역지구제, 토지거래허가제, 부동산가격공시제도
⑤ 부동산보유세, 개발부담금제, 지역지구제

08 산업입지이론에 관한 설명으로 옳지 않은 것은?

① 베버(A. Weber)는 운송비의 관점에서 특정 공장이 원료지향적인지 또는 시장지향적인지 판단하기 위해 원료지수(material index)를 사용하였다.
② 베버(A. Weber)의 최소비용이론에서는 노동비, 운송비, 집적이익 가운데 운송비를 최적입지 결정에 가장 우선적으로 검토한다.
③ 뢰쉬(A. Lösch)의 최대수요이론에서는 입지분석에 있어 대상지역 내 원자재가 불균등하게 존재한다는 전제하에, 수요가 최대가 되는 지점이 최적입지라고 본다.
④ 아이사드(W. Isard)는 여러 입지 가운데 하나의 입지를 선정할 때 각 후보지역이 가지고 있는 비용최소 요인을 대체함으로써 최적입지가 달라질 수 있다는 대체원리(substitution principle)를 입지이론에 적용하였다.
⑤ 스미스(D. Smith)의 비용수요통합이론에서는 이윤을 창출할 수 있는 공간한계 내에서는 어디든지 입지할 수 있다는 준최적입지(suboptimal location) 개념을 강조한다.

09 부동산 시장의 효율성에 관한 설명으로 옳은 것은?

① 특정 투자자가 얻는 초과이윤이 이를 발생시키는 데 소요되는 정보비용보다 크면 배분 효율적 시장이 아니다.

② 약성 효율적 시장은 정보가 완전하고 모든 정보가 공개되어 있으며 정보비용이 없다는 완전경쟁시장의 조건을 만족한다.

③ 부동산 시장은 주식시장이나 일반적인 재화시장보다 더 불완전경쟁적이므로 배분 효율성을 달성할 수 없다.

④ 강성 효율적 시장에서는 정보를 이용하여 초과이윤을 얻을 수 있다.

⑤ 약성 효율적 시장의 개념은 준강성 효율적 시장의 성격을 모두 포함하고 있다.

10 주거분리와 여과과정에 관한 설명으로 옳은 것은?

① 여과과정이 원활하게 작동하면 신규주택에 대한 정부지원으로 모든 소득계층이 이득을 볼 수 있다.

② 하향여과는 고소득층 주거지역에서 주택의 개량을 통한 가치상승분이 주택개량비용보다 큰 경우에 발생한다.

③ 다른 조건이 동일할 경우 고가주택에 가까이 위치한 저가주택에는 부(-)의 외부효과가 발생한다.

④ 민간주택시장에서 불량주택이 발생하는 것은 시장실패를 의미한다.

⑤ 주거분리현상은 도시지역에서만 발생하고, 도시와 지리적으로 인접한 근린지역에서는 발생하지 않는다.

11 분양가상한제로 인해 발생할 수 있는 문제점과 그 보완책을 연결한 것으로 옳지 않은 것은?

① 분양주택의 질 하락 - 분양가상한제의 기본 건축비 현실화

② 분양주택 배분 문제 - 주택청약제도를 통한 분양

③ 분양프리미엄 유발 - 분양주택의 전매제한 완화

④ 신규주택 공급량 감소 - 공공의 저렴한 택지 공급

⑤ 신규주택 공급량 감소 - 신규주택건설에 대한 금융지원

12 정부의 주택시장 개입에 관한 설명으로 옳지 않은 것은?

① 주택은 긍정적인 외부효과를 창출하므로 생산과 소비를 장려해야 할 가치재(merit goods)이다.

② 저소득층에 대한 임대주택 공급은 소득의 직접분배효과가 있다.

③ 주택구입능력을 제고하기 위한 정책은 소득계층에 따라 달라진다.

④ 자가주택 보유를 촉진하는 정책은 중산층 형성과 사회안정에 기여한다.

⑤ 주거안정은 노동생산성과 지역사회에 대한 주민참여를 제고하는 효과가 있다.

13 A투자안의 현금흐름이다. 추가 투자가 없었을 때의 NPV(ㄱ)와 추가 투자로 인한 NPV 증감(ㄴ)은? (단, 0기 기준이며, 주어진 자료에 한함)

구분	0기	1기	2기	3기
초기 투자	(1억원)			
NOI		4천만원	3천만원	4천만원
추가 투자			(5천만원)	
추가 투자에 따른 NOI 증감			+3천만원	+4천만원
현가계수		0.952	0.906	0.862

① ㄱ : -260,000원, ㄴ : +16,360,000원

② ㄱ : -260,000원, ㄴ : +17,240,000원

③ ㄱ : -260,000원, ㄴ : +18,120,000원

④ ㄱ : +260,000원, ㄴ : +16,360,000원

⑤ ㄱ : +260,000원, ㄴ : +17,240,000원

14 부동산투자회사법상 부동산투자회사에 관한 설명으로 옳은 것은?

① 최저자본금준비기간이 지난 위탁관리 부동산투자회사의 자본금은 70억원 이상이 되어야 한다.

② 자기관리 부동산투자회사의 설립자본금은 3억원 이상으로 한다.

③ 자기관리 부동산투자회사에 자산운용 전문인력으로 상근하는 감정평가사는 해당 분야에 3년 이상 종사한 사람이어야 한다.

④ 최저자본금준비기간이 끝난 후에는 매 분기 말 현재 총자산의 100분의 80 이상이 부동산(건축 중인 건축물 포함)이어야 한다.

⑤ 위탁관리 부동산투자회사는 해당 연도 이익을 초과하여 배당할 수 있다.

15 **부동산투자이론에 관한 설명으로 옳지 않은 것은?**

① 변동계수는 수익률을 올리기 위해 감수하는 위험의 비율로 표준편차를 기대수익률로 나눈 값이다.

② 포트폴리오를 구성하면 비체계적 위험을 회피할 수 있다.

③ 위험기피형 투자자는 위험부담에 대한 보상심리로 위험할증률을 요구수익률에 반영한다.

④ 두 개별자산으로 구성된 포트폴리오에서 자산 간 상관계수가 양수인 경우에 음수인 경우보다 포트폴리오 위험절감효과가 높다.

⑤ 투자안의 기대수익률이 요구수익률보다 높으면 해당 투자안의 수요증가로 기대수익률이 낮아져 요구수익률에 수렴한다.

16 **부동산 투자분석기법에 관한 설명으로 옳은 것은?**

① 투자 규모가 상이한 투자안에서 수익성지수(PI)가 큰 투자안이 순현재가치(NPV)도 크다.

② 서로 다른 투자안 A, B를 결합한 새로운 투자안의 내부수익률(IRR)은 A의 내부수익률과 B의 내부수익률을 합한 값이다.

③ 순현재가치법과 수익성지수법에서는 화폐의 시간가치를 고려하지 않는다.

④ 투자안마다 단일의 내부수익률만 대응된다.

⑤ 수익성지수가 1보다 크면 순현재가치는 0보다 크다.

17 **대출상환방식에 관한 설명으로 옳지 않은 것은? (단, 주어진 조건에 한함)**

① 원금균등분할상환방식은 만기에 가까워질수록 차입자의 원리금상환액이 감소한다.

② 원리금균등분할상환방식은 만기에 가까워질수록 원리금상환액 중 원금의 비율이 높아진다.

③ 대출조건이 동일하다면 대출기간 동안 차입자의 총원리금상환액은 원금균등분할상환방식이 원리금균등분할상환방식보다 크다.

④ 차입자의 소득에 변동이 없는 경우 원금균등상환방식의 총부채상환비율(DTI)은 만기에 가까워질수록 낮아진다.

⑤ 차입자의 소득에 변동이 없는 경우 원리금균등분할상환방식의 총부채상환비율은 대출기간 동안 일정하게 유지된다.

18 A는 다음과 같은 조건을 가지는 원리금균등분할상환방식의 주택저당대출을 받았다. 5년 뒤 대출잔액은 얼마인가? (단, 주어진 자료에 한함)

- 대출액 : 47,400만원
- 대출금리 : 연 6%, 고정금리
- 연금현가계수(0.5%, 60) : 51.73
- 연금현가계수(0.5%, 180) : 118.50
- 대출만기 : 15년
- 원리금은 매월 말 상환
- 연금현가계수(0.5%, 120) : 90.07

---

① 20,692만원
② 25,804만원
③ 30,916만원
④ 36,028만원
⑤ 41,140만원

19 이자율과 할인율이 연 6%로 일정할 때, A, B, C를 크기 순서로 나열한 것은? (단, 주어진 자료에 한하며, 모든 현금흐름은 연말에 발생함)

- A : 2차년도부터 6차년도까지 매년 250만원씩 받는 연금의 현재가치
- B : 2차년도부터 6차년도까지 매년 200만원씩 받는 연금의 6차년도의 미래가치
- C : 1차년도에 40만원을 받고 매년 전년 대비 2%씩 수령액이 증가하는 성장형 영구연금의 현재가치
- 연금현가계수(6%, 5) : 4.212
- 연금현가계수(6%, 6) : 4.917
- 연금내가계수(6%, 5) : 5.637
- 연금내가계수(6%, 6) : 6.975

---

① A > B > C
② A > C > B
③ B > A > C
④ B > C > A
⑤ C > B > A

20 부동산 증권에 관한 설명으로 옳지 않은 것은?

① 한국주택금융공사는 유동화증권의 발행을 통해 자본시장에서 정책모기지 재원을 조달할 수 있다.

② 금융기관은 주택저당증권(MBS)을 통해 유동성 위험을 감소시킬 수 있다.

③ 저당담보부채권(MBB)의 투자자는 채무불이행위험을 부담한다.

④ 저당이체증권(MPTS)은 지분형 증권이며 유동화기관의 부채로 표기되지 않는다.

⑤ 지불이체채권(MPTB)의 투자자는 조기상환위험을 부담한다.

21 부동산 금융에 관한 설명으로 옳지 않은 것은? (단, 주어진 조건에 한함)

① 대출채권의 듀레이션(평균회수기간)은 만기일시상환대출이 원리금균등분할상환대출보다 길다.

② 대출수수료와 조기상환수수료를 부담하는 경우 차입자의 실효이자율은 조기상환시점이 앞당겨질수록 상승한다.

③ 금리하락기에 변동금리대출은 고정금리대출에 비해 대출자의 조기상환위험이 낮다.

④ 금리상승기에 변동금리대출의 금리조정주기가 짧을수록 대출자의 금리위험은 낮아진다.

⑤ 총부채원리금상환비율(DSR)과 담보인정비율(LTV)은 소득기준으로 채무불이행위험을 측정하는 지표이다.

22 A는 향후 30년간 매월 말 30만원의 연금을 받을 예정이다. 시중 금리가 연 6%일 때, 이 연금의 현재가치를 구하는 식으로 옳은 것은? (단, 주어진 조건에 한함)

① $30만 원 \times \left(1 + \dfrac{0.06}{12}\right)^{30 \times 12}$

② $30만 원 \times \left[\dfrac{(1 + 0.06)^{30} - 1}{0.06}\right]$

③ $30만 원 \times \left[\dfrac{1 - (1 + 0.06)^{-30}}{0.06}\right]$

④ $30만 원 \times \left[\dfrac{1 - \left(1 + \dfrac{0.06}{12}\right)^{-30 \times 12}}{\dfrac{0.06}{12}}\right]$

⑤ $30만 원 \times \left[\dfrac{\left(1 + \dfrac{0.06}{12}\right)^{30 \times 12} - 1}{\dfrac{0.06}{12}}\right]$

23 부동산 관리와 생애주기에 관한 설명으로 옳지 않은 것은?

① 자산관리(Asset Management)란 소유자의 부를 극대화시키기 위하여 대상 부동산을 포트폴리오 관점에서 관리하는 것을 말한다.

② 시설관리(Facility Management)란 각종 부동산 시설을 운영하고 유지하는 것으로 시설 사용자나 건물주의 요구에 단순히 부응하는 정도의 소극적이고 기술적인 측면의 관리를 말한다.

③ 생애주기상 노후단계는 물리적·기능적 상태가 급격히 악화되기 시작하는 단계로 리모델링을 통하여 가치를 올릴 수 있다.

④ 재산관리(Property Management)란 부동산의 운영수익을 극대화하고 자산가치를 증진시키기 위한 임대차 관리 등의 일상적인 건물운영 및 관리뿐만 아니라 부동산 투자의 위험관리와 프로젝트 파이낸싱 등의 업무를 하는 것을 말한다.

⑤ 건물의 이용에 의한 마멸, 파손, 노후화, 우발적 사고 등으로 사용이 불가능할 때까지의 기간을 물리적 내용연수라고 한다.

24 건물의 관리방식에 관한 설명으로 옳은 것은?

① 위탁관리방식은 부동산관리 전문업체에 위탁해 관리하는 방식으로 대형건물의 관리에 유용하다.

② 혼합관리방식은 필요한 부분만 일부 위탁하는 방식으로 관리자들 간의 협조가 긴밀하게 이루어진다.

③ 자기관리방식은 관리업무의 타성(惰性)을 방지할 수 있다.

④ 위탁관리방식은 외부 전문가가 관리하므로 기밀 및 보안 유지에 유리하다.

⑤ 혼합관리방식은 관리문제 발생 시 책임소재가 명확하다.

25 부동산 개발에 관한 설명으로 옳은 것을 모두 고른 것은?

> ㄱ. 부동산개발업의 관리 및 육성에 관한 법률상 부동산 개발은 토지를 건설공사의 수행 또는 형질변경의 방법으로 조성하는 행위 및 건축물을 건축, 대수선, 리모델링 또는 용도를 변경하거나 공작물을 설치하는 행위를 말하며, 시공을 담당하는 행위는 제외한다.
> ㄴ. 혼합방식은 개발 전의 면적·등급·지목 등을 고려하여, 개발된 토지를 토지 소유주에게 종전의 토지위치에 재분배하는 것을 말한다.
> ㄷ. 흡수율 분석은 수요·공급분석을 통하여 대상 부동산이 언제 얼마만큼 시장에서 매각 또는 임대될 수 있는지를 파악하는 것이다.
> ㄹ. 개발권양도제(TDR)는 일정하게 주어진 개발허용한도 내에서 해당 지역의 토지이용규제로 인해 사용하지 못하는 부분을 다른 지역에 양도할 수 있는 것이다.

① ㄱ, ㄷ
② ㄷ, ㄹ
③ ㄱ, ㄴ, ㄹ
④ ㄱ, ㄷ, ㄹ
⑤ ㄴ, ㄷ, ㄹ

26 부동산 마케팅에 관한 설명으로 옳지 않은 것은?

① STP란 시장세분화(Segmentation), 표적시장(Target market), 포지셔닝(Positioning)을 말한다.
② 마케팅 믹스 전략에서의 4P는 유통경로(Place), 제품(Product), 가격(Price), 판매촉진(Promotion)을 말한다.
③ 노벨티(novelty) 광고는 개인 또는 가정에서 이용되는 실용적이며 장식적인 물건에 상호·전화번호 등을 표시하는 것으로 분양광고에 주로 활용된다.
④ 관계마케팅 전략은 공급자와 소비자 간의 장기적·지속적인 상호작용을 중요시하는 전략을 말한다.
⑤ AIDA 원리에 따르면 소비자의 구매의사결정은 행동(Action), 관심(Interest), 욕망(Desire), 주의(Attention)의 단계를 순차적으로 거친다.

27 부동산 개발의 타당성 분석 유형을 설명한 것이다. (   )에 들어갈 내용으로 옳게 연결된 것은?

> • (ㄱ)은 부동산이 현재나 미래의 시장상황에서 매매 또는 임대될 수 있는 가능성을 분석하는 것이다.
> • (ㄴ)은 개발업자가 대상 부동산에 대해 수립한 사업안들 중에서 최유효이용을 달성할 수 있는 방식을 판단할 수 있도록 자료를 제공해주는 것이다.
> • (ㄷ)은 주요 변수들의 초기 투입값을 변화시켜 적용함으로써 낙관적 또는 비관적인 상황에서 발생할 수 있는 수익성 및 부채상환능력 등을 예측하는 것이다.

① ㄱ : 시장성 분석,   ㄴ : 민감도 분석,   ㄷ : 투자 분석
② ㄱ : 민감도 분석,   ㄴ : 투자 분석,   ㄷ : 시장성 분석
③ ㄱ : 투자 분석,   ㄴ : 시장성 분석,   ㄷ : 민감도 분석
④ ㄱ : 시장성 분석,   ㄴ : 투자 분석,   ㄷ : 민감도 분석
⑤ ㄱ : 민감도 분석,   ㄴ : 시장성 분석,   ㄷ : 투자 분석

28 에스크로(Escrow)에 관한 설명으로 옳지 않은 것은?

① 부동산 매매 및 교환 등에 적용된다.
② 권리관계조사, 물건확인 등의 업무를 포함한다.
③ 매수자, 매도자, 저당대출기관 등의 권익을 보호한다.
④ 은행이나 신탁회사는 해당 업무를 취급할 수 없다.
⑤ 에스크로 업체는 계약조건이 이행될 때까지 금전·문서·권원증서 등을 점유한다.

29 부동산 중개계약에 관한 설명으로 옳지 않은 것은?

① 순가중개계약에서는 매도자가 개업공인중개사에게 제시한 가격을 초과해 거래가 이루어진 경우 그 초과액을 매도자와 개업공인중개사가 나누어 갖는다.
② 일반중개계약에서는 의뢰인이 다수의 개업공인중개사에게 동등한 기회로 거래를 의뢰한다.
③ 공인중개사법령상 당사자 간에 다른 약정이 없는 경우 전속중개계약의 유효기간은 3월로 한다.
④ 공동중개계약에서는 부동산거래정보망 등을 통하여 다수의 개업공인중개사가 상호 협동하여 공동으로 거래를 촉진한다.
⑤ 독점중개계약에서는 의뢰인이 직접 거래를 성사시킨 경우에도 중개보수 청구권이 발생한다.

30 공인중개사법령상 개업공인중개사가 주택을 중개하는 경우 확인·설명해야 할 사항이 아닌 것은?

① 일조·소음·진동 등 환경조건
② 소유권·전세권·임차권 등 권리관계
③ 거래예정금액·중개보수 및 실비의 금액
④ 권리를 양도함에 따라 부담하여야 할 조세의 종류 및 세율
⑤ 토지이용계획, 공법상의 거래규제 및 이용제한에 관한 사항

31 A지역 주택시장의 시장수요함수는 $Q_D = -2P + 2,400$이고 시장공급함수는 $Q_S = 3P - 1,200$이다. 정부가 부동산거래세를 공급 측면에 단위당 세액 20만원의 종량세 형태로 부과하는 경우에 A지역 주택시장의 경제적 순손실은? (단, Q_D : 수요량, Q_S : 공급량, P : 가격, 단위는 만호, 만원이며, 다른 조건은 동일함)

① 60억원
② 120억원
③ 240억원
④ 360억원
⑤ 480억원

32 다음 설명에 모두 해당하는 부동산 조세는?

- 시·군·구세, 특별자치시(도)세
- 과세대상에 따라 누진세율 또는 단일세율 적용
- 보통징수 방식

① 종합부동산세
② 양도소득세
③ 취득세
④ 등록면허세
⑤ 재산세

33 부동산 권리분석에 관한 설명으로 옳지 않은 것은?

① 권리분석의 원칙에는 능률성, 안전성, 탐문주의, 증거주의 등이 있다.

② 건물의 소재지, 구조, 용도 등의 사실관계는 건축물대장으로 확인·판단한다.

③ 임장활동 이전 단계 활동으로 여러 가지 물적 증거를 수집하고 탁상으로 검토하여 1차적으로 하자의 유무를 발견하는 작업을 권리보증이라고 한다.

④ 부동산의 상태 또는 사실관계, 등기능력이 없는 권리 및 등기를 요하지 않는 권리관계 등 자세한 내용까지 분석의 대상으로 하는 것이 최광의의 권리분석이다.

⑤ 매수인이 대상 부동산을 매수하기 전에 소유권을 저해하는 조세체납, 계약상 하자 등을 확인하기 위해 공부 등을 조사하는 일도 포함된다.

34 부동산 권리분석 시 등기능력이 없는 것으로 묶인 것은?

① 지역권, 지상권
② 유치권, 점유권
③ 전세권, 법정지상권
④ 가압류, 분묘기지권
⑤ 저당권, 권리질권

35 감정평가에 관한 규칙상 원가방식에 관한 설명으로 옳지 않은 것은?

① 원가법과 적산법은 원가방식에 속한다.

② 적산법에 의한 임대료 평가에서는 대상 물건의 재조달원가에 기대이율을 곱하여 산정된 기대수익에 대상 물건을 계속하여 임대하는 데에 필요한 경비를 더한다.

③ 원가방식을 적용한 감정평가서에는 부득이한 경우를 제외하고는 재조달원가 산정 및 감가수정 등의 내용이 포함되어야 한다.

④ 입목 평가 시 소경목림(小徑木林)인 경우에는 원가법을 적용할 수 있다.

⑤ 선박 평가 시 본래 용도의 효용가치가 있으면 선체·기관·의장(艤裝)별로 구분한 후 각각 원가법을 적용해야 한다.

36 할인현금흐름분석법에 의한 수익가액은? (단, 주어진 자료에 한함, 모든 현금흐름은 연말에 발생함)

- 보유기간(5년)의 순영업소득 : 매년 9천만원
- 6기 순영업소득 : 1억원
- 매도비용 : 재매도가치의 5%
- 기입환원율 : 4%, 기출환원율 : 5%, 할인율 : 연 5%
- 연금현가계수(5%, 5년) : 4.329
- 일시불현가계수(5%, 5년) : 0.783

① 1,655,410,000원   ② 1,877,310,000원
③ 2,249,235,000원   ④ 2,350,000,000원
⑤ 2,825,000,000원

37 수익환원법에 관한 설명으로 옳지 않은 것은?

① 운영경비에 감가상각비를 포함시킨 경우 상각 전 환원율을 적용한다.
② 직접환원법에서 사용할 환원율은 시장추출법으로 구하는 것을 원칙으로 한다.
③ 재매도가치를 내부추계로 구할 때 보유기간 경과 후 초년도 순수익을 반영한다.
④ 할인 또는 환원할 순수익을 구할 때 자본적 지출은 비용으로 고려하지 않는다.
⑤ 요소구성법으로 환원율을 결정할 때 위험요소를 적극적으로 반영하면 환원율은 커진다.

38 감정평가사 A는 B토지의 감정평가를 의뢰받고 인근지역 나지 거래사례인 C토지를 활용해 2억원으로 평가했다. A가 C토지 거래금액에 대해 판단한 사항은? (단, 주어진 자료에 한함)

- B, C토지의 소재지, 용도지역 : D구, 제2종일반주거지역
- 면적 : B토지 200㎡, C토지 150㎡
- 거래금액 : 1.5억원(거래시점 일괄지급)
- D구 주거지역 지가변동률(거래시점~기준시점) : 10% 상승
- 개별요인 : B토지 가로조건 10% 우세, 그 외 조건 대등

① 정상   ② 10% 고가
③ 20% 고가   ④ 21% 고가
⑤ 31% 고가

39 감정평가에 관한 규칙에서 규정하고 있는 내용으로 옳지 않은 것은?

① 기업가치의 주된 평가방법은 수익환원법이다.

② 적정한 실거래가는 감정평가의 기준으로 적용하기에 적정하다고 판단되는 거래가격으로서, 거래시점이 도시지역은 5년 이내, 그 밖의 지역은 3년 이내인 거래가격을 말한다.

③ 시산가액 조정 시, 공시지가기준법과 그 밖의 비교방식에 속한 감정평가방법은 서로 다른 감정평가방식에 속한 것으로 본다.

④ 필요한 경우 관련 전문가에 대한 자문 등을 거쳐 감정평가할 수 있다.

⑤ 항공기의 주된 평가방법은 원가법이며, 본래 용도의 효용가치가 없는 물건은 해체처분가액으로 감정평가할 수 있다.

40 수익환원법(직접환원법)에 의한 대상 부동산의 가액이 8억원일 때, 건물의 연간 감가율(회수율)은? (단, 주어진 자료에 한함)

- 가능총수익 : 월 6백만원
- 공실 및 대손 : 연 1천2백만원
- 운영경비(감가상각비 제외) : 유효총수익의 20%
- 토지, 건물 가격구성비 : 각각 50%
- 토지환원율, 건물상각 후 환원율 : 각각 연 5%

① 1%
② 2%
③ 3%
④ 4%
⑤ 5%

제4과목 | 감정평가관계법규

01 국토의 계획 및 이용에 관한 법령상 국토교통부장관이 도시·군관리계획의 수립기준을 정할 때 고려하여야 하는 사항이 아닌 것은?

① 공간구조는 생활권단위로 적정하게 구분하고 생활권별로 생활·편익시설이 고루 갖추어 지도록 할 것

② 녹지축·생태계·산림·경관 등 양호한 자연환경과 우량농지, 국가유산 및 역사문화환경 등을 고려하여 토지이용계획을 수립하도록 할 것

③ 수도권안의 인구집중유발시설이 수도권외의 지역으로 이전하는 경우 종전의 대지에 대하여는 그 시설의 지방이전이 촉진될 수 있도록 토지이용계획을 수립하도록 할 것

④ 도시의 개발 또는 기반시설의 설치 등이 환경에 미치는 영향을 미리 검토하는 등 계획과 환경의 유기적 연관성을 높여 건전하고 지속가능한 도시발전을 도모하도록 할 것

⑤ 광역계획권의 미래상과 이를 실현할 수 있는 체계화된 전략을 제시하고 국토종합계획 등과 서로 연계되도록 할 것

02 국토의 계획 및 이용에 관한 법령상 개발행위에 따른 공공시설 등의 귀속에 관한 설명으로 옳지 않은 것은?

① 개발행위허가를 받은 자가 행정청인 경우 개발행위허가를 받은 자가 새로 공공시설을 설치한 경우 새로 설치된 공공시설은 그 시설을 관리할 관리청에 무상으로 귀속된다.

② 개발행위허가를 받은 자가 행정청인 경우 개발행위허가를 받은 자가 기존의 공공시설에 대체되는 공공시설을 설치한 경우 종래의 공공시설은 개발행위허가를 받은 자에게 무상으로 귀속된다.

③ 개발행위허가를 받은 자가 행정청이 아닌 경우 개발행위허가를 받은 자가 새로 설치한 공공시설은 그 시설을 관리할 관리청에 무상으로 귀속된다.

④ 개발행위허가를 받은 자가 행정청이 아닌 경우 개발행위로 용도가 폐지되는 공공시설은 개발행위허가를 받은 자에게 무상으로 귀속된다.

⑤ 특별시장·광역시장·특별자치시장·특별자치도지사·시장 또는 군수는 공공시설의 귀속에 관한 사항이 포함된 개발행위허가를 하려면 미리 관리청의 의견을 들어야 한다.

03 국토의 계획 및 이용에 관한 법령상 공동구협의회의 심의를 거쳐야 공동구에 수용할 수 있는 시설은?

① 가스관   ② 통신선로   ③ 열수송관

④ 중수도관   ⑤ 쓰레기수송관

04 「국토의 계획 및 이용에 관한 법률」은 중앙도시계획위원회와 지방도시계획위원회의 심의를 거치지 아니하고 개발행위의 허가를 하는 경우를 규정하고 있다. 이에 해당하는 개발행위를 모두 고른 것은?

> ㄱ. 다른 법률에 따라 도시계획위원회의 심의를 받는 구역에서 하는 개발행위
> ㄴ. 「산림자원의 조성 및 관리에 관한 법률」에 따른 산림사업을 위한 개발행위
> ㄷ. 「사방사업법」에 따른 사방사업을 위한 개발행위

① ㄱ   ② ㄴ   ③ ㄱ, ㄷ

④ ㄴ, ㄷ   ⑤ ㄱ, ㄴ, ㄷ

05 국토의 계획 및 이용에 관한 법령상 성장관리계획구역을 지정할 수 있는 지역이 아닌 것은? (단, 조례는 고려하지 않음)

① 개발수요가 많아 무질서한 개발이 진행되고 있거나 진행될 것으로 예상되는 지역

② 기반시설이 부족할 것으로 예상되나 기반시설을 설치하기 곤란한 지역을 대상으로 건폐율이나 용적률을 강화하여 적용하기 위한 지역

③ 「토지이용규제 기본법」제2조 제1호에 따른 지역·지구등의 변경으로 토지이용에 대한 행위제한이 완화되는 지역

④ 주변의 토지이용이나 교통여건 변화 등으로 향후 시가화가 예상되는 지역

⑤ 주변지역과 연계하여 체계적인 관리가 필요한 지역

06 국토의 계획 및 이용에 관한 법령상 용도지역 안에서의 용적률 범위에 관한 조문의 일부이다. ( )에 들어갈 내용으로 옳은 것은?

> • 제1종일반주거지역 : (ㄱ)퍼센트 이상 (ㄴ)퍼센트 이하
> • 제2종일반주거지역 : (ㄱ)퍼센트 이상 (ㄷ)퍼센트 이하
> • 제3종일반주거지역 : (ㄱ)퍼센트 이상 (ㄹ)퍼센트 이하

① ㄱ: 50, ㄴ: 100, ㄷ: 150, ㄹ: 200
② ㄱ: 50, ㄴ: 200, ㄷ: 250, ㄹ: 300
③ ㄱ: 100, ㄴ: 200, ㄷ: 250, ㄹ: 300
④ ㄱ: 100, ㄴ: 250, ㄷ: 300, ㄹ: 350
⑤ ㄱ: 200, ㄴ: 250, ㄷ: 300, ㄹ: 350

07 국토의 계획 및 이용에 관한 법령상 도시지역, 관리지역, 농림지역 또는 자연환경보전지역으로 용도가 지정되지 아니한 지역에 대하여 건폐율의 최대한도를 정할 때에는 ( )에 관한 규정을 적용한다. ( )에 해당하는 것은?

① 도시지역　　　　　② 관리지역　　　　　③ 농림지역
④ 자연환경보전지역　　⑤ 녹지지역

08 국토의 계획 및 이용에 관한 법령상 도시·군관리계획에 해당하지 않는 것은?

① 시 또는 군의 관할 구역에 대하여 기본적인 공간구조와 장기발전방향을 제시하는 종합계획
② 용도지역·용도지구의 지정에 관한 계획
③ 지구단위계획구역의 지정에 관한 계획
④ 도시혁신구역의 지정에 관한 계획
⑤ 기반시설의 설치·정비 또는 개량에 관한 계획

09 국토의 계획 및 이용에 관한 법령상 A군수가 민간건설업자 B에 대해 개발행위허가를 할 때, 토석을 운반하는 차량 통행으로 통행로 주변 환경이 오염될 우려가 있어 환경오염 방지의 이행 보증 등에 관한 조치를 명하는 경우이다. 그에 관한 설명으로 옳은 것은?

① B가 예치하는 이행보증금은 총공사비의 30퍼센트 이상이 되도록 해야 한다.

② B가 준공검사를 받은 때에는 A군수는 즉시 이행보증금을 반환하여야 한다.

③ A군수는 이행보증금을 행정대집행의 비용으로 사용할 수 없다.

④ B가 산지에서 개발행위를 하는 경우 이행보증금의 예치금액의 기준이 되는 총공사비에는 「산지관리법」에 따른 복구비는 포함되지 않는다.

⑤ B가 민간건설업자가 아닌 국가인 경우라도 민간건설업자의 경우와 동일한 이행보증이 필요하다.

10 국토의 계획 및 이용에 관한 법령상 도시·군계획시설결정의 실효에 관한 조문의 일부이다. (   )에 들어갈 내용으로 옳은 것은?

> 도시·군계획시설결정이 고시된 도시·군계획시설에 대하여 그 고시일부터 (ㄱ)이 지날 때까지 그 시설의 설치에 관한 도시·군계획시설사업이 시행되지 아니하는 경우 그 도시·군계획시설결정은 그 고시일부터 (ㄴ)에 그 효력을 잃는다.

① ㄱ: 10년, ㄴ: 10년이 되는 날

② ㄱ: 10년, ㄴ: 10년이 되는 날의 다음 날

③ ㄱ: 20년, ㄴ: 20년이 되는 날

④ ㄱ: 20년, ㄴ: 20년이 되는 날의 다음 날

⑤ ㄱ: 30년, ㄴ: 30년이 되는 날

11 국토의 계획 및 이용에 관한 법령상 광역도시계획의 수립에 관한 설명으로 옳지 않은 것은?

① 국토교통부장관은 시·도지사가 요청하는 경우 관할 시·도지사와 공동으로 광역도시계획을 수립할 수 있다.

② 시·도지사가 광역도시계획을 수립하는 경우 미리 공청회를 열어 주민과 관계 전문가 등으로부터 의견을 들어야 한다.

③ 국토교통부장관은 관계 행정기관의 장에게 광역도시계획의 수립을 위한 기초조사에 필요한 자료를 제출하도록 요청할 수 있다.

④ 시·도지사가 광역도시계획을 수립하는 경우 미리 관계 중앙행정기관과 협의한 후 중앙도시계획위원회의 심의를 거쳐야 한다.

⑤ 시·도지사가 광역도시계획의 승인을 받으려는 때에는 광역도시계획안에 기초조사 결과를 포함한 서류를 첨부하여 국토교통부장관에게 제출해야 한다.

12 국토의 계획 및 이용에 관한 법령상 기반시설부담구역에 설치가 필요한 기반시설에 해당하지 않는 것은? (단, 조례는 고려하지 않음)

① 도로(인근의 간선도로로부터 기반시설부담구역까지의 진입도로를 포함)
② 공원
③ 학교(「고등교육법」에 따른 학교를 포함)
④ 수도(인근의 수도로부터 기반시설부담구역까지 연결하는 수도를 포함)
⑤ 하수도(인근의 하수도로부터 기반시설부담구역까지 연결하는 하수도를 포함)

13 국토의 계획 및 이용에 관한 법령상 기반시설 중 공공·문화체육시설에 해당하지 않는 것은?

① 연구시설   ② 사회복지시설   ③ 공공직업훈련시설
④ 방송·통신시설   ⑤ 청소년수련시설

14 감정평가 및 감정평가사에 관한 법령상 감정평가법인등이 토지를 감정평가하는 경우 해당 토지의 임대료, 조성비용 등을 고려하여 감정평가를 할 수 있는 경우가 아닌 것은?

① 보험회사의 의뢰에 따른 감정평가
② 신탁회사의 의뢰에 따른 감정평가
③ 「자산재평가법」에 따른 감정평가
④ 법원에 계속 중인 소송을 위한 감정평가 중 보상과 관련된 감정평가
⑤ 금융기관의 의뢰에 따른 감정평가

15 감정평가 및 감정평가사에 관한 법령상 감정평가에 관한 설명으로 옳지 않은 것은?

① 금융기관이 대출과 관련하여 토지등의 감정평가를 하려는 경우에는 감정평가법인등에 의뢰하여야 한다.
② 감정평가법인등이 해산하거나 폐업하는 경우 시·도지사는 감정평가서의 원본을 발급일부터 5년 동안 보관해야 한다.
③ 국토교통부장관은 감정평가서가 발급된 후 해당 감정평가가 법률에서 정하는 절차와 방법 등에 따라 타당하게 이루어졌는지를 직권으로 조사할 수 있다.
④ 최근 3년 이내에 실시한 감정평가 타당성조사 결과 감정평가의 부실이 발생한 분야에 대해서는 우선추출방식의 표본조사가 실시될 수 있다.
⑤ 감정평가서에 대한 표본조사는 무작위추출방식으로도 할 수 있다.

16 감정평가 및 감정평가사에 관한 법령상 감정평가법인등에 관한 설명으로 옳지 않은 것은?

① 부정한 방법으로 감정평가사의 자격을 받았다는 사유로 감정평가사 자격이 취소된 후 1년이 경과되지 아니한 사람은 감정평가법인등의 사무직원이 될 수 없다.

② 감정평가법인은 국토교통부장관의 허가를 받아 토지등의 매매업을 직접 할 수 있다.

③ 감정평가법인등이나 그 사무직원은 업무수행에 따른 수수료와 실비 외에는 어떠한 명목으로도 그 업무와 관련된 대가를 받아서는 아니 된다.

④ 감정평가사가 고의 또는 중대한 과실 없이 감정평가서의 적정성을 잘못 심사한 것은 징계사유가 아니다.

⑤ 한국감정평가사협회는 감정평가를 의뢰하려는 자가 해당 감정평가사에 대한 징계 사실을 확인하기 위하여 징계 정보의 열람을 신청하는 경우에는 그 정보를 제공하여야 한다.

17 6월 10일자로 「건축법」에 따른 대수선이 된 단독주택에 대하여 부동산 가격공시에 관한 법령에 따라 개별주택가격을 결정·공시하는 경우 공시기준일은?

① 그 해 1월 1일 　　　　　　　　　② 그 해 6월 1일
③ 그 해 7월 1일 　　　　　　　　　④ 그 해 10월 1일
⑤ 다음 해 1월 1일

18 부동산 가격공시에 관한 법령상 개별공시지가에 관한 설명으로 옳지 않은 것은?

① 표준지로 선정된 토지에 대하여는 개별공시지가를 결정·공시하지 아니할 수 있다.

② 개별토지 가격 산정의 타당성에 대한 감정평가법인등의 검증을 생략하려는 경우 개발사업이 시행되는 토지는 검증 생략 대상 토지로 선정해서는 안 된다.

③ 개별토지 가격 산정의 타당성 검증을 의뢰할 감정평가법인등을 선정할 때 선정기준일부터 직전 1년간 과태료처분을 2회 받은 감정평가법인등은 선정에서 배제된다.

④ 개별공시지가 조사·산정의 기준에는 토지가격비준표의 사용에 관한 사항이 포함되어야 한다.

⑤ 개별공시지가에 이의가 있는 자는 그 결정·공시일부터 30일 이내에 서면으로 시장·군수 또는 구청장에게 이의를 신청할 수 있다.

19 부동산 가격공시에 관한 법령상 표준지공시지가에 관한 설명으로 옳은 것을 모두 고른 것은?

> ㄱ. 표준지공시지가의 공시에는 표준지 및 주변토지의 이용상황이 포함되어야 한다.
> ㄴ. 표준지공시지가는 일반적인 토지거래의 지표가 된다.
> ㄷ. 도시개발사업에서 환지를 위하여 지가를 산정할 때에는 표준지공시지가를 기준으로 하지 아니한다.
> ㄹ. 최근 1년간 시·군·구별 지가변동률이 전국 평균 지가변동률 이하인 지역의 표준지에 대해서는 하나의 감정평가법인등에 의뢰하여 표준지공시지가를 조사·평가할 수 있다.

① ㄱ, ㄴ
② ㄱ, ㄷ
③ ㄱ, ㄴ, ㄹ
④ ㄴ, ㄷ, ㄹ
⑤ ㄱ, ㄴ, ㄷ, ㄹ

20 국유재산법령상 국유재산에 관한 설명으로 옳은 것은?

① 국가가 직접 사무용·사업용으로 사용하는 재산은 공공용 재산이다.
② 총괄청은 일반재산을 보존용 재산으로 전환하여 관리할 수 있다.
③ 중앙관서의 장 등이 필요하다고 인정하는 경우에는 보존용 재산에 사권을 설정할 수 있다.
④ 공용재산은 시효취득의 대상이 될 수 있다.
⑤ 영농을 목적으로 하는 토지와 그 정착물의 대부기간은 20년 이내로 한다.

21 국유재산법령상 행정재산에 관한 설명으로 옳은 것은?

① 중앙관서의 장은 사용허가한 행정재산을 지방자치단체가 직접 공용으로 사용하기 위하여 필요하게 된 경우에도 그 허가를 철회할 수 없다.
② 행정재산의 관리위탁을 받은 자가 그 재산의 일부를 사용·수익하는 경우에는 미리 해당 중앙관서의 장의 승인을 받아야 한다.
③ 경작용으로 실경작자에게 행정재산의 사용허가를 하려는 경우에는 일반경쟁에 부쳐야 한다.
④ 수의의 방법으로 한 사용허가는 허가기간이 끝난 후 갱신할 수 없다.
⑤ 행정재산의 사용허가를 한 날부터 3년 내에는 사용료를 조정할 수 없다.

22 **국유재산법령상 일반재산의 처분가격에 관한 설명으로 옳은 것은?**

① 증권을 처분할 때에는 시가를 고려하여 예정가격을 결정하여야 한다.

② 공공기관에 일반재산을 처분하는 경우에는 두 개의 감정평가법인등의 평가액을 산술평균한 금액을 예정가격으로 하여야 한다.

③ 감정평가법인등의 평가액은 평가일부터 2년까지 적용할 수 있다.

④ 국가가 보존·활용할 필요가 없고 대부·매각이나 교환이 곤란하여 일반재산을 양여하는 경우에는 대장가격을 재산가격으로 한다.

⑤ 일단(一團)의 토지 대장가격이 3천만원 이하인 국유지를 경쟁입찰의 방법으로 처분하는 경우에는 해당 국유지의 개별공시지가를 예정가격으로 할 수 있다.

23 **국유재산법령상 지식재산에 관한 설명으로 옳지 않은 것은?**

① 「식물신품종 보호법」에 따른 품종보호권은 지식재산에 해당한다.

② 지식재산을 대부 받은 자는 해당 중앙관서의 장등의 승인을 받아 그 지식재산을 다른 사람에게 사용·수익하게 할 수 있다.

③ 상표권의 사용료를 면제하는 경우 그 면제기간은 5년 이내로 한다.

④ 저작권등의 사용허가를 받은 자는 해당 지식재산을 관리하는 중앙관서의 장등의 승인을 받아 그 저작물의 개작을 할 수 있다.

⑤ 지식재산의 사용허가등의 기간을 연장하는 경우 최초의 사용허가등의 기간과 연장된 사용허가등의 기간을 합산한 기간은 5년을 초과하지 못한다.

24 **건축법상 용어의 정의에 관한 조문의 일부이다. (   )에 들어갈 내용으로 옳은 것은?**

> • "지하층"이란 건축물의 바닥이 지표면 아래에 있는 층으로서 바닥에서 지표면까지 평균높이가 해당 층 높이의 (ㄱ)분의 1 이상인 것을 말한다.
> • "고층건축물"이란 층수가 (ㄴ)층 이상이거나 높이가 (ㄷ)미터 이상인 건축물을 말한다.

① ㄱ: 2, ㄴ: 20, ㄷ: 100

② ㄱ: 2, ㄴ: 20, ㄷ: 120

③ ㄱ: 2, ㄴ: 30, ㄷ: 120

④ ㄱ: 3, ㄴ: 20, ㄷ: 100

⑤ ㄱ: 3, ㄴ: 30, ㄷ: 120

25 건축법령상 안전영향평가에 관한 설명으로 옳지 않은 것은?

① 허가권자는 초고층 건축물에 대하여 건축허가를 하기 전에 안전영향평가를 안전영향평가기관에 의뢰하여 실시하여야 한다.

② 안전영향평가는 건축물의 구조, 지반 및 풍환경(風環境) 등이 건축물의 구조안전과 인접 대지의 안전에 미치는 영향 등을 평가하는 것이다.

③ 안전영향평가 결과는 건축위원회의 심의를 거쳐 확정한다.

④ 안전영향평가의 대상에는 하나의 건축물이 연면적 10만 제곱미터 이상이면서 16층 이상인 경우도 포함된다.

⑤ 안전영향평가를 실시하여야 하는 건축물이 다른 법률에 따라 구조안전과 인접 대지의 안전에 미치는 영향 등을 평가받은 경우에는 안전영향평가의 모든 항목을 평가받은 것으로 본다.

26 건축법령상 건축물의 용도에 따른 건축허가의 승인에 관한 설명이다. (   )에 해당하는 건축물이 아닌 것은?

> 시장·군수가 자연환경이나 수질을 보호하기 위하여 도지사가 지정·공고한 구역에 건축하는 3층 이상 또는 연면적의 합계가 1천제곱미터 이상인 건축물로서 (   )의 건축을 허가하려면 미리 도지사의 승인을 받아야 한다.

① 공동주택

② 제2종 근린생활시설(일반음식점만 해당한다)

③ 업무시설(일반업무시설은 제외한다)

④ 숙박시설

⑤ 위락시설

27 건축법령상 공개 공지 등에 관한 설명으로 옳지 않은 것은? (단, 조례는 고려하지 않음)

① 공개 공지 등은 해당 지역의 환경을 쾌적하게 조성하기 위하여 일반이 사용할 수 있도록 설치하는 소규모 휴식시설 등의 공개 공지 또는 공개 공간을 지칭한다.

② 공개 공지 등은 상업지역에도 설치할 수 있다.

③ 공개 공지는 필로티의 구조로 설치할 수 있다.

④ 숙박시설로서 해당 용도로 쓰는 바닥면적의 합계가 3천 제곱미터인 건축물의 대지에는 공개 공지 또는 공개 공간을 설치하여야 한다.

⑤ 판매시설 중 「농수산물 유통 및 가격안정에 관한 법률」에 따른 농수산물유통시설에는 공개 공지 등을 설치하지 않아도 된다.

28 공간정보의 구축 및 관리 등에 관한 법령상 토지와 지목이 옳게 연결된 것은?

① 묘지의 관리를 위한 건축물의 부지 – 묘지
② 원상회복을 조건으로 흙을 파는 곳으로 허가된 토지 – 잡종지
③ 학교의 교사(校舍)와 이에 접속된 체육장 등 부속시설물의 부지 – 학교용지
④ 자동차 판매 목적으로 설치된 야외전시장의 부지 – 주차장
⑤ 자연의 유수가 있을 것으로 예상되는 소규모 수로부지 – 하천

29 공간정보의 구축 및 관리 등에 관한 법령상 토지소유자가 지적소관청에 토지의 합병을 신청할 수 없는 경우를 모두 고른 것은?

> ㄱ. 합병하려는 토지의 지목이 서로 다른 경우
> ㄴ. 합병하려는 토지의 소유자별 공유지분이 다른 경우
> ㄷ. 합병하려는 토지가 구획정리를 시행하고 있는 지역의 토지와 그 지역 밖의 토지인 경우

① ㄱ   ② ㄷ   ③ ㄱ, ㄴ
④ ㄴ, ㄷ   ⑤ ㄱ, ㄴ, ㄷ

30 공간정보의 구축 및 관리 등에 관한 법령상 토지대장의 등록사항 중 이를 변경하는 것이 토지의 이동(異動)에 해당하지 않는 것은?

① 지번   ② 지목   ③ 면적
④ 토지의 소재   ⑤ 소유자의 주소

31 공간정보의 구축 및 관리 등에 관한 법령상 토지대장에 등록하는 토지의 소유자가 둘 이상인 경우 공유지연명부에 등록하여야 하는 사항이 아닌 것은?

① 소유권 지분
② 토지의 고유번호
③ 지적도면의 번호
④ 필지별 공유지연명부의 장번호
⑤ 토지소유자가 변경된 날과 그 원인

32 부동산등기법령상 등기관이 건물 등기기록의 표제부에 기록하여야 하는 사항 중 같은 지번 위에 여러 개의 건물이 있는 경우와 구분건물의 경우에 한정하여 기록하여야 하는 것은?

① 건물의 종류　　　　② 건물의 구조　　　　③ 건물의 면적
④ 표시번호　　　　　⑤ 도면의 번호

33 부동산등기법령상 등기신청 및 등기의 효력발생시기에 관한 설명으로 옳은 것을 모두 고른 것은?

> ㄱ. 소유권보존등기 또는 소유권보존등기의 말소등기는 등기명의인으로 될 자 또는 등기명 의인이 단독으로 신청한다.
> ㄴ. 대표자가 있는 법인 아닌 사단에 속하는 부동산의 등기 신청에 관하여는 그 사단의 대표 자를 등기권리자 또는 등기의무자로 한다.
> ㄷ. 등기신청은 해당 부동산이 다른 부동산과 구별될 수 있게 하는 정보가 전산정보처리조 직에 저장된 때 접수된 것으로 본다.
> ㄹ. 등기관이 등기를 마친 경우 그 등기는 등기완료의 통지를 한 때부터 효력을 발생한다.

① ㄱ, ㄴ　　　　　　② ㄱ, ㄷ　　　　　　③ ㄷ, ㄹ
④ ㄴ, ㄷ, ㄹ　　　　⑤ ㄱ, ㄴ, ㄷ, ㄹ

34 부동산등기법령상 부기로 하여야 하는 등기가 아닌 것은?

① 소유권 외의 권리의 이전등기
② 소유권 외의 권리에 대한 처분제한 등기
③ 소유권 외의 권리를 목적으로 하는 권리에 관한 등기
④ 전체가 말소된 등기에 대한 회복등기
⑤ 등기명의인표시의 변경이나 경정의 등기

35 부동산등기법령상 A(용익권 또는 담보권)와 B(등기원인에 그 약정이 있는 경우에만 기록하 여야 하는 사항)의 연결로 옳지 않은 것은?

① A: 지역권, B: 범위　　　　　② A: 전세권, B: 존속기간
③ A: 저당권, B: 변제기　　　　④ A: 근저당권, B: 존속기간
⑤ A: 지상권, B: 지료와 지급시기

36 동산·채권 등의 담보에 관한 법령상 동산담보권에 관한 설명으로 옳지 않은 것은?

① 담보목적물의 훼손으로 인하여 담보권설정자가 받을 금전에 대하여 동산담보권을 행사하려면 그 지급 전에 압류하여야 한다.

② 담보권자가 담보목적물을 점유한 경우에는 피담보채권을 전부 변제받을 때까지 담보목적물을 유치할 수 있지만, 선순위권리자에게는 대항하지 못한다.

③ 동산담보권을 그 담보할 채무의 최고액만을 정하고 채무의 확정을 장래에 보류하여 설정하는 경우 채무의 이자는 최고액 중에 포함되지 아니한다.

④ 약정에 따른 동산담보권의 득실변경은 담보등기부에 등기를 하여야 그 효력이 생긴다.

⑤ 동일한 동산에 관하여 담보등기부의 등기와 「민법」에 규정된 점유개정이 행하여진 경우에 그에 따른 권리 사이의 순위는 법률에 다른 규정이 없으면 그 선후에 따른다.

37 도시 및 주거환경정비법령상 정비구역에서 허가를 받아야 하는 행위와 그 구체적 내용을 옳게 연결한 것은? (단, 「국토의 계획 및 이용에 관한 법률」에 따른 개발행위허가의 대상이 아닌 것을 전제로 함)

① 건축물의 건축 등: 「건축법」 제2조 제1항 제2호에 따른 건축물(가설건축물을 포함한다)의 건축, 용도변경

② 공작물의 설치: 농림수산물의 생산에 직접 이용되는 것으로서 국토교통부령으로 정하는 간이공작물의 설치

③ 토석의 채취: 정비구역의 개발에 지장을 주지 아니하고 자연경관을 손상하지 아니하는 범위에서의 토석의 채취

④ 물건을 쌓아놓는 행위: 정비구역에 존치하기로 결정된 대지에 물건을 쌓아놓는 행위

⑤ 죽목의 벌채 및 식재: 관상용 죽목의 임시식재(경작지에서의 임시식재는 제외한다)

38 도시 및 주거환경정비법령상 시장·군수등이 직접 정비사업을 시행하거나 토지주택공사등을 사업시행자로 지정하여 정비사업을 시행하게 할 수 있는 경우에 해당하지 않는 것은?

① 천재지변으로 긴급하게 정비사업을 시행할 필요가 있다고 인정하는 때

② 재건축조합이 사업시행 예정일부터 2년 이내에 사업시행계획인가를 신청하지 아니한 때

③ 조합설립추진위원회가 시장·군수등의 구성승인을 받은 날부터 3년 이내에 조합설립인가를 신청하지 아니한 때

④ 지방자치단체의 장이 시행하는 「국토의 계획 및 이용에 관한 법률」에 따른 도시·군계획사업과 병행하여 정비사업을 시행할 필요가 있다고 인정하는 때

⑤ 해당 정비구역의 국·공유지 면적 또는 국·공유지와 토지주택공사등이 소유한 토지를 합한 면적이 전체 토지면적의 2분의 1 이상으로서 토지등소유자의 과반수가 시장·군수등 또는 토지주택공사등을 사업시행자로 지정하는 것에 동의하는 때

39 도시 및 주거환경정비법령상 관리처분계획에 포함되어야 할 사항에 해당하지 않는 것은? (단, 조례는 고려하지 않음)

① 분양대상자별 분양예정인 대지 또는 건축물의 추산액(임대관리 위탁주택에 관한 내용을 포함한다)

② 정비사업비의 추산액(재건축사업의 경우에는 「재건축초과이익 환수에 관한 법률」에 따른 재건축부담금에 관한 사항을 포함하지 아니한다) 및 그에 따른 조합원 분담규모 및 분담시기

③ 분양대상자의 종전 토지 또는 건축물에 관한 소유권 외의 권리명세

④ 세입자별 손실보상을 위한 권리명세 및 그 평가액

⑤ 정비사업의 시행으로 인하여 새롭게 설치되는 정비기반시설의 명세와 용도가 폐지되는 정비기반시설의 명세

40 도시 및 주거환경정비법령상 도시·주거환경정비기본계획에 포함되어야 할 사항을 모두 고른 것은?

ㄱ. 녹지·조경·에너지공급·폐기물처리 등에 관한 환경계획
ㄴ. 사회복지시설 및 주민문화시설 등의 설치계획
ㄷ. 건폐율·용적률 등에 관한 건축물의 밀도계획
ㄹ. 주거지 관리계획

① ㄱ　　　　　　　　　② ㄱ, ㄴ　　　　　　　　　③ ㄷ, ㄹ
④ ㄴ, ㄷ, ㄹ　　　　　　⑤ ㄱ, ㄴ, ㄷ, ㄹ

제5과목 | **회계학**

※ 아래의 문제들에서 특별한 언급이 없는 한 기업의 보고기간(회계기간)은 매년 1월 1일부터 12월 31일까지이다. 또한, 기업은 주권상장법인으로 계속해서 한국채택국제회계기준(K-IFRS)을 적용해오고 있다고 가정하고, 답지항 중에서 물음에 가장 합당한 답을 고르시오. 단, 자료에서 제시한 모든 항목과 금액은 중요하며, 자료에서 제시한 것 이외의 사항은 고려하지 않고 답한다. 예를 들어, 법인세에 대한 언급이 없으면 법인세 효과는 고려하지 않는다.

01 ㈜감평이 총계정원장 상 당좌예금 잔액과 은행측 당좌예금잔액증명서의 불일치 원인을 조사한 결과 다음과 같은 사항을 발견하였다. 이때 ㈜감평이 장부에 반영해야 할 항목을 모두 고른 것은?

> ㄱ. 매출대금으로 받아 예입한 수표가 부도 처리되었으나, ㈜감평의 장부에 기록되지 않았다.
> ㄴ. 대금지급을 위해 발행한 수표 중 일부가 미인출수표로 남아 있다.
> ㄷ. 매입채무를 지급하기 위해 발행한 수표 금액이 장부에 잘못 기록되었다.
> ㄹ. 받을어음이 추심되어 ㈜감평의 당좌예금 계좌로 입금되었으나, ㈜감평에 아직 통보되지 않았다.

① ㄴ
② ㄱ, ㄴ
③ ㄴ, ㄷ
④ ㄱ, ㄷ, ㄹ
⑤ ㄴ, ㄷ, ㄹ

02 ㈜감평은 20×1년 초 현금 ₩2,000을 출자받아 설립되었으며, 이 금액은 ㈜감평이 판매할 재고자산 200개를 구입할 수 있는 금액이다. 20×1년 말 자본은 ₩3,000이고 20×1년도 자본거래는 없었다. 20×1년 말 ㈜감평이 판매하는 재고자산의 개당 구입가격은 ₩12이고, 20×1년 말 물가지수는 20×1년 초 100에 비하여 10% 상승하였다. 실물자본유지개념을 적용할 경우 20×1년도 이익은?

① ₩200
② ₩400
③ ₩600
④ ₩800
⑤ ₩1,000

03 ㈜감평의 현재 유동비율과 당좌비율은 각각 200%, 150%이다. 유동비율과 당좌비율을 모두 증가시킬 수 있는 거래는? (단, 모든 거래는 독립적이다.)

① 상품 ₩10,000을 외상으로 매입하였다.
② 영업용 차량운반구를 취득하면서 현금 ₩13,000을 지급하였다.
③ 매출채권 ₩12,000을 현금으로 회수하였다.
④ 장기차입금 ₩15,000을 현금으로 상환하였다.
⑤ 사용 중인 건물을 담보로 은행에서 현금 ₩30,000을 장기 차입하였다.

04 ㈜감평은 20×1년 초 임대목적으로 건물(취득원가 ₩1,000, 내용연수 10년, 잔존가치 ₩0, 정액법 감가상각)을 취득하여 이를 투자부동산으로 분류하였다. 20×1년 말 건물의 공정가치가 ₩930일 때 (A)공정가치모형과 (B)원가모형을 각각 적용할 경우 ㈜감평의 20×1년도 당기순이익에 미치는 영향은? (단, 해당 건물은 매각예정으로 분류되어 있지 않다.)

	(A)	(B)		(A)	(B)
①	₩70 감소	₩100 감소	②	₩70 감소	₩70 감소
③	₩30 감소	₩100 감소	④	₩30 증가	₩70 감소
⑤	₩30 증가	₩30 증가			

05 재무제표 요소의 측정기준에 관한 설명으로 옳은 것은?
① 공정가치는 측정일 현재 동등한 자산의 원가로서 측정일에 지급할 대가와 그 날에 발생할 거래원가를 포함한다.
② 현행원가는 자산을 취득 또는 창출할 때 발생한 원가의 가치로서 자산을 취득 또는 창출하기 위하여 지급한 대가와 거래원가를 포함한다.
③ 사용가치는 기업이 자산의 사용과 궁극적인 처분으로 얻을 것으로 기대하는 현금흐름 또는 그 밖의 경제적효익의 현재가치이다.
④ 이행가치는 측정일에 시장참여자 사이의 정상거래에서 부채를 이전할 때 지급하게 될 가격이다.
⑤ 역사적 원가는 측정일 현재 자산의 취득 또는 창출을 위해 이전해야 하는 현금이나 그 밖의 경제적자원의 가치이다.

06 ㈜감평의 20×1년 기말 재고자산 자료가 다음과 같다.

종목	실사수량	단위당 취득원가	단위당 예상판매가격
상품 A	100개	₩300	₩350
상품 B	100개	200	250
상품 C	200개	100	120

> • 단위당 예상판매비용 : ₩30(모든 상품에서 발생)

상품 B의 70%는 확정판매계약(취소불능계약)을 이행하기 위하여 보유하고 있으며, 상품 B의 단위당 확정판매계약가격은 ₩220이다. 재고자산 평가와 관련하여 20×1년 인식할 당기손익은? (단, 재고자산의 감모는 발생하지 않았으며, 기초 재고자산평가충당금은 없다.)

① 손실 ₩2,700 ② 손실 ₩700 ③ ₩0
④ 이익 ₩2,200 ⑤ 이익 ₩3,200

07 재무제표 요소에 관한 설명으로 옳지 않은 것은?

① 자산은 과거사건의 결과로 기업이 통제하는 현재의 경제적자원이다.
② 부채는 과거사건의 결과로 기업이 경제적자원을 이전해야 하는 현재의무이다.
③ 수익은 자본청구권 보유자로부터의 출자를 포함하며, 자본청구권 보유자에 대한 분배는 비용으로 인식한다.
④ 기업이 발행한 후 재매입하여 보유하고 있는 채무상품이나 지분상품은 기업의 경제적자원이 아니다.
⑤ 자본청구권은 기업의 자산에서 모든 부채를 차감한 후의 잔여지분에 대한 청구권이다.

08 ㈜감평은 재고자산의 원가를 평균원가법에 의한 소매재고법으로 측정한다. 20×1년 재고자산 자료가 다음과 같을 때, 매출원가는? (단, 평가손실과 감모손실은 발생하지 않았다.)

항목	원가	판매가
기초재고액	₩10,000	₩13,000
당기매입액	83,500	91,000
매가인상액		9,000
인상취소액		3,000
당기매출액		90,000

① ₩73,500 ② ₩76,500 ③ ₩77,000
④ ₩78,200 ⑤ ₩80,620

09 재고자산 회계처리에 관한 설명으로 옳지 않은 것은?

① 생산에 투입하기 위해 보유하는 원재료 및 기타 소모품은 제품의 원가가 순실현가능가치를 초과할 것으로 예상되더라도 감액하지 아니한다.

② 생물자산에서 수확한 농림어업 수확물로 구성된 재고자산은 공정가치에서 처분부대원가를 뺀 금액으로 수확시점에 최초 인식한다.

③ 재고자산을 현재의 장소에 현재의 상태로 이르게 하는 데 기여하지 않은 관리간접원가는 재고자산의 취득원가에 포함할 수 없다.

④ 매입할인이나 매입금액에 대해 수령한 리베이트는 매입원가에서 차감한다.

⑤ 개별법이 적용되지 않는 재고자산의 단위원가는 선입선출법이나 가중평균법을 사용하여 결정한다.

10 ㈜감평은 재고상품에 대해 선입선출법을 적용하여 단위원가를 결정하며, 20×1년 기초상품은 ₩30,000(단위당 원가 ₩1,000), 당기상품매입액은 ₩84,000(단위당 원가 ₩1,200)이다. 기말상품의 감모손실과 평가손실에 관한 자료는 다음과 같다.

장부수량	실제수량	단위당 예상판매가격	단위당 예상판매비용
20개	16개	₩1,250	₩80

㈜감평이 기말 재고자산감모손실은 장부에 반영하였으나 재고자산평가손실을 반영하지 않았을 경우 옳은 것은?

① 20×1년 당기순이익 ₩1,000 과대

② 20×1년 기말재고자산 ₩600 과대

③ 20×1년 기말자본총계 ₩480 과소

④ 20×2년 기초재고자산 ₩600 과소

⑤ 20×2년 당기순이익 ₩480 과소

11 다음은 ㈜감평의 20×1년도 재무제표의 일부 자료이다.

(1) 재무상태표의 일부 자료

계정과목	기초잔액	기말잔액
매출채권(순액)	₩140	₩210
선급영업비용	25	10
미지급영업비용	30	50

(2) 포괄손익계산서의 일부 자료

- 매출액 ₩410
- 영업비용 150

위 자료에 기초한 20×1년도 ㈜감평의 (A)고객으로부터 유입된 현금흐름과 (B)영업비용으로 유출된 현금흐름은?

	(A)	(B)		(A)	(B)
①	₩335	₩155	②	₩340	₩115
③	₩340	₩145	④	₩350	₩115
⑤	₩350	₩155			

12 ㈜감평은 20×1년 1월 1일 다음과 같은 조건의 전환사채를 액면발행하였다.

- 액면금액 : ₩1,000,000
- 일반사채 시장이자율 : 연 10%
- 만기상환일 : 20×3년 12월 31일
- 표시이자율 : 연 6%
- 이자지급일 : 매년 말

동 전환사채는 전환권을 행사하지 않을 경우 만기상환일에 액면금액의 106.49%를 일시 상환하는 조건이다. 전환청구가 없었다고 할 때, ㈜감평이 동 전환사채와 관련하여 3년(20×1년 1월 1일~20×3년 12월 31일)간 인식할 이자비용 총액은? (단, 단수차이로 인한 오차가 있다면 가장 근사치를 선택한다.)

기간	단일금액 ₩1의 현재가치		정상연금 ₩1의 현재가치	
	6%	10%	6%	10%
3	0.83962	0.75131	2.67301	2.48685

① ₩50,719 ② ₩115,619 ③ ₩244,900

④ ₩295,619 ⑤ ₩344,619

13 ㈜감평(리스이용자)은 20×1년 1월 1일에 ㈜한국리스(리스제공자)와 다음과 같은 리스계약을 체결하였다.

- 리스개시일 : 20×1년 1월 1일
- 리스기간 : 20×1년 1월 1일부터 20×3년 12월 31일까지
- 고정리스료 : 매년 말 ₩1,000,000 후급
- ㈜감평은 리스기간 종료일에 ㈜한국리스에게 ₩300,000을 지급하고, 기초자산(리스자산)의 소유권을 이전 받기로 하였다.
- ㈜감평과 ㈜한국리스는 리스개시일에 리스개설직접원가로 각각 ₩100,000과 ₩120,000을 지출하였다.
- 리스개시일 현재 기초자산의 내용연수는 4년이고, 잔존가치는 ₩0이다.

㈜감평은 사용권자산에 대해 원가모형을 적용하고 있으며 정액법으로 감가상각한다. 리스 관련 내재이자율은 알 수 없으나 ㈜감평의 증분차입이자율이 연 10%라고 할 때, 상기 리스 거래와 관련하여 ㈜감평이 20×1년도에 인식할 비용총액은? (단, 상기 리스계약은 소액 기초자산 리스에 해당하지 않으며, 감가상각비의 자본화는 고려하지 않는다. 또한, 단수차이로 인한 오차가 있다면 가장 근사치를 선택한다.)

기간	단일금액 ₩1의 현재가치	정상연금 ₩1의 현재가치
	10%	10%
3	0.75131	2.48685

① ₩532,449
② ₩949,285
③ ₩974,285
④ ₩1,175,305
⑤ ₩1,208,638

14 충당부채, 우발부채 및 우발자산에 관한 설명으로 옳지 않은 것은?

① 충당부채는 부채로 인식하는 반면, 우발부채는 부채로 인식하지 아니한다.
② 충당부채로 인식하는 금액은 현재의무를 보고기간 말에 이행하기 위하여 필요한 지출에 대한 최선의 추정치이어야 한다.
③ 충당부채에 대한 최선의 추정치를 구할 때에는 관련된 여러 사건과 상황에 따르는 불가피한 위험과 불확실성을 고려한다.
④ 예상되는 자산 처분이익은 충당부채를 생기게 한 사건과 밀접하게 관련되어 있다고 하더라도 충당부채를 측정함에 있어 고려하지 아니한다.
⑤ 충당부채는 충당부채의 법인세효과와 그 변동을 고려하여 세후 금액으로 측정한다.

15 ㈜감평은 20×1년 10월 1일에 고객과 원가 ₩900의 제품을 ₩1,200에 판매하는 계약을 체결하고 즉시 현금 판매하였다. 계약에 따르면 ㈜감평은 20×2년 3월 31일에 동 제품을 ₩1,300에 재매입할 수 있는 콜옵션을 보유하고 있다. 동 거래가 다음의 각 상황에서 ㈜감평의 20×2년도 당기순이익에 미치는 영향은? (단, 각 상황(A, B)은 독립적이고, 화폐의 시간가치는 고려하지 않으며, 이자비용(수익)은 월할계산한다.)

상황	내용
A	20×2년 3월 31일에 ㈜감평이 계약에 포함된 콜옵션을 행사한 경우
B	20×2년 3월 31일에 계약에 포함된 콜옵션이 행사되지 않은 채 소멸된 경우

	상황 A	상황 B		상황 A	상황 B
①	₩100 감소	₩100 증가	②	₩50 감소	₩100 증가
③	₩50 감소	₩350 증가	④	₩300 증가	₩350 증가
⑤	₩400 증가	₩400 증가			

16 다음은 ㈜감평의 20×1년도 기초와 기말 재무상태표의 금액이다.

	20×1년 기초	20×1년 기말
자산총계	₩5,000	₩7,000
부채총계	2,500	3,400

㈜감평은 20×1년 중에 ₩300의 유상증자와 ₩100의 무상증자를 각각 실시하였으며, 현금배당 ₩200을 지급하였다. 20×1년도 당기에 유형자산 관련 재평가잉여금이 ₩80만큼 증가한 경우 ㈜감평의 20×1년도 포괄손익계산서 상 당기순이익은? (단, 재평가잉여금의 변동 외에 다른 기타자본요소의 변동은 없다.)

① ₩820   ② ₩900   ③ ₩920
④ ₩980   ⑤ ₩1,000

17 금융상품에 관한 설명으로 옳지 않은 것은?
① 금융자산의 정형화된 매입 또는 매도는 매매일이나 결제일에 인식하거나 제거한다.
② 당기손익－공정가치 측정 금융자산이 아닌 경우 해당 금융자산의 취득과 직접 관련되는 거래원가는 최초 인식시점의 공정가치에 가산한다.
③ 금융자산의 계약상 현금흐름이 재협상되거나 변경되었으나 그 금융자산이 제거되지 아니하는 경우에는 해당 금융자산의 총 장부금액을 재계산하고 변경손익을 당기손익으로 인식한다.

④ 금융자산 양도의 결과로 금융자산 전체를 제거하는 경우에는 금융자산의 장부금액과 수취한 대가의 차액을 당기손익으로 인식한다.

⑤ 최초 발생시점이나 매입할 때 신용이 손상되어 있는 상각후원가 측정 금융자산의 이자수익은 최초 인식시점부터 총 장부금액에 유효이자율을 적용하여 계산한다.

18 고객과의 계약에서 생기는 수익에 관한 설명으로 옳지 않은 것은?

① 고객과의 계약에서 약속한 대가에 변동금액이 포함된 경우 기업은 고객에게 약속한 재화나 용역을 이전하고 그 대가로 받을 권리를 갖게 될 금액을 추정한다.

② 고객이 재화나 용역의 대가를 선급하였고 그 재화나 용역의 이전 시점이 고객의 재량에 따라 결정된다면, 기업은 거래가격을 산정할 때 화폐의 시간가치가 미치는 영향을 고려하여 약속된 대가(금액)를 조정해야 한다.

③ 적절한 진행률 측정방법에는 산출법과 투입법이 포함되며, 진행률 측정방법을 적용할 때 고객에게 통제를 이전하지 않은 재화나 용역은 진행률 측정에서 제외한다.

④ 고객과의 계약체결 증분원가가 회수될 것으로 예상된다면 이를 자산으로 인식한다.

⑤ 고객이 기업이 수행하는 대로 기업의 수행에서 제공하는 효익을 동시에 얻고 소비한다면, 기업은 재화나 용역에 대한 통제를 기간에 걸쳐 이전하는 것이므로 기간에 걸쳐 수익을 인식한다.

19 20×1년 초에 사업을 개시한 ㈜감평의 회계담당자는 20×1년 말에 정기예금에 대한 미수이자 ₩200을 계상하지 않은 오류를 발견하였다. ㈜감평의 당기 및 차기 이후 적용 법인세율이 모두 30%일 때 이러한 회계처리 오류가 ㈜감평의 20×1년도 재무제표에 미친 영향으로 옳은 것은? (단, 세법상 정기예금 이자는 이자수령시점에 과세된다. 또한, ㈜감평은 이연법인세 회계를 적용하고 있으며, 미래에 충분한 과세소득이 발생할 것으로 판단된다.)

① 당기법인세자산이 ₩60 과대계상되었다.

② 당기법인세부채가 ₩60 과소계상되었다.

③ 법인세비용이 ₩60 과대계상되었다.

④ 당기순이익이 ₩140 과소계상되었다.

⑤ 이연법인세자산이 ₩60 과소계상되었다.

20 ㈜감평은 20×1년 1월 1일에 액면금액 ₩500,000(표시이자율 연 10%, 만기 3년, 매년 말 이자 지급)의 사채를 ₩475,982에 취득하고, 당기손익 – 공정가치 측정 금융자산으로 분류하였다. 동 사채의 취득 당시 유효이자율은 연 12%이며, 20×1년 말 공정가치는 ₩510,000이다. 상기 금융자산(사채) 관련 회계처리가 ㈜감평의 20×1년도 당기순이익에 미치는 영향은? (단, 단수차이로 인한 오차가 있다면 가장 근사치를 선택한다.)

① ₩84,018 증가 ② ₩70,000 증가
③ ₩60,000 증가 ④ ₩34,018 증가
⑤ ₩10,000 증가

21 ㈜감평은 특정차입금 없이 일반차입금을 사용하여 건물을 신축하였다. 건물은 차입원가 자본화 대상인 적격자산이다. 신축 건물과 관련한 자료가 다음과 같을 경우, 20×1년도에 자본화할 차입원가(A)와 20×2년도에 자본화할 차입원가(B)는? (단, 계산 시 월할 계산하며, 전기에 자본화한 차입원가는 적격자산의 연평균 지출액 계산 시 포함하지 않는다.)

• 공사기간 : 20×1년 5월 1일 ~ 20×2년 6월 30일
• 공사비 지출 :

20×1년 5월 1일	20×1년 10월 1일	20×2년 4월 1일
₩300,000	₩200,000	₩100,000

• 일반차입금 자본화 연이자율

20×1년	20×2년
10%	8%

• 실제 발생한 이자비용

20×1년	20×2년
₩20,000	₩24,200

	(A)	(B)		(A)	(B)
①	₩20,000	₩22,000	②	₩20,000	₩24,200
③	₩20,000	₩25,000	④	₩25,000	₩22,000
⑤	₩25,000	₩24,200			

22 ㈜감평의 20×1년 초 유통보통주식수는 1,600주(주당 액면금액 ₩100)이며 20×1년 7월 1일 기존주주를 대상으로 보통주 600주를 발행하는 유상증자를 실시하였다. 주당 발행가액은 ₩400이며 유상증자 직전 주당 공정가치는 ₩600이었다. 기본주당이익 계산을 위한 가중평균유통보통주식수는? (단, 유상증자대금은 20×1년 7월 1일 전액 납입완료되었으며, 유통보통주식수는 월할계산한다.)

① 1,600주   ② 1,760주   ③ 1,800주

④ 1,980주   ⑤ 2,200주

23 ㈜감평은 20×1년 초 부여일로부터 3년의 용역제공을 조건으로 직원 50명에게 각각 주식선택권 10개를 부여하였다. 부여일 현재 주식선택권의 단위당 공정가치는 ₩1,000으로 추정되었으며, 매년 말 추정한 주식선택권의 공정가치는 다음과 같다.

20×1.12.31.	20×2.12.31.	20×3.12.31.	20×4.12.31.
₩1,000	₩1,100	₩1,200	₩1,300

주식선택권 1개당 1주의 주식을 부여받을 수 있으며 권리가득일로부터 3년간 행사가 가능하다. ㈜감평은 20×1년 말과 20×2년 말에 가득기간 중 직원의 퇴사율을 각각 25%와 28%로 추정하였으며, 20×1년도와 20×2년도에 실제로 퇴사한 직원은 각각 10명과 2명이다. 20×3년 말 주식선택권을 가득한 직원은 총 35명이다. 20×4년 1월 1일 주식선택권을 가득한 종업원 중 60%가 본인의 주식선택권 전량을 행사하였을 경우 이로 인한 ㈜감평의 자본 증가액은? (단, ㈜감평 주식의 주당 액면금액은 ₩5,000이고 주식선택권의 개당 행사가격은 ₩6,000이다.)

① ₩210,000   ② ₩420,000   ③ ₩1,050,000

④ ₩1,260,000   ⑤ ₩1,470,000

24 퇴직급여제도에 관한 설명으로 옳지 않은 것은?

① 확정기여제도에서는 종업원이 보험수리적위험(급여가 예상에 미치지 못할 위험)과 투자위험(투자자산이 예상급여액을 지급하는 데 충분하지 못할 위험)을 실질적으로 부담한다.

② 확정기여제도에서는 기여금의 전부나 일부의 납입기일이 종업원이 관련 근무용역을 제공하는 연차보고기간 말 후 12개월이 되기 전에 모두 결제될 것으로 예상되지 않는 경우를 제외하고는 할인되지 않은 금액으로 채무를 측정한다.

③ 확정급여채무의 현재가치와 당기근무원가를 결정하기 위해서는 예측단위적립방식을 사용하며, 적용할 수 있다면 과거근무원가를 결정할 때에도 동일한 방식을 사용한다.

④ 확정급여제도에서 기업이 보험수리적위험(실제급여액이 예상급여액을 초과할 위험)과 투자위험을 실질적으로 부담하며, 보험수리적 실적이나 투자실적이 예상보다 저조하다면 기업의 의무가 늘어날 수 있다.

⑤ 퇴직급여채무를 할인하기 위해 사용하는 할인율은 보고기간 말 현재 그 통화로 표시된 국공채의 시장수익률을 참조하여 결정하고, 국공채의 시장수익률이 없는 경우에는 보고기간 말 현재 우량회사채의 시장수익률을 사용한다.

25 ㈜감평은 20×1년 1월 1일 사용목적으로 ₩5,000에 건물(내용연수 5년, 잔존가치 ₩0, 정액법 감가상각)을 취득하고 재평가모형을 적용하고 있다. 건물을 사용함에 따라 재평가잉여금 중 일부를 이익잉여금으로 대체하고, 건물 처분 시 재평가잉여금 잔액을 모두 이익잉여금으로 대체하는 정책을 채택하고 있다. 20×2년 말 건물에 대한 공정가치는 ₩6,000이다. ㈜감평이 20×5년 1월 1일 동 건물을 처분할 때, 재평가잉여금 중 이익잉여금으로 대체되는 금액은?

① ₩0   ② ₩400   ③ ₩500
④ ₩800   ⑤ ₩1,000

26 무형자산의 회계처리에 관한 설명으로 옳지 않은 것은?

① 무형자산의 잔존가치는 해당 자산의 장부금액과 같거나 큰 금액으로 증가할 수도 있다.

② 브랜드, 제호, 출판표제, 고객목록, 그리고 이와 실질이 유사한 항목(외부에서 취득하였는지 또는 내부적으로 창출하였는지에 관계없이)에 대한 취득이나 완성 후의 지출은 발생시점에 항상 당기손익으로 인식한다.

③ 무형자산의 상각방법은 자산의 경제적효익이 소비될 것으로 예상되는 형태를 반영한 방법이어야 하지만, 그 형태를 신뢰성 있게 결정할 수 없는 경우에는 정액법을 사용한다.

④ 내용연수가 비한정인 무형자산은 상각하지 않고, 무형자산의 손상을 시사하는 징후가 있을 경우에 한하여 손상검사를 수행한다.

⑤ 내부적으로 창출한 브랜드, 제호, 출판표제, 고객목록과 이와 실질이 유사한 항목은 무형자산으로 인식하지 아니한다.

27 ㈜감평은 20×1년 9월 1일 미국에 있는 토지(유형자산)를 $5,000에 취득하고 원가모형을 적용하고 있다. 20×1년 12월 31일 현재 토지의 공정가치는 $5,100이며, 20×2년 2월 1일 토지 중 30%를 $1,550에 처분하였다. 일자별 환율이 다음과 같을 때, 처분손익은? (단, ㈜감평의 기능통화는 원화이다.)

일자	20×1년 9월 1일	20×1년 12월 31일	20×2년 2월 1일
환율(₩/$)	₩1,200	₩1,170	₩1,180

① 손실 ₩29,000   ② 손실 ₩38,900   ③ ₩0
④ 이익 ₩29,000   ⑤ 이익 ₩38,900

28 ㈜감평은 20×1년 초 ₩20,000에 기계장치(내용연수 5년, 잔존가치 ₩0, 정액법 감가상각)를 취득하여 사용하고 있다. ㈜감평은 동 기계장치에 대해 취득 연도부터 재평가모형을 적용하고 있으며, 처분부대원가가 무시할 수 없을 정도로 상당하여 손상회계를 적용하고 있다. 공정가치와 회수가능액이 다음과 같을 경우, 20×2년도에 인식할 손상차손 또는 손상차손환입액은? (단, 기계장치를 사용함에 따라 재평가잉여금의 일부를 이익잉여금으로 대체하지 않는다.)

구분	20×1년 말	20×2년 말
공정가치	₩18,000	₩12,000
회수가능액	19,500	11,000

① ₩0   ② 손상차손 ₩500
③ 손상차손 ₩1,000   ④ 손상차손환입 ₩500
⑤ 손상차손환입 ₩1,000

29 ㈜감평은 확정급여제도를 운영하고 있으며, 20×1년도 관련 자료는 다음과 같다. 20×1년도 기타포괄손익으로 인식할 확정급여채무의 재측정요소는?

• 기초 확정급여채무의 현재가치	₩100,000
• 기초 사외적립자산의 공정가치	90,000
• 퇴직금 지급액(사외적립자산에서 지급)	12,000
• 포괄손익계산서 상 당기손익 인식 퇴직급여 관련 비용	28,000
• 이자비용	10,000
• 이자수익	9,000
• 기말 확정급여채무의 현재가치	128,000
• 기말 사외적립자산의 공정가치	99,000

① 재측정손실 ₩2,000 　　② 재측정손실 ₩3,000

③ 재측정손익 없음 　　④ 재측정이익 ₩2,000

⑤ 재측정이익 ₩3,000

30 매각예정으로 분류된 비유동자산 또는 처분자산집단에 관한 설명으로 옳은 것은?

① 매각예정으로 분류하였으나 중단영업의 정의를 충족하지 않는 비유동자산(또는 처분자산집단)을 재측정하여 인식하는 평가손익은 계속영업손익에 포함한다.

② 소유주에 대한 분배예정으로 분류된 비유동자산(또는 처분자산집단)은 공정가치와 장부금액 중 작은 금액으로 측정한다.

③ 비유동자산이 매각예정으로 분류되거나 매각예정으로 분류된 처분자산집단의 일부이더라도 그 자산은 감가상각 또는 상각을 중단하지 아니한다.

④ 매각예정으로 분류된 비유동자산(또는 처분자산집단)은 공정가치와 장부금액 중 큰 금액으로 측정한다.

⑤ 매각예정으로 분류된 처분자산집단의 부채와 관련된 이자와 기타 비용은 인식을 중단한다.

31 ㈜감평은 동일 공정에서 결합제품 A와 B를 생산하여 추가로 원가(A: ₩40, B: ₩60)를 각각 투입하여 가공한 후 판매하였다. 순실현가치법을 사용하여 결합원가 ₩120을 배분하면 제품 A의 총제조원가는 ₩70이며, 매출총이익률은 30%이다. 제품 B의 매출총이익률은?

① 27.5% 　　② 30%

③ 32.5% 　　④ 35%

⑤ 37.5%

32 원가에 관한 설명으로 옳지 않은 것은?

① 가공원가(전환원가)는 직접노무원가와 제조간접원가를 합한 금액이다.

② 연간 발생할 것으로 기대되는 총변동원가는 관련범위 내에서 일정하다.

③ 당기제품제조원가는 당기에 완성되어 제품으로 대체된 완성품의 제조원가이다.

④ 기초고정원가는 현재의 조업도 수준을 유지하는 데 기본적으로 발생하는 고정원가이다.

⑤ 회피가능원가는 특정한 의사결정에 의하여 원가의 발생을 회피할 수 있는 원가로서 의사결정과 관련있는 원가이다.

33 ㈜감평은 20×1년 3월 제품 A(단위당 판매가격 ₩800) 1,000단위를 생산·판매하였다. 3월의 단위당 변동원가는 ₩500이고, 총고정원가는 ₩250,000이 발생하였다. 4월에는 광고비 ₩15,000을 추가 지출하면 ₩50,000의 매출이 증가할 것으로 기대하고 있다. 이를 실행할 경우 ㈜감평의 4월 영업이익에 미치는 영향은? (단, 단위당 판매가격, 단위당 변동원가, 광고비를 제외한 총고정원가는 3월과 동일하다.)

① ₩3,750 감소   ② ₩3,750 증가   ③ ₩15,000 감소
④ ₩15,000 증가   ⑤ ₩35,000 증가

34 ㈜감평은 두 개의 제조부문 X, Y와 두 개의 보조부문 S_1, S_2를 운영하고 있으며, 배부 전 부문발생원가는 다음과 같다.

부문		부문발생원가
보조부문	S_1	₩90
	S_2	180
제조부문	X	158
	Y	252

보조부문 S_1은 보조부문 S_2에 0.5, 제조부문 X에 0.3, 보조부문 S_2는 보조부문 S_1에 0.2의 용역을 제공하고 있다. 보조부문의 원가를 상호배분법에 의해 제조부문에 배부한 후 제조부문 X의 원가가 ₩275인 경우, 보조부문 S_2가 제조부문 X에 제공한 용역제공비율은?

① 0.2   ② 0.3   ③ 0.4
④ 0.5   ⑤ 0.6

35 ㈜감평의 20×1년 제품 A의 생산·판매와 관련된 자료는 다음과 같다.

- 단위당 판매가격   ₩25
- 단위당 변동제조원가   10
- 단위당 변동판매관리비   6
- 연간 총고정제조간접원가   1,500 (감가상각비 ₩200 포함)
- 연간 총고정판매관리비   2,500 (감가상각비 ₩300 포함)

㈜감평은 변동원가계산을 채택하고 있으며, 감가상각비를 제외한 모든 수익과 비용은 발생시점에 현금으로 유입되고 지출된다. 법인세율이 20%일 때 ㈜감평의 세후현금흐름분기점 판매량은?

① 180단위   ② 195단위   ③ 360단위
④ 375단위   ⑤ 390단위

36 제품 A와 B를 생산·판매하고 있는 ㈜감평의 20×1년 제조간접원가를 활동별로 추적한 자료는 다음과 같다.

	원가동인	제품 A	제품 B	추적가능원가
자재주문	주문횟수	20회	35회	₩55
품질검사	검사횟수	10회	18회	84
기계수리	기계가동시간	80시간	100시간	180

제조간접원가를 활동기준으로 배부하였을 경우 제품 A와 B에 배부될 원가는?

	제품 A	제품 B		제품 A	제품 B
①	₩100	₩219	②	₩130	₩189
③	₩150	₩169	④	₩189	₩130
⑤	₩219	₩100			

37 다음은 ㈜감평의 20×1년 상반기 종합예산을 작성하기 위한 자료의 일부이다. 4월의 원재료 구입예산액은?

- 예산판매량
  - 3월 : 2,000단위   4월 : 2,500단위   5월 : 2,400단위   6월 : 2,700단위
- 재고정책
  - 제품 : 다음 달 예산판매량의 10%를 월말재고로 보유한다.
  - 원재료 : 다음 달 생산량에 소요되는 원재료의 5%를 월말재고로 보유한다.
- 제품 1단위를 생산하는 데 원재료 2kg이 투입되며, kg당 구입단가는 ₩10이다.

① ₩49,740
② ₩49,800
③ ₩49,860
④ ₩52,230
⑤ ₩52,290

38 다음은 제품 A를 생산·판매하는 ㈜감평의 당기 전부원가 손익계산서와 공헌이익 손익계산서이다.

전부원가 손익계산서		공헌이익 손익계산서	
매출액	₩1,000,000	매출액	₩1,000,000
매출원가	650,000	변동원가	520,000
매출총이익	350,000	공헌이익	480,000
판매관리비	200,000	고정원가	400,000
영업이익	150,000	영업이익	80,000

제품의 단위당 판매가격 ₩1,000, 총고정판매관리비가 ₩50,000일 때 전부원가계산에 의한 기말제품재고는? (단, 기초 및 기말 재공품, 기초제품은 없다.)

① ₩85,000
② ₩106,250
③ ₩162,500
④ ₩170,000
⑤ ₩212,500

39 다음은 종합원가계산제도를 채택하고 있는 ㈜감평의 당기 제조활동에 관한 자료이다.

- 기초재공품   ₩3,000(300단위, 완성도 60%)
- 당기투입원가   ₩42,000
- 당기완성품수량   800단위
- 기말재공품   200단위(완성도 50%)

모든 원가는 공정 전체를 통하여 균등하게 발생하며, 기말재공품의 평가는 평균법을 사용하고 있다. 기말재공품원가는? (단, 공손 및 감손은 없다.)

① ₩4,200
② ₩4,500
③ ₩5,000
④ ₩8,400
⑤ ₩9,000

40 ㈜감평은 표준원가계산제도를 채택하고 있으며, 20×1년도 직접노무원가와 관련된 자료는 다음과 같다. 20×1년도 실제 총직접노무원가는?

• 실제생산량	100단위
• 직접노무원가 실제임률	시간당 ₩8
• 직접노무원가 표준임률	시간당 ₩10
• 실제생산량에 허용된 표준 직접작업시간 생산량 단위당	3시간
• 직접노무원가 임률차이	₩700(유리)
• 직접노무원가 능률차이	₩500(불리)

① ₩1,800   ② ₩2,500
③ ₩2,800   ④ ₩3,500
⑤ ₩4,200

2021년 제32회
감정평가사 1차 기출문제

제1과목 | 민법

01 관습법과 사실인 관습에 관한 설명으로 옳지 않은 것은? (다툼이 있으면 판례에 따름)

① 관습법은 성문법에 대하여 보충적 효력을 갖는다.

② 공동선조와 성과 본을 같이하는 미성년자인 후손은 종중의 구성원이 될 수 없다.

③ 관습법이 성립한 후 사회구성원들이 그러한 관행의 법적 구속력에 더 이상 법적 확신을 갖지 않게 된 경우, 그 관습법은 법적 규범으로서의 효력이 없다.

④ 사실인 관습은 법령으로서의 효력이 없고, 법률행위 당사자의 의사를 보충함에 그친다.

⑤ 미등기 무허가건물의 매수인은 그 소유권이전등기를 마치지 않아도 소유권에 준하는 관습상의 물권을 취득한다.

02 신의성실의 원칙에 관한 설명으로 옳은 것을 모두 고른 것은? (다툼이 있으면 판례에 따름)

ㄱ. 회사의 이사가 회사의 확정채무를 보증한 경우에는 그 직을 사임하더라도 사정변경을 이유로 그 보증계약을 해지할 수 없다.

ㄴ. 소멸시효 완성 전에 채무자가 시효중단을 현저히 곤란하게 하여 채권자가 아무런 조치를 취할 수 없었던 경우, 그 채무자가 시효완성을 주장하는 것은 신의칙상 허용되지 않는다.

ㄷ. 강행법규를 위반한 자가 스스로 강행법규 위반을 이유로 약정의 무효를 주장하는 것은 특별한 사정이 없는 한 신의칙에 반한다.

① ㄱ   ② ㄷ
③ ㄱ, ㄴ   ④ ㄴ, ㄷ
⑤ ㄱ, ㄴ, ㄷ

03 제한능력에 관한 설명으로 옳지 않은 것은?

① 가정법원은 한정후견개시의 심판을 할 때 본인의 의사를 고려하지 않아도 된다.

② 가정법원은 취소할 수 없는 피성년후견인의 법률행위의 범위를 정할 수 있으나, 성년후견인의 청구에 의하여 이를 변경할 수 있다.

③ 성년후견인은 일상생활에 필요하고 그 대가가 과도하지 않은 피성년후견인의 법률행위를 취소할 수 없다.

④ 가정법원은 성년후견개시의 심판을 할 때 본인의 의사를 고려하여야 한다.

⑤ 피성년후견인이 성년후견인의 동의를 얻어 재산상의 법률행위를 한 경우에도 성년후견인은 이를 취소할 수 있다.

04 실종선고에 관한 설명으로 옳지 않은 것은? (다툼이 있으면 판례에 따름)

① 가족관계등록부상 이미 사망으로 기재되어 있는 자에 대해서는 원칙적으로 실종선고를 할 수 없다.

② 실종선고를 받아 사망으로 간주된 자는 실종선고가 취소되지 않는 한 반증을 통해 그 효력을 번복할 수 없다.

③ 실종선고 후 그 취소 전에 선의로 한 행위의 효력은 실종선고의 취소에 의해 영향을 받지 않는다.

④ 실종선고의 취소에는 공시최고를 요하지 않는다.

⑤ 실종자를 당사자로 한 판결이 확정된 후에 실종선고가 확정되어 그 사망간주의 시점이 소제기 전으로 소급하는 경우, 특별한 사정이 없는 한 그 판결은 당사자능력이 없는 사람을 상대로 한 판결로서 무효가 된다.

05 법인에 관한 설명으로 옳지 않은 것은? (다툼이 있으면 판례에 따름)

① 사단법인 이사의 대표권 제한은 이를 등기하지 않으면 악의의 제3자에게도 대항하지 못한다.

② 재단법인의 정관변경은 그 변경방법을 정관에서 정한 때에도 주무관청의 허가를 얻지 않으면 그 효력이 없다.

③ 재단법인의 기본재산에 관한 근저당권 설정행위는 특별한 사정이 없는 한 주무관청의 허가를 얻을 필요가 없다.

④ 재단법인의 기본재산 변경 시, 그로 인하여 기본재산이 새로이 편입되는 경우에는 주무관청의 허가를 얻을 필요가 없다.

⑤ 법인에 대한 청산종결등기가 경료된 경우에도 청산사무가 종결되지 않는 한 그 범위 내에서는 청산법인으로서 존속한다.

06 법인의 불법행위책임에 관한 설명으로 옳은 것은? (다툼이 있으면 판례에 따름)

① 외형상 직무행위로 인정되는 대표자의 권한 남용행위에 대해서도 법인의 불법행위책임이 인정될 수 있다.

② 등기된 대표자의 행위로 인하여 타인에게 손해를 가한 경우에만 법인의 불법행위책임이 성립할 수 있다.

③ 대표자의 행위가 직무에 관한 행위에 해당하지 않음을 피해자 자신이 중대한 과실로 알지 못한 경우, 법인의 불법행위책임이 인정된다.

④ 대표권 없는 이사가 그 직무와 관련하여 타인에게 손해를 가한 경우, 법인의 불법행위책임이 성립한다.

⑤ 법인의 불법행위책임이 성립하는 경우 그 대표기관은 손해배상책임이 없다.

07 비법인사단에 관한 설명으로 옳은 것은? (다툼이 있으면 판례에 따름)

① 비법인사단의 대표자는 자신의 업무를 타인에게 포괄적으로 위임할 수 있다.

② 여성은 종중구성원이 되지만, 종중총회의 소집권을 가지는 연고항존자가 될 수는 없다.

③ 이사의 선임에 관한 민법 제63조는 비법인사단에 유추적용될 수 없다.

④ 교회는 비법인사단이므로 그 합병과 분열이 인정된다.

⑤ 비법인사단의 대표자가 총회의 결의를 거치지 않고 총유물을 권한 없이 처분한 경우에는 권한을 넘은 표현대리에 관한 민법 제126조가 준용되지 않는다.

08 물건에 관한 설명으로 옳지 않은 것은? (다툼이 있으면 판례에 따름)

① 주물 소유자의 사용에 공여되는 물건이라도 주물 자체의 효용과 직접 관계가 없으면 종물이 아니다.

② 「입목에 관한 법률」에 의하여 소유권보존등기를 한 수목의 집단은 저당권의 객체가 된다.

③ 종물과 주물의 관계에 관한 법리는 권리 상호 간에도 적용될 수 있다.

④ 분필절차를 거치지 않은 1필의 토지의 일부에 대해서도 저당권을 설정할 수 있다.

⑤ 저당권의 효력은 저당부동산의 종물에 미치므로 경매를 통하여 저당부동산의 소유권을 취득한 자는 특별한 사정이 없는 한 종물의 소유권을 취득한다.

09 반사회적 법률행위에 관한 설명으로 옳지 않은 것은? (다툼이 있으면 판례에 따름)

① 어느 법률행위가 사회질서에 반하는지 여부는 특별한 사정이 없는 한 법률행위 당시를 기준으로 판단해야 한다.

② 강제집행을 면할 목적으로 부동산에 허위의 근저당권을 설정하는 행위는 특별한 사정이 없는 한 반사회적 법률행위라고 볼 수 없다.

③ 대리인이 매도인의 배임행위에 적극 가담하여 이루어진 부동산의 이중매매의 경우, 본인인 매수인이 그러한 사정을 몰랐다면 반사회적 법률행위가 되지 않는다.

④ 법률행위의 성립과정에서 단지 강박이라는 불법적 방법이 사용된 것에 불과한 때에는 반사회적 법률행위로 볼 수 없다.

⑤ 반사회적 법률행위임을 이유로 하는 무효는 선의의 제3자에게 대항할 수 있다.

10 물건의 승계취득에 해당하는 것은? (다툼이 있으면 판례에 따름)

① 무주물 선점에 의한 소유권 취득
② 상속에 의한 소유권 취득
③ 환지처분에 의한 국가의 소유권 취득
④ 건물 신축에 의한 소유권 취득
⑤ 공용징수에 의한 토지 소유권 취득

11 통정허위표시에 의하여 외형상 형성된 법률관계를 기초로 하여 '새로운 법률상 이해관계를 맺은 제3자'에 해당하지 않는 자는? (다툼이 있으면 판례에 따름)

① 가장전세권에 관하여 저당권을 취득한 자
② 가장소비대차에 기한 대여금채권을 양수한 자
③ 가장저당권 설정행위에 기한 저당권의 실행에 의하여 목적부동산을 경락받은 자
④ 가장의 채권양도 후 채무가 변제되지 않고 있는 동안 채권양도가 허위임이 밝혀진 경우에 있어서의 채무자
⑤ 가장소비대차의 대주(貸主)가 파산한 경우, 파산자와는 독립한 지위에서 파산채권자 전체의 공동의 이익을 위하여 직무를 행하게 된 파산관재인

12 착오에 의한 의사표시에 관한 설명으로 옳지 않은 것은? (다툼이 있으면 판례에 따름)

① 토지매매에 있어서 특별한 사정이 없는 한, 매수인이 측량을 통하여 매매목적물이 지적도상의 그것과 정확히 일치하는지 확인하지 않은 경우 중대한 과실이 인정된다.
② 상대방이 표의자의 진의에 동의한 경우 표의자는 착오를 이유로 의사표시를 취소할 수 없다.
③ 상대방에 의해 유발된 동기의 착오는 동기가 표시되지 않았더라도 중요부분의 착오가 될 수 있다.
④ 상대방이 표의자의 착오를 알면서 이용한 경우에는 착오가 표의자의 중대한 과실로 인한 것이더라도 표의자는 착오에 의한 의사표시를 취소할 수 있다.
⑤ 제3자의 기망행위에 의해 표시상의 착오에 빠진 경우에 사기가 아닌 착오를 이유로 의사표시를 취소할 수 있다.

13 사기·강박에 의한 의사표시에 관한 설명으로 옳은 것은? (다툼이 있으면 판례에 따름)

① 교환계약의 당사자가 자기 소유 목적물의 시가를 묵비하였다면 특별한 사정이 없는 한, 위법한 기망행위가 성립한다.

② 강박에 의해 자유로운 의사결정의 여지가 완전히 박탈되어 그 외형만 있는 법률행위라고 하더라도 이를 무효라고 할 수는 없다.

③ 토지거래허가를 받지 않아 유동적 무효 상태에 있는 법률행위라도 사기에 의한 의사표시의 요건이 충족된 경우 사기를 이유로 취소할 수 있다.

④ 대리인의 기망행위로 계약을 체결한 상대방은 본인이 대리인의 기망행위에 대해 선의·무과실이면 계약을 취소할 수 없다.

⑤ 강박행위의 목적이 정당한 경우에는 비록 그 수단이 부당하다고 하더라도 위법성이 인정될 여지가 없다.

14 의사표시의 효력발생에 관한 설명으로 옳지 않은 것은? (다툼이 있으면 판례에 따름)

① 도달주의의 원칙은 채권양도의 통지와 같은 준법률행위에도 유추적용될 수 있다.

② 의사표시의 부도달 또는 연착으로 인한 불이익은 특별한 사정이 없는 한 표의자가 이를 부담한다.

③ 의사표시자가 그 통지를 발송한 후 제한능력자가 되었다면 특별한 사정이 없는 한 그 의사표시는 취소할 수 있다.

④ 수령무능력자에게 의사표시를 한 경우, 특별한 사정이 없는 한 표의자는 그 의사표시로써 수령무능력자에게 대항할 수 없다.

⑤ 상대방이 정당한 사유 없이 의사표시 통지의 수령을 거절한 경우, 상대방이 그 통지의 내용을 알 수 있는 객관적 상태에 놓여 있는 때에 의사표시의 효력이 생기는 것으로 보아야 한다.

15 복대리에 관한 설명으로 옳은 것은? (다툼이 있으면 판례에 따름)

① 복대리인은 제3자에 대하여 대리인과 동일한 권리의무가 있다.

② 본인의 묵시적 승낙에 기초한 임의대리인의 복임권행사는 허용되지 않는다.

③ 임의대리인이 본인의 명시적 승낙을 얻어 복대리인을 선임한 때에는 본인에 대하여 그 선임감독에 관한 책임이 없다.

④ 법정대리인이 그 자신의 이름으로 선임한 복대리인은 법정대리인의 대리인이다.

⑤ 복대리인의 대리행위에 대해서는 표현대리가 성립할 수 없다.

16 표현대리에 관한 설명으로 옳지 않은 것을 모두 고른 것은? (다툼이 있으면 판례에 따름)

> ㄱ. 대리권 소멸 후의 표현대리에 관한 규정은 임의대리에만 적용된다.
> ㄴ. 표현대리를 주장할 때에는 무권대리인과 표현대리에 해당하는 무권대리 행위를 특정하여 주장하여야 한다.
> ㄷ. 강행법규를 위반하여 무효인 법률행위라 하더라도 표현대리의 법리는 준용될 수 있다.
> ㄹ. 표현대리가 성립하는 경우에도 상대방에게 과실이 있다면 과실상계의 법리를 유추적용하여 본인의 책임을 경감할 수 있다.

① ㄱ, ㄴ
② ㄴ, ㄷ
③ ㄱ, ㄴ, ㄷ
④ ㄱ, ㄷ, ㄹ
⑤ ㄴ, ㄷ, ㄹ

17 소급효가 원칙적으로 인정되지 않는 것은? (다툼이 있으면 판례에 따름)

① 무권대리인이 체결한 계약에 대한 추인의 효과
② 기한부 법률행위에서의 기한도래의 효과
③ 토지거래 허가구역 내의 토지거래계약에 대한 허가의 효과
④ 소멸시효 완성의 효과
⑤ 법률행위 취소의 효과

18 법률행위의 조건과 기한에 관한 설명으로 옳은 것은? (다툼이 있으면 판례에 따름)

① 법정조건도 법률행위의 부관으로서 조건에 해당한다.
② 채무면제와 같은 단독행위에는 조건을 붙일 수 없다.
③ 기한은 특별한 사정이 없는 한 채권자의 이익을 위한 것으로 추정한다.
④ 조건에 친하지 않은 법률행위에 불법조건을 붙이면 조건 없는 법률행위로 전환된다.
⑤ 불확정한 사실의 발생을 기한으로 한 경우, 특별한 사정이 없는 한 그 사실의 발생이 불가능한 것으로 확정된 때에도 기한이 도래한 것으로 본다.

19 소멸시효의 기산점에 관한 설명으로 옳지 않은 것은? (다툼이 있으면 판례에 따름)

① 정지조건부 권리는 조건이 성취되지 않은 동안에는 소멸시효가 진행되지 않는다.

② 이행기한을 정하지 않은 채권은 채권자의 이행최고가 있은 날로부터 소멸시효가 진행한다.

③ 채무불이행으로 인한 손해배상청구권은 채무불이행 시로부터 소멸시효가 진행한다.

④ 동시이행의 항변권이 붙은 채권은 그 이행기로부터 소멸시효가 진행한다.

⑤ 무권대리인에 대한 상대방의 계약이행청구권이나 손해배상청구권은 그 선택권을 행사할 수 있을 때부터 소멸시효가 진행한다.

20 소멸시효에 관한 설명으로 옳지 않은 것은? (다툼이 있으면 판례에 따름)

① 소멸시효는 법률행위에 의하여 이를 배제하거나 연장할 수 없다.

② 시효의 중단은 원칙적으로 당사자 및 그 승계인 사이에서만 효력이 있다.

③ 소멸시효 중단사유로서의 채무승인은 채무가 있음을 알고 있다는 뜻의 의사표시이므로 효과의사가 필요하다.

④ 소멸시효의 이익은 시효가 완성되기 전에 미리 포기하지 못한다.

⑤ 소멸시효 완성 후 채무자는 시효완성의 사실을 알고 그 채무를 묵시적으로 승인함으로써 시효의 이익을 포기할 수 있다.

21 부동산등기에 관한 설명으로 옳지 않은 것은? (다툼이 있으면 판례에 따름)

① 전부 멸실한 건물의 보존등기를 신축한 건물의 보존등기로 유용하는 것은 허용된다.

② 물권에 관한 등기가 원인 없이 말소되었더라도 특별한 사정이 없는 한 그 물권의 효력에는 아무런 영향을 미치지 않는다.

③ 소유권이전청구권 보전의 가등기가 있더라도 소유권이전등기를 청구할 어떤 법률관계가 있다고 추정되지 않는다.

④ 가등기권리자가 가등기에 기한 소유권이전의 본등기를 한 경우에는 등기공무원은 그 가등기 후에 한 제3자 명의의 소유권이전등기를 직권으로 말소하여야 한다.

⑤ 소유권이전등기가 마쳐지면 그 등기명의자는 제3자는 물론이고 전소유자에 대해서도 적법한 등기원인에 의하여 소유권을 취득한 것으로 추정된다.

22 점유자와 회복자의 관계에 관한 설명으로 옳은 것은? (다툼이 있으면 판례에 따름)

① 선의의 점유자가 취득하는 과실에 점유물의 사용이익은 포함되지 않는다.
② 유치권자에게는 원칙적으로 수익목적의 과실수취권이 인정된다.
③ 점유물이 점유자의 귀책사유로 훼손된 경우, 선의의 점유자는 소유의 의사가 없더라도 이익이 현존하는 한도에서 배상책임이 있다.
④ 회복자로부터 점유물의 반환을 청구받은 점유자는 유익비의 상환을 청구할 수 있다.
⑤ 점유물의 소유자가 변경된 경우, 점유자는 유익비 지출 당시의 전 소유자에게 비용의 상환을 청구해야 한다.

23 총유에 관한 설명으로 옳지 않은 것은? (다툼이 있으면 판례에 따름)

① 비법인사단이 총유물에 관한 매매계약을 체결하는 행위는 총유물의 처분행위가 아니다.
② 비법인사단이 타인 간의 금전채무를 보증하는 행위는 총유물의 관리·처분행위가 아니다.
③ 총유물의 보존행위는 특별한 사정이 없는 한 구성원이 단독으로 결정할 수 없다.
④ 비법인사단의 대표자는 총유재산에 관한 소송에서 단독으로 당사자가 될 수 없다.
⑤ 비법인사단인 주택조합이 주체가 되어 신축 완공한 건물로서 일반에게 분양되는 부분은 조합원 전원의 총유에 속한다.

24 점유에 관한 설명으로 옳지 않은 것은? (다툼이 있으면 판례에 따름)

① 점유매개자의 점유를 통한 간접점유에 의해서도 점유에 의한 시효취득이 가능하다.
② 사기의 의사표시에 의해 건물을 명도해 준 자는 점유회수의 소권을 행사할 수 없다.
③ 미등기건물을 양수하여 건물에 관한 사실상의 처분권을 보유한 양수인은 그 건물부지의 점유자이다.
④ 간접점유의 요건이 되는 점유매개관계는 법률행위가 아닌 법령의 규정에 의해서는 설정될 수 없다.
⑤ 상속에 의하여 점유권을 취득한 상속인은 새로운 권원에 의하여 자기 고유의 점유를 개시하지 않는 한 피상속인의 점유를 떠나 자기만의 점유를 주장할 수 없다.

25 선의취득에 관한 설명으로 옳은 것은? (다툼이 있으면 판례에 따름)

① 선의취득에 관한 민법 제249조는 저당권의 취득에도 적용된다.

② 동산의 선의취득에 필요한 점유의 취득은 현실의 인도뿐만 아니라 점유개정에 의해서도 가능하다.

③ 선의취득의 요건인 선의·무과실의 판단은 동산의 인도 여부와 관계없이 물권적 합의가 이루어진 때를 기준으로 한다.

④ 도품·유실물에 관한 민법 제251조는 선의취득자에게 그가 지급한 대가의 변상 시까지 취득물의 반환청구를 거부할 수 있는 항변권만을 인정한다는 취지이다.

⑤ 제3자에 대한 목적물반환청구권을 양수인에게 양도하고 지명채권 양도의 대항요건을 갖추면 동산의 선의취득에 필요한 점유의 취득요건을 충족한다.

26 구분소유적 공유관계에 관한 설명으로 옳지 않은 것은? (다툼이 있으면 판례에 따름)

① 구분소유적 공유관계의 해소는 상호명의신탁의 해지에 의한다.

② 당사자 내부에 있어서는 각자가 특정매수한 부분은 각자의 단독 소유가 된다.

③ 구분소유적 공유지분을 매수한 자는 당연히 구분소유적 공유관계를 승계한다.

④ 제3자의 방해행위가 있으면 공유자는 자기의 구분소유 부분뿐만 아니라 전체 토지에 대하여 공유물의 보존행위로서 그 배제를 구할 수 있다.

⑤ 구분소유적 공유관계는 어떤 토지에 관하여 그 위치와 면적을 특정하여 여러 사람이 구분소유하기로 하는 약정이 있어야만 적법하게 성립할 수 있다.

27 부동산 취득시효에 관한 설명으로 옳지 않은 것은? (다툼이 있으면 판례에 따름)

① 무과실은 점유취득시효의 요건이 아니다.

② 성명불상자의 소유물도 시효취득의 대상이 된다.

③ 점유취득시효가 완성된 후에는 취득시효 완성의 이익을 포기할 수 있다.

④ 행정재산은 시효취득의 대상이 아니다.

⑤ 압류는 점유취득시효의 중단사유이다.

28 甲은 자신의 X토지를 乙에게 매도하였고, 乙은 X토지를 丙에게 전매하였다. 다음 설명으로 옳지 않은 것을 모두 고른 것은? (다툼이 있으면 판례에 따름)

> ㄱ. 甲, 乙, 丙 사이에 중간생략등기에 관한 합의가 있다면, 甲의 乙에 대한 소유권이전등 기의무는 소멸한다.
> ㄴ. 乙의 甲에 대한 소유권이전등기청구권의 양도는 甲에 대한 통지만으로 대항력이 생긴다.
> ㄷ. 甲, 乙, 丙 사이에 중간생략등기에 관한 합의가 없다면, 중간생략등기가 이루어져서 실체관계에 부합하더라도 그 등기는 무효이다.
> ㄹ. 甲, 乙, 丙 사이에 중간생략등기에 관한 합의가 있은 후 甲·乙 간의 특약으로 매매대금을 인상한 경우, 甲은 인상된 매매대금의 미지급을 이유로 丙에 대한 소유권이전등기의무의 이행을 거절할 수 있다.

① ㄱ, ㄴ   ② ㄴ, ㄷ
③ ㄷ, ㄹ   ④ ㄱ, ㄴ, ㄷ
⑤ ㄴ, ㄷ, ㄹ

29 공유관계에 관한 설명으로 옳지 않은 것은? (다툼이 있으면 판례에 따름)

① 부동산 공유자의 공유지분 포기의 의사표시가 다른 공유자에게 도달하더라도 이로써 곧바로 공유지분 포기에 따른 물권변동의 효력이 발생하는 것은 아니다.
② 소수지분권자는 공유물의 전부를 협의 없이 점유하는 다른 소수지분권자에게 공유물의 인도를 청구할 수 있다.
③ 과반수 지분권자는 공유물의 관리에 관한 사항을 단독으로 결정할 수 있다.
④ 토지공유자 사이에서는 지분비율로 공유물의 관리비용을 부담한다.
⑤ 공유자는 특별한 사정이 없는 한 언제든지 공유물의 분할을 청구할 수 있다.

30 공유물분할에 관한 설명으로 옳지 않은 것은? (다툼이 있으면 판례에 따름)

① 공유물분할의 효과는 원칙적으로 소급하지 않는다.
② 재판에 의한 공유물분할은 현물분할이 원칙이다.
③ 공유관계가 존속하는 한, 공유물분할청구권만이 독립하여 시효로 소멸하지는 않는다.
④ 공유토지를 현물분할하는 경우에 반드시 공유지분의 비율대로 토지 면적을 분할해야 하는 것은 아니다.
⑤ 공유물분할의 조정절차에서 공유자 사이에 현물분할의 협의가 성립하여 조정조서가 작성된 때에는 그 즉시 공유관계가 소멸한다.

31 부동산 실권리자명의 등기에 관한 법률상 명의신탁에 관한 설명으로 옳은 것은? (다툼이 있으면 판례에 따름)

① 투기·탈세 등의 방지라는 법의 목적상 명의신탁은 그 자체로 선량한 풍속 기타 사회질서에 위반된다.

② 명의신탁이 무효인 경우, 신탁자와 수탁자가 혼인하면 명의신탁약정이 체결된 때로부터 위 명의신탁은 유효하게 된다.

③ 부동산 명의신탁약정의 무효는 수탁자로부터 그 부동산을 취득한 악의의 제3자에게 대항할 수 있다.

④ 농지법에 따른 제한을 피하기 위하여 명의신탁을 한 경우에도 그에 따른 수탁자 명의의 소유권이전등기가 불법원인급여라고 할 수 없다.

⑤ 조세포탈 등의 목적 없이 종교단체장의 명의로 그 종교단체 보유 부동산의 소유권을 등기한 경우, 그 단체와 단체장 간의 명의신탁약정은 유효하다.

32 甲은 乙에 대한 채권을 담보하기 위하여 乙 소유의 X토지에 관하여 저당권을 취득하였다. 그 후 X의 담보가치 하락을 막기 위하여 乙의 X에 대한 사용·수익권을 배제하지 않는 지상권을 함께 취득하였다. 이에 관한 설명으로 옳지 않은 것은? (다툼이 있으면 판례에 따름)

① 甲의 지상권의 피담보채무는 존재하지 않는다.

② 甲의 채권이 시효로 소멸하면 지상권도 소멸한다.

③ 甲의 채권이 변제 등으로 만족을 얻어 소멸하면 지상권도 소멸한다.

④ 제3자가 甲에게 대항할 수 있는 권원 없이 X 위에 건물을 신축하는 경우, 甲은 그 축조의 중지를 요구할 수 있다.

⑤ 제3자가 X를 점유·사용하는 경우, 甲은 지상권의 침해를 이유로 손해배상을 청구할 수 있다.

33 분묘기지권에 관한 설명으로 옳지 않은 것은? (다툼이 있으면 판례에 따름)

① 분묘기지권을 시효취득하는 경우에는 특약이 없는 한 지료를 지급할 필요가 없다.

② 「장사 등에 관한 법률」이 시행된 후 설치된 분묘에 대해서는 더 이상 시효취득이 인정되지 않는다.

③ 분묘기지권의 시효취득을 인정하는 종전의 관습법은 법적 규범으로서의 효력을 상실하였다.

④ 분묘기지권이 인정되는 분묘를 다른 곳에 이장하면 그 분묘기지권은 소멸한다.

⑤ 분묘가 일시적으로 멸실되어도 유골이 존재하여 분묘의 원상회복이 가능하다면 분묘기지권은 존속한다.

34 전세권에 관한 설명으로 옳은 것은? (다툼이 있으면 판례에 따름)

① 전세권이 성립한 후 목적물의 소유권이 이전되더라도 전세금반환채무가 당연히 신 소유자에게 이전되는 것은 아니다.

② 전세권의 존속기간이 시작되기 전에 마친 전세권설정등기는 특별한 사정이 없는 한 그 기간이 시작되기 전에는 무효이다.

③ 전세권을 설정하는 때에는 전세금이 반드시 현실적으로 수수되어야 한다.

④ 건물의 일부에 전세권이 설정된 경우 전세권의 목적물이 아닌 나머지 부분에 대해서도 경매를 신청할 수 있다.

⑤ 전세권자가 통상의 필요비를 지출한 경우 그 비용의 상환을 청구하지 못한다.

35 2020년 5월 신탁자 甲과 그의 친구인 수탁자 乙이 X부동산에 대하여 명의신탁약정을 한 후, 乙이 직접 계약당사자가 되어 丙으로부터 X를 매수하고 소유권이전등기를 마쳤다. 다음 설명으로 옳지 않은 것은? (다툼이 있으면 판례에 따름)

① 甲과 乙 사이의 명의신탁약정은 무효이다.

② 丙이 甲·乙 사이의 명의신탁약정 사실을 몰랐다면 乙은 X의 소유권을 취득한다.

③ 丙이 甲·乙 사이의 명의신탁약정 사실을 알았는지 여부는 소유권이전등기가 마쳐진 때를 기준으로 판단하여야 한다.

④ 乙이 X의 소유자가 된 경우 甲으로부터 제공받은 매수자금 상당액을 甲에게 부당이득으로 반환하여야 한다.

⑤ 丙이 甲·乙 사이의 명의신탁약정 사실을 안 경우에도 乙이 그 사정을 모르는 丁에게 X를 매도하여 소유권이전등기를 마쳤다면 丁은 X의 소유권을 취득한다.

36 유치권에 관한 설명으로 옳지 않은 것은? (다툼이 있으면 판례에 따름)

① 건물의 임차인이 임대인에게 지급한 임차보증금반환채권은 그 건물에 관하여 생긴 채권이 아니다.

② 임대인이 건물시설을 하지 않아 임차인이 건물을 임차목적대로 사용하지 못하였음을 이유로 하는 손해배상청구권은 그 건물에 관하여 생긴 채권이다.

③ 수급인의 재료와 노력으로 건축되었고 독립한 건물에 해당되는 기성부분에 대하여는 특별한 사정이 없는 한 수급인은 유치권을 가질 수 없다.

④ 채권자가 채무자를 직접점유자로 하여 간접점유하는 경우에는 유치권이 성립하지 않는다.

⑤ 유치권자가 점유침탈로 유치물의 점유를 상실한 경우, 유치권은 원칙적으로 소멸한다.

37 질권에 관한 설명으로 옳지 않은 것은? (다툼이 있으면 판례에 따름)

① 양도할 수 없는 물건은 질권의 목적이 되지 못한다.

② 질권자는 채권의 변제를 받기 위하여 질물을 경매할 수 있다.

③ 채권질권의 효력은 질권의 목적이 된 채권 외에 그 채권의 지연손해금에는 미치지 않는다.

④ 질권의 목적인 채권의 양도행위는 질권자의 이익을 해하는 변경에 해당되지 않으므로 질권자의 동의를 요하지 않는다.

⑤ 수개의 채권을 담보하기 위하여 동일한 동산에 수개의 질권을 설정한 경우, 그 순위는 설정의 선후에 의한다.

38 저당권에 관한 설명으로 옳지 않은 것은? (다툼이 있으면 판례에 따름)

① 저당부동산에 대한 압류 후에는 저당권설정자의 저당부동산에 관한 차임채권에도 저당권의 효력이 미친다.

② 저당목적물의 변형물에 대하여 이미 제3자가 압류하였더라도 저당권자가 스스로 이를 압류하지 않으면 물상대위권을 행사할 수 없다.

③ 저당권은 그 담보한 채권과 분리하여 타인에게 양도하거나 다른 채권의 담보로 하지 못한다.

④ 저당권의 효력은 원칙적으로 저당부동산에 부합된 물건에 미친다.

⑤ 저당부동산에 대하여 지상권을 취득한 제3자는 저당권자에게 그 부동산으로 담보된 채권을 변제하고 저당권의 소멸을 청구할 수 있다.

39 甲은 乙에 대한 2억원의 채권을 담보하기 위하여 乙 소유 X토지와 Y건물에 대하여 각각 1번 공동저당권을 취득하였다. 그 후 丙은 乙에 대한 1억 6천만원의 채권을 담보하기 위하여 X에 대하여 2번 저당권을, 丁은 乙에 대한 7천만원의 채권을 담보하기 위하여 Y에 대하여 2번 저당권을 취득하였다. 그 후 丙이 경매를 신청하여 X가 3억원에 매각되어 배당이 완료되었고, 다시 丁이 경매를 신청하여 Y가 1억원에 매각되었다. 丁이 Y의 매각대금에서 배당받을 수 있는 금액은? (단, 경매비용·이자 등은 고려하지 않으며, 다툼이 있으면 판례에 따름)

① 0원 ② 3,500만원

③ 4,000만원 ④ 5,000만원

⑤ 7,000만원

40 전세권을 목적으로 하는 저당권에 관한 설명으로 옳지 않은 것은? (다툼이 있으면 판례에 따름)

① 저당권설정자는 저당권자의 동의 없이 전세권을 소멸하게 하는 행위를 하지 못한다.

② 전세권의 존속기간이 만료된 경우 저당권자는 전세권 자체에 대해 저당권을 실행할 수 있다.

③ 전세권의 존속기간이 만료되면 저당권자는 전세금반환채권에 대하여 물상대위할 수 있다.

④ 전세금반환채권은 저당권의 목적물이 아니다.

⑤ 전세권이 기간만료로 소멸한 경우 전세권설정자는 원칙적으로 전세권자에 대하여만 전세금 반환의무를 부담한다.

01 **무차별곡선에 관한 설명으로 옳지 않은 것은?**

① 무차별곡선은 동일한 효용 수준을 제공하는 상품묶음들의 궤적이다.
② 무차별곡선의 기울기는 한계대체율이며 두 재화의 교환비율이다.
③ 무차별곡선이 원점에 대해 오목하면 한계대체율은 체감한다.
④ 완전대체재 관계인 두 재화에 대한 무차별곡선은 직선의 형태이다.
⑤ 모서리해를 제외하면 무차별곡선과 예산선이 접하는 점이 소비자의 최적점이다.

02 **사회후생에 관한 설명으로 옳지 않은 것은?**

① 차선의 이론은 부분적 해결책이 최적은 아닐 수 있음을 보여준다.
② 롤즈(J. Rawls)적 가치판단을 반영한 사회무차별곡선은 L자형이다.
③ 파레토효율성 조건은 완전경쟁의 상황에서 충족된다.
④ 공리주의적 사회후생함수는 최대다수의 최대행복을 나타낸다.
⑤ 애로우(K. Arrow)의 불가능성 정리에서 파레토원칙은 과반수제를 의미한다.

03 **수요곡선에 관한 설명으로 옳지 않은 것은?**

① 우하향하는 수요곡선의 경우 수요의 법칙이 성립한다.
② 기펜재(Giffen goods)의 수요곡선은 대체효과보다 소득효과가 크기 때문에 우하향한다.
③ 사적재화의 시장수요는 개별수요의 수평합이다.
④ 우하향하는 수요곡선의 높이는 한계편익이다.
⑤ 소비자의 소득이 변하면 수요곡선이 이동한다.

04 **수요와 공급의 탄력성에 관한 설명으로 옳은 것은?**

① 수요곡선이 수직이면 가격탄력성이 무한대이다.
② 우하향하는 직선의 수요곡선 상 모든 점에서 가격탄력성은 같다.
③ 가격탄력성이 1보다 크면 비탄력적이다.
④ 우상향 직선의 공급곡선 Y축 절편이 0보다 크면 가격탄력성은 무조건 1보다 크다.
⑤ 수요의 교차탄력성이 1보다 크면 두 상품은 보완재 관계이다.

05 수요곡선은 $P = 10$, 공급곡선은 $Q_S = P$ 이다. 정부가 한 단위당 2원의 물품세를 소비자에게 부과한 결과로 옳은 것은? (단, Q_S 는 공급량, P 는 가격이다.)

① 소비자 대신 생산자에게 물품세를 부과하면 결과는 달라진다.
② 소비자잉여는 감소하였다.
③ 생산자잉여의 감소분은 24원이다.
④ 자중손실(deadweight loss)은 2원이다.
⑤ 조세수입은 20원 증가하였다.

06 원점에 대해 오목한 생산가능곡선에 관한 설명으로 옳지 않은 것은?

① X 축 상품생산이 늘어나면 기울기가 더 가팔라진다.
② 생산기술이 향상되면 생산가능곡선이 원점에서 더 멀어진다.
③ 기회비용 체증의 법칙이 성립한다.
④ 생산가능곡선 기울기의 절댓값이 한계변환율이다.
⑤ 생산가능곡선상의 점에서 파레토개선이 가능하다.

07 시장수요이론에 관한 설명으로 옳지 않은 것을 모두 고른 것은?

> ㄱ. 네트워크효과가 있는 경우 시장수요곡선은 개별 수요곡선의 수평합이다.
> ㄴ. 상품 소비자의 수가 증가함에 따라 그 상품수요가 증가하는 효과를 속물효과(snob effect)라고 한다.
> ㄷ. 열등재라도 대체효과의 절대적 크기가 소득효과의 절대적 크기보다 크면 수요곡선은 우하향한다.
> ㄹ. 소득이 증가할 때, 소비가 증가하는 재화는 정상재이다.

① ㄱ, ㄴ   ② ㄱ, ㄷ   ③ ㄱ, ㄹ
④ ㄴ, ㄷ   ⑤ ㄴ, ㄹ

08 기업 생산이론에 관한 설명으로 옳은 것을 모두 고른 것은?

> ㄱ. 장기(long-run)에는 모든 생산요소가 가변적이다.
> ㄴ. 다른 생산요소가 고정인 상태에서 생산요소 투입 증가에 따라 한계생산이 줄어드는 현상이 한계생산 체감의 법칙이다.
> ㄷ. 등량곡선이 원점에 대해 볼록하면 한계기술대체율 체감의 법칙이 성립한다.
> ㄹ. 비용극소화는 이윤극대화의 필요충분조건이다.

① ㄱ, ㄴ 　　　　② ㄷ, ㄹ 　　　　③ ㄱ, ㄴ, ㄷ
④ ㄴ, ㄷ, ㄹ 　　　⑤ ㄱ, ㄴ, ㄷ, ㄹ

09 후생경제이론에 관한 설명으로 옳은 것은?

① 파레토(Pareto)효율적인 상태는 파레토 개선이 가능한 상태를 뜻한다.
② 제2정리는 모든 사람의 선호가 오목성을 가지면 파레토효율적인 배분은 일반경쟁균형이 된다는 것이다.
③ 제1정리는 모든 소비자의 선호체계가 약단조성을 갖고 외부성이 존재하면 일반경쟁균형의 배분은 파레토효율적이라는 것이다.
④ 제1정리는 완전경쟁시장 하에서 사익과 공익은 서로 상충된다는 것이다.
⑤ 제1정리는 아담 스미스(A.Smith)의 '보이지 않는 손'의 역할을 이론적으로 뒷받침해주는 것이다.

10 노동(L)과 자본(K)만 이용하여 재화를 생산하는 기업의 생산함수가 $Q = \min\left(\dfrac{L}{2},\ K\right)$이다. 노동가격은 2원이고 자본가격은 3원일 때 기업이 재화 200개를 생산하고자 할 경우 평균비용(원)은? (단, 고정비용은 없다.)

① 6 　　　　② 7 　　　　③ 8
④ 9 　　　　⑤ 10

11 아래 표는 기업 갑과 을의 초기 보수행렬이다. 제도 변화 후 오염을 배출하는 을은 배출 1톤에서 2톤으로 증가하는데 갑에게 보상금 5를 지불하게 되어 보수행렬이 변화했다. 보수행렬 변화 전, 후에 관한 설명으로 옳은 것은? (단, 1회성 게임이며 보수행렬 ( ) 안 왼쪽은 갑, 오른쪽은 을의 것이다.)

		을	
		1톤 배출	2톤 배출
갑	조업중단	(0, 4)	(0, 8)
	조업가동	(10, 4)	(3, 8)

① 초기 상태의 내쉬균형은 (조업중단, 2톤 배출)이다.
② 초기 상태의 갑과 을의 우월전략은 없다.
③ 제도 변화 후 갑의 우월전략은 있으나 을의 우월전략은 없다.
④ 제도 변화 후 갑과 을의 전체 보수는 감소했다.
⑤ 제도 변화 후 오염물질의 총배출량은 감소했다.

12 굴절수요곡선 모형에서 가격 안정성에 관한 설명으로 옳은 것은?
① 기업이 선택하는 가격에 대한 예상된 변화가 대칭적이기 때문이다.
② 기업은 서로 담합하여 가격의 안정성을 확보한다.
③ 일정 구간에서 비용의 변화에도 불구하고 상품가격은 안정적이다.
④ 경쟁기업의 가격 인상에만 반응한다고 가정한다.
⑤ 비가격경쟁이 증가하는 현상을 설명한다.

13 기업 갑과 을만 있는 상품시장에서 두 기업이 꾸르노(Cournot) 모형에 따라 행동하는 경우에 관한 설명으로 옳은 것을 모두 고른 것은? (단, 생산기술은 동일하다.)

ㄱ. 갑은 을이 생산량을 결정하면 그대로 유지될 것이라고 추측한다.
ㄴ. 갑과 을은 생산량 결정에서 서로 협력한다.
ㄷ. 갑, 을 두 기업이 완전한 담합을 이루는 경우와 꾸르노 균형의 결과는 동일하다.
ㄹ. 추가로 기업이 시장에 진입하는 경우 균형가격은 한계비용에 접근한다.

① ㄱ, ㄷ   ② ㄱ, ㄹ   ③ ㄴ, ㄷ
④ ㄴ, ㄹ   ⑤ ㄷ, ㄹ

14 역선택에 관한 설명으로 옳은 것은?

① 동일한 조건과 보험료로 구성된 치아보험에 치아건강상태가 좋은 계층이 더 가입하려는 경향이 있다.
② 역선택은 정보가 대칭적인 중고차시장에서 자주 발생한다.
③ 역선택 방지를 위해 통신사는 소비자별로 다른 요금을 부과한다.
④ 의료보험의 기초공제제도는 대표적인 역선택 방지 수단이다.
⑤ 품질표시제도는 역선택을 방지하기 위한 수단이다.

15 순수 공공재에 관한 설명으로 옳지 않은 것은?

① 소비자가 많을수록 개별 소비자가 이용하는 편익은 감소한다.
② 시장수요는 개별 소비자 수요의 수직합으로 도출된다.
③ 개별 소비자의 한계편익 합계와 공급에 따른 한계비용이 일치하는 수준에서 사회적 최적량이 결정된다.
④ 시장에서 공급량이 결정되면 사회적 최적량에 비해 과소공급된다.
⑤ 공급량이 사회적 최적 수준에서 결정되려면 사회 전체의 정확한 선호를 파악해야 한다.

16 독점기업의 가격차별 전략 중 이부가격제(two-part pricing)에 관한 설명으로 옳은 것을 모두 고른 것은?

> ㄱ. 서비스 요금 설정에서 기본요금(가입비)과 초과사용량 요금(사용료)을 분리하여 부과하는 경우가 해당된다.
> ㄴ. 적은 수량을 소비하는 소비자의 평균지불가격이 낮아진다.
> ㄷ. 소비자잉여는 독점기업의 부과할 수 있는 가입비의 한도액이다.
> ㄹ. 자연독점 하의 기업이 평균비용 가격설정으로 인한 손실을 보전하기 위해 선택한다.

① ㄱ, ㄴ   ② ㄱ, ㄷ   ③ ㄴ, ㄷ
④ ㄱ, ㄴ, ㄷ   ⑤ ㄴ, ㄷ, ㄹ

17 오염물질을 배출하는 기업 갑과 을의 오염저감비용은 각각 $TAC_1 = 200 + 4X_1^2$, $TAC_2 = 200 + X_2^2$ 이다. 정부가 두 기업의 총오염배출량을 80톤 감축하기로 결정할 경우, 두 기업의 오염저감비용의 합계를 최소화하는 갑과 을의 오염감축량은? (단, X_1, X_2 는 각각 갑과 을의 오염감축량이다.)

① $X_1 = 8$, $X_2 = 52$ ② $X_1 = 16$, $X_2 = 64$ ③ $X_1 = 24$, $X_2 = 46$

④ $X_1 = 32$, $X_2 = 48$ ⑤ $X_1 = 64$, $X_2 = 16$

18 우하향하는 장기평균비용에 관한 설명으로 옳은 것은? (단, 생산기술은 동일하다.)

① 생산량이 서로 다른 기업의 평균비용은 동일하다.
② 진입장벽이 없는 경우 기업의 참여가 증가한다.
③ 소규모 기업의 평균비용은 더 낮다.
④ 장기적으로 시장에는 한 기업만이 존재하게 된다.
⑤ 소규모 다품종을 생산하면 평균비용이 낮아진다.

19 상품의 시장수요곡선은 $P = 100 - 2Q$ 이고 한계비용은 20이며 제품 한 단위당 20의 환경피해를 발생시킨다. 완전경쟁시장 하에서 (ㄱ)사회적 최적 수준의 생산량과 (ㄴ)사회후생의 순손실은? (단, P 는 가격, Q 는 생산량이다.)

① ㄱ : 20,   ㄴ : 50   ② ㄱ : 20,   ㄴ : 100
③ ㄱ : 30,   ㄴ : 30   ④ ㄱ : 30,   ㄴ : 100
⑤ ㄱ : 40,   ㄴ : 200

20 기업 갑의 생산함수는 $Q = 2L^{0.5}$ 이며 Q 의 가격은 4, L 의 가격은 0.25이다. 이윤을 극대화하는 갑의 (ㄱ)노동투입량과 (ㄴ)균형산출량은? (단, L 은 노동, Q 는 산출물이며, 산출물 시장과 노동시장은 완전경쟁적이다.)

① ㄱ : 2,   ㄴ : 2   ② ㄱ : 2,   ㄴ : 4
③ ㄱ : 4,   ㄴ : 4   ④ ㄱ : 4,   ㄴ : 8
⑤ ㄱ : 8,   ㄴ : 16

21 표의 $IS-LM$ 모형에서 균형재정승수는? (단, Y, M, r, T, G, P 는 각각 국민소득, 통화량, 이자율, 조세, 정부지출, 물가이다.)

> • IS : $Y = 100 + 0.5(Y-T) - 0.5r + G$
>
> • LM : $\dfrac{M}{P} = -r + Y$

① 0   ② 0.5   ③ 1

④ 1.5   ⑤ 2

22 한국은행의 통화정책 수단과 제도에 관한 설명으로 옳지 않은 것은?

① 국채 매입·매각을 통한 통화량 관리
② 금융통화위원회는 한국은행 통화정책에 관한 사항을 심의·의결
③ 재할인율 조정을 통한 통화량 관리
④ 법정지급준비율 변화를 통한 통화량 관리
⑤ 고용증진 목표 달성을 위한 물가안정목표제 시행

23 화폐에 관한 설명으로 옳은 것은?

① 상품화폐의 내재적 가치는 변동하지 않는다.
② M2는 준화폐(near money)를 포함하지 않는다.
③ 명령화폐(fiat money)는 내재적 가치를 갖는 화폐이다.
④ 가치저장수단의 역할로 소득과 지출의 발생시점을 분리시켜 준다.
⑤ 다른 용도로 사용될 수 있는 재화는 교환의 매개수단으로 활용될 수 없다.

24 폐쇄경제에서 국내총생산이 소비, 투자, 그리고 정부지출의 합으로 정의된 항등식이 성립할 때, 국내총생산과 대부자금시장에 관한 설명으로 옳지 않은 것은?

① 총저축은 투자와 같다.
② 민간저축이 증가하면 투자가 증가한다.
③ 총저축은 민간저축과 정부저축의 합이다.
④ 민간저축이 증가하면 이자율이 하락하여 정부저축이 증가한다.
⑤ 정부저축이 감소하면 대부시장에서 이자율은 상승한다.

25 화폐의 중립성이 성립하면 발생하는 현상으로 옳은 것은?

① 장기적으로는 고전적 이분법을 적용할 수 없다.
② 통화정책은 장기적으로 실업률에 영향을 줄 수 없다.
③ 통화정책은 장기적으로 실질 경제성장률을 제고할 수 있다.
④ 통화정책으로는 물가지수를 관리할 수 없다.
⑤ 중앙은행은 국채 매입을 통해 실질이자율을 낮출 수 있다.

26 화폐수요에 관한 설명으로 옳은 것은?

① 이자율이 상승하면 현금통화 수요량이 감소한다.
② 물가가 상승하면 거래적 동기의 현금통화 수요는 감소한다.
③ 요구불예금 수요가 증가하면 M1 수요는 감소한다.
④ 실질 국내총생산이 증가하면 M1 수요는 감소한다.
⑤ 신용카드 보급기술이 발전하면 현금통화 수요가 증가한다.

27 소비자물가지수에 관한 설명으로 옳지 않은 것은?

① 기준연도에서 항상 100이다.
② 대체효과를 고려하지 못해 생계비 측정을 왜곡할 수 있다.
③ 가격 변화 없이 품질이 개선될 경우 생계비 측정을 왜곡할 수 있다.
④ GDP 디플레이터보다 소비자들의 생계비를 더 왜곡한다.
⑤ 소비자가 구매하는 대표적인 재화와 서비스에 대한 생계비용을 나타내는 지표이다.

28 실업률과 인플레이션율의 관계는 $u = u_n - 2(\pi - \pi_e)$이고 자연실업률이 3%이다. 보기를 고려하여 중앙은행이 0%의 인플레이션율을 유지하는 준칙적 통화정책을 사용했을 때의 (ㄱ)실업률과 최적 인플레이션율로 통제했을 때의 (ㄴ)실업률은? (단, u, u_n, π, π_e 는 각각 실업률, 자연실업률, 인플레이션율, 기대 인플레이션율이다.)

> ── 보기 ──
> • 중앙은행은 물가를 완전하게 통제할 수 있다.
> • 민간은 합리적인 기대를 하며 중앙은행이 결정한 인플레이션율로 기대인플레이션율을 결정한다.
> • 주어진 기대 인플레이션에서 중앙은행의 최적 인플레이션율은 1%이다.

① ㄱ : 0%, ㄴ : 0%   ② ㄱ : 1%, ㄴ : 0%   ③ ㄱ : 1%, ㄴ : 1%
④ ㄱ : 2%, ㄴ : 1%   ⑤ ㄱ : 3%, ㄴ : 3%

29 표의 기존 가정에 따라 독립투자승수를 계산했다. 계산된 승수를 하락시키는 가정의 변화를 모두 고른 것은?

〈기존 가정〉		〈가정의 변화〉
ㄱ. 생산자들은 고정된 가격에 추가적인 생산물을 공급한다.	→	총공급곡선이 수직이다.
ㄴ. 이자율은 고정이다.	→	이자율 상승에 따라 투자가 감소한다.
ㄷ. 정부지출과 세금은 없다.	→	정부지출과 세금이 모두 외생적으로 증가한다.
ㄹ. 수출과 수입은 모두 영(0)이다.	→	수출과 수입이 모두 외생적으로 증가한다.

① ㄱ, ㄴ   ② ㄱ, ㄷ   ③ ㄴ, ㄷ
④ ㄴ, ㄹ   ⑤ ㄷ, ㄹ

30 표는 기업 갑과 을로만 구성된 A국의 연간 국내 생산과 분배를 나타낸다. 이에 관한 설명으로 옳지 않은 것은?

항목	갑	을
매출액	400	900
중간투입액	0	400
임금	250	300
이자	0	50
임대료	100	100
이윤	( )	( )
요소소득에 대한 총지출	( )	( )
부가가치	( )	( )

① 기업 갑의 요소소득에 대한 총지출은 400이다.
② 기업 갑의 부가가치는 400이다.
③ 기업 갑의 이윤은 기업 을의 이윤과 같다.
④ A국의 임금, 이자, 임대료, 이윤에 대한 총지출은 900이다.
⑤ A국의 국내총생산은 기업 갑과 기업 을의 매출액 합계에서 요소소득에 대한 총지출을 뺀 것과 같다.

31 단기 필립스곡선은 우하향하고 장기 필립스곡선은 수직일 때, 인플레이션율을 낮출 경우 발생하는 현상으로 옳은 것은?

① 단기적으로 실업률이 증가한다.
② 단기적으로 실업률이 감소한다.
③ 장기적으로 인플레이션 저감비용은 증가한다.
④ 장기적으로 실업률은 자연실업률보다 높다.
⑤ 단기적으로 합리적 기대가설과 동일한 결과가 나타난다.

32 A국의 생산가능인구는 3,000만 명, 그중에서 취업자는 1,400만 명, 실업자는 100만 명일 때 생산가능인구에 대한 비경제활동인구의 비율(%)은?

① 30   ② 40   ③ 50
④ 60   ⑤ 70

33 현재 인플레이션율 8%에서 4%로 낮출 경우 보기를 참고하여 계산된 희생률은? (단, Π_t, Π_{t-1}, U_t는 t기에서의 인플레이션율, $(t-1)$기에서의 인플레이션율, t기의 실업률이다.)

─ 보기 ─
- $\Pi_t - \Pi_{t-1} = -0.8(U_t - 0.05)$
- 현재 실업률 : 5%
- 실업률 1%p 증가할 때, GDP 2% 감소로 가정
- 희생률 : 인플레이션율을 1%p 낮출 경우 감소되는 GDP변화율(%)

① 1.5   ② 2   ③ 2.5
④ 3   ⑤ 3.5

34 변동환율제를 채택한 A국이 긴축재정을 실시하였다. 먼델 – 플레밍 모형을 이용한 정책 효과에 관한 설명으로 옳은 것을 모두 고른 것은? (단, 완전한 자본이동, 소국개방경제, 국가별 물가수준 고정을 가정한다.)

| ㄱ. 원화가치는 하락한다. | ㄴ. 투자지출을 증가시킨다. |
| ㄷ. 소득수준은 변하지 않는다. | ㄹ. 순수출이 감소한다. |

① ㄱ, ㄴ   ② ㄱ, ㄷ   ③ ㄱ, ㄹ
④ ㄴ, ㄷ   ⑤ ㄴ, ㄹ

35 솔로우(R.Solow)의 경제성장모형에서 1인당 생산함수는 $y = 2k^{0.5}$, 저축률은 30%, 자본의 감가상각률은 25%, 인구증가율은 5%라고 가정한다. 균제상태(steady state)에서의 1인당 생산량 및 자본량은? (단, y는 1인당 생산량, k는 1인당 자본량이다.)

① $y = 1$, $k = 1$ ② $y = 2$, $k = 2$ ③ $y = 3$, $k = 3$

④ $y = 4$, $k = 4$ ⑤ $y = 5$, $k = 5$

36 폐쇄경제하에서 정부가 지출을 늘렸다. 이에 대응하여 중앙은행이 기존 이자율을 유지하려고 할 때 나타나는 현상으로 옳은 것을 모두 고른 것은? (단, IS곡선은 우하향하고 LM곡선은 우상향한다.)

ㄱ. 통화량이 증가한다.	ㄴ. 소득수준이 감소한다.
ㄷ. 소득수준은 불변이다.	ㄹ. LM곡선이 오른쪽으로 이동한다.

① ㄱ, ㄴ   ② ㄱ, ㄷ   ③ ㄱ, ㄹ

④ ㄴ, ㄹ   ⑤ ㄷ, ㄹ

37 폐쇄경제 $IS-LM$ 및 $AD-AS$ 모형에서 정부지출 증가에 따른 균형의 변화에 관한 설명으로 옳은 것을 모두 고른 것은? (단, 초기경제는 균형상태, IS곡선 우하향, LM곡선 우상향, AD곡선 우하향, AS곡선은 수평선을 가정한다.)

ㄱ. 소득수준은 증가한다.	ㄴ. 이자율은 감소한다.
ㄷ. 명목통화량이 증가한다.	ㄹ. 투자지출은 감소한다.

① ㄱ, ㄴ   ② ㄱ, ㄷ   ③ ㄱ, ㄹ

④ ㄴ, ㄷ   ⑤ ㄴ, ㄹ

38 A국 경제의 총수요곡선과 총공급곡선이 각각 $P = -Y_d + 4$, $P = P_e + (Y_s - 2)$이다. P_e가 3에서 5로 증가할 때, (ㄱ)균형소득수준과 (ㄴ)균형물가수준의 변화는? (단, P는 물가수준, Y_d는 총수요, Y_s는 총공급, P_e는 기대물가수준이다.)

① ㄱ : 상승, ㄴ : 상승   ② ㄱ : 하락, ㄴ : 상승

③ ㄱ : 상승, ㄴ : 하락   ④ ㄱ : 하락, ㄴ : 하락

⑤ ㄱ : 불변, ㄴ : 불변

39 예상보다 높은 인플레이션이 발생할 경우 나타나는 효과에 관한 설명으로 옳지 않은 것은?

① 누진세 체계하에서 정부의 조세수입은 감소한다.
② 채무자는 이익을 보지만 채권자는 손해를 보게 된다.
③ 고정된 화폐소득을 얻는 봉급생활자는 불리해진다.
④ 명목 국민소득이 증가한다.
⑤ 화폐의 구매력이 감소한다.

40 표의 경제모형에서 한계수입성향이 0.1로 감소하면 (ㄱ)균형국민소득과 (ㄴ)순수출 각각의 변화로 옳은 것은? (단, Y는 국민소득, C는 소비, I는 투자, X는 수출, M은 수입이다.)

$$Y = C + I + X - M$$
$$C = 100 + 0.6Y, \quad I = 100, \quad X = 100, \quad M = 0.4Y$$

① ㄱ : 증가, ㄴ : 증가
② ㄱ : 감소, ㄴ : 증가
③ ㄱ : 증가, ㄴ : 감소
④ ㄱ : 감소, ㄴ : 감소
⑤ ㄱ : 불변, ㄴ : 증가

제3과목 | 부동산학원론

01 부동산의 개념에 관한 설명으로 옳지 않은 것은?

① 자연·공간·위치·환경 속성은 물리적 개념에 해당한다.
② 부동산의 절대적 위치는 토지의 부동성에서 비롯된다.
③ 토지는 생산의 기본요소이면서 소비재가 된다.
④ 협의의 부동산과 준부동산을 합쳐 광의의 부동산이라고 한다.
⑤ 부동산의 법률적·경제적·물리적 측면을 결합한 개념을 복합 부동산이라고 한다.

02 토지의 분류 및 용어에 관한 설명으로 옳은 것은?

① 필지는 법률적 개념으로 다른 토지와 구별되는 가격수준이 비슷한 일단의 토지이다.
② 후보지는 부동산의 용도적 지역인 택지지역, 농지지역, 임지지역 상호 간에 전환되고 있는 지역의 토지이다.
③ 나지는 「건축법」에 의한 건폐율·용적률 등의 제한으로 인해 한 필지 내에서 건축하지 않고 비워둔 토지이다.
④ 표본지는 지가의 공시를 위해 가치 형성 요인이 같거나 유사하다고 인정되는 일단의 토지 중에서 선정한 토지이다.
⑤ 공한지는 특정의 지점을 기준으로 한 택지 이용의 최원방권의 토지이다.

03 토지의 특성에 관한 설명으로 옳은 것을 모두 고른 것은?

ㄱ. 부증성으로 인해 이용 전환을 통한 토지의 용도적 공급이 불가능하다.
ㄴ. 부동성으로 인해 부동산 활동이 국지화된다.
ㄷ. 영속성으로 인해 토지는 감가상각에서 배제되는 자산이다.
ㄹ. 개별성으로 인해 외부효과가 발생한다.

① ㄱ, ㄹ
② ㄴ, ㄷ
③ ㄱ, ㄴ, ㄷ
④ ㄴ, ㄷ, ㄹ
⑤ ㄱ, ㄴ, ㄷ, ㄹ

04 부동산 수요의 가격탄력성에 관한 설명으로 옳지 않은 것은? (단, 다른 조건은 동일함)

① 수요곡선 기울기의 절댓값이 클수록 수요의 가격탄력성이 작아진다.

② 임대주택 수요의 가격탄력성이 1보다 작을 경우 임대료가 상승하면 전체 수입은 증가한다.

③ 대체재가 많을수록 수요의 가격탄력성이 크다.

④ 일반적으로 부동산의 용도 전환 가능성이 클수록 수요의 가격탄력성이 커진다.

⑤ 수요의 가격탄력성이 비탄력적이면 가격의 변화율보다 수요량의 변화율이 더 크다.

05 수요함수와 공급함수가 각각 A부동산 시장에서는 $Q_d = 200 - P$, $Q_s = 10 + \dfrac{1}{2}P$이고 B부동산 시장에서는 $Q_d = 400 - \dfrac{1}{2}P$, $Q_s = 50 + 2P$이다. 거미집 이론(Cob-web theory)에 의한 A시장과 B시장의 모형 형태의 연결이 옳은 것은? (단, x축은 수량, y축은 가격, 각각의 시장에 대한 P는 가격, Q_d는 수요량, Q_s는 공급량이며, 가격 변화에 수요는 즉각 반응하지만 공급은 시간적인 차이를 두고 반응함, 다른 조건은 동일함)

① A : 발산형, B : 수렴형　　　　② A : 발산형, B : 순환형

③ A : 순환형, B : 발산형　　　　④ A : 수렴형, B : 발산형

⑤ A : 수렴형, B : 순환형

06 도시 공간 구조 이론에 관한 설명으로 옳지 않은 것은?

① 동심원 이론은 도시 공간 구조의 형성을 침입, 경쟁, 천이과정으로 설명하였다.

② 동심원 이론에 따르면 중심지에서 멀어질수록 지대 및 인구 밀도가 낮아진다.

③ 선형 이론에서의 점이지대는 중심업무지구에 직장 및 생활 터전이 있어 중심업무지구에 근접하여 거주하는 지대를 말한다.

④ 선형 이론에 따르면 도시 공간 구조의 성장 및 분화가 주요 교통노선을 따라 부채꼴 모양으로 확대된다.

⑤ 다핵심 이론에 따르면 하나의 중심이 아니라 몇 개의 분리된 중심이 점진적으로 통합됨에 따라 전체적인 도시 공간 구조가 형성된다.

07 A토지에 접하여 도시·군계획시설(도로)이 개설될 확률은 60%로 알려져 있고, 1년 후에 해당 도로가 개설되면 A토지의 가치는 2억 7,500만원, 그렇지 않으면 9,350만원으로 예상된다. 만약 부동산 시장이 할당 효율적이라면 합리적인 투자자가 최대한 지불할 수 있는 정보비용의 현재 가치는? (단, 요구수익률은 연 10%이고, 주어진 조건에 한함)

① 5,200만원   ② 5,600만원

③ 6,200만원   ④ 6,600만원

⑤ 7,200만원

08 부동산 시장의 특성으로 옳은 것은?

① 일반상품의 시장과 달리 조직성을 갖고 지역을 확대하는 특성이 있다.

② 토지의 인문적 특성인 지리적 위치의 고정성으로 인하여 개별화된다.

③ 매매의 단기성으로 인하여 유동성과 환금성이 우수하다.

④ 거래 정보의 대칭성으로 인하여 정보수집이 쉽고 은밀성이 축소된다.

⑤ 부동산의 개별성으로 인한 부동산 상품의 비표준화로 복잡·다양하게 된다.

09 A지역 아파트 시장의 단기공급함수는 $Q = 300$, 장기공급함수는 $Q = P + 250$이고, 수요함수는 장단기 동일하게 $Q = 400 - \frac{1}{2}P$이다. 이 아파트 시장이 단기에서 장기로 변화할 때 아파트 시장의 균형 가격(ㄱ)과 균형 수량(ㄴ)의 변화는? (단, P는 가격이고 Q는 수급량이며, 다른 조건은 일정하다고 가정함)

① ㄱ : 50 감소, ㄴ : 50 증가   ② ㄱ : 50 감소, ㄴ : 100 증가

③ ㄱ : 100 감소, ㄴ : 50 증가   ④ ㄱ : 100 감소, ㄴ : 100 증가

⑤ ㄱ : 100 감소, ㄴ : 150 증가

10 다음 중 현행 부동산 가격공시제도에 관한 설명으로 옳은 것은 몇 개인가?

> • 표준주택 가격의 조사, 평가는 감정평가사가 담당한다.
> • 개별주택 가격의 공시기준일이 6월 1일인 경우도 있다.
> • 공동주택 가격의 공시권자는 시장·군수·구청장이다.
> • 표준지공시지가는 표준지의 사용·수익을 제한하는 사법상의 권리가 설정되어 있는 경우 이를 반영하여 평가한다.
> • 개별공시지가는 감정평가법인 등이 개별적으로 토지를 감정평가하는 경우에 기준이 된다.

① 없음
② 1개
③ 2개
④ 3개
⑤ 4개

11 감정평가사 A는 표준지공시지가의 감정평가를 의뢰받고 현장조사를 통해 표준지에 대해 다음과 같이 확인하였다. 표준지조사평가보고서상 토지 특성 기재방법의 연결이 옳은 것은?

> ㄱ. 지형지세 : 간선도로 또는 주위의 지형지세보다 높고 경사도가 15°를 초과하는 지대의 토지
> ㄴ. 도로접면 : 폭 12m 이상 25m 미만 도로에 한면이 접하고 있는 토지

① ㄱ : 급경사, ㄴ : 광대한면
② ㄱ : 급경사, ㄴ : 중로한면
③ ㄱ : 고지, ㄴ : 광대한면
④ ㄱ : 고지, ㄴ : 중로한면
⑤ ㄱ : 고지, ㄴ : 소로한면

12 우리나라의 부동산제도와 근거법률의 연결이 옳은 것은?

① 토지거래허가제 – 「부동산 거래신고 등에 관한 법률」
② 검인계약서제 – 「부동산등기법」
③ 토지은행제 – 「공익사업을 위한 토지 등의 취득 및 보상에 관한 법률」
④ 개발부담금제 – 「재건축 초과이익 환수에 관한 법률」
⑤ 분양가상한제 – 「건축물의 분양에 관한 법률」

13 국토의 계획 및 이용에 관한 법령상 현재 지정될 수 있는 용도지역을 모두 고른 것은?

> ㄱ. 준상업지역 ㄴ. 준주거지역
> ㄷ. 준공업지역 ㄹ. 준농림지역

① ㄱ, ㄴ ② ㄴ, ㄷ
③ ㄷ, ㄹ ④ ㄱ, ㄴ, ㄷ
⑤ ㄴ, ㄷ, ㄹ

14 다음 중 부동산 시장과 부동산 정책에 관한 설명으로 옳은 것은 몇 개인가?

> ㄱ. 부동산 정책이 자원배분의 비효율성을 오히려 악화시키는 것을 시장의 실패라 한다.
> ㄴ. 법령상 도입순서를 비교하면 부동산거래신고제는 부동산실명제보다 빠르다.
> ㄷ. 개발행위허가제와 택지소유상한제는 현재 시행되고 있는 제도이다.
> ㄹ. 분양가상한제와 개발부담금제는 정부가 직접적으로 부동산 시장에 개입하는 정책수단이다.
> ㅁ. PIR(Price to Income Ratio)은 가구의 주택지불능력을 측정하는 지표이다.

① 없음 ② 1개
③ 2개 ④ 3개
⑤ 4개

15 비율분석법을 이용하여 산출한 것으로 옳지 않은 것은? (단, 주어진 조건에 한하며, 연간 기준임)

> • 주택담보대출액 : 2억원
> • 주택담보대출의 연간 원리금상환액 : 1천만원
> • 부동산 가치 : 4억원
> • 차입자의 연소득 : 5천만원
> • 가능총소득 : 4천만원
> • 공실손실상당액 및 대손충당금 : 가능총소득의 25%
> • 영업경비 : 가능총소득의 50%

① 부채감당률(DCR) = 1.0　　　　② 채무불이행률(DR) = 1.0
③ 총부채상환비율(DTI) = 0.2　　④ 부채비율(debt ratio) = 1.0
⑤ 영업경비비율(OER, 유효총소득 기준) = 0.8

16 사업기간 초에 3억원을 투자하여 다음과 같은 현금 유입의 현재 가치가 발생하는 투자사업이 있다. 이 경우 보간법으로 산출한 내부수익률은? (단, 주어진 조건에 한함)

현금 유입의 현재 가치	(단위 : 천원)
할인율 5%인 경우	할인율 6%인 경우
303,465	295,765

① 5.42%　　　　　　　　　　② 5.43%
③ 5.44%　　　　　　　　　　④ 5.45%
⑤ 5.46%

17 포트폴리오이론에 관한 설명으로 옳지 않은 것은?

① 부동산 투자에 수반되는 총위험은 체계적 위험과 비체계적 위험을 합한 것으로, 포트폴리오를 구성함으로써 제거될 수 있는 위험은 비체계적 위험이다.
② 포트폴리오를 구성하는 자산들의 수익률 간 상관계수가 1인 경우에는 포트폴리오를 구성한다고 하더라도 위험은 감소되지 않는다.
③ 효율적 프론티어(efficient frontier)는 모든 위험수준에서 최대의 기대수익률을 올릴 수 있는 포트폴리오의 집합을 연결한 선이다.
④ 무위험자산이 없는 경우의 최적 포트폴리오는 효율적 프론티어(efficient frontier)와 투자자의 무차별곡선이 접하는 점에서 결정되는데, 투자자가 위험선호형일 경우 최적 포트폴리오는 위험기피형에 비해 저위험-고수익 포트폴리오가 된다.
⑤ 위험자산으로만 구성된 포트폴리오와 무위험자산을 결합할 때 얻게 되는 직선의 기울기가 커질수록 기대초과수익률(위험프리미엄)이 커진다.

18 부동산 투자분석기법에 관한 설명으로 옳은 것을 모두 고른 것은? (단, 다른 조건은 동일함)

> ㄱ. 현금 유출의 현가합이 4천만원이고 현금 유입의 현가합이 5천만원이라면, 수익성지수는 0.8이다.
> ㄴ. 내부수익률은 투자로부터 발생하는 현재와 미래 현금흐름의 순현재가치를 1로 만드는 할인율을 말한다.
> ㄷ. 재투자율로 내부수익률법에서는 요구수익률을 사용하지만, 순현재가치법에서는 시장이자율을 사용한다.
> ㄹ. 내부수익률법, 순현재가치법, 수익성지수법은 할인현금흐름기법에 해당한다.
> ㅁ. 내부수익률법에서는 내부수익률과 요구수익률을 비교하여 투자 여부를 결정한다.

① ㄱ, ㄹ   ② ㄴ, ㄷ
③ ㄹ, ㅁ   ④ ㄱ, ㄴ, ㅁ
⑤ ㄷ, ㄹ, ㅁ

19 화폐의 시간가치 계산에 관한 설명으로 옳은 것은?

① 연금의 현재가치 계수에 일시불의 미래가치 계수를 곱하면 연금의 미래가치 계수가 된다.
② 원금 균등 분할 상환 방식에서 매 기간의 상환액을 계산할 경우 저당상수를 사용한다.
③ 기말에 일정 누적액을 만들기 위해 매 기간마다 적립해야 할 금액을 계산할 경우 연금의 현재가치 계수를 사용한다.
④ 연금의 미래가치 계수에 일시불의 현재가치 계수를 곱하면 일시불의 미래가치 계수가 된다.
⑤ 저당상수에 연금의 현재가치 계수를 곱하면 일시불의 현재 가치가 된다.

20 부동산 금융에 관한 설명으로 옳은 것은?

① 역모기지(reverse mortgage)는 시간이 지남에 따라 대출잔액이 늘어나는 구조이고, 일반적으로 비소구형 대출이다.
② 가치상승공유형 대출(SAM : Shared Appreciation Mortgage)은 담보물의 가치상승 일부분을 대출자가 사전약정에 의해 차입자에게 이전하기로 하는 조건의 대출이다.
③ 기업의 구조조정을 촉진하기 위하여 기업구조조정 부동산투자회사에 대하여는 현물출자, 자산구성, 최저 자본금을 제한하는 규정이 없다.

④ 부채금융은 대출이나 회사채 발행 등을 통해 타인자본을 조달하는 방법으로서 저당담보부증권(MBS), 조인트벤처(joint venture) 등이 있다.

⑤ 우리나라의 공적보증형태 역모기지제도로 현재 주택연금, 농지연금, 산지연금이 시행되고 있다.

21 부동산 증권에 관한 설명으로 옳지 않은 것은?

① MPTS(Mortgage Pass-Through Securities)는 지분을 나타내는 증권으로서 유동화기관의 부채로 표기되지 않는다.

② CMO(Collateralized Mortgage Obligation)는 동일한 저당풀(mortgage pool)에서 상환우선순위와 만기가 다른 다양한 증권을 발행할 수 있다.

③ 부동산개발PF ABCP(Asset Backed Commercial Paper)는 부동산개발PF ABS(Asset Backed Securities)에 비해 만기가 길고, 대부분 공모로 발행된다.

④ MPTS(Mortgage Pass-Through Securities)는 주택담보대출의 원리금이 회수되면 MPTS의 원리금으로 지급되므로 유동화기관의 자금관리 필요성이 원칙적으로 제거된다.

⑤ MBB(Mortgage Backed Bond)는 주택저당대출 차입자의 채무불이행이 발생하더라도 MBB에 대한 원리금을 발행자가 투자자에게 지급하여야 한다.

22 부동산투자회사법령상 자기관리 부동산투자회사가 자산을 투자·운용할 때 상근으로 두어야 하는 자산운용 전문인력에 해당되지 않는 사람은?

① 공인회계사로서 해당 분야에 3년 이상 종사한 사람

② 공인중개사로서 해당 분야에 5년 이상 종사한 사람

③ 감정평가사로서 해당 분야에 5년 이상 종사한 사람

④ 부동산 관련 분야의 석사학위 이상의 소지자로서 부동산의 투자·운용과 관련된 업무에 3년 이상 종사한 사람

⑤ 자산관리회사에서 5년 이상 근무한 사람으로서 부동산의 취득·처분·관리·개발 또는 자문 등의 업무에 3년 이상 종사한 경력이 있는 사람

23 대출조건이 다음과 같을 때, 5년 거치가 있을 경우(A)와 거치가 없을 경우(B)에 원금을 상환해야 할 첫번째 회차의 상환원금의 차액(A−B)은? (단, 주어진 조건에 한함)

- 대출금 : 1억 2천만원
- 대출금리 : 고정금리, 연 3%
- 대출기간 : 30년
- 월 저당상수(360개월 기준) : 0.00422
- 월 저당상수(300개월 기준) : 0.00474
- 월 원리금 균등 분할 상환 방식

① 52,000원
② 54,600원
③ 57,200원
④ 59,800원
⑤ 62,400원

24 조기상환에 관한 설명으로 옳지 않은 것은?

① 조기상환이 어느 정도 일어나는가를 측정하는 지표로 조기상환율(CPR : Constant Prepayment Rate)이 있다.
② 저당대출 차입자에게 주어진 조기상환권은 풋옵션(put option)의 일종으로, 차입자가 조기상환을 한다는 것은 대출잔액을 행사가격으로 하여 대출채권을 매각하는 것과 같다.
③ 저당대출 차입자의 조기상환 정도에 따라 MPTS(Mortgage Pass-Through Securities)의 현금흐름과 가치가 달라진다.
④ 이자율 하락에 따른 위험을 감안하여 금융기관은 대출기간 중 조기상환을 금지하는 기간을 설정하고, 위반 시에는 위약금으로 조기상환수수료를 부과하기도 한다.
⑤ 저당대출 차입자의 조기상환은 MPTS(Mortgage Pass-Through Securities) 투자자에게 재투자 위험을 유발한다.

25 부동산 신탁에 있어 위탁자가 부동산의 관리와 처분을 부동산신탁회사에 신탁한 후 수익증권을 발급받아 이를 담보로 금융기관에서 대출을 받는 신탁방식은?

① 관리신탁
② 처분신탁
③ 담보신탁
④ 개발신탁
⑤ 명의신탁

26 감정평가사 A는 단독주택의 감정평가를 의뢰받고 관련 공부(公簿)를 통하여 다음과 같은 사항을 확인하였다. 이 단독주택의 건폐율(ㄱ)과 용적률(ㄴ)은? (단, 주어진 자료에 한함)

- 토지대장상 토지면적 : 240㎡
- 대지 중 도시·군계획시설(공원) 저촉면적 : 40㎡
- 건축물의 용도 : 지하1층(주차장), 지상1층(단독주택), 지상2층(단독주택)
- 건축물대장상 건축면적 : 120㎡
- 건축물대장상 각 층 바닥면적 : 지하1층(60㎡), 지상1층(120㎡), 지상2층(120㎡)

① ㄱ : 50.00%, ㄴ : 100.00%　　② ㄱ : 50.00%, ㄴ : 120.00%
③ ㄱ : 50.00%, ㄴ : 150.00%　　④ ㄱ : 60.00%, ㄴ : 120.00%
⑤ ㄱ : 60.00%, ㄴ : 150.00%

27 토지개발방식으로서 수용방식과 환지방식의 비교에 관한 설명으로 옳지 않은 것은? (단, 사업구역은 동일함)

① 수용방식은 환지방식에 비해 종전 토지소유자에게 개발이익이 귀속될 가능성이 큰 편이다.
② 수용방식은 환지방식에 비해 사업비의 부담이 큰 편이다.
③ 수용방식은 환지방식에 비해 기반시설의 확보가 용이한 편이다.
④ 환지방식은 수용방식에 비해 사업시행자의 개발토지 매각부담이 적은 편이다.
⑤ 환지방식은 수용방식에 비해 종전 토지소유자의 재정착이 쉬운 편이다.

28 부동산 개발사업에 관련된 설명으로 옳은 것을 모두 고른 것은?

ㄱ. 개발기간의 연장, 이자율의 인상, 인플레이션의 영향으로 개발비용이 증가하는 위험은 비용위험에 속한다.
ㄴ. 개발 부동산의 선분양제도는 후분양제도에 비해 사업시행자가 부담하는 시장위험을 줄일 수 있다.
ㄷ. 민감도 분석에 있어 주요 변수로는 토지구입비, 개발기간, 분양가격 등이 있다.
ㄹ. 수익성지수가 1보다 크다는 것은 순현가가 '0'(zero)보다 크다는 뜻이다.

① ㄱ, ㄴ　　② ㄴ, ㄷ
③ ㄱ, ㄷ, ㄹ　　④ ㄴ, ㄷ, ㄹ
⑤ ㄱ, ㄴ, ㄷ, ㄹ

29 공인중개사법령상 공인중개사 정책심의위원회에서 공인중개사의 업무에 관하여 심의하는 사항으로 명시되지 않은 것은?

① 개업공인중개사의 교육에 관한 사항
② 부동산 중개업의 육성에 관한 사항
③ 공인중개사의 시험 등 공인중개사의 자격취득에 관한 사항
④ 중개보수 변경에 관한 사항
⑤ 손해배상책임의 보장 등에 관한 사항

30 공인중개사법령상 공인중개사의 중개대상물이 아닌 것은? (다툼이 있으면 판례에 따름)

① 토지거래허가구역 내의 토지
② 가등기가 설정되어 있는 건물
③ 「입목에 관한 법률」에 따른 입목
④ 하천구역에 포함되어 사권이 소멸된 포락지
⑤ 「공장 및 광업재단 저당법」에 따른 광업재단

31 우리나라의 부동산 조세제도에 관한 설명으로 옳지 않은 것은?

① 양도소득세와 취득세는 신고납부방식이다.
② 취득세와 증여세는 부동산의 취득단계에 부과한다.
③ 양도소득세와 종합부동산세는 국세에 속한다.
④ 상속세와 증여세는 누진세율을 적용한다.
⑤ 종합부동산세와 재산세의 과세기준일은 매년 6월 30일이다.

32 부동산 권리분석에 관련된 설명으로 옳지 않은 것은?

① 부동산 권리관계를 실질적으로 조사·확인·판단하여 일련의 부동산 활동을 안전하게 하려는 것이다.

② 대상 부동산의 권리관계를 조사·확인하기 위한 판독 내용에는 권리의 하자나 거래규제의 확인·판단이 포함된다.

③ 매수인이 대상 부동산을 매수하기 전에 소유권 이전을 저해하는 사항이 있는지 여부를 확인하기 위하여 공부(公簿) 등을 조사하는 일도 포함된다.

④ 우리나라 등기는 관련 법률에 다른 규정이 있는 경우를 제외하고는 당사자의 신청 또는 관공서의 촉탁에 따라 행하는 신청주의 원칙을 적용한다.

⑤ 부동산 권리분석을 행하는 주체가 분석대상 권리의 주요한 사항을 직접 확인해야 한다는 증거주의 원칙은 권리분석 활동을 하는 데 지켜야 할 이념이다.

33 다음 중 부동산 권리분석 시 등기사항전부증명서를 통해 확인할 수 없는 것은 몇 개인가?

• 유치권	• 전세권	• 점유권
• 구분지상권	• 지역권	• 분묘기지권
• 법정지상권	• 근저당권	

① 3개

② 4개

③ 5개

④ 6개

⑤ 7개

34 감정평가 과정상 지역분석과 개별분석에 관한 설명으로 옳지 않은 것은?

① 지역분석을 통해 해당 지역 내 부동산의 표준적 이용과 가격수준을 파악할 수 있다.

② 지역분석은 개별분석보다 먼저 실시하는 것이 일반적이다.

③ 인근지역이란 대상 부동산이 속한 지역으로서 부동산의 이용이 동질적이고 가치 형성요인 중 개별 요인을 공유하는 지역을 말한다.

④ 유사지역이란 대상 부동산이 속하지 아니하는 지역으로서 인근지역과 유사한 특성을 갖는 지역을 말한다.

⑤ 지역분석은 대상지역에 대한 거시적인 분석인 반면, 개별분석은 대상 부동산에 대한 미시적인 분석이다.

35 부동산 평가활동에서 부동산 가격의 원칙에 관한 설명으로 옳지 않은 것은?

① 예측의 원칙이란 평가활동에서 가치 형성 요인의 변동 추이 또는 동향을 주시해야 한다는 것을 말한다.

② 대체의 원칙이란 부동산의 가격이 대체관계의 유사 부동산으로부터 영향을 받는다는 것을 말한다.

③ 균형의 원칙이란 부동산의 유용성이 최고도로 발휘되기 위해서는 부동산이 외부 환경과 균형을 이루어야 한다는 것을 말한다.

④ 변동의 원칙이란 가치 형성 요인이 시간의 흐름에 따라 지속적으로 변화함으로써 부동산 가격도 변화한다는 것을 말한다.

⑤ 기여의 원칙이란 부동산의 가격이 대상 부동산의 각 구성요소가 기여하는 정도의 합으로 결정된다는 것을 말한다.

36 감정평가에 관한 규칙상 현황기준 원칙에 관한 내용으로 옳지 않은 것은? (단, 감정평가조건 이란 기준시점의 가치형성요인 등을 실제와 다르게 가정하거나 특수한 경우로 한정하는 조 건을 말함)

① 감정평가업자는 감정평가조건의 합리성, 적법성이 결여되거나 사실상 실현 불가능하다고 판단할 때에는 의뢰를 거부하거나 수임을 철회할 수 있다.

② 현황기준 원칙에도 불구하고 법령에 다른 규정이 있는 경우에는 감정평가조건을 붙여 감정평가할 수 있다.

③ 현황기준 원칙에도 불구하고 대상 물건의 특성에 비추어 사회통념상 필요하다고 인정되는 경우에는 감정평가조건을 붙여 감정평가할 수 있다.

④ 감정평가의 목적에 비추어 사회통념상 필요하다고 인정되어 감정평가조건을 붙여 감정평가하는 경우에는 감정평가조건의 합리성, 적법성 및 실현 가능성의 검토를 생략할 수 있다.

⑤ 현황기준 원칙에도 불구하고 감정평가 의뢰인이 요청하는 경우에는 감정평가조건을 붙여 감정평가할 수 있다.

37 감정평가에 관한 규칙상 대상 물건별 주된 감정평가방법으로 옳지 않은 것은? (단, 대상 물 건은 본래 용도의 효용가치가 있음을 전제함)

① 선박 – 거래사례비교법
② 건설기계 – 원가법
③ 자동차 – 거래사례비교법
④ 항공기 – 원가법
⑤ 동산 – 거래사례비교법

38 다음 자료를 활용하여 공시지가기준법으로 평가한 대상 토지의 단위면적당 가액은? (단, 주어진 조건에 한함)

- 대상 토지 현황 : A시 B구 C동 175번지, 일반상업지역, 상업나지
- 기준시점 : 2021.04.24.
- 비교표준지 : A시 B구 C동 183번지, 일반상업지역, 상업용
  2021.01.01. 기준 공시지가 6,000,000원/㎡
- 지가변동률(2021.01.01. ~ 2021.04.24.) : A시 B구 상업지역 2% 상승함
- 지역요인 : 비교표준지와 대상 토지는 인근지역에 위치하여 지역요인 동일함
- 개별요인 : 대상 토지는 비교표준지에 비해 가로조건에서 5% 우세하고, 환경조건에서 10% 열세하며, 다른 조건은 동일함(상승식으로 계산할 것)
- 그 밖의 요인 보정 : 대상 토지 인근지역의 가치 형성 요인이 유사한 정상적인 거래사례 및 평가사례 등을 고려하여 그 밖의 요인으로 50% 증액 보정함

① 5,700,000원/㎡
② 5,783,400원/㎡
③ 8,505,000원/㎡
④ 8,675,100원/㎡
⑤ 8,721,000원/㎡

39 다음 자료를 활용하여 원가법으로 평가한 대상 건물의 가액은? (단, 주어진 조건에 한함)

- 대상 건물 현황 : 연와조, 단독주택, 연면적 200㎡
- 사용승인시점 : 2016.06.30.
- 기준시점 : 2021.04.24.
- 사용승인시점의 신축공사비 : 1,000,000원/㎡(신축공사비는 적정함)
- 건축비지수
  - 사용승인시점 : 100
  - 기준시점 : 110
- 경제적 내용연수 : 40년
- 감가수정방법 : 정액법(만년감가기준)
- 내용연수 만료 시 잔존가치 없음

① 175,000,000원
② 180,000,000원
③ 192,500,000원
④ 198,000,000원
⑤ 203,500,000원

40 감정평가실무기준에서 규정하고 있는 수익환원법에 관한 내용으로 옳지 않은 것은?

① 수익환원법으로 감정평가할 때에는 직접환원법이나 할인현금흐름분석법 중에서 감정평가 목적이나 대상 물건에 적절한 방법을 선택하여 적용한다.

② 부동산의 증권화와 관련한 감정평가 등 매기의 순수익을 예상해야 하는 경우에는 할인현금흐름분석법을 원칙으로 하고 직접환원법으로 합리성을 검토한다.

③ 직접환원법에서 사용할 환원율은 요소구성법으로 구하는 것을 원칙으로 한다. 다만, 요소구성법의 적용이 적절하지 않은 때에는 시장추출법, 투자결합법, 유효총수익승수에 의한 결정방법, 시장에서 발표된 환원율 등을 검토하여 조정할 수 있다.

④ 할인현금흐름분석법에서 사용할 할인율은 투자자조사법(지분할인율), 투자결합법(종합할인율), 시장에서 발표된 할인율 등을 고려하여 대상 물건의 위험이 적절히 반영되도록 결정하되 추정된 현금흐름에 맞는 할인율을 적용한다.

⑤ 복귀가액 산정을 위한 최종환원율은 환원율에 장기위험프리미엄·성장률·소비자물가 상승률 등을 고려하여 결정한다.

제4과목 | 감정평가관계법규

01 국토의 계획 및 이용에 관한 법령상 기반시설과 그 해당시설의 연결로 옳지 않은 것은?

① 공간시설 – 연구시설
② 방재시설 – 유수지
③ 유통·공급시설 – 시장
④ 보건위생시설 – 도축장
⑤ 교통시설 – 주차장

02 국토의 계획 및 이용에 관한 법령상 도시·군기본계획에 관한 설명으로 옳은 것은?

① 특별시장·광역시장·특별자치시장·도지사·특별자치도지사는 관할 구역에 대하여 도시·군기본계획을 수립하여야 한다.
② 시장 또는 군수가 도시·군기본계획을 변경하려면 지방의회의 승인을 받아야 한다.
③ 도시·군기본계획을 변경하기 위하여 공청회를 개최한 경우, 공청회에서 제시된 의견이 타당하다고 인정하더라도 도시·군기본계획에 반영하지 않을 수 있다.
④ 도시·군기본계획 입안일부터 5년 이내에 토지적성평가를 실시한 경우에는 도시·군기본계획의 수립을 위한 기초조사의 내용에 포함되어야 하는 토지적성평가를 하지 아니할 수 있다.
⑤ 도지사는 시장 또는 군수가 수립한 도시·군기본계획에 대하여 관계 행정기관의 장과 협의하였다면, 지방도시계획위원회의 심의를 거치지 아니하고 승인할 수 있다.

03 국토의 계획 및 이용에 관한 법령상 국토교통부장관이 단독으로 광역도시계획을 수립하는 경우는?

① 시·도지사가 협의를 거쳐 요청하는 경우
② 광역계획권을 지정한 날부터 3년이 지날 때까지 관할 시·도지사로부터 광역도시계획의 승인 신청이 없는 경우
③ 광역계획권이 둘 이상의 시·도의 관할 구역에 걸쳐 있는 경우
④ 광역계획권이 같은 도의 관할 구역에 속하여 있는 경우
⑤ 중앙행정기관의 장이 요청하는 경우

04 국토의 계획 및 이용에 관한 법령상 용도지역 – 용도지구 – 용도구역에 관한 설명으로 옳지 않은 것은?

① 제2종 일반주거지역은 중층주택을 중심으로 편리한 주거환경을 조성하기 위하여 필요한 지역을 말한다.

② 시·도지사는 대통령령으로 정하는 주거지역·공업지역·관리지역에 복합용도지구를 지정할 수 있다.

③ 경관지구는 자연경관지구, 시가지경관지구, 특화경관지구로 세분할 수 있다.

④ 관리지역에서 「농지법」에 따른 농업진흥지역으로 지정·고시된 지역은 농림지역으로 결정·고시된 것으로 본다.

⑤ 시가화조정구역의 지정에 관한 도시·군관리계획의 결정은 시가화 유보기간이 끝난 날부터 그 효력을 잃는다.

05 국토의 계획 및 이용에 관한 법령상 개발행위에 대한 도시계획위원회의 심의를 거쳐야 하는 사항에 관한 조문의 일부이다. (   )에 들어갈 내용으로 각각 옳은 것은?

- 시·군·구도시계획위원회의 심의를 거쳐야 하는 사항
- 면적이 (ㄱ)만제곱미터 미만인 토지의 형질변경
- 부피 (ㄴ)만세제곱미터 이상 50만세제곱미터 미만의 토석채취

---

① ㄱ : 30, ㄴ : 3 　　　　　② ㄱ : 30, ㄴ : 5

③ ㄱ : 30, ㄴ : 7 　　　　　④ ㄱ : 50, ㄴ : 3

⑤ ㄱ : 50, ㄴ : 5

06 국토의 계획 및 이용에 관한 법령상 도시·군계획시설 부지의 매수 청구에 관한 설명으로 옳은 것을 모두 고른 것은? (단, 조례는 고려하지 않음)

> ㄱ. 도시·군계획시설채권의 상환기간은 10년 이내로 한다.
> ㄴ. 시장 또는 군수가 해당 도시·군계획시설사업의 시행자로 정하여진 경우에는 시장 또는 군수가 매수의무자이다.
> ㄷ. 매수의무자는 매수하기로 결정한 토지를 매수 결정을 알린 날부터 3년 이내에 매수하여야 한다.
> ㄹ. 매수 청구를 한 토지의 소유자는 매수의무자가 매수하지 아니하기로 결정한 경우 개발행위허가를 받아 대통령령으로 정하는 건축물을 설치할 수 있다.

① ㄱ, ㄴ   ② ㄱ, ㄷ   ③ ㄷ, ㄹ
④ ㄱ, ㄴ, ㄹ   ⑤ ㄴ, ㄷ, ㄹ

07 국토의 계획 및 이용에 관한 법령상 사업시행자가 공동구를 설치하여야 하는 지역 등에 해당하지 않는 것은? (단, 지역 등의 규모는 200만제곱미터를 초과함)

① 「지역 개발 및 지원에 관한 법률」에 따른 지역개발사업구역
② 「도시개발법」에 따른 도시개발구역
③ 「경제자유구역의 지정 및 운영에 관한 특별법」에 따른 경제자유구역
④ 「도시 및 주거환경정비법」에 따른 정비구역
⑤ 「도청이전을 위한 도시건설 및 지원에 관한 특별법」에 따른 도청이전신도시

08 국토의 계획 및 이용에 관한 법령상 지구단위계획에 관한 설명이다. ( )에 들어갈 내용으로 각각 옳은 것은?

> 주민의 입안제안에 따른 지구단위계획에 관한 (ㄱ)결정의 고시일부터 (ㄴ) 이내에 이 법 또는 다른 법률에 따라 허가·인가·승인 등을 받아 사업이나 공사에 착수하지 아니하면 그 (ㄴ)이 된 날의 다음 날에 그 지구단위계획에 관한 (ㄱ)결정은 효력을 잃는다.

① ㄱ : 도시·군기본계획, ㄴ : 3년   ② ㄱ : 도시·군기본계획, ㄴ : 5년
③ ㄱ : 도시·군관리계획, ㄴ : 1년   ④ ㄱ : 도시·군관리계획, ㄴ : 3년
⑤ ㄱ : 도시·군관리계획, ㄴ : 5년

09 국토의 계획 및 이용에 관한 법령상 용도지역 안에서의 건폐율의 최대한도가 가장 큰 것은? (단, 조례 및 기타 강화, 완화조건은 고려하지 않음)

① 제1종 일반주거지역
② 일반상업지역
③ 계획관리지역
④ 준공업지역
⑤ 준주거지역

10 국토의 계획 및 이용에 관한 법령상 조례로 따로 정할 수 있는 것에 해당하지 않는 것은? 단, 조례에 대한 위임은 고려하지 않음)

① 도시·군계획시설의 설치로 인하여 토지 소유권 행사에 제한을 받는 자에 대한 보상에 관한 사항
② 도시·군관리계획 입안 시 주민의 의견 청취에 필요한 사항
③ 대도시 시장이 지역여건상 필요하여 정하는 용도지구의 명칭 및 지정목적에 관한 사항
④ 기반시설부담구역별 특별회계 설치에 필요한 사항
⑤ 공동구의 점용료 또는 사용료 납부에 관한 사항

11 국토의 계획 및 이용에 관한 법령상 국토교통부장관이 지구단위계획의 수립기준을 정할 때 고려하여야 하는 사항으로 옳지 않은 것은?

① 도시지역 외의 지역에 지정하는 지구단위계획구역은 해당 구역의 중심기능에 따라 주거형, 산업·유통형, 관광·휴양형 또는 복합형 등으로 지정 목적을 구분할 것
② 「택지개발촉진법」에 따라 지정된 택지개발지구에서 시행되는 사업이 끝난 후 10년이 지난 지역에 수립하는 지구단위계획의 내용 중 건축물의 용도제한의 사항은 해당 지역에 시행된 사업이 끝난 때의 내용을 유지함을 원칙으로 할 것
③ 「문화유산의 보존 및 활용에 관한 법률」에 따른 역사문화환경 보존지역에서 지구단위계획을 수립하는 경우에는 국가유산 및 역사문화환경과 조화되도록 할 것
④ 건폐율·용적률 등의 완화 범위를 포함하여 지구단위계획을 수립하도록 할 것
⑤ 개발제한구역에 지구단위계획을 수립할 때에는 개발제한구역의 지정 목적이나 주변환경이 훼손되지 아니하도록 하고, 「개발제한구역의 지정 및 관리에 관한 특별조치법」을 우선하여 적용할 것

12 국토의 계획 및 이용에 관한 법령상 과태료 부과 대상에 해당하는 것은?

① 도시·군관리계획의 결정이 없이 기반시설을 설치한 자

② 공동구에 수용하여야 하는 시설을 공동구에 수용하지 아니한 자

③ 정당한 사유 없이 지가의 동향 및 토지거래의 상황에 관한 조사를 방해한 자

④ 지구단위계획에 맞지 아니하게 건축물을 건축하거나 용도를 변경한 자

⑤ 기반시설설치비용을 면탈, 경감하게 할 목적으로 거짓 자료를 제출한 자

13 국토의 계획 및 이용에 관한 법령상 도시·군관리계획에 해당하는 것을 모두 고른 것은?

> ㄱ. 정비사업에 관한 계획
>
> ㄴ. 수산자원보호구역의 지정에 관한 계획
>
> ㄷ. 기반시설의 개량에 관한 계획
>
> ㄹ. 시범도시사업의 재원조달에 관한 계획

① ㄱ, ㄷ   ② ㄴ, ㄹ   ③ ㄱ, ㄴ, ㄷ

④ ㄴ, ㄷ, ㄹ   ⑤ ㄱ, ㄴ, ㄷ, ㄹ

14 부동산 가격공시에 관한 법령상 표준지공시지가에 관한 설명으로 옳지 않은 것은?

① 국토교통부장관은 표준지를 선정할 때에는 일단(一團)의 토지 중에서 해당 일단의 토지를 대표할 수 있는 필지의 토지를 선정하여야 한다.

② 국토교통부장관은 표준지공시지가를 공시하기 위하여 표준지의 가격을 조사·평가할 때에는 해당 토지 소유자의 의견을 들어야 한다.

③ 국토교통부장관은 표준지공시지가의 조사·평가액 중 최고평가액이 최저평가액의 1.3배를 초과하는 경우에는 해당 감정평가법인 등에게 조사·평가보고서를 시정하여 다시 제출하게 할 수 있다.

④ 감정평가법인 등은 표준지공시지가에 대하여 조사·평가보고서를 작성하는 경우에는 미리 해당 표준지를 관할하는 시·도지사 및 시장·군수·구청장의 의견을 들어야 한다.

⑤ 표준지공시지가는 감정평가법인 등이 제출한 조사·평가보고서에 따른 조사·평가액의 최저치를 기준으로 한다.

15 부동산 가격공시에 관한 법령상 개별공시지가에 관한 설명으로 옳지 않은 것은?

① 시장·군수 또는 구청장은 개별공시지가에 토지가격비준표의 적용에 오류가 있음을 발견한 때에는 지체 없이 이를 정정하여야 한다.

② 표준지로 선정된 토지에 대하여 개별공시지가를 결정·공시하지 아니하는 경우에는 해당 토지의 표준지공시지가를 개별공시지가로 본다.

③ 개별공시지가에 이의가 있는 자는 그 결정·공시일부터 60일 이내에 서면 또는 구두로 이의를 신청할 수 있다.

④ 개별공시지가의 결정·공시에 소요되는 비용 중 국고에서 보조할 수 있는 비용은 개별 공시지가의 결정·공시에 드는 비용의 50퍼센트 이내로 한다.

⑤ 개별공시지가의 단위면적은 1제곱미터로 한다.

16 부동산 가격공시에 관한 법령상 표준주택가격의 공시사항에 포함되어야 하는 것을 모두 고른 것은?

ㄱ. 표준주택의 지번	ㄴ. 표준주택의 임시사용승인일
ㄷ. 표준주택의 대지면적 및 형상	ㄹ. 용도지역

① ㄱ, ㄴ   ② ㄷ, ㄹ   ③ ㄱ, ㄴ, ㄷ

④ ㄱ, ㄷ, ㄹ   ⑤ ㄱ, ㄴ, ㄷ, ㄹ

17 감정평가 및 감정평가사에 관한 법령상 감정평가사의 권리와 의무에 관한 설명으로 옳지 않은 것은?

① 등록을 한 감정평가사가 감정평가업을 하려는 경우에는 감정평가사사무소를 개설할 수 있다.

② 감정평가사는 다른 사람에게 자격증·등록증을 양도·대여하여서는 아니 된다.

③ 감정평가사는 2명 이상의 감정평가사로 구성된 감정평가사합동사무소를 설치할 수 있다.

④ 감정평가사는 둘 이상의 감정평가법인 또는 감정평가사사무소에 소속될 수 없다.

⑤ 감정평가법인 등은 그 직무의 수행을 보조하기 위하여 피성년후견인을 사무직원으로 둘 수 있다.

18 **감정평가 및 감정평가사에 관한 법령상 감정평가사에 관한 설명으로 옳지 않은 것은?**

① 감정평가사 결격사유는 감정평가사 등록의 거부사유와 취소사유가 된다.

② 등록한 감정평가사는 5년마다 그 등록을 갱신하여야 한다.

③ 등록한 감정평가사가 징계로 감정평가사 자격이 취소된 후 3년이 지나지 아니한 경우 국토교통부장관은 그 등록을 취소할 수 있다.

④ 감정평가사는 감정평가업을 하기 위하여 1개의 사무소만을 설치할 수 있다.

⑤ 부정한 방법으로 감정평가사 자격을 받은 이유로 그 자격이 취소된 후 3년이 지나지 아니한 사람은 감정평가사가 될 수 없다.

19 **감정평가 및 감정평가사에 관한 법령상 감정평가법인에 관한 설명으로 옳지 않은 것은?**

① 감정평가법인은 토지 등의 이용 및 개발 등에 대한 조언이나 정보 등의 제공을 행한다.

② 감정평가법인은 토지 등의 매매업을 직접 하여서는 아니 된다.

③ 감정평가법인이 합병으로 해산한 때에는 이를 국토교통부장관에게 신고하여야 한다.

④ 국토교통부장관은 감정평가법인이 업무정지처분 기간 중에 감정평가업무를 한 경우에는 그 설립인가를 취소할 수 있다.

⑤ 감정평가법인의 자본금은 2억원 이상이어야 한다.

20 **국유재산법령상 행정재산에 관한 설명으로 옳지 않은 것은?**

① 중앙관서의 장은 행정재산을 직접 공공용으로 사용하려는 지방자치단체에 사용허가하는 경우에는 사용료를 면제할 수 있다.

② 중앙관서의 장은 사용허가를 받은 행정재산을 천재지변으로 사용하지 못하게 되면 그 사용하지 못한 기간에 대한 사용료를 면제할 수 있다.

③ 중앙관서의 장은 행정재산의 사용허가를 철회하려는 경우에는 「행정절차법」 제27조의 의견제출을 거쳐야 한다.

④ 중앙관서의 장은 행정재산으로 사용하기로 결정한 날부터 5년이 지난 날까지 행정재산으로 사용되지 아니한 경우에는 지체 없이 그 용도를 폐지하여야 한다.

⑤ 행정재산은 「민법」 제245조에도 불구하고 시효취득의 대상이 되지 아니한다.

21 국유재산법령상 국유재산에 관한 설명으로 옳지 않은 것은?

① 국유재산책임관의 임명은 중앙관서의 장이 소속 관서에 설치된 직위를 지정하는 것으로 갈음할 수 있다.

② 확정판결에 따라 일반재산에 대하여 사권(私權)을 설정할 수 있다.

③ 총괄청은 국가에 기부하려는 재산이 재산가액 대비 유지·보수비용이 지나치게 많은 경우에는 기부 받아서는 아니 된다.

④ 국가 외의 자는 기부를 조건으로 하더라도 국유재산에 영구시설물을 축조할 수 없다.

⑤ 중앙관서의 장은 국유재산의 관리·처분에 관련된 법령을 개정하려면 그 내용에 관하여 총괄청 및 감사원과 협의하여야 한다.

22 국유재산법령상 행정재산의 사용허가에 관한 설명으로 옳은 것은?

① 중앙관서의 장은 보존용 행정재산의 용도나 목적에 장애가 되지 아니하는 범위에서만 그에 대한 사용허가를 할 수 있다.

② 행정재산을 주거용으로 사용허가를 하는 경우에는 일반경쟁의 방법으로 사용허가를 받을 자를 결정하여야 한다.

③ 중앙관서의 장은 사용허가한 행정재산을 지방자치단체가 직접 공공용으로 사용하기 위하여 필요하게 된 경우에는 그 허가를 철회할 수 있다.

④ 행정재산으로 할 목적으로 기부를 받은 재산에 대하여 기부자에게 사용허가하는 경우에는 그 사용허가기간은 5년 이내로 한다.

⑤ 행정재산의 사용허가에 관하여는 「국유재산법」에서 정한 것을 제외하고는 「민법」의 규정을 준용한다.

23 국유재산법령상 일반재산에 관한 설명으로 옳은 것은?

① 정부는 정부출자기업체를 새로 설립하려는 경우에는 일반재산을 현물출자할 수 있다.

② 총괄청은 5년 이상 활용되지 아니한 일반재산을 민간사업자와 공동으로 개발할 수 없다.

③ 중앙관서의 장은 다른 법률에 따라 그 처분이 제한되는 경우에도 일반재산을 매각할 수 있다.

④ 국가가 직접 행정재산으로 사용하기 위하여 필요한 경우에도 일반재산인 동산과 사유재산인 동산을 교환할 수 없다.

⑤ 일반재산을 매각하는 경우 해당 매각재산의 소유권 이전은 매각대금의 완납 이전에도 할 수 있다.

24 건축법령상 용어에 관한 설명으로 옳지 않은 것은?

① "지하층"이란 건축물의 바닥이 지표면 아래에 있는 층으로서 바닥에서 지표면까지 평균 높이가 해당 층 높이의 3분의 1 이상인 것을 말한다.

② "거실"이란 건축물 안에서 거주, 집무, 작업, 집회, 오락, 그 밖에 이와 유사한 목적을 위하여 사용되는 방을 말한다.

③ "고층건축물"이란 층수가 30층 이상이거나 높이가 120미터 이상인 건축물을 말한다.

④ "초고층 건축물"이란 층수가 50층 이상이거나 높이가 200미터 이상인 건축물을 말한다.

⑤ "이전"이란 건축물의 주요구조부를 해체하지 아니하고 같은 대지의 다른 위치로 옮기는 것을 말한다.

25 건축법령상 이행강제금에 관한 설명으로 옳은 것은?

① 이행강제금은 건축신고 대상 건축물에 대하여 부과할 수 없다.

② 이행강제금의 징수절차는 「지방세법」을 준용한다.

③ 허가권자는 이행강제금을 부과하기 전에 이행강제금을 부과·징수한다는 뜻을 미리 문서로써 계고하여야 한다.

④ 허가권자는 위반 건축물에 대한 시정명령을 받은 자가 이를 이행하면 이미 부과된 이행강제금의 징수를 즉시 중지하여야 한다.

⑤ 허가권자는 최초의 시정명령이 있었던 날을 기준으로 하여 1년에 5회 이내의 범위에서 그 시정명령이 이행될 때까지 반복하여 이행강제금을 부과·징수할 수 있다.

26 건축법령상 도시·군계획시설에서 가설건축물을 건축하는 경우 그 허가권자로 옳지 않은 것은?

① 특별자치시장   ② 광역시장   ③ 특별자치도지사

④ 시장   ⑤ 군수

27 건축법령상 건축허가에 관한 설명으로 옳은 것은? (단, 조례는 고려하지 않음)

① 21층 이상의 건축물을 특별시나 광역시에 건축하려면 국토교통부장관의 허가를 받아야 한다.

② 주거환경이나 교육환경 등 주변 환경을 보호하기 위하여 도지사가 필요하다고 인정하여 지정·공고한 구역에 건축하는 위락시설에 해당하는 건축물의 건축을 시장·군수가 허가하려면 도지사의 승인을 받아야 한다.

③ 허가권자는 숙박시설에 해당하는 건축물의 건축을 허가하는 경우 해당 대지에 건축하려는 건축물의 용도·규모가 주거환경 등 주변 환경을 고려할 때 부적합하다고 인정되는 경우에는 건축위원회의 심의를 거치지 않고 건축허가를 하지 아니할 수 있다.

④ 허가권자는 허가를 받은 자가 허가를 받은 날부터 4년 이내에 공사에 착수하지 아니한 경우라도 정당한 사유가 있다고 인정되면 2년의 범위에서 공사기간을 연장할 수 있다.

⑤ 분양을 목적으로 하는 공동주택의 건축허가를 받으려는 자는 대지의 소유권을 확보하지 않아도 된다.

28 공간정보의 구축 및 관리 등에 관한 법령상 용어에 관한 설명으로 옳지 않은 것은?

① 공공측량과 지적측량은 일반측량에 해당한다.

② 연속지적도는 측량에 활용할 수 없는 도면이다.

③ 토지의 이동(異動)이란 토지의 표시를 새로 정하거나 변경 또는 말소하는 것을 말한다.

④ 「지방자치법」에 따라 자치구가 아닌 구를 두는 시의 시장은 지적소관청에 해당하지 않는다.

⑤ 「도시개발법」에 따른 도시개발사업이 끝나 토지의 표시를 새로 정하기 위하여 실시하는 지적측량은 지적확정측량에 해당한다.

29 공간정보의 구축 및 관리 등에 관한 법령상 지목변경 신청 및 축척변경에 관한 설명이다. ( )에 들어갈 내용으로 각각 옳은 것은?

> • 토지소유자는 지목변경을 할 토지가 있으면 그 사유가 발생한 날부터 (ㄱ) 이내에 지적소관청에 지목변경을 신청하여야 한다.
> • 지적소관청은 축척변경을 하려면 축척변경 시행지역의 토지소유자 (ㄴ) 이상의 동의를 받아야 한다.

① ㄱ : 30일, ㄴ : 2분의 1   ② ㄱ : 30일, ㄴ : 3분의 2
③ ㄱ : 60일, ㄴ : 2분의 1   ④ ㄱ : 60일, ㄴ : 3분의 2
⑤ ㄱ : 90일, ㄴ : 3분의 2

30 공간정보의 구축 및 관리 등에 관한 법령상 지목에 관한 설명으로 옳지 않은 것은?

① 축산업 및 낙농업을 하기 위하여 초지를 조성한 토지와 접속된 주거용 건축물의 부지는 "대"로 한다.
② 지목이 유원지인 토지를 지적도에 등록하는 때에는 "유"로 표기하여야 한다.
③ 물을 상시적으로 이용하지 않고 관상수를 주로 재배하는 토지의 지목은 "전"으로 한다.
④ 1필지가 둘 이상의 용도로 활용되는 경우에는 주된 용도에 따라 지목을 설정한다.
⑤ 토지가 임시적인 용도로 사용될 때에는 지목을 변경하지 아니한다.

31 공간정보의 구축 및 관리 등에 관한 법령상 지적소관청이 지적공부의 등록사항을 직권으로 조사·측량하여 정정할 수 있는 경우가 아닌 것은?

① 지적측량성과와 다르게 정리된 경우
② 지적공부의 작성 당시 잘못 정리된 경우
③ 지적공부의 등록사항이 잘못 입력된 경우
④ 합병하려는 토지의 소유자별 공유지분이 다른 경우
⑤ 토지이동정리 결의서의 내용과 다르게 정리된 경우

32 부동산등기법령상 권리에 관한 등기에 관한 설명으로 옳지 않은 것은?

① 지방자치단체의 부동산등기용 등록번호는 국토교통부장관이 지정·고시한다.
② 등기관이 권리의 변경이나 경정의 등기를 할 때에는 등기상 이해관계 있는 제3자의 승낙이 없는 경우에도 부기로 하여야 한다.
③ 등기관이 전세금반환채권의 일부 양도를 원인으로 한 전세권 일부이전등기를 할 때에는 양도액을 기록한다.
④ 등기관이 환매특약의 등기를 할 경우 매매비용은 필요적 기록사항이다.
⑤ 국가가 등기권리자인 경우, 등기관이 새로운 권리에 관한 등기를 마쳤을 때에는 등기필정보를 작성하여 등기권리자에게 통지하지 않아도 된다.

33 부동산등기법령상 등기절차에 관한 설명으로 옳은 것은?

① 법인의 합병에 따른 등기는 등기권리자와 등기의무자가 공동으로 신청하여야 한다.

② 등기의무자는 공유물을 분할하는 판결에 의한 등기를 단독으로 신청할 수 없다.

③ 토지의 분할이 있는 경우에는 그 토지소유권의 등기명의인은 그 사실이 있는 때부터 1개월 이내에 그 등기를 신청하여야 한다.

④ 등기관이 직권에 의한 표시변경등기를 하였을 때에는 소유권의 등기명의인은 지체 없이 그 사실을 지적소관청에게 알려야 한다.

⑤ 토지가 멸실된 경우에는 그 토지소유권의 등기명의인은 그 사실이 있는 때부터 14일 이내에 그 등기를 신청하여야 한다.

34 부동산등기법령상 신탁에 관한 등기에 관한 설명으로 옳은 것을 모두 고른 것은?

ㄱ. 수탁자가 여러 명인 경우 등기관은 신탁재산이 합유인 뜻을 기록하여야 한다.

ㄴ. 위탁자가 수탁자를 대위하여 신탁등기를 신청하는 경우 신탁등기의 신청은 해당 부동산에 관한 권리의 설정등기의 신청과 동시에 하여야 한다.

ㄷ. 수익자나 위탁자는 수탁자를 대위하여 신탁등기의 말소등기를 신청할 수 없다.

ㄹ. 법원은 수탁자 해임의 재판을 한 경우 지체 없이 신탁원부 기록의 변경등기를 등기소에 촉탁하여야 한다.

① ㄱ, ㄷ   ② ㄱ, ㄹ   ③ ㄴ, ㄷ

④ ㄱ, ㄴ, ㄹ   ⑤ ㄴ, ㄷ, ㄹ

35 부동산등기법령상 가등기에 관한 설명으로 옳지 않은 것은?

① 가등기를 명하는 가처분명령의 관할법원은 부동산의 소재지를 관할하는 지방법원이다.

② 가등기권리자는 가등기를 명하는 법원의 가처분명령이 있을 때에는 단독으로 가등기를 신청할 수 있다.

③ 가등기를 명하는 가처분명령의 신청을 각하하는 결정에 대하여는 즉시항고를 할 수 있다.

④ 가등기에 의한 본등기를 한 경우 본등기의 순위는 가등기의 순위에 따른다.

⑤ 가등기의무자는 가등기명의인의 동의 없이도 단독으로 가등기의 말소를 신청할 수 있다.

36 동산·채권 등의 담보에 관한 법령상 담보등기에 관한 설명으로 옳은 것은?

① 판결에 의한 등기는 등기권리자와 등기의무자가 공동으로 신청하여야 한다.

② 등기관이 등기를 마친 경우 그 등기는 등기신청을 접수한 날의 다음 날부터 효력을 발생한다.

③ 등기관의 결정에 대한 이의신청은 집행정지의 효력이 있다.

④ 등기관은 자신의 결정 또는 처분에 대한 이의가 이유 없다고 인정하면 3일 이내에 의견서를 붙여 사건을 관할 지방법원에 송부하여야 한다.

⑤ 「동산·채권 등의 담보에 관한 법률」에 따른 담보권의 존속기간은 7년을 초과하지 않는 기간으로 이를 갱신할 수 있다.

37 도시 및 주거환경정비법령상 정비계획 입안을 위하여 주민의견 청취절차를 거쳐야 하는 경우는? (단, 조례는 고려하지 않음)

① 공동이용시설 설치계획을 변경하는 경우

② 재난방지에 관한 계획을 변경하는 경우

③ 정비사업시행 예정시기를 3년의 범위에서 조정하는 경우

④ 건축물의 최고 높이를 변경하는 경우

⑤ 건축물의 용적률을 20퍼센트 미만의 범위에서 확대하는 경우

38 도시 및 주거환경정비법령상 조합설립추진위원회(이하 '추진위원회')에 관한 설명으로 옳지 않은 것은?

① 국토교통부장관은 추진위원회의 공정한 운영을 위하여 추진위원회의 운영규정을 정하여 고시하여야 한다.

② 추진위원회는 운영규정에 따라 운영하여야 하며, 토지등소유자는 운영에 필요한 경비를 운영규정에 따라 납부하여야 한다.

③ 추진위원회는 사용경비를 기재한 회계장부 및 관계 서류를 조합설립인가일부터 30일 이내에 조합에 인계하여야 한다.

④ 추진위원회는 조합설립에 필요한 동의를 받기 전에 추정분담금 등 대통령령으로 정하는 정보를 토지등소유자에게 제공하여야 한다.

⑤ 조합이 시행하는 재건축사업에서 추진위원회가 추진위원회 승인일부터 1년이 되는 날까지 조합설립인가를 신청하지 아니하는 경우에는 정비구역의 지정권자는 정비구역 등을 해제하여야 한다.

39 도시 및 주거환경정비법령상 정비기반시설이 아닌 것을 모두 고른 것은? (단, 주거환경개선사업을 위하여 지정·고시된 정비구역이 아님)

ㄱ. 광장	ㄴ. 구거(構渠)	ㄷ. 놀이터
ㄹ. 녹지	ㅁ. 공동구	ㅂ. 마을회관

① ㄱ, ㄴ   ② ㄴ, ㄷ   ③ ㄷ, ㅂ
④ ㄹ, ㅁ   ⑤ ㅁ, ㅂ

40 도시 및 주거환경정비법령상 다음 설명에 해당하는 사업은?

도시 저소득 주민이 집단거주하는 지역으로서 정비기반시설이 극히 열악하고 노후·불량건축물이 과도하게 밀집한 지역의 주거환경을 개선하거나 단독주택 및 다세대주택이 밀집한 지역에서 정비기반시설과 공동이용시설 확충을 통하여 주거환경을 보전·정비·개량하기 위한 사업

① 도시재개발사업   ② 주택재건축사업   ③ 가로주택정비사업
④ 주거환경개선사업   ⑤ 도시재생사업

제5과목 | **회계학**

※ 아래의 문제들에서 특별한 언급이 없는 한 기업의 보고기간(회계기간)은 매년 1월 1일부터 12월 31일 까지이다. 또한, 기업은 주권상장법인으로 계속해서 한국채택국제회계기준(K-IFRS)을 적용해오고 있다고 가정하고, 답지항 중에서 물음에 가장 합당한 답을 고르시오. 단, 자료에서 제시한 모든 항목과 금액은 중요하며, 자료에서 제시한 것 이외의 사항은 고려하지 않고 답한다. 예를 들어, 법인세에 대한 언급이 없으면 법인세 효과는 고려하지 않는다.

01 **유용한 재무정보의 질적특성에 관한 설명으로 옳은 것은?**

① 근본적 질적특성은 목적적합성과 검증가능성이다.
② 목적적합한 재무정보는 이용자들의 의사결정에 차이가 나도록 할 수 있다.
③ 보고기간이 지난 정보는 더 이상 적시성을 갖지 않는다.
④ 정보가 비교가능하기 위해서는 비슷한 것은 다르게 보여야 하고 다른 것은 비슷하게 보여야 한다.
⑤ 표현충실성에서 오류가 없다는 것은 모든 면에서 완벽하게 정확하다는 것을 의미한다.

02 **현금 및 현금성자산으로 재무상태표에 표시될 수 없는 것을 모두 고른 것은? (단, 지분상품은 현금으로 전환이 용이하다.)**

> ㄱ. 부채상환을 위해 12개월 이상 사용이 제한된 요구불예금
> ㄴ. 사용을 위해 구입한 수입인지와 우표
> ㄷ. 상환일이 정해져 있고 취득일로부터 상환일까지 기간이 2년인 회사채
> ㄹ. 취득일로부터 1개월 내에 처분할 예정인 상장기업의 보통주
> ㅁ. 재취득한 자기지분상품

① ㄱ, ㄴ, ㄹ
② ㄱ, ㄷ, ㄹ
③ ㄴ, ㄷ, ㅁ
④ ㄱ, ㄴ, ㄷ, ㅁ
⑤ ㄱ, ㄴ, ㄷ, ㄹ, ㅁ

03 공정가치 측정에 관한 설명으로 옳지 않은 것은?

① 공정가치란 측정일에 시장참여자 사이의 정상거래에서 자산을 매도할 때 받거나 부채를 이전할 때 지급하게 될 가격이다.

② 공정가치는 시장에 근거한 측정치이며 기업 특유의 측정치가 아니다.

③ 공정가치를 측정하기 위해 사용하는 가치평가기법은 관측할 수 있는 투입변수를 최소한으로 사용하고 관측할 수 없는 투입변수를 최대한으로 사용한다.

④ 기업은 시장참여자가 경제적으로 최선의 행동을 한다는 가정하에, 시장참여자가 자산이나 부채의 가격을 결정할 때 사용할 가정에 근거하여 자산이나 부채의 공정가치를 측정하여야 한다.

⑤ 비금융자산의 공정가치를 측정할 때는 자신이 그 자산을 최고 최선으로 사용하거나 최고 최선으로 사용할 다른 시장참여자에게 그 자산을 매도함으로써 경제적효익을 창출할 수 있는 시장참여자의 능력을 고려한다.

04 ㈜감평은 20×1년 중 공정가치선택권을 적용한 당기손익－공정가치 측정 금융부채 ₩80,000을 최초 인식하였다. 20×1년 말 해당 금융부채의 공정가치는 ₩65,000으로 하락하였다. 공정가치 변동 중 ₩5,000은 ㈜감평의 신용위험 변동으로 발생한 것이다. 해당 금융부채로 인해 ㈜감평의 20×1년 당기순이익에 미치는 영향은? (단, ㈜감평의 신용위험 변동은 당기손익의 회계불일치를 일으키거나 확대하지는 않는다.)

① ₩10,000 감소　　　　　　　　② ₩5,000 감소
③ 영향 없음　　　　　　　　　　④ ₩5,000 증가
⑤ ₩10,000 증가

05 다음의 특징을 모두 가지고 있는 자산은?

> • 개별적으로 식별하여 별도로 인식할 수 없다.
> • 손상징후와 관계없이 매년 손상검사를 실시한다.
> • 손상차손환입을 인식할 수 없다.
> • 사업결합 시 이전대가가 피취득자 순자산의 공정가치를 초과한 금액이다.

① 특허권　　　　　　　　　　　② 회원권
③ 영업권　　　　　　　　　　　④ 라이선스
⑤ 가상화폐

06 ㈜감평은 20×1년 초 해지불능 리스계약을 체결하고 사용권자산(내용연수 5년, 잔존가치 ₩0, 정액법 상각)과 리스부채(리스기간 5년, 매년 말 정기리스료 ₩13,870, 리스기간 종료 후 소유권 무상이전 약정)를 각각 ₩50,000씩 인식하였다. 리스계약의 내재이자율은 연 12% 이고 ㈜감평은 리스회사의 내재이자율을 알고 있다. ㈜감평은 사용권자산에 대해 재평가모형을 적용하고 있으며 20×1년 말 사용권자산의 공정가치는 ₩35,000이다. 동 리스계약이 ㈜감평의 20×1년 당기순이익에 미치는 영향은? (단, 리스계약은 소액자산리스 및 단기리스가 아니라고 가정한다.)

① ₩5,000 감소 ② ₩6,000 감소 ③ ₩15,000 감소
④ ₩16,000 감소 ⑤ ₩21,000 감소

07 ㈜감평의 20×1년 중 발생한 자본항목 사건이다.

• 무상증자 시행	₩500	• 주식배당 결의	₩300
• 자기주식 취득	600	• 자기주식 소각	600
• 당기순이익 발생	1,000	• 기타포괄이익 발생	800

20×1년 초 ㈜감평의 자본은 ₩10,000이고 이 외에 자본항목 사건은 없다고 가정할 때, 20×1년 말 ㈜감평의 자본은?

① ₩10,400 ② ₩11,000
③ ₩11,200 ④ ₩11,600
⑤ ₩11,800

08 ㈜감평은 20×1년부터 제품판매 ₩5당 포인트 1점을 고객에게 제공하는 고객충성제도를 운영하고 제품판매 대가로 ₩10,000을 수취하였다. 포인트는 20×2년부터 ㈜감평의 제품을 구매할 때 사용할 수 있으며 포인트 이행약속은 ㈜감평의 중요한 수행의무이다. ㈜감평은 포인트 1점당 ₩0.7으로 측정하고, 20×1년 부여된 포인트 중 75%가 사용될 것으로 예상하여 포인트의 개별 판매가격을 추정하였다. 포인트가 없을 때 20×1년 제품의 개별 판매가격은 ₩9,450이다. 상대적 개별 판매가격에 기초하여 ㈜감평이 판매대가 ₩10,000을 수행의무에 배분하는 경우, 20×1년 말 재무상태표에 인식할 포인트 관련 이연수익(부채)은?

① ₩1,000 ② ₩1,050
③ ₩1,450 ④ ₩1,550
⑤ ₩2,000

09 ㈜감평은 20×1년 초 액면금액 ₩100,000인 전환상환우선주(액면배당율 연 2%, 매년 말 배당지급)를 액면발행하였다. 전환상환우선주 발행 시 조달한 현금 중 금융부채요소의 현재 가치는 ₩80,000이고 나머지는 자본요소(전환권)이다. 전환상환우선주 발행시점의 금융부채요소 유효이자율은 연 10%이다. 20×2년 초 전환상환우선주의 40%를 보통주로 전환할 때, ㈜감평의 자본증가액은?

① ₩32,000
② ₩34,400
③ ₩40,000
④ ₩42,400
⑤ ₩50,000

10 ㈜감평의 기말재고자산에 포함시켜야 할 항목을 모두 고른 것은?

> ㄱ. 창고가 작아 기말 현재 외부에 보관 중인 ㈜감평의 원재료
> ㄴ. ㈜감평이 FOB 선적지 인도조건으로 판매하였으나 기말 현재 도착하지 않은 상품
> ㄷ. ㈜감평이 고객에게 인도하고 기말 현재 고객이 사용의사를 표시한 시용품
> ㄹ. ㈜감평이 FOB 도착지 인도조건으로 매입하였으나 기말 현재 도착하지 않은 상품

① ㄱ
② ㄷ
③ ㄱ, ㄴ
④ ㄴ, ㄹ
⑤ ㄷ, ㄹ

11 고객과의 계약에서 생기는 수익에 관한 설명으로 옳지 않은 것은?

① 거래가격을 산정하기 위해서는 계약 조건과 기업의 사업 관행을 참고하며, 거래가격에는 제삼자를 대신해서 회수한 금액은 제외한다.
② 고객과의 계약에서 약속한 대가는 고정금액, 변동금액 또는 둘 다를 포함할 수 있다.
③ 변동대가의 추정이 가능한 경우, 계약에서 가능한 결과치가 두 가지뿐일 경우에는 기댓값이 변동대가의 적절한 추정치가 될 수 있다.
④ 기업이 받을 권리를 갖게 될 변동대가(금액)에 미치는 불확실성의 영향을 추정할 때에는 그 계약 전체에 하나의 방법을 일관되게 적용한다.
⑤ 고객에게서 받은 대가의 일부나 전부를 고객에게 환불할 것으로 예상하는 경우에는 환불부채를 인식한다.

12 투자부동산에 관한 설명으로 옳지 않은 것은?

① 소유 투자부동산은 최초 인식시점에 원가로 측정한다.

② 투자부동산을 후불조건으로 취득하는 경우의 원가는 취득시점의 현금가격상당액으로 한다.

③ 투자부동산의 평가방법으로 공정가치모형을 선택한 경우, 감가상각을 수행하지 아니한다.

④ 공정가치로 평가하게 될 자가건설 투자부동산의 건설이나 개발이 완료되면 해당일의 공정가치와 기존 장부금액의 차액은 기타포괄손익으로 인식한다.

⑤ 재고자산을 공정가치로 평가하는 투자부동산으로 대체하는 경우, 재고자산의 장부금액과 대체시점의 공정가치의 차액은 당기손익으로 인식한다.

13 재무제표의 표시에 관한 설명으로 옳지 않은 것은?

① 재무제표가 한국채택국제회계기준의 요구사항을 모두 충족한 경우가 아니라면 한국채택국제회계기준을 준수하여 작성되었다고 기재하여서는 안 된다.

② 기업이 재무상태표에 유동자산과 비유동자산으로 구분하여 표시하는 경우, 이연법인세자산은 유동자산으로 분류하지 아니한다.

③ 비용을 기능별로 분류하는 기업은 감가상각비, 기타 상각비와 종업원급여비용을 포함하여 비용의 성격에 대한 추가 정보를 공시한다.

④ 수익과 비용의 어느 항목은 포괄손익계산서 또는 주석에 특별손익항목으로 별도 표시한다.

⑤ 매출채권에 대한 대손충당금을 차감하여 관련 자산을 순액으로 측정하는 것은 상계표시에 해당하지 아니한다.

14 ㈜감평은 20×1년 초 기계장치(취득원가 ₩1,000,000, 내용연수 5년, 잔존가치 ₩50,000, 정액법 상각)를 구입하고, 원가모형을 적용하였다. 20×4년 초 ㈜감평은 기계장치의 내용연수를 당초 5년에서 7년으로, 잔존가치도 변경하였다. ㈜감평이 20×4년에 인식한 감가상각비가 ₩100,000인 경우, 기계장치의 변경된 잔존가치는?

① ₩20,000
② ₩30,000
③ ₩50,000
④ ₩70,000
⑤ ₩130,000

15 ㈜감평의 20×1년도 상품 매입과 관련된 자료이다. 20×1년도 상품 매입원가는? (단, ㈜감평은 부가가치세 과세사업자이며, 부가가치세는 환급대상에 속하는 매입세액이다.)

항목	금액	비고
당기매입	₩110,000	부가가치세 ₩10,000 포함
매입운임	10,000	
하역료	5,000	
매입할인	5,000	
리베이트	2,000	
보관료	3,000	후속 생산단계에 투입하기 전에 보관이 필요한 경우가 아님
관세납부금	500	

① ₩108,500   ② ₩110,300   ③ ₩110,500
④ ₩113,500   ⑤ ₩123,500

16 ㈜감평은 20×1년 초 기계장치(내용연수 3년, 잔존가치 ₩0, 정액법 상각)를 구입과 동시에 무이자부 약속어음(액면금액 ₩300,000, 3년 만기, 매년 말 ₩100,000 균등상환)을 발행하여 지급하였다. 이 거래 당시 ㈜감평이 발행한 어음의 유효이자율은 연 12%이다. 기계장치에 대해 원가모형을 적용하고, 당해 차입원가는 자본화대상에 해당하지 않는다. 20×1년 ㈜감평이 인식할 비용은? (단, 12%, 3기간의 연금현가계수는 2.40183이고, 계산금액은 소수점 첫째자리에서 반올림하며, 단수차이로 인한 오차가 있으면 가장 근사치를 선택한다.)

① ₩59,817   ② ₩80,061
③ ₩88,639   ④ ₩108,883
⑤ ₩128,822

17 ㈜감평의 20×1년 초 유통보통주식수는 18,400주이다. ㈜감평은 20×1년 7월 초 주주우선 배정 방식으로 유상증자를 실시하였다. 유상증자 권리행사 전일의 공정가치는 주당 ₩50,000이고, 유상증자 시의 주당 발행금액은 ₩40,000, 발행주식수는 2,000주이다. ㈜감평은 20×1년 9월 초 자기주식을 1,500주 취득하였다. ㈜감평의 20×1년 가중평균유통보통주식수는? (단, 가중평균유통보통주식수는 월할 계산한다.)

① 18,667주   ② 19,084주
③ 19,268주   ④ 19,400주
⑤ 20,400주

18 ㈜감평이 20×1년 말 재무상태표에 계상하여야 할 충당부채는? (단, 아래에서 제시된 금액은 모두 신뢰성 있게 측정되었다.)

사건	비고
20×1년 9월 25일에 구조조정 계획이 수립되었으며 예상비용은 ₩300,000으로 추정된다.	20×1년 말까지는 구조조정계획의 이행에 착수하지 않았다.
20×1년 말 현재 소송이 제기되어 있으며, 동 소송에서 패소 시 배상하여야 할 손해배상금액은 ₩200,000으로 추정된다.	㈜감평의 자문 법무법인에 의하면 손해발생 가능성은 높지 않다.
미래의 예상 영업손실이 ₩450,000으로 추정된다.	
회사가 사용 중인 공장 구축물 철거 시, 구축물이 정착되어 있던 토지는 원상복구의무가 있다. 원상복구원가는 ₩200,000으로 추정되며 그 현재가치는 ₩120,000이다.	
판매한 제품에서 제조상 결함이 발견되어 보증비용 ₩350,000이 예상되며, 그 지출가능성이 높다. 동 보증은 확신유형 보증에 해당한다.	예상비용을 보험사에 청구하여 50%만큼 변제받기로 하였다.

① ₩295,000
② ₩470,000
③ ₩550,000
④ ₩670,000
⑤ ₩920,000

19 20×1년 초 설립한 ㈜감평의 법인세 관련 자료이다. ㈜감평의 20×1년도 유효법인세율은? (단, 유효법인세율은 법인세비용을 법인세비용차감전순이익으로 나눈 값으로 정의한다.)

- 20×1년 세무조정사항
  - 벌과금 손금불산입   ₩20,000
  - 접대비한도초과액   15,000
  - 감가상각비한도초과액   15,000
- 20×1년도 법인세비용차감전순이익은 ₩500,000이며, 이연법인세자산(부채)의 실현가능성은 거의 확실하다.
- 연도별 법인세율은 20%로 일정하다.

① 19.27%
② 20%
③ 21.4%
④ 22%
⑤ 22.8%

20 ㈜감평은 20×1년 중 연구개발비를 다음과 같이 지출하였다.

지출시기	구분	금액	비고
1월 초 ~ 6월 말	연구단계	₩50,000	
7월 초 ~ 9월 말	개발단계	100,000	자산인식 요건 미충족함
10월 초 ~ 12월 말	개발단계	50,000	자산인식 요건 충족함

㈜감평은 20×2년 말까지 ₩100,000을 추가 지출하고 개발을 완료하였다. 무형자산으로 인식한 개발비(내용연수 10년, 잔존가치 ₩0, 정액법 상각)는 20×3년 1월 1일부터 사용이 가능하며, 원가모형을 적용한다. 20×3년 말 현재 개발비가 손상징후를 보였으며 회수가능액은 ₩80,000이다. 20×3년 인식할 개발비 손상차손은?

① ₩50,000   ② ₩50,500

③ ₩53,750   ④ ₩55,000

⑤ ₩70,000

21 고객과의 계약으로 식별하기 위한 기준에 관한 설명으로 옳지 않은 것은?

① 계약 당사자들이 계약을 서면으로, 구두로 또는 그 밖의 사업 관행에 따라 승인하고 각자의 의무를 수행하기로 확약한다.

② 이전할 재화나 용역과 관련된 각 당사자의 권리를 식별할 수 있다.

③ 이전할 재화나 용역의 지급조건을 식별할 수 있다.

④ 계약에 상업적 실질을 요하지는 않는다.

⑤ 고객에게 이전할 재화나 용역에 대하여 받을 권리를 갖게 될 대가의 회수 가능성이 높다.

22 다음 항목과 계정 분류를 연결한 것으로 옳지 않은 것은?

① 직접 소유 또는 금융리스를 통해 보유하고 운용리스로 제공하고 있는 건물 – 재고자산

② 소유 자가사용부동산 – 유형자산

③ 처분예정인 자가사용부동산 – 매각예정비유동자산

④ 통상적인 영업과정에서 판매하기 위한 부동산이나 이를 위하여 건설 또는 개발 중인 부동산 – 재고자산

⑤ 장래 용도를 결정하지 못한 채로 보유하고 있는 토지 – 투자부동산

23 공기청정기를 위탁판매하고 있는 ㈜감평은 20×1년 초 공기청정기 10대(대당 판매가격 ₩1,000, 대당 원가 ₩700)를 ㈜한국에 적송하였으며, 운송업체에 총운송비용 ₩100을 현금으로 지급하였다. ㈜한국은 위탁받은 공기청정기 10대 중 7대를 20×1년에 판매하였다. 20×1년 위탁판매와 관련하여 ㈜감평이 인식할 매출원가는?

① ₩4,970　　　　② ₩5,700　　　　③ ₩7,070

④ ₩8,100　　　　⑤ ₩10,100

24 ㈜감평은 20×1년 초 종업원 100명에게 현금결제형 주가차액보상권을 각각 20개씩 부여하고 2년간의 용역제공조건을 부과하였다. ㈜감평은 20×1년에 ₩6,000, 20×2년에 ₩6,500을 주식보상비용으로 인식하였다. 20×1년 초부터 20×2년 말까지 30명의 종업원이 퇴사하였으며, 20×3년 말 종업원 10명이 권리를 행사하였다. 20×3년 말 현금결제형 주가차액보상권의 개당 공정가치는 ₩15, 개당 내재가치는 ₩10이라고 할 때, ㈜감평이 20×3년 인식할 주식보상비용은?

① ₩5,500　　　　② ₩6,000　　　　③ ₩7,000

④ ₩7,500　　　　⑤ ₩8,500

25 ㈜감평은 20×1년 초 주당 액면금액이 ₩150인 ㈜한국의 보통주 20주를 주당 ₩180에 취득하였고, 총거래원가 ₩150을 지급하였다. ㈜감평은 동 주식을 기타포괄손익－공정가치 측정 금융자산으로 분류하였고 20×1년 말 동 주식의 공정가치는 주당 ₩240이다. 동 금융자산과 관련하여 20×1년 인식할 기타포괄이익은?

① ₩1,050　　　　② ₩1,200　　　　③ ₩1,350

④ ₩1,600　　　　⑤ ₩1,950

26 ㈜감평의 20×2년 발생주의 수익과 비용은 각각 ₩1,500과 ₩600이며, 관련 자산과 부채는 다음과 같다.

계정과목	20×1년 말	20×2년 말
재고자산	₩1,500	₩1,300
미수수익	500	800
매출채권	500	400
미지급비용	600	300

20×2년 순현금흐름(현금유입액－현금유출액)은?

① (−)₩800　　　② (−)₩700　　　③ (+)₩300

④ (+)₩400　　　⑤ (+)₩600

27 ㈜감평은 재고자산을 20×1년 말까지 평균법을 적용해 오다가 20×2년 초 선입선출법으로 회계정책을 변경하였다. 다음은 20×1년 말과 20×2년 말의 평가방법별 재고자산 금액이다.

구분		20×1년 말	20×2년 말
재고자산금액	평균법	₩2,800	₩2,200
	선입선출법	2,500	2,800

평균법을 적용한 20×2년 당기순이익이 ₩2,000일 때, 변경 후 20×2년 당기순이익은? (단, 동 회계정책 변경은 한국채택국제회계기준에서 제시하는 조건을 충족하는 것이며, 선입선출법으로의 회계정책 변경에 대한 소급효과를 모두 결정할 수 있다고 가정한다.)

① ₩1,400　　　② ₩2,000　　　③ ₩2,300

④ ₩2,600　　　⑤ ₩2,900

28 ㈜감평은 취득원가 ₩2,500(처분당시 장부금액은 ₩1,500, 원가모형 적용)인 기계장치를 20×1년 초 ₩1,600에 처분하였다. ㈜감평은 기계장치 장부금액을 제거하지 않고 처분대가를 잡수익으로 처리하고, 20×1년과 20×2년 각각 취득원가의 10%를 감가상각비로 계상하였다. 이러한 오류는 20×3년 초 발견되었고, 20×2년도의 장부가 마감되었다면, ㈜감평의 20×3년 당기순이익에 미치는 영향은? (단, 상기 오류는 오류의 영향이나 오류의 누적효과를 실무적으로 결정할 수 있으며 중요한 오류에 해당한다.)

① 영향 없음　　　② ₩100 증가　　　③ ₩250 증가

④ ₩500 증가　　　⑤ ₩600 증가

29 ㈜감평이 사용하는 기계장치의 20×1년 말 장부금액은 ₩3,500(취득원가 ₩6,000, 감가상각누계액 ₩2,500, 원가모형 적용)이다. 20×1년 말 동 기계장치의 진부화로 가치가 감소하여 순공정가치는 ₩1,200, 사용가치는 ₩1,800으로 추정되었다. ㈜감평이 20×1년 인식할 기계장치 손상차손은?

① ₩1,200　　　② ₩1,700　　　③ ₩1,800

④ ₩2,000　　　⑤ ₩2,300

30 ㈜감평은 20×1년 2월 초 영업을 개시하여 2년간 제품보증 조건으로 건조기(대당 판매가격 ₩100)를 판매하고 있다. 20×1년 1,500대, 20×2년 4,000대의 건조기를 판매하였으며, 동종업계의 과거 경험에 따라 판매수량 대비 평균 3%의 보증요청이 있을 것으로 추정되고 보증비용은 대당 평균 ₩20이 소요된다. 당사가 제공하는 보증은 확신유형의 보증이며 연도별 보증이행 현황은 다음과 같다.

구분	20×1년	20×2년
20×1년 판매분	5대	15대
20×2년 판매분		30대

20×2년 말 보증손실충당부채는? (단, 보증요청의 발생가능성이 높고 금액은 신뢰성 있게 측정되었다. 충당부채의 현재가치요소는 고려하지 않는다.)

① ₩800
② ₩1,000
③ ₩1,200
④ ₩1,800
⑤ ₩2,300

31 원가관리기법에 관한 설명으로 옳은 것은?

① 제약이론을 원가관리에 적용한 재료처리량공헌이익(throughput contribution)은 매출액에서 기본원가를 차감하여 계산한다.
② 수명주기원가계산에서는 공장자동화가 이루어지면서 제조이전단계보다는 제조단계에서의 원가절감 여지가 매우 높아졌다고 본다.
③ 목표원가계산은 표준원가와 마찬가지로 제조과정에서의 원가절감을 강조한다.
④ 균형성과표는 전략의 구체화와 의사소통에 초점이 맞춰진 제도이다.
⑤ 품질원가계산에서는 내부실패원가와 외부실패원가를 통제원가라 하며, 예방 및 평가활동을 통해 이를 절감할 수 있다.

32 ㈜감평은 단일 제품을 대량생산하고 있으며, 가중평균법을 적용하여 종합원가계산을 하고 있다. 직접재료는 공정초에 전량 투입되고, 전환원가는 공정 전체에서 균등하게 발생한다. 당기 원가계산 자료는 다음과 같다.

• 기초재공품	3,000개(완성도 80%)
• 당기착수수량	14,000개
• 당기완성품	13,000개
• 기말재공품	2,500개(완성도 60%)

품질검사는 완성도 70%에서 이루어지며, 당기 중 검사를 통과한 합격품의 10%를 정상공손으로 간주한다. 직접재료원가와 전환원가의 완성품환산량 단위당 원가는 각각 ₩30과 ₩20이다. 완성품에 배부되는 정상공손원가는?

① ₩35,000   ② ₩44,000   ③ ₩55,400

④ ₩57,200   ⑤ ₩66,000

33 ㈜감평은 제품라인 A, B, C부문을 유지하고 있다. 20×1년 각 부문별 손익계산서는 다음과 같다.

	A부문	B부문	C부문	합계
매출액	₩200,000	₩300,000	₩500,000	₩1,000,000
변동원가	100,000	200,000	220,000	520,000
공헌이익	100,000	100,000	280,000	480,000
고정원가				
급여	30,000	50,000	80,000	160,000
광고선전비	10,000	60,000	70,000	140,000
기타 배부액	20,000	30,000	50,000	100,000
영업손익	₩40,000	(₩40,000)	₩80,000	₩80,000

㈜감평의 경영자는 B부문의 폐쇄를 결정하기 위하여 각 부문에 관한 자료를 수집한 결과 다음과 같이 나타났다.

- 급여는 회피불능원가이다.
- 광고선전은 각 부문별로 이루어지기 때문에 B부문을 폐쇄할 경우 B부문의 광고선전비는 더 이상 발생하지 않는다.
- 기타 배부액 총 ₩100,000은 각 부문의 매출액에 비례하여 배부한 원가이다.
- B부문을 폐쇄할 경우 C부문의 매출액이 20% 감소한다.

㈜감평이 B부문을 폐쇄할 경우 ㈜감평 전체 이익의 감소액은? (단, 재고자산은 없다.)

① ₩36,000   ② ₩46,000

③ ₩66,000   ④ ₩86,000

⑤ ₩96,000

34 ㈜감평은 표준원가제도를 도입하고 있다. 변동제조간접원가의 배부기준은 직접노무시간이며, 제품 1개를 생산하는 데 소요되는 표준직접노무시간은 2시간이다. 20×1년 3월 실제 발생한 직접노무시간은 10,400시간이고, 원가자료는 다음과 같다.

• 변동제조간접원가 실제 발생액	₩23,000
• 변동제조간접원가 능률차이	2,000(불리)
• 변동제조간접원가 총차이	1,000(유리)

㈜감평의 20×1년 3월 실제 제품생산량은?

① 4,600개
② 4,800개
③ 5,000개
④ 5,200개
⑤ 5,400개

35 ㈜감평의 생산량 관련범위 내에 해당하는 원가 자료는 다음과 같다. (   )에 들어갈 금액으로 옳지 않은 것은?

	생산량	
	2,000개	5,000개
총원가		
변동원가	A( )	?
고정원가	B( )	?
소계	?	E( )
단위당 원가		
변동원가	C( )	?
고정원가	?	₩10
소계	D( )	₩30

① A : ₩40,000
② B : ₩50,000
③ C : ₩20
④ D : ₩45
⑤ E : ₩90,000

PART 04

36 ㈜감평은 제조간접원가를 기계작업시간 기준으로 예정배부하고 있다. 20×1년 실제 기계작업시간은?

• 제조간접원가(예산)	₩928,000
• 제조간접원가(실제)	960,000
• 제조간접원가 배부액	840,710
• 기계작업시간(예산)	80,000시간

① 70,059시간   ② 71,125시간
③ 72,475시간   ④ 73,039시간
⑤ 74,257시간

37 ㈜감평이 20×2년 재무제표를 분석한 결과 전부원가계산보다 변동원가계산의 영업이익이 ₩30,000 더 많았다. 20×2년 기초재고수량은? (단, 20×1년과 20×2년의 생산·판매활동 자료는 동일하고, 선입선출법을 적용하며, 재공품은 없다.)

• 당기 생산량	5,000개
• 기초재고수량	?
• 기말재고수량	500개
• 판매가격(개당)	₩1,500
• 변동제조간접원가(개당)	500
• 고정제조간접원가(총액)	750,000

① 580개   ② 620개
③ 660개   ④ 700개
⑤ 740개

38 ㈜감평의 20×1년 매출 및 원가자료는 다음과 같다.

매출액	?
변동원가	₩700,000
공헌이익	500,000
고정원가	300,000
영업이익	₩200,000

20×2년에는 판매량이 20% 증가할 것으로 예상된다. ㈜감평의 20×2년 예상영업이익은? (단, 판매량 이외의 다른 조건은 20×1년과 동일하다.)

① ₩260,000   ② ₩280,000

③ ₩300,000   ④ ₩340,000

⑤ ₩380,000

39 ㈜감평은 제품 A와 제품 B를 생산·판매하고 있다. 20×1년 ㈜감평의 매출액과 영업이익은 각각 ₩15,000,000과 ₩3,000,000이며, 고정원가는 ₩2,250,000이다. 제품 A와 제품 B의 매출배합비율이 각각 25%와 75%이며, 제품 A의 공헌이익률은 23%이다. 제품 B의 공헌이익률은?

① 29.25%   ② 34.4%

③ 35%   ④ 37.4%

⑤ 39%

40 ㈜감평은 평균영업용자산과 영업이익을 이용하여 투자수익률(ROI)과 잔여이익(RI)을 산출하고 있다. ㈜감평의 20×1년 평균영업용자산은 ₩2,500,000이며, ROI는 10%이다. ㈜감평의 20×1년 RI가 ₩25,000이라면 최저필수수익률은?

① 8%   ② 9%

③ 10%   ④ 11%

⑤ 12%

감정평가사 1차
정답 및 해설편

2024년 기출문제
정답 및 해설

제1과목 | **민법**

정답

01 ④	02 ④	03 ⑤	04 ①	05 ③	06 ③	07 ②	08 ②	09 ④	10 ⑤
11 ⑤	12 ④	13 ④	14 ⑤	15 ②	16 ①	17 ③	18 ②	19 ①	20 ①
21 ④	22 ④	23 ⑤	24 ③	25 ②	26 ①	27 ②	28 ③	29 ②	30 ⑤
31 ④	32 ⑤	33 ③	34 ②	35 ③	36 ①	37 ①	38 ②	39 ②	40 ①

01 정답해설

① 헌법재판소의 결정은 법원 기타 국가기관과 지방자치단체를 기속하므로, 그 결정내용이 민사에 관한 것인 한, 민법의 법원이 될 수 있다.

> **헌법재판소법 제47조【위헌결정의 효력】**
> ① 법률의 위헌결정은 법원과 그 밖의 국가기관 및 지방자치단체를 기속(羈束)한다.
> ② 위헌으로 결정된 법률 또는 법률의 조항은 그 결정이 있는 날부터 효력을 상실한다.

② 사실인 관습은 사적 자치가 인정되는 분야 즉 그 분야의 제정법이 주로 임의규정일 경우에는 법률행위의 해석기준으로서 또는 의사를 보충하는 기능으로서 이를 재판의 자료로 할 수 있을 것이나 이 이외의 즉 그 분야의 제정법이 주로 강행규정일 경우에는 그 강행규정 자체에 결함이 있거나 강행규정 스스로가 관습에 따르도록 위임한 경우 등 이외에는 법적 효력을 부여할 수 없다(대판 1983.6.14, 80다3231).

> **비교** 제106조【사실인 관습】법령 중의 선량한 풍속 기타 사회질서에 관계없는 규정과 다른 관습이 있는 경우에 당사자의 의사가 명확하지 아니한 때에는 그 관습에 의한다.
> → 법률행위 해석 : 사실인 관습 > 임의규정

③ 종중 구성원의 자격에 관한 대법원의 견해의 변경은 관습상의 제도로서 대법원 판례에 의하여 법률관계가 규율되어 왔던 종중제도의 근간을 바꾸는 것인바, 대법원이 이 판결에서 종중 구성원의 자격에 관하여 '공동선조와 성과 본을 같이 하는 후손은 성별의 구별 없이 성년이 되면 당연히 그 구성원이 된다.'고 견해를 변경하는 것은 그동안 종중 구성원에 대한 우리 사회일반의 인식 변화와 아울러 전체 법질서의 변화로 인하여 성년 남자만을 종중의 구성원으로 하는 종래의 관습법이 더 이상 우리 법질서가 지향하는 남녀평등의 이념에 부합하지 않게 됨으로써 그 법적 효력을 부정하게 된 데에 따른 것일 뿐만 아니라, 위와 같이 변경된 견해를 소급하여 적용한다면, 최근에 이르기까지 수십 년 동안 유지되어 왔던 종래 대법원 판례를 신뢰하여 형성된 수많은 법률관계의 효력을 일시에 좌우하게 되고, 이는 법적 안정성과 신의성실의 원칙에 기초한 당사자의 신뢰보호를 내용으로 하는 법치주의의 원리에도 반하게 되는 것이므로, 위와 같이 변경된 대법원의 견해는 이 판결 선고 이후의 종중 구성원의 자격과 이와 관련하여 새로이 성립되는 법률관계에 대하여만 적용된다고 함이 상당하다(대판(전) 2005.7.21, 2002다1178).

④ 가족의례준칙 제13조의 규정과 배치되는 관습법의 효력을 인정하는 것은 관습법의 제정법에 대한 열후적, 보충적 성격에 비추어 민법 제1조의 취지에 어긋나는 것이다(대판 1983.6.14, 80다3231). 따라서 제정법과 배치되는 관습법은 효력이 없다.

⑤ 법령과 같은 효력을 갖는 관습법은 당사자의 주장 입증을 기다림이 없이 법원이 직권으로 이를 확정하여야 하고 사실인 관습은 그 존재를 당사자가 주장 입증하여야 하나, 관습은 그 존부자체도 명확하지 않을 뿐만 아니라 그 관습이 사회의 법적 확신이나 법적 인식에 의하여 법적 규범으로까지 승인되었는지의 여부를 가리

기는 더욱 어려운 일이므로, 법원이 이를 알 수 없는 경우 결국은 당사자가 이를 주장 입증할 필요가 있다(대판 1983.6.14, 80다3231).

02 〔정답해설〕

① 공중접객업인 숙박업을 경영하는 자가 투숙객과 체결하는 숙박계약은 숙박업자가 고객에게 숙박을 할 수 있는 객실을 제공하여 고객으로 하여금 이를 사용할 수 있도록 하고 고객으로부터 그 대가를 받는 일종의 일시 사용을 위한 임대차계약으로서 객실 및 관련 시설은 오로지 숙박업자의 지배 아래 놓여 있는 것이므로 숙박업자는 통상의 임대차와 같이 단순히 여관 등의 객실 및 관련 시설을 제공하여 고객으로 하여금 이를 사용・수익하게 할 의무를 부담하는 것에서 한 걸음 더 나아가 고객에게 위험이 없는 안전하고 편안한 객실 및 관련 시설을 제공함으로써 고객의 안전을 배려하여야 할 보호의무를 부담하며 이러한 의무는 숙박계약의 특수성을 고려하여 신의칙상 인정되는 부수적인 의무로서 숙박업자가 이를 위반하여 고객의 생명・신체를 침해하여 투숙객에게 손해를 입힌 경우 불완전이행으로 인한 채무불이행책임을 부담하고, 이 경우 피해자로 서는 구체적 보호의무의 존재와 그 위반 사실을 주장・입증하여야 하며 숙박업자로서는 통상의 채무불이행에 있어서와 마찬가지로 그 채무불이행에 관하여 자기에게 과실이 없음을 주장・입증하지 못하는 한 그 책임을 면할 수는 없다(대판 2000.11.24, 2000다38718・38725).

② 환자가 병원에 입원하여 치료를 받는 경우에 있어서, 병원은 진료뿐만 아니라 환자에 대한 숙식의 제공을 비롯하여 간호, 보호 등 입원에 따른 포괄적 채무를 지는 것인 만큼, 병원은 병실에의 출입자를 통제・감독하 든가 그것이 불가능하다면 최소한 입원환자에게 휴대품을 안전하게 보관할 수 있는 시정장치가 있는 사물함 을 제공하는 등으로 입원환자의 휴대품 등의 도난을 방지함에 필요한 적절한 조치를 강구하여 줄 신의칙상의 보호의무가 있다고 할 것이고, 이를 소홀히 하여 입원환자와는 아무런 관련이 없는 자가 입원환자의 병실에 무단출입하여 입원환자의 휴대품 등을 절취하였다면 병원은 그로 인한 손해배상책임을 면하지 못한다(대판 2003.4.11, 2002다63275).

③ 기획여행업자는 통상 여행 일반은 물론 목적지의 자연적・사회적 조건에 관하여 전문적 지식을 가진 자로서 우월적 지위에서 행선지나 여행시설 이용 등에 관한 계약 내용을 일방적으로 결정하는 반면, 여행자는 안전성 을 신뢰하고 기획여행업자가 제시하는 조건에 따라 여행계약을 체결하는 것이 일반적이다. 이러한 점을 감안 할 때, 기획여행업자는 여행자의 생명・신체・재산 등의 안전을 확보하기 위하여 여행목적지・여행일정・여 행행정・여행서비스기관의 선택 등에 관하여 미리 충분히 조사・검토하여 여행계약 내용의 실시 도중에 여행 자가 부딪칠지 모르는 위험을 미리 제거할 수단을 강구하거나, 여행자에게 그 뜻을 고지함으로써 여행자 스스로 위험을 수용할지에 관하여 선택할 기회를 주는 등 합리적 조치를 취할 신의칙상 안전배려의무를 부담 한다(대판 2011.5.26, 2011다1330).

④ 계약의 성립에 기초가 되지 아니한 사정이 그 후 변경되어 일방당사자가 계약 당시 의도한 계약목적을 달성할 수 없게 됨으로써 손해를 입게 되었다 하더라도 특별한 사정이 없는 한 그 계약내용의 효력을 그대로 유지하 는 것이 신의칙에 반한다고 볼 수도 없다(대판 2014.5.16, 2011다5578).

⑤ 강행법규인 구 국토이용관리법 제21조의3 제1항, 제7항을 위반하였을 경우에 있어서 위반한 자 스스로가 무효를 주장함이 신의성실의 원칙에 위배되는 권리의 행사라는 이유로 이를 배척한다면 투기거래 계약의 효력 발생을 금지하려는 국토이용관리법의 입법취지를 완전히 몰각시키는 결과가 되므로, 특단의 사정이 없 는 한 그러한 주장이 신의성실의 원칙에 반한다고 할 수 없다(대판 1995.11.21, 94다20532).

03 〔정답해설〕

모든 항목이 옳다.

ㄱ. (〇) : 의사무능력자가 사실상의 후견인이었던 아버지의 보조를 받아 자신의 명의로 대출계약을 체결하고 자신 소유의 부동산에 관하여 근저당권을 설정한 후 의사무능력자의 여동생이 특별대리인으로 선임되어 대출 계약 및 근저당권설정계약의 효력을 부인하는 경우에, 이러한 무효 주장이 거래관계에 있는 당사자의 신뢰를

배신하고 정의의 관념에 반하는 예외적인 경우에 해당하지 않는 한 의사무능력자에 의하여 행하여진 법률행위의 무효를 주장하는 것이 신의칙에 반하여 허용되지 않는다고 할 수 없다(대판 2006.9.22. 2004다51627). 의사무능력자 甲과 乙이 체결한 대출거래약정 및 근저당권설정계약은 무효이다.

ㄴ. (○) : 무능력자의 책임을 제한하는 민법 제141조 단서는 부당이득에 있어 수익자의 반환범위를 정한 민법 제748조의 특칙으로서 무능력자의 보호를 위해 그 선의·악의를 묻지 아니하고 반환범위를 현존 이익에 한정시키려는 데 그 취지가 있으므로 의사능력의 흠결을 이유로 법률행위가 무효가 되는 경우에도 유추적용되어야 할 것이나, 법률상 원인 없이 타인의 재산 또는 노무로 인하여 이익을 얻고 그로 인하여 타인에게 손해를 가한 경우에 그 취득한 것이 금전상의 이득인 때에는 그 금전은 이를 취득한 자가 소비하였는가의 여부를 불문하고 현존하는 것으로 추정되므로, 위 이익이 현존하지 아니함은 이를 주장하는 자, 즉 의사무능력자 측에 입증책임이 있다(대판 2009.1.15. 2008다58367).

ㄷ. (○) : 의사무능력자가 자신이 소유하는 부동산에 근저당권을 설정해 주고 금융기관으로부터 금원을 대출받아 이를 제3자에게 대여한 사안에서, 대출로써 받은 이익이 위 제3자에 대한 대여금채권 또는 부당이득반환채권의 형태로 현존하므로, 금융기관은 대출거래약정 등의 무효에 따른 원상회복으로서 위 대출금 자체의 반환을 구할 수는 없더라도 현존 이익인 위 채권의 양도를 구할 수 있다(대판 2009.1.15. 2008다58367).

04 정답해설

① 법정대리인으로부터 허락을 얻은 특정한 영업에 관하여는 미성년자는 성년자와 동일한 행위능력을 가지므로, 그 범위에서 법정대리권이 소멸한다(제8조).

> **제8조【영업의 허락】**
> ① 미성년자가 법정대리인으로부터 허락을 얻은 특정한 영업에 관하여는 성년자와 동일한 행위능력이 있다.

② 제한능력을 이유로 하는 취소는 선의의 제3자에게 대항할 수 있다(제5조 제2항, 제10조 제1항, 제13조 제4항).

> **제5조【미성년자의 능력】** ② 전항의 규정에 위반한 행위는 취소할 수 있다
> **제10조【피성년후견인의 행위와 취소】** ① 피성년후견인의 법률행위는 취소할 수 있다.
> **제13조【피한정후견인의 행위와 동의】** ④ 한정후견인의 동의가 필요한 법률행위를 피한정후견인이 한정후견인의 동의 없이 하였을 때에는 그 법률행위를 취소할 수 있다. 다만, 일용품의 구입 등 일상생활에 필요하고 그 대가가 과도하지 아니한 법률행위에 대하여는 그러하지 아니하다.

③ 제16조【제한능력자의 상대방의 철회권과 거절권】② 제한능력자의 단독행위는 추인이 있을 때까지 상대방이 거절할 수 있다.

④ 가정법원은 피성년후견인이 성년후견인의 동의를 받아야 하는 법률행위의 범위를 정할 수 있는 것이 아니라, 취소할 수 없는 피성년후견인의 법률행위의 범위를 정할 수 있는 것이다(제10조 제2항).

> **제10조【피성년후견인의 행위와 취소】**
> ② 제1항에도 불구하고 가정법원은 취소할 수 없는 피성년후견인의 법률행위의 범위를 정할 수 있다.

⑤ 피특정후견인은 완전한 행위능력자이다. 일시적으로 또는 특정한 사무에 대하여 후원을 받을 뿐이다. 특정후견은 본인의 의사에 반하여 할 수 없다(제14조의2 제2항).

> **제14조의2【특정후견의 심판】**
> ① 가정법원은 질병, 장애, 노령, 그 밖의 사유로 인한 정신적 제약으로 일시적 후원 또는 특정한 사무에 관한 후원이 필요한 사람에 대하여 본인, 배우자, 4촌 이내의 친족, 미성년후견인, 미성년후견감독인, 검사 또는 지방자치단체의 장의 청구에 의하여 특정후견의 심판을 한다.
> ② 특정후견은 본인의 의사에 반하여 할 수 없다.

비교 제9조【성년후견개시의 심판】② 가정법원은 성년후견개시의 심판을 할 때 본인의 의사를 고려하여야 한다.
제12조【한정후견개시의 심판】② 한정후견개시의 경우에 제9조 제2항을 준용한다.

05 정답해설

ㄱ. (O) : 대표자로서의 모든 권한을 포괄적으로 타인에게 위임하고 자신은 이사의 직무를 집행하지 않은 甲의 '직무유기'는 그 자체로 이사의 선관주의의무를 위반한 행위이다.

> **제61조【이사의 주의의무】**
> 이사는 선량한 관리자의 주의로 그 직무를 행하여야 한다.

ㄴ. (×) : 비법인사단에 대하여는 사단법인에 관한 민법 규정 가운데서 법인격을 전제로 하는 것을 제외하고는 이를 유추적용하여야 할 것인바, 민법 제62조의 규정에 비추어 보면 비법인사단의 대표자는 정관 또는 총회의 결의로 금지하지 아니한 사항에 한하여 타인으로 하여금 특정한 행위를 대리하게 할 수 있을 뿐 비법인사단의 제반 업무처리를 포괄적으로 위임할 수는 없다 할 것이므로, 비법인사단 대표자가 행한 타인에 대한 업무의 포괄적 위임과 그에 따른 포괄적 수임인의 대행행위는 민법 제62조의 규정에 위반된 것이어서 비법인사단에 대하여는 그 효력이 미치지 아니한다(대판 1996.9.6, 94다18522). 대표자 甲의 포괄 위임에 근거한 A의 사실상 대표자로서 乙이 丙과 체결한 계약의 효력은 A에게 미치지 않는다.

> **제62조【이사의 대리인선임】**
> 이사는 정관 또는 총회의 결의로 금지하지 아니한 사항에 한하여 타인으로 하여금 특정한 행위를 대리하게 할 수 있다.

ㄷ. (O) : 민법 제35조 제1항은 "법인은 이사 기타 대표자가 그 직무에 관하여 타인에게 가한 손해를 배상할 책임이 있다"라고 정한다. 여기서 '법인의 대표자'에는 그 명칭이나 직위 여하 또는 대표자로 등기되었는지 여부를 불문하고 당해 법인을 실질적으로 운영하면서 법인을 사실상 대표하여 법인의 사무를 집행하는 사람을 포함한다. 그리고 이러한 법리는 주택조합과 같은 비법인사단에도 마찬가지로 적용된다(대판 2011.4.28, 2008다15438, 구성스윗닷홈주택조합 사건). A는 丁에 대하여 법인의 불법행위로 인한 손해배상책임을 부담한다.

06 정답해설

①, ④ 법인이 대표기관을 통하여 법률행위를 한 때에는 대리에 관한 규정이 준용된다(민법 제59조 제2항). 따라서 적법한 대표권을 가진 자와 맺은 법률행위의 효과는 대표자 개인이 아니라 본인인 법인에 귀속하고, 마찬가지로 그러한 법률행위상의 의무를 위반하여 발생한 채무불이행으로 인한 손해배상책임도 대표기관 개인이 아닌 법인만이 책임의 귀속주체가 되는 것이 원칙이다. 또한, 민법 제391조는 법정대리인 또는 이행보조자의 고의·과실을 채무자 자신의 고의·과실로 간주함으로써 채무불이행책임을 채무자 본인에게 귀속시키고 있는데, 법인의 경우도 법률행위에 관하여 대표기관의 고의·과실에 따른 채무불이행책임의 주체는 법인으로 한정된다(대판 2019.5.30, 2017다53265). 따라서 ① 대표자 甲이 A를 위하여 적법한 대표권 범위 내에서 계약을 체결한 경우, 그 계약의 효력은 본인이 사단법인 A에게 미친다. 그러나 ④ A의 乙에 대한 계약상 채무불이행책임 여부를 판단하는 경우, 원칙적으로 A의 고의·과실은 행위를 하는 대표자 甲을 기준으로 결정한다(제116조 제2항).

> **제59조 【이사의 대표권】**
> ① 이사는 법인의 사무에 관하여 각자 법인을 대표한다. 그러나 정관에 규정한 취지에 위반할 수 없고 특히 사단법인은 총회의 의결에 의하여야 한다.
> ② 법인의 대표에 관하여는 대리에 관한 규정을 준용한다.
>
> **제116조 【대리행위의 하자】**
> ① 의사표시의 효력이 의사의 흠결, 사기, 강박 또는 어느 사정을 알았거나 과실로 알지 못한 것으로 인하여 영향을 받은 경우에 그 사실의 유무는 대리인을 표준으로 하여 결정한다.

② 대표이사의 대표권한 범위를 벗어난 행위라 하더라도 그것이 회사의 권리능력의 범위 내에 속한 행위이기만 하면 대표권의 제한을 알지 못하는 제3자가 그 행위를 회사의 대표행위라고 믿은 신뢰는 보호되어야 하고, 대표이사가 대표권의 범위 내에서 한 행위는 설사 대표이사가 회사의 영리목적과 관계없이 자기 또는 제3자의 이익을 도모할 목적으로 그 권한을 남용한 것이라 할지라도 일단 회사의 행위로서 유효하고, 다만 그 행위의 상대방이 대표이사의 진의를 알았거나 알 수 있었을 때에는 회사에 대하여 무효가 되는 것이다(대판 2013.7.11, 2013다16473).

③ 법인의 정관에 법인 대표권의 제한에 관한 규정이 있으나 그와 같은 취지가 등기되어 있지 않다면 법인은 그와 같은 정관의 규정에 대하여 선의냐 악의냐에 관계없이 제3자에 대하여 대항할 수 없다(대판 1992.2.14, 91다24564). 즉 사단법인 A는 등기 없이는 대표권 제한에 관한 정관의 규정에 대해 악의인 제3자 乙에 대해서도 대항할 수 없다.

> **제60조 【이사의 대표권에 대한 제한의 대항요건】**
> 이사의 대표권에 대한 제한은 등기하지 아니하면 제3자에게 대항하지 못한다.

⑤ 만약 계약의 체결이 대표자 甲과 법인 A의 이해가 상반하는 사항인 경우, 甲은 계약체결에 대해 대표권이 없다(제64조). 이 경우 특별대리인을 선임하여야 한다.

> **제64조 【특별대리인의 선임】**
> 법인과 이사의 이익이 상반하는 사항에 관하여는 이사는 대표권이 없다. 이 경우에는 전조의 규정에 의하여 특별대리인을 선임하여야 한다.

07 　정답해설〉

① 사단법인의 경우 해산사유를 정하는 때에는 그 사유는 정관에 필수적 기재사항이다(제40조 제7호).

> **제40조 【사단법인의 정관】**
> 사단법인의 설립자는 다음 각 호의 사항을 기재한 정관을 작성하여 기명날인하여야 한다.
> 1. 목적
> 2. 명칭
> 3. 사무소의 소재지
> 4. 자산에 관한 규정
> 5. 이사의 임면에 관한 규정
> 6. 사원자격의 득실에 관한 규정
> 7. 존립시기나 해산사유를 정하는 때에는 그 시기 또는 사유

② 사단법인의 정관은 법적 성질이 계약이 아니라 자치법규로 보는 것이 타당하므로, 어느 시점의 사단법인의 사원들이 정관의 규범적인 의미내용과 다른 해석을 사원총회의 결의라는 방법으로 표명하였다고 하더라도

그 결의에 의한 해석은 그 사단법인의 구성원인 사원이나 법인을 구속할 수 없다(대판 2000.11.24, 99다 12437).

③ "사단법인의 사원의 지위는 양도 또는 상속할 수 없다"고 한 민법 제56조의 규정은 강행규정은 아니라고 할 것이므로, 정관에 의하여 이를 인정하고 있을 때에는 양도·상속이 허용된다(대판 1992.4.14, 91다 26850). 따라서 정관에 달리 정함이 없으면 제56조가 적용되어 사원의 지위는 양도할 수 없다.

> **제56조 【사원권의 양도, 상속금지】**
> 사단법인의 사원의 지위는 양도 또는 상속할 수 없다.

④ 법인과 이사의 법률관계는 신뢰를 기초로 하는 위임 유사의 관계이다. 민법 제689조 제1항에 따르면 위임계약은 각 당사자가 언제든지 해지할 수 있다. 그러므로 법인은 원칙적으로 이사의 임기 만료 전에도 언제든지 이사를 해임할 수 있다. 다만 이러한 민법 규정은 임의규정이므로 법인이 자치법규인 정관으로 이사의 해임사유 및 절차 등에 관하여 별도 규정을 둘 수 있다. 이러한 규정은 법인과 이사의 관계를 명확히 하는 것 외에 이사의 신분을 보장하는 의미도 아울러 가지고 있으므로 이를 단순히 주의적 규정으로 볼 수는 없다. 따라서 법인의 정관에 이사의 해임사유에 관한 규정이 있는 경우 이사의 중대한 의무위반 또는 정상적인 사무집행 불능 등의 특별한 사정이 없는 이상 법인은 정관에서 정하지 아니한 사유로 이사를 해임할 수 없다(대판 2024.1.4, 2023다263537).

⑤ 법원의 직무집행정지 가처분결정에 의해 회사를 대표할 권한이 정지된 대표이사가 그 정지기간 중에 체결한 계약은 절대적으로 무효이고, 그 후 가처분신청의 취하에 의하여 보전집행이 취소되었다 하더라도 집행의 효력은 장래를 향하여 소멸할 뿐 소급적으로 소멸하는 것은 아니라 할 것이므로, 가처분신청이 취하되었다 하여 무효인 계약이 유효하게 되지는 않는다(대판 2008.5.29, 2008다4537).

08 〔정답해설〕

① 토지의 개수는 지적법에 의한 지적공부상의 토지의 필수를 표준으로 하여 결정되는 것으로 1필지의 토지를 수필의 토지로 분할하여 등기하려면 먼저 위와 같이 지적법이 정하는 바에 따라 분할의 절차를 밟아 지적공부에 각 필지마다 등록이 되어야 하고 지적법상의 분할절차를 거치지 아니하는 한 1개의 토지로서 등기의 목적이 될 수 없는 것이며 설사 등기부에만 분필의 등기가 실행되었다 하여도 이로써 분필의 효과가 발생할 수는 없는 것이므로 결국 이러한 분필등기는 1부동산1부등기용지의 원칙에 반하는 등기로서 무효라 할 것이다(대판 1990.12.7, 90다카25208).

② 등기부상만으로 어떤 토지 중 일부가 분할되고 그 분할된 토지에 대하여 지번과 지적이 부여되어 등기되어 있어도 지적공부 소관청에 의한 지번, 지적, 지목, 경계확정 등의 분필절차를 거친 바가 없다면 그 등기가 표상하는 목적물은 특정되었다고 할 수는 없으니, 등기부에 소유자로 등기된 자가 등기부에 기재된 면적에 해당하는 만큼의 토지를 특정하여 점유하였다고 하더라도 그 등기는 그가 점유하는 토지부분을 표상하는 등기로 볼 수 없어 그 점유자는 등기부취득시효의 요건인 '부동산의 소유자로 등기한 자'에 해당하지 아니하므로 등기부시효취득을 할 수는 없다(대판 1995.6.16, 94다4615).

③ 점유 기타 사실관계의 기한 권리변동에 있어서는 제110조 제2항이 적용되지 않는다. 주물을 점유하고 있다 하더라도, 현실적으로 점유하고 있지 않는 종물에 대한 점유가 인정되지 않는다. 주물에 대한 점유취득시효의 효력은 점유하지 않은 종물에 미치지 않는다.

> **제100조 【주물, 종물】** ② 종물은 주물의 처분에 따른다.

④ 종물은 물건의 소유자가 그 물건의 상용에 공하기 위하여 자기 소유인 다른 물건을 이에 부속하게 한 것을 말하므로(민법 제100조 제1항) 주물과 다른 사람의 소유에 속하는 물건은 종물이 될 수 없다. 저당권의 실행으로 부동산이 경매된 경우에 그 부동산에 부합된 물건은 그것이 부합될 당시에 누구의 소유이었는지를 가릴 것 없이 그

부동산을 낙찰받은 사람이 소유권을 취득하지만, 그 부동산의 상용에 공하여진 물건일지라도 그 물건이 부동산의 소유자가 아닌 다른 사람의 소유인 때에는 이를 종물이라고 할 수 없으므로 부동산에 대한 저당권의 효력에 미칠 수 없어 부동산의 낙찰자가 당연히 그 소유권을 취득하는 것은 아니며, 나아가 부동산의 낙찰자가 그 물건을 선의취득하였다고 할 수 있으려면 그 물건이 경매의 목적물로 되었고 낙찰자가 선의이며 과실 없이 그 물건을 점유하는 등으로 선의취득의 요건을 구비하여야 한다(대판 2008.5.8, 2007다36933・36940).

⑤ 미분리의 천연과실과 수목의 집단은 토지의 일부이지만 명인방법을 갖춘 경우에는 독립한 부동산이다(대판 1977.4.12, 76도2887).

09 〔정답해설〕

① 어떠한 법률행위가 불공정한 법률행위에 해당하는지는 법률행위 시를 기준으로 판단하여야 한다. 따라서 계약 체결 당시를 기준으로 전체적인 계약 내용을 종합적으로 고려한 결과 불공정한 것이 아니라면 사후에 외부적 환경의 급격한 변화로 인하여 계약당사자 일방에게 큰 손실이 발생하고 상대방에게는 그에 상응하는 큰 이익이 발생할 수 있는 구조라고 하여 그 계약이 당연히 불공정한 계약에 해당한다고 말할 수 없다(대판(전) 2013.9.26, 2013다26746; 대판 2015.1.15, 2014다216072).

② 대리인이 매매계약을 체결한 경우, 경솔과 무경험은 그 대리인을 기준으로 판단하고 궁박상태에 있었는지의 여부는 본인의 입장에서 판단해야 한다(대판 2002.10.22, 2002다38927).

③ 적법한 절차에 의하여 이루어진 경매에 있어서 경락가격이 경매부동산의 시가에 비하여 저렴하다는 사유는 경락허가결정에 대한 적법한 불복이유가 되지 못하는 것이고 경매에 있어서는 불공정한 법률행위 또는 채무자에게 불리한 약정에 관한 것으로서 효력이 없다는 민법 제104조, 제608조는 적용될 여지가 없다(대결 1980.3.21, 80마77).

④. ⑤ 불공정한 법률행위는 무효이며 선의의 제3자에게도 무효를 주장할 수 있다. 그리고 무효행위의 추인에 의하여 유효로 될 수 없고, 법정추인이 적용될 여지도 없다(대판 1994.6.24, 94다10900).

■ 민법상 추인 비교

1. 무효행위의 추인		제139조	효과
(1)	강행법규 위반, 반사회적 법률행위, 불공정한 법률행위 등 무효	적용 ×	추인하여도 여전히 무효
(2)	통정허위표시로 무효, 무효의 가등기의 유용, 무효인 명의신탁 등 무효	적용 ○	무효임을 알고 추인한 때에는 새로운 법률로 본다(소급효 없다).
(3)	유동적 무효 : ㉠ 무권대리행위 ㉡ 무권리자 처분행위 ㉢ 토지거래허가를 받지 않고 한 토지매매계약 등	적용 ×	추인이나 허가를 받으면 소급하여 효력 발생
2. 취소할 수 있는 행위의 추인(취소권의 포기)		제141조 ○	유동적 유효 → 확정적 유효(소급효 ×)

10 〔정답해설〕

① 제111조【의사표시의 효력발생시기】② 의사표시자가 그 통지를 발송한 후 사망하거나 제한능력자가 되어도 의사표시의 효력에 영향을 미치지 아니한다.

② 통정허위표시는 표의자 스스로 그의 진의와 표시행위의 의미가 일치하지 않는다는 것을 알고, 그에 대하여 상대방과의 통정이 있으면 성립하는 것으로, 통정의 동기나 목적은 허위표시의 성립요건이 아니므로 허위표시의 성립에 영향이 없다.

> **제108조【통정한 허위의 의사표시】**
> ① 상대방과 통정한 허위의 의사표시는 무효로 한다.

③ 무효인 법률행위는 그 법률행위가 성립한 당초부터 당연히 효력이 발생하지 않는 것이므로, 무효인 법률행위에 따른 법률효과를 침해하는 것처럼 보이는 위법행위나 채무불이행이 있다고 하여도 법률효과의 침해에 따른 손해는 없는 것이므로 그 손해배상을 청구할 수는 없다(대판 2003.3.28, 2002다72125).

④ 착오가 법률행위 내용의 중요 부분에 있다고 하기 위하여는 표의자에 의하여 추구된 목적을 고려하여 합리적으로 판단하여 볼 때 표시와 의사의 불일치가 객관적으로 현저하여야 하고, 만일 그 착오로 인하여 표의자가 무슨 경제적인 불이익을 입은 것이 아니라고 한다면 이를 법률행위 내용의 중요 부분의 착오라고 할 수 없다(대판 1999.2.23, 98다47924).

⑤ 민법 제109조 제1항 단서는 의사표시의 착오가 표의자의 중대한 과실로 인한 때에는 그 의사표시를 취소하지 못한다고 규정하고 있는데, 위 단서 규정은 표의자의 상대방의 이익을 보호하기 위한 것이므로, 상대방이 표의자의 착오를 알고 이를 이용한 경우에는 착오가 표의자의 중대한 과실로 인한 것이라고 하더라도 표의자는 의사표시를 취소할 수 있다(대판 2014.11.27, 2013다49794).

11 정답해설

① 민법 제110조는 표의자의 재산의 보호가 아니라 표의자의 의사결정의 자유를 보호하는 데 그 목적이 있으므로 피기망자에게 손해를 가할 의사는 사기에 의한 의사표시의 성립요건이 아니다.

② 일반적으로 강박에 의한 의사표시라고 하려면 상대방이 불법으로 어떤 해악을 고지함으로 말미암아 공포를 느끼고 의사표시를 한 것이어야 한다(대판 1996.4.26, 94다34432).

③ 상대방 있는 의사표시에 관하여 제3자가 사기나 강박을 한 경우에는 상대방이 그 사실을 알았거나 알 수 있었을 경우에 한하여 그 의사표시를 취소할 수 있으나, 상대방의 대리인 등 상대방과 동일시할 수 있는 자의 사기나 강박은 제3자의 사기·강박에 해당하지 아니한다(대판 1999.2.23, 98다60828·60835).

④ 의사표시의 상대방이 아닌 자로서 기망행위를 하였으나 민법 제110조 제2항에서 정한 제3자에 해당되지 아니한다고 볼 수 있는 자란 그 의사표시에 관한 상대방의 대리인 등 상대방과 동일시할 수 있는 자만을 의미하고, 단순히 상대방의 피용자이거나 상대방이 사용자책임을 져야 할 관계에 있는 피용자에 지나지 않는 자는 상대방과 동일시할 수는 없어 이 규정에서 말하는 제3자에 해당한다(대판 1998.1.23, 96다41496).

⑤ 사기의 의사표시로 인한 매수인으로부터 부동산의 권리를 취득한 제3자는 특별한 사정이 없는 한 선의로 추정할 것이므로 사기로 인하여 의사표시를 한 부동산의 양도인이 제3자에 대하여 사기에 의한 의사표시의 취소를 주장하려면 제3자의 악의를 입증할 필요가 있다(대판 1970.11.24, 70다2155).

12 정답해설

① 부동산의 소유자로부터 매매계약을 체결할 대리권을 수여받은 대리인은 특별한 사정이 없는 한, 그 매매계약에서 약정한 바에 따라 중도금이나 잔금을 수령할 권한이 있다(대판 1994.2.8, 93다39379).

② 통상 사채알선업자가 전주(錢主)를 위하여 금전소비대차계약과 그 담보를 위한 담보권설정계약을 체결할 대리권을 수여받은 것으로 인정되는 경우라 하더라도 특별한 사정이 없는 한 일단 금전소비대차계약과 그 담보를 위한 담보권설정계약이 체결된 후에 이를 해제할 권한까지 당연히 가지고 있다고 볼 수는 없다(대판 1997.9.30, 97다23372).

③ 본인의 사망은 대리권 소멸사유이다(제127조). 본인 乙이 사망한다면 특별한 사정이 없는 한 임의대리인 甲의 대리권은 소멸한다.

> **제127조【대리권의 소멸사유】**
> 대리권은 다음 각 호의 어느 하나에 해당하는 사유가 있으면 소멸된다.
> 1. 본인의 사망
> 2. 대리인의 사망, 성년후견의 개시 또는 파산

④ 대리인은 행위능력을 요하는 것이 아니기 때문에 대리인 甲이 제한능력자인 미성년자임을 이유로 매매계약을 취소할 수 없다.

> **제117조【대리인의 행위능력】** 대리인은 행위능력자임을 요하지 아니한다.

⑤ 복대리인은 대리인이 대리권의 범위 내에서 대리인 자신의 이름으로 선임한 본인의 대리인이다. 임의대리인 甲이 부득이한 사유로 丙을 복대리인으로 선임한 것은 적법하며(제120조), 이때 복대리인 丙은 본인 乙을 대리한다(제123조 제1항). 丙은 대리인 甲의 대리인이 아니다.

> **제120조【임의대리인의 복임권】**
> 대리권이 법률행위에 의하여 부여된 경우에는 대리인은 본인의 승낙이 있거나 부득이한 사유가 있는 때가 아니면 복대리인을 선임하지 못한다.
> **제123조【복대리인의 권한】** ① 복대리인은 그 권한 내에서 본인을 대리한다.

13 〔정답해설〕

① 표현대리가 성립하면 그 본인은 표현대리행위에 대하여 전적인 책임을 져야 하고 상대방에게 과실이 있다고 하더라도 과실상계의 법리를 유추적용하여 그의 책임을 감경할 수 없다(대판 1996.7.12, 95다49554).
② 표현대리에 있어서는 대리권이 없음에도 불구하고 법률이 특히 거래상대방 보호와 거래안전유지를 위하여 본래 무효인 무권대리행위의 효과를 본인에게 미치게 한 것으로서 표현대리가 성립된다고 하여 무권대리의 성질이 유권대리로 전환되는 것은 아니므로, 양자의 구성요건 해당사실 즉 주요사실은 다르다고 볼 수밖에 없으니 유권대리에 관한 주장 속에 무권대리에 속하는 표현대리의 주장이 포함되어 있다고 볼 수 없다고 하였다(대판(전) 1983.12.13, 83다카1489).
③ 민법 제126조 소정의 권한을 넘는 표현대리 규정은 거래의 안전을 도모하여 거래상대방의 이익을 보호하려는 데에 그 취지가 있으므로 법정대리라고 하여 임의대리와는 달리 그 적용이 없다고 할 수 없다(대판 1997.6.27, 97다3828).
④ 복대리에도 표현대리법리가 적용된다. 따라서 대리인이 대리권 소멸 후 복대리인을 선임하여 복대리인으로 하여금 대리행위를 하도록 한 경우, 대리권 소멸 후의 표현대리가 성립할 수 있다(대판 1998.3.27, 97다48982).
⑤ 수권행위가 무효라면 처음부터 대리권이 존재하지 않았던 경우이므로 대리권 소멸 후의 표현대리에 관한 민법 제129조는 적용되지 않는다.

14 〔정답해설〕

① 무권대리인에 의한 매매계약에서 본인이 무권대리인이나 상대방으로부터 대금을 수령한 경우에는 특단의 사유가 없는 한 무권대리인의 매매계약을 추인하였다고 볼 것이다(대판 1963.4.11, 63다64; 대판 1992.2.28, 91다15584).
② 무권대리의 추인은 무권대리인이나 무권대리인의 상대방 어느 편에 대하여도 할 수 있다. 그러나 본인이 무권대리인에게 무권대리행위를 추인한 경우에는 상대방이 이를 알지 못하는 동안에는 본인은 상대방에게

추인의 효과를 주장하지 못하므로, 선의의 상대방은 그때까지 제134조에 의한 철회를 할 수 있다(대판 1981.4.14, 80다2314). 무권대리인에게 추인을 한 사실을 상대방 丙이 안 경우이므로 본인 甲은 丙에게 추인의 효력을 주장할 수 있다(제132조 단서).

> **제132조【추인, 거절의 상대방】**
> 추인 또는 거절의 의사표시는 상대방에 대하여 하지 아니하면 그 상대방에 대항하지 못한다. 그러나 상대방이 그 사실을 안 때에는 그러하지 아니하다.

③ 판례는 "甲은 乙의 무권대리인으로서 제135조 제1항의 규정에 의하여 매수인 丙에게 부동산에 대한 소유권이전등기를 이행할 의무가 있으므로 그러한 지위에 있는 甲이 乙로부터 부동산을 상속받아 그 소유자가 되어 소유권이전등기이행의무를 이행하는 것이 가능하게 된 시점에서 자신이 소유자라고 하여 자신으로부터 부동산을 전전매수한 丁에게 원래 자신의 매매행위가 무권대리행위여서 무효였다는 이유로 丁 앞으로 경료된 소유권이전등기가 무효의 등기라고 주장하여 그 등기의 말소를 청구하거나 부동산의 점유로 인한 부당이득금의 반환을 구하는 것은 금반언의 원칙이나 신의성실의 원칙에 반하여 허용될 수 없다(대판 1994.9.27, 94다20617)"고 판시하여 무권대리인이 본인을 단독상속한 경우에 관하여 당연히 유효로 되는 것은 아니고 무권대리인이 본인의 지위에서 추인을 거절하는 것은 금반언의 원칙이나 신의칙상 허용되지 않는다고 본다.

④ 상대방 丙이 甲에게 기간을 정하여 그 추인 여부의 확답을 최고하였으나 본인 甲이 기간 내에 확답을 발송하지 않으면 추인은 거절한 것으로 본다(제131조).

> **제131조【상대방의 최고권】**
> 대리권 없는 자가 타인의 대리인으로 계약을 한 경우에 상대방은 상당한 기간을 정하여 본인에게 그 추인여부의 확답을 최고할 수 있다. 본인이 그 기간 내에 확답을 발하지 아니한 때에는 추인을 거절한 것으로 본다.

⑤ 타인의 대리인으로 계약을 한 자가 그 대리권을 증명하지 못하고 또 본인의 추인을 얻지 못한 때에는 상대방의 선택에 좇아 계약의 이행 또는 손해배상의 책임이 있다(제135조 제1항). 반대해석상 본인 甲이 매매계약을 추인하면 상대방 丙은 본인에게 계약을 책임을 물을 수 있으므로, 乙을 상대로 무권대리인의 책임을 물을 수 없다.

> **제135조【상대방에 대한 무권대리인의 책임】**
> ① 다른 자의 대리인으로서 계약을 맺은 자가 그 대리권을 증명하지 못하고 또 본인의 추인을 받지 못한 경우에는 그는 상대방의 선택에 따라 계약을 이행할 책임 또는 손해를 배상할 책임이 있다.

15 〔정답해설〕▷

① 국토이용관리법상 토지거래허가구역 내의 토지에 관한 거래계약은 관할관청으로부터 허가받기 전의 상태에서는 거래계약의 채권적 효력도 전혀 발생하지 아니하여 무효이므로 권리의 이전 또는 설정에 관한 어떠한 내용의 이행청구도 할 수 없고, 따라서 상대방의 거래계약상 채무불이행을 이유로 손해배상을 청구할 수도 없다(대판 2000.1.28, 99다40524).

② 유동적 무효의 상태에 있는 거래계약의 당사자는 상대방이 그 거래계약의 효력이 완성되도록 협력할 의무를 이행하지 아니하였음을 들어 일방적으로 유동적 무효의 상태에 있는 거래계약 자체를 해제할 수 없다(대판(전) 1999.6.17, 98다40459), 협력의무는 부수적 채무에 불과하기 때문이다.

③ 허가구역 지정기간 중에 허가구역 안의 토지에 대하여 토지거래허가를 받지 아니하고 토지거래계약을 체결한 후 허가구역 지정해제 등이 된 때에는 그 토지거래계약이 허가구역 지정이 해제되기 전에 확정적으로 무효로 된 경우를 제외하고는, 더 이상 관할 행정청으로부터 토지거래허가를 받을 필요가 없이 확정적으로 유효로 되어 거래 당사자는 그 계약에 기하여 바로 토지의 소유권 등 권리의 이전 또는 설정에 관한 이행청구를

할 수 있고, 상대방도 반대급부의 청구를 할 수 있다고 보아야 할 것이지, 여전히 그 계약이 유동적 무효상태에 있다고 볼 것은 아니다(대판(전) 1999.6.17, 98다40459).

④ 국토이용관리법상 토지거래허가를 받지 않고 매매계약을 체결한 경우 허가를 받기 전에는 물권적 효력은 물론 채권적 효력도 발생하지 아니하지만, 일단 허가를 받으면 그 계약은 소급해서 유효로 되므로, 허가 후에 새로이 거래계약을 체결할 필요는 없다(대판(전) 1991.12.24, 90다12243).

⑤ 계약당사자의 표시와 불일치한 의사(비진의표시, 허위표시 또는 착오) 또는 사기, 강박과 같은 하자 있는 의사에 의하여 토지거래 등이 이루어진 경우에 있어서, 이들 사유에 기하여 그 거래의 무효 또는 취소를 주장할 수 있는 당사자는 그러한 거래허가를 신청하기 전 단계에서 이러한 사유를 주장하여 거래허가 신청협력에 거절의사를 일방적으로 명백히 함으로써 그 계약을 확정적으로 무효화시키고 자신의 거래허가절차에 협력할 의무를 면함은 물론 기왕에 지급된 계약금 등의 반환도 구할 수 있다(대판 1996.11.8, 96다35309).

16 정답해설

① 매도인이 매수인의 중도금 지급채무불이행을 이유로 매매계약을 적법하게 해제한 후라도, 매수인으로서는 상대방이 한 계약해제의 효과로서 발생하는 손해배상책임을 지거나 매매계약에 따른 계약금의 반환을 받을 수 없는 불이익을 면하기 위하여 착오를 이유로 한 취소권을 행사하여 위 매매계약 전체를 무효로 돌리게 할 수 있다(대판 1991.8.27, 91다11308).

② 법률행위의 취소는 상대방에 대한 의사표시로 하여야 하나 그 취소의 의사표시는 특별히 재판상 행하여짐이 요구되는 경우 이외에는 특정한 방식이 요구되는 것이 아니고, 취소의 의사가 상대방에 의하여 인식될 수 있다면 어떠한 방법에 의하더라도 무방하다고 할 것이고, 법률행위의 취소를 당연한 전제로 한 소송상의 이행청구나 이를 전제로 한 이행거절 가운데는 취소의 의사표시가 포함되어 있다고 볼 수 있다(대판 1993.9.14, 93다13162).

③ 취소한 법률행위는 처음부터 무효인 것으로 간주되므로 취소할 수 있는 법률행위가 일단 취소된 이상 그 후에는 취소할 수 있는 법률행위의 추인에 의하여 이미 취소되어 무효인 것으로 간주된 당초의 의사표시를 다시 확정적으로 유효하게 할 수는 없고, 다만 무효인 법률행위의 추인의 요건과 효력으로서 추인할 수는 있다(대판 1997.12.12, 95다38240).

④ **제146조【취소권의 소멸】** 취소권은 추인할 수 있는 날로부터 3년 내에, 법률행위를 한 날로부터 10년 내에 행사하여야 한다.

⑤ 민법 제146조는 취소권은 추인할 수 있는 날로부터 3년 내에 행사하여야 한다고 규정하고 있는바, 이때의 3년이라는 기간은 일반 소멸시효기간이 아니라 제척기간으로서 제척기간이 도과하였는지 여부는 당사자의 주장에 관계없이 법원이 당연히 조사하여 고려하여야 할 사항이다(대판 1996.9.20, 96다25371).

17 정답해설

① 기성조건이 정지조건이면 조건 없는 법률행위로 하고, 해제조건이면 그 법률행위는 무효로 한다(제151조 제2항).

> **제151조【불법조건, 기성조건】**
> ② 조건이 법률행위의 당시 이미 성취한 것인 경우에는 그 조건이 정지조건이면 조건 없는 법률행위로 하고 해제조건이면 그 법률행위는 무효로 한다.

② 불능조건이 해제조건이면 조건 없는 법률행위로 하고, 정지조건이면 그 법률행위는 무효로 한다(제151조 제3항).

> **제151조【불법조건, 기성조건】**
> ③ 조건이 법률행위의 당시에 이미 성취할 수 없는 것인 경우에는 그 조건이 해제조건이면 조건 없는 법률행위로 하고 정지조건이면 그 법률행위는 무효로 한다.

③ 조건부 법률행위에 있어 조건의 내용 자체가 불법적인 것이어서 무효일 경우 또는 조건을 붙이는 것이 허용되지 아니하는 법률행위에 조건을 붙인 경우 그 조건만을 분리하여 무효로 할 수는 없고 그 법률행위 전부가 무효로 된다(대결 2005.11.8, 2005마541).

> **제151조【불법조건, 기성조건】**
> ① 조건이 선량한 풍속 기타 사회질서에 위반한 것인 때에는 그 법률행위는 무효로 한다.

④ 기한부 법률행위의 효력은 어떤 기한이든 기한도래 시부터 생기며 절대적으로 소급할 수 없다. 이는 당사자의 특약으로도 소급효를 인정할 수 없는데, 기한에 소급효를 인정하면 기한을 붙이는 것과 모순되기 때문이다(제152조).

비교 조건과 달리 기한은 당사자의 의사표시로 소급효를 인정하는 규정이 없다.

⑤ 제153조【기한의 이익과 그 포기】① 기한은 채무자의 이익을 위한 것으로 추정한다.

---

18 〔정답해설〕

① 확정기한부 채권은 기한이 도래한 때, 불확정 기한부 채권은 기한이 객관적으로 도래한 때부터 소멸시효가 진행한다.

② 부당이득반환청구권은 법률상 원인 없이 타인의 재산 또는 노무로 인하여 이익을 얻고 이로 인하여 타인에게 손해를 가한 경우에 성립하며, 그 성립과 동시에 권리를 행사할 수 있으므로 청구권이 성립한 때부터 소멸시효가 진행한다(대판 2017.7.18, 2017다9039・9046).

③ 소멸시효는 권리를 행사할 수 있는 때로부터 진행하며 여기서 권리를 행사할 수 있는 때라 함은 권리행사에 법률상의 장애가 없는 때를 말하므로 정지조건부권리의 경우에는 조건 미성취의 동안은 권리를 행사할 수 없는 것이어서 소멸시효가 진행되지 않는다(대판 1992.12.22, 92다28822).

④ 제166조【소멸시효의 기산점】② 부작위를 목적으로 하는 채권의 소멸시효는 위반행위를 한 때로부터 진행한다.

⑤ 타인의 대리인으로 계약을 한 자가 그 대리권을 증명하지 못하고 또 본인의 추인을 얻지 못한 때에는 상대방의 선택에 좇아 계약의 이행 또는 손해배상의 책임이 있는 것인바 이 상대방이 가지는 계약이행 또는 손해배상청구권의 소멸시효는 그 선택권을 행사할 수 있는 때로부터 진행한다 할 것이고 또 선택권을 행사할 수 있는 때라고 함은 대리권의 증명 또는 본인의 추인을 얻지 못한 때라고 할 것이다(대판 1965.8.24, 64다1156).

---

19 〔정답해설〕

① 시효중단사유의 하나로 규정하고 있는 재판상의 청구라 함은 통상적으로는 권리자가 원고로서 시효를 주장하는 자를 피고로 하여 소송물인 권리를 소의 형식으로 주장하는 경우를 가리키지만, 이와 반대로 시효를 주장하는 자가 원고가 되어 소를 제기한 데 대하여 피고로서 응소하여 그 소송에서 적극적으로 권리를 주장하고 그것이 받아들여진 경우도 마찬가지로 이에 포함되는 것으로 해석함이 타당하고 또한 응소행위로 인한 시효중단의 효력은 피고가 현실적으로 권리를 행사하여 응소한 때에 발생한다(대판 2005.12.23, 2005다59383, 59390).

② 물상보증인이 그 피담보채무의 부존재 또는 소멸을 이유로 제기한 저당권설정등기 말소등기절차이행청구소송에서 채권자 겸 저당권자가 청구기각의 판결을 구하고 피담보채권의 존재를 주장하였다고 하더라도 이로써

직접 채무자에 대하여 재판상 청구를 한 것으로 볼 수는 없는 것이므로 피담보채권의 소멸시효에 관하여 규정한 민법 제168조 제1호 소정의 '청구'에 해당하지 아니한다(대판 2004.1.16, 2003다30890).

③ **제178조【중단 후의 시효진행】** ② 재판상의 청구로 인하여 중단된 시효는 전항의 규정에 의하여 재판이 확정된 때로부터 새로이 진행한다.

④ 가압류를 시효중단사유로 규정한 이유는 가압류에 의하여 채권자가 권리를 행사하였다고 할 수 있기 때문이다. 가압류채권자의 권리행사는 가압류를 신청한 때에 시작되므로, 이 점에서도 가압류에 의한 시효중단의 효력은 가압류신청을 한 때에 소급한다(대판 2017.4.7, 2016다35451).

⑤ 민사소송법 제265조에 의하면 시효중단사유 중 하나인 '재판상의 청구'(민법 제168조 제1호, 제170조)는 소를 제기한 때 시효중단의 효력이 발생한다. 그런데 채권양도로 채권은 그 동일성을 잃지 않고 양도인으로부터 양수인에게 이전되며 이러한 법리는 채권양도의 대항요건을 갖추지 못하였다고 하더라도 마찬가지인 점, 민법 제149조의 "조건의 성취가 미정한 권리의무는 일반규정에 의하여 처분, 상속, 보존 또는 담보로 할 수 있다."라는 규정은 대항요건을 갖추지 못하여 채무자에게 대항하지 못하더라도 채권양도로 채권을 이전받은 양수인의 경우에도 그대로 준용될 수 있는 점, 채무자를 상대로 재판상 청구를 한 채권 양수인을 '권리 위에 잠자는 자'라고 할 수 없는 점 등에 비추어 보면, 비록 대항요건을 갖추지 못하여 채무자에게 대항하지 못한다고 하더라도 채권의 양수인이 채무자를 상대로 재판상 청구를 하였다면 이는 소멸시효 중단사유인 재판상 청구에 해당한다고 보아야 한다(대판 2018.6.15, 2018다10920).

20 정답해설

②, ③, ④, ⑤ 모두 민법 제108조 제2항의 '제3자'에 해당한다.

제108조 제2항의 제3자란 당사자 및 포괄승계인 이외의 자로서 허위표시에 의하여 외형상 형성된 법률관계를 토대로 실질적으로 새로운 법률상 이해관계를 맺은 자를 말한다.

따라서 1. 가장매매의 매수인으로부터 그 목적부동산을 다시 매수한 자나 저당권의 설정을 받은 자, 2. 가장매매의 매수인으로부터 매매계약에 의한 소유권이전청구권보전을 위한 가등기를 취득한 자, 3. 가장의 금전소비대차에 기한 대여금채권을 가압류한 자, 4. 가장의 전세권설정계약에 기하여 등기가 경료된 전세권에 관하여 저당권을 취득한 자는 모두 제3자에 해당한다.

① 구 상호신용금고법 소정의 계약이전은 금융거래에서 발생한 계약상의 지위가 이전되는 사법상의 법률효과를 가져오는 것이므로 계약이전을 받은 금융기관은 계약이전을 요구받은 금융기관과 대출채무자 사이의 통정허위표시에 따라 형성된 법률관계를 기초로 하여 새로운 법률상 이해관계를 가지게 된 민법 제108조 제2항의 제3자에 해당하지 않는다(대판 2004.1.15, 2002다31537).

② 가장매매의 매수인으로부터 그 목적부동산을 다시 매수한 자나 저당권의 설정을 받은 자도 허위표시에 의하여 외형상 형성된 법률관계를 토대로 실질적으로 새로운 법률상 이해관계를 맺은 자이다.

③ 통정한 허위표시에 의하여 외형상 형성된 법률관계로 생긴 채권을 가압류한 경우, 그 가압류권자는 허위표시에 기초하여 새로운 법률상 이해관계를 가지게 되므로 민법 제108조 제2항의 제3자에 해당한다고 봄이 상당하고, 또한 민법 제108조 제2항의 제3자는 선의이면 족하고 무과실은 요건이 아니다(대판 2004.5.28, 2003다70041).

④ 허위표시를 원인으로 한 가등기 및 본등기와 이를 바탕으로 그 후에 이루어진 소유권이전등기는 제108조 제2항에 의해 유효하다(대판 1996.4.26, 94다12074).

⑤ 실제로는 전세권설정계약이 없으면서도 임대차계약에 기한 임차보증금 반환채권을 담보할 목적으로 임차인과 임대인 사이의 합의에 따라 임차인 명의로 전세권설정등기를 경료한 후 그 전세권에 대하여 근저당권이 설정된 경우, 설령 위 전세권설정계약만 놓고 보아 그것이 통정허위표시에 해당하여 무효라 하더라도 이로써 위 전세권설정계약에 의하여 형성된 법률관계를 토대로 별개의 법률원인에 의하여 새로운 법률상 이해관계를 갖게 된 근저당권자에 대하여는 그와 같은 사정을 알고 있었던 경우에만 그 무효를 주장할 수 있다(대판 2008.3.13, 2006다29372·29389).

21 정답해설

① 일물일권주의(一物一權主義)의 원칙상, 물건의 일부분, 구성부분에는 물권이 성립할 수 없는 것이어서 구분 또는 분할의 절차를 거치지 아니한 채 하나의 부동산 중 일부분에 관하여 따로 소유권보존등기를 경료하거나, 하나의 부동산에 관하여 경료된 소유권보존등기 중 일부분에 관한 등기만을 따로 말소하는 것은 허용되지 아니한다(대판 2000.10.27, 2000다39582).

② 온천권은 이를 관습법상의 물권이라고 볼 수 없고 온천수는 민법 제235조, 제236조 소정의 공용수 또는 생활상 필요한 용수에 해당하지 아니한다고 본다(대판 1970.5.26, 69다1239).

③ 1필의 토지의 일부에 대한 시효취득을 인정하기 위하여는 그 부분이 다른 부분과 구분되어 시효취득자의 점유에 속한다는 것을 인식하기에 족한 객관적 징표가 계속하여 존재할 것을 요한다 할 것이다(대판 2015.4.9, 2012다2408).

④ 1동의 건물은 그 전체를 경락허가의 대상으로 삼아야 할 것이고 그 일부분을 분리하여 따로 경락허가의 대상으로 삼을 수는 없는 것인바, 경매의 대상이 된 건물인 1동의 주택 및 창고와 부속건물 4동이 한 개의 건물로 등기되어 있고 미등기인 창고 2동이 있는데 경매법원이 등기된 건물 중 원채인 주택 및 창고와 부속건물 중 1동을 제외한 부속건물 3동을 따로 떼어 경락허가한 것은 일물일권주의에 위반되어 위법하고, 미등기인 창고 2동은 그것이 등기된 건물에 부속된 것이라면 같은 이유로 위법하고 따로 독립된 건물이라면 경매신청이 없는데 경락을 허가한 허물이 있다(대결 1990.10.11, 90마679).

⑤ 제371조【지상권, 전세권을 목적으로 하는 저당권】① 본장의 규정은 지상권 또는 전세권을 저당권의 목적으로 한 경우에 준용한다.

22 정답해설

① 소유권에 기한 물권적 청구권은 점유하는 자에게 요구하는 권리이다. 따라서 소유자는 현재 점유하고 있지 않은 자를 상대로 소유물의 반환을 청구할 수 없다. 사회통념상 건물은 그 부지를 떠나서는 존재할 수 없는 것이고, 건물의 소유자는 현실로 건물이나 그 대지를 점거하고 있지 않더라도 그 건물의 소유를 위하여 그 부지를 점유한다고 보아야 한다(대판 1991.6.25, 91다10329). 乙소유 X토지를 점유하는 자는 건물소유자인 甲이며, Y 건물을 관리하는 甲의 직원 A은 점유자인 甲의 지시에 따라 즉 점유보조관계에 기해서 사실상 지배를 하는 자로서 민법 제195조에 의해 점유자로 인정되지 않는 점유보조자일 뿐이다. 토지 소유자 乙은 Y를 관리하는 甲의 직원 A에게는 토지 점유자가 아니므로 X의 반환청구를 할 수 없다.

> 제213조【소유물반환청구권】
> 소유자는 그 소유에 속한 물건을 점유한 자에 대하여 반환을 청구할 수 있다. 그러나 점유자가 그 물건을 점유할 권리가 있는 때에는 반환을 거부할 수 있다.

② 甲이 법인인 경우 甲법인 자체가 건물의 소유자이므로(제34조), X토지의 소유자 乙은 甲의 대표이사 B 개인에게 아니라 토지 점유자인 甲법인에게 X의 반환청구를 할 수 있다.

③ 건물의 소유자가 건물의 소유를 통하여 타인 소유의 토지를 점유하고 있다고 하더라도 토지 소유자로서는 건물의 철거와 대지 부분의 인도를 청구할 수 있을 뿐 자기 소유의 건물을 점유하고 있는 자에 대하여 건물에서 퇴거할 것을 청구할 수는 없다(대판 1999.7.9, 98다57457·57464). 乙은 건물소유자인 甲에게 Y건물에서 퇴거할 것을 청구할 수 없다.

④ 건물철거는 그 소유권의 종국적 처분에 해당되는 사실행위이므로 원칙으로는 그 소유자에게만 그 철거처분권이 있다 할 것이고, 예외적으로 건물을 전소유자로부터 매수하여 점유하고 있는 등 그 권리의 범위 내에서 그 점유 중인 건물에 대하여 법률상 또는 사실상 처분을 할 수 있는 지위에 있는 자에게도 그 철거처분권이 있다(대판 2003.1.24, 2002다61521). 토지 소유자 乙은 丙이 매수하여 인도받았다면 건물에 대하여 사실상 처분을 할 수 있는 지위에 있는 자이므로 丙을 상대로 건물철거 청구를 할 수 있다.

⑤ 소유권에 의하여 발생되는 물상청구권은 소유권과 분리하여 이를 소유권 없는 전소유자에게 유보하여 행사시킬 수는 없다(대판 1980.9.9, 80다7). 토지의 반환청구권만 유보하고 소유권을 丁에게 양도할 수는 없다.

23 〔정답해설〕

① 환매기간을 제한하는 환매특약이 등기부에 기재되어 있는 때에는 반증이 없는 한 등기부 기재와 같은 환매특약이 진정하게 성립된 것으로 추정함이 상당하다(대판 1991.10.11, 91다13700).

② 소유권이전등기가 전 등기명의인의 직접적인 처분행위에 의한 것이 아니라 제3자가 그 처분행위에 개입된 경우 현 등기명의인이 그 제3자가 전 등기명의인의 대리인이라고 주장하더라도 현 소유명의인의 등기가 적법히 이루어진 것으로 추정되므로, 그 등기가 원인무효임을 이유로 그 말소를 청구하는 전 소유명의인으로서는 그 반대사실, 즉 그 제3자에게 전 소유명의인을 대리할 권한이 없었던가, 또는 제3자가 전 소유명의인의 등기서류를 위조하였다는 등의 무효사실에 대한 입증책임을 진다(대판 1997.4.8, 97다416).

③ 저당권등기가 있으면 저당권의 존재뿐만 아니라 피담보채권의 존재도 추정된다.

④ 등기는 물권의 효력 발생 요건이고 존속 요건은 아니어서 등기가 원인 없이 말소된 경우에는 그 물권의 효력에 아무런 영향이 없고, 그 회복등기가 마쳐지기 전이라도 말소된 등기의 등기명의인은 적법한 권리자로 추정되므로 원인 없이 말소된 등기의 효력을 다투는 쪽에서 그 무효 사유를 주장·입증하여야 한다(대판 1997.9.30, 95다39526).

⑤ 토지등기부의 표제부는 사실의 등기이지 권리의 등기가 아니므로 추정력이 없다. 따라서 그로 인하여 등기부상 면적의 존재가 추정된다고 할 수 없다. 또한 토지의 면적은 지적공부에 따른다(대판 1991.2.22, 90다12977).

24 〔정답해설〕

①, ② 민법 제330조, 제343조, 제249조에 의하면 동산질권을 선의취득하기 위하여는 질권자가 평온, 공연하게 선의이며 과실 없이 질권의 목적동산을 취득하여야 하고, 그 취득자의 선의, 무과실은 동산질권자가 입증하여야 한다(대판 1981.12.22, 80다2910). 따라서 丙이 질권을 선의취득하기 위해서는 평온, 공연하게 X의 점유를 취득하였어야 하고, 丙 자신이 甲이 소유자가 아니라는 사실에 대하여 선의이고 무과실이라는 사실을 증명하여야 한다.

> **제249조【선의취득】**
> 평온, 공연하게 동산을 양수한 자가 선의이며 과실 없이 그 동산을 점유한 경우에는 양도인이 정당한 소유자가 아닌 때에도 즉시 그 동산의 소유권을 취득한다.
>
> **제343조【준용규정】**
> 제249조 내지 제251조, 제321조 내지 제325조의 규정은 동산질권에 준용한다.

③ 민법 제249조가 규정하는 선의, 무과실의 기준시점은 물권행위가 완성되는 때인 것이므로 물권적 합의가 동산의 인도보다 먼저 행하여지면 인도된 때를, 인도가 물권적 합의보다 먼저 행하여지면 물권적 합의가 이루어진 때를 기준으로 해야 한다(대판 1991.3.22, 91다70). 丙이 계약을 체결할 당시 선의였더라도 X를 인도받을 때에도, 즉 물권행위가 완성된 때까지 선의·무과실이 계속되어야 한다. 따라서 인도받을 때 악의였다면 丙의 선의취득은 인정되지 않는다.

④ 동산의 선의취득에 필요한 점유의 취득은 현실적 인도가 있어야 하고 점유개정에 의한 점유취득만으로서는 그 요건을 충족할 수 없다(대판 1978.1.17, 77다1872). 甲이 직접점유를 취득하는 형태로 丙이 점유를 취득한 것은 점유개정에 해당하므로 丙의 선의취득은 인정되지 않는다.

⑤ 동산의 선의취득은 양도인이 무권리자라고 하는 점을 제외하고는 아무런 흠이 없는 거래행위이어야 성립한다(대판 2008.5.8, 2007다36933·36940). 따라서 거래행위가 제한능력, 의사의 흠결 등으로 무효·취소된 때에는 선의취득은 성립하지 않는다. 甲이 계약을 취소하면 丙은 선의취득을 할 수 없다.

25 〔정답해설〕

① 민법 제201조 제1항은 "선의의 점유자는 점유물의 과실을 취득한다."라고 규정하고 있는바, 여기서 선의의 점유자라 함은 과실수취권을 포함하는 권원이 있다고 오신한 점유자를 말하고, 다만 그와 같은 오신을 함에는 오신할 만한 정당한 근거가 있어야 한다(대판 2000.3.10, 99다63350). 지상권자는 타주점유자이지만, 용익물권자로서 과실수취권이 인정된다.

② 물건을 통상 사용하는 데 적합한 상태로 보존하고 관리하는 데 지출되는 비용은 필요비를 말하는데, 점유자가 선의·악의나 소유의사를 묻지 않고 회복자에 대하여 필요비의 상환을 청구할 수 있다. 다만 점유자가 과실을 취득한 경우에 통상의 필요비는 청구하지 못한다(제203조 제1항 단서). 타주점유자는 특별한 사정이 없는 한 회복자에 대하여 점유물을 보존하기 위하여 지출한 금액의 상환을 청구할 수 있다.

> **제203조【점유자의 상환청구권】**
> ① 점유자가 점유물을 반환할 때에는 회복자에 대하여 점유물을 보존하기 위하여 지출한 금액 기타 필요비의 상환을 청구할 수 있다. 그러나 점유자가 과실을 취득한 경우에는 통상의 필요비는 청구하지 못한다.

③ 악의의 점유자가 과실(過失) 없이 과실(果實)을 수취하지 못한 경우에는 그 대가를 보상할 필요가 없다.

> **제201조【점유자와 과실】**
> ② 악의의 점유자는 수취한 과실을 반환하여야 하며 소비하였거나 과실로 인하여 훼손 또는 수취하지 못한 경우에는 그 과실의 대가를 보상하여야 한다.

④ 점유자의 멸실·훼손의 책임은 원칙적으로 전부 배상이고, 소유 의사로 선의인 점유자만 현존이익을 배상한다. 선의라 해도 타주점유자는 전부 배상하여야 한다(제202조 단서).

> **제202조【점유자의 회복자에 대한 책임】**
> 점유물이 점유자의 책임 있는 사유로 인하여 멸실 또는 훼손된 때에는 악의의 점유자는 그 손해의 전부를 배상하여야 하며 선의의 점유자는 이익이 현존하는 한도에서 배상하여야 한다. 소유의 의사가 없는 점유자는 선의인 경우에도 손해의 전부를 배상하여야 한다.

⑤ **제203조【점유자의 상환청구권】** ② 점유자가 점유물을 개량하기 위하여 지출한 금액 기타 유익비에 관하여는 그 가액의 증가가 현존한 경우에 한하여 회복자의 선택에 좇아 그 지출금액이나 증가액의 상환을 청구할 수 있다.

26 〔정답해설〕

① 경계에 설치된 담이 공유인 경우, 제268조 제3항에 의해 법률상 공유물분할청구가 금지된다.

> **제268조【공유물의 분할청구】**
> ① 공유자는 공유물의 분할을 청구할 수 있다. 그러나 5년 내의 기간으로 분할하지 아니할 것을 약정할 수 있다.
> ② 전항의 계약을 갱신한 때에는 그 기간은 갱신한 날부터 5년을 넘지 못한다.
> ③ 전2항의 규정은 제215조, 제239조의 공유물에는 적용하지 아니한다.

②, ③ 인접하여 토지를 소유한 자가 통상의 경계표나 담을 설치하는 경우 별다른 관습이나 특약이 없는 한 그 설치비용은 절반씩, 측량비용은 토지 면적비율로 부담한다(제237조).

> **제237조【경계표, 담의 설치권】**
> ① 인접하여 토지를 소유한 자는 공동비용으로 통상의 경계표나 담을 설치할 수 있다.
> ② 전항의 비용은 쌍방이 절반하여 부담한다. 그러나 측량비용은 토지의 면적에 비례하여 부담한다.

④ 제240조【수지, 목근의 제거권】③ 인접지의 수목 뿌리가 경계를 넘은 때에는 임의로 제거할 수 있다.
⑤ 제242조【경계선부근의 건축】① 건물을 축조함에는 특별한 관습이 없으면 경계로부터 반미터 이상의 거리를 두어야 한다.

27 정답해설

① 건물을 소유하기 위하여 그 건물 부지를 평온·공연하게 20년간 점유함으로써 건물부지에 대한 지상권을 시효취득한다(대판 1994.10.14, 94다9849).
② 저당권은 그 성질상 점유를 수반하지 않기 때문에 시효취득의 대상이 되지 않는다.
③ 제245조【점유로 인한 부동산소유권의 취득기간】① 20년간 소유의 의사로 평온, 공연하게 부동산을 점유하는 자는 등기함으로써 그 소유권을 취득한다.
④ 민법 제294조에 의하여 지역권은 계속되고 표현된 것에 한하여 같은 법 제245조의 규정을 준용하게 되어 있으므로 지역권을 시효취득한 자는 등기함으로써 그 지역권을 취득하는 것이라고 보아야 할 것인데 원고가 지역권을 등기한 바 없고 그 대지는 취득시효 기간이 지난 뒤에 피고가 소유자로부터 매수하여 소유권이전등기까지 경료하였다면 원고가 지역권을 승계취득하였다고 하더라도 피고에 대하여 이를 주장할 수 없다(대판 1990.10.30, 90다카20395).
⑤ 동산질권도 시효취득의 대상이 된다(제248조).

> 제248조【소유권 이외의 재산권의 취득시효】전3조의 규정은 소유권 이외의 재산권의 취득에 준용한다.

28 정답해설

① 동산이 부동산에 부합하여 동산의 소유권이 소멸한 때에는 그 동산을 목적으로 한 다른 권리도 소멸한다(제260조 제1항)

> 제260조【첨부의 효과】
> ① 전4조의 규정에 의하여 동산의 소유권이 소멸한 때에는 그 동산을 목적으로 한 다른 권리도 소멸한다.

② 부합한 동산의 주종을 구별할 수 없는 때에는 동산의 소유자는 부합 당시의 가액의 비율로 합성물을 공유한다(제257조).

> 제257조【동산 간의 부합】
> 동산과 동산이 부합하여 훼손하지 아니하면 분리할 수 없거나 그 분리에 과다한 비용을 요할 경우에는 그 합성물의 소유권은 주된 동산의 소유자에게 속한다. 부합된 동산의 주종을 구별할 수 없는 때에는 동산의 소유자는 부합 당시의 가액의 비율로 합성물을 공유한다.

③ 민법 제256조 단서 소정의 '권원'이라 함은 지상권, 전세권, 임차권 등과 같이 타인의 부동산에 자기의 동산을 부속시켜서 그 부동산을 이용할 수 있는 권리를 뜻하므로 그와 같은 권원이 없는 자가 토지소유자의 승낙을 받음이 없이 그 임차인의 승낙을 받아 그 부동산 위에 나무를 심었다면 특별한 사정이 없는 한 토지소유자에 대하여 그 나무의 소유권을 주장할 수 없다(대판 1989.7.11, 88다카9067). X토지의 양수인은 자신의 소유인 수목을 벌채할 수 있다.

> 제256조【부동산에의 부합】
> 부동산의 소유자는 그 부동산에 부합한 물건의 소유권을 취득한다. 그러나 타인의 권원에 의하여 부속된 것은 그러하지 아니하다.

④ 부동산에 부합된 물건이 사실상 분리복구가 불가능하여 거래상 독립한 권리의 객체성을 상실하고 그 부동산과 일체를 이루는 부동산의 구성부분이 된 경우에는 타인이 권원에 의하여 이를 부합시켰더라도 그 물건의 소유권은 부동산의 소유자에게 귀속되어 부동산의 소유자는 방해배제청구권에 기하여 부합물의 철거를 청구할 수 없지만(대판 1985.12.4, 84다카2428; 대판 2008.5.8, 2007다36933·36940 등 참조), 부합물이 위와 같은 요건을 충족하지 못해 그 물건의 소유권이 부동산의 소유자에게 귀속되었다고 볼 수 없는 경우에는 부동산의 소유자는 방해배제청구권에 기하여 부합물의 철거를 청구할 수 있다.

⑤ 일반적으로 건물의 증축부분이 축조 당시는 본건물의 구성부분이 됨으로써 독립의 권리의 객체성을 상실하여 본건물에 부합되었다고 할지라도 그 후 구조의 변경 등으로 독립한 권리의 객체성을 취득하게 된 때에는 본건물과 독립하여 거래의 대상이 될 수 있다(대판 1982.1.26, 81다519).

29 [정답해설]

① 어떠한 물건에 대한 소유권과 다른 물권이 동일한 사람에게 귀속한 경우 그 제한물권은 혼동에 의하여 소멸하는 것이 원칙이지만, 본인 또는 제3자의 이익을 위하여 그 제한물권을 존속시킬 필요가 있다고 인정되는 경우에는 민법 제191조 제1항 단서의 해석에 의하여 혼동으로 소멸하지 않는다고 보아야 할 것이다(대판 1998.7.10, 98다18643). X토지에 甲이 1번 저당권, 乙이 2번 저당권을 취득하고, 丙이 X토지를 가압류한 후 乙이 X토지를 매수하여 소유권을 취득한 경우 乙의 후순위 저당권이 혼동으로 소멸하게 된다면, 가압류한 丙은 이로 인하여 부당한 이득을 얻게 되는 반면 乙은 손해를 보게 되는 불합리한 결과가 되므로, 乙의 저당권은 그 이후의 소유권 취득에도 불구하고 혼동으로 소멸하지 않는다.

② 유치권은 법정담보물권이기는 하나 채권자의 이익보호를 위한 채권담보의 수단에 불과하므로 이를 표기하는 특약은 유효하고, 유치권을 사전에 포기한 경우 다른 법정요건이 모두 충족되더라도 유치권이 발생하지 않는 것과 마찬가지로 유치권을 사후에 포기한 경우 곧바로 유치권은 소멸하며, 채권자가 유치권의 소멸 후에 그 목적물을 계속하여 점유한다고 하여 여기에 적법한 유치의 의사나 효력이 있다고 인정할 수 없고 다른 법률상 권원이 없는 한 무단점유에 지나지 않는다(대결 2011.5.13, 2010마1544).

③ 혼동으로 물권이 소멸하기 위해서는 1) 양립될 수 없는 물권이, 2) 동일인에게 귀속되는 경우이어야 한다. 따라서 점유권에 대해서는 혼동의 법리가 적용되지 않는다. 점유권은 다른 물권과 양립할 수 있기 때문이다(제191조 제3항 참조).

> **제191조 【혼동으로 인한 물권의 소멸】**
> ① 동일한 물건에 대한 소유권과 다른 물권이 동일한 사람에게 귀속한 때에는 다른 물권은 소멸한다. 그러나 그 물권이 제3자의 권리의 목적이 된 때에는 소멸하지 아니한다.
> ③ 점유권에 관하여는 전2항의 규정을 적용하지 아니한다.

④ 지역권은 20년간 행사하지 않으면 소멸시효가 완성된다(제162조 제2항).

> **제162조 【채권, 재산권의 소멸시효】**
> ① 채권은 10년간 행사하지 아니하면 소멸시효가 완성한다.
> ② 채권 및 소유권 이외의 재산권은 20년간 행사하지 아니하면 소멸시효가 완성한다.

⑤ 임차주택의 양수인에게 대항할 수 있는 주택임차인이 당해 임차주택을 경락받아 그 대금을 납부함으로써 임차주택의 소유권을 취득한 때에는, 그 주택임차인은 임대인의 지위를 승계하는 결과, 그 임대차계약에 기한 채권이 혼동으로 인하여 소멸하게 되므로 그 임대차는 종료된 상태가 된다(대판 1998.9.25, 97다28650). 경매절차이므로 소멸주의에 따라 후순위 저당권도 소멸하게 되고, 따라서 임차권을 존치시킬 이유가 없다.

30 〔정답해설〕

① 토지 소유자가 그 소유의 토지를 도로, 수도시설의 매설 부지 등 일반 공중을 위한 용도로 제공한 경우에 소유자가 토지를 소유하게 된 경위와 보유기간, 소유자가 토지를 공공의 사용에 제공한 경위와 그 규모, 토지의 제공에 따른 소유자의 이익 또는 편익의 유무, 해당 토지 부분의 위치나 형태, 인근의 다른 토지들과의 관계, 주위 환경 등 여러 사정을 종합적으로 고찰하고, 토지 소유자의 소유권 보장과 공공의 이익 사이의 비교형량을 한 결과 소유자가 그 토지에 대한 독점적·배타적인 사용·수익권을 포기한 것으로 볼 수 있다면 타인[사인(私人)뿐만 아니라 국가, 지방자치단체도 이에 해당할 수 있다. 이하 같다]이 그 토지를 점유·사용하고 있다 하더라도 특별한 사정이 없는 한 그로 인해 토지 소유자에게 어떤 손해가 생긴다고 볼 수 없으므로 토지 소유자는 그 타인을 상대로 부당이득반환을 청구할 수 없고 토지의 인도 등을 구할 수도 없다(대판(전) 2019.1.24. 2016다264556). 甲은 그 타인에 대하여 X토지의 인도청구를 할 수 없다.

②, ③ 소유권의 핵심적 권능에 속하는 사용·수익 권능의 대세적·영구적인 포기는 물권법정주의에 반하여 허용할 수 없으므로 토지 소유자의 독점적·배타적인 사용·수익권의 행사가 제한되는 것으로 보는 경우에도 일반 공중의 무상 이용이라는 토지이용현황과 양립 또는 병존하기 어려운 토지 소유자의 독점적이고 배타적인 사용·수익만이 제한될 뿐이고, 토지 소유자는 일반 공중의 통행 등 이용을 방해하지 않는 범위 내에서는 그 토지를 처분하거나 사용·수익할 권능을 상실하지 않는다(대판(전) 2019.1.24. 2016다264556). ② 甲이 X토지의 사용·수익권을 대세적·영구적으로 포기하는 것은 허용되지 않는다. ③ 甲은 일반 공중의 통행을 방해하지 않는 범위에서 X토지를 처분할 수 있다.

④ 상속인은 피상속인의 일신에 전속한 것이 아닌 한 상속이 개시된 때로부터 피상속인의 재산에 관한 포괄적 권리·의무를 승계하므로 피상속인이 사망 전에 그 소유 토지를 일반 공중의 이용에 제공하여 독점적·배타적인 사용·수익권을 포기한 것으로 볼 수 있고 그 토지가 상속재산에 해당하는 경우에는 피상속인의 사망 후 그 토지에 대한 상속인의 독점적·배타적인 사용·수익권의 행사 역시 제한된다(대판(전) 2019.1.24. 2016다264556).

⑤ 토지소유자의 독점적·배타적 사용·수익권 행사 제한의 법리는 토지가 도로, 수도시설의 매설 부지 등 일반 공중을 위한 용도로 제공된 경우에 적용되는 것이어서 토지가 건물의 부지 등 지상 건물의 소유자들만을 위한 용도로 제공된 경우에는 적용되지 않는다. 따라서 토지소유자가 그 소유 토지를 건물의 부지로 제공하여 지상 건물소유자들이 이를 무상으로 사용하도록 허락하였다고 하더라도 그러한 법률관계가 물권의 설정 등으로 특정승계인에게 대항할 수 있는 것이 아니라면 채권적인 것에 불과하여 특정승계인이 그러한 채권적 법률관계를 승계하였다는 등의 특별한 사정이 없는 한 특정승계인의 그 토지에 대한 소유권 행사가 제한된다고 볼 수 없다(대판 2019.11.14. 2015다211685). 특별한 사정이 없는 한 X토지의 매수인의 배타적 사용·수익권 행사는 제한되지 않는다.

31 〔정답해설〕

① 공유물의 소수지분권자가 다른 공유자와 협의 없이 공유물의 전부 또는 일부를 독점적으로 점유·사용하고 있는 경우 다른 소수지분권자는 공유물의 보존행위로서 그 인도를 청구할 수는 없고, 다만 자신의 지분권에 기초하여 공유물에 대한 방해 상태를 제거하거나 공동 점유를 방해하는 행위의 금지 등을 청구할 수 있다(대판(전) 2020.5.21. 2018다287522). 토지의 1/3 지분을 소유하고 있는 소수지분권자 乙은 甲에게 자신의 공유지분권에 기초하여 X토지에 대한 방해배제청구를 할 수 있다.

② 공유물을 처분하기 위해서는 전원의 동의가 있어야 한다(제264조). 甲과 乙이 협의하여 X토지를 매도하였다 하더라도 공유자 丙의 동의가 없어 공유인 X토지의 처분의 효력은 없다. 다만, 甲과 乙의 지분처분으로 효력이 있을 뿐이므로(제263조), 丙의 지분에는 미치지 않는다.

> **제263조【공유지분의 처분과 공유물의 사용, 수익】**
> 공유자는 그 지분을 처분할 수 있고 공유물 전부를 지분의 비율로 사용, 수익할 수 있다.
>
> **제264조【공유물의 처분, 변경】**
> 공유자는 다른 공유자의 동의 없이 공유물을 처분하거나 변경하지 못한다.

③ 공유물을 점유할 아무런 권리가 없는 제3자에 대해서는 각 공유자는 단독으로 반환을 청구할 수 있고, 이 때 자신에게 목적물 전부를 반환할 것을 청구할 수 있다. 판례는 보존행위를 근거로 한다. 丁이 X토지의 점유를 무단으로 침해하고 있는 경우, 공유자 아닌 제3자인 丁에게 甲은 X토지 중 자신의 지분에 한하지 않고, 전부에 대해 반환을 청구할 수 있다.

④ 민법 제267조는 '공유자가 그 지분을 포기하거나 상속인 없이 사망한 때에는 그 지분은 다른 공유자에게 각 지분의 비율로 귀속한다.'고 규정하고 있다. 여기서 공유지분의 포기는 법률행위로서 상대방 있는 단독행위에 해당하므로, 부동산 공유자의 공유지분 포기의 의사표시가 다른 공유자에게 도달하더라도 이로써 곧바로 공유지분 포기에 따른 물권변동의 효력이 발생하는 것은 아니고, 다른 공유자는 자신에게 귀속될 공유지분에 관하여 소유권이전등기청구권을 취득하며, 이후 민법 제186조에 의하여 등기를 하여야 공유지분 포기에 따른 물권변동의 효력이 발생한다(대판 1965.6.15, 65다301 참조). 그리고 부동산 공유자의 공유지분 포기에 따른 등기는 해당 지분에 관하여 다른 공유자 앞으로 소유권이전등기를 하는 형태가 되어야 한다(대판 2016.10.27, 2015다52978). 甲이 자신의 지분을 포기하더라도 乙과 丙이 이전등기를 하여야 甲의 지분을 취득한다.

⑤ 공유자가 1년 이상 관리비용 기타 의무이행을 지체한 때에는 다른 공유자는 <u>상당한 가액으로 지분을 매수할 수 있다</u>(제266조 제2항). 甲, 乙은 丙의 지분을 무상으로 취득할 수는 없다.

> **제266조【공유물의 부담】**
> ② 공유자가 1년 이상 전항의 의무이행을 지체한 때에는 다른 공유자는 상당한 가액으로 지분을 매수할 수 있다.

32 〔정답해설〕

① <u>공유자는 다른 약정이 없으면 언제든지 공유물의 분할을 청구할 수 있다(</u>민법 제268조). 공유는 공동소유자 상호 간에 아무런 인적 결합관계 없이 각기 독립적으로 목적물을 지배할 수 있는 공동소유 형태로서, 물건에 대한 1개의 소유권이 분량적으로 분할되어 여러 사람에게 속하는 것이므로 특별한 사정이 없는 한 각 공유자는 공유물의 분할을 청구하여 기존의 공유관계를 해소하고 각 공유자 간에 공유물을 분배하는 법률관계를 실현하는 일방적인 권리를 가진다(대판 1991.11.12, 91다27228 등 참조). 甲은 乙과 丙의 동의를 얻지 않고서 공유물의 분할을 청구할 수 있다.

② 5년 내의 기간으로 분할금지약정이 가능하므로, 甲, 乙, 丙이 3년간 공유물을 분할하지 않기로 합의한 것은 유효하다(제268조 제1항).

> **제268조【공유물의 분할청구】**
> ① 공유자는 공유물의 분할을 청구할 수 있다. 그러나 5년 내의 기간으로 분할하지 아니할 것을 약정할 수 있다.

③ 공유관계의 발생원인과 공유지분의 비율 및 분할된 경우의 경제적 가치, 분할 방법에 관한 공유자의 희망 등의 사정을 종합적으로 고려하여 당해 공유물을 특정한 자에게 취득시키는 것이 상당하다고 인정되고, 다른 공유자에게는 그 지분의 가격을 취득시키는 것이 공유자 간의 실질적인 공평을 해치지 않는다고 인정되는 특별한 사정이 있는 때에는 공유물을 공유자 중의 1인의 단독소유 또는 수인의 공유로 하되 현물을 소유하게 되는 공유자로 하여금 다른 공유자에 대하여 그 지분의 적정하고도 합리적인 가격을 배상시키는 방법에 의한 분할도 현물분할의 하나로 허용된다(대판 2004.10.14, 2004다30583).

④ 甲, 乙의 공유인 부동산 중 甲의 지분 위에 설정된 근저당권 등 담보물권은 특단의 합의가 없는 한 공유물분할이 된 뒤에도 종전의 지분비율대로 공유물 전부의 위에 그대로 존속하고 근저당권설정지인 甲 앞으로 분할된 부분에 당연히 집중되는 것은 아니므로, 甲과 담보권자 사이에 공유물분할로 甲의 단독소유로 된 토지부분 중 원래의 乙지분부분을 근저당권의 목적물에 포함시키기로 합의하였다고 하여도 이런 합의가 乙의 단독소유로된 토지부분 중 甲지분부분에 대한 피담보채권을 소멸시키기로 하는 합의까지 내포한 것이라고는 할 수 없다(대판 1989.8.8, 88다카24868).

⑤ 공유물분할은 협의분할을 원칙으로 하고 협의가 성립되지 아니한 때에는 재판상 분할을 청구할 수 있으므로 공유자 사이에 이미 분할에 관한 협의가 성립된 경우에는 일부 공유자가 분할에 따른 이전등기에 협조하지 않거나 분할에 관하여 다툼이 있더라도 그 분할된 부분에 대한 소유권이전등기를 청구하던가 소유권확인을 구함은 별문제이나 또다시 소로써 그 분할을 청구하거나 이미 제기한 공유물분할의 소를 유지함은 허용되지 않는다(대판 1995.1.12, 94다30348·30355).

> **제269조 【분할의 방법】**
> ① 분할의 방법에 관하여 협의가 성립되지 아니한 때에는 공유자는 법원에 그 분할을 청구할 수 있다.

33 [정답해설]

① 근저당권 등 담보권 설정의 당사자들이 그 목적이 된 토지 위에 차후 용익권이 설정되거나 건물 또는 공작물이 축조·설치되는 등으로써 그 목적물의 담보가치가 저감하는 것을 막는 것을 주요한 목적으로 하여 채권자 앞으로 아울러 지상권을 설정하였다면, 그 피담보채권이 변제 등으로 만족을 얻어 소멸한 경우는 물론이고 시효소멸한 경우에도 그 지상권은 피담보채권에 부종하여 소멸한다(대판 2011.4.14, 2011다6342).

② 민법 제280조 제1항 제1호가 석조·석회조·연와조 또는 이와 비슷한 견고한 건물이나 수목의 '소유를 목적으로 하는' 지상권의 경우 그 존속기간은 30년보다 단축할 수 없다고 규정하고 있음에 비추어 볼 때, 같은 법조 소정의 최단 존속기간에 관한 규정은 지상권자가 그 소유의 건물 등을 건축하거나 수목을 식재하여 토지를 이용할 목적으로 지상권을 설정한 경우에만 그 적용이 있다(대판 1996.3.22, 95다49318). 기존 건물의 사용을 목적으로 지상권이 설정된 경우에는 적용되지 않아 그 존속기간을 30년 미만으로 정할 수 있다.

③ 부동산에 부합한 물건이 타인이 적법한 권원에 의하여 부속한 것인 때에는 민법 제256조 단서에 따라 그 물건의 소유권은 그 타인의 소유에 귀속되는 것이다. 지상권자가 존속기간 중 심은 수목의 소유권은 그 지상권자에게 귀속되는 것이고, 경우에 따라 지상권자는 수목에 대해 지상물매수청구권을 행사할 수 있다.

④ 지상권자는 지상권설정자의 동의 없이 타인에게 그 권리를 양도하거나 그 권리의 존속기간 내에 그 토지를 임대할 수 있다(제282조). 이는 편면적 강행규정으로(제289조), 이를 금지하는 특약은 무효이다. 따라서 양도가 금지된 지상권의 양수인은 양수한 지상권으로 지상권설정자에게 대항할 수 있다.

🔵**비교** 전세권 양도규정 : 임의규정 → 전세권 금지특약 : 유효

> **제282조 【지상권의 양도, 임대】**
> 지상권자는 타인에게 그 권리를 양도하거나 그 권리의 존속기간 내에서 그 토지를 임대할 수 있다.
>
> **제289조 【강행규정】**
> 제280조부터 제287조의 규정에 위반되는 계약으로 지상권자에게 불리한 것은 그 효력이 없다.

⑤ 대법원은 연속해서 2년 이상일 필요가 없고, 특정당사자 간 2년분 이상이면 요건을 충족하고, 전소유자에게 연체된 부분의 합산을 신소유자는 주장하지 못한다고 한다(대판 2001.3.13, 99다17142).

> **제287조 【지상권 소멸청구권】**
> 지상권자가 2년 이상의 지료를 지급하지 아니한 때에는 지상권설정자는 지상권의 소멸을 청구할 수 있다.

34 　정답해설

ㄱ. (O) : 전세권이 갱신 없이 존속기간이 만료되면 그 용익물권적 권능은 전세권설정등기의 말소 없이도 소멸한
　　　 다(대판 1999.9.17, 98다31301).

ㄴ. (X) : 전세금의 지급은 전세권 성립의 요소가 되는 것이지만 그렇다고 하여 전세금의 지급이 반드시 현실적
　　　 으로 수수되어야만 하는 것은 아니고 기존의 채권으로 전세금의 지급에 갈음할 수도 있다(대판 2009.1.30,
　　　 2008다67217).

ㄷ. (O) : 전세권자는 전세금을 지급하고 타인의 부동산을 점유하여 그 부동산의 용도에 좇아 사용·수익하며,
　　　 그 부동산 전부에 대하여 후순위권리자 기타 채권자보다 전세금의 우선변제를 받을 권리가 있다(민법 제303
　　　 조 제1항). 이처럼 전세권이 용익물권적인 성격과 담보물권적인 성격을 모두 갖추고 있는 점에 비추어 전세권
　　　 존속기간이 시작되기 전에 마친 전세권설정등기도 특별한 사정이 없는 한 유효한 것으로 추정된다. 한편
　　　 부동산등기법 제4조 제1항은 "같은 부동산에 관하여 등기한 권리의 순위는 법률에 다른 규정이 없으면 등기
　　　 한 순서에 따른다."라고 정하고 있으므로, 전세권은 등기부상 기록된 전세권설정등기의 존속기간과 상관없이
　　　 등기된 순서에 따라 순위가 정해진다(대결 2018.1.25, 2017마1093).

ㄹ. (X) : 전세권이 용익물권적 성격과 담보물권적 성격을 겸비하고 있다는 점 및 목적물의 인도는 전세권의
　　　 성립요건이 아닌 점 등에 비추어 볼 때, 당사자가 주로 채권담보의 목적으로 전세권을 설정하였고, 그 설정과
　　　 동시에 목적물을 인도하지 아니한 경우라 하더라도, 장차 전세권자가 목적물을 사용·수익하는 것을 완전히
　　　 배제하는 것이 아니라면, 그 전세권의 효력을 부인할 수는 없다(대판 1995.2.10, 94다18508).

35 　정답해설

① 유치권은 점유가 불법행위로 개시된 경우에는 인정되지 않는다(제320조 제2항).

> **제320조 【유치권의 내용】**
> ② 전항의 규정은 그 점유가 불법행위로 인한 경우에 적용하지 아니한다.

② 유치권은 점유하는 물건으로써 유치권자의 피담보채권에 대한 우선적 만족을 확보하여 주는 법정담보물권이
　 다(민법 제320조 제1항, 상법 제58조). 한편 유치권자가 민법 제324조 제2항을 위반하여 유치물 소유자의
　 승낙 없이 유치물을 임대한 경우 유치물의 소유자는 이를 이유로 민법 제324조 제3항에 의하여 유치권의
　 소멸을 청구할 수 있다. 민법 제324조에서 정한 유치권소멸청구는 유치권자의 선량한 관리자의 주의의무
　 위반에 대한 제재로서 채무자 또는 유치물의 소유자를 보호하기 위한 규정이므로, 특별한 사정이 없는 한
　 민법 제324조 제2항을 위반한 임대행위가 있은 뒤에 유치물의 소유권을 취득한 제3자도 유치권소멸청구를
　 할 수 있다(대판 2023.8.31, 2019다295278).

③ 점유회수의 소를 제기하여 승소판결을 받아 점유를 회복하면 점유를 상실하지 않았던 것으로 되어 유치권이
　 되살아나지만, 위와 같은 방법으로 점유를 회복하기 전에는 유치권이 되살아나는 것이 아니다(대판 2012.2.9,
　 2011다72189).

④ 유치권의 성립요건이자 존속요건인 유치권자의 점유는 직접점유이든 간접점유이든 관계가 없으나, 다만 유치
　 권은 목적물을 유치함으로써 채무자의 변제를 간접적으로 강제하는 것을 본체적 효력으로 하는 권리인 점
　 등에 비추어, 그 직접점유자가 채무자인 경우에는 유치권의 요건으로서의 점유에 해당하지 않는다(대판
　 2008.4.11, 2007다27236).

⑤ 민법 제367조에 의한 우선상환은 제3취득자가 경매절차에서 배당받는 방법으로 민법 제203조 제1, 2항에서
　 규정한 비용에 관하여 경매절차의 매각대금에서 우선변제받을 수 있다는 것이지 이를 근거로 제3취득자가
　 직접 저당권설정자, 저당권자 또는 경매절차 매수인 등에 대하여 비용상환을 청구할 수 있는 권리가 인정될
　 수 없다. 따라서 제3취득자는 민법 제367조에 의한 비용상환청구권을 피담보채권으로 주장하면서 유치권을
　 행사할 수 없다(대판 2023.7.13, 2022다265093).

36 [정답해설]

① 주택건물의 신축공사를 한 수급인이 그 건물을 점유하고 있고 또 그 건물에 관하여 생긴 공사금 채권이 있다면, 수급인은 그 채권을 변제받을 때까지 건물을 유치할 권리가 있다고 할 것이고, 이러한 유치권은 수급인이 점유를 상실하거나 피담보채무가 변제되는 등 특단의 사정이 없는 한 소멸되지 않는다(대판 1995.9.15, 95다16202·16219).

② 임대인과 임차인 사이에 건물명도 시 권리금을 반환하기로 하는 약정이 있었다 하더라도 그와 같은 권리금반환청구권은 건물에 관하여 생긴 채권이라 할 수 없으므로 그와 같은 채권을 가지고 건물에 대한 유치권을 행사할 수 없다(대판 1994.10.14, 93다62119).

③ 부동산 매도인이 매매대금을 다 지급받지 아니한 상태에서 매수인에게 소유권이전등기를 마쳐주어 목적물의 소유권을 매수인에게 이전한 경우에는, 매도인의 목적물인도의무에 관하여 동시이행의 항변권 외에 물권적 권리인 유치권까지 인정할 것은 아니다. 따라서 매도인이 부동산을 점유하고 있고 소유권을 이전받은 매수인에게서 매매대금 일부를 지급받지 못하고 있다고 하여 매매대금채권을 피담보채권으로 매수인이나 그에게서 부동산 소유권을 취득한 제3자를 상대로 유치권을 주장할 수 없다(대결 2012.1.12, 2011마2380).

④ 甲이 건물 신축공사 수급인인 乙주식회사와 체결한 약정에 따라 공사현장에 시멘트와 모래 등의 건축자재를 공급한 경우 甲의 건축자재대금채권은 매매계약에 따른 매매대금채권에 불과할 뿐 건물 자체에 관하여 생긴 채권이라고 할 수 없다(대판 2012.1.26, 2011다96208).

⑤ 건물의 임대차에 있어서 임차인의 임대인에게 지급한 임차보증금반환청구권이나 임대인이 건물시설을 아니하기 때문에 임차인에게 건물을 임차목적대로 사용 못 한 것을 이유로 하는 손해배상청구권은 모두 민법 제320조 소정 소위 그 건물에 관하여 생긴 채권이라 할 수 없다(대판 1976.5.11, 75다1305).

37 [정답해설]

① 질물보다 먼저 채무자의 다른 재산에 관한 배당을 실시하는 경우에는 제340조 제1항은 적용하지 않으며, 따라서 질권자는 채권 전액을 가지고 배당에 참가하여 배당받을 수 있다(제340조 제2항 본문). 그러나 다른 채권자는 질권자에게 그 배당금액의 공탁을 청구할 수 있다(제340조 제2항 단서).

> **제340조【질물 이외의 재산으로부터의 변제】**
> ① 질권자는 질물에 의하여 변제를 받지 못한 부분의 채권에 한하여 채무자의 다른 재산으로부터 변제를 받을 수 있다.
> ② 전항의 규정은 질물보다 먼저 다른 재산에 관한 배당을 실시하는 경우에는 적용하지 아니한다. 그러나 다른 채권자는 질권자에게 그 배당금액의 공탁을 청구할 수 있다.

② 질권자는 채권 전부를 변제받을 때까지 질물 전부에 대하여 그 권리를 행사할 수 있다(제321조, 제343조).

> **제321조【유치권의 불가분성】**
> 유치권자는 채권 전부의 변제를 받을 때까지 유치물 전부에 대하여 그 권리를 행사할 수 있다.
>
> **제343조【준용규정】** 제249조 내지 제251조, 제321조 내지 제325조의 규정은 동산질권에 준용한다.

③ **제342조【물상대위】** 질권은 질물의 멸실, 훼손 또는 공용징수로 인하여 질권설정자가 받을 금전 기타 물건에 대하여도 이를 행사할 수 있다. 이 경우에는 그 지급 또는 인도 전에 압류하여야 한다.

④ **제338조【경매, 간이변제충당】** ② 정당한 이유 있는 때에는 질권자는 감정인의 평가에 의하여 질물로 직접 변제에 충당할 것을 법원에 청구할 수 있다. 이 경우에는 질권자는 미리 채무자 및 질권설정자에게 통지하여야 한다.

⑤ **제336조【전질권】** 질권자는 그 권리의 범위 내에서 자기의 책임으로 질물을 전질할 수 있다. 이 경우에는 전질을 하지 아니하였으면 면할 수 있는 불가항력으로 인한 손해에 대하여도 책임을 부담한다.

38 정답해설

① 민법 제359조 전문은 "저당권의 효력은 저당부동산에 대한 압류가 있은 후에 저당권설정자가 그 부동산으로부터 수취한 과실 또는 수취할 수 있는 과실에 미친다."라고 규정하고 있는데, 위 규정상 '과실'에는 천연과실뿐만 아니라 법정과실도 포함되므로, 저당부동산에 대한 압류가 있으면 압류 이후의 저당권설정자의 저당부동산에 관한 차임채권 등에도 저당권의 효력이 미친다(대판 2016.7.27, 2015다230020).

> **제359조 【과실에 대한 효력】**
> 저당권의 효력은 저당부동산에 대한 압류가 있은 후에 저당권설정자가 그 부동산으로부터 수취한 과실 또는 수취할 수 있는 과실에 미친다. 그러나 저당권자가 그 부동산에 대한 소유권, 지상권 또는 전세권을 취득한 제3자에 대하여는 압류한 사실을 통지한 후가 아니면 이로써 대항하지 못한다.

② 종물은 주물의 상용에 이바지하는 관계에 있어야 하고, 주물의 상용에 이바지한다 함은 주를 그 주체의 효용을 다하게 하는 것을 말하는 것으로서 주물의 소유자나 이용자의 상용에 공여되고 있더라도 주물 그 자체의 효용과 직접 관계가 없는 물건은 종물이 아니다(대판 1997.10.10, 97다3750). 기존건물의 상용에 공하기 위하여 부속된 종물이라거나 기존건물에 부합된 부속건물이라고 할 수 없는 건물을 경매신청된 기존건물의 부합물이나 종물로 보아 경매법원에서 경매를 같이 진행하여 경락허가를 하였다 하더라도 이 사건 건물에 대한 경락은 당연무효이고 따라서 그 경락인은 이 사건 건물에 대한 소유권을 취득할 수 없다(대판 1988.2.23, 87다카600).

③ 집합건물 구분소유자의 대지사용권은 전유부분과 분리처분이 가능하도록 규약으로 정하였다는 등의 특별한 사정이 없는 한 전유부분과 종속적 일체불가분성이 인정되므로, 구분건물의 전유부분에 대한 저당권 또는 경매개시결정과 압류의 효력은 당연히 종물 내지 종된 권리인 대지사용권에까지 미치고, 그에 터 잡아 진행된 경매절차에서 전유부분을 경락받은 자는 그 대지사용권도 함께 취득한다(대판 2008.3.13, 2005다15048).

④ 건물의 증축부분이 기존건물에 부합하여 기존건물과 분리하여서는 별개의 독립물로서의 효용을 갖지 못하는 이상 기존건물에 대한 근저당권은 민법 제358조에 의하여 부합된 증축부분에도 효력이 미치는 것이므로 기존건물에 대한 경매절차에서 경매목적물로 평가되지 아니하였다고 할지라도 경락인은 부합된 증축부분의 소유권을 취득한다(대판 1992.12.8, 92다26772·26789).

⑤ 저당권의 효력이 저당부동산에 부합된 물건과 종물에 미친다는 민법 제358조 본문을 유추하여 보면 건물에 대한 저당권의 효력은 그 건물에 종된 권리인 건물의 소유를 목적으로 하는 지상권에도 미치게 되므로, 건물에 대한 저당권이 실행되어 경락인이 그 건물의 소유권을 취득하였다면 경락 후 건물을 철거한다는 등의 매각조건에서 경매되었다는 등 특별한 사정이 없는 한, 경락인은 건물 소유를 위한 지상권도 민법 제187조의 규정에 따라 등기 없이 당연히 취득하게 되고, 한편 이 경우에 경락인이 건물을 제3자에게 양도한 때에는, 특별한 사정이 없는 한 민법 제100조 제2항의 유추적용에 의하여 건물과 함께 종된 권리인 지상권도 양도하기로 한 것으로 봄이 상당하다(대판 1996.4.26, 95다52864).

39 정답해설

ㄷ. 항목의 경우에만 법정지상권이 성립한다.

ㄱ. (×) : 민법 제366조의 법정지상권은 저당권 설정 당시부터 저당권의 목적되는 토지 위에 건물이 존재할 경우에 한하여 인정되며, 토지에 관하여 저당권이 설정될 당시 그 지상에 토지소유자에 의한 건물의 건축이 개시되기 이전이었다면, 건물이 없는 토지에 관하여 저당권이 설정될 당시 근저당권자가 토지소유자에 의한 건물의 건축에 동의하였다고 하더라도 그러한 사정은 주관적 사항이고 공시할 수도 없는 것이어서 토지를 낙찰받는 제3자로서는 알 수 없는 것이므로 그와 같은 사정을 들어 법정지상권의 성립을 인정한다면 토지소유권을 취득하려는 제3자의 법적 안정성을 해하는 등 법률관계가 매우 불명확하게 되므로 법정지상권이 성립되지 않는다(대판 2003.9.5, 2003다26051).

ㄴ. (×) : 동일인의 소유에 속하는 토지 및 그 지상 건물에 관하여 공동저당권이 설정된 후 그 지상 건물이 철거되고 새로 건물이 신축된 경우에는 그 신축건물의 소유자가 토지의 소유자와 동일하고 토지의 저당권자에게 신축건물에 관하여 토지의 저당권과 동일한 순위의 공동저당권을 설정해 주는 등 특별한 사정이 없는한 저당물의 경매로 인하여 토지와 그 신축건물이 다른 소유자에 속하게 되더라도 그 신축건물을 위한 법정지상권은 성립하지 않는다(대판(전) 2003.12.18, 98다43601).

ㄷ. (○) : 건물공유자의 1인이 그 건물의 부지인 토지를 단독으로 소유하면서 그 토지에 관하여만 저당권을 설정하였다가 위 저당권에 의한 경매로 인하여 토지의 소유자가 달라진 경우, 건물공유자들은 민법 제366조에 의하여 토지 전부에 관하여 건물의 존속을 위한 법정지상권을 취득한다고 보아야 한다(대판 2011.1.13, 2010다67159).

40 정답해설

최근 대법원은 공동저당권이 설정되어 있는 수개의 부동산 중 일부는 채무자 소유이고 일부는 물상보증인의 소유인 경우 위 각 부동산의 경매대가를 동시에 배당하는 때에는 민법 제368조 제1항은 적용되지 아니한다고 봄이 상당하다고 하면서 이러한 경우 경매법원으로서는 채무자 소유 부동산의 경매대가에서 공동저당권자에게 우선적으로 배당을 하고, 부족분이 있는 경우에 한하여 물상보증인 소유 부동산의 경매대가에서 추가로 배당을 하여야 한다고 보았다(대판 2010.4.15, 2008다41475). 사안의 경우가 甲의 3억원 채권담보를 위해 채무자 乙소유의 X토지와 물상보증인 丙소유의 Y토지에 각각 1번의 공동저당권이 설정된 경우이다. 따라서 동시배상되는 경우라도 제368조 제1항은 적용되지 않는다. 이러한 판례의 따르면 동시배당의 경우 甲은 채무자 乙소유의 X토지에서 경매대가인 3억원 모두를 우선 변제받고, 후순위 저당권자인 丁은 배당받을 것이 없게 된다.

[1] 사안의 정리

토지	소유자	매각대금	순위 1번 및 채권	순위 2번 및 채권
X	乙(채무자)	3억원	공동저당권자 甲 3억원	저당권자 丁 2억원
Y	丙(물상보증인)	2억원	공동저당권자 甲 3억원	

[2] 동시배당

(1) 부동산 경매대가 : 乙(채무자) X토지 3억원 + 丙(물상보증인) Y토지 2억원
(2) 甲이 배당받는 금액 : 乙(채무자) X토지 3억원 + 丙(물상보증인) Y토지 0원
丁이 배당받는 금액 : 乙(채무자) X토지 0원
丙이 배당받는 금액 : 丙(물상보증인) Y토지 2억원

사안은 물상보증인 丙소유의 Y토지가 우선 매각으로 공동저당권자 甲이 우선 2억원을 배상받은 후, 채무자 乙소유의 X토지가 배당되는 이시배당이 실시되는 경우이다.

판례는 공동저당에 제공된 채무자 소유 부동산과 물상보증인 소유 부동산 가운데 물상보증인 소유 부동산이 먼저 경매되어 매각대금에서 선순위 공동저당권자가 변제를 받을 때에는 물상보증인은 채무자에 대하여 구상권을 취득함과 동시에 변제자대위에 의하여 채무자 소유 부동산에 대한 선순위 공동저당권을 대위취득한다(대판 2018.7.11, 2017다292756). Y토지의 매각대금(2억원)에서 甲이 2억원을 배당받았으므로 남은 채권액 1억원을 X토지의 매각대금(3억원)에서 甲이 1억원을 우선배당을 받는다. 매각대금 중 나머지 2억원은 물상보증인 丙이 변제자대위에 의하여 채무자 乙소유의 X토지에 대한 선순위 공동저당권자 甲을 대위하여 배당받는다. 결국 丁이 배당받을 수 있는 금액은 없게 된다.

■ 공동저당

목적물 전부가 채무자 소유 또는 물상보증인 소유인 경우	1. 동시배당: 제368조 제1항 적용 → 각 부동산의 경매대가에 비례하여 채권분담 2. 이시배당: 제368조 제2항 적용 　→ 전문: 공동저당권자는 먼저 경매된 부동산의 대가에서 채권 전부변제수령 가능 　→ 후문: 이 경우 먼저 경매된 부동산의 후순위저당권자는 동시에 배당하였으면 공동저당 　　권자가 다른 부동산에서 변제받을 수 있는 금액의 한도에서 공동저당권자를 대위하여 　　저당권행사 가능
목적물 일부는 채무자 소유, 목적물 일부는 물상보증인 소유인 경우	1. 동시배당: 제368조 제1항 적용 × 　→ ① 채무자소유: 먼저 배당 ○ 　　② 부족 시: 물상보증인 ○ 2. 이시배당 　(1) 채무자 소유가 먼저 경매된 경우: 제368조 제2항 대위 × 　(2) 물상보증인 소유가 먼저 경매된 경우 　　① 물상보증인: 법정대위(제481조) 　　② 후순위저당권자(= 물상보증인에게 돈을 대여한 자): 물상대위

제1교시 제2과목 | 경제학원론

정답

01 ①	02 ⑤	03 ④	04 ④	05 ④	06 ③	07 ④	08 ②	09 ①	10 ⑤
11 ③	12 ⑤	13 ①	14 ③	15 ①	16 ⑤	17 ⑤	18 ①	19 ②	20 ①
21 ④	22 ③	23 ④	24 ③	25 ②	26 ⑤	27 ①	28 ②	29 ③	30 ②
31 ④	32 ③	33 ⑤	34 ④	35 ②	36 ②	37 ③	38 ④	39 ①	40 ③

01 정답해설 〉 예산선의 이동

1) Y재 가격의 상승

   Y재 가격이 상승하는 경우, 예산선은 횡축절편을 중심으로 시계 반대방향으로 회전이동하면서 예산집합이 축소된다.

2) X재 가격의 하락

   X재 가격이 하락하는 경우, 예산선은 종축절편을 중심으로 시계 반대방향으로 회전이동하면서 예산집합이 확장된다.

3) 소득의 변화

   소득이 감소하는 경우, 예산선은 평행하게 원점을 향해서 이동하면서 예산집합이 축소된다.

따라서 Y재 가격이 절대적으로 상승하는 1)의 효과는 상대가격의 하락과 소득의 감소로 분해가능하므로 이는 2)와 3)의 조합으로 달성가능하다.

02 정답해설 〉 재화의 성격 / 가격탄력성과 기업의 총수입

수요가 탄력적인 구간에서는 가격이 하락하는 경우, 가격하락의 효과보다도 수요량 증가의 효과가 더 크기 때문에 총수입이 증가한다. 반대로 수요가 비탄력적인 구간에서는 가격이 상승하는 경우, 가격상승의 효과가 수요량 감소의 효과보다 더 크기 때문에 총수입 혹은 소비자의 지출액이 증가한다.

정상재란 소득이 증가할 때 소비가 증가하는 재화로서 소득탄력성이 0보다 큰 재화를 의미한다. 특히 소득탄력성이 0보다 크고 1보다 작은 경우에는 필수재라고 하며 소득탄력성이 1보다 큰 경우에는 사치재로 분류할 수 있다. 한편, 열등재란 소득이 증가할 때 소비가 감소하는 재화로서 소득탄력성이 0보다 작은 재화를 의미한다. 열등재란 소득이 증가할 때 소비가 감소하는 재화로서 소득탄력성이 0보다 작은 재화를 의미한다. 특히 열등재의 일종인 기펜재의 경우 가격변화에 따른 대체효과의 절대적 크기보다 소득효과의 절대적 크기가 더 크기 때문에 수요곡선은 우상향하며 수요법칙이 성립하지 않는다. 그러나 기펜재가 아닌 열등재의 경우 대체효과의 절대적 크기가 소득효과의 절대적 크기보다 더 크기 때문에 수요곡선은 우하향하며 수요법칙은 성립한다.

03 정답해설 〉 특수한 무차별곡선

다음과 같이 경우의 수를 나누어서 그리면 된다.

1) $X > Y$인 경우 $U = X + 2Y$

   $X > Y$인 영역에서는 기울기가 $-\frac{1}{2}$인 우하향하는 직선이 된다.

예를 들어, $U=1$인 경우, $1=X+2Y$, 즉 $Y=-\frac{1}{2}X+\frac{1}{2}$을 그리면 된다.

2) $X=Y$인 경우 $U=3X=3Y$

예를 들어, $U=1$인 경우, $X=Y=\frac{1}{3}$, 즉 점 자체를 표시하면 된다.

3) $X<Y$인 경우 $U=2X+Y$

$X<Y$인 영역에서는 기울기가 -2인 우하향하는 직선이 된다.

예를 들어, $U=1$인 경우, $1=2X+Y$, 즉 $Y=-2X+1$을 그리면 된다.

위의 식에 따라 무차별곡선의 개형을 그리면 ④가 된다.

04 [정답해설] 한계대체율

한계대체율은 두 재화 간의 주관적 교환비율로서 두 재화의 한계효용의 비율로 나타낼 수 있으며,
기하적으로는 무차별곡선의 기울기가 된다.

설문에서 한계대체율 $(\frac{MU_X}{MU_Y})$ 을 구하면 $\frac{MU_X}{MU_Y}=\frac{Y+1}{X+2}$ 이 된다.

이때, 한계대체율이 4이며 X재 선택이 14임을 고려하여 다시 쓰면 아래와 같다.

$$\frac{MU_X}{MU_Y}=\frac{Y+1}{X+2}=\frac{Y+1}{14+2}=4$$

이를 풀면 $Y=63$이 된다.

05 [정답해설] 등량곡선

ㄱ. (○) : 한계기술대체율은 두 생산요소 간의 주관적 교환비율로서 두 생산요소의 한계생산의 비율로 나타낼
수 있으며, 기하적으로 등량곡선의 기울기가 된다.

ㄴ. (○) : 두 생산요소 사이에 완전 대체의 관계가 있다면 등량곡선은 우하향하는 직선이며 완전 보완의 관계가
있다면 L자형으로 나타난다.

ㄷ. (○) : 등량곡선이 원점에 대해 볼록한 모양이면 노동 투입량이 늘어날 때 자본 투입량과의 기울기가 감소하므
로 한계기술대체율 체감의 법칙이 성립한다.

ㄹ. (×) : CD생산함수가 $Q=AL^\alpha K^\beta$일 때, 한계기술대체율은 $\frac{MP_L}{MP_K}=\frac{\alpha K}{\beta L}$이 된다.

06 [정답해설] 시장공급의 도출

설문에서 한계비용함수가 $MC=Q$인 경우, 재화에 대한 개별공급함수는 $P=Q$이고, 동일한 개별공급함수를
가진 공급자가 100개일 때의 공급함수는 $Q_S=100P$가 된다.

한편, 한계비용함수가 $MC=0.2Q$인 경우 재화에 대한 개별공급함수는 $P=0.2Q$, $Q=5P$이고, 동일한 개별
공급함수를 가진 공급자가 60개일 때의 공급함수는 $Q=5P\times60=300P$가 된다.

따라서 위 두 유형의 공급자들을 모두 포괄하는 시장공급함수는 $Q_S=100P$와 $Q=300P$의 수평합으로 구할
수 있으며, $Q=400P$가 된다.

07 (정답해설) 경쟁기업의 단기균형

경쟁기업의 단기균형은 다음과 같다.

1) 이윤 $\pi = TR - TC$

2) 총수입 $TR = PQ$

　　① 수요

　　　ⅰ) $P = \overline{P}$는 개별기업이 시장에서 받을 수 있는 가격으로 개별기업이 직면하는 수요

　　　ⅱ) 완전경쟁시장의 특성상 개별기업은 정해진 시장가격보다 더 받을 수 없으며 덜 받을 필요도 없다.

　　　　　즉, 수요는 $P = \overline{P}$ 수준에서 무한대로 상정할 수 있다. 이는 평균수입과 한계수입을 의미한다.

　　② 따라서 총수입 $TR = PQ = \overline{P}Q$

3) 총비용 $TC = C(Q)$

4) 이윤극대화

$$\underset{Q}{Max}\,\pi = TR - TC = \overline{P}Q - C(Q) \quad \therefore \quad \frac{dTR}{dQ} - \frac{dTC}{dQ} = 0 \quad \overline{P} = C'(Q)$$

설문에서 가격 $P = 100$이고, A기업의 단기총비용함수는 $TC = 4Q^2 + 4Q + 100$이므로 경쟁기업의 균형조건 $P = MC$를 적용하면 $100 = 8Q + 4$가 된다. 따라서 경쟁기업의 생산량은 $Q = 12$가 된다.

따라서 총수입 $TR = P \times Q = 1,200$, 총비용 $TC = 724$이므로 이윤 $\pi = 476$이 된다.

08 (정답해설) 시장실패의 원인

역선택, 외부성, 불완전한 정보 등이 존재하는 경우 시장실패가 발생할 수 있다. 특히 긍정적 외부성도 부정적 외부성과 마찬가지로 시장실패를 초래한다. 그리고 규모의 경제가 존재할 때도 시장실패가 발생할 수 있다. 생산량이 증가함에 따라서 장기평균비용이 하락하는 현상을 규모의 경제라고 하며 이는 장기평균비용곡선이 우하향하는 것으로 나타난다. 규모의 경제가 시장 전체에 걸쳐서 나타날 경우 다수의 기업이 경쟁하는 경쟁적 시장에서는 생산비용이 크게 높아지기 때문에 결국 퇴출이 발생하여 공존할 수 없다. 결국 규모의 경제가 강하게 존재하는 상황 하에서는 최종적으로 자연스럽게 하나의 기업만이 살아남아 독점의 시장구조로 형성되는데 이를 자연독점이라고 한다.

09 (정답해설) 가격변화와 예외적인 소비자선택

설문에서와 같이 우하향하는 직선형태의 효용함수의 경우, 한계대체율이 항상 일정하며, 여기서는 1이 된다.

1) X재 가격이 5이고, Y재 가격이 6인 경우

$$\frac{MU_X}{MU_Y} = 1 > \frac{P_X}{P_Y} = \frac{5}{6}\ \text{이므로 항상 } X\text{재만 소비한다.}$$

2) X재 가격이 8로 상승하고, Y재 가격은 6으로 그대로인 경우

$$\frac{MU_X}{MU_Y} = 1 < \frac{P_X}{P_Y} = \frac{8}{6}\ \text{이므로 항상 } Y\text{재만 소비한다.}$$

위와 같이 완전대체효용함수에서 X재만 소비하고 있던 상황에서 X재 가격이 상승함에 따라서 X재 소비를 전혀 하지 않게 되는 경우, 이는 가격효과를 분해해 볼 때 대체효과에 의한 것이다. 즉 대체효과에 의하여 X재 소비가 극단적으로 0이 되는 수준으로 줄었고 Y재 소비는 늘었으며, 소득효과에 의하여는 추가적인 Y재 소비의 감소가 나타난다.

10 정답해설 > 독점규제와 가격설정

이중가격 설정(Two-Tier pricing)은 다음과 같다.

1) 배경

한계비용가격설정은 독점기업의 가격수준을 한계비용으로 설정하는 방식으로서 자원배분의 효율성은 달성할 수 있다는 장점은 있으나 독점기업에 손실을 야기한다는 문제점이 있다. 한편 평균비용가격설정은 독점기업의 가격수준을 평균비용으로 설정하는 방식으로서 독점기업에 손실을 야기하지 않는다는 장점은 있으나 자원배분의 효율성 달성에 실패한다는 문제점이 있다. 따라서 효율적인 산출량을 실현하면서도 독점기업에 손실을 야기하지 않는 규제방식으로서 이중가격설정을 도입해 볼 수 있다.

2) 의의

이중가격 설정은 가격을 수요자에 따라서 특정 집단의 수요자에게는 낮은 가격(한계비용수준)을 그리고 다른 집단의 수요자에게는 높은 가격(손실보전 가능한 수준)을 설정하는 방식이다. 낮은 가격은 한계비용곡선과 수요곡선이 교차할 때 설정되고, 높은 가격은 손실을 보전할 수 있는 수준의 가격이 된다. 이는 수요자 집단에 따른 차별적 가격설정으로서 사실상 가격차별을 의미한다.

3) 한계

어떤 수요자 집단에는 높은 가격을 또 다른 수요자 집단에는 낮은 가격을 설정하게 되는데 어떤 기준에 의하여 수요자 집단을 나눠야 하는지도 문제가 될 수 있으며 또한 수요자 집단 간에 실질적인 소득 이전의 결과를 가져오므로 공평성의 문제가 발생하게 된다. 또한 서로 다른 수요자 집단 간에 적용되어야 할 가격 수준을 합리적으로 정확하게 산정하는 것은 매우 어려워서 사실상 적용이 제약되는 측면이 있다.

11 정답해설 > 수요와 공급의 가격탄력성

ㄱ. (O) : 수요곡선이 수직선이면 가격이 변화하더라도 수요량은 언제나 일정함을 의미하므로 수요의 가격탄력성은 0으로 일정하다.

ㄷ. (O) : 공급곡선이 원점을 통과하는 경우, 공급의 가격탄력성은 임의의 모든 점에서 항상 1이 된다. 따라서 기울기가 다른 공급곡선이라도 원점을 통과한다면 모두 공급의 가격탄력성은 1이다.

ㄹ. (X) : 수요곡선이 우하향하는 직선인 경우, 수요곡선상의 각 점에서 측정하는 가격탄력성은 모두 상이하다.

12 정답해설 > 가격규제와 비효율성

정부가 시장에서 형성되는 균형가격이 사회적 관점에서 너무 높거나 혹은 너무 낮다고 판단할 경우에는 시장에 개입하여 가격의 하한 혹은 상한을 설정할 수 있는데, 이를 가격규제라고 한다. 가격규제에는 가격의 상한을 설정하는 최고가격제(가격상한제, Price Ceiling)와 하한을 설정하는 최저가격제(가격하한제, Price Floor)가 있다. 최고가격제로는 대표적으로 분양가상한제를, 그리고 최저가격제로는 대표적으로 최저임금제를 예로 들 수 있다. 시장에서 자유롭게 형성되어야 할 가격에 제약을 가해서 거래가격의 상한이나 하한을 통제하게 되면 수급량이 괴리되고 이로 인해서 당연히 가격변화 압력이 나타난다. 그러나 가격은 통제되고 있기 때문에 가격변화의 압력은 다른 식으로 우회로를 찾게 된다. 결국 가격규제로 인해서 사회총잉여는 감소하여 비효율을 노정하게 된다. 가격상한제든 가격하한제든 관계없이 시장에 대한 정부개입으로 인해서 자중손실이 발생한다.

13 정답해설 > 평균비용과 한계비용

ㄷ과 ㄹ이 틀린 내용이며 이를 옳게 고치면 다음과 같다.

단기한계비용곡선은 단기평균곡선의 최저점을 왼쪽 아래에서부터 통과하여 교차하면서 오른쪽 위로 지나간다.

단기한계비용곡선은 단기평균비용곡선의 최저점에서 교차한다.

생산량이 증가함에 따라 장기평균비용이 하락하는 현상을 규모의 경제라고 한다. 규모의 경제가 있는 경우 평균비용곡선은 우하향하는 형태이며, 반대로 규모의 불경제가 있는 경우 평균비용곡선은 우상향하는 형태를 보인다. 장기평균비용곡선의 최하점을 기준으로 하여 좌측은 규모의 경제, 우측은 규모의 불경제이다.

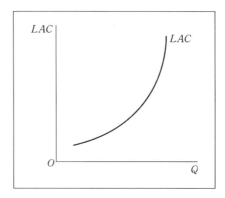

---

14 (정답해설) 생산자 최적선택의 조건

비용극소화는 주어진 생산량 제약하에서 비용을 극소화한 상태로서 비용선과 등량곡선이 접하는 점에서 달성될 수 있다.

이는 한계기술대체율($\frac{MP_L}{MP_K}$) = 요소상대가격($\frac{w}{r}$)이어야 함을 의미한다.

따라서 $\frac{MP_L}{MP_K} = \frac{w}{r}$, $\frac{K}{L} = \frac{12}{24} = 2$, $L = 2K$가 된다.

참고로 비용극소화 조건식을 변형하면, 노동 구입 1원의 한계생산($\frac{MP_L}{w}$) = 자본 구입 1원의 한계생산($\frac{MP_K}{r}$)이 됨에 유의하자.

---

15 (정답해설) 다양한 사회후생함수

사회후생함수란 개인의 효용수준을 사회의 후생수준으로 나타내 주는 함수로서 두 사람의 효용수준이 만일 U^A, U^B라고 할 경우 사회후생은 $SW = f(U^A, U^B)$와 같은 함수로 나타낼 수 있다. 그리고 이를 기하적으로 표현하게 되면 동일한 수준의 사회후생을 가져다주는 개인의 효용 수준의 조합의 궤적을 구할 수 있는데 이를 사회무차별곡선이라고 한다.

사회구성원들의 개인적인 효용수준을 사회전체의 후생수준으로 변환시키는 과정에서 필연적으로 개인의 효용수준을 어떻게 비교하고 평가하는지가 반영되어야 한다. 이러한 개인의 효용간 비교, 평가과정에서 공평성의 가치판단이 드러난다(분배적 정의).

공평성에 대한 가치판단 중에서 평등주의적 성향이 강할수록 사회후생함수를 기하적으로 표현하면 원점에 대해 더 볼록해진다.

| 〈공리주의〉 | 〈평등주의〉 | 〈롤스주의〉 |

16 〔정답해설〕 독점규제와 한계비용가격설정

독점체제는 자원배분의 효율성 및 소득분배의 공평성 측면에서 여러가지 문제점들을 가지고 있기 때문에 정부는 여러 정책수단을 동원하여 이를 치유하기 위해 노력하고 있다. 이러한 독점규제는 대체로 가격규제방식, 국유화 방식, 경쟁체제 도입방식으로 나누어 볼 수 있다.

한계비용가격설정은 독점기업의 가격수준을 한계비용으로 설정하는 방식으로서 자원배분의 효율성은 달성할 수 있다는 장점은 있으나 독점기업에 손실을 야기한다는 문제점이 있다.

한계비용가격설정에 따라 독점기업의 가격수준을 한계비용과 일치시키면 다음과 같다.

$MC = 5$, $P = 140 - Q$, $5 = 140 - Q$, $Q = 135$

$TR = PQ = 5 \times 135 = 675$, $TC = 750 + 5 \times 135 = 750 + 675$

$\pi = TR - TC = -750$

17 〔정답해설〕 비용함수의 도출

1) 비용

① 단기비용은 가변비용인 노동비용과 고정비용인 자본비용으로 구성되며 다음과 같이 표현할 수 있다.

$C = wL + rK$ (단, w는 가변생산요소인 노동의 임금, r은 고정생산요소인 자본의 임대료, K는 자본투입량, L은 노동투입량)

② 설문에서 주어진 가변생산요소의 가격 400, 고정비용 400을 대입하여 위의 식을 다시 표현하자.

$C = wL + rK = 400L + 400$

2) 생산함수

① 설문에서 단기생산함수는 $Q = 4L^{0.5}$와 같이 주어져 있다.

② 위의 식을 변형하면 $L = \dfrac{1}{16} Q^2$이 된다.

3) 비용함수의 도출

위에서 구한 1) ② $C = 400L + 400$에 2) ② $L = \dfrac{1}{16} Q^2$을 대입하면 다음과 같이 단기총비용함수가 도출된다.

$$C = 400L + 400 = 400 \times \frac{1}{16} Q^2 + 400 = 25 Q^2 + 400$$

18 [정답해설] 파레토효율

소비의 파레토효율이란 소비에 있어서 효용이 가장 극대화된 상태로서 더 이상 소비의 파레토 개선이 불가능한 상태를 의미한다. 만일 다른 이에게 손해를 주지 않으면서 최소한 한 사람 이상의 효용을 증가시킬 수 있으면 소비의 파레토 개선이 가능한 상황이다. 소비의 파레토효율이 달성되도록 두 사람의 한계대체율이 서로 같게 되는 점들을 연결한 곡선을 소비의 계약곡선이라고 한다. 소비의 계약곡선상의 점들이 소비의 효율성을 보장한다. 효용가능곡선이란 소비의 계약곡선상의 점에 대응하는 두 사람의 효용수준의 조합을 연결한 곡선으로서 소비의 파레토효율이 달성되는 효용수준의 조합의 궤적을 의미한다.

생산의 파레토효율이란 생산에 있어서 재화의 산출이 가장 극대화된 상태로서 더 이상 생산의 파레토 개선이 불가능한 상태를 의미한다. 만일 어느 한 재화의 생산을 감소시키지 않고서 다른 재화의 생산을 증가시킬 수 있으면 생산의 파레토 개선이 가능한 상황이다. 생산의 파레토효율이 달성되도록 두 재화의 요소 간 한계기술대체율이 서로 같게 되는 점들을 연결한 곡선을 계약곡선이라고 한다. 생산의 계약곡선상의 점들이 생산의 효율성을 보장한다. 생산가능곡선이란 생산의 계약곡선상의 점에 대응하는 두 재화의 산출량 수준의 조합을 연결한 곡선으로서 생산의 파레토효율이 달성되는 산출량 수준의 조합의 궤적을 의미한다.

소비·생산 전체의 파레토효율이란 소비와 생산의 종합적 관점에서 소비로 인한 편익과 생산의 비용의 차이로서의 잉여가 가장 극대화된 상태로서 더 이상 소비·생산의 파레토 개선이 불가능한 상태를 의미한다. 만일 다른 주체에게 손해를 주지 않으면서 잉여를 증가시킬 수 있으면 소비·생산의 파레토 개선이 가능한 상황이다.

19 [정답해설] 비용의 분류와 개념

완전경쟁기업의 공급곡선이 $Q_A(P) = \dfrac{P}{2}$이므로 한계비용곡선은 $MC = 2Q$가 됨을 알 수 있다. 가변비용은 한계비용을 적분하여 구할 수 있으며 특히 적분상수가 0일 때 해당한다. 혹은 보다 쉽게 구하기 위해서는 한계비용곡선의 그래프를 그린 후에 특정 생산량 수준(여기서는 5)에서 한계비용곡선 아래의 면적을 구하면 된다. 먼저 적분하여 적분상수가 0임을 고려하면, 가변비용 $TVC = Q^2$이 되므로 $Q = 5$일 때, $TVC = 25$가 된다. 혹은 한계비용곡선을 그린 후에 $Q = 5$일 때 $MC = 10$임을 이용하여, 한계비용곡선 아래 부분의 면적을 구하면 $\dfrac{5 \times 10}{2} = 25$가 됨을 다시 한 번 확인할 수 있다.

20 [정답해설] 수요독점과 한계요소비용

요소시장의 수요 측면이 독점적인 경우 한계요소비용은 한계비용과 한계생산의 곱으로 이루어지며, $[W(L) L]'$과 같이 도출할 수 있다. 이때 $W = W(L)$은 노동공급함수이다.

노동공급곡선이 $w = w(L) = 60 + 0.08L$로 주어진 경우, 한계요소비용 MFC를 구하면 다음과 같다.

$$MFC = [w(L) L]' = [(60 + 0.08L) L]' = 60 + 0.16L$$

따라서 노동량 $L = 1,000$인 경우 한계요소비용은 $MFC = 60 + 0.16 \times 1,000 = 220$이 된다.

이때, 임금 $w = w(L) = 60 + 0.08L = 60 + 0.08 \times 1000 = 140$이 된다.

따라서 한계요소비용 220은 임금 140보다 80만큼 더 높다.

21 [정답해설] 경제성장률과 물가상승률

ㄱ. $2022\ GDP = 100 \times 10 + 80 \times 50 = 5,000$

　　$2023\ GDP = 100 \times 10 + 100 \times 50 = 6,000$

　　따라서 경제성장률은 25%가 된다.

ㄴ. $2022\ CPI = 10 \times \dfrac{2}{3} + 50 \times \dfrac{1}{3} = \dfrac{70}{3}$

　　$2023\ CPI = 15 \times \dfrac{2}{3} + 40 \times \dfrac{1}{3} = \dfrac{70}{3}$

　　따라서 소비자물가지수는 변화가 없으므로 소비자물가상승률은 0%가 된다.

22 [정답해설] 국내총생산(GDP)의 개념과 측정방법

국내총생산(GDP)은 생산측면, 분배측면, 지출측면에서 각각 파악할 수 있는데, 지출측면에서 파악하는 경우 생산물이 처분된 유형별로 처분금액의 합계(소비, 투자, 정부지출, 순수출)로 측정된다. 이때, 국민소득계정에서 투자는 건설투자, 설비투자, 재고투자로 구분된다. 건설투자는 공장, 사무실, 주택을 신축하고 개보수하는 기업의 지출이며, 설비투자는 기계, 차량운반구, 전산장비 등을 확충하는 기업의 지출이며 마지막으로 재고투자는 기업이 생산을 위해 보유하는 원자재, 재공품(생산 중에 있는 중간 산물)과 생산이 완료되어 보유하고 있는 최종생산물을 의미한다. 투자는 재고의 변동을 투자의 한 유형으로 포함하고 있다. 따라서 2023년 베트남의 투자는 재고투자 10억달러가 된다.

23 [정답해설] 국민소득계정

GDP는 소비, 투자, 정부지출, 순수출의 합으로 구성된다. 이를 국내총생산과 그 처분의 식으로 나타내면 $Y = C + I + G + X - M$ 과 같다. 이를 변형하면 $(Y - T - C) + (T - G) + (M - X) = I$ 가 된다.

여기에 설문에 주어진 자료를 대입하면 다음과 같다.

$(Y - T - C) + (T - G) + (M - X) = I$

$S_P + 50 - 40 = 50 + 60,\ S_P = 100$

24 [정답해설] 디스인플레이션정책과 먼델-토빈효과

인플레이션감축정책으로 인하여 단기적으로 실업률이 상승하고 인플레이션율은 하락한다. (ㄷ) 따라서 총생산은 감소하고 경기는 침체된다. 이제 민간부문이 자신의 예상을 재조정하게 되면서 기대인플레이션율이 하락하면서 단기필립스곡선은 하방이동한다. 이 과정에서 다시 장기균형을 회복하게 되어 단기적으로 상승했던 실업률은 다시 자연실업률 수준으로 회귀한다. (ㄱ) 이때 기대인플레이션율의 조정속도가 빠를수록 장기균형에 빨리 도달할 수 있다.

만일 실질이자율이 불변인 경우, 기대인플레이션율과 명목이자율 간 일대일 대응관계를 나타내는데 이를 피셔효과라고 한다. 그러나, 만일 실질이자율이 변화하는 경우에는 기대인플레이션율이 변화하더라도 명목이자율 간의 일대일 관계는 성립하지 않는다. 특히, 기대인플레이션율이 상승하는 경우 실질이자율이 하락하여 투자가 증가하게 되는데 이를 먼델-토빈 효과라고 한다.

먼델-토빈효과에 의하면 기대인플레이션율이 상승할 경우 명목자산(화폐)에 대한 수익률이 하락하므로 명목자산에 대한 수요가 감소하고 대신 **실물자산**에 대한 수요가 증가한다. 이는 실물자산 가격의 상승으로 이어져서 실물자산의 공급이 증가한다. 이에 따라 자본의 한계생산성이 하락하게 되므로 실질이자율은 하락한다. 결국 기대인플레이션율의 상승으로 실질이자율이 하락하여 투자가 증가하게 되는 것이다. (ㄴ) 반대로 기대인플레이션율이 하락할 경우에는 실질이자율은 상승한다.

25　정답해설 › 손실함수와 손실극소화

원칙적으로 손실함수의 손실극소화모형은 필립스곡선이 통화당국의 정책 수립 시 제약조건 역할을 한다. 따라서 필립스곡선의 제약 하에서 목적함수인 손실함수를 극소화하도록 목표 인플레이션율을 설정해야 한다. 다만, 본 문제에서는 필립스곡선이 주어지지 않았고 민간의 기대인플레이션율이 0으로 고정되어 있다는 제약조건만 주어졌으므로 다음과 같이 쉽게 풀 수 있다.

$$L = -0.5(\pi - \pi^e) + 0.5\pi^2, \ \pi^e = 0$$

이때, 손실을 극소화하기 위해서 목적함수인 손실함수를 π로 미분하여 0으로 두면 다음과 같다.

$$\frac{dL}{d\pi} = 0, \ \pi = 0.5$$

26　정답해설 › 통화정책의 전달경로

재정정책은 정부지출, 조세와 같은 실물변수를 조정하여 역시 실물변수인 국민소득에 영향을 미치는 정책이다. 반면, 통화정책은 통화량, 명목이자율과 같은 명목변수를 조정하여 실물변수를 변화시키는 정책이므로 명목변수가 어떤 경로를 통하여 실물변수를 자극하여 효과가 파급되는지가 중요하다. 이를 통화정책의 전달경로, 파급경로 혹은 전달기구라고 한다.

통화정책의 전달 중 환율경로는 다음과 같다.

ⅰ) 통화량 변동이 환율을 변동시키고 결국 순수출 및 국민소득에 영향을 미치는 경로이다.

ⅱ) 통화량이 증가하면 이자율이 하락하여 해외로 자본이 유출되면서 환율이 상승하게 된다.

ⅲ) 환율상승에 따라서 순수출이 증가하고 국민소득도 증가한다. 이 경로는 1970년대 이후 세계경제가 고정환율제에서 변동환율제로 이행하면서 그 중요성이 커지게 되었다.

ⅳ) 다만, 변동환율제도하이더라도 자본이동이 완전히 통제되고 있는 경우에는 환율경로가 나타나지 않는다.

27　정답해설 › 대부자금시장 모형

1) 정부지출이 150일 때

$$S = s(r)(\overline{Y} - \overline{T}) + (\overline{T} - \overline{G}) = 0.05r(1,000 - 200) + (200 - 200) = 40r$$
$$I = 200 - 10r$$

균형을 구하면, $I = S = 170$, $r = 3$이 된다.

2) 정부지출이 200일 때

$$S = s(r)(\overline{Y} - \overline{T}) + (\overline{T} - \overline{G}) = 0.05r(1,000 - 200) + (200 - 150) = 40r + 50$$
$$I = 200 - 10r$$

균형을 구하면, $I = S = 160$, $r = 4$이 된다.

따라서 실질이자율은 3%에서 4%로 1%p 상승하고 민간투자는 170에서 160으로 10만큼 감소한다.

28 정답해설 › 소비이론 종합

생애주기가설 혹은 평생소득이론이란 평생소득(평생동안 사용할 수 있는 소득)이 소비를 결정한다는 것으로서, 전생애에 걸친 소득의 패턴이나 흐름을 고려하여 소비행위를 결정함을 의미한다. 매기의 소비는 평생소득에 의해서 결정되며, 특히 균등화된 소비로 결정된다.

만일 다른 조건의 변화가 없다면, 특히 은퇴연령에 변화가 없다면 평생동안 사용할 수 있는 평생소득은 불변이다. 이때 소득이 불변인 상황에서 기대수명만 증가하면 매기의 균등화된 소비는 감소한다.

참고로, 매기 균등화된 소비를 다음과 같은 간단한 모형으로 도출할 수 있다.

ⅰ) 현재 나이가 t세인 소비자를 가정하자.

ⅱ) 비인적자산은 NW이다.

ⅲ) 인적자산은 소비자가 R세에 은퇴할 때까지 매기 Y의 근로소득의 축적분이다.

ⅳ) 평생소득은 비인적자산과 인적자산의 합으로서 $NW + Y(R-t)$이 된다. 단, 이자율은 0으로서 현재가치를 무시하고 조세가 없다고 가정하자.

ⅴ) 평생소비는 N세에 사망할 때까지 균등하게 이루어진다고 가정하면 $C(N-t) = NW + Y(R-t)$의 식이 성립한다.

ⅵ) 따라서 위의 식으로부터 균등화된 소비를 계산하면 $C = \dfrac{NW}{(N-t)} + \dfrac{Y(R-t)}{(N-t)}$가 된다.

ⅶ) 이때, 기대여명이 증가하여 N이 증가하면 C는 감소한다.

29 정답해설 › 균형국민소득의 결정

1) 정부지출이 10인 경우
   ① 균형조건식은 $Y = 1 + 0.5(Y - 2 - 0.2Y) + 2 + 10$이 된다.
   ② 따라서 균형국민소득 $Y = 20$이 된다.
2) 정부지출이 10+1인 경우
   ① 균형조건식은 $Y = 1 + 0.5(Y - 2 - 0.2Y) + 2 + 10 + 1$이 된다.
   ② 따라서 균형국민소득 $Y = 20 + \dfrac{1}{0.6}$이 된다.
3) 소득의 증가
   균형국민소득의 증가분 $\Delta Y = \dfrac{1}{0.6} = \dfrac{5}{3}$이 된다.

30 정답해설 › $IS - LM$모형의 이해

사실상 이 문제는 IS곡선을 묻고 있는 것으로 해석가능하다. 따라서 국민소득이 주어졌을 때, 재화시장의 균형을 달성시키는 이자율을 다음과 같이 구할 수 있다.

IS: $Y = 2 + 0.8(Y - 10) + 2 - 10r + 10$, $Y = 20$

따라서 $20 = 2 + 0.8(20 - 10) + 2 - 10r + 10$이 되므로 $r = 0.2$가 된다.

31 정답해설 › 성장회계

경제성장의 요인으로서 노동, 자본, 기술이 각각 경제성장에 기여하는 상대적 크기를 비교함으로써 경제성장에서 어떤 요인이 특히 중요한 역할을 하는지 분석하는 것을 성장회계라고 한다.

특히 Cobb-Douglas 생산함수에서 성장회계방정식은 다음과 같다.

1) $Y = AK^{\alpha}L^{1-\alpha}$, Y : 생산량, K : 자본, L : 노동, A : 기술수준 혹은 총요소생산성, $0 < \alpha < 1$
2) 자연로그로 변형 $\ln Y = \ln A + \alpha \ln K + (1 - \alpha) \ln L$

   시간에 대하여 미분 $\hat{Y} = \hat{A} + \alpha \hat{K} + (1 - \alpha) \hat{L}$

여기서 A를 총요소생산성 혹은 솔로우 잔차라고 한다. 총요소생산성은 자본과 노동 이외에 경제의 성장에 기여하는 것들을 망라하여 포함하고 있다. 예를 들면, 기술수준, 경제 및 사회제도, 산업의 구조 등이며 이들은 모두 경제의 생산성에 영향을 미칠 수 있다.

문제에서 주어진 자본량과 노동량의 증가율을 위의 식에 대입하면 다음과 같다.

$\hat{Y} = \hat{A} + 0.5\hat{K} + 0.5\hat{L}$

$5 = \hat{A} + 2 - 1$, $\hat{A} = 4$

32 [정답해설] 구매력평가설과 이자율평가설

피셔방정식, 구매력 평가설, 이자율 평가설이 성립하는 경우 양국의 실질이자율은 동일하게 된다.

1) 미국, 피셔방정식

   먼저, 미국의 경우, 인플레이션율이 5%이고, 명목이자율이 5%이므로 피셔방정식에 의하여
   $5 = 0 + 5$가 성립하므로 실질이자율은 0%가 된다.

2) 양국의 실질이자율

   양국의 실질이자율은 동일하므로 한국의 실질이자율도 0%가 된다.

3) 한국, 피셔방정식

   이제 한국의 경우, 인플레이션율이 5%이고, 실질이자율이 0%이므로 피셔방정식에 의하여
   $3 = 0 + 3$가 성립하므로, 명목이자율은 3%가 된다.

33 [정답해설] 솔로우 모형의 균제상태와 황금률 계산

설문에서 1인당 생산함수는 $y = 0.5k^{0.2}$로 주어져 있다. 그리고 저축률이 $s = 0.2$, 감가상각률은 $\delta = 0.1$, 인구증가율 $n = 0$로 주어져 있다.

따라서 균제상태에서의 1인당 자본량은 $k^* = \left(\frac{sA}{n + \delta} \right)^{\frac{1}{1 - \alpha}} = \left(\frac{0.2 \times 0.5}{0 + 0.1} \right)^{\frac{1}{1 - 0.2}} = 1$ 이 된다. (ㄹ) 특히 균제상태에서의 저축률이 황금률의 저축률과 같게 되어 현상태가 황금률의 균제상태가 되므로 황금률 수준의 1인당 자본량도 1이 된다.

(ㄷ) 만일 균제상태에서 벗어나는 경우 균제상태의 자본량으로 수렴하게 되어 1인당 자본량, 1인당 생산량이 모두 불변이므로 변화율은 0이 된다.

(ㄱ) 1인당 자본량이 2일 때, 1인당 투자와 1인당 자본 모두 감소한다. (ㄴ) 이때는 1인당 자본의 감가상각이 1인당 저축보다 더 크다.

34 [정답해설] 환율제도

개방거시경제의 목표를 통화정책의 자주성, 자본이동의 자유성, 환율의 안정성이라고 한다면, 개방거시경제의 목표를 모두 달성하는 환율제도는 없다는 것으로서 크루그만의 삼자택일의 딜레마(trilemma) 혹은 불가능한 삼위일체라고 한다. (ㄷ) 이는 환율을 안정적으로 유지(고정환율유지)하고 국가간 자유로운 자본이동을 허용하며, 자국의 독자적인 통화정책을 보장하는 환율제도는 없다는 의미이다.

외국채권의 기대수익률은 외국채권의 자체의 수익률뿐만 아니라 환율, 특히 예상환율에 의하여 결정된다. (ㄹ) 만일 국내통화가 절상될 것으로 기대된다면, 환율이 하락할 것으로 예상되어 외국채권의 기대수익률은 하락한다. 참고로, 외국채권의 기대수익률 혹은 외화예금의 기대수익률은 다음과 같이 도출할 수 있다.

1원을 외국에 외화로 예금할 경우 먼저 1원을 외화로 환전하는 과정이 필요하다. 즉 환율이 e 라고 하면, 1원을 $\frac{1}{e}$ 달러로 환전하여 외국에 예금할 경우 1년 후 원리합계가 $\frac{1}{e}(1+r^*)$ 달러라고 하자. 이제 달러를 다시 원화로 환전하면 $\frac{1}{e}(1+r^*) \times e^e$ 원이 된다. 이때 e^e 는 미래의 예상환율이 된다.

따라서 수익률은 $\frac{e^e}{e}(1+r^*) - 1 + r^* - r^* = r^* + \frac{e^e}{e} - 1 + (\frac{e^e}{e}r^* - r^*)$ 이 된다.

이때 $(\frac{e^e}{e}r^* - r^*) = r^*(\frac{e^e - e}{e})$ 은 작은 값이므로 무시하면, $r^* + \frac{e^e - e}{e}$ 가 된다. 따라서 외국의 외화예금 기대수익률은 $r^* + \frac{e^e - e}{e}$ 이 된다. 이때, 환율하락이 예상되면, e^e 가 작아지므로 외화예금의 기대수익률 $r^* + \frac{e^e - e}{e}$ 가 하락한다.

---

35 정답해설 **재정정책의 효과**

재정정책의 효과로서 승수효과와 이를 상쇄하는 구축효과는 다음과 같다.
1) 정부지출이 증가하는 경우 IS곡선이 우측으로 이동하여 균형국민소득이 증가, 이자율은 상승한다.
2) 한편, 정부지출 증가는 이자율을 상승시켜 투자를 감소시키고 국민소득을 감소시키는데, 이를 구축효과라고 한다. 이러한 구축효과는 IS곡선이 가파를수록, LM곡선이 완만할수록 구축효과는 작으므로 정부지출의 효과가 커진다.
3) 따라서 완전한 구축효과는 IS곡선이 정부지출의 증대로 우측으로 이동하고 LM곡선이 수직일 때 나타나며, 이때는 국민소득에 전혀 변함이 없다.

---

36 정답해설 **$IS-LM$ 균형 계산**

1) 최초의 균형
   ① IS곡선의 방정식 : $r = 120 - 5Y$로 주어져 있다.
   ② LM곡선의 방정식 : 화폐공급과 화폐수요가 일치하여 $\frac{40}{1} = 3Y - r$이므로 $r = 3Y - 40$ 이 된다.
   ③ $IS-LM$ 균형 : 위의 두 식을 연립하여 풀면 $Y = 20$, $r = 20$이 된다.
2) 통화량의 감소와 LM 곡선의 이동
   ① 통화량 감소를 통한 이자율의 상승은 LM 곡선이 왼쪽으로 이동하였음을 의미한다.
   ② 이동한 LM 곡선의 방정식은 새로운 통화량과 화폐수요의 균형으로부터 다음과 같이 도출된다.
   명목화폐공급의 감소분을 k라고 하면, 감소한 화폐공급과 화폐수요가 일치하여 $\frac{40-k}{1} = 3Y - r$이므로 $r = 3Y + k - 40$이 된다.
3) 새로운 $IS-LM$ 균형
   ① IS 곡선의 방정식 : $r = 120 - 5Y$
   ② 새로운 LM곡선의 방정식 : $r = 3Y + k - 40$
   ③ 새로운 균형이자율은 원래의 이자율 20보다 5 높은 25가 되어야 한다.
   따라서 $r = 25$를 IS 곡선의 방정식에 대입하면, $25 = 120 - 5Y$, $Y = 19$가 된다.
   ④ 이제 $Y = 19$, $r = 25$를 LM곡선의 방정식 $r = 3Y + k - 40$에 대입하면, $25 = 3 \times 19 = k - 40$이 된다.
   따라서 $k = 8$이 된다. 즉 이자율을 5만큼 높이기 위한 통화량의 감소분은 8이 된다.

37 정답해설 구매력 평가설과 빅맥환율

만일 모든 재화에 대하여 일물일가의 법칙이 성립한다면, 자국과 외국 모두 소비패턴이 동일하고 모든 재화에 대한 가중치가 동일한 경우 환율은 양국의 물가, 즉 구매력에 의해서 결정된다. 이를 구매력 평가설이라고 한다.

구매력 평가설에 의하면 환율 $e = \dfrac{P}{P^*}$ 즉 자국물가와 외국물가의 비율이 된다. 문제에서 햄버거가 대표상품이라고 하였고, 한국 햄버거가격이 5,000원, 미국 햄버거가격이 5달러이므로 (ㄱ) 구매력평가설에 의한 환율은 1,000원/달러가 된다.

(ㄴ) 만일 현재 환율이 1,100원/달러이라면, 5달러를 가지고 미국에서 햄버거를 사는 것보다는 한국에서 구매하게 되면 500원의 차익을 얻을 수 있다. 따라서 이러한 차익을 노리고 한국의 햄버거 수요가 늘게 되고, 미국의 햄버거 가격과 환율이 변하지 않는다는 전제하에 결국 한국 햄버거 가격은 상승한다.

38 정답해설 새고전학파와 새케인즈학파

실물적 경기변동이론 모형의 펀더멘털은 가계의 효용함수, 기업의 생산함수이다. 이를 이용하여 가계의 효용극대화와 기업의 이윤극대화라는 미시적 최적화 모형을 구축한다. 가계와 기업은 노동시장과 자본시장에서 만나게 되는데 노동시장과 자본시장에서 가계는 공급자, 기업은 수요자의 역할을 담당한다. 각각의 시장에서 가계와 기업은 최적화행동을 한다. 가계는 합리적 기대 하에서 미래소득을 예상하고 현재소비를 결정한다. 실물적 기술충격에 의해서 나타나는 현재소득과 미래소득의 변화를 합리적으로 예상하고 소비를 최적으로 유지할 수 있다는 것이다. 또한 가계는 합리적 기대를 바탕으로 하여 현재임금과 미래임금 사이에서 노동의 기간간 대체를 결정함으로써 노동의 공급도 최적으로 유지할 수 있다.

새케인즈학파는 새고전학파와는 달리 경기변동을 균형국민소득 수준으로부터 이탈한 현상로 보고 있으며 이탈의 핵심적 원인이 바로 가격 및 임금의 경직성이라고 한다. 새케인즈학파는 가격 및 임금의 경직성이 단순한 가정이 아니라 경제주체들의 최적화 행동의 결과로 나타나는 합리적인 것임을 증명하고, 총수요 충격이 가격조정이 아닌 생산 수준의 변화를 유발하여 경기변동을 촉발하는 것이라고 설명한다.

39 정답해설 실업률

15세 이상 생산가능인구(P) 200	경제활동인구(L) 100	취업자(E) 90
		실업자(U) 10
	비경제활동인구(NL) 100	비경제활동인구(NL) 100

15세 이상 생산가능인구(P) 200	경제활동인구(L) 100	취업자(E) 90+2-0.9
		실업자(U) 10-2-1+0.9+1
	비경제활동인구(NL) 100	비경제활동인구(NL) 100+1-1

따라서 실업률 $u = \dfrac{10-2-1+0.9+1}{100} = \dfrac{8.9}{100} = 8.9\%$ 이다.

40 [정답해설] 통화승수

통화승수란 본원통화 1단위가 통화량을 얼마나 증가시키는지를 나타내는 지표로서 다음과 같다.

$$m = \frac{1}{(c+r-cr)} = \frac{k+1}{k+r},$$

$r = \dfrac{R}{D}$ (지급준비율 = 지급준비금 ÷ 예금통화),

$c = \dfrac{C}{M}$ (현금통화비율 = 현금통화 ÷ 통화),

$k = \dfrac{C}{D}$ (현금예금비율 = 현금통화 ÷ 예금통화)

문제에서 민간부문은 현금 25%, 요구불예금 25%, 저축성예금 50%로 나누어 보유하므로 현금통화비율은 $c = \dfrac{C}{M} = 0.25$이 된다.

그리고 은행의 지급준비율은 요구불예금과 저축성예금에 대하여 동일하게 10%이므로 지급준비율은 $r = \dfrac{R}{D} = 0.1$이 된다.

따라서 통화승수는 다음과 같이 구할 수 있다.

$$m = \frac{1}{c+r-cr} = \frac{1}{0.25+0.1-0.25 \times 0.1} = \frac{1}{0.325} = 3.07 \fallingdotseq 3.1$$

제3과목 | **부동산학원론**

정답

01 ②	02 ④	03 ③	04 ⑤	05 ③	06 ③	07 ⑤	08 ③	09 ②	10 ①
11 ④	12 ②	13 ⑤	14 ⑤	15 ④	16 ④	17 ①	18 ②	19 ①	20 ②
21 ②	22 ⑤	23 ③	24 ④	25 ①	26 ④	27 ①	28 ③	29 ②	30 ④
31 ①	32 ②	33 ①	34 ④	35 ③	36 ②	37 ⑤	38 ③	39 ⑤	40 ①

35회 계산문제 해설

01 〔정답해설〕
② 정착물 중 종속 정착물은 ㄴ(다년생 식물), ㅁ(구거)이다.
1. 동산 : 가식 중에 있는 수목, 경작수확물(경작된 수확물)
2. 독립 정착물 : 건물, 소유권보존등기된 입목
3. 종속 정착물 : 다년생 식물, 구거

02 〔정답해설〕
④ 허가 ⇨ 신고 : 개업공인중개사는 등록관청에 신고하고 그 관할 구역 외의 지역에 분사무소를 둘 수 있다.

03 〔정답해설〕
③ 옳은 지문이다.

〔오답해설〕
① 임대주택 ⇨ 국민주택 : 민영주택은 국민주택을 제외한 주택을 말한다. 주택법은 재원을 기준으로 주택을 국민주택과 민영주택으로 구분하고, 국민주택을 제외한 주택을 민영주택이라고 정의하고 있다.
② 공간의 일부를 구분소유 할 수 있는 ⇨ 없는 : 세대구분형 공동주택이란 공동주택의 주택 내부 공간의 일부를 세대별로 구분하여 생활이 가능한 구조로 하되, 그 구분된 공간의 일부를 구분소유 할 수 없는 주택으로서 대통령령으로 정하는 건설기준, 설치기준, 면적기준 등에 적합한 주택을 말한다.
④ 이산화탄소 배출량을 증대 ⇨ 저감 : 에너지절약형 친환경주택이란 저에너지 건물 조성기술 등 대통령령으로 정하는 기술을 이용하여 에너지 사용량을 절감하거나 이산화탄소 배출량을 저감할 수 있도록 건설된 주택을 말하며, 그 종류와 범위는 대통령령으로 정한다.
⑤ 구조를 쉽게 변경할 수 없는 ⇨ 있는 : 장수명 주택이란 구조적으로 오랫동안 유지·관리될 수 있는 내구성을 갖추고, 입주자의 필요에 따라 내부 구조를 쉽게 변경할 수 있는 가변성과 수리 용이성 등이 우수한 주택을 말한다.

04 〔정답해설〕
⑤ 실제 시험에서는 버리는 문제입니다. 해설은 참고만 하십시오.
1. 종합합산과세대상 : 별도합산과세대상 또는 분리과세대상이 되는 토지를 제외한 토지
2. 별도합산과세대상

가. 공장용 건축물의 부속토지 등 대통령령으로 정하는 건축물의 부속토지

나. 차고용 토지, 보세창고용 토지, 시험・연구・검사용 토지, 물류단지시설용 토지 등 공지상태(空地狀態)나 해당 토지의 이용에 필요한 시설 등을 설치하여 업무 또는 경제활동에 활용되는 토지로서 대통령령으로 정하는 토지

다. 철거・멸실된 건축물 또는 주택의 부속토지로서 대통령령으로 정하는 부속토지

3. 분리과세대상

가. 공장용지・전・답・과수원 및 목장용지로서 대통령령으로 정하는 토지

나. 산림의 보호육성을 위하여 필요한 임야 및 종중 소유 임야로서 대통령령으로 정하는 임야

다. 골프장용 토지와 같은 항에 따른 고급오락장용 토지로서 대통령령으로 정하는 토지

라. 공장의 부속토지로서 개발제한구역의 지정이 있기 이전에 그 부지취득이 완료된 곳으로서 대통령령으로 정하는 토지

마. 국가 및 지방자치단체 지원을 위한 특정목적 사업용 토지로서 대통령령으로 정하는 토지

바. 에너지・자원의 공급 및 방송・통신・교통 등의 기반시설용 토지로서 대통령령으로 정하는 토지

사. 국토의 효율적 이용을 위한 개발사업용 토지로서 대통령령으로 정하는 토지

아. 그 밖에 지역경제의 발전, 공익성의 정도 등을 고려하여 분리과세하여야 할 타당한 이유가 있는 토지로서 대통령령으로 정하는 토지

---

05 〔정답해설〕

③ 감소 ⇨ 증가 : 건축원자재 가격의 하락은 주택의 공급(공간재고)를 증가시킨다.

---

06 〔정답해설〕

③ 옳은 지문은 ㄱ, ㄷ이다. ㄴ은 이행지에 대한 설명이다. ㄹ은 소지에 대한 설명이다.

---

07 〔정답해설〕

⑤ (ㄱ)은 전속중개계약, (ㄴ)은 일반중개계약이다.

---

08 〔정답해설〕

③ 행정학 시험에서 자주 출제되는 내용으로 해설을 참고만 하십시오.

구분	도		특별시, 광역시	
	도세	시/군세	특별(광역)시세	구세
보통세	・취득세 ・등록면허세 ・지방소비세 ・레저세	・재산세 ・지방소득세 ・주민세 ・자동차세 ・담배소비세	・취득세 ・지방소비세 ・지방소득세 ・주민세 ・자동차세 ・담배소비세 ・레저세	・재산세 ・등록면허세
목적세	・지역자원시설세 ・지방교육세		・지역자원시설세 ・지방교육세	

09 정답해설

② (ㄱ)은 부동성, (ㄴ)은 내부화이다.

10 정답해설

① 빈집정비사업은 소규모주택정비사업과 별도의 사업이다.

1. 빈집 및 소규모주택 정비에 관한 특례법은 1)빈집정비사업과 2)소규모주택정비사업을 규정하고 있다.

　1) 빈집정비사업 : 빈집을 개량 또는 철거하거나 효율적으로 관리 또는 활용하기 위한 사업을 말한다.

　2) 소규모주택정비사업 : 노후·불량건축물의 밀집 등 대통령령으로 정하는 요건에 해당하는 지역 또는 가로구역에서 시행하는 다음 각 목의 사업을 말한다.

> 가. 자율주택정비사업 : 단독주택, 다세대주택 및 연립주택을 스스로 개량 또는 건설하기 위한 사업
> 나. 가로주택정비사업 : 가로구역에서 종전의 가로를 유지하면서 소규모로 주거환경을 개선하기 위한 사업
> 다. 소규모재건축사업 : 정비기반시설이 양호한 지역에서 소규모로 공동주택을 재건축하기 위한 사업
> 라. 소규모재개발사업 : 역세권 또는 준공업지역에서 소규모로 주거환경 또는 도시환경을 개선하기 위한 사업

11 정답해설

④ 감정평가법인등은 토지를 감정평가할 때에는 공시지가기준법을 적용해야 한다.

12 정답해설

② 원가법에 의한 적산가액은 322,000,000원이다.

1. 재조달원가 : 1,000,000원/㎡ × 350㎡ × 1.15(시) = 402,500,000원
2. 감가수정액 : 402,500,000원 ÷ 50년(전체내용연수) × 10년(경과연수, 만년감가) = 80,500,000원
3. 적산가액 : 402,500,000원 − 80,500,000원 = 322,000,000원

13 정답해설

⑤ 모두 옳은 지문이다.

ㄴ. 재조달원가는 도급방식을 기준으로 한다. 즉 도급인의 정상이윤을 원가에 포함시킨다.

ㄷ. 경제적(외부적) 감가는 외부환경과의 부적합으로 만들어지는 감가이고, 지리적 위치의 고정성(부동성)은 외부효과의 근거이다. 따라서 부동성에 의해 경제적(외부적) 감가가 발생한다.

14 정답해설

⑤ 옳은 지문이다.

오답해설

① 복수기간 ⇨ 단일기간 : 직접환원법은 단일기간의 순수익을 적절한 환원율로 환원하여 대상 물건의 가액을 산정하는 방법을 말한다.

② 수익분석법 ⇨ 수익환원법 : 수익가액이란 수익환원법에 의해 산정된 가액을 말한다. 수익임료란 수익분석법에 의해 산정되는 임료를 말한다.

③ 가능총수익 ⇨ 유효총수익 : 순수익은 대상 물건에 귀속하는 적절한 수익으로서 유효총수익에서 운영경비를 공제하여 산정한다. 이 경우 자본적지출은 비용으로 고려하지 않는다.

④ 투자결합법 ⇨ 시장추출법 : 직접환원법에서 사용할 환원율은 시장추출법으로 구하는 것을 원칙으로 한다.

다만, 시장추출법의 적용이 적절하지 않은 때에는 요소구성법, 투자결합법, 유효총수익승수에 의한 결정방법, 시장에서 발표된 환원율 등을 검토하여 조정할 수 있다.

15 〔정답해설〕

④ 적합의 원칙 ⇨ 균형의 원칙 : 부동산의 가격이 내부적인 요인에 의하여 긍정적 또는 부정적 영향을 받아 형성되는 것은 균형의 원칙에 해당된다.

16 〔정답해설〕

④ 수익환원법이 주된 평가방법인 것은 5개(광업재단, 상표권, 영업권, 특허권, 전용측선이용권)이다. 과수원은 거래사례비교법이 주된 평가방법이다.

17 〔정답해설〕

① 옳은 지문이다.

〔오답해설〕

② 속한 지역 ⇨ 속하지 않은 지역 : 유사지역이란 대상부동산이 속하지 아니한 지역으로서 인근지역과 유사한 특성을 갖는 지역이다.
③ 미치지 않는 관계 ⇨ 미치는 관계 : 동일수급권이란 대상부동산과 수요·공급 관계가 성립하고 가치 형성에 서로 영향을 미치는 다른 부동산이 존재하는 권역이다.
④ 지역분석이 아니라 개별분석에 대한 설명이다.
⑤ 지역분석이 먼저 실시되고, 그 결과를 바탕으로 개별분석이 이루어진다.

18 〔정답해설〕

② 건물의 연간 감가율은 5%이다.
　1. 종합 환원율(상각전) : 1.8억(순영업소득)/20억(부동산가격) = 9%
　2. 건물의 연간 감가율(a) : 5%
　　1) 토지 환원율 : 8%
　　2) 건물 환원율(상각전) : 8% + a(연간 감가율)
　　3) 종합 환원율(물리적 투자결합법) : 8% × 0.8(토지구성비) + (8% + a) × 0.2(건물구성비) = 9%, a = 5%

19 〔정답해설〕

① 옳은 연결이다. (ㄱ) 가치 정의는 영속성에 근거한다. (ㄴ) 토지에 원가방식을 적용하는 것이 어려운 이유는 토지는 생산할 수 없는 재화이기 때문이다. 따라서 부증성과 관계된다. (ㄷ) 부동산은 모두 다르고(개별적이고), 거래 내용도 거래 당사자에 따라 다르다(개별적이다). 즉 개별분석과 사정보정은 개별성에 근거한다.

20 〔정답해설〕

② 구분소유가 아닌 부동산. 일반적인 복합부동산(토지와 건물로 구성된 부동산)은 토지와 건물을 개별로 감정평가하는 것이 원칙이다. 아파트와 같은 구분소유 부동산은 건물에 대지사용권을 반영한 가치를 평가해야 하기 때문에 건물과 대지사용권을 일체로 하는 거래사례비교법을 적용하는 것이 원칙이나, 일반적인 복합부동산은 토지와 건물을 개별평가하는 것이 원칙이다.

1. 구분소유 부동산의 감정평가방법(감정평가 실무기준)

> ① 구분소유 부동산을 감정평가할 때에는 건물(전유부분과 공유부분)과 대지사용권을 일체로 한 거래사례비
> 교법을 적용하여야 한다.
> ② 구분소유 부동산을 감정평가할 때에는 층별·위치별 효용요인을 반영하여야 한다.
> ③ 감정평가액은 합리적인 배분기준에 따라 토지가액과 건물가액으로 구분하여 표시할 수 있다.

2. 복합부동산의 감정평가방법(감정평가 실무기준)

> ① 복합부동산은 토지와 건물을 개별로 감정평가하는 것을 원칙으로 한다. 다만, 토지와 건물이 일체로 거
> 래되는 경우에는 일괄하여 감정평가할 수 있다.
> ② 토지와 건물을 일괄하여 감정평가할 때에는 거래사례비교법을 적용하여야 한다.
> ③ 토지와 건물을 일괄하여 감정평가한 경우의 감정평가액은 합리적인 배분기준에 따라 토지가액과 건물가
> 액으로 구분하여 표시할 수 있다.

21 〔정답해설〕
② 정보비용의 현재가치는 1억원이다.
1. 1년 후 정보가치 : (55,000만원 − 27,500만원) × 0.4(들어오지 않을 가능성) = 11,000만원
2. 정보의 현재가치 : 11,000만원 ÷ 1.1 = 10,000만원(1억원)

22 〔정답해설〕
⑤ 수요가 변화할 때, 공급의 가격탄력성이 작을수록(비탄력적일수록), 가격의 변동폭은 크고, 거래량의 변동폭은
작다.

23 〔정답해설〕
③ 재산은 저량(stock) 변수이다.
1. 유량 : 소득, 수출, 소비, 투자, 수요, 공급
2. 저량 : 재산, 가격, 자산, 재고량

24 〔정답해설〕
④ 옳은 지문은 ㄴ, ㄹ, ㅁ이다.
ㅁ. 유동화 과정에서 은행이 대출채권(위험자산)을 매각하면 위험자산(BIS 계산식의 분모)의 비중이 감소한다.
따라서 자기자본비율은 증가한다.

$$자기자본비율(BIS) = \frac{자본}{가중평균\ 위험자산}$$

〔오답해설〕
ㄱ. 채권을 표시하는 증권(조금 애매모호한 표현이나, 이에 대한 이의신청은 받아들여지지 않았음) ⇨ 지분형 증권
 : MPTS는 지분형 증권으로 원리금수취권과 주택저당에 대한 채권을 모두 투자자에게 이전하는 증권이다.
ㄷ. 만기가 일치하도록 ⇨ 서로 다른 만기를 가진 : CMO는 이자율과 만기가 다른 다양한 채권으로 발행한다.

25 〔정답해설〕
① 프로젝트 대출은 사업주의 부채로 표시되지 않는데, 이를 부(簿)외 금융효과라고 한다.

26 〔정답해설〕
1. 2(부채감당률) = 4,000만원(순) ÷ 부채서비스액, 부채서비스액(원리금상환액) = 2,000만원
2. 대출금액 : 2,000만원 ÷ 0.1(저당상수) = 2억원
3. 매매가격 : 4억원
4. 대부비율(LTV) : 50%

27 〔정답해설〕
① 수요의 증가폭이 크다면, 수요의 증가가 시장을 결정한다. 따라서 균형가격은 상승하고, 균형거래량은 증가한다.

28 〔정답해설〕
③ 금융감독원 ⇨ 금융위원회 : 금융(회계)과 관련된 정책을 결정하는 것은 금융위원회(정부의결기관)이다. 금융감독원은 금융위원회의 지시를 받아 은행, 보험회사, 증권회사 등 금융기관에 대한 검사와 감독 업무를 담당한다.

29 〔정답해설〕
② 수요곡선을 우측으로 이동시키는 요인(수요 증가 요인)은 3개이다.
1. 수요곡선 자체를 이동시키지 않는 요인(수요량의 변화 요인) : 아파트 가격의 하락
2. 수요 증가 요인 : 대체주택 가격의 상승, DSR 규제 완화, 가구수 증가
3. 수요 감소 요인 : 대출금리 상승, 수요자의 실질 소득 감소, 부채감당률 규제 강화

30 〔정답해설〕
④ 옳은 지문이다. 듀레이션은 빠르게 상환하는 방식일수록 짧고, 상대적으로 천천히 상환하는 방식일수록 길다. 따라서 원금 균등 상환 방식에 비해 상대적으로 천천히 상환하는 원리금 균등 상환 방식의 듀레이션이 보다 길다.

〔오답해설〕
① 대출자 ⇨ 차입자 : 콜옵션(조기상환권)은 차입자의 권리이다.
② 작은 ⇨ 큰 : 금융기관은 위험을 줄이기 위해 부채감당률이 1보다 큰 대출안에서 보다 큰 수치의 순서대로 대출을 실행한다.
③ 하락 ⇨ 상승 : 대출수수료와 조기상환수수료는 이자와 별도로 차입자가 부담하는 비용이다. 따라서 이러한 수수료가 존재한다면 차입자의 실효이자율은 상승한다. 또한 조기상환수수료는 조기상환이 빠를수록 보다 많은 수수료를 부담하는 특징이 있다. 따라서 조기상환시점이 앞당겨 질수록 실효이자율은 보다 상승한다.
⑤ 원리금 균등 상환 방식은 상대적으로 천천히 상환하는 방식으로 상환기간 전체의 누적이자액이 원금 균등 상환 방식에 비해 보다 많은 방식이다. 따라서 총상환액(누적원금 + 누적이자)은 원리금 균등 상환 방식이 보다 많다.

31 〔정답해설〕

① 체계적 위험 ⇨ 비체계적 위험 : 포트폴리오는 비체계적 위험을 감소시킨다.

32 〔정답해설〕

② BTO 방식에 대한 설명이다. 특히 시설의 최종수요자로부터 이용료를 징수하여 투자비를 회수하는 방식은 BTO 방식이다.

33 〔정답해설〕

① 부채감당률법에 의한 환원율은 5.61%이다.
1. 순영업소득
    1) 가능총소득 : 85,000,000원
    2) 유효총소득 : 85,000,000원 × 0.95 = 80,750,000원
    3) 영업경비 : 85,000,000원 × 0.07(관리수수료, 유틸리티, 관리직원인건비) = 5,950,000원
    4) 순영업소득 : 80,750,000원 − 5,950,000원 = 74,800,000원
2. 부채감당률 : 74,800,000원(순) ÷ 20,000,000원(부채서비스액) = 3.74
3. 환원율 : 3.74(부채감당률) × 25%(대부비율) × 0.06(저당상수) = 5.61%

34 〔정답해설〕

④ 총투자수익률은 순영업소득을 총투자액으로 나눈 비율이다.

35 〔정답해설〕

③ 동일하게 ⇨ 다양하게 : 세분시장은 마케팅 믹스 요소에 대해 다양하게 반응한다.

36 〔정답해설〕

② 수익률은 더해지지 않는다. 예로 5% 수익률을 갖는 투자안(A)와 5% 수익률을 갖는 투자안(B)를 결합하여 투자한다고 가정하자. 결합 투자안(A + B)의 수익률은 5%이지, 10%가 되는 것이 아님을 주의해야 한다.

구분	A	B	A + B
투자금액	100	100	200
수익	5	5	10
수익률	5%	5%	5%

37 〔정답해설〕

⑤ 기밀 및 보안의 측면에서 유리한 방식은 자기관리방식이다.

38 〔정답해설〕

③ 옳은 연결이다.

$$1년간\ 자기자본수익률 = \frac{순영업소득 - 이자비용 \pm 가격변화}{지분투자액}$$

1. (ㄱ)타인자본을 활용하지 않은 경우

{500만원(순) − 0원(이자) + 200만원(가치상승)} ÷ 10,000만원(지분투자금액) = 7%

2. (ㄴ)타인자본을 40% 활용하는 경우

{500만원 − 160만원(= 4,000만원 × 4%, 이자) + 200만원} ÷ 6,000만원(지분투자금액) = 9%

39 정답해설

⑤ 지급해야 할 예상 임대료는 13,000만원이다.

1. 예상 매출액 분석

1) 1월~7월(7개월) : 8만원/㎡ × 200㎡ = 1,600만원. 기본임대료만 지불

2) 8월~12월(5개월) : 20만원/㎡ × 200㎡ = 4,000만원. 기본임대료와 추가임대료 지불

2. 임대료 계산

1) 1월~7월 : 5만원/㎡ × 200㎡(월기본임대료) × 7개월 = 7,000만원

2) 8월~12월 : {5만원/㎡ × 200㎡(월기본임대료) + 2,000만원(초과매출액) × 10%(추가임대료율)} × 5개월
   = 6,000만원

3) 합계 : 13,000만원

40 정답해설

① 옳은 연결이다.

ㄱ. 수익증권은 신탁방식에서 등장하는 용어이다.

ㄴ. 토지를 원래의 토지소유자에게 재분배하는 방식은 환지방식이다.

ㄷ. 공익성이 강한 방식은 공영개발방식이다.

제4과목 | 감정평가관계법규

정답

01 ④	02 ⑤	03 ④	04 ①	05 ③	06 ①	07 ②	08 ③	09 ②	10 ③
11 ④	12 ④	13 ⑤	14 ⑤	15 ②	16 ④	17 ⑤	18 ②	19 ②	20 ③
21 ①	22 ③	23 ①	24 ⑤	25 ③	26 ②	27 ③	28 ⑤	29 ④	30 ①
31 ⑤	32 ⑤	33 ①	34 ②	35 ④	36 ②	37 ④	38 ④	39 ④	40 ①

01

정답해설

④ 도축장은 보건위생시설이다.

> **영 제2조(기반시설)**
> ① "기반시설"이란 다음 시설을 말한다(당해 시설 그 자체의 기능발휘와 이용을 위하여 필요한 부대시설 및 편익시설을 포함한다).
> 1. 교통시설
>   도로·철도·항만·공항·주차장·자동차정류장·궤도·차량 검사 및 면허시설
>
>   > **도로 :**
>   > 가. 일반도로   나. 자동차전용도로   다. 보행자전용도로
>   > 라. 보행자우선도로   마. 자전거전용도로   바. 고가도로
>   > 사. 지하도로
>   >
>   > **자동차정류장 :**
>   > 가. 여객자동차터미널   나. 물류터미널   다. 공영차고지
>   > 라. 공동차고지   마. 화물자동차 휴게소   바. 복합환승센터
>   > 사. 환승센터
>
> 2. 공간시설
>   광장·공원·녹지·유원지·공공공지
>
>   > **광장 :**
>   > 가. 교통광장   나. 일반광장   다. 경관광장
>   > 라. 지하광장   마. 건축물부설광장
>
> 3. 유통·공급시설
>   유통업무설비, 수도·전기·가스·열공급설비, 방송·통신시설, 공동구·시장, 유류저장 및 송유설비
> 4. 공공·문화체육시설
>   학교·공공청사·문화시설·공공필요성이 인정되는 체육시설·연구시설·사회복지시설·공공직업훈련시설·청소년수련시설
> 5. 방재시설
>   하천·유수지·저수지·방화설비·방풍설비·방수설비·사방설비·방조설비

PART 01

6. 보건위생시설
   장사시설·도축장·종합의료시설
7. 환경기초시설
   하수도·폐기물처리 및 재활용시설·빗물저장 및 이용시설·수질오염방지시설·폐차장

02 〔정답해설〕
⑤ 법 제13조 제5항

〔오답해설〕
① 중앙행정기관의 장, 시·도지사, 시장 또는 군수는 국토교통부장관이나 도지사에게 광역계획권의 지정 또는 변경을 요청할 수 있다(법 제10조 제2항).
② 도지사가 광역계획권을 지정하거나 변경하려면 관계 중앙행정기관의 장, 관계 시·도지사, 시장 또는 군수의 의견을 들은 후 지방도시계획위원회의 심의를 거쳐야 한다(법 제10조 제4항).
③ 국토교통부장관 또는 도지사는 광역계획권을 지정하거나 변경하면 지체 없이 관계 시·도지사, 시장 또는 군수에게 그 사실을 통보하여야 한다(법 제10조 제5항).
④ 2년이 아니라 3년을 기한으로 한다(법 제11조 제1항 제3호).

03 〔정답해설〕
④ 도시·군관리계획의 입안을 제안받은 자는 제안자와 협의하여 제안된 도시·군관리계획의 입안 및 결정에 필요한 비용의 전부 또는 일부를 제안자에게 부담시킬 수 있다(법 제26조 제3항).

〔오답해설〕
①
> **법 제24조(도시·군관리계획의 입안권자)**
> ⑤ 국토교통부장관은 다음 각 호의 어느 하나에 해당하는 경우에는 직접 또는 관계 중앙행정기관의 장의 요청에 의하여 도시·군관리계획을 입안할 수 있다.
> 1. 국가계획과 관련된 경우
> 2. 둘 이상의 시·도에 걸쳐 지정되는 용도지역·용도지구 또는 용도구역과 둘 이상의 시·도에 걸쳐 이루어지는 사업의 계획 중 도시·군관리계획으로 결정하여야 할 사항이 있는 경우
> 3. 특별시장·광역시장·특별자치시장·특별자치도지사·시장 또는 군수가 제138조에 따른 기한까지 국토교통부장관의 도시·군관리계획 조정 요구에 따라 도시·군관리계획을 정비하지 아니하는 경우

② 법 제25조 제1항
③ 법 제26조 제1항
⑤
> **영 제21조(도시·군관리계획의 입안을 위한 기초조사 면제사유 등) 제2항**
> 3. 토지적성평가를 실시하지 아니할 수 있는 요건
>   아. 다음의 어느 하나에 해당하는 용도지역·용도지구·용도구역의 지정 또는 변경의 경우
>   1) 주거지역·상업지역·공업지역 또는 계획관리지역의 그 밖의 용도지역으로의 변경(계획관리지역을 자연녹지지역으로 변경하는 경우는 제외한다)
>   2) 주거지역·상업지역·공업지역 또는 계획관리지역 외의 용도지역 상호간의 변경(자연녹지지역으로 변경하는 경우는 제외한다)
>   3) 용도지구·용도구역의 지정 또는 변경(개발진흥지구의 지정 또는 확대지정은 제외한다)

04 〔정답해설〕

① 제2종일반주거지역은 중층주택을 중심으로 한다.

> **영 제30조(용도지역의 세분) 제1항**
> 가. 전용주거지역 : 양호한 주거환경을 보호하기 위하여 필요한 지역
>   (1) 제1종전용주거지역 : 단독주택 중심의 양호한 주거환경을 보호하기 위하여 필요한 지역
>   (2) 제2종전용주거지역 : 공동주택 중심의 양호한 주거환경을 보호하기 위하여 필요한 지역
> 나. 일반주거지역 : 편리한 주거환경을 조성하기 위하여 필요한 지역
>   (1) 제1종일반주거지역 : 저층주택을 중심으로 편리한 주거환경을 조성하기 위하여 필요한 지역
>   (2) 제2종일반주거지역 : 중층주택을 중심으로 편리한 주거환경을 조성하기 위하여 필요한 지역
>   (3) 제3종일반주거지역 : 중고층주택을 중심으로 편리한 주거환경을 조성하기 위하여 필요한 지역
> 다. 준주거지역 : 주거기능을 위주로 이를 지원하는 일부 상업기능 및 업무기능을 보완하기 위하여 필요한 지역

05 〔정답해설〕

③ 법 제44조 제5항

〔오답해설〕

① 200만제곱미터를 초과하여야 한다(영 제35조의2 제1항).

②
> **영 제35조의3(공동구에 수용하여야 하는 시설)**
> 1) 필수 : 전선로, 통신선로, 수도관, 열수송관(난방), 중수도관(물재활용), 쓰레기수송관
> 2) 공동구협의회 심의를 거쳐 수용할 수 있는 시설 : 가스관, 하수도관, 그 밖의 시설

④ 점용예정자는 공동구설치공사 착수 전에 부담액의 3분의 1 이상 납부하고 점용공사기간 만료일(만료일 전에 공사가 완료된 경우에는 공사완료일) 전까지 나머지를 납부해야 한다(영 제38조 제4항).

⑤ 공동구관리자는 대통령령으로 정하는 바에 따라 1년에 1회 이상 공동구의 안전점검을 실시하여야 한다(법 제44조의2 제3항).

06 〔정답해설〕

①
> **영 제55조(개발행위허가의 규모)**
> ① 법 제58조 제1항 제1호 본문에서 "대통령령으로 정하는 개발행위의 규모"란 다음 각호에 해당하는 토지의 형질변경면적을 말한다
> (다만, 관리지역 및 농림지역에 대하여는 토지형질변경 및 토석의 채취의 규정에 의한 면적의 범위 안에서 특별시·광역시·특별자치시·특별자치도·시 또는 군의 도시군계획조례로 따로 정할 수 있다)
> 1. 도시지역 :
>   가. 주거지역, 상업지역, 자연녹지지역, 생산녹지지역 : 1만제곱미터 미만
>   나. 공업지역 : 3만제곱미터 미만
>   다. 보전녹지지역 : 5천제곱미터 미만
> 2. 관리지역/농림지역 : 3만제곱미터 미만
> 3. 자연환경보전지역 : 5천제곱미터 미만

07 〔정답해설〕

② ㄴ. 80% - ㄷ. 70% - ㄱ. 50% - ㄹ. 20%

> **영 제84조(용도지역안에서의 건폐율) 제1항**
> 2. 제2종전용주거지역 : 50퍼센트 이하
> 10. 유통상업지역 : 80퍼센트 이하
> 12. 일반공업지역 : 70퍼센트 이하
> 20. 농림지역 : 20퍼센트 이하

08 〔정답해설〕

③ 새로 설치된 공공시설은 세목 통지 시에 귀속된다.

> **법 제65조(개발행위에 따른 공공시설 등의 귀속)**
> ⑤ 개발행위허가를 받은 자가 행정청인 경우 개발행위허가를 받은 자는 개발행위가 끝나 준공검사를 마친 때에는 해당 시설의 관리청에 공공시설의 종류와 토지의 세목(細目)을 통지하여야 한다. 이 경우 공공시설은 그 통지한 날에 해당 시설을 관리할 관리청과 개발행위허가를 받은 자에게 각각 귀속된 것으로 본다.

09 〔정답해설〕

②

> **법 제66조(개발밀도관리구역)**
> ② 특별시장·광역시장·특별자치시장·특별자치도지사·시장 또는 군수는 개발밀도관리구역에서는 대통령령으로 정하는 범위에서 건폐율 또는 용적률을 강화하여 적용한다.
>
> **영 제62조(개발밀도의 강화범위 등)**
> ① "대통령령으로 정하는 범위"란 해당 용도지역에 적용되는 용적률의 최대한도의 50퍼센트를 말한다.

〔오답해설〕

① 주거·상업·공업지역에서 기반시설(도시·군계획시설포함)의 처리·공급 또는 수용능력이 부족할 것으로 예상되는 지역 중 기반시설의 설치가 곤란한 지역을 개발밀도관리구역으로 지정(변경)할 수 있고, 지정하는 경우 고시해야 한다(법 제66조 제1항, 제4항).
③ 특별시장·광역시장·특별자치시장·특별자치도지사·시장 또는 군수는 개발밀도관리구역을 지정하거나 변경하려면 개발밀도관리구역의 명칭·범위·건폐율 또는 용적률의 강화범위를 포함하여 지방도시계획위원회의 심의를 거쳐야 한다(법 제66조 제3항).
④ 개발밀도관리구역의 지정 또는 변경의 고시는 당해 지방자치단체의 공보에 게재하는 방법에 의한다(영 제62조 제2항).
⑤ 개발밀도관리구역은 도로·수도공급설비·하수도·학교 등의 기반시설의 용량이 부족할 것으로 예상되는 지역 중 기반시설의 설치가 곤란한 지역을 지정한다(법 제2조 제6호).

10 〔정답해설〕

③ 성장관리계획구역에서는 조례로 정하는 비율까지 건폐율을 완화하여 적용 가능하다.

> **법 제75조의3(성장관리계획의 수립 등) 제2항**
> 1. 계획관리지역 : 50퍼센트 이하
> 2. 생산관리지역 농림지역 및 녹지지역(자연녹지/생산녹지) : 30퍼센트 이하

11

정답해설

④ 법 제42조 제1항 제3호

오답해설

① 도시·군관리계획 대상이다(법 제36조 제2항).
② 도지사가 입안할 수 있는 경우이다.

법 제24조(도시·군관리계획의 입안권자)

⑤ 국토교통부장관은 제1항이나 제2항에도 불구하고 다음 각 호의 어느 하나에 해당하는 경우에는 직접 또는
  관계 중앙행정기관의 장의 요청에 의하여 도시·군관리계획을 입안할 수 있다. 이 경우 국토교통부장관은
  관할 시·도지사 및 시장·군수의 의견을 들어야 한다.
    1. 국가계획과 관련된 경우
    2. 둘 이상의 시·도에 걸쳐 지정되는 용도지역·용도지구 또는 용도구역과 둘 이상의 시·도에 걸쳐 이루
      어지는 사업의 계획 중 도시·군관리계획으로 결정하여야 할 사항이 있는 경우
    3. 특별시장·광역시장·특별자치시장·특별자치도지사·시장 또는 군수가 제138조에 따른 기한까지 국토
      교통부장관의 도시·군관리계획 조정 요구에 따라 도시·군관리계획을 정비하지 아니하는 경우
⑥ 도지사는 제1항이나 제2항에도 불구하고 다음 각 호의 어느 하나의 경우에는 직접 또는 시장이나 군수의
  요청에 의하여 도시·군관리계획을 입안할 수 있다. 이 경우 도지사는 관계 시장 또는 군수의 의견을 들어야
  한다.
    1. 둘 이상의 시·군에 걸쳐 지정되는 용도지역·용도지구 또는 용도구역과 둘 이상의 시·군에 걸쳐 이루
      어지는 사업의 계획 중 도시·군관리계획으로 결정하여야 할 사항이 포함되어 있는 경우
    2. 도지사가 직접 수립하는 사업의 계획으로서 도시·군관리계획으로 결정하여야 할 사항이 포함되어 있는
      경우

---

③ 공유수면(바다만 해당한다)의 매립 목적이 그 매립구역과 이웃하고 있는 용도지역의 내용과 같으면 제25조와
  제30조에도 불구하고 도시·군관리계획의 입안 및 결정 절차 없이 그 매립준공구역은 그 매립의 준공인가일
  부터 이와 이웃하고 있는 용도지역으로 지정된 것으로 본다(법 제42조 제1항).
⑤ 개발사업의 완료로 해제되는 경우는 제외한다(법 제42조 제4항).

12

정답해설

④ 신고가 아니라 허가를 받아야 한다.

법 제81조(시가화조정구역에서의 행위 제한 등)

② 다음 각 호의 어느 하나에 해당하는 행위에 한정하여 특별시장·광역시장·특별자치시장·특별자치도지사
  ·시장 또는 군수의 허가를 받아 그 행위를 할 수 있다.
    1. 농업·임업 또는 어업용의 건축물 중 대통령령으로 정하는 종류와 규모의 건축물이나 그 밖의 시설을 건
      축하는 행위
    2. 마을공동시설, 공익시설·공공시설, 광공업 등 주민의 생활을 영위하는 데에 필요한 행위로서 대통령령으
      로 정하는 행위
    3. 입목의 벌채, 조림, 육림, 토석의 채취, 그 밖에 대통령령으로 정하는 경미한 행위

오답해설

① 영 제32조 제1항
② 도시·군관리계획 결정 당시 이미 사업이나 공사에 착수한 자(이 법 또는 다른 법률에 따라 허가·인가·승인
  등을 받아야 하는 경우에는 그 허가·인가·승인 등을 받아 사업이나 공사에 착수한 자를 말한다)는 그 도시
  ·군관리계획 결정과 관계없이 그 사업이나 공사를 계속할 수 있다. 다만, 시가화조정구역이나 수산자원보호

구역의 지정에 관한 도시·군관리계획 결정이 있는 경우에는 대통령령으로 정하는 바에 따라 특별시장·광역시장·특별자치시장·특별자치도지사·시장 또는 군수에게 신고하고 그 사업이나 공사를 계속할 수 있다(법 제31조 제2항).

③ 개발제한구역·도시자연공원구역·시가화조정구역 또는 공원에서 해제되는 구역, 녹지지역에서 주거·상업·공업지역으로 변경되는 구역과 새로 도시지역으로 편입되는 구역 중 계획적인 개발 또는 관리가 필요한 지역의 전부 또는 일부에 대하여 지구단위계획구역으로 지정할 수 있다(법 제51조 제1항 제8호).

⑤ 법 제39조 제2항

13 〔정답해설〕

⑤ 「공익사업을 위한 토지 등의 취득 및 보상에 관한 법률」제22조에 따른 사업인정고시는 적용 특례규정의 대상이 아니다.

법률 개정으로 입지규제최소구역에서의 다른 법률의 적용 특례(법 제83조의2)와 관련된 내용은 삭제되고, 도시혁신구역에서의 다른 법률의 적용 특례(법 제83조의3)가 신설되었다.

법 제83조의3(도시혁신구역에서의 다른 법률의 적용 특례)
① 도시혁신구역에 대하여는 다음 각 호의 법률 규정에도 불구하고 도시혁신계획으로 따로 정할 수 있다.
  1. 「주택법」제35조에 따른 주택의 배치, 부대시설·복리시설의 설치기준 및 대지조성기준
  2. 「주차장법」제19조에 따른 부설주차장의 설치
  3. 「문화예술진흥법」제9조에 따른 건축물에 대한 미술작품의 설치
  4. 「건축법」제43조에 따른 공개 공지 등의 확보
  5. 「도시공원 및 녹지 등에 관한 법률」제14조에 따른 도시공원 또는 녹지 확보기준
  6. 「학교용지 확보 등에 관한 특례법」제3조에 따른 학교용지의 조성·개발 기준

---

14 〔정답해설〕

⑤ ㄱ, ㄴ, ㄷ, ㄹ

영 제30조(표준주택가격 조사·산정의 절차)
① 법 제16조 제4항에 따라 표준주택가격 조사·산정을 의뢰받은 「한국부동산원법」에 따른 한국부동산원(이하 "부동산원"이라 한다)은 표준주택가격 및 그 밖에 국토교통부령으로 정하는 사항을 조사·산정한 후 국토교통부령으로 정하는 바에 따라 표준주택가격 조사·산정보고서를 작성하여 국토교통부장관에게 제출하여야 한다.

규칙 제11조(표준주택가격 조사·산정보고서)
① 영 제30조 제1항에서 "국토교통부령으로 정하는 사항"이란 다음 각 호의 사항을 말한다.
  1. 주택의 소재지, 공부상 지목 및 대지면적
  2. 주택 대지의 용도지역
  3. 도로접면
  4. 대지 형상
  5. 주건물 구조 및 층수
  6. 「건축법」제22조에 따른 사용승인(이하 "사용승인"이라 한다)연도
  7. 주위 환경

---

15 정답해설

② 임시사용승인일을 포함한다.

> **법 제20조(비주거용 표준부동산가격의 조사·산정 및 공시 등)**
> ② 제1항에 따른 비주거용 표준부동산가격의 공시에는 다음 각 호의 사항이 포함되어야 한다.
>   4. 비주거용 표준부동산의 용도, 연면적, 구조 및 사용승인일(임시사용승인일을 포함한다)

오답해설

①
> **영 제58조(비주거용 개별부동산가격 공시기준일을 다르게 할 수 있는 비주거용 일반부동산)**
> ① 법 제21조 제4항에 따라 비주거용 개별부동산가격 공시기준일을 다르게 할 수 있는 비주거용 일반부동산은 다음 각 호의 어느 하나에 해당하는 부동산으로 한다.
>   1. 「공간정보의 구축 및 관리 등에 관한 법률」에 따라 그 대지가 분할 또는 합병된 비주거용 일반부동산
>   2. 「건축법」에 따른 건축·대수선 또는 용도변경이 된 비주거용 일반부동산
>   3. 국유·공유에서 매각 등에 따라 사유로 된 비주거용 일반부동산으로서 비주거용 개별부동산가격이 없는 비주거용 일반부동산

③ 법 제23조 제1항
④ 법 제22조 제3항
⑤ 국토교통부장관은 비주거용 집합부동산가격의 오류를 정정하려는 경우에는 중앙부동산가격공시위원회의 심의를 거쳐 정정사항을 결정·공시하여야 한다. 다만, 틀린 계산 또는 오기의 경우에는 중앙부동산가격공시위원회의 심의를 거치지 아니할 수 있다(영 제70조 제2항).

16 정답해설

④ 표준지 공시지가의 공시사항에는 지번, 단위면적당 가격, 면적 및 형상, 표준지 이용상황, 주변토지 이용상황, 지목, 용도지역, 도로상황, 그 밖에 필요한 사항이 있다(법 제5조, 영 제10조 제2항).

오답해설

① 30일 이내에 이의를 신청할 수 있다.

> **법 제11조(개별공시지가에 대한 이의신청)**
> ① 개별공시지가에 이의가 있는 자는 그 결정·공시일부터 30일 이내에 서면으로 시장·군수 또는 구청장에게 이의를 신청할 수 있다.

② 단위면적은 1제곱미터로 한다.

> **영 제10조(표준지공시지가의 공시사항)**
> ① 법 제5조 제2호의 단위면적은 1제곱미터로 한다.

③ 표준지로 선정된 토지, 조세 또는 부담금 등의 부과대상이 아닌 토지, 그 밖에 대통령령으로 정하는 토지에 대하여는 개별공시지가를 결정·공시하지 아니할 수 있다(법 제10조 제2항).
⑤ 국고에서 보조할 수 있는 비용은 개별공시지가의 결정·공시에 드는 비용의 50퍼센트 이내로 한다(영 제24조).

17 정답해설

⑤ 자격의 정지라는 용어는 징계규정에 없는 용어이다.

> **법 제39조(징계)**
> ② 감정평가사에 대한 징계의 종류는 다음과 같다.
>   1. 자격의 취소
>   2. 등록의 취소
>   3. 2년 이하의 업무정지
>   4. 견책

18 정답해설

② 감정평가사법 제32조에서는 감정평가법인이 "장부나 서류 등의 검사를 거부, 방해 또는 기피한 경우"에는 설립인가를 취소하거나 2년 이내의 범위에서 기간을 정하여 업무의 정지를 명할 수 있다고 규정하고 있으며, 제32조 제5항에서는 설립인가의 취소와 업무정지에 관한 기준은 대통령령으로 정한다고 하여 시행령 별표 3에서 세부적인 유형을 구분하고 있다.

별표 3에서는 '장부나 서류 등의 검사를 거부, 방해 또는 기피한 경우'에는 1회 위반 시에 업무정지 1개월, 2회 위반 시에 업무정지 3개월, 3회 이상 위반 시에 업무정지 6개월을 하도록 규정하고 있다.

19 정답해설

② 교육연수의 대상자는 등록의 취소 및 2년 이하의 업무정지의 징계를 받은 감정평가사로 한다(영 제16조의2 제1항).

20 정답해설

③ ㄱ : 기부채납, ㄴ : 변상금, ㄷ : 기획재정부장관

> **법 제2조(정의)**
> 2. "기부채납"이란 국가 외의 자가 제5조 제1항 각 호에 해당하는 재산의 소유권을 무상으로 국가에 이전하여 국가가 이를 취득하는 것을 말한다(법 제2조 제2호).
> 9. "변상금"이란 사용허가나 대부계약 없이 국유재산을 사용・수익하거나 점유한 자(사용허가나 대부계약 기간이 끝난 후 다시 사용허가나 대부계약 없이 국유재산을 계속 사용・수익하거나 점유한 자를 포함한다. 이하 "무단점유자"라 한다)에게 부과하는 금액을 말한다.
> 10. "총괄청"이란 기획재정부장관을 말한다.

21 정답해설

①

> **법 제5조(국유재산의 범위)**
> ① 국유재산의 범위는 다음 각 호와 같다.
>   3. 「정부기업예산법」 제2조에 따른 정부기업이나 정부시설에서 사용하는 기계와 기구 중 대통령령으로 정하는 것(기관차・전차・객차(客車)・화차(貨車)・기동차(汽動車) 등 궤도차량)
> ② 제1항 제3호의 기계와 기구로서 해당 기업이나 시설의 폐지와 함께 포괄적으로 용도폐지된 것은 해당 기업이나 시설이 폐지된 후에도 국유재산으로 한다.

22

정답해설

③ 법 제36조 제1항 제3호

오답해설

① 사용허가를 받은 자는 허가기간이 끝나거나 제36조에 따라 사용허가가 취소 또는 철회된 경우에는 그 재산을 원래 상태대로 반환하여야 한다. 다만, 중앙관서의 장이 미리 상태의 변경을 승인한 경우에는 변경된 상태로 반환할 수 있다(법 제38조).

② 수의계약이 가능한 경우에 해당한다.

> **영 제27조(사용허가의 방법)**
> ③ 행정재산이 다음 각 호의 어느 하나에 해당하는 경우에는 법 제31조 제1항 단서에 따라 수의의 방법으로 사용허가를 받을 자를 결정할 수 있다.
> 1. 주거용으로 사용허가를 하는 경우
> 2. 경작용으로 실경작자에게 사용허가를 하는 경우
> 3. 외교상 또는 국방상의 이유로 사용·수익 행위를 비밀리에 할 필요가 있는 경우
> 4. 천재지변이나 그 밖의 부득이한 사유가 발생하여 재해 복구나 구호의 목적으로 사용허가를 하는 경우
> 4의2. 법 제18조 제1항 제3호에 따른 사회기반시설로 사용하려는 지방자치단체나 지방공기업에 사용허가를 하는 경우
> 5. 법 제34조 제1항에 따라 사용료 면제의 대상이 되는 자에게 사용허가를 하는 경우
> 6. 국가와 재산을 공유하는 자에게 국가의 지분에 해당하는 부분에 대하여 사용허가를 하는 경우
> 7. 국유재산 관리·처분에 지장이 없는 경우로서 사용목적이나 계절적 요인 등을 고려하여 6개월 미만의 사용허가를 하는 경우
> 8. 두 번에 걸쳐 유효한 입찰이 성립되지 아니한 경우
> 9. 그 밖에 재산의 위치·형태·용도 등이나 계약의 목적·성질 등으로 보아 경쟁입찰에 부치기 곤란하다고 인정되는 경우

④ 국가를 당사자로 하는 계약에 관한 법률을 준용한다(법 제31조).

⑤ 행정재산의 사용허가를 받은 자가 그 재산에 대하여 유지·보수 외의 시설을 설치하려는 때에는 그 경비조서를 갖추어 소관 중앙관서의 장의 승인을 받아야 한다(규칙 제19조 제1항).

23

정답해설

①

> **법 제51조(소유권의 이전 등)**
> ① 일반재산을 매각하는 경우 해당 매각재산의 소유권 이전은 매각대금이 완납된 후에 하여야 한다.
> ② 제1항에도 불구하고 제50조 제2항에 따라 매각대금을 나누어 내게 하는 경우로서 공익사업의 원활한 시행 등을 위하여 소유권의 이전이 불가피하여 대통령령으로 정하는 경우에는 매각대금이 완납되기 전에 소유권을 이전할 수 있다.

오답해설

② 법 제52조 제1호
③ 영 제55조 제2항 제1호
④ 영 제53조 제1항
⑤ 법 제46조 제4항

24 정답해설

⑤

> **영 제2조(정의)**
> 18. "특수구조 건축물"이란 다음 각 목의 어느 하나에 해당하는 건축물을 말한다.
> 가. 한쪽 끝은 고정되고 다른 끝은 지지(支持)되지 아니한 구조로 된 보·차양 등이 외벽(외벽이 없는 경우에는 외곽 기둥을 말한다)의 중심선으로부터 3미터 이상 돌출된 건축물
> 나. 기둥과 기둥 사이의 거리(기둥의 중심선 사이의 거리를 말하며, 기둥이 없는 경우에는 내력벽과 내력벽의 중심선 사이의 거리를 말한다. 이하 같다)가 20미터 이상인 건축물
> 다. 특수한 설계·시공·공법 등이 필요한 건축물로서 국토교통부장관이 정하여 고시하는 구조로 된 건축물

25 정답해설

③ 장례시설은 산업 등 시설군에 속한다(영 제14조 제5항).

시설군	용도분류
1. 자동차 관련 시설군	자동차 관련 시설
2. 산업 등 시설군	운수시설, 창고시설, 공장, 위험물저장 및 처리시설, 자원순환 관련 시설, 묘지 관련 시설, 장례시설
3. 전기통신시설군	방송통신시설, 발전시설
4. 문화집회시설군	문화 및 집회시설, 종교시설, 위락시설, 관광휴게시설
5. 영업시설군	판매시설, 운동시설, 숙박시설, 제2종 근린생활시설 중 다중생활시설
6. 교육 및 복지시설군	의료시설, 교육연구시설, 노유자시설(老幼者施設), 수련시설, 야영장 시설
7. 근린생활시설군	제1종 근린생활시설, 제2종 근린생활시설(다중생활시설은 제외한다)
8. 주거업무시설군	단독주택, 공동주택, 업무시설, 교정시설, 국방·군사시설
9. 그 밖의 시설군	동물 및 식물 관련 시설

26 정답해설

② ㄱ : 경관지구, ㄴ : 「지역문화진흥법」에 따른 문화지구 안의 도로

> **법 제77조의2(특별가로구역의 지정)**
> ① 국토교통부장관 및 허가권자는 도로에 인접한 건축물의 건축을 통한 조화로운 도시경관의 창출을 위하여 이 법 및 관계 법령에 따라 일부 규정을 적용하지 아니하거나 완화하여 적용할 수 있도록 다음 각 호의 어느 하나에 해당하는 지구 또는 구역에서 대통령령으로 정하는 도로에 접한 대지의 일정 구역을 특별가로구역으로 지정할 수 있다.
> 1. 삭제 〈2017.4.18.〉
> 2. 경관지구
> 3. 지구단위계획구역 중 미관유지를 위하여 필요하다고 인정하는 구역
>
> **영 제110조의2(특별가로구역의 지정)**
> ① 법 제77조의2 제1항에서 "대통령령으로 정하는 도로"란 다음 각 호의 어느 하나에 해당하는 도로를 말한다.
> 1. 건축선을 후퇴한 대지에 접한 도로로서 허가권자(허가권자가 구청장인 경우에는 특별시장이나 광역시장을 말한다. 이하 이 조에서 같다)가 건축조례로 정하는 도로
> 2. 허가권자가 리모델링 활성화가 필요하다고 인정하여 지정·공고한 지역 안의 도로
> 3. 보행자전용도로로서 도시미관 개선을 위하여 허가권자가 건축조례로 정하는 도로

> 4. 「지역문화진흥법」 제18조에 따른 문화지구 안의 도로
> 5. 그 밖에 조화로운 도시경관 창출을 위하여 필요하다고 인정하여 국토교통부장관이 고시하거나 허가권자가 건축조례로 정하는 도로

27 정답해설 >

③

법 제49조(건축물의 피난시설 및 용도제한 등) 및 영 제53조(경계벽 등의 설치) 제2항
④ 대통령령으로 정하는 용도 및 규모의 건축물에 대하여 가구・세대 등 간 소음 방지를 위하여 국토교통부령으로 정하는 바에 따라 경계벽 및 바닥을 설치하여야 한다.
1. 단독주택 중 다가구주택
2. 공동주택(「주택법」 제15조에 따른 주택건설사업계획승인 대상은 제외한다)
3. 업무시설 중 오피스텔
4. 제2종 근린생활시설 중 다중생활시설
5. 숙박시설 중 다중생활시설

28 정답해설 >

⑤ 주유소용지는 "주"로 표기한다.

29 정답해설 >

④ 등록전환 신청 사유에 해당되지 않는다.

영 제64조
① 등록전환을 신청할 수 있는 경우는 다음 각 호와 같다.
1. 「산지관리법」에 따른 산지전용허가・신고, 산지일시사용허가・신고, 「건축법」에 따른 건축허가・신고 또는 그 밖의 관계 법령에 따른 개발행위 허가 등을 받은 경우
2. 대부분의 토지가 등록전환되어 나머지 토지를 임야도에 계속 존치하는 것이 불합리한 경우
3. 임야도에 등록된 토지가 사실상 형질변경되었으나 지목변경을 할 수 없는 경우
4. 도시・군관리계획선에 따라 토지를 분할하는 경우

30 정답해설 >

① ㄱ. 영 제59조 제1항
ㄴ. 영 제58조 제28호 나목

오답해설 >

ㄷ. 토지나 건축물의 용도가 변경된 경우에는 지목변경을 신청할 수 있다(영 제67조 제1항).
ㄹ. 시・도지사의 승인이 필요한 경우는 지번변경(법 제66조 제2항), 축척변경(법 제83조 제3항), 공부반출(법 제69조 제1항)이다.

31 〔정답해설〕

⑤ 법 제87조 제4호

〔오답해설〕

① 토지의 소재, 지번, 지목, 면적, 소유자의 성명 또는 명칭, 주소 및 주민번호(등록번호), 그 밖에 국토교통부령으로 정하는 사항을 등록한다(법 제71조 제1항).

② 토지소유자가 변경된 날과 그 원인을 등록하여야 한다(영 제68조 제3항).

③ 지적공부에 등록하는 지번·지목·면적·경계 또는 좌표는 토지의 이동이 있을 때 토지소유자(법인이 아닌 사단이나 재단의 경우에는 그 대표자나 관리인을 말한다)의 신청을 받아 지적소관청이 결정한다. 다만, 신청이 없으면 지적소관청이 직권으로 조사·측량하여 결정할 수 있다(법 제64조 제2항).

④ 지적소관청은 지적공부에 등록된 토지가 지형의 변화 등으로 바다로 된 경우로서 원상(原狀)으로 회복될 수 없거나 다른 지목의 토지로 될 가능성이 없는 경우에는 지적공부에 등록된 토지소유자에게 지적공부의 등록말소 신청을 하도록 통지하여야 한다. 토지소유자가 통지를 받은 날부터 90일 이내에 등록말소 신청을 하지 아니하면 대통령령으로 정하는 바에 따라 등록을 말소한다(법 제82조 제1항).

32 〔정답해설〕

⑤

> 규칙 제108조(등기필정보 통지의 상대방)
> ② 법정대리인이 등기를 신청한 경우에는 그 법정대리인에게, 법인의 대표자나 지배인이 신청한 경우에는 그 대표자나 지배인에게, 법인 아닌 사단이나 재단의 대표자나 관리인이 신청한 경우에는 그 대표자나 관리인에게 등기필정보를 통지한다.

〔오답해설〕

①

> 법 제26조(법인 아닌 사단 등의 등기신청)
> ① 종중(宗中), 문중(門中), 그 밖에 대표자나 관리인이 있는 법인 아닌 사단(社團)이나 재단(財團)에 속하는 부동산의 등기에 관하여는 그 사단이나 재단을 등기권리자 또는 등기의무자로 한다.
> ② 제1항의 등기는 그 사단이나 재단의 명의로 그 대표자나 관리인이 신청한다.

② 법인 아닌 사단이나 재단 및 국내에 영업소나 사무소의 설치 등기를 하지 아니한 외국법인의 등록번호는 시장(행정시의 시장을 포함하며, 자치구가 아닌 구를 두는 시의 시장은 제외한다), 군수 또는 구청장(자치구가 아닌 구의 구청장을 포함한다)이 부여한다(법 제49조 제1항 제3호).

③ 법인 아닌 사단이나 재단 명의의 등기를 할 때에는 그 대표자나 관리인의 성명, 주소 및 주민등록번호를 함께 기록해야 한다(법 제48조 제3항).

④

> 규칙 제67조(전자신청의 방법)
> ① 전자신청은 당사자가 직접 하거나 자격자대리인이 당사자를 대리하여 한다. 다만, 법인 아닌 사단이나 재단은 전자신청을 할 수 없다.

33 〔정답해설〕

① 가등기는 등기 대상에 해당하는 권리의 설정, 이전, 변경 또는 소멸의 청구권(請求權)을 보전(保全)하려는 때에 한다. 그 청구권이 시기부(始期附) 또는 정지조건부(停止條件附)일 경우나 그 밖에 장래에 확정될 것인 경우에도 같다(법 제88조).

② 사건이 그 등기소의 관할이 아닌 경우 및 사건이 등기할 것이 아닌 경우 등기관은 등기권리자, 등기의무자와 등기상 이해관계 있는 제3자에게 1개월 이내의 기간을 정하여 그 기간에 이의를 진술하지 아니하면 등기를 말소한다는 뜻을 통지하여야 한다(법 제58조 제1항).

③ 환매특약등기는 부기등기이다(법 제52조 제6호).

④

> **법 제65조(소유권보존등기의 신청인)**
> 미등기의 토지 또는 건물에 관한 소유권보존등기는 다음 각 호의 어느 하나에 해당하는 자가 신청할 수 있다.
> 1. 토지대장, 임야대장 또는 건축물대장에 최초의 소유자로 등록되어 있는 자 또는 그 상속인, 그 밖의 포괄 승계인
> 2. 확정판결에 의하여 자기의 소유권을 증명하는 자
> 3. 수용(收用)으로 인하여 소유권을 취득하였음을 증명하는 자
> 4. 특별자치도지사, 시장, 군수 또는 구청장(자치구의 구청장을 말한다)의 확인에 의하여 자기의 소유권을 증명하는 자(건물의 경우로 한정한다)

⑤ 이의에는 집행정지(執行停止)의 효력이 없다(법 제104조).

34

② 등기관이 등기사무를 처리한 때에는 등기사무를 처리한 등기관이 누구인지 알 수 있는 조치를 하여야 한다 (법 제11조 제4항).

① 법 제11조 제3항
③ 법 제14조 제2항
④ 법 제15조 제1항
⑤ 법 제19조 제3항

35

④ 대지권이 등기된 구분건물의 등기기록에는 건물만에 관한 소유권이전등기 또는 저당권설정등기, 그 밖에 이와 관련이 있는 등기를 할 수 없다(법 제61조 제3항).

① 도면의 번호[같은 지번 위에 여러 개의 건물이 있는 경우와 「집합건물의 소유 및 관리에 관한 법률」 제2조 제1호의 구분소유권(區分所有權)의 목적이 되는 건물(이하 "구분건물"이라 한다)인 경우로 한정한다](법 제40조 제1항 제6호)
② 법 제43조 제3항
③ 법 제46조 제1항
⑤ 구분건물에 대하여는 전유부분마다 부동산고유번호를 부여한다(규칙 제12조 제2항).

36

② 등기명의인 표시의 변경 또는 경정(更正)의 등기는 등기명의인 단독으로 신청할 수 있다(법 제41조 제2항).

오답해설

① 장래취득할 동산도 담보등기가 가능하다.

> **법 제3조(동산담보권의 목적물)**
> ② 여러 개의 동산(장래에 취득할 동산을 포함한다)이더라도 목적물의 종류, 보관장소, 수량을 정하거나 그 밖에 이와 유사한 방법으로 특정할 수 있는 경우에는 이를 목적으로 담보등기를 할 수 있다.

③ 담보권설정자와 담보권자는 존속기간을 갱신하려면 그 만료 전에 연장등기를 신청하여야 한다(법 제49조 제2항).

④ 판결에 의한 등기는 승소한 등기권리자 또는 등기의무자 단독으로 신청할 수 있고, 상속이나 그 밖의 포괄승계로 인한 등기는 등기권리자 단독으로 신청할 수 있다(법 제41조 제3항).

⑤ 담보권설정자와 담보권자는 말소등기를 신청할 수 있다. 담보권자도 말소등기신청이 가능하다.

> **법 제50조(말소등기)**
> ① 담보권설정자와 담보권자는 다음 각 호의 어느 하나에 해당하는 경우에 말소등기를 신청할 수 있다.
> 1. 담보약정의 취소, 해제 또는 그 밖의 원인으로 효력이 발생하지 아니하거나 효력을 상실한 경우
> 2. 담보목적물인 동산이 멸실되거나 채권이 소멸한 경우
> 3. 그 밖에 담보권이 소멸한 경우

37 **정답해설**

④

> **법 제52조(사업시행계획서의 작성)**
> ① 사업시행자는 정비계획에 따라 다음 각 호의 사항을 포함하는 사업시행계획서를 작성하여야 한다.
> 1. 토지이용계획(건축물배치계획을 포함한다)
> 2. 정비기반시설 및 공동이용시설의 설치계획
> 3. 임시거주시설을 포함한 주민이주대책
> 4. 세입자의 주거 및 이주 대책
> 5. 사업시행기간 동안 정비구역 내 가로등 설치, 폐쇄회로 텔레비전 설치 등 범죄예방대책
> 6. 제10조에 따른 임대주택의 건설계획(재건축사업의 경우는 제외한다)
> 7. 제54조 제4항, 제101조의5 및 제101조의6에 따른 국민주택규모 주택의 건설계획(주거환경개선사업의 경우는 제외한다)
> 8. 공공지원민간임대주택 또는 임대관리 위탁주택의 건설계획(필요한 경우로 한정한다)
> 9. 건축물의 높이 및 용적률 등에 관한 건축계획
> 10. 정비사업의 시행과정에서 발생하는 폐기물의 처리계획
> 11. 교육시설의 교육환경 보호에 관한 계획(정비구역부터 200미터 이내에 교육시설이 설치되어 있는 경우로 한정한다)
> 12. 정비사업비
> 13. 그 밖에 사업시행을 위한 사항으로서 대통령령으로 정하는 바에 따라 시·도조례로 정하는 사항

오답해설

① 재건축사업에 대한 개념이다.

> **법 제2조(정의) 제2호**
> 다. 재건축사업: 정비기반시설은 양호하나 노후·불량건축물에 해당하는 공동주택이 밀집한 지역에서 주거환경을 개선하기 위한 사업. 이 경우 다음 요건을 모두 갖추어 시행하는 재건축사업을 "공공재건축사업"이라 한다.

② 하나의 정비구역을 둘 이상의 정비구역으로 분할할 수 있다.

> **법 제18조(정비구역의 분할, 통합 및 결합)**
> ① 정비구역의 지정권자는 정비사업의 효율적인 추진 또는 도시의 경관보호를 위하여 필요하다고 인정하는 경우에는 다음 각 호의 방법에 따라 정비구역을 지정할 수 있다.
>   1. 하나의 정비구역을 둘 이상의 정비구역으로 분할

③ 재건축사업은 관리처분계획에 따라 공급한다(법 제23조 제3항). 주거환경개선사업 및 재개발사업의 경우에 환지로 공급하는 방법으로 할 수 있다(법 제23조 제2항).

⑤ 20인 미만인 경우에는 토지등소유자가 직접 재개발사업을 시행할 수 있다(법 제25조 제1항 제2호).

38 〔정답해설〕

④ ㄱ, ㄴ, ㄹ.

> **영 제31조(조합설립인가내용의 경미한 변경)**
> 법 제35조 제5항 단서에서 "대통령령으로 정하는 경미한 사항"이란 다음 각 호의 사항을 말한다.
> 1. 착오·오기 또는 누락임이 명백한 사항
> 2. 조합의 명칭 및 주된 사무소의 소재지와 조합장의 성명 및 주소(조합장의 변경이 없는 경우로 한정한다)
> 3. 토지 또는 건축물의 매매 등으로 조합원의 권리가 이전된 경우의 조합원의 교체 또는 신규가입
> 4. 조합임원 또는 대의원의 변경(법 제45조에 따른 총회의 의결 또는 법 제46조에 따른 대의원회의 의결을 거친 경우로 한정한다)
> 5. 건설되는 건축물의 설계 개요의 변경
> 6. 정비사업비의 변경
> 7. 현금청산으로 인하여 정관에서 정하는 바에 따라 조합원이 변경되는 경우
> 8. 법 제16조에 따른 정비구역 또는 정비계획의 변경에 따라 변경되어야 하는 사항. 다만, 정비구역 면적이 10 퍼센트 이상의 범위에서 변경되는 경우는 제외한다.
> 9. 그 밖에 시·도조례로 정하는 사항

39 〔정답해설〕

④ 법 제14조 제1항 제7호

〔오답해설〕

① 자치구의 구청장 또는 광역시의 군수는 제9조에 따른 정비계획을 입안하여 특별시장·광역시장에게 정비구역 지정을 신청하여야 한다(법 제8조 제5항).

② 용도변경도 허가 대상이다(법 제19조 제1항 및 영 제15조 제1항 제1호)

③ 조합이 조합설립인가를 받은 날부터 3년이 되는 날까지 제50조에 따른 사업시행계획인가를 신청하지 아니하는 경우 해당 정비구역등을 해제하여야 한다(법 제20조 제1항 제2호 라목).

⑤ 정비구역등이 해제된 경우에는 정비계획으로 변경된 용도지역, 정비기반시설 등은 정비구역 지정 이전의 상태로 환원된 것으로 본다(법 제22조 제1항).

40 정답해설

① 시공자·설계자 및 감정평가법인등(시장·군수등이 선정·계약하는 감정평가법인등은 제외한다)의 선정 및 변경은 총회의 의결을 거쳐야 한다(법 제45조 제1항 제5호).

오답해설

② 관리처분계획을 변경·중지 또는 폐지하려는 경우에도 인가를 받아야 한다(경미한 사항을 변경하려는 경우에는 시장·군수등에게 신고해야 한다).

> **법 제74조(관리처분계획의 인가 등)**
> ① 사업시행자는 제72조에 따른 분양신청기간이 종료된 때에는 분양신청의 현황을 기초로 다음 각 호의 사항이 포함된 관리처분계획을 수립하여 시장·군수등의 인가를 받아야 하며, 관리처분계획을 변경·중지 또는 폐지하려는 경우에도 또한 같다. 다만, 대통령령으로 정하는 경미한 사항을 변경하려는 경우에는 시장·군수등에게 신고하여야 한다.
>
> **영 제61조(관리처분계획의 경미한 변경)**
> 법 제74조 제1항 각 호 외의 부분 단서에서 "대통령령으로 정하는 경미한 사항을 변경하려는 경우"란 다음 각 호의 어느 하나에 해당하는 경우를 말한다.
> 1. 계산착오·오기·누락 등에 따른 조서의 단순정정인 경우(불이익을 받는 자가 없는 경우에만 해당한다)
> 2. 법 제40조 제3항에 따른 정관 및 법 제50조에 따른 사업시행계획인가의 변경에 따라 관리처분계획을 변경하는 경우
> 3. 법 제64조에 따른 매도청구에 대한 판결에 따라 관리처분계획을 변경하는 경우
> 4. 법 제129조에 따른 권리·의무의 변동이 있는 경우로서 분양설계의 변경을 수반하지 아니하는 경우
> 5. 주택분양에 관한 권리를 포기하는 토지등소유자에 대한 임대주택의 공급에 따라 관리처분계획을 변경하는 경우
> 6. 「민간임대주택에 관한 특별법」 제2조 제7호에 따른 임대사업자의 주소(법인인 경우에는 법인의 소재지와 대표자의 성명 및 주소)를 변경하는 경우

③ 다음 날부터 90일이다. 사업시행자는 관리처분계획이 인가·고시된 다음 날부터 90일 이내에 손실보상에 관한 협의를 하여야 한다.

> **법 제73조(분양신청을 하지 아니한 자 등에 대한 조치)**
> ① 사업시행자는 관리처분계획이 인가·고시된 다음 날부터 90일 이내에 다음 각 호에서 정하는 자와 토지, 건축물 또는 그 밖의 권리의 손실보상에 관한 협의를 하여야 한다. 다만, 사업시행자는 분양신청기간 종료일의 다음 날부터 협의를 시작할 수 있다.
> 1. 분양신청을 하지 아니한 자

④ 재건축사업은 시장·군수등이 선정·계약한 1인 이상의 감정평가법인등과 조합총회의 의결로 선정·계약한 1인 이상의 감정평가법인등이 평가한 금액을 산술평균하여 결정한다(법 제74조 제4항 제1호 나목).

⑤ 시장·군수등이 직접 관리처분계획을 수립하는 경우에도 토지등소유자에게 공람하게 하고 의견을 들어야 한다(법 제78조 제6항).

제5과목 | 회계학

정답

01 ②	02 ②	03 ④	04 ②	05 ①	06 ①	07 ⑤	08 ②	09 ④	10 ③
11 ④	12 ④	13 ④	14 ⑤	15 ①	16 ⑤	17 ⑤	18 ③	19 ①	20 ①
21 모두 정답	22 ①	23 ③	24 ③	25 ④	26 ②	27 ⑤	28 ①	29 모두 정답	30 ④
31 ③	32 ④	33 ①	34 ④	35 ③	36 ⑤	37 ④	38 ②	39 ⑤	40 ②

01 정답해설

부채가 발생하거나 인수할 때의 역사적 원가는 발생시키거나 인수하면서 수취한 대가에서 거래원가를 차감한 가치이다.

02 오답해설

① 기업이 재무상태표에 유동자산과 비유동자산, 그리고 유동부채와 비유동부채로 구분하여 표시하는 경우, 이연법인세자산은 유동자산으로 분류하지 아니한다.
③ 재무제표 이외에 환경보고서나 부가가치보고서는 한국채택국제회계기준을 적용하여 작성하지 아니한다.
④ 부적절한 회계정책은 이에 대하여 공시나 주석 또는 보충자료를 통해 설명하더라도 정당화될 수 없다.
⑤ 당기손익과 기타포괄손익은 단일 또는 별개의 포괄손익계산서로 작성할 수 있다.

03 정답해설

1) 제품 A의 평가손실 = ₩1,000 − (₩900 − ₩90) = ₩190
2) 제품 B의 평가손실 = ₩1,200 − (₩1,250 − ₩125) = ₩75
3) 원재료 A를 이용하여 생산하는 제품이 원가 이상으로 판매될 것으로 예상되므로 원재료 A는 평가손실을 인식하지 아니한다.
4) 원재료 B의 평가손실 = ₩1,000 − ₩900 = ₩100
5) 20×1년도에 인식할 재고자산평가손실 = ₩190 + ₩75 + ₩100 = ₩365

04 정답해설

1) 기말재고(매가) = ₩1,500(기초재고액) + ₩11,500(당기매입액) + ₩600(순인상액) − ₩100(순인하액) − ₩9,500(당기매출액) = ₩4,000
2) 기말재고(원가) = ₩4,000 × (₩9,000/₩11,500 + ₩600 − ₩100) = ₩3,000
3) 매출원가 = ₩1,000(기초재고 − 원가) + ₩9,000(당기매입액 − 원가) − ₩3,000(기말재고 − 원가) = ₩7,000

05 정답해설

1) 20×2년 말 누적보상비용 = (100명 − 12명 − 15명) × 10개 × ₩15 × 2/3 = ₩7,300
2) 20×3년 보상비용 = 75명 × 10개 × ₩17 × 3/3 − ₩7,300(20×2년 말 누적보상비용) − (40명 × 10개 × ₩1) = ₩5,050

06 정답해설

1) 기초자본 = ₩10,000(기초자산) − ₩9,000(기초부채) = ₩1,000
2) 기말자본 = ₩11,000(기말자산) − ₩9,500(기말부채) = ₩1,500
3) 기말자본(₩1,500) = ₩1,000(기초자본) − ₩150(자기주식 취득) − ₩165(현금배당 결의) + ₩80(기타포괄이익 발생) + 당기순이익(?)
   → 당기순이익 = ₩735
4) 총자산이익률 = ₩735(당기순이익) ÷ ₩10,500(평균자산) = 7%

07 정답해설

1) 10월 초 주주우선배정 방식의 유상증자
   ㉠ 공정가치 발행주식수 = 1,000주 × (₩2,000/₩2,500) = 800주
   ㉡ 무상증자 주식수 = 1,000주 − 800주 = 200주
   ㉢ 기초 유통보통주식수에 배부되는 무상증자 주식수 = 200주 × (3,300주/5,000주) = 132주
   ㉣ 7월 초 전환사채 전환주식수에 배부되는 무상증자 주식수 = 200주 × (900주/5,000주) = 36주
   ㉤ 10월 초 공정가치 발행주식수에 배부되는 무상증자 주식수 = 200주 × (800주/5,000주) = 32주
2) 20×1년 가중평균유통보통주식수 = (3,300주 + 132주) × 12/12 + (900주 + 36주) × 6/12 + (800주 + 32주) × 3/12 = 4,108주

08 정답해설

1) 20×3년도 기초재고   ₩10 과소계상
    (−) 20×3년도 기말재고   ₩20 과대계상
    = 20×3년도 매출원가   ₩30 과소계상
      20×3년도 당기순이익   ₩30 과대계상
2) 20×3년도 오류수정 후 당기순이익 = ₩250 − ₩30 = ₩220

09 정답해설

구분	우선주	보통주
미지급(1년)	₩50	−
당기분	₩50	₩160
참가분	₩48	₩192
합계	₩148	₩352

우선주에 추가배분되는 배당금 = (₩500 − ₩260) × (₩1,000/₩5,000) = ₩48
→ 잔여배당금은 우선주와 보통주의 자본금 비율로 배분한다.

10 〔정답해설〕

ㄴ : 계약식별 → ㄹ : 수행의무 식별 → ㄱ : 거래가격 산정 → ㄷ : 거래가격을 수행의무에 배분 → ㅁ : 수익인식

11 〔정답해설〕

1) 20×1년 말 사채 장부금액 = ₩876 × 1.1 − ₩50 = ₩914
2) 20×2년 6월 30일 조기상환시 장부금액 = ₩300(상환가액) + ₩84(사채상환이익) = ₩384
3) 20×2년 6월 30일 경과이자를 포함한 장부금액 = ₩914 + ₩914 × 10% × 6/12 = ₩960
4) 20×2년 6월 30일 조기상환비율 = ₩384 ÷ ₩960 = 40%
5) 20×2년 말 재무상태표 상 사채 장부금액 = (₩914 × 1.1 − ₩50) × 60% = ₩574

12 〔정답해설〕

1) 20×1년 초 부채요소의 공정가치 = ₩1,135 × 0.7118 + ₩50 × 2.4018 = ₩928
2) 20×1년 초 신주인수권대가 = ₩1,000(발행금액) − ₩928(부채요소의 공정가치) = ₩72
3) 20×2년 초 신주인수권 행사시 회계처리

(차) 현금	600	(대) 자본금	300
상환할증금	81	신주인수권조정	16
		주식발행초과금	365
(차) 신주인수권대가	43	(대) 주식발행초과금	43

→ 증가하는 주식발행초과금 = ₩365 + ₩43 = ₩408

13 〔정답해설〕

20×1.2.1	(차) 생물자산	3,000	(대) 현금	3,000
20×1.12.27	(차) 수확물	1,000	(대) 수확물평가이익	1,000
20×1.12.28	(차) 현금 또는 매출채권	1,200	(대) 매출	1,200
	(차) 매출원가	1,000	(대) 수확물(재고자산)	1,000
20×1.12.29	(차) 생물자산	300	(대) 생물자산평가이익	300
20×1.12.31	(차) 생물자산	150	(대) 생물자산평가이익	150

1) 20×1년 12월 31일 생물자산평가이익 = 2마리 × (₩1,600 − ₩1,500) + 1마리 × (₩250 − ₩300) = ₩150
2) 20×1년도 포괄손익계산서 상 당기순이익 증가액 = ₩1,000(수확물평가이익) + ₩1,200(매출) − ₩1,000(매출원가) + ₩300(생물자산평가이익) + ₩150(생물자산평가이익) = ₩1,650

14 〔정답해설〕

1) 20×2년 7월 1일 당기손익 − 공정가치측정 금융자산 처분손익 = ₩570(순매각금액) − (5주 × ₩90) = ₩120 처분이익

  * 순매각금액 = 5주 × ₩120 − (₩600 × 5%) = ₩570
2) 20×2년 말 당기손익 − 공정가치 측정 금융자산 평가손익 = 5주 × (₩110 − ₩90) = ₩100 평가이익
3) 20×2년도 포괄손익계산서의 당기순이익 증가액 = ₩120 처분이익 + ₩100 평가이익 = ₩220

15 정답해설

리스제공자 입장에서 일반적으로 금융리스로 분류되려면 리스자산의 위험과 보상이 리스이용자에게 이전되어야 한다. 그러나 리스기간 종료시점에 기초자산의 소유권을 그 시점의 공정가치에 해당하는 변동 지급액으로 이전하는 경우 리스자산의 위험과 보상이 리스이용자에게 이전되었다고 볼 수 없으므로 일반적으로 금융리스로 분류될 수 있는 조건에 해당하지 아니한다.

16 오답해설

ㄱ, ㄴ. 항공사의 대수선 및 여과장치설치는 의무발생사건에 해당하지 않으므로 충당부채로 인식할 수 있는 상황에 해당하지 아니한다.

17 정답해설

1) 토지 A의 재평가회계처리

20×1.12.31	(차) 토지	100	(대) 재평가잉여금(기타포괄이익)	100
20×2.12.31	(차) 재평가잉여금	100	(대) 토지	150
	재평가손실(당기손실)	50		
20×3.12.31	(차) 재평가손실(당기손실)	30	(대) 토지	30

2) 토지 B의 재평가회계처리

20×1.12.31	(차) 재평가손실(당기손실)	300	(대) 토지	300
20×2.12.31	(차) 토지	300	(대) 재평가이익(당기손익)	300
20×3.12.31	(차) 토지	100	(대) 재평가잉여금(기타포괄이익)	100

① 20×1년 말 토지 A로부터 당기순이익은 불변한다.

② 20×2년 말 토지 A로부터 당기순이익 ₩500이 감소한다.

③ 20×2년 말 토지 B로부터 기타포괄이익은 불변한다.

④ 20×3년 말 토지 A로부터 기타포괄이익은 불변한다.

18 정답해설

1) 20×1년 초 상각후원가측정 금융자산 장부금액 = ₩1,000 × 0.6830 + ₩80 × 3.1698 = ₩937

2) 20×1년 상각후원가측정 금융자산 이자수익 = ₩937 × 10% = ₩94

3) 20×1년 말 상각후원가측정 금융자산 장부금액 = ₩937 × 1.1 − ₩80 = ₩951

4) 20×1년 말 회수가능액 = ₩800 × 0.7513(3기간, 10%, 현가계수) + ₩50 × 2.4868(3기간, 10%, 연금현가계수) = ₩725

5) 20×1년 말 손상차손 = ₩951(20×1년 말 장부금액) − ₩725(20×1년 말 회수가능액) = ₩226

6) 20×1년도 포괄손익계산서의 당기순이익에 미치는 영향 = ₩94(이자수익) − ₩226(손상차손) = ₩132 감소

19 정답해설

구분	20×1년 말	20×2년 말	20×3년 말
현금흐름	₩345	₩330	₩315

1) 20×1년 초 금융부채 장부금액 = ₩345 × 0.9434 + ₩330 × 0.8900 + ₩315 × 0.8396 = ₩884

2) 20×1년 말 장부금액 = ₩884 × 1.06 − ₩345 = ₩592

3) 20×2년 말 장부금액 = ₩592 × 1.06 − ₩330 = ₩298

※ 별해법 : ₩315(20×3년 말 현금흐름) × 0.9434 = ₩297

20 정답해설 〉

1) 개인이 다음 중 어느 하나에 해당하는 경우, 그 개인이나 그 개인의 가까운 가족은 보고기업과 특수관계에 있다.
   ① 보고기업에 지배력 또는 공동지배력이 있는 경우
   ② 보고기업에 유의적인 영향력이 있는 경우
   ③ 보고기업 또는 그 지배기업의 주요 경영진의 일원인 경우
2) 개인의 가까운 가족: 당해 기업과의 거래 관계에서 당해 개인의 영향을 받거나 당해 개인에게 영향력을 행사할 것으로 예상되는 가족으로서 다음의 경우를 포함한다.
   ① 자녀 및 배우자(사실상 배우자 포함. 이하 같다)
   ② 배우자의 자녀
   ③ 당해 개인이나 배우자의 피부양자

21 정답해설 〉

이자비용(사채할인발행차금상각 포함)을 먼저 인식한 후 사채의 기말장부금액에 대하여 외화환산을 한다. 표시이자는 지급일 환율을 적용하고 사채할인발행차금상각부분은 당기 발행 사채라면 발행일 환율을 적용하고, 전기 발행 사채라면 전기말 환율을 적용한다. 이자비용은 당기 평균환율을 적용하여 인식하고, 그 차액은 외환차손익으로 인식한다.

1) 20×1년 이자비용 = $920 × 6% = $55 × ₩1,280(평균환율) = ₩70,400
2) 표시이자 = $1,000 × 3% = $30 × ₩1,250(지급일의 환율) = ₩37,500
3) 20×1년 사채할인발행차금 상각 = $920 × 6% − $30 = $25 × ₩1,300(발행일의 환율) = ₩32,500

(차) 이자비용	70,400	(대) 현금	37,500
		사채할인발행차금	32,500
		외환차익	400

4) 이자비용 인식 후 20×1년 말 사채 장부금액 = $920 + $25(당기 사채할인발행차금 상각) = $945
5) 외화환산이익 = $945 × (₩1,300 − ₩1,250) = ₩47,250 외화환산이익
   외화사채는 화폐성항목으로 마감환율로 환산하여야 하며, 부채의 장부금액이 감소하였으므로 외화환산이익이 발생한다.
6) 20×1년도 포괄손익계산서의 당기순이익에 미치는 영향 = (₩70,400) + ₩400(외환차익) + ₩47,250(외화환산이익) = ₩22,750 감소

> ▎화폐성 외화자산, 외화부채는 마감환율로 환산하며, 마감환율로 환산하는 과정에서 발생하는 외화환산손익도 당기손익에 영향을 주는 사건에 해당한다. 단, 본 문제의 선지에 외화환산손익까지 반영한 당기손익금액이 제시되어 있지 않아 문제오류로 모두 정답으로 처리되었다.

22 정답해설 〉

1) 20×2년 말 감가상각 후 장부금액 = ₩50,000 − {(₩50,000 − ₩0) × 2/5} = ₩30,000
2) 20×2년 말 손상차손(A) = ₩30,000(20×2년 말 감가상각 후 장부금액) − ₩18,000(20×2년 말 회수가능액) = ₩12,000
3) 20×3년 말 감가상각 후 장부금액 = ₩18,000 − {(₩18,000 − ₩0) × 1/3} = ₩12,000
4) 20×3년 말 손상차손환입액(B) = min[₩20,000(20×3년 말 손상을 인식하지 않았을 경우의 감가상각 후 장부금액), ₩21,000(회수가능액)] − ₩12,000(20×3년 말 감가상각 후 장부금액) = ₩8,000

23 정답해설

1) 유형자산 재평가모형
20×1년 말 재평가회계처리 = ₩9,000(20×1년 말 공정가치) − ₩8,000(20×1년 말 감가상각 후 장부금액)
= ₩1,000(재평가잉여금)
20×2년 감가상각비 = (₩9,000 − ₩0) × 1/4 = ₩2,250
20×2년 말 재평가회계처리 = ₩11,000(20×2년 말 공정가치) − ₩6,750(20×2년 말 감가상각 후 장부금액)
= ₩4,250 재평가잉여금
→ 20×2년 당기순이익에 미치는 영향 = ₩2,250(감가상각비) 감소
2) 투자부동산 공정가치모형
20×2년 투자부동산 평가손익 = ₩11,000(20×2년 말 공정가치) − ₩9,000(20×1년 말 공정가치)
= ₩2,000 평가이익 → 20×2년 당기순이익 ₩2,000 증가

24 정답해설

1) 20×1년 초 복구충당부채 = ₩3,000 × 0.7130 = ₩2,139
2) 20×1년 유형자산 감가상각비 = (₩13,000 + ₩2,139 − ₩1,000) × 1/5 = ₩2,828
3) 20×1년 복구충당부채 이자비용 = ₩2,139 × 7% = ₩150
4) 20×1년도 포괄손익계산서에 인식할 비용 = ₩2,828(감가상각비) + ₩150(이자비용) = ₩2,978

25 정답해설

1) 기말 확정급여채무의 현재가치(₩190,000) = ₩120,000(기초 확정급여채무의 현재가치) + ₩12,000(이자비용)
+ ₩60,000(당기 근무원가) − ₩10,000(퇴직급여 지급액) + 보험수리적손실 → 보험수리적손실 = ₩8,000
2) 기말 사외적립자산 공정가치(₩110,000) = ₩90,000(기초 사외적립자산 공정가치) + ₩9,000(이자수익)
− ₩10,000(퇴직급여 지급액) + ₩20,000(기여금 출연) + 재측정요소 → 재측정요소 = ₩1,000
3) 20×1년 말 기타포괄손익누계액에 미치는 영향 = ₩8,000(보험수리적손실) 감소 + ₩1,000(재측정요소) 증가
= ₩7,000 감소

26 정답해설

당해 자산에 대한 자금 조달 또는 수확 후 생물자산의 복구 관련 현금흐름(예를 들어, 수확 후 조림지에 나무를
다시 심는 원가)은 생물자산의 원가에 포함하지 아니한다.

27 오답해설

ㄱ. 경영자가 의도하는 방식으로 운용될 수 있으나 아직 사용하지 않고 있는 기간에 발생한 원가는 무형자산의
장부금액에 포함하지 아니한다.
ㄷ. 최초에 비용으로 인식한 무형항목에 대한 지출은 그 이후에 무형자산의 원가로 인식할 수 없다.

28 정답해설

매각예정으로 분류된 비유동자산(또는 처분자산집단)은 공정가치에서 처분부대원가를 뺀 금액과 장부금액 중
작은 금액으로 측정한다.

29 정답해설

1) 20×2년 1.1~9.30 감가상각비 = (₩61,000 − ₩1,000) × 1/5 × 9/12 = ₩9,000
2) 20×2년 10.1~12.31 감가상각비 = (₩43,000 − ₩1,000) × 3/6 × 3/12 = ₩5,250
3) 20×2년 감가상각비 = ₩9,000 + ₩5,250 = ₩14,250

> ▎감가상각방법, 내용연수의 변경은 회계추정의 변경에 따라 전진적용한다. 전진적용은 그 변경을 당기 기초부터 반영하는 것으로 가답안의 풀이방법처럼 기중 회계추정의 변경 시 10월 1일부터 반영하는 것이 아니라 20×2년 1월 1일부터 변경된 내용을 반영하는 것이다. 이에 따라 문제를 풀이하는 경우 20×2년 10월 1일 기준으로 3년의 잔여내용연수는 20×2년 1월 1일 기준으로는 3년 9개월이 되어 연수합계법의 잔여내용연수를 산출할 수 없다. 제시된 자료는 회계추정의 변경에 따른 전진적용을 잘못 적용한 것으로 선지 내 정답이 없어 모두 정답으로 처리되었다.

30 정답해설

1) ㈜감평의 교환회계처리

| (차) (신)유형자산 | 7,900 | (대) (구)유형자산 | 10,000 |
| 현금 | 3,000 | 처분이익 | 900 |

2) ㈜한국의 유형자산처분손익 = ₩7,900(제공한 자산의 공정가치) − ₩8,000(제공한 자산의 장부금액)
　　　　　　　　　　　　　= 손실 ₩100

31 정답해설

재고자산			
기초직접재료	₩5,000	기말직접재료	₩6,000
직접재료 매입액	30,000	기말재공품	12,000
기초재공품	10,000	기말제품	5,000
직접노무원가 발생액	20,000	매출원가(₩90,000 × 70%)	63,000
제조간접원가 예정배부액	?		
기초제품	7,000		

1) 제조간접원가 예정배부액 = ₩14,000
2) 20×1년 제조간접원가 예정배부율 = ₩14,000(예정배부액) ÷ 1,000시간 = ₩14

32 정답해설

P2에 배분될 보조부문원가 = ₩60,000(S1 보조부문원가) × (18기계시간/48기계시간) + ₩30,000(S2 보조부문원가) × (240kW/400kW) = ₩40,500

33 〔정답해설〕

1) 물량의 흐름

재공품			
기초재공품	60단위	당기완성품	260단위
		공손수량	20단위
당기착수량	300단위	기말재공품	80단위

2) 정상공손수량 = (60단위 + 200단위) × 5% = 13단위
3) 비정상공손 수량 = 20단위(전체 공손수량) − 13단위(정상공손수량) = 7단위

34 〔정답해설〕

1) 직접재료 구입가격차이(₩3,000 불리) = 실제구입량(?) × (₩5 − ₩3)
   → 실제 구입량 = 1,500kg
2) 직접재료 능률차이(₩900 유리) → 실제사용량(?) × ₩3 < 800단위 × 2kg × ₩3
   → 실제 사용량 = 1,300kg
3) 기말 직접재료 재고수량 = 1,500kg(구입량) − 1,300kg(사용량) = 200kg

35 〔정답해설〕

1) 1분기 전부원가계산 영업이익(₩7,000) = ₩5,000(1분기 변동원가계산 영업이익) + 기말재고에 포함된 고정
   제조간접원가(?) → 기말재고에 포함된 고정제조간접원가 = ₩2,000
2) 2분기 변동원가계산에 의한 영업이익(₩6,000) + 기말재고에 포함된 고정제조간접원가(150단위 × 단위당
   고정제조간접원가) − 기초재고에 포함된 고정제조간접원가(₩2,000) = ₩8,500(2분기 전부원가계산에 의한
   영업이익)
   → 기말재고에 포함된 고정제조간접원가 = ₩4,500(단위당 고정제조간접원가 ₩30)
3) 2분기에 발생한 고정제조간접원가 = 800단위(2분기 생산량) × ₩30(2분기 단위당 고정제조간접원가)
   = ₩24,000

36 〔정답해설〕

1) 부산품의 순실현가치 = 50단위 × ₩30 − ₩500(추가가공원가) = ₩1,000
   배부대상 결합원가 = ₩1,450 − ₩1,000 = ₩450
2) 주산품 A, B의 순실현가치
   A = 100단위 × ₩60 − ₩1,000 = ₩5,000
   B = 140단위 × ₩30 − ₩200 = ₩4,000
3) 주산품 A에 배부되는 결합원가 = ₩450 × (₩5,000/₩9,000) = ₩250
4) 주산품 A의 총제조원가 = ₩250(결합원가 배부액) + ₩1,000(추가가공원가) = ₩1,250
5) 주산품 A의 매출총이익 = 80단위 × ₩60 − (₩1,250 × 80단위/100단위) = ₩3,800

37 〔정답해설〕

1) 20×1년 세후목표이익 달성을 위한 판매수량 = (₩1,000 − ₩600) × Q − ₩30,000
   = ₩16,000(세전이익)
   → Q = 115단위
2) 세전이익 = ₩10,000 + (₩12,500 − ₩8,000) / (1 − 0.25) = ₩16,000

38 정답해설

1) 사업부 X의 영업이익 = ₩70,000(사업부 X의 평균영업자산) × 15%(투자수익률) = ₩10,500
2) 사업부 X의 잔여이익 = ₩10,500(영업이익) − (₩70,000 × 10%) = ₩3,500
3) 사업부 Y의 잔여이익 = ₩3,500 − ₩2,500 = ₩1,000 = 영업이익 − (₩50,000 × 10%)

       → 사업부 Y의 영업이익 = ₩6,000
4) 사업부 Y의 투자수익률 = ₩6,000(영업이익) ÷ ₩50,000(사업부 Y의 평균영업자산) = 12%

39 정답해설

1월 말의 예상 현금유입액 = ₩5,000(11월 판매분) + ₩30,000 × 3/4 + ₩100,000(20×2년 1월 판매예산) × 60% × 95% = ₩84,500

40 정답해설

카이젠원가계산은 제조단계에서의 원가절감에 초점을 맞추고 있다.

2023년 기출문제
정답 및 해설

제1교시 **제1과목 | 민법**

01 ⑤	02 ④	03 ⑤	04 ⑤	05 ①	06 ③	07 ④	08 ②	09 ⑤	10 ①
11 ⑤	12 ③	13 ①	14 ①	15 ⑤	16 ③	17 ①	18 ①	19 ②	20 ②
21 ②	22 ①	23 ⑤	24 ②	25 ④	26 ⑤	27 ③	28 ③	29 ②	30 ②
31 ④	32 ④	33 ⑤	34 ④	35 ③	36 ②	37 ④	38 ④	39 ③	40 ①

01

정답해설

① 민법 제1조의 민사에 관한 '법률'이란 형식적 의미의 법률에 한정하지 않고 모든 성문법(제정법)을 의미한다. 따라서 명령, 규칙, 조례, 조약도 포함한다. 민법전만을 의미하지는 않는다.

> **제1조 【법원】**
> 민사에 관하여 법률에 규정이 없으면 관습법에 의하고 관습법이 없으면 조리에 의한다.

> 비교 제185조 【물권의 종류】 물권법정주의에서의 법률은 국회에서 제정한 형식적 의미의 법률을 말한다.
> → 제185조의 법률이란 국회가 제정하는 형식적 의미의 법률만을 의미한다.
> → 제185조의 관습법은 ① 관습법상 법정지상권, ② 분묘기지권, ③ 동산의 양도담보만 해당한다.

② 관습법이란 사회의 거듭된 관행으로 생성한 사회생활규범이 사회의 법적 확신과 인식에 의하여 법적 규범으로 승인·강행되기에 이른 것을 말하고, 사실인 관습은 사회의 관행에 의하여 발생한 사회생활규범인 점에서 관습법과 같으나 사회의 법적 확신이나 인식에 의하여 법적 규범으로서 승인된 정도에 이르지 않은 것을 말하는바, 관습법은 바로 법원으로서 법령과 같은 효력을 갖는 관습으로서 법령에 저촉되지 않는 한 법칙으로서의 효력이 있는 것이며, 이에 반하여 사실인 관습은 법령으로서의 효력이 없는 단순한 관행으로서 법률행위의 당사자의 의사를 보충함에 그치는 것이다(대판 1983.6.14, 80다3231). 민법 제1조에서 민법의 법원으로 규정한 '관습법'에는 사실인 관습이 포함되지 않는다.

③ 대법원은 법률에 저촉되지 않는 범위 안에서 소송에 관한 절차, 법원의 내부규율과 사무처리에 관한 규정을 제정할 수 있다(헌법 제108조). 이 규칙이 민사에 관한 사항을 정한 것이면 민법의 법원이 된다. 대법원이 정한 「공탁규칙」도 이러한 민사에 관한 사항을 정한 것으로 민법의 법원이 될 수 있다.

> **헌법 제108조**
> 대법원은 법률에 저촉되지 아니하는 범위 안에서 소송에 관한 절차, 법원의 내부규율과 사무처리에 관한 규칙을 제정할 수 있다.

④ 헌법에 의하여 체결·공포된 조약과 일반적으로 승인된 국제법규는 국내법과 같은 효력을 가지므로(헌법 제6조), 그것이 민사에 관한 것이더라도 민법의 법원이 될 수 있다.

> **헌법 제6조**
> ① 헌법에 의하여 체결·공포된 조약과 일반적으로 승인된 국제법규는 국내법과 같은 효력을 가진다.

⑤ 미등기 무허가건물의 양수인에게 소유권에 준하는 관습법상의 물권을 인정할 수 없다(대판 2006.10.27, 2006다49000).

> **비교** 관습법상 물권 : 분묘기지권, 관습법상 법정지상권, 동산의 양도담보

02 [정답해설]

① 민법은 후견사무의 확대와 전문화에 따라 한 명의 후견인이 모든 후견사무를 할 수 있는 상황 등을 대비해 복수의 성년후견인을 선임할 수 있도록 함으로써 전문적이고 효율적인 후견을 보장하고 있다(제930조 제2항).

> **제930조【후견인의 수와 자격】**
> ① 미성년후견인의 수(數)는 한 명으로 한다.
> ② 성년후견인은 피성년후견인의 신상과 재산에 관한 모든 사정을 고려하여 여러 명을 둘 수 있다.
> ③ 법인도 성년후견인이 될 수 있다.

② 가정법원은 피성년후견인이 단독으로 할 수 있는 법률행위의 범위를 정할 수 있고(제10조 제2항), 일정한 자의 청구에 의해 그 범위를 변경할 수 있다(제10조 제3항).

> **제10조【피성년후견인의 행위와 취소】**
> ① 피성년후견인의 법률행위는 취소할 수 있다.
> ② 제1항에도 불구하고 가정법원은 취소할 수 없는 피성년후견인의 법률행위의 범위를 정할 수 있다.
> ③ 가정법원은 본인, 배우자, 4촌 이내의 친족 성년후견인 성년후견감독인, 검사 또는 지방자치단체의 장의 청구에 의하여 제2항의 범위를 변경할 수 있다.

③ 가정법원이 피성년후견인에 대하여 한정후견 개시의 심판을 할 때에는 종전의 성년후견의 종료 심판을 하여야 한다. 왜냐하면 능력의 범위가 차이가 있기 때문이다(제14조의3 제2항).

> **제14조의3【심판 사이의 관계】**
> ② 가정법원이 피성년후견인 또는 피특정후견인에 대하여 한정후견개시의 심판을 할 때에는 종전의 성년후견 또는 특정후견의 종료 심판을 한다.

④ 성년후견이나 한정후견에 관한 심판 절차는 가사소송법 제2조 제1항 제2호 (가)목에서 정한 가사비송사건으로서, 가정법원이 당사자의 주장에 구애받지 않고 후견적 입장에서 합목적적으로 결정할 수 있다. 이때 성년후견이든 한정후견이든 본인의 의사를 고려하여 개시 여부를 결정한다는 점은 마찬가지이다(민법 제9조 제2항, 제12조 제2항)

따라서 한정후견의 개시를 청구한 사건에서 의사의 감정 결과 등에 비추어 성년후견 개시의 요건을 충족하고 본인도 성년후견의 개시를 희망한다면 법원이 성년후견을 개시할 수 있고, 성년후견 개시를 청구하고 있더라도 필요하다면 한정후견을 개시할 수 있다고 보아야 한다(대결 2021.6.10, 2020스596). 한정후견의 개시를 청구한 사건에서 의사의 감정 결과 성년후견 개시의 요건을 충족하고 있다 하더라도 법원은 본인의 의사를 고려하지 않고 성년후견을 개시할 수 없다.

> **제9조【성년후견개시의 심판】**
> ② 가정법원은 성년후견개시의 심판을 할 때 본인의 의사를 고려하여야 한다.
> **제12조【한정후견개시의 심판】**
> ② 한정후견개시의 경우에 제9조 제2항을 준용한다.

> **비교** 제14조의2【특정후견의 심판】 ② 특정후견은 본인의 의사에 반하여 할 수 없다.

⑤ 피특정후견인은 완전한 행위능력자이다. 일시적으로 또는 특정한 사무에 대하여 후원을 받을 뿐이다. 따라서 특정후견의 심판이 있은 후에 피특정후견인이 특정후견인의 동의 없이 재산상의 법률행위를 하더라도 이는 유효한 법률행위로서 취소의 대상이 되지 않는다.

■ 피후견인의 비교

내용	피성년후견인	피한정후견인	피특정후견인
요건	정신적 제약		
	사무처리능력 지속적 결여	사무처리능력 부족	일시적 후원 또는 특정한 사무에 관한 후원 필요
청구권자[1]	본인, 배우자, 4촌 이내 친족 미성년후견인, 미성년후견감독인, 한정후견인, 한정후견감독인, 특정후견인, 특정후견감독인, 검사 또는 지방자치단체의 장	본인, 배우자, 4촌 이내 친족 미성년후견인, 미성년후견감독인, 성년후견인, 성년후견감독인, 특정후견인, 특정후견감독인, 검사 또는 지방자치단체의 장	본인, 배우자, 4촌 이내 친족 미성년후견인, 미성년후견감독인, × ×[2] 검사 또는 지방자치단체의 장
심판	• 개시심판 시 본인 의사 고려 • 개시심판과 종료심판이 있음	• 개시심판 시 본인 의사 고려 • 개시심판과 종료심판이 있음	• 심판 시 본인 의사에 반하면 안 됨 • 개시심판과 종료심판이 없음[3]
능력	• 원칙 : 제한능력자로서 단독으로 법률행위 불가 • 예외 ① 법원이 단독으로 할 수 있는 범위 정할 수 있음 ② 일용품 구입 등 일상행위는 단독 가능	• 원칙 : 행위능력 있음 • 예외 : 법원이 한정후견인의 동의를 받도록 정한 행위에 한하여 한정후견인의 동의가 필요 • 예외의 예외 : 일용품 구입 등 일상행위는 단독 가능	• 제한능력자 아님 행위능력 있고 제한되지 않음
후견인	• 성년후견개시심판 시 가정법원이 직권으로 선임 • 성년후견인은 법정대리인임	• 한정후견개시심판 시 가정법원이 직권으로 선임 • 한정후견인은 법정대리인 × 한정후견인에게 가정법원의 대리권 수여심판 시 대리권 인정	• 특정후견 따른 보호조치로 가정법원 특정후견인 선임가능 • 특정후견인은 법정대리인 × 특정후견인에게 가정법원의 대리권 수여심판 시 대리권 인정

03 〔정답해설〕

① 부재자 스스로 위임한 재산관리인이 있는 경우에는, 그 재산관리인의 권한은 그 위임의 내용에 따라 결정될 것이며 그 위임관리인에게 재산처분권까지 위임된 경우에는 그 재산관리인이 그 재산을 처분함에 있어 법원의 허가를 요하는 것은 아니라 할 것이므로 재산관리인이 법원의 허가 없이 부동산을 처분하는 행위를 무효라고 할 수 없다(대판 1973.7.24, 72다2136).

② 종래의 주소나 거소를 떠난 부재자가 재산관리인을 정하지 아니한 때에는 법원은 이해관계인이나 검사의 청구에 의하여 재산관리에 관하여 필요한 처분을 명하여야 한다(제22조). 이때 이해관계인에는 부재자의 재산 보존에 법률상 이해관계를 가진 자로서 추정상속인, 배우자, 수증자, 채권자, 공동채무자, 보증인 등이 포함된다. 따라서 부재자가 재산관리인을 정하지 아니한 때에는 부재자의 채권자는 법률상 이해관계인으로서 재산관리에 필요한 처분을 명할 것을 법원에 청구할 수 있다.

---

1) 법원의 직권으로는 안 됨
2) 유의 : 성년후견인, 성년후견감독인, 한정후견인, 한정후견감독인은 청구권자 아님
3) 특정후견의 기간이나 사무의 범위를 정한 이후, 기간이 지나거나 사무처리의 종결에 의해 특정후견도 자연히 종결됨

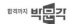

> **제22조 【부재자의 재산의 관리】**
> ① 종래의 주소나 거소를 떠난 자가 재산관리인을 정하지 아니한 때에는 법원은 이해관계인이나 검사의 청구에 의하여 재산관리에 관하여 <u>필요한 처분을 명하여야 한다.</u> 본인의 부재 중 재산관리인의 권한이 소멸한 때에도 같다.

③ 법원이 선임한 재산관리인이 부재자의 재산에 대해 보존행위와 이용·개량하는 관리행위를 함에는 처분행위와는 달리 법원의 허가를 받을 필요가 없다(제25조). 따라서 '부재자 재산에 대한 차임청구나 불법행위로 인한 손해배상청구'는 <u>보존행위</u>인 점에서 법원의 허가 없이 할 수 있다.

> **제25조 【관리인의 권한】**
> 법원이 선임한 재산관리인이 <u>제118조에 규정한 권한을 넘는 행위를 함에는 법원의 허가를 얻어야 한다.</u>
>
> **제118조 【대리권의 범위】**
> 권한을 정하지 아니한 대리인은 다음 각 호의 행위만을 할 수 있다.
> 1. 보존행위
> 2. 대리의 목적인 물건이나 권리의 성질을 변하지 아니하는 범위에서 그 이용 또는 개량하는 행위

④ 법원의 재산관리인의 초과행위허가의 결정은 그 허가받은 재산에 대한 장래의 처분행위뿐 아니라 기왕의 처분행위를 추인하는 방법으로도 할 수 있다. 따라서 관리인이 허가 없이 부재자 소유 부동산을 매각한 경우라도 사후에 법원의 허가를 얻어 이전등기절차를 경료케 하였다면 추인에 의하여 유효한 처분행위로 된다(대판 1982.9.14, 80다3063; 대판 1982.12.14, 80다1872).

⑤ 법원에 의하여 부재자재산관리인으로 선임된 자는 그 부재자의 사망이 확인된 후라 할지라도 위 선임결정이 취소되지 않는 한 관리인으로서의 권한이 소멸하지 않고 계속하여 권한을 행사할 수 있다(대판 1991.11.26, 91다11810).

04 〔정답해설〕

① 감사는 이사와 달리 임의기관으로, 감사의 임면에 관한 사항은 정관의 필요적 기재사항이 아니다.

> **제66조 【감사】**
> 법인은 정관 또는 총회의 결의로 감사를 둘 수 있다.
>
> **제40조 【사단법인의 정관】**
> 사단법인의 설립자는 다음 각 호의 사항을 기재한 정관을 작성하여 기명날인하여야 한다.
> 1. 목적
> 2. 명칭
> 3. 사무소의 소재지
> 4. 자산에 관한 규정
> 5. 이사의 임면에 관한 규정
> 6. 사원자격의 득실에 관한 규정
> 7. 존립시기나 해산사유를 정하는 때에는 그 시기 또는 사유

②, ③ 법인의 정관은 필요적 기재사항이든 임의적 기재사항이든 기재되면 동일한 효력이 있는 것으로 변경을 위해서는 모두 주무관청의 허가가 있어야 효력이 발생한다. 정관의 <u>임의적 기재사항이 정관에 기재되더라도 정관의 변경절차 없이는 변경할 수 없다.</u> 또한 <u>정관변경의 의결정족수가 충족되었더라도 주무관청의 허가가 없이는 정관변경의 효력이 생기지 않는다.</u>

> **제42조【사단법인의 정관의 변경】**
> ① 사단법인의 정관은 총사원 3분의 2 이상의 동의가 있는 때에 한하여 이를 변경할 수 있다. 그러나 정수에 관하여 정관에 다른 규정이 있는 때에는 그 규정에 의한다.
> ② 정관의 변경은 주무관청의 허가를 얻지 아니하면 그 효력이 없다.

④ 재단법인의 기본재산에 관한 사항은 정관의 기재사항으로서 기본재산의 변경은 정관의 변경을 초래하기 때문에 주무장관의 허가를 받아야 하고, 따라서 기존의 기본재산을 처분하는 행위는 물론 새로이 기본재산으로 편입하는 행위도 주무장관의 허가가 있어야 유효하고, 또 일단 주무장관의 허가를 얻어 기본재산에 편입하여 정관 기재사항의 일부가 된 경우에는 비록 그것이 명의신탁관계에 있었던 것이라 하더라도 이것을 처분(반환)하는 것은 정관의 변경을 초래하는 점에 있어서는 다를 바 없으므로 주무장관의 허가 없이 이를 이전등기할 수는 없다(대판 1991.5.28, 90다8558).

> **제45조【재단법인의 정관변경】**
> ③ 제42조 제2항의 규정은 전2항의 경우에 준용한다.

⑤ 민법상 재단법인의 기본재산에 관한 저당권 설정행위는 특별한 사정이 없는 한 정관의 기재사항을 변경하여야 하는 경우에 해당하지 않으므로, 그에 관하여는 주무관청의 허가를 얻을 필요가 없다(대결 2018.7.20, 2017마1565).

05 〔정답해설〕〉

① 비법인사단에 대하여는 사단법인에 관한 민법 규정 가운데서 법인격을 전제로 하는 것을 제외하고는 이를 유추적용하여야 할 것인바, 민법 제62조의 규정에 비추어 보면 비법인사단의 대표자는 정관 또는 총회의 결의로 금지하지 아니한 사항에 한하여 타인으로 하여금 특정한 행위를 대리하게 할 수 있을 뿐 비법인사단의 제반 업무처리를 포괄적으로 위임할 수는 없다 할 것이므로, 비법인사단 대표자가 행한 타인에 대한 업무의 포괄적 위임과 그에 따른 포괄적 수임인의 대행행위는 민법 제62조의 규정에 위반된 것이어서 비법인사단에 대하여는 그 효력이 미치지 아니한다(대판 1996.9.6, 94다18522).

> **제62조【이사의 대리인 선임】**
> 이사는 정관 또는 총회의 결의로 금지하지 아니한 사항에 한하여 타인으로 하여금 특정한 행위를 대리하게 할 수 있다.

② 법인 아닌 사단의 총유물의 관리 및 처분행위에 대해 정관에 달리 정한 바가 없으면 사원총회의 결의를 요하며, 비록 대표자에 의한 총유물의 처분이라도 위와 같은 절차를 거치지 않은 처분행위는 무효이다(대판 2014.2.13, 2012다112299 등).

③ 종중의 그 구성원인 종원에 대하여 그 자격을 박탈하는 소위 할종이라는 징계처분은 비록 그와 같은 관행이 있다 하더라도 이는 공동선조의 후손으로서 혈연관계를 바탕으로 하여 자연적으로 구성되는 종족단체인 종중의 본질에 반하는 것이므로 그러한 관행이나 징계처분은 위법 무효하여 피징계자의 종중원으로서의 신분이나 지위를 박탈하는 효력이 생긴다고 할 수 없다(대판 1983.2.8, 80다1194).

④ 고유 의미의 종중이란 공동선조의 분묘 수호와 제사, 종원 상호 간 친목 등을 목적으로 하는 자연발생적인 관습상 종족집단체로서 특별한 조직행위를 필요로 하는 것이 아니고, 공동선조의 후손은 그 의사와 관계없이 성년이 되면 당연히 그 구성원(종원)이 되는 것이며 그중 일부 종원을 임의로 그 종원에서 배제할 수 없다(대판 2019.2.14, 2018다264628).

⑤ 제275조 제1항【물건의 총유】 법인이 아닌 사단의 사원이 집합체로서 물건을 소유할 때에는 총유로 한다.

PART 02

06 〔정답해설〕〉

형성권이란 권리자의 일방적 의사표시에 의하여 법률관계의 발생·변경·소멸을 일으키는 권리를 말한다. 제한 능력자의 법률행위에 대한 법정대리인의 동의권(제5조, 제10조, 제13조), 제한능력을 이유로 한 제한능력자와 그 대리인 및 그 승계인의 취소권(제5조, 제10조, 제13조, 제140조), 착오에 의해 의사표시를 한 표의자와 그 대리인 및 승계인의 취소권(제109조 제1항, 제140조), 추인권(제143조), 제한능력자 상대방의 최고권(제15조)과 철회권 및 거절권(제16조), 상계권(제492조), 계약의 해제권과 해지권(제543조), 매매의 일방예약완결권(제564 조), 약혼해제권(제805조) 등이 이에 속한다.

① 취소권이나 동의권은 형성권이나, 저당권은 물권으로 지배권이다.

② 상계권과 예약완결권은 형성권이나, 광업권, 어업권 등의 준물권은 지배권이다.

③ 해제권과 취소권은 형성권이며, 지상물매수청구권(제283조)은 청구권이라는 명칭에 구애받지 않고 그 성질상 형성권이다. 모두 형성권이다.

④ 추인권과 해지권은 형성권이나, 물권적 청구권은 물권에 근거한 청구권이다.

⑤ 해지권은 형성권이고, 부속물매수청구권(제316조)은 청구권이라는 명칭에 구애받지 않고 그 성질상 형성권이다. 그러나 부양청구권은 청구권이다.

> **▌명칭은 청구권이지만 형성권인 권리**
>
> 명칭에 구애받지 않고 그 성질에 따라 공유물분할청구권(제268조), 지상권자의 지상물매수청구권(제283조), 지료증감청구권(제286조), 부속물매수청구권(제316조), 임차인과 전차인의 매수청구권(제643조~제647조)은 형성권이다.

07 〔정답해설〕〉

① 이사의 변경등기는 설립등기 이외의 등기로 제54조에 따를 때 효력발생요건이 아니라 대항요건이다.

> **제54조【설립등기 이외의 등기의 효력과 등기사항의 공고】**
> ① 설립등기 이외의 본 절의 등기사항은 그 등기 후가 아니면 제3자에게 대항하지 못한다.

② 이사가 수인인 경우, 원칙적으로 법인의 사무에 관하여 이사는 각자 법인을 대표하고, 특별한 사정이 있을 때 예외적으로 공동으로 대표할 수 있다.

> **제59조【이사의 대표권】**
> ① 이사는 법인의 사무에 관하여 각자 법인을 대표한다. 그러나 정관에 규정한 취지에 위반할 수 없고 특히 사단법인은 총회의 의결에 의하여야 한다.

③ 사단법인의 정관의 변경은 해산결의와 함께 사원총회의 전권사항으로, 이러한 사원총회의 권한은 정관으로도 박탈할 수 없다.

④ 민법 제74조는 사단법인과 어느 사원과의 관계사항을 의결하는 경우 그 사원은 의결권이 없다고 규정하고 있으므로, 민법 제74조의 유추해석상 민법상 법인의 이사회에서 법인과 어느 이사와의 관계사항을 의결하는 경우에는 그 이사는 의결권이 없다. 이때 의결권이 없다는 의미는 상법 제368조 제4항, 제371조 제2항의 유추해석상 이해관계 있는 이사는 이사회에서 의결권을 행사할 수는 없으나 의사정족수 산정의 기초가 되는 이사의 수에는 포함되고, 다만 결의 성립에 필요한 출석이사에는 산입되지 아니한다고 풀이함이 상당하다(대판 2009.4.9, 2008다1521).

⑤ 법인의 정관에 법인 대표권의 제한에 관한 규정이 있으나 그와 같은 취지가 등기되어 있지 않다면 법인은 그와 같은 정관의 규정에 대하여 선의냐 악의냐에 관계없이 제3자에 대하여 대항할 수 없다(대판 1992.2.14, 91다 24564). 즉 등기 없이는 대표권 제한에 관한 정관의 규정에 대해 악의인 제3자에 대해서도 대항할 수 없다.

> **제60조 【이사의 대표권에 대한 제한의 대항요건】**
> 이사의 대표권에 대한 제한은 등기하지 아니하면 제3자에게 대항하지 못한다.

08 〔정답해설〕

① 주물과 종물은 독립한 물건이어야 하므로 주물의 구성부분은 종물이 될 수 없다(대판 2008.5.8, 2007다 36933).

② '일물일권주의'의 원칙에 따라 물건의 일부나 구성부분 또는 물건의 집단은 원칙적으로 물권의 객체가 되지 못한다. 즉 물건은 원칙적으로 독립성이 있는 물건이어야 한다(독립성). 다만 물권의 대상이 되기에 적합한 특정성을 구비하고 공시방법이 있으며 사회적 필요가 있다면 물건의 일부나 집단에도 물권이 인정될 수 있다. 토지의 일부에 대한 지상권, 부동산의 일부에 대한 전세권 등이 이에 해당한다. 따라서 분필절차를 거치지 않은 1필의 토지의 일부라도 용익물권의 객체가 될 수 있다.

③ 자연공원법(1995.12.30, 법률 제5122호로 개정된 것) 제26조 및 제33조의 규정내용과 입법목적을 종합하여 보면, 국립공원의 입장료는 토지의 사용대가라는 민법상 과실이 아니라 수익자 부담의 원칙에 따라 국립공원의 유지·관리비용의 일부를 국립공원 입장객에게 부담시키고자 하는 것이어서 토지의 소유권이나 그에 기한 과실수취권과는 아무런 관련이 없고, 국립공원의 유지·관리비는 원칙적으로 국가가 부담하여야 할 것이지만 형평에 따른 수익자부담의 원칙을 적용하여 국립공원 이용자에게 입장료를 징수하여 국립공원의 유지·관리비의 일부에 충당하는 것도 가능하다고 할 것이다(대판 2001.12.28, 2000다27749).

④ 어느 건물이 주된 건물의 종물이기 위하여는 주물의 상용에 이바지하는 관계에 있어야 하고 이는 주물 자체의 경제적 효용을 다하게 하는 것을 말하는 것이므로, 주물의 소유자나 이용자의 사용에 공여되고 있더라도 주물 자체의 효용과 관계없는 물건은 종물이 아니다(대판 2007.12.13, 2007도7247).

⑤ 민법 제358조에 따르면, 저당권의 효력은 저당부동산에 부합된 물건과 종물에 미치나, 법률에 특별한 규정 또는 설정행위에 다른 약정이 있으면 그러하지 아니하다. 즉, "저당권의 효력이 종물에 미치지 않는다"는 약정이 있는 경우, 이를 등기하지 않으면 그 약정으로써 제3자에게 대항할 수 없다(부동산등기법 제75조 제1항 제7호).

> **제358조 【저당권의 효력의 범위】**
> 저당권의 효력은 저당부동산에 부합된 물건과 종물에 미친다. 그러나 법률에 특별한 규정 또는 설정행위에 다른 약정이 있으면 그러하지 아니하다.
>
> **부동산등기법 제75조 【저당권의 등기사항】**
> ① 등기관이 저당권설정의 등기를 할 때에는 제48조에서 규정한 사항 외에 다음 각 호의 사항을 기록하여야 한다. 다만, 제3호부터 제8호까지는 등기원인에 그 약정이 있는 경우에만 기록한다.
>   7. 「민법」 제358조 단서의 약정

09 〔정답해설〕

불능의 종류에는 법률행위 성립 당시에 이미 불능인 원시적 불능과 법률행위 성립 당시에는 가능하였지만 그 후에 불능인 후발적 불능이 있다. 원시적 불능의 경우는 법률행위의 목적이 원시적·객관적·전부불능인 경우 그 법률행위는 무효이다. 민법은 제535조 제1항에서 원시적·객관적·전부 불능의 경우를 규율하고 있다. 즉 원시적 불능을 목적으로 하는 법률행위는 무효이지만 채무자가 그 불능을 알았거나 알 수 있었을 경우에는 그 상대방이 계약을 유효로 믿었기 때문에 받은 손해를 배상할 책임 즉, 계약체결상 과실책임을 지게 된다. 후발적 불능의 경우는 계약체결 후 이행기 전에 불능이 된 경우에는 귀책사유가 있으면 채무불이행책임(제390조, 제546조)이 문제되고 귀책사유가 없으면 위험부담(제537조)이 문제된다.

ㄱ. (○) : 甲이 乙에게 매도한 건물이 계약체결 후 甲의 방화로 전소하여 乙에게 이전할 수 없게 된 경우는 후발적 불능이 채무자 甲의 방화로 전소되었으므로 채무자가 귀책사유로 인한 채무불이행에 해당하여 甲의 손해배상책임(제390조)이 문제될 수 있다.

> 제390조【채무불이행과 손해배상】
> 채무자가 채무의 내용에 좇은 이행을 하지 아니한 때에는 채권자는 손해배상을 청구할 수 있다. 그러나 채무자의 고의나 과실 없이 이행할 수 없게 된 때에는 그러하지 아니하다.

ㄴ. (○) : 甲이 乙에게 매도한 토지가 계약체결 후 재결수용한 경우이므로, 후발적 불능이 채무자의 귀책사유가 아닌 공용수용으로 인한 것이므로, 위험부담(제537조)이 문제될 수 있다.

> 제537조【채무자위험부담주의】
> 쌍무계약의 당사자 일방의 채무가 당사자쌍방의 책임 없는 사유로 이행할 수 없게 된 때에는 채무자는 상대방의 이행을 청구하지 못한다.

ㄷ. (○) : 甲이 乙에게 매도하기로 한 건물이 계약체결 전에 지진으로 전파(全破)된 경우이므로, 원시적·객관적·전부불능으로 그 법률행위는 무효이나, 계약체결상의 과실책임(제535조 제1항)이 문제될 수 있다.

> 제535조【계약체결상의 과실】
> ① 목적이 불능한 계약을 체결할 때에 그 불능을 알았거나 알 수 있었을 자는 상대방이 그 계약의 유효를 믿었음으로 인하여 받은 손해를 배상하여야 한다. 그러나 그 배상액은 계약이 유효함으로 인하여 생길 이익액을 넘지 못한다.
> ② 전항의 규정은 상대방이 그 불능을 알았거나 알 수 있었을 경우에는 적용하지 아니한다.

10 정답해설

① 민사사건은 대립하는 당사자 사이의 사법상 권리 또는 법률관계에 관한 쟁송으로서 형사사건과 달리 그 결과가 승소와 패소 등으로 나누어지므로 사적 자치의 원칙이나 계약자유의 원칙에 비추어 보더라도 성공보수약정이 허용됨에 아무런 문제가 없고, 의뢰인이 승소하면 변호사보수를 지급할 수 있는 경제적 이익을 얻을 수 있으므로, 당장 가진 돈이 없어 변호사보수를 지급할 형편이 되지 않는 사람도 성공보수를 지급하는 조건으로 변호사의 조력을 받을 수 있게 된다는 점에서 제도의 존재 이유를 찾을 수 있다. 그러나 형사사건의 경우에는 재판결과에 따라 변호사와 나눌 수 있는 경제적 이익을 얻게 되는 것이 아닐 뿐 아니라 법원은 피고인이 빈곤 그 밖의 사유로 변호인을 선임할 수 없는 경우에는 국선변호인을 선정하여야 하므로(형사소송법 제33조), 형사사건에서의 성공보수약정을 민사사건의 경우와 같이 볼 수 없다(대판(전) 2015.7.23, 2015다200111).

> 비교 성공보수약정 ㉠ 비변호사: 당연 무효
> ㉡ 변호사 : → 형사사건: 당연 무효
> → 민사사건: 유효

② 도박자금에 제공할 목적으로 금전의 대차를 한 때에는 그 대차계약은 민법 제103조의 반사회질서의 법률행위로 무효이다(대판 1973.5.22, 72다2249).

③ 매도인이 매수인에게 목적부동산을 매도한 사실을 알고서 수증자가 매도인으로부터 증여를 원인으로 하여 소유권이전등기를 함으로써 매도인의 매수인에 대한 배임행위에 가담한 결과에 이르렀다면, 이는 실체관계에 부합하는 유효한 등기가 될 리가 없고 반사회질서의 행위로서 무효이다(대판 1983.4.26, 83다카57).

④ 민법 제746조의 규정취의는 민법 제103조와 함께 사법의 기본이념으로 사회적 타당성이 없는 행위를 한 사람은 그 형식 여하를 불문하고 스스로 한 불법행위의 무효를 주장하여 그 복구를 소구할 수 없다는 법의 이상을 표현한 것이고 부당이득반환청구만을 제한하는 규정이 아니므로 불법의 원인으로 급여를 한 사람이 그 원인행위가 무효라고 주장하고 그 결과 급여물의 소유권이 자기에게 있다는 주장으로 소유권에 기한 반환

청구를 하는 것도 허용할 수 없는 것이니, 도박채무가 불법무효로 존재하지 않는다는 이유로 양도담보로 이전해 준 소유권이전등기의 말소를 청구하는 것은 허용되지 않는다(대판 1989.9.29, 89다카5994). 불법인 마약거래행위를 원인으로 한 마약대금채무의 변제로서 토지를 양도하기로 한 계약도 반사회질서의 행위로서 무효이다.

⑤ 당초부터 오로지 보험사고를 가장하여 보험금을 취득할 목적으로 체결된 생명보험계약에 의하여 보험금을 지급하게 하는 것은 보험계약을 악용하여 부정한 이득을 얻고자 하는 사행심을 조장함으로써 사회적 상당성을 일탈하게 되므로, 이와 같은 생명보험계약은 사회질서에 위배되는 법률행위로서 무효이다(대판 2000.2.11, 99다49064).

11 〔정답해설〕

① 강제집행을 면할 목적으로 부동산에 허위의 근저당권설정등기를 경료하는 행위는 민법 제103조의 선량한 풍속 기타 사회질서에 위반한 사항을 내용으로 하는 법률행위로 볼 수 없다(대판 2004.5.28, 2003다70041). 통정허위표시에 의한 급부는 특별한 사정이 없는 한 제103조 위반이 아니어서 불법원인급여에 해당하지 않는다.

② 제3자란 당사자 및 포괄승계인 이외의 자로서 허위표시에 의하여 외형상 형성된 법률관계를 토대로 실질적으로 새로운 법률상 이해관계를 맺은 자를 말한다. 그러므로 허위표시로 형성된 법률관계에 새로운 이해관계를 맺은 자가 아닌 대리인의 통정허위표시에서 본인은 계약이 당사자로서 선의라 할지라도 특별한 사정이 없는 한 그는 허위표시의 유효를 주장할 수 없다.

> **제116조 【대리행위의 하자】**
> ① 의사표시의 효력이 의사의 흠결, 사기, 강박 또는 어느 사정을 알았거나 과실로 알지 못한 것으로 인하여 영향을 받은 경우에 그 사실의 유무는 대리인을 표준하여 결정한다.

③ 은닉행위란 가장행위 뒤에 숨어 있는 당사자가 진실로 달성하고자 하는 법률행위를 말한다. 그 예가 증여를 하면서 증여세를 면탈하기 위하여 매매를 가장한 경우, 증여행위가 이에 해당한다. 이러한 은닉행위는 허위표시와는 달리 그 법률행위의 요건을 구비하는 한 유효하다(대판 1993.8.27, 93다12930).

④ 민법 제108조 제2항의 제3자는 선의이면 족하고 무과실은 요건이 아니다(대판 2004.5.28, 2003다70041). 선의의 제3자는 통정허위표시를 알지 못한 것에 대해 과실이 없어야 하는 것은 아니다.

⑤ 선의의 제3자가 보호될 수 있는 법률상 이해관계는 계약의 당사자를 상대로 하여 직접 법률상 이해관계를 가지는 경우 외에도 그 법률상 이해관계를 바탕으로 하여 다시 위 계약에 의하여 형성된 법률관계와 새로이 법률상 이해관계를 가지게 되는 경우도 포함된다(대판 2013.2.15, 2012다49292). 제3자는 악의이나 제3자로부터의 전득자가 선의라면 전득자에게 통정허위표시의 무효로 대항할 수 없다.

12 〔정답해설〕

① 민법 제109조 제1항에 의하면 법률행위 내용의 중요 부분에 착오가 있는 경우 착오에 중대한 과실이 없는 표의자는 법률행위를 취소할 수 있고, 민법 제580조 제1항, 제575조 제1항에 의하면 매매의 목적물에 하자가 있는 경우 하자가 있는 사실을 과실 없이 알지 못한 매수인은 매도인에 대하여 하자담보책임을 물어 계약을 해제하거나 손해배상을 청구할 수 있다. 착오로 인한 취소 제도와 매도인의 하자담보책임 제도는 취지가 서로 다르고 요건과 효과도 구별된다. 따라서 매매계약 내용의 중요 부분에 착오가 있는 경우 매수인은 매도인의 하자담보책임이 성립하는지와 상관없이 착오를 이유로 매매계약을 취소할 수 있다(대판 2018.9.13, 2015다78703).

② 민법 제109조에서 규정한 바와 같이 의사표시에 착오가 있다고 하려면 법률행위를 할 당시에 실제로 없는 사실을 있는 사실로 잘못 깨닫거나 아니면 실제로 있는 사실을 없는 것으로 잘못 생각하듯이 표의자의 인식과 그 대조사실이 어긋나는 경우라야 하므로, 표의자가 행위를 할 당시 장래에 있을 어떤 사항의 발생이 미필적

임을 알아 그 발생을 예기한 데 지나지 않는 경우는 표의자의 심리상태에 인식과 대조의 불일치가 있다고 할 수 없어 이를 착오로 다룰 수는 없다(대판 2012.12.13, 2012다65317 등).

③ 의사표시의 동기에 착오가 있는 경우에는 당사자 사이에 그 동기를 의사표시의 내용으로 삼았을 때에 한하여 의사표시의 내용의 착오가 되는 것이고 이와 같은 의사표시의 내용의 착오는 보통 일반인이 표의자의 입장에 섰더라면 그와 같은 의사표시를 하지 않았으리라고 여겨질 정도로 그 착오가 중요한 부분에 관한 것이면 표의자는 그 의사표시를 취소할 수 있다(대판 1989.1.17, 87다카1271 등). 또한 동기의 착오가 상대방에 의해 유발된 경우에는 그 착오로 인한 의사표시를 취소할 수 있으므로(대판 2012.12.13, 2012다65317), 동기가 표시되지 않더라도 의사표시의 취소 사유인 착오에 해당할 수 있다. 따라서 동기의 착오는 동기가 표시되어 해석상 법률행위의 내용으로 된 경우에 한해서만 유일하게 고려되는 것은 아니다.

④ 매매목적물의 시가에 대한 착오는 중요부분에 대한 착오에 해당하지 않는다(대판 1992.10.23, 92다29337). 따라서 시가에 대한 착오를 이유로 매매계약을 취소할 수 없다.

⑤ 민법 제109조 제1항 단서는 의사표시의 착오가 표의자의 중대한 과실로 인한 때에는 그 의사표시를 취소하지 못한다고 규정하고 있는데, 위 단서 규정은 표의자의 상대방의 이익을 보호하기 위한 것이므로, 상대방이 표의자의 착오를 알고 이를 이용한 경우에는 착오가 표의자의 중대한 과실로 인한 것이라고 하더라도 표의자는 의사표시를 취소할 수 있다(대판 2014.11.27, 2013다49794).

	조문	성립요건	적용범위

착오에 기한 의사 표시	제109조【착오로 인한 의사표시】
	① 의사표시는 법률행위의 내용의 중요부분에 착오가 있는 때에는 취소할 수 있다. 그러나 그 착오가 표의자의 중대한 과실로 인한 때에는 취소하지 못한다.
	② 전항의 의사표시의 취소는 선의의 제3자에게 대항하지 못한다.
		① 의사표시의 존재
		② 의사 ≠ 표시
		③ 표의자가 불일치를 모르고(착오)
		④ 법률행위의 내용
		⑤ 중요부분 → 취소
		⑥ 중과실이 없을 것
		  : 상대방이 주장, 증명
			※ 동기의 착오
			  원칙 : 제109조의 착오에 해당 ×
			  예외 : → 상대방에게 표시 and 해석상 법률행위의 내용으로 된 경우 ○ (합의 ×)
			    → 유발된 동기의 착오 ○ (상대방에게서 표시여부 불문)
			  ☞ 혼동하지 말자
			※ 동기의 불법
			  원칙 : 계약 내용의 불법 × → 제103조에 포함 ×
			  예외 : 표시 or 상대방에게 알려진 경우 → 제103조에 포함 ○

13 정답해설

① 의사표시의 도달은 이미 완성된 의사표시의 효력발생요건이므로(제111조 제1항) 발신 후 표의자가 사망하였더라도, 그 의사표시의 효력에 영향을 미치지 아니하므로, 그 의사표시는 유효하다(동조 제2항).

> **제111조【의사표시의 효력발생시기】**
> ① 상대방이 있는 의사표시는 상대방에게 도달한 때에 그 효력이 생긴다.
> ② 의사표시자가 그 통지를 발송한 후 사망하거나 제한능력자가 되어도 의사표시의 효력에 영향을 미치지 아니한다.

② 민법 제111조는 도달주의의 원칙을 정하고 있고, 이는 임의규정이므로 당사자는 약정으로 의사표시의 효력발생시기를 달리 정할 수 있다.

③ 상대방이 정당한 사유 없이 통지의 수령을 거절한 경우에는 상대방이 그 통지의 내용을 알 수 있는 객관적 상태에 놓여 있는 때에 의사표시의 효력이 생기는 것으로 보아야 한다(대판 2008.6.12, 2008다19973).

④ 재단법인의 설립행위는 재단에 법인격취득의 효과를 발생시키려는 의사표시를 요소로 하는 '상대방 없는 단독행위'에 해당한다(대판 1999.7.9, 98다9045). 상대방 없는 의사표시는 원직적으로 표시행위가 완료된 때 의사표시의 효력이 발생한다. 따라서 상대방 없는 단독행위인 재단법인 설립행위의 효력발생을 위해서는 의사표시의 도달이 요구되지 않는다.

⑤ 민법은 제한능력자를 보호하기 위하여 모든 제한능력자를 의사표시의 수령무능력자라고 본다.

> **제112조【제한능력자에 대한 의사표시의 효력】**
> 의사표시의 상대방이 의사표시를 받은 때에 제한능력자인 경우에는 그 의사표시자는 그 의사표시로써 대항할 수 없다. 다만, 그 상대방의 법정대리인이 의사표시가 도달한 사실을 안 후에는 그러하지 아니하다.

14 〔정답해설〕

① 민법 제135조 제1항은 "타인의 대리인으로 계약을 한 자가 그 대리권을 증명하지 못하고 또 본인의 추인을 얻지 못한 때에는 상대방의 선택에 좇아 계약의 이행 또는 손해배상의 책임이 있다."고 규정하고 있다. 위 규정에 따른 무권대리인의 상대방에 대한 책임은 무과실책임으로서 대리권의 흠결에 관하여 대리인에게 과실 등의 귀책사유가 있어야만 인정되는 것이 아니고, 무권대리행위가 제3자의 기망이나 문서위조 등 위법행위로 야기되었다고 하더라도 책임은 부정되지 아니한다(대판 2014.2.27, 2013다213038).

② 자기계약·쌍방대리의 금지규정(제124조)에 위반하는 행위는 절대적 무효가 아니라, 무권대리로 유동적 무효가 된다. 따라서 본인이 사후에 추인하여 완전한 대리행위로 할 수 있다.

> **제124조【자기계약, 쌍방대리】**
> 대리인은 본인의 허락이 없으면 본인을 위하여 자기와 법률행위를 하거나 동일한 법률행위에 관하여 당사자 쌍방을 대리하지 못한다. 그러나 채무의 이행은 할 수 있다.

③ 대리인의 성년후견의 개시는 대리권 소멸사유이다(제127조). 이는 대리인은 행위능력자임을 요하지 않으므로(제117조), 성년후견의 개시 또는 파산은 대리인으로 선임된 후에 성년후견이 개시 또는 파산선고를 받은 경우에 대리권이 소멸한다는 의미이다. 주의할 것은 한정후견의 개시는 제외된다는 점이다.

> **제127조【대리권의 소멸사유】**
> 대리권은 다음 각 호의 어느 하나에 해당하는 사유가 있으면 소멸된다.
> 1. 본인의 사망
> 2. 대리인의 사망, 성년후견의 개시 또는 파산

④ 제119조【각자대리】대리인이 수인인 때에는 각자가 본인을 대리한다. 그러나 법률 또는 수권행위에 다른 정한 바가 있는 때에는 그러하지 아니하다.

⑤ 상대방 없는 단독행위의 무권대리는 절대적 무효이며, 본인은 추인할 수도 없고 추인하여도 확정적 무효이다.

15 〔정답해설〕

① 복대리인은 대리인이 대리권의 범위 내에서 대리인 자신의 이름으로 선임한 본인의 대리인이다.

② 제123조 제2항【복대리인의 권한】복대리인은 본인이나 제3자에 대하여 대리인과 동일한 권리의무가 있다.

③ 복대리인을 선임해도 대리인의 대리권은 소멸하지 않으며, 반대로 대리권이 소멸하면 복대리권도 소멸한다.

④ 복대리인은 대리인에 의해 선임된 자이므로 대리인의 지휘·감독을 받게 되며, 복대리인의 대리권은 대리인이 가지는 대리권의 존재 및 범위에 의존한다(부종성). 따라서 대리인의 대리권이 소멸하면 복대리인의 복대리권도 소멸한다. 따라서 대리인이 복대리인을 선임한 후 사망하였다면 대리인 사망으로 대리권이 소멸하므로, 특별한 사정이 없는 한 그 복대리권은 소멸한다.

⑤ 대리인이 사자 내지 임의로 선임한 복대리인을 통하여 권한 외의 법률행위를 한 경우, 상대방이 그 행위자를 대리권을 가진 대리인으로 믿었고 또한 그렇게 믿는 데에 정당한 이유가 있는 때에는, 복대리인 선임권이 없는 대리인에 의하여 선임된 복대리인의 권한도 기본대리권이 될 수 있을 뿐만 아니라, 그 행위자가 사자라고 하더라도 대리행위의 주체가 되는 대리인이 별도로 있고 그들에게 본인으로부터 기본대리권이 수여된 이상, 민법 제126조를 적용함에 있어서 기본대리권의 흠결 문제는 생기지 않는다(대판 1998.3.27, 97다48982).

16 〔정답해설〕

① 제133조【추인의 효력】추인은 다른 의사표시가 없는 때에는 계약 시에 소급하여 그 효력이 생긴다. 그러나 제3자의 권리를 해하지 못한다.

② 민법 제137조의 규정에 비추어 보면, 하나의 법률행위의 일부에 무효사유가 있더라도 그 법률행위가 가분적이거나 그 목적물의 일부가 특정될 수 있다면 그 나머지 부분이라도 이를 유지하려는 당사자의 가정적 의사가 인정되는 경우, 그 일부만을 무효로 하고 나머지 부분은 유효한 것으로 유지하는 것도 가능하다(대판 2015.12.10, 2013다207538).

> **제137조【법률행위의 일부무효】**
> 법률행위의 일부분이 무효인 때에는 그 전부를 무효로 한다. 그러나 그 무효부분이 없더라도 법률행위를 하였을 것이라고 인정될 때에는 나머지 부분은 무효가 되지 아니한다.

③ 구 국토의 계획 및 이용에 관한 법률(2016.1.19. 법률 제13797호로 개정되기 전의 것, 이하 '구 국토계획법'이라고 한다)에서 정한 토지거래계약 허가구역 내 토지에 관하여 허가를 배제하거나 잠탈하는 내용으로 매매계약이 체결된 경우에는, 강행법규인 구 국토계획법 제118조 제6항에 따라 계약은 체결된 때부터 확정적으로 무효이다. 계약체결 후 허가구역 지정이 해제되거나 허가구역 지정기간 만료 이후 재지정을 하지 아니한 경우라 하더라도 이미 확정적으로 무효로 된 계약이 유효로 되는 것이 아니다(대판 2019.1.31, 2017다228618).

④ 무효인 법률행위를 추인에 의하여 새로운 법률행위로 보기 위하여서는 당사자가 이전의 법률행위가 무효임을 알고 그 행위에 대하여 추인하여야 한다(대판 2014.3.27, 2012다106607).

⑤ 법률행위에 따라 권리가 이전되려면 권리자 또는 처분권한이 있는 자의 처분행위가 있어야 한다. 무권리자가 타인의 권리를 처분한 경우에는 특별한 사정이 없는 한 권리가 이전되지 않는다. 그러나 이러한 경우에 권리자가 무권리자의 처분을 추인하는 것도 자신의 법률관계를 스스로의 의사에 따라 형성할 수 있다는 사적 자치의 원칙에 따라 허용된다. 이러한 추인은 무권리자의 처분이 있음을 알고 해야 하고, 명시적으로 또는 묵시적으로 할 수 있으며, 그 의사표시는 무권리자나 그 상대방 어느 쪽에 해도 무방하다(대판 2017.6.8, 2017다3499).

17 〔정답해설〕

① 제146조【취소권의 소멸】취소권은 추인할 수 있는 날로부터 3년 내에, 법률행위를 한 날로부터 10년 내에 행사하여야 한다.

② 취소의 의사표시란 반드시 명시적이어야 하는 것은 아니고, 취소자가 그 착오를 이유로 자신의 법률행위의 효력을 처음부터 배제하려고 한다는 의사가 드러나면 족한 것이며, 취소원인의 진술 없이도 취소의 의사표시는 유효한 것이므로, 신원보증서류에 서명날인하는 것으로 잘못 알고 이행보증보험약정서를 읽어보지 않은 채 서명날인한 것일 뿐 연대보증약정을 한 사실이 없다는 주장은 위 연대보증약정을 착오를 이유로 취소한다는 취지로 볼 수 있다(대판 2005.5.27, 2004다43824).

③ 취소권은 법률행위의 직접 상대방에게 취소함이 원칙이므로 전득자는 취소의 상대방이 아니다. 따라서 취소할 수 있는 법률행위의 상대방이 그 행위로 취득한 특정의 권리를 양도한 경우, 양수인이 아닌 원래의 상대방에게 취소의 의사표시를 하여야 한다.

> **제142조 【취소의 상대방】**
> 취소할 수 있는 법률행위의 상대방이 확정한 경우에는 그 취소는 그 상대방에 대한 의사표시로 하여야 한다.

④ 근로계약은 근로자가 사용자에게 근로를 제공하고 사용자는 이에 대하여 임금을 지급하는 것을 목적으로 체결된 계약으로서(근로기준법 제2조 제1항 제4호) 기본적으로 그 법적 성질이 사법상 계약이므로 계약 체결에 관한 당사자들의 의사표시에 무효 또는 취소의 사유가 있으면 상대방은 이를 이유로 근로계약의 무효 또는 취소를 주장하여 그에 따른 법률효과의 발생을 부정하거나 소멸시킬 수 있다.
다만 그와 같이 근로계약의 무효 또는 취소를 주장할 수 있다 하더라도 근로계약에 따라 그동안 행하여진 근로자의 노무 제공의 효과를 소급하여 부정하는 것은 타당하지 않으므로 이미 제공된 근로자의 노무를 기초로 형성된 취소 이전의 법률관계까지 효력을 잃는다고 보아서는 아니 되고, 취소의 의사표시 이후 장래에 관하여만 근로계약의 효력이 소멸된다고 보아야 한다(대판 2017.12.22, 2013다25194, 2013다25200).

⑤ 매도인이 매수인의 중도금 지급채무불이행을 이유로 매매계약을 적법하게 해제한 후라도, 매수인으로서는 상대방이 한 계약해제의 효과로서 발생하는 손해배상책임을 지거나 매매계약에 따른 계약금의 반환을 받을 수 없는 불이익을 면하기 위하여 착오를 이유로 한 취소권을 행사하여 위 매매계약 전체를 무효로 돌리게 할 수 있다(대판 1991.8.27, 91다11308).

18 【정답해설】

① 조건을 붙이게 되면 법률행위의 효력이 불안정하게 되므로 그 효과가 즉시 발생해야 하거나 확정적으로 존속해야 하는 것에는 조건을 붙일 수 없다. 예를 들면 단독행위, 신분행위, 어음・수표행위 등이 있다. 이에 해당하지 않는 물권행위에는 조건을 붙일 수 있다.

② 조건은 법률행위의 내용으로서 당사자들이 임의로 정한 것이므로 법률이 정한 조건인 법정조건은 조건이 아니다.

③ 고의에 의한 경우만이 아니라 과실에 의한 경우에도 신의성실에 반하여 조건의 성취를 방해한 때에 해당한다고 할 것이므로, 그 상대방은 민법 제150조 제1항의 규정에 의하여 그 조건이 성취된 것으로 주장할 수 있다(대판 1998.12.22, 98다42356).

> **제150조 【조건성취, 불성취에 대한 반신의행위】**
> ① 조건의 성취로 인하여 불이익을 받을 당사자가 신의성실에 반하여 조건의 성취를 방해한 때에는 상대방은 그 조건이 성취한 것으로 주장할 수 있다.

④ 부첩관계인 부부생활의 종료를 해제조건으로 하는 증여계약은 그 조건만이 무효인 것이 아니라 증여계약 자체가 무효이다(대판 1966.6.21, 66다530).

> **제151조 【불법조건, 기성조건】**
> ① 조건이 선량한 풍속 기타 사회질서에 위반한 것인 때에는 그 법률행위는 무효로 한다.

⑤ 조건성취의 효력은 소급하지 않고 그 성취된 때로부터 법률효과가 발생하고 소멸하는 것이 원칙이다. 그러나 제3자의 권리를 해하지 않는 한 당사자의 의사표시로 소급효를 허용할 수 있다(제147조 제3항).

> **제147조 【조건성취의 효과】**
> ③ 당사자가 조건성취의 효력을 그 성취 전에 소급하게 할 의사를 표시한 때에는 그 의사에 의한다.

비교 기한은 당사자의 의사표시로 소급효를 인정하는 규정이 없다.

19

정답해설

① 하자담보책임에 기한 매수인의 손해배상청구권과 관련하여 민법 제582조의 제척기간 규정으로 인하여 소멸시효 규정의 적용이 배제되지는 않는다. 즉 매도인에 대한 하자담보에 기한 손해배상청구권에 대하여는 민법 제582조의 제척기간이 적용되고, 이는 법률관계의 조속한 안정을 도모하고자 하는 데에 취지가 있다. 그런데 하자담보에 기한 매수인의 손해배상청구권은 권리의 내용·성질 및 취지에 비추어 민법 제162조 제1항의 채권 소멸시효의 규정이 적용되고, 민법 제582조의 제척기간 규정으로 인하여 소멸시효 규정의 적용이 배제된다고 볼 수 없으며, 이때 다른 특별한 사정이 없는 한 무엇보다도 매수인이 매매 목적물을 인도받은 때부터 소멸시효가 진행한다고 해석함이 타당하다(대판 2011.10.13, 2011다10266).

② 부동산에 대한 매매대금 채권이 소유권이전등기청구권과 동시이행의 관계에 있다고 할지라도 매도인은 매매대금의 지급기일 이후 언제라도 그 대금의 지급을 청구할 수 있는 것이며, 다만 매수인은 매도인으로부터 그 이전등기에 관한 이행의 제공을 받기까지 그 지급을 거절할 수 있는 데 지나지 아니하므로 매매대금 청구권은 그 지급기일 이후 시효의 진행에 걸린다(대판 1991.3.22, 90다9797). 소멸시효의 기산점은 권리를 행사할 수 있는 때로부터 진행하기 때문에 동시이행의 항변권이 붙어 있는 채권이라도 그 이행기로부터 진행한다.

③ 민사소송법 제265조에 의하면 시효중단사유 중 하나인 '재판상의 청구'(민법 제168조 제1호, 제170조)는 소를 제기한 때 시효중단의 효력이 발생한다. 그런데 채권양도로 채권은 그 동일성을 잃지 않고 양도인으로부터 양수인에게 이전되며 이러한 법리는 채권양도의 대항요건을 갖추지 못하였다고 하더라도 마찬가지인 점, 민법 제149조의 "조건의 성취가 미정한 권리의무는 일반규정에 의하여 처분, 상속, 보존 또는 담보로 할 수 있다."라는 규정은 대항요건을 갖추지 못하여 채무자에게 대항하지 못하더라도 채권양도로 채권을 이전받은 양수인의 경우에도 그대로 준용될 수 있는 점, 채무자를 상대로 재판상 청구를 한 채권 양수인을 '권리 위에 잠자는 자'라고 할 수 없는 점 등에 비추어 보면, 비록 대항요건을 갖추지 못하여 채무자에게 대항하지 못한다고 하더라도 채권의 양수인이 채무자를 상대로 재판상 청구를 하였다면 이는 소멸시효 중단사유인 재판상 청구에 해당한다고 보아야 한다(대판 2018.6.15, 2018다10920).

④ 비법인사단이 총유물에 관한 매매계약을 체결하는 행위는 총유물 그 자체의 처분이 따르는 채무부담행위로서 총유물의 처분행위에 해당하나, 그 매매계약에 의하여 부담하고 있는 채무의 존재를 인식하고 있다는 뜻을 표시하는 데 불과한 소멸시효 중단사유로서의 승인은 총유물 그 자체의 관리·처분이 따르는 행위가 아니어서 총유물의 관리·처분행위라고 볼 수 없다(대판 2009.11.26, 2009다64383).

⑤ 소멸시효 이익의 포기는 상대적 효과가 있을 뿐이어서 다른 사람에게는 영향을 미치지 아니함이 원칙이나, 소멸시효 이익의 포기 당시에는 권리의 소멸에 의하여 직접 이익을 받을 수 있는 이해관계를 맺은 적이 없다가 나중에 시효이익을 이미 포기한 자와의 법률관계를 통하여 비로소 시효이익을 원용할 이해관계를 형성한 자는 이미 이루어진 시효이익 포기의 효력을 부정할 수 없다(대판 2015.6.11, 2015다200227). 채권의 소멸시효 완성 후 채무자가 채권자에게 그 담보를 위해 저당권을 설정해 줌으로써 소멸시효의 이익을 포기했다면 그 효력은 소멸시효 이익 포기 후 저당부동산을 취득한 제3자에게도 미친다.

20

정답해설

ㄱ. (O) : 소멸시효를 원용할 수 있는 사람은 권리의 소멸에 의하여 직접 이익을 받는 자에 한정되는바, 사해행위취소소송의 상대방이 된 사해행위의 수익자는, 사해행위가 취소되면 사해행위에 의하여 얻은 이익을 상실하고 사해행위취소권을 행사하는 채권자의 채권이 소멸하면 그와 같은 이익의 상실을 면하는 지위에 있으므로, 그 채권의 소멸에 의하여 직접 이익을 받는 자에 해당하는 것으로 보아야 한다(대판 2007.11.29, 2007다54849).

ㄴ. (×) : 소멸시효가 완성된 경우에, 채무자에 대한 일반 채권자는 자기의 채권을 보전하기 위하여 필요한 한도 내에서 채무자를 대위하여 소멸시효 주장을 할 수 있을 뿐, 채권자의 지위에서 독자적으로 소멸시효의 주장을 할 수 없다(대판 2014.5.16, 2012다20604).

ㄷ. (O) : 유치권이 성립된 부동산의 매수인은 피담보채권의 소멸시효가 완성되면 시효로 인하여 채무가 소멸되는 결과 직접적인 이익을 받는 자에 해당하므로 소멸시효의 완성을 원용할 수 있는 지위에 있다고 할 것이나,

매수인은 유치권자에게 채무자의 채무와는 별개의 독립된 채무를 부담하는 것이 아니라 단지 채무자의 채무를 변제할 책임을 부담하는 점 등에 비추어 보면, 유치권의 피담보채권의 소멸시효기간이 확정판결 등에 의하여 10년으로 연장된 경우 매수인은 그 채권의 소멸시효기간이 연장된 효과를 부정하고 종전의 단기소멸시효기간을 원용할 수는 없다(대판 2009.9.24, 2009다39530).

ㄹ. (×) : 소멸시효가 완성된 경우 이를 주장할 수 있는 사람은 시효로 채무가 소멸되는 결과 직접적인 이익을 받는 사람에 한정된다. 후순위 담보권자는 선순위 담보권의 피담보채권이 소멸하면 담보권의 순위가 상승하고 이에 따라 피담보채권에 대한 배당액이 증가할 수 있지만, 이러한 배당액 증가에 대한 기대는 담보권의 순위 상승에 따른 반사적 이익에 지나지 않는다. 후순위 담보권자는 선순위 담보권의 피담보채권 소멸로 직접 이익을 받는 자에 해당하지 않아 선순위 담보권의 피담보채권에 관한 소멸시효가 완성되었다고 주장할 수 없다고 보아야 한다(대판 2021.2.5, 2016다232597).

21 〔정답해설〕

① 물권의 객체는 물건이 원칙이나, 예외적으로 지상권과 전세권도 저당권의 객체가 될 수 있다.

> **제371조【지상권, 전세권을 목적으로 하는 저당권】**
> ① 본장의 규정은 지상권 또는 전세권을 저당권의 목적으로 한 경우에 준용한다.

② 일반적으로 일단의 증감 변동하는 동산을 하나의 물건으로 보아 이를 채권담보의 목적으로 삼으려는 이른바 집합물에 대한 양도담보설정계약체결도 가능하며 이 경우 그 목적 동산이 담보설정자의 다른 물건과 구별될 수 있도록 그 종류, 장소 또는 수량지정 등의 방법에 의하여 특정되어 있으면 그 전부를 하나의 재산권으로 보아 이에 유효한 담보권의 설정이 된 것으로 볼 수 있다(대판 1990.12.26, 88다카20224).

③ 저당권은 부동산을 목적으로 하고 질권은 동산이나 재산을 목적으로 하므로, 하나의 물건에 관하여 양 권리가 동시에 성립할 수는 없다.

④ 토지소유권은 토지의 상하에 미치나(제212조), 지상공간의 일부만을 대상으로 하는 구분지상권도 원칙적으로 허용된다(제289조의2 제1항).

> **제212조【토지소유권의 범위】**
> 토지의 소유권은 정당한 이익 있는 범위 내에서 토지의 상하에 미친다.
>
> **제289조의2【구분지상권】**
> ① 지하 또는 지상의 공간은 상하의 범위를 정하여 건물 기타 공작물을 소유하기 위한 지상권의 목적으로 할 수 있다. 이 경우 설정행위로써 지상권의 행사를 위하여 토지의 사용을 제한할 수 있다.

⑤ 지적법에 의하여 어떤 토지가 지적공부에 1필지의 토지로 등록되면 그 토지는 특별한 사정이 없는 한 등록으로써 특정되므로, 지적도를 작성함에 있어서 기술적 착오로 말미암아 지적도상의 경계선이 진실한 경계선과 다르게 작성되었다는 등의 특별한 사정이 없는 한 토지 소유권의 범위는 현실의 경계에 관계없이 지적공부상의 경계에 의하여 확정되어야 한다(대판 2012.1.12, 2011다72066).

22 〔정답해설〕

① 유치권은 법률규정에 의하여 당연히 생기는 법정담보물권이므로, 당사자의 의사로 설정할 수 없다. 다만 당사자 사이에 특약으로 유치권의 성립을 배제할 수 있다(대결 2011.5.13, 2010마1544).

> **제320조【유치권의 내용】**
> ① 타인의 물건 또는 유가증권을 점유한 자는 그 물건이나 유가증권에 관하여 생긴 채권이 변제기에 있는 경우에는 변제를 받을 때까지 그 물건 또는 유가증권을 유치할 권리가 있다.

②, ④, ⑤ 채권질권, 전세권저당권, 동산·채권 등의 담보에 관한 법률에 따른 동산담보권은 당사자의 의사표시에 의해 발생하는 <u>약정담보물권</u>이다.

> **제345조【권리질권의 목적】**
> 질권은 재산권을 그 목적으로 할 수 있다. 그러나 부동산의 사용, 수익을 목적으로 하는 권리는 그러하지 아니하다.
>
> **제371조【지상권, 전세권을 목적으로 하는 저당권】**
> ① 본장의 규정은 지상권 또는 전세권을 저당권의 목적으로 한 경우에 준용한다.
>
> **동산·채권 등의 담보에 관한 법률 제3조【동산담보권의 목적물】**
> ① 법인 또는 「부가가치세법」에 따라 사업자등록을 한 사람(이하 "법인 등"이라 한다)이 담보약정에 따라 동산을 담보로 제공하는 경우에는 담보등기를 할 수 있다.

③ 법정지상권은 법률규정에 의하여 당연히 생기는 <u>법정용익물권</u>이다.

> **제305조【건물의 전세권과 법정지상권】**
> ① 대지와 건물이 동일한 소유자에 속한 경우에 건물에 전세권을 설정한 때에는 그 대지소유권의 특별승계인은 전세권설정자에 대하여 지상권을 설정한 것으로 본다. 그러나 지료는 당사자의 청구에 의하여 법원이 이를 정한다.
>
> **제366조【법정지상권】**
> 저당물의 경매로 인하여 토지와 그 지상건물이 다른 소유자에 속한 경우에는 토지소유자는 건물소유자에 대하여 지상권을 설정한 것으로 본다. 그러나 지료는 당사자의 청구에 의하여 법원이 이를 정한다.

23 정답해설

① 등기는 물권의 효력 발생요건이고 효력 존속요건이 아니므로 물권에 관한 등기가 원인 없이 말소된 경우에 그 물권의 효력에는 아무런 영향을 미치지 않는다고 봄이 타당한 바, 등기공무원이 관할지방법원의 명령에 의하여 소유권이전등기를 직권으로 말소하였으나 그 후 동 명령이 취소 확정된 경우에는 말소등기는 결국 원인 없이 경료된 등기와 같이 되어 말소된 소유권이전등기는 회복되어야 하고 회복등기를 마치기 전이라도 말소된 소유권이전등기의 최종명의인은 적법한 권리자로 추정된다(대판 1982.9.14, 81다카923).

② 미등기건물을 등기할 때에는 소유권을 원시취득한 자 앞으로 소유권보존등기를 한 다음 이를 양수한 자 앞으로 이전등기를 함이 원칙이라 할 것이나, <u>원시취득자와 승계취득자 사이의 합치된 의사에 따라 그 주차장에 관하여 승계취득자 앞으로 직접 소유권보존등기를 경료하게 되었다면, 그 소유권보존등기는 실체적 권리관계에 부합되어 적법한 등기로서의 효력을 가진다</u>(대판 1995.12.26, 94다44675).

③ 판례는 '무효등기의 유용'과 관련하여 표제부의 유용은 허용되지 않는다고 한다. 즉 판례는 "<u>멸실된 건물과 신축된 건물이</u> 위치나 기타 여러 가지 면에서 서로 같다고 하더라도 그 두 건물이 동일한 건물이라고는 할 수 없으므로 신축건물의 물권변동에 관한 등기를 멸실건물의 등기부에 등재하여도 그 등기는 무효이고 가사 신축건물의 소유자가 <u>멸실건물의 등기를 신축건물의 등기로 전용할 의사로써 멸실건물의 등기부상 표시를 신축건물의 내용으로 표시 변경 등기를 하였다고 하더라도 그 등기가 무효임에는 변함이</u> 없다"고 한다(대판 1980.11.11, 80다441).

④ 동일 부동산에 관하여 등기명의인을 달리하여 중복된 소유권보존등기가 경료된 경우에는, 먼저 이루어진 소유권보존등기가 원인무효가 되지 아니하는 한, 뒤에 된 소유권보존등기는 <u>실체권리관계에 부합되는지의 여부를 따질 필요도 없이 무효이다</u>(대판(전) 1996.10.17, 96다12511).

> **비교** 동일 부동산에 관하여 등기명의인을 달리하여 중복하여 보존등기가 이루어진 경우와는 달리, 동일인 명의로 소유권보존등기가 중복되어 있는 경우에는, 먼저 경료된 등기가 유효하고 뒤에 경료된 중복등기는 그것이 실체관계에 부합하는 여부를 가릴 것 없이 무효이다(대판 1981.11.18, 81다1340).

⑤ 중간생략등기의 합의란 부동산이 전전 매도된 경우 각각의 매매계약이 유효하게 성립함을 전제로 그 이행의 편의상 **최초의 매도인으로부터 최종의 매수인 앞으로 소유권**이전등기를 경료하기로 **하다는** 당사자 사이의 합의에 불과할 뿐, 최초의 매도인과 최종의 매수인 사이에 매매계약이 체결되었다는 것을 의미하는 것은 아니므로, 최초매도인과 최종매수인 사이에 매매계약이 체결되었다고 볼 수 없고, 설사 최종매수인이 자신과 최초매도인을 매매당사자로 하는 토지거래허가를 받아 자신 앞으로 소유권이전등기를 경료하였더라도 그러한 최종매수인 명의의 소유권이전등기는 적법한 토지거래허가 없이 경료된 등기로서 무효이다(대판 1997.11.11, 97다33218).

24 [정답해설]

① 지상권설정계약이라는 법률행위에 기한 지상권의 취득은 제186조가 적용되어 등기가 필요하다.

> **제186조【부동산물권변동의 효력】**
> 부동산에 관한 **법률행위**로 인한 물권의 득실변경은 **등기하여야** 그 효력이 생긴다.

② 저당권의 피담보채권의 시효소멸에 따른 저당권의 소멸은 제369조의 법률규정에 따른 것이므로 제187조가 적용되어 말소등기 없이 물권변동의 효력이 발생한다.

> **제187조【등기를 요하지 아니하는 부동산물권 취득】**
> 상속, 공용징수, 판결, 경매, 기타 법률의 규정에 의한 부동산에 관한 물권의 취득은 등기를 요하지 아니한다. 그러나 등기를 하지 아니하면 이를 처분하지 못한다.
>
> **제369조【부종성】**
> 저당권으로 담보한 채권이 시효의 완성 기타 사유로 인하여 소멸한 때에는 저당권도 소멸한다.

③ 공익사업을 위한 토지 등의 취득 및 보상에 관한 법령(이하 '공익사업법령'이라고 한다)에 의한 협의취득은 사법상의 법률행위이므로 당사자 사이의 자유로운 의사에 따라 채무불이행책임이나 매매대금 과부족금에 대한 지급의무를 약정할 수 있다. 그리고 협의취득을 위한 매매계약을 해석함에 있어서도 처분문서 해석의 일반원칙으로 돌아와 매매계약서에 기재되어 있는 문언대로의 의사표시의 존재와 내용을 인정하여야 하고, 당사자 사이에 계약의 해석을 둘러싸고 이견이 있어 처분문서에 나타난 당사자의 의사해석이 문제되는 경우에는 그 문언의 내용, 그러한 약정이 이루어진 동기와 경위, 그 약정에 의하여 달성하려는 목적, 당사자의 진정한 의사 등을 종합적으로 고찰하여 논리와 경험칙에 따라 합리적으로 해석하여야 한다. 다만 공익사업법은 공익사업의 효율적인 수행을 통하여 공공복리의 증진과 재산권의 적정한 보호를 도모하는 것을 목적으로 하고 협의취득의 배후에는 수용에 의한 강제취득 방법이 남아 있어 토지 등의 소유자로서는 협의에 불응하면 바로 수용을 당하게 된다는 심리적 강박감이 자리 잡을 수밖에 없으며 협의취득 과정에는 여러 가지 공법적 규제가 있는 등 공익적 특성을 고려하여야 한다(대판 2012.2.23, 2010다91206). 따라서 협의취득은 사법상 **법률행위이므로 제186조가 적용되어 등기가 필요하다.**

> **비교** 공익사업을 위한 토지 등의 취득 및 보상에 관한 법령(이하 '공익사업법령'이라고 한다)에 의한 강제취득으로서의 재결수용은 제187조의 공용징수에 해당하여 등기 없이 재결에서 정해진 시점에 취득한다.

④ 공유물분할의 소송절차 또는 조정절차에서 공유자 사이에 공유토지에 관한 현물분할의 협의가 성립하여 그 합의사항을 조서에 기재함으로써 조정이 성립하였다고 하더라도, **그와 같은 사정만으로 재판에 의한 공유물분할의 경우와 마찬가지로** 그 즉시 공유관계가 소멸하고 각 공유자에게 그 협의에 따른 새로운 법률관계가 창설되는 것은 아니고, 공유자들이 협의한 바에 따라 토지의 분필절차를 마친 후 각 단독소유로 하기로 한 부분에 관하여 다른 공유자의 공유지분을 이전받아 등기를 마침으로써 비로소 그 부분에 대한 대세적 권리로서의 소유권을 취득하게 된다고 보아야 한다(대판(전) 2013.11.21, 2011두1917).

⑤ 매매 등 법률행위를 원인으로 한 소유권이전등기절차 이행의 소에서의 원고 승소판결은 **부동산물권취득이라는 형성적 효력이 없어** 민법 제187조 소정의 판결에 해당하지 않으므로 승소판결에 따른 소유권이전등기 경료 시까지는 부동산의 소유권을 취득한다고 볼 수 없다(대판 1982.10.12, 82다129).

25 정답해설 >

① 자동차관리법 제6조는 "자동차 소유권의 득실변경은 등록을 하여야 그 효력이 생긴다."라고 규정하고 있다. 이는 현대사회에서 자동차의 경제적 효용과 재산적 가치가 크므로 민법상 불완전한 공시방법인 '인도'가 아니라 공적 장부에 의한 체계적인 공시방법인 '등록'에 의하여 소유권 변동을 공시함으로써 자동차 소유권과 이에 관한 거래의 안전을 한층 더 보호하려는 데 취지가 있다. 따라서 자동차관리법이 적용되는 자동차의 소유권을 취득함에는 민법상 공시방법인 '인도'에 의할 수 없고 나아가 이를 전제로 하는 민법 제249조의 선의취득 규정은 적용되지 아니함이 원칙이다(대판 2016.12.15, 2016다205373).

> **제249조 【선의취득】**
> 평온, 공연하게 동산을 양수한 자가 선의이며 과실 없이 그 동산을 점유한 경우에는 양도인이 정당한 소유자가 아닌 때에도 즉시 그 동산의 소유권을 취득한다.

② 양도인이 무권리자라는 점을 제외하고는 거래행위는 아무런 흠이 없이 유효하게 성립한 것이어야 한다(대판 1995.6.29, 94다22071). 따라서 거래행위가 제한능력, 의사의 흠결 등으로 무효·취소된 때에는 선의취득은 성립하지 않는다.

③ 선의취득에서 양수인의 점유취득에는 목적물 반환청구권의 양도에 의한 선의취득은 인정된다. 즉 양도인이 소유자로부터 보관을 위탁받은 동산을 제3자에게 보관시킨 경우에 양도인이 그 제3자에 대한 반환청구권을 양수인에게 양도하고 지명채권 양도의 대항요건을 갖추었을 때에는 동산의 선의취득에 필요한 점유의 취득 요건을 충족한다(대판 1999.1.26, 97다48906).

④ 동산질권을 선의취득하기 위하여는 질권자가 평온, 공연하게 선의이며 과실 없이 질권의 목적동산을 취득하여야 하고, 그 취득자의 선의, 무과실은 동산질권자가 입증하여야 한다(대판 1981.12.22, 80다2910).

> **제343조 【준용규정】**
> 제249조 내지 제251조, 제321조 내지 제325조의 규정은 동산질권에 준용한다.

⑤ 민법 제251조는 민법 제249조와 제250조를 전제로 하고 있는 규정이므로 무과실도 당연한 요건이라고 해석하여야 한다(대판 1991.3.22, 91다70). 양수인이 도품을 공개시장에서 선의·무과실로 매수한 경우, 피해자는 양수인이 지급한 대가를 변상하고 그 물건의 반환을 청구할 수 있다(제251조).

> **제251조 【도품, 유실물에 대한 특례】**
> 양수인이 도품 또는 유실물을 경매나 공개시장에서 또는 동 종류의 물건을 판매하는 상인에게서 선의로 매수한 때에는 피해자 또는 유실자는 양수인이 지급한 대가를 변상하고 그 물건의 반환을 청구할 수 있다

26 정답해설 >

① 점유매개관계에 기한 지상권자, 전세권자, 임차인, 수치인, 질권자 등이 점유매개자이며, 이들 점유는 타인이 소유자임을 전제하는 점유이므로 타주점유이다.

② 부동산을 매수하여 이를 점유하게 된 자는 그 매매가 무효가 된다는 사정이 있음을 알았다는 등의 특단의 사정이 없는 한 그 점유의 시초에 소유의 의사로 점유한 것이며, 나중에 매도자에게 처분권이 없었다는 등의 사유로 그 매매가 무효인 것이 밝혀졌다 하더라도 그와 같은 점유의 성질이 변하는 것은 아니다(대판 1996.5.28, 95다40328).

③ 등기명의가 신탁되었다면 특별한 사정이 없는 한 명의수탁자의 부동산에 관한 점유는 그 권원의 성질상 자주점유라고 할 수 없고, 다시 명의수탁자로부터 상속에 의하여 점유를 승계한 자의 점유도 상속 전과 그 성질 내지 태양을 달리하는 것이 아니어서, 특별한 사정이 없는 한 그 점유가 자주점유로는 될 수 없고, 그 점유가 자주점유로 되기 위하여는 점유자가 소유자에 대하여 소유의 의사가 있는 것을 표시하거나 새로운 권원에 의하여 다시 소유의 의사로써 점유를 시작하여야만 한다(대판 1996.6.11, 96다7403).

④ 공유자 1인이 공유토지 전부를 점유하고 있는 경우, 특별한 사정이 없는 한 다른 공유자의 지분비율 범위에 대해서는 타주점유에 해당한다(대판 2008.9.25, 2008다31485).

⑤ 점유자의 점유가 소유의 의사 있는 자주점유인지 아니면 소유의 의사 없는 타주점유인지의 여부는 점유자의 내심의 의사에 의하여 결정되는 것이 아니라 점유 취득의 원인이 된 권원의 성질이나 점유와 관계가 있는 모든 사정에 의하여 외형적·객관적으로 결정되어야 한다(대판(전) 1997.8.21, 95다28625).

27   정답해설

① 선의의 점유자는 점유물의 과실을 취득하는데, 여기의 과실은 천연과실과 법정과실을 포함하고, 물건을 현실적으로 사용하여 얻는 이익인 사용이익도 과실에 준하는 것으로 취급된다(대판 1996.1.26, 95다44290). 선의의 점유자가 직접 물건을 사용함으로써 얻은 이득도 과실에 준하는 것으로 취급되므로 회복자에게 반환할 필요가 없다.

② 민법 제203조 제2항에 의한 점유자의 회복자에 대한 유익비상환청구권은 점유자가 계약관계 등 적법하게 점유할 권리를 가지지 않아 소유자의 소유물반환청구에 응하여야 할 의무가 있는 경우에 성립되는 것으로서, 이 경우 점유자는 그 비용을 지출할 당시의 소유자가 누구이었는지 관계없이 점유회복 당시의 소유자 즉 회복자에 대하여 비용상환청구권을 행사할 수 있는 것이나, 점유자가 유익비를 지출할 당시 계약관계 등 적법한 점유의 권원을 가진 경우에 그 지출비용의 상환에 관하여는 그 계약관계를 규율하는 법조항이나 법리 등이 적용되는 것이어서, 점유자는 그 계약관계 등의 상대방에 대하여 해당 법조항이나 법리에 따른 비용상환청구권을 행사할 수 있을 뿐 계약관계 등의 상대방이 아닌 점유회복 당시의 소유자에 대하여 민법 제203조 제2항에 따른 지출비용의 상환을 구할 수는 없다(대판 2003.7.25, 2001다64752).

③ 민법 제201조 제1항은 "선의의 점유자는 점유물의 과실을 취득한다."라고 규정하고 있는바, 여기서 선의의 점유자라 함은 과실수취권을 포함하는 권원이 있다고 오신한 점유자를 말하고, 다만 그와 같은 오신을 함에는 오신할 만한 정당한 근거가 있어야 한다(대판 2000.3.10, 99다63350).

④ 피고가 본건 토지의 선의의 점유자로 그 과실(果實)을 취득할 권리가 있어 경작한 농작물의 소유권을 취득할 수 있다 하더라도 법령의 부지로 상속인이 될 수 없는 사람을 상속인이라고 생각하여 본건 토지를 점유하였다면 피고에게 과실(過失)이 있다고 아니할 수 없고 따라서 피고의 본건 토지의 점유는 진정한 소유자에 대하여 불법행위를 구성하는 것이라 아니할 수 없는 것이고 피고에게는 그 불법행위로 인한 손해배상의 책임이 있는 것이며 선의의 점유자도 과실취득권이 있다하여 불법행위로 인한 손해배상책임이 배제되는 것은 아니다(대판 1966.7.19, 66다994).

⑤ 점유자의 멸실·훼손의 책임은 원칙적으로 전부 배상이고, 소유 의사로 선의인 점유자만 현존이익을 배상한다. 선의라 해도 타주점유는 전부 배상하여야 한다(제202조 단서).

> ### 제202조【점유자의 회복자에 대한 책임】
> 점유물이 점유자의 책임 있는 사유로 인하여 멸실 또는 훼손된 때에는 악의의 점유자는 그 손해의 전부를 배상하여야 하며 선의의 점유자는 이익이 현존하는 한도에서 배상하여야 한다. 소유의 의사가 없는 점유자는 선의인 경우에도 손해의 전부를 배상하여야 한다.

■ 점유자와 회복자 관계4)

	점유자의 과실5)취득	점유자의 멸실·훼손의 책임	점유자의 비용상환청구권
효과	① 선의의 점유자 선의(본권이 있다고 오신) + 오신할 만한 정당한 근거가 有 → 과실수취권 인정6) ② 본권에 관한 소에서 패소한 때 소가 제기된 때부터 악의로 간주 (제197조 제2항) ③ 악의의 점유자의 구체적 반환범위 제201조 제2항 × 제748조 제2항 적용 (받은 이익 + 이자 + 지연손해금) ④ 악의 점유자 = 폭력·은비의 점유자	① 원칙 : 전부 배상 ② 예외 : 선의&자주 = 현존이익 배상	① 선의·악의 및 자주·타주 불문 : 비용상환청구 가능 ② 계약관계가 존재한 경우 : 제203조는 적용 × ③ 필요비 : 과실을 취득한 경우(선의) 에 통상의 필요비는 청구× ④ 유익비 ⅰ) 가액의 증가가 현존 ⅱ) 회복자의 선택채권 ⅲ) 상당기간 허여 가능 ⑤ 필요비·유익비에 기한 유치권 인정7) ⑥ 필요비·유익비의 상환청구시기 : 반환하거나 반환청구 받은 때

28 정답해설

① 인접하여 토지를 소유한 자가 통상의 경계표나 담을 설치하는 경우 별다른 관습이나 특약이 없는 한 그 설치비용은 절반씩 측량비용은 토지 면적비율로 부담하며(제237조), 설치된 경계표 등은 상린자의 공유로 추정된다(제239조).

> **제237조【경계표, 담의 설치권】**
> ① 인접하여 토지를 소유한 자는 공동비용으로 통상의 경계표나 담을 설치할 수 있다.
> ② 전항의 비용은 쌍방이 절반하여 부담한다. 그러나 측량비용은 토지의 면적에 비례하여 부담한다.
> ③ 전2항의 규정은 다른 관습이 있으면 그 관습에 의한다.

② 지상권자 상호 간에도 상린관계에 관한 규정이 준용된다(제290조 제1항).

> **제290조【준용규정】**
> ① 제213조, 제214조, 제216조 내지 제244조의 규정은 지상권자 간 또는 지상권자와 인지소유자 간에 이를 준용한다.

③ 주위토지통행권은 주위토지 소유자의 토지에 대한 독점적 사용권을 제한하는 권리로서 인접한 토지 소유자 간의 이해를 조정하는 데 목적이 있으므로 사람이 출입하고 다소의 물건을 공로로 운반할 정도의 폭만 확보할 수 있다면 주위토지 소유자의 손해가 가장 적은 장소와 방법을 선택하여야 하고, 또 현재의 토지의 용법에 따른 이용의 범위에서 인정되는 것이지 더 나아가 장차의 이용상황까지를 미리 대비하여 통행로를 정할 것은 아니다(대판 1992.12.22, 92다30528).

④ 제242조 제1항【경계선부근의 건축】건물을 축조함에는 특별한 관습이 없으면 경계로부터 반미터 이상의 거리를 두어야 한다.

⑤ 경계에 설치된 경계표나 담은 특별한 사정이 없는 한, 상린자의 공유로 추정한다(제239조).

---

4) 소유자와 반환의무를 부담하는 점유자(불법점유자나 무단점유자 등)와의 법률관계 규율
5) 여기서의 과실은 사용이익을 포함(판례)
6) 과실을 취득할 수 있는 범위 내에서 부당이득은 성립하지 않는다.
7) 비용상환청구권은 '물건에 관하여 생긴 채권'이기 때문이다.

> **제239조【경계표 등의 공유추정】**
> 경계에 설치된 경계표, 담, 구거(도랑) 등은 상린자의 공유로 추정한다. 그러나 경계표, 담, 구거(도랑) 등이 상린자 일방의 단독비용으로 설치되었거나 담이 건물의 일부인 경우에는 그러하지 아니하다.

29 ⟨정답해설⟩

① 집합건물의 공용부분은 구분소유자 전원의 공유에 속하나(집합건물법 제10조 제1항), 그 공유는 민법상의 공유와는 달리 건물의 구분소유라고 하는 공동의 목적을 위하여 인정되는 것으로 집합건물법 제13조는 공용부분에 대한 공유자의 지분은 그가 가지는 전유부분의 처분에 따를 뿐 전유부분과 분리하여 처분할 수 없도록 규정하고 있다. 또한 공용부분을 전유부분으로 변경하기 위하여는 집합건물법 제15조에 따른 구분소유자들의 집회결의와 그 공용부분의 변경으로 특별한 영향을 받게 되는 구분소유자의 승낙을 얻어야 한다. 그런데 공용부분에 대하여 취득시효의 완성을 인정하여 그 부분에 대한 소유권취득을 인정한다면 전유부분과 분리하여 공용부분의 처분을 허용하고 일정 기간의 점유로 인하여 공용부분이 전유부분으로 변경되는 결과가 되어 집합건물법의 취지에 어긋나게 된다. 따라서 집합건물의 공용부분은 취득시효에 의한 소유권 취득의 대상이 될 수 없다고 봄이 타당하다(대판 2013.12.12, 2011다78200·78217).

② 시효완성을 이유로 한 소유권취득의 효력은 점유를 개시한 때로 소급하며(제245조 제1항), 등기를 함으로써 점유를 개시한 때로 소급하여 그 소유권을 취득한다(제247조 제1항).

> **제245조【점유로 인한 부동산소유권의 취득기간】**
> ① 20년간 소유의 의사(자주)로 평온, 공연하게 부동산을 점유하는 자는 등기함으로써 그 소유권을 취득한다.
> **제247조【소유권취득의 소급효, 중단사유】**
> ① 전2조의 규정에 의한 소유권 취득의 효력은 점유를 개시한 때에 소급한다.

③ 점유자가 점유 개시 당시에 소유권 취득의 원인이 될 수 있는 법률행위 기타 법률요건이 없이 그와 같은 법률요건이 없다는 사실을 잘 알면서 타인 소유의 부동산을 무단점유한 것임이 입증된 경우, 특별한 사정이 없는 한 점유자는 타인의 소유권을 배척하고 점유할 의사를 갖고 있지 않다고 보아야 할 것이므로 이로써 소유의 의사가 있는 점유라는 추정은 깨어졌다고 할 것이다(대판(전) 1997.8.21, 95다28625). 결국 자주점유 추정이 깨어져 취득시효는 인정되지 않는다.

④ 취득시효기간 중 계속해서 등기명의자가 동일한 경우에는 그 기산점을 어디에 두든지 간에 취득시효의 완성을 주장할 수 있는 시점에서 보아 그 기간이 경과한 사실만 확정되면 충분하므로, 전 점유자의 점유를 승계하여 자신의 점유기간을 통산하여 20년이 경과한 경우에 있어서도 전 점유자가 점유를 개시한 이후의 임의의 시점을 그 기산점으로 삼을 수 있다(대판 1998.5.12, 97다8496·8502).

⑤ 시효이익의 포기와 같은 상대방 있는 단독행위는 그 의사표시로 인하여 권리에 직접적인 영향을 받는 상대방에게 도달하는 때에 효력이 발생한다 할 것인바, 특별한 사정이 없는 한 시효취득자가 취득시효완성 당시의 진정한 소유자에 대하여 하여야 그 효력이 발생하는 것이지 원인무효인 등기의 등기부상 소유명의자에게 그와 같은 의사를 표시하였다고 하여 그 효력이 발생하는 것은 아니라 할 것이다(대판 1994.12.23, 94다40734).

30 ⟨정답해설⟩

① 민법은 부동산에의 부합(제256조)과 동산 간의 부합(제257조)도 인정한다.

> **제256조 【부동산에의 부합】**
> 부동산의 소유자는 그 부동산에 **부합한 물건의 소유권을 취득**한다. 그러나 타인의 권원에 의하여 부속된 것은 그러하지 아니하다.
>
> **제257조 【동산 간의 부합】**
> 동산과 동산이 부합하여 훼손하지 아니하면 분리할 수 없거나 그 분리에 과다한 비용을 요할 경우에는 그 합성물의 소유권은 주된 동산의 소유자에게 속한다. 부합된 동산의 주종을 구별할 수 없는 때에는 동산의 소유자는 부합 당시의 가액의 비율로 합성물을 공유한다.

② 건물의 증축 부분이 기존건물에 부합하여 기존건물과 분리하여서는 별개의 독립물로서의 효용을 갖지 못하는 이상 기존건물에 대한 근저당권은 민법 제358조에 의하여 부합된 증축 부분에도 효력이 미치는 것이므로 기존건물에 대한 경매절차에서 경매목적물로 평가되지 아니하였다고 할지라도 경락인은 부합된 증축 부분의 소유권을 취득한다(대판 2002.10.25, 2000다63110). 건물의 증축부분인 부동산도 부합이 될 수 있다.

③ 부합은 소유자를 달리하는 여러 개의 물건이 결합하여 1개의 물건으로 되는 경우 그 물건의 소유권를 정하기 위한 규정이다. 따라서 여러 동산들이 결합하는 경우라도 동일인 소유라면 부합은 인정되지 않는다.

④ 부동산에 부합된 물건이 사실상 분리복구가 불가능하여 거래상 독립한 권리의 객체성을 상실하고 그 부동산과 일체를 이루는 부동산의 구성 부분이 된 경우에는 타인이 권원에 의하여 이를 부합시켰더라도 그 물건의 소유권은 부동산의 소유자에게 귀속된다(대판 2012.1.26, 2009다76546). 즉 구성 부분으로서 부합이 된다.

⑤ 제256조 【부동산에의 부합】 부동산의 소유자는 그 부동산에 부합한 물건의 소유권을 취득한다. 그러나 타인의 권원에 의하여 부속된 것은 그러하지 아니하다.

31 [정답해설]

① 제264조 【공유물의 처분, 변경】 공유자는 다른 공유자의 동의 없이 공유물을 처분하거나 변경하지 못한다.

② 합유는 수인이 조합체로서 물건을 소유하는 형태이고(제271조 제1항), 조합원은 자신의 지분을 조합원 전원의 동의 없이 처분할 수 없다(제273조 제1항).

> **제271조 【물건의 합유】**
> ① 법률의 규정 또는 계약에 의하여 수인이 조합체로서 물건을 소유하는 때에는 합유로 한다. 합유자의 권리는 합유물 전부에 미친다.
>
> **제273조 【합유지분의 처분과 합유물의 분할금지】**
> ① 합유자는 전원의 동의 없이 합유물에 대한 지분을 처분하지 못한다.

③ 제272조 【합유물의 처분, 변경과 보존】 합유물을 처분 또는 변경함에는 합유자 전원의 동의가 있어야 한다. 그러나 보존행위는 각자가 할 수 있다.

④ 등기만은 편의상 각 구분소유의 면적에 해당하는 비율로 공유지분등기를 하여 놓은 경우, 구분소유자들 사이에 공유지분등기의 상호명의신탁관계 내지 건물에 대한 구분소유적 공유관계가 성립하지만, 1동 건물 중 각 일부분의 위치 및 면적이 특정되지 않거나 구조상·이용상 독립성이 인정되지 아니한 경우에는 공유자들 사이에 이를 구분소유하기로 하는 취지의 약정이 있다 하더라도 일반적인 공유관계가 성립할 뿐, 공유지분등기의 상호명의신탁관계 내지 건물에 대한 구분소유적 공유관계가 성립한다고 할 수 없다(대판 2014.2.27, 2011다42430).

⑤ 공유물분할 금지약정은 갱신할 수 있다(제268조 제2항). 그러나 그 기간은 갱신한 날부터 5년을 넘지 못할 뿐이다.

> **제268조 【공유물의 분할청구】**
> ① 공유자는 공유물의 분할을 청구할 수 있다. 그러나 5년 내의 기간으로 분할하지 아니할 것을 약정할 수 있다.
> ② 전항의 계약을 갱신한 때에는 그 기간은 갱신한 날부터 5년을 넘지 못한다.

32 정답해설

① 명의신탁약정이 3자 간 등기명의신탁인지 아니면 계약명의신탁인지의 구별은 계약당사자가 누구인가를 확정하는 문제로 귀결되고, 계약명의자인 명의수탁자가 아니라 명의신탁자에게 계약에 따른 법률효과를 직접 귀속시킬 의도로 계약을 체결한 사정이 인정된다면 명의신탁자가 계약당사자이므로, 이 경우의 명의신탁관계는 3자 간 등기명의신탁으로 보아야 한다(대판 2016.10.27, 2016두43091).

② 부동산 실권리자명의 등기에 관한 법률상 "명의신탁약정"이란 부동산에 관한 소유권이나 그 밖의 물권, 즉 "부동산에 관한 물권"을 대상으로 한다(부동산 실권리자명의 등기에 관한 법률 제2조 제1호). 부동산 물권인 부동산소유권 또는 그 공유지분뿐만 아니라 용익물권도 명의신탁의 대상이 될 수 있다.

> **부동산 실권리자명의 등기에 관한 법률 제2조 【정의】**
> 이 법에서 사용하는 용어의 뜻은 다음과 같다.
> 1. "명의신탁약정"이란 부동산에 관한 소유권이나 그 밖의 물권(이하 "부동산에 관한 물권"이라 한다)을 보유한 자 또는 사실상 취득하거나 취득하려고 하는 자(이하 "실권리자"라 한다)가 타인과의 사이에서 대내적으로는 실권리자가 부동산에 관한 물권을 보유하거나 보유하기로 하고 그에 관한 등기(가등기를 포함한다. 이하 같다)는 그 타인의 명의로 하기로 하는 약정[위임·위탁매매의 형식에 의하거나 추인(追認)에 의한 경우를 포함한다]을 말한다.

③ 부동산 실권리자명의 등기에 관한 법률 제8조 제1호에 의하면 종중이 보유한 부동산에 관한 물권을 종중 이외의 자의 명의로 등기하는 명의신탁의 경우 조세포탈, 강제집행의 면탈 또는 법령상 제한의 회피를 목적으로 하지 아니하는 경우에는 같은 법 제4조 내지 제7조 및 제12조 제1항·제2항의 규정의 적용이 배제되어 종중이 같은 법 시행 전에 명의신탁한 부동산에 관하여 같은 법 제11조의 유예기간 이내에 실명등기 또는 매각처분을 하지 아니한 경우에도 그 명의신탁약정은 여전히 그 효력을 유지하는 것이지만, 부동산을 명의신탁한 경우에는 소유권이 대외적으로 수탁자에게 귀속하므로 명의신탁자는 신탁을 이유로 제3자에 대하여 그 소유권을 주장할 수 없고 특별한 사정이 없는 한 신탁자가 수탁자에 대해 가지는 명의신탁해지를 원인으로 한 소유권이전등기청구권은 집행채권자에게 대항할 수 있는 권리가 될 수 없으므로 결국 명의신탁자인 종중은 명의신탁된 부동산에 관하여 제3자이의의 소의 원인이 되는 권리를 가지고 있지 않다고 할 것이다(대판 2007.5.10, 2007다7409). 명의신탁자인 종중은 명의신탁재산에 대한 불법점유자 내지 불법등기명의자에 대하여 직접 그 인도 또는 등기말소를 청구할 수 없다.

④ 부동산 실권리자명의 등기에 관한 법률 제5조에 의하여 부과되는 과징금에 대한 특례를 규정한 같은 법 제8조 제2호 소정의 '배우자'에는 사실혼 관계에 있는 배우자는 포함되지 아니한다(대판 1999.5.14, 99두35). 특례에 해당하지 않아 여전히 무효이다.

⑤ 부동산 실권리자명의 등기에 관한 법률 제4조 제2항 단서는 부동산 거래의 상대방을 보호하기 위한 것으로 상대방이 명의신탁약정이 있다는 사실을 알지 못한 채 물권을 취득하기 위한 계약을 체결한 경우 그 계약과 그에 따른 등기를 유효라고 한 것이다(대판 2018.4.10, 2017다257715). 즉 물권변동은 유효하고, 명의수탁자는 완전한 소유권을 취득한다.

> **부동산 실권리자명의 등기에 관한 법률 제4조 【명의신탁약정의 효력】**
> ① 명의신탁약정은 무효로 한다.
> ② 명의신탁약정에 따른 등기로 이루어진 부동산에 관한 물권변동은 무효로 한다. 다만, 부동산에 관한 물권을 취득하기 위한 계약에서 명의수탁자가 어느 한쪽 당사자가 되고 상대방 당사자는 명의신탁약정이 있다는 사실을 알지 못한 경우에는 그러하지 아니하다.
> ③ 제1항 및 제2항의 무효는 제3자에게 대항하지 못한다.

33 정답해설

① 지상권자는 지상권설정자인 토지소유자의 동의 없이 타인에게 그 권리를 양도하거나 그 권리의 존속기간 내에 그 토지를 임대할 수 있다(제282조).

> **제282조 【지상권의 양도, 임대】**
> 지상권자는 타인에게 그 권리를 양도하거나 그 권리의 존속기간 내에서 그 토지를 임대할 수 있다.

② 토지사용의 대가인 지료는 지상권의 요소가 아니므로, 지료합의가 없는 지상권 설정계약도 유효하다(제279조). 지상권에 있어서 지료의 지급은 그의 요소가 아니어서 지료에 관한 유상 약정이 없는 이상 지료의 지급을 구할 수 없다(대판 1999.9.3, 99다24874).

> **비교** 약정지상권 : 지료지급의무 × / 법정지상권 : 지료지급의무 ○

> **제279조 【지상권의 내용】**
> 지상권자는 타인의 토지에 건물 기타 공작물이나 수목을 소유하기 위하여 그 토지를 사용하는 권리가 있다

③ 수목의 소유를 목적으로 한 지상권의 최단존속기간은 30년이다(제280조 제1항).

> **제280조 【존속기간을 약정한 지상권】**
> ① 계약으로 지상권의 존속기간을 정하는 경우에는 그 기간은 다음 연한보다 단축하지 못한다.
> 　1. 석조, 석회조, 연와조 또는 이와 유사한 견고한 건물이나 수목의 소유를 목적으로 하는 때에는 30년
> 　2. 전호 이외의 건물의 소유를 목적으로 하는 때에는 15년
> 　3. 건물 이외의 공작물의 소유를 목적으로 하는 때에는 5년

④ 구분지상권은 제3자가 토지를 사용·수익할 권리를 가진 때에도 그 권리자 및 그 권리를 목적으로 하는 권리를 가진 자 전원의 승낙이 있으면 이를 설정할 수 있다(제289조 제2항). 즉 지상권이 설정된 토지의 소유자는 그 지상권자의 승낙 없이 그 토지 위에 구분지상권을 설정할 수 없다.

> **제289조의2 【구분지상권】**
> ① 지하 또는 지상의 공간은 상하의 범위를 정하여 건물 기타 공작물을 소유하기 위한 지상권의 목적으로 할 수 있다. 이 경우 설정행위로써 지상권의 행사를 위하여 토지의 사용을 제한할 수 있다.
> ② 제1항의 규정에 의한 구분지상권은 제3자가 토지를 사용·수익할 권리를 가진 때에도 그 권리자 및 그 권리를 목적으로 하는 권리를 가진 자 전원의 승낙이 있으면 이를 설정할 수 있다. 이 경우 토지를 사용·수익할 권리를 가진 제3자는 그 지상권의 행사를 방해하여서는 아니 된다.

⑤ 2001.1.13.부터 시행된 '장사 등에 관한 법률'(이하 개정 전후를 불문하고 '장사법'이라고 한다) 부칙 규정들에 의하면, 토지 소유자의 승낙 없이 설치된 분묘에 대하여 토지 소유자가 이를 개장하는 경우에 분묘의 연고자는 당해 토지 소유자에 대항할 수 없다는 내용의 규정들은 장사법(법률 제6158호) 시행 후 설치된 분묘에 관하여만 적용한다고 명시하고 있으므로, 위 법률 시행 전에 설치된 분묘에 대한 분묘기지권의 존립 근거가 위 법률의 시행으로 상실되었다고 볼 수 없다(대판(전) 2017.1.19, 2013다17292).

34 정답해설

① 지역권은 요역지의 사용가치를 높이기 위해 타인의 토지인 승역지를 이용하는 것을 내용으로 하는 물권이다 (제291조).

> **제291조【지역권의 내용】**
> 지역권자는 일정한 목적을 위하여 타인의 토지를 자기 토지의 편익에 이용하는 권리가 있다.

② 요역지와 승역지는 반드시 인접하고 있을 필요는 없다. 상린관계와 차이점이다.

③ 제296조【소멸시효의 중단, 정지와 불가분성】 요역지가 수인의 공유인 경우에 그 1인에 의한 지역권 소멸시효의 중단 또는 정지는 다른 공유자를 위하여 효력이 있다.

④ 지역권은 방해제거청구권, 방해예방청구권은 인정된다(제301조, 제214조). 그러나 승역지를 점유하는 권능이 없기 때문에 승역지의 점유침탈이 있는 경우라도 지역권에 기한 승역지 반환청구권은 행사할 수 없다.

> **제301조【준용규정】**
> 제214조의 규정은 지역권에 준용한다.

⑤ 제294조【지역권 취득기간】 지역권은 계속되고 표현된 것에 한하여 제245조의 규정을 준용한다.

35 정답해설

① 건물의 일부에 대하여 전세권이 설정되어 있는 경우 그 전세권자는 민법 제303조 제1항의 규정에 의하여 그 건물 전부에 대하여 후순위권리자 기타 채권자보다 전세금의 우선변제를 받을 권리가 있고, 민법 제318조의 규정에 의하여 전세권설정자가 전세금의 반환을 지체한 때에는 전세권의 목적물의 경매를 청구할 수 있는 것이나, 전세권의 목적물이 아닌 나머지 건물부분에 대하여는 우선변제권은 별론으로 하고 경매신청권은 없으므로, 위와 같은 경우 전세권자는 전세권의 목적이 된 부분을 초과하여 건물 전부의 경매를 청구할 수 없다고 할 것이고, 그 전세권의 목적이 된 부분이 구조상 또는 이용상 독립성이 없어 독립한 소유권의 객체로 분할할 수 없고 따라서 그 부분만의 경매신청이 불가능하다고 하여 달리 볼 것은 아니다(대결 2001.7.2, 2001마212).

> **비교** 일부전세의 경우 → 나머지 경매 ×, 우선변제 ○
> 즉, 전세권의 목적이 된 부분을 초과한 경매 ×, 불가분관계에 있다 하더라도
> ✔ but 우선변제권은 전부에서 가능

② 전세권이 용익물권적 성격과 담보물권적 성격을 겸비하고 있다는 점 및 목적물의 인도는 전세권의 성립요건이 아닌 점 등에 비추어 볼 때, 당사자가 주로 채권담보의 목적으로 전세권을 설정하였고, 그 설정과 동시에 목적물을 인도하지 아니한 경우라 하더라도, 장차 전세권자가 목적물을 사용·수익하는 것을 완전히 배제하는 것이 아니라면, 그 전세권의 효력을 부인할 수는 없다(대판 1995.2.10, 94다18508). 그러나 전세권자가 전세권의 핵심적 내용에 속하는 사용·수익의 권능을 완전히 배제하고 채권담보만을 위하여 전세권을 설정하는 것은 법률이 정하지 않은 새로운 유형의 전세권을 창설하는 것이므로 물권법정주의에 반하여 허용되지 않고, 이러한 전세권설정등기는 무효라고 보아야 한다(대판 2021.12.30, 2018다267238·267245).

③ 전세금의 지급은 전세권 성립의 요소가 되는 것이지만 그렇다고 하여 전세금의 지급이 반드시 현실적으로 수수되어야만 하는 것은 아니고 기존의 채권으로 전세금의 지급에 갈음할 수도 있다(대판 2009.1.30, 2008다67217).

> **제303조【전세권의 내용】**
> ① 전세권자는 전세금을 지급하고 타인의 부동산을 점유하여 그 부동산의 용도에 좇아 사용·수익하며, 그 부동산 전부에 대하여 후순위권리자 기타 채권자보다 전세금의 우선변제를 받을 권리가 있다.

④ 제306조【전세권의 양도, 임대 등】 전세권자는 전세권을 타인에게 양도 또는 담보로 제공할 수 있고 그 존속기간 내에서 그 목적물을 타인에게 전전세 또는 임대할 수 있다. 그러나 설정행위로 이를 금지한 때에는 그러하지 아니하다.

⑤ 제317조【전세권의 소멸과 동시이행】 전세권이 소멸한 때에는 전세권설정자는 전세권자로부터 그 목적물의 인도 및 전세권설정등기의 말소등기에 필요한 서류의 교부를 받는 동시에 전세금을 반환하여야 한다.

36 ［정답해설］

① 유치권자의 점유하에 있는 유치물의 소유자가 변동하더라도 유치권자의 점유는 유치물에 대한 보존행위로서 하는 것이므로 적법하고 그 소유자변동 후 유치권자가 유치물에 관하여 새로이 유익비를 지급하여 그 가격의 증가가 현존하는 경우에는 이 유익비에 대하여도 유치권을 행사할 수 있다(대판 1972.1.31, 71다2414).

② 【대판 2007.9.7, 2005다16942】

[1] 민법 제320조 제1항에서 '그 물건에 관하여 생긴 채권'은 유치권 제도 본래의 취지인 공평의 원칙에 특별히 반하지 않는 한 채권이 목적물 자체로부터 발생한 경우는 물론이고 채권이 목적물의 반환청구권과 동일한 법률관계나 사실관계로부터 발생한 경우도 포함하고, 한편 민법 제321조는 "유치권자는 채권 전부의 변제를 받을 때까지 유치물 전부에 대하여 그 권리를 행사할 수 있다"고 규정하고 있으므로, 유치물은 그 각 부분으로써 피담보채권의 전부를 담보하며, 이와 같은 유치권의 불가분성은 그 목적물이 분할 가능하거나 수개의 물건인 경우에도 적용된다.

[2] 다세대주택의 창호 등의 공사를 완성한 하수급인이 공사대금채권 잔액을 변제받기 위하여 위 다세대주택 중 한 세대를 점유하여 유치권을 행사하는 경우, 그 유치권은 위 한 세대에 대하여 시행한 공사대금만이 아니라 다세대주택 전체에 대하여 시행한 공사대금채권의 잔액 전부를 피담보채권으로 하여 성립한다.

③ 유치권은 타물권인 점에 비추어 볼 때 수급인의 재료와 노력으로 건축되었고 독립한 건물에 해당되는 기성부분은 수급인의 소유라 할 것이므로 수급인은 공사대금을 지급받을 때까지 이에 대하여 유치권을 가질 수 없다(대판 1993.3.26, 91다14116).

④ 유치권의 목적이 될 수 있는 것은 물건인 동산과 부동산, 그리고 유가증권이다(제320조 제1항).

> **제320조【유치권의 내용】**
> ① 타인의 물건 또는 유가증권을 점유한 자는 그 물건이나 유가증권에 관하여 생긴 채권이 변제기에 있는 경우에는 변제를 받을 때까지 그 물건 또는 유가증권을 유치할 권리가 있다.

⑤ 유치권자가 유치물에 대한 보존행위로서 목적물을 사용하는 것은 적법행위이므로 불법점유로 인한 손해배상 책임이 없는 것이다(대판 1972.1.31, 71다2414).

> **제324조【유치권자의 선관의무】**
> ② 유치권자는 채무자의 승낙 없이 유치물의 사용, 대여 또는 담보제공을 하지 못한다. 그러나 유치물의 보존에 필요한 사용은 그러하지 아니하다.

37 ［정답해설］

① 제330조의「인도」에는 현실의 인도, 간이인도, 목적물반환청구권의 양도가 포함되나, 유치적 효력의 확보를 위하여 점유개정에 의한 질권설정을 금지한다(제332조). 또한 질권에 있어 목적물의 점유는 질권의 존속요건이기도 하다.

> **제330조【설정계약의 요물성】**
> 질권의 설정은 질권자에게 목적물을 인도함으로써 그 효력이 생긴다.

> **제332조【설정자에 의한 대리점유의 금지】**
> 질권자는 설정자로 하여금 질물의 점유를 하게 하지 못한다.

② 질권자는 채권 전부를 변제받을 때까지 질물 전부에 대하여 그 권리를 행사할 수 있다(제321조, 제343조).

> **제321조【유치권의 불가분성】**
> 유치권자는 채권 전부의 변제를 받을 때까지 유치물 전부에 대하여 그 권리를 행사할 수 있다.
>
> **제343조【준용규정】**
> 제249조 내지 제251조, 제321조 내지 제325조의 규정은 동산질권에 준용한다.

③ 제342조【물상대위】질권은 질물의 멸실, 훼손 또는 공용징수로 인하여 질권설정자가 받을 금전 기타 물건에 대하여도 이를 행사할 수 있다. 이 경우에는 그 지급 또는 인도 전에 압류하여야 한다.

④ 전질은 질권설정자의 승낙이 있어야 인정되는 승낙전질(제324조 제2항, 제343조)과 제336조에 근거하여 질권설정자의 승낙 없이 자신의 책임으로 가능한 책임전질이 인정된다. 전질은 질물소유자인 질권설정자의 승낙이 있으면 허용될 수 있을 뿐만 아니라, 승낙이 없는 경우에도 인정될 수 있다.

> **제336조【전질권】**
> 질권자는 그 권리의 범위 내에서 자기의 책임으로 질물을 전질할 수 있다. 이 경우에는 전질을 하지 아니하였으면 면할 수 있는 불가항력으로 인한 손해에 대하여도 책임을 부담한다.

⑤ 제345조【권리질권의 목적】질권은 재산권을 그 목적으로 할 수 있다. 그러나 부동산의 사용, 수익을 목적으로 하는 권리는 그러하지 아니하다.

38 정답해설

① 근저당권은 채권담보를 위한 것이므로 원칙적으로 채권자와 근저당권자는 동일인이 되어야 한다. 다만 근저당권설정등기상 근저당권자가 다른 사람과 함께 채무자로부터 유효하게 채권을 변제받을 수 있고 채무자도 그들 중 누구에게든 채무를 유효하게 변제할 수 있는 관계, 가령 채권자와 근저당권자가 불가분적 채권자의 관계에 있다고 볼 수 있는 경우에는 그러한 근저당권설정등기도 유효하다(대판 2021.4.29, 2017다294585, 2017다294592).

② 근저당권은 그 담보할 채권의 최고액만을 정하고 채무의 확정을 장래에 유보하여 설정하는 저당권을 말한다. 근저당권설정계약이나 그 기본계약에서 결산기를 정하거나 근저당권의 존속기간이 있는 경우라면 원칙적으로 결산기가 도래하거나 존속기간이 만료한 때에 그 피담보채무가 확정된다. 여기에서 결산기의 지정은 일반적으로 근저당권 피담보채무의 확정시기와 방법을 정한 것으로서 피담보채무의 이행기에 관한 약정과는 구별된다.
근저당권의 존속기간이나 결산기를 정하지 않은 때에는 피담보채무의 확정방법에 관한 다른 약정이 있으면 그에 따르고, 이러한 약정이 없는 경우라면 근저당권설정자가 근저당권자를 상대로 언제든지 계약 해지의 의사표시를 함으로써 피담보채무를 확정시킬 수 있다(대판 2017.10.31, 2015다65042).

③ 당사자가 무효로 된 처음의 근저당권설정등기를 유용하기로 합의하고 새로 거래를 계속하는 경우 유용합의 이전에 등기부상 이해관계 있는 제3자가 없는 때에는 그 근저당권설정등기는 유효하다(대판 1963.10.10, 63다583).

④ 제367조【제3취득자의 비용상환청구권】저당물의 제3취득자가 그 부동산의 보존, 개량을 위하여 필요비 또는 유익비를 지출한 때에는 제203조 제1항, 제2항의 규정에 의하여 저당물의 경매대가에서 우선상환을 받을 수 있다.

⑤ 민법 제359조 전문은 "저당권의 효력은 저당부동산에 대한 압류가 있은 후에 저당권설정자가 그 부동산으로부터 수취한 과실 또는 수취할 수 있는 과실에 미친다."라고 규정하고 있는데, 위 규정상 '과실'에는 천연과실

뿐만 아니라 법정과실도 포함되므로, 저당부동산에 대한 압류가 있으면 압류 이후의 저당권설정자의 저당부동산에 관한 차임채권 등에도 저당권의 효력이 미친다(대판 2016.7.27, 2015다230020).

> **제359조【과실에 대한 효력】**
> 저당권의 효력은 저당부동산에 대한 압류가 있은 후에 저당권설정자가 그 부동산으로부터 수취한 과실 또는 수취할 수 있는 과실에 미친다. 그러나 저당권자가 그 부동산에 대한 소유권, 지상권 또는 전세권을 취득한 제3자에 대하여는 압류한 사실을 통지한 후가 아니면 이로써 대항하지 못한다.

39 〔정답해설〕

ㄱ. (○) : 乙명의의 저당권이 설정되어 있는 甲소유의 X토지 위에 저당권설정자인 甲이 Y건물이 신축된 경우, 저당권자 乙은 Y건물에 대한 경매도 토지와 함께 신청할 수 있으나, Y건물의 경매대가에서 우선변제를 받을 수는 없다(제365조).

> **제365조【저당지상의 건물에 대한 경매청구권】**
> 토지를 목적으로 저당권을 설정한 후 그 설정자가 그 토지에 건물을 축조한 때에는 저당권자는 토지와 함께 그 건물에 대하여도 경매를 청구할 수 있다. 그러나 그 건물의 경매대가에 대하여는 우선변제를 받을 권리가 없다.

ㄴ. (×) : 민법 제365조가 토지를 목적으로 한 저당권을 설정한 후 그 저당권설정자가 그 토지에 건물을 축조한 때에는 저당권자가 토지와 건물을 일괄하여 경매를 청구할 수 있도록 규정한 취지는, 저당권은 담보물의 교환가치의 취득을 목적으로 할 뿐 담보물의 이용을 제한하지 아니하여 저당권설정자로서는 저당권설정 후에도 그 지상에 건물을 신축할 수 있는데, 후에 그 저당권의 실행으로 토지가 제3자에게 경락될 경우에 건물을 철거하여야 한다면 사회경제적으로 현저한 불이익이 생기게 되어 이를 방지할 필요가 있으므로 이러한 이해관계를 조절하고, 저당권자에게도 저당 토지상의 건물의 존재로 인하여 생기게 되는 경매의 어려움을 해소하여 저당권의 실행을 쉽게 할 수 있도록 한 데에 있다고 풀이되며, 그러한 규정 취지에 비추어 보면 민법 제365조에 기한 일괄경매청구권은 원칙적으로 토지소유자인 저당권설정자가 축조하여 그가 소유하고 있는 건물이어야 한다(대결 1994.1.24, 93마1736). 따라서 토지에 저당권을 설정한 후 그 저당권설정자인 甲이 그 토지에 건축한 경우라도 건물의 소유권이 제3자에게 이전된 경우에는 일괄경매청구권이 인정되지 않는다. 따라서 乙은 Y건물에 대한 경매는 함께 신청할 수 없다.

ㄷ. (○) : 다만, 저당권설정자가 원시취득한 건물에 한하지 않으므로, 저당권설정자로부터 저당토지에 대한 용익권을 설정받은 자가 그 토지에 건물을 축조한 경우라도 그 후 저당권설정자가 그 건물의 소유권을 취득한 경우에는 저당권자는 토지와 함께 그 건물에 대하여 경매를 청구할 수 있다(대판 2003.4.11, 2003다3850). 따라서 Y건물이 X토지의 지상권자인 丙에 의해 건축되었다가 저당권설정자인 甲이 Y건물의 소유권을 취득하였다면 저당권자 乙은 Y건물에 대한 경매도 함께 신청할 수 있다.

40 〔정답해설〕

① 민법 제366조의 법정지상권은 저당권 설정 당시부터 저당권의 목적되는 토지 위에 건물이 존재할 경우에 한하여 인정되며, 토지에 관하여 저당권이 설정될 당시 그 지상에 토지소유자에 의한 건물의 건축이 개시되기 이전이었다면, 건물이 없는 토지에 관하여 저당권이 설정될 당시 근저당권자가 토지소유자에 의한 건물의 건축에 동의하였다고 하더라도 그러한 사정은 주관적 사항이고 공시할 수도 없는 것이어서 토지를 낙찰받는 제3자로서는 알 수 없는 것이므로 그와 같은 사정을 들어 법정지상권의 성립을 인정한다면 토지 소유권을 취득하려는 제3자의 법적 안정성을 해하는 등 법률관계가 매우 불명확하게 되므로 법정지상권이 성립되지 않는다(대판 2003.9.5, 2003다26051).

② 독립된 부동산으로서 건물은 토지에 정착되어 있어야 하는데(민법 제99조 제1항), 가설건축물은 일시 사용을 위해 건축되는 구조물로서 설치 당시부터 일정한 존치기간이 지난 후 철거가 예정되어 있어 일반적으로 토지에 정착되어 있다고 볼 수 없다. 민법상 건물에 대한 법정지상권의 최단 존속기간은 견고한 건물이 30년, 그 밖의 건물이 15년인 데 비하여, 건축법령상 가설건축물의 존치기간은 통상 3년 이내로 정해져 있다. 따라서 가설건축물은 특별한 사정이 없는 한 독립된 부동산으로서 건물의 요건을 갖추지 못하여 법정지상권이 성립하지 않는다(대판 2021.10.28, 2020다224821).

③ 토지와 그 지상의 건물이 동일한 소유자에게 속하였다가 토지 또는 건물이 매매나 기타 원인으로 인하여 양자의 소유자가 다르게 된 때에는 그 건물을 철거하기로 하는 합의가 있었다는 등의 특별한 사정이 없는 한 건물소유자는 토지소유자에 대하여 그 건물을 위한 관습상의 지상권을 취득하게 되고, 그 건물은 반드시 등기가 되어 있어야만 하는 것이 아니고 무허가건물이라고 하여도 상관이 없다(대판 1991.8.13, 91다16631).

④ 토지공유자의 한 사람이 다른 공유자의 지분 과반수의 동의를 얻어 건물을 건축한 후 토지와 건물의 소유자가 달라진 경우 토지에 관하여 관습법상의 법정지상권이 성립되는 것으로 보게 되면 이는 토지공유자의 1인으로 하여금 자신의 지분을 제외한 다른 공유자의 지분에 대하여서까지 지상권설정의 처분행위를 허용하는 셈이 되어 부당하다. 그리고 이러한 법리는 민법 제366조의 법정지상권의 경우에도 마찬가지로 적용된다(대판 2014.9.4, 2011다73038·73045). 즉 법정지상권이 성립하지 않는다.

⑤ 동일인 소유의 토지와 건물 중 건물에 전세권이 설정된 후 토지소유자가 바뀐 경우, 전세권설정자인 건물소유자가 그 토지에 대하여 지상권을 취득한 것으로 본다(제305조 제1항).

> **제305조 【건물의 전세권과 법정지상권】**
> ① 대지와 건물이 동일한 소유자에 속한 경우에 건물에 전세권을 설정한 때에는 그 대지소유권의 특별승계인은 전세권설정자에 대하여 지상권을 설정한 것으로 본다. 그러나 지료는 당사자의 청구에 의하여 법원이 이를 정한다.

제 **1** 교시   제2과목 | **경제학원론**

정답

01 ④	02 ⑤	03 ①	04 ③	05 ④	06 ③	07 ①	08 ③	09 ②	10 ③
11 ⑤	12 ②	13 ③	14 ⑤	15 ⑤	16 ②	17 ④	18 ④	19 ④	20 ①
21 ⑤	22 ①	23 ①	24 ①	25 ②	26 ⑤	27 ③	28 ②	29 ④	30 ⑤
31 ④	32 ③	33 ⑤	34 ③	35 ⑤	36 ④	37 ④	38 ②	39 ②	40 ②

01 정답해설

조세의 귀착과 탄력성은 다음과 같다.

1) 수요의 탄력성과 조세부담의 귀착

① 수요의 가격탄력성이 클수록 소비자부담은 작고, 생산자부담은 크다.

② 수요가 완전히 고정되어 수요곡선이 수직선(수요의 가격탄력성이 0, 완전비탄력적)인 경우 생산자에게 조세가 부과되면, 거래량은 불변이고 시장균형가격(소비자 직면가격)은 상승하며 생산자 직면가격은 불변이므로 생산자는 전혀 부담을 지지 않는다.

모든 부담은 소비자가 지게 되며, 소비자 직면가격은 이전보다 단위당 조세가 가산된 금액이 된다.

2) 공급의 탄력성과 조세부담의 귀착

① 공급의 가격탄력성이 클수록 생산자부담은 작고, 소비자부담은 크다.

② 공급이 완전히 고정되어 공급곡선이 수직선(공급의 가격탄력성이 0, 완전비탄력적)인 경우 생산자에게 조세가 부과되면, 거래량은 불변이고 생산자 직면가격은 하락하며 시장균형가격(소비자 직면가격)은 불변이므로 소비자는 전혀 부담을 지지 않는다.

모든 부담은 생산자가 지게 되며, 생산자 직면가격은 이전보다 단위당 조세가 차감된 금액이 된다.

위의 내용에 따라서 설문을 검토하면 다음과 같다.

경쟁시장에서 공급곡선이 완전비탄력적인 상황에서 현재 시장균형가격을 구해보면 40이 된다. 균형가격은 수요함수와 공급함수인 $Q_D = 100 - 2P$, $Q_S = 20$을 연립하여 풀면 쉽게 구할 수 있다. 이때, 정부가 X재 한 단위당 10의 세금을 공급자에게 부과할 경우, 거래량은 불변이고 시장균형가격(소비자 직면가격)도 40으로 불변이므로 소비자는 전혀 부담을 지지 않는다. 원래의 시장균형가격인 40이 구입자가 내는 가격이 된다. 한편 이 경우 모든 부담은 생산자가 지게 되며, 생산자 직면가격은 이전보다 단위당 조세가 차감된 금액이 된다. 따라서 원래의 시장균형가격인 40에서 단위당 조세 10을 차감한 30이 판매자가 받는 가격이 된다.

02 정답해설

① 틀린 내용이다.

대체재의 가격이 상승하는 경우 해당 재화에 대한 수요량이 증가할 것이므로 대체재의 교차탄력성은 0보다 크다. 반면, 보완재의 가격이 상승하는 경우 해당 재화에 대한 수요량도 보완재와 함께 감소할 것이므로 보완재의 교차탄력성은 0보다 작다. 해당 재화와 다른 재화 간에 대체나 보완의 관계가 성립하지 않고 서로 독립적일 경우에는 교차탄력성의 절댓값이 0에 가까워진다.

② 틀린 내용이다.

징상재의 경우 소득이 증가할 때 수요량이 증가하는 재화이므로 소득변화율과 수요량 변화율이 동일방향이며 정상재의 소득탄력성은 0보다 크다. 반대로 열등재의 경우 소득이 증가할 때 수요량이 감소하는 재화이므로 소득변화율과 수요량 변화율이 반대방향이며 열등재의 소득탄력성은 0보다 작다. 한편, 정상재는 다시 소득탄력성 1을 기준으로 하여 나눌 수 있는데, 1보다 더 큰 경우 사치재, 0보다 크고 1보다 작은 경우 필수재라고 한다.

③ 틀린 내용이다.

수평의 수요곡선의 경우 가격변화가 없기 때문에 가격탄력성은 이론상 무한대가 된다. 이는 수요의 가격탄력성 산식이 수요량변화율을 가격변화율로 나누고 있음을 고려하면 쉽게 알 수 있다. 좀 더 직관적으로 설명하자면 아주 작은 가격의 변화에도 수요량은 대단히 크게 변화하기 때문에 무한탄력적이 된다고 할 수 있다. 한편, 수직의 수요곡선의 경우 가격의 변화에도 불구하고 수요량은 변화하지 않으므로 가격탄력성은 0이 된다.

④ 틀린 내용이다.

해당 재화의 가격이 변화함에 따라서 해당 재화의 공급량이 얼마나 민감하게 변화하는지 그 정도를 측정하는 지표를 공급의 가격탄력성이라고 한다. 공급의 가격탄력성은 공급량 변화율을 가격변화율로 나눈 값이 된다. 공급곡선의 가격축 절편이 양(+)의 값을 가져서 종축에서부터 출발하는 공급곡선의 경우 공급의 가격탄력성은 공급곡선을 이용하여 다음과 같이 표시할 수 있으며 항상 1보다 큼을 알 수 있다.

$$e = \frac{\frac{dQ}{Q}}{\frac{dP}{P}} = \frac{dQ}{dP} \cdot \frac{P}{Q} = \frac{a}{c} \cdot \frac{b+c}{a} = \frac{b+c}{c} > 1$$

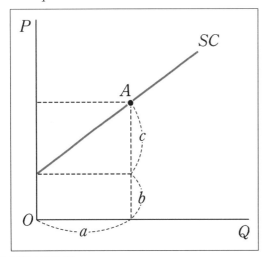

⑤ 옳은 내용이다.

원점에서 출발하는 공급곡선의 경우 공급의 가격탄력성은 공급곡선을 이용하여 기하적으로 다음과 같이 표시할 수 있으며 항상 1이 됨을 쉽게 확인할 수 있다.

$$e = \frac{\frac{\Delta Q}{Q}}{\frac{\Delta P}{P}} = \frac{\Delta Q}{\Delta P} \cdot \frac{P}{Q} = \frac{a}{b} \cdot \frac{b}{a} = 1$$

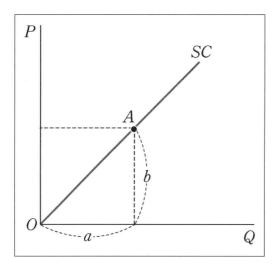

03 정답해설

시장의 균형(균형가격과 균형거래량), 소비자잉여, 생산자잉여를 기하적으로 표시하면 아래와 같다.

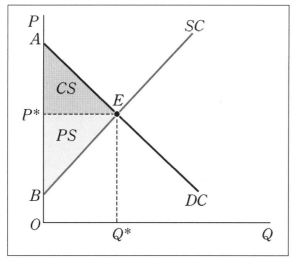

설문에서 주어진 수요함수와 공급함수를 이용하여 시장균형 및 소비자잉여, 생산자잉여 그리고 사회총잉여를 구하면 아래와 같다.

수요함수는 $Q_D = 36 - 4P$, 공급함수는 $Q_S = -4 + 4P$이므로 이를 변형하면, 수요함수와 공급함수는 각각 $P = 9 - 0.25Q$, $P = 0.25Q + 1$이다. 이때, 수요함수의 종축절편은 $A = 9$, 공급함수의 종축절편은 $B = 1$가 된다. 수요와 공급이 일치하는 시장균형은 $P = 5$, $Q = 16$이 된다.

$$CS = \frac{(A - P^*)Q^*}{2} = \frac{(9-5) \times 16}{2} = 32$$

$$PS = \frac{(P^* - B)Q^*}{2} = \frac{(5-1) \times 16}{2} = 32$$

04 정답해설

소비자 최적선택의 조건은 다음과 같다.

1) 한계대체율 ($\frac{MU_X}{MU_Y}$) = 상대가격 ($\frac{P_X}{P_Y}$) 이어야 하며 이는 X재 구입 1원의 한계효용 ($\frac{MU_X}{P_X}$) = Y재

구입 1원의 한계효용 ($\frac{MU_Y}{P_Y}$) 임을 의미한다. 이때, 한계대체율은 무차별곡선의 기울기이며, 상대가격은 예산

선의 기울기가 된다.

2) 또한 균형은 반드시 예산선상에서 달성되어야 하므로 다음의 식을 만족한다.

$P_X X + P_Y Y = M$

위의 내용에 따라서 설문을 검토하면 다음과 같다.

1) 효용함수 및 소득 변화 이전

$$\begin{cases} U = XY^2 \text{ -------------- ①} \\ X + 2Y = 90 \text{ ----------- ②} \\ Max \ U \text{ ----------------- ③} \end{cases}$$

$$\begin{cases} \dfrac{Y^2}{2XY} = \dfrac{1}{2} \\ X + 2Y = 90 \end{cases}$$

$\therefore \ X = 30, Y = 30$

2) 효용함수 및 소득 변화 이후

$$\begin{cases} U = \sqrt{XY} \text{ -------------- ①} \\ X + 2Y = 100 \text{ ----------- ②} \\ Max \ U \text{ ----------------- ③} \end{cases}$$

$$\begin{cases} \dfrac{Y}{X} = \dfrac{1}{2} \\ X + 2Y = 100 \end{cases}$$

$\therefore \ X = 50, Y = 25$

따라서 X재 구매량은 30에서 50으로 20만큼 증가하고, Y재 구매량은 30에서 25로 5만큼 감소한다.

05 정답해설

ㄱ. 틀린 내용이다.

특정소비자에게 같은 수준의 효용을 주는 상품조합을 연결한 곡선을 무차별곡선이라고 한다. 이는 2상품 효용함수 $U = U(X, Y)$, $U = U_0, U_1, U_2, \dots$ 의 기하적 표현이라고 할 수 있다. 원래는 이를 3차원 공간에서 효용곡면으로 나타내야 하지만 분석의 편이를 위해서 2차원 평면에서 무차별곡선으로 나타낸다. 무차별곡선은 기수적 효용함수에 단조변환을 거쳐 얻은 다양한 효용함수들을 의미하므로 서수적 효용이라고 할수 있다. 서수적 효용은 선호순서에만 관심을 가질 뿐 효용의 절대적 크기와 절대적 크기 간 차이에 대해서는 관심을 가지지 않는다. 즉, 무차별곡선 이론에서는 효용을 구체적인 수치로 표현할 수 있다는 가정을 하지않는다.

ㄴ. 옳은 내용이다.

무차별곡선은 기본적으로는 소비를 고려하고 있는 두 상품 모두 효용을 가져다주는 재화의 성격을 가지고 있지만, 현실에서는 비효용을 초래하거나 효용에 기여하지 못하는 비재화나 중립재가 존재하는 경우를 상정해 볼 수 있다. 예를 들어 손실의 위험이 발생하는 자산의 경우 이 자산의 수익률의 기댓값은 커질수록 효용이 증가하지만 반대로 수익률의 분산이나 표준편차가 커지는 경우 효용은 감소하게 될 것이다. 이때 위험자산의 선택은 사실상 수익률의 평균과 분산의 선택으로서 평균은 재화의 역할을, 분산은 비재화의 역할을 하게 된다. 이러한 경우의 무차별곡선은 다음 2번째와 같으며 우상향할 수도 있다. 참고로 횡축이 비재화이고 종축이 재화인 경우에도 무차별곡선이 우상향함을 쉽게 확인할 수 있다.

ㄷ. 옳은 내용이다.

기펜재의 경우 가격이 오르면 오히려 수요량이 늘어난다. 기펜재는 소득 증가에도 불구하고 소비가 감소하는 이른바 열등재로서 매우 특이한 재화이다. 기펜재의 경우 대체효과와 소득효과의 방향이 정반대로 나타나면서 가격효과를 발생시킨다. 즉, 가격하락 시 대체효과에 의하여 재화소비가 증가하지만, 소득효과에 의해서는 재화소비가 큰 폭으로 감소하여 결과적으로 소비가 감소하게 된다. 이런 경우 가격의 방향과 재화소비의 방향이 일치하게 되어 가격효과는 양(+)의 값을 갖는다. 참고로 여기서 양(+)이라는 것은 가격의 변화방향과 재화소비의 변화방향이 일치한다는 의미로 해석한다. 따라서 가격효과가 항상 음(−)의 값을 갖는 것은 아니다. 기펜재의 성격에 대해 좀 더 정리하면 다음과 같다.

1) 수요법칙의 예외로서 가격하락 시 수요량이 오히려 감소한다.

2) 대체효과에 의하여, 기펜재의 가격하락 시 기펜재에 대한 수요량은 증가한다. 따라서 대체효과만을 반영하는 보상수요곡선은 우하향한다.

3) 소득효과에 의하여, 기펜재의 가격하락에 따라 실질소득이 증가하고 수요량이 감소한다(기펜재는 열등재임). 이는 소득탄력성이 음수임을 의미한다.

4) 기펜재의 가격하락에 따라서 나타나는 대체효과와 소득효과는 반대방향으로 작용한다. 즉 기펜재의 가격하락 시 대체효과에 따라 수요량은 증가하는 반면, 소득효과에 따라 수요량은 감소한다.

5) 특히 기펜재의 소득효과에 의한 수요량 감소가 대체효과에 의한 수요량 증가보다 더 크기 때문에 가격하락 시 가격효과가 수요량 감소로 나타난다.

ㄹ. 틀린 내용이다.

bandwagon 효과는 가격이 하락하여 타인의 소비가 증가할수록 본인의 효용을 증가시켜서 본인의 소비가 증가하는 현상으로서 가격하락 시 수요량의 증가를 더욱 증폭시켜서 수요곡선이 완만하게 형성되는 원인으로 작용한다(가격 하락 → 타인소비 증가 → 본인소비 증가). 다른 사람들의 수요에 영향을 받는 것으로서 bandwagon 효과가 있는 경우에는 다른 사람들의 수요량 증가로 인해 전체 수요가 오히려 더 늘게 되므로 시장수요곡선은 이를 반영하여 보다 완만하게 될 것이며, 반대로 snob 효과가 있는 경우에는 다른 사람들의 소비와 차별화 시키려는 경향이 나타나면서 시장수요곡선은 보다 가파르게 될 것이다. 따라서 bandwagon 효과가 있는 경우 독자적으로 결정한 개별수요의 수평적 합에 의한 시장수요보다 더 완만하다.

06 정답해설

① 옳은 내용이다.

등량곡선의 정의에 의하여 두 생산요소 간 대체가 발생하여도 산출량은 불변이며, 이때 두 생산요소 간 대체의 비율을 한계기술대체율($MRTS_{L,K}$)이라고 한다. 이때, 한계기술대체율을 기하적으로 나타내면, 등량곡선의 기울기(엄밀하게는 기울기의 절댓값) $-\dfrac{\Delta K}{\Delta L}$ 가 된다. 한편 한계기술대체율은 노동 1단위의, 자본으로 표시한, 실물, 주관적 가격을 의미한다.

② 옳은 내용이다.

대체탄력성이란 요소가격이 변화할 때 그에 따라시 최적의 노동투입량과 자본투입량이 얼마나 민감하게 반응하는지 나타내는 척도로서 요소상대가격이 1% 변화할 때 자본노동비율(요소집약도)이 몇 % 변화하는지 나타내며 그 산식은 다음과 같다.

$$\text{대체탄력성}\ \sigma = \frac{\text{요소집약도의 변화율}}{\text{요소상대가격의 변화율}} = \frac{d(\frac{K}{L})/(\frac{K}{L})}{d(\frac{w}{r})/(\frac{w}{r})}$$

선형에 가까운 등량곡선의 경우 요소상대가격 변화 시 요소집약도의 변화가 크고 노동-자본 간 대체가 상대적으로 더 쉽기 때문에 대체탄력성이 크다. 극단적으로 등량곡선이 선형인 경우 요소 간 대체가 완전하여, 대체탄력성은 무한대가 된다.

③ 틀린 내용이다.

모든 생산요소의 투입을 일정한 비율로 변화시킬 때 그에 따른 생산량의 변화를 규모에 대한 수익(returns to scale) 혹은 간단히 규모수익이라고 한다. 특히 모든 생산요소의 투입량을 j배 증가시킬 때 생산량도 j배 증가하는 경우 규모에 대한 수익 불변(CRS)이라고 한다. 이를 수리적으로 표현하면 다음과 같다.

$$Q = f(L, K),\ f(jL, jK) = jf(L, K)$$

따라서 생산함수가 만일 α차 동차 생산함수라면 $j^{\alpha} \cdot f(L, K) = j \cdot f(L, K)$이 성립하므로 $\therefore \alpha = 1$ 즉 1차 동차함수가 규모수익불변이 된다. 참고로 이 경우에는 생산요소 투입량 증가에 따라서 등량곡선 간격이 일정하게 나타난다.

④ 옳은 내용이다.

등량곡선이란 동일한 수준의 생산량을 달성시키는 생산요소 투입량 간의 조합의 궤적을 말한다. 등량곡선의 기울기(엄밀하게는 기울기의 절댓값)는 한계기술대체율이며, 등량곡선이 원점에 대해 볼록한 경우 한계기술대체율은 점차 감소한다. 한편 등량곡선이 우하향하는 직선인 경우 한계기술대체율은 불변이다.

⑤ 옳은 내용이다.

고려되는 기간이 일부 생산요소의 투입량을 변화시킬 수 없는 기간으로서 고정투입요소가 존재하고 가변투입요소가 노동 하나뿐인 경우일 때를 단기라고 한다. 고려되는 기간이 모든 생산요소의 투입량을 변화시킬 수 있는 기간으로서 고정투입요소가 존재하지 않고 가변투입요소만 존재하는 경우를 장기라고 한다. 한편, 모든 생산요소의 투입을 일정한 비율로 변화시킬 때 그에 따른 생산량의 변화를 규모에 대한 수익(returns to scale) 혹은 간단히 규모수익이라고 한다. 따라서 규모수익은 개념상 모든 생산요소의 투입량이 변화할 수 있기 때문에 장기에 적용된다고 할 수 있다.

07 〔정답해설〕

독점기업의 이윤극대화는 다음과 같이 달성된다.

1) 이윤 $\pi = TR - TC$

2) 총수입 $TR = PQ = P(Q)Q$ (독점기업이 직면하는 수요곡선 $P = P(Q)$)

3) 총비용 $TC = C(Q)$

4) 이윤극대화 $\underset{Q}{Max}\ \pi = TR - TC = P(Q)Q - C(Q)$ $\quad \therefore \frac{dTR}{dQ} - \frac{dTC}{dQ} = 0$ $\quad \therefore MR = C'(Q)$

① 한계수입 $MR = \frac{dTR}{dQ} = \frac{d(P(Q)Q)}{dQ} = \underset{\text{(부호: 음)}}{\frac{dP}{dQ}}Q + P < P$

② 한계비용 $MC = C'(Q)$

③ 이윤극대화 $P + \frac{dP}{dQ}Q = C'(Q)$

설문에서 독점기업의 이윤극대화를 풀면 다음과 같다.

수요함수 $Q = 100 - 2P$를 변형하면 $P = 50 - 0.5Q$이므로 $MR = 50 - Q$가 된다.

총비용함수가 $TC = Q^2 + 20Q$이므로 $MC = 2Q + 20$이 된다. 이제 독점기업의 이윤극대화 $MR = MC$ 조건을 풀면 $50 - Q = 2Q + 20$ 이 되어 이윤극대화 생산량은 10이 된다.

이때, 가격은 생산량 10을 수요함수 $P = 50 - 0.5Q$ 에 대입하여 45로 설정할 수 있다. 따라서 총수입은 생산량 10에 가격 45를 곱한 450이 된다. 한편 총비용은 생산량 10을 비용함수 $TC = Q^2 + 20Q$에 대입하면, 300이 된다. 이윤은 150이 된다.

08 정답해설

① 틀린 내용이다.

대규모 장치산업 같은 경우 생산기술의 특성상 대량생산으로 인한 이점, 즉 생산량 증가에 따라서 비용이 하락할 수 있다. 이렇게 생산규모가 커짐에 따라서 평균비용과 한계비용이 모두 하락하는 규모의 경제가 나타날 수 있으며 이 경우 비용상의 이점으로 인해서 기업은 산출량을 늘리게 되는 유인이 생기고 이로 인해서 해당 산업은 독점화될 가능성이 매우 크며 이를 자연독점이라고 한다.

② 틀린 내용이다.

순수독점이란 가격차별이 없는 경우의 독점을 의미하며, 가격차별이 있는 경우의 독점은 차별독점이다. 순수독점의 경우, 한계수입과 한계비용이 일치하는 수준에서 산출량이 결정된다. 이때, 가격은 한계비용을 상회하는 수준으로 결정되기 때문에 자중손실 또는 경제적 순손실(deadweight loss)이 발생한다. 참고로 순수독점이 아닌 차별독점의 경우, 극단적으로 1급 가격차별이 성립한다면, 경제적 순손실은 발생하지 않는다.

③ 옳은 내용이다.

독점적 경쟁시장은 단기에 초과이윤을 얻을 수도 있지만, 장기는 새로운 기업이 진입할 수 있는 정도의 기간으로서 만일 독점기업이 초과이윤을 얻고 있다면, 신규기업들은 진입을 시도할 것이다. 신규편입은 시장 내 기업들이 더 이상 초과이윤을 얻지 못할 때까지 계속되고 결국 수요가 감소하게 되어 가격이 하락하여 장기에는 정상이윤만을 얻게 된다.

④ 틀린 내용이다.

독점적 경쟁(monopolistic competition)시장이란 완전경쟁시장과 독점시장의 중간적 형태로서 두 시장의 특징을 모두 가진 시장을 의미한다. 특히 독점의 특징으로서 독점적 경쟁시장 내의 기업들은 모두 조금씩 차별화된 상품을 생산하고 있다.

⑤ 틀린 내용이다.

독점적 경쟁시장에서는 기업들이 상품차별화에 따라 어느 정도 독점력을 보유하기 때문에 가격경쟁을 하기보다는 차별적인 상품의 개발 및 출시를 통해서 경쟁할 가능성이 크다. 상품의 질, 애프터서비스 등과 같은 비가격경쟁(non-price competition)을 하는 경우가 많다고 할 수 있다.

09 정답해설

꾸르노 모형은 과점시장의 수량경쟁모형으로서 상대방의 생산량이 고정된 것으로 보고 이를 추종하여 자신의 최적 산출량을 결정한다. 즉 과점시장에 존재하는 각 기업은 상대방이 산출량을 변화시키지 않을 것이라는 추측하에서 자신의 최적 행동을 선택하는 것이다.

설문의 자료에 따라서 꾸르노 균형을 구하면 다음과 같다.

1) 각 기업의 이윤극대화

① 기업 A의 이윤극대화

ⅰ) 한계수입 $TR_A = PQ_A = (20 - Q_A - Q_B)Q_A$ $\therefore MR_A = 20 - 2Q_A - Q_B$

ⅱ) 한계비용 $MC_A = 10$

iii) 이윤극대화 $Max \ \pi_A \Leftrightarrow MR_A = MC_A$

      $\therefore \ 20 - 2Q_A - Q_B = 10$ $\therefore \ 2Q_A + Q_B = 10$ $\rightarrow$ 반응곡선 RC_A

② 기업 B의 이윤극대화

  i) 한계수입 $TR_B = P \, Q_B = (20 - Q_A - Q_B) \, Q_B$ $\therefore \ MR_B = 20 - Q_A - 2Q_B$

  ii) 한계비용 $MC_B = 10$

  iii) 이윤극대화 $Max \ \pi_B \Leftrightarrow MR_B = MC_B$

      $\therefore \ 20 - Q_A - 2Q_B = 10$ $\therefore \ Q_A + 2Q_B = 10$ $\rightarrow$ 반응곡선 RC_B

2) 균형 : $Q_A = \dfrac{10}{3}$, $Q_B = \dfrac{10}{3}$, $Q = \dfrac{20}{3}$, $P = \dfrac{40}{3}$

위에서 도출한 두 기업 A와 B의 반응곡선을 연립하여 풀면 꾸르노 모형의 균형을 구할 수 있다. 참고로 특정한 경우에 꾸르노 복점일 때의 산출량이 완전경쟁일 때의 산출량(가격 = 한계비용 조건을 이용하면 10이 됨)의 2/3 수준임을 이용하면 매우 쉽고 빠르게 구해낼 수도 있다.

10 [정답해설]

① 틀린 내용이다.

게임상황에서 상대방이 어떠한 전략을 취하든 관계없이 나 자신이 선택할 수 있는 최선의 우월전략은 현실적으로 존재하기 어렵다. 따라서 이러한 극단적 상황 및 요구를 조금 완화하여 상대방이 전략이 주어졌을 때 그때 나 자신이 선택할 수 있는 최선의 전략을 도입해 볼 수 있다. 이러한 전략을 내쉬균형전략이라고 한다. 상대방이 어떤 전략을 선택하는 것을 주어진 것으로 보고, 이때 나의 보수 측면에서 최선의 전략이 내쉬균형 전략이며 이를 구하기 위해서는 보수행렬표에서 상대방의 전략을 주어진 것으로 보고 이에 대응한 자신의 전략에 따른 보수를 비교하여 보수를 더 크게 만들어 주는 최선의 전략을 선택한다. 참고로 상대방이 어떤 전략을 선택하든지 간에 나의 보수를 더 크게 만들어 주는 전략이 우월전략이며 이를 구하기 위해서는 보수행렬표에서 상대방의 전략을 제외하고 자신의 전략만을 비교하여 보수를 가장 극대화시키는 전략을 선택한다.

② 틀린 내용이다.

내쉬균형은 존재하지 않을 수도 있고, 존재한다면 복수로 존재할 수도 있다.

③ 옳은 내용이다.

우월전략 및 우월전략균형은 직관적으로 매우 명백하지만 현실적으로 우월전략이 항상 존재하는 게임이 흔하지는 않다. 우월전략이라는 것은 상대방 경기자가 선택하는 어떠한 전략에 대해서도, 즉 모든 전략에 대해서 항상 자신의 최적 전략이라는 뜻이므로 상대방이 어떠한 전략을 취하든 관계없이 나 자신이 선택할 수 있는 최선의 전략이 현실에서 항상 존재하기는 어려운 것이다.

따라서 이러한 극단적 상황 및 요구를 조금 완화하여 상대방이 전략이 주어졌을 때 그때 나 자신이 선택할 수 있는 최선의 전략을 도입해 볼 수 있다. 이러한 전략을 내쉬균형전략이라고 한다. 우월전략에 비하여 내쉬균형전략은 요구되는 조건이 완화된 것이므로 우월전략균형보다는 내쉬균형의 존재가능성이 더 커짐을 의미한다. 즉 우월전략균형이 존재하지 않더라도 내쉬균형의 존재가능성은 있다.

④ 틀린 내용이다.

동시게임은 개념상 두 경기자가 동시에 전략을 선택하는 것이었으나 실제 현실에서는 한 경기자가 먼저 어떤 행동을 한 후에 다른 경기자가 이를 관찰한 후 자신의 행동을 취하는 경우도 쉽게 찾아볼 수 있는데 이러한 게임을 순차게임이라고 한다. 순차게임은 게임에 참가하고 있는 특정 경기자가 먼저 전략을 선택한 후에 다른 경기자가 자신의 전략을 선택하는 선후관계가 존재한다(순차성). 또한 상대방이 어떠한 전략을 선택하였는지를 보고 난 후에 자신의 전략을 선택하는 순차성 때문에 상대의 전략에 대한 조건부 전략을 선택하게 된다(조건부 대응성). 예를 들어, 기업 A가 진입하면 기업 B는 낮은 산출량 전략을 선택하고, 기업 A가 진입하지 않으면 기업 B는 높은 산출량 전략을 선택하는 식이다.

순차게임에서는 신빙성 없는 위협과 같은 전략이 구사될 수도 있기 때문에 이를 제외하여 신빙성 있는 전략으로 정제하는 과정이 필요하다(신빙성 조건). 기존의 내쉬조건뿐만 아니라 이제 신빙성 조건까지 충족된 균형을 완전균형이라고 한다. 예를 들어, 신규기업은 기존기업의 낮은 산출량에서 진입하는 것이 최선이고 기존기업이 높은 산출량 전략을 선택하는 것은 신빙성이 없다. 기존기업의 높은 산출량 전략은 자신의 보수를 낮게 만들 수 있기 때문에 선택하지 않을 것으로 예상된다. 신빙성이 없는 균형을 제외하고 남은 완전균형은 신규기업이 진입하고 기존기업은 낮은 산출량으로 대응하는 전략이 된다.

⑤ 틀린 내용이다.

특정한 물건의 매매에 있어서 경매참가자가 제시하는 가격이 공개되지 않고 봉인된 상태에서 진행되는 경매로서 제시가격은 동시에 비공개로 제출되어야 하며 가장 높은 매입가격을 제시한 사람에게 물건이 판매되는 방식이다. 다만, 가장 높은 매입가격을 제시한 낙찰자가 실제로 지불하는 가격에 따라서 다음의 두 가지로 나뉜다.

첫째, 최고가격 입찰제는 경매에 참가하는 사람들이 모두 다른 경매참가자의 입찰가격은 모른 채 자신의 입찰가격만 제출한 후, 이를 모두 취합하여 최종적으로 가장 높은 입찰가격을 제시한 자에게 낙찰되는 방식이다. 이때 판매가격은 구매자가 제시한 가장 높은 수준의 입찰가격이 된다. 일차가격경매(first-price auction)라고도 한다.

둘째, 제2가격 입찰제는 경매에 참가하는 사람들이 모두 다른 경매참가자의 입찰가격은 모른 채 자신의 입찰가격만 제출한 후, 이를 모두 취합하여 최종적으로 가장 높은 입찰가격을 제시한 자에게 낙찰되는 방식이다. 다만, 낙찰가격은 자신이 제출한 입찰가격, 즉 가장 높은 수준의 입찰가격이 아니라 두 번째로 높은 입찰가격이 된다는 점에서 최고가격 입찰제와 차이가 있다. 이 방식은 금액을 높이 제시하더라도 그 부담을 덜 수 있다는 데 특징이 있다.

승자의 불행 혹은 승자의 저주(winner's curse)란 최종적인 낙찰자가 경매물의 실제가치보다 더 많은 비용을 들여 구입하게 되거나 경매입찰에 필요한 비용보다 더 많은 비용을 들여 구입하게 되는 것을 뜻한다. 입찰제에 있어서 승자의 불행 혹은 승자의 저주(winner's curse)가 발생할 수 있는 것이지, 승자의 불행을 막기 위해서 최고가격입찰제가 도입된 것은 아니다.

11 정답해설

내쉬균형을 도출하는 방법은 다음과 같다.

1) 상대방이 어떤 전략을 선택하는 것을 주어진 것으로 보고, 이때 나의 보수 측면에서 최선의 전략이 내쉬균형전략이며 이를 구하기 위해서는 보수행렬표에서 상대방의 전략을 주어진 것으로 보고 이에 대응한 자신의 전략에 따른 보수를 비교하여 보수를 더 크게 만들어 주는 최선의 전략을 선택한다.

2) 이제 반대로 위에서 선택된 내쉬균형전략이 상대방의 입장에서 주어진 것으로 보고 상대방의 내쉬균형전략을 구해낸다.

3) 만일 모든 경기자들이 선택한 자신들의 내쉬균형전략에 의해서 어떤 결과가 나타났을 때 모두 이에 만족하고 더 이상 자신의 전략을 수정하지 않고 현재 상태에 머물려고 한다면, 내쉬균형이 성립한다.

설문에서 내쉬균형을 도출하면 다음과 같다.

1) 만약 기업 1이 전략 a를 선택한다고 할 경우
이를 주어진 것으로 보고 기업 2는 주어진 상황에서 자신의 보수를 극대화하는 전략 a가 최선의 전략이다.

2) 이제 기업 2가 전략 a를 선택할 때
이를 주어진 것으로 보고 기업 1은 주어진 상황에서 자신의 보수를 극대화하는 전략 a가 최선의 전략이다.

3) 기업 1이 전략 a 선택을 계속 유지한다면
역시 기업 2도 이를 주어진 것으로 보고 전략 a를 계속 유지하는 것이 최적이다.

4) 결국 기업 1은 전략 a, 기업 2는 전략 a를 선택하며 이 전략의 조합이 바로 내쉬균형이 된다.

이하에서는 또 다른 내쉬균형의 존재 여부를 확인한다.
1) 만약 기업 1이 전략 b를 선택한다고 할 경우
   이를 주어진 것으로 보고 기업 2는 주어진 상황에서 자신의 보수를 극대화하는 전략 b가 최선의 전략이다.
2) 이제 기업 2가 전략 b를 선택할 때
   이를 주어진 것으로 보고 기업 1은 주어진 상황에서 자신의 보수를 극대화하는 전략 b가 최선의 전략이다.
3) 기업 1이 전략 b 선택을 계속 유지한다면
   역시 기업 2도 이를 주어진 것으로 보고 전략 b를 계속 유지하는 것이 최적이다.
4) 결국 기업 1은 전략 b, 기업 2는 전략 b를 선택하며 이 전략의 조합이 바로 내쉬균형이 된다.

12 정답해설〉

장기는 기업이 시장에 진입, 이탈하는 것이 자유로운 정도의 충분한 시간이다. 장기에는 신규기업도 자유롭게 진입가능하며 기존기업은 시설규모를 자유롭게 조정할 수 있을 뿐만 아니라 이탈도 가능하다.

첫째, 완전경쟁시장에서 장기균형은 (ㄹ) 장기에 시장수요와 시장공급이 일치하는 상태를 의미한다. 이는 시장의 균형으로서 개별기업의 균형 혹은 개별기업의 최적화와는 엄밀하게는 다른 개념이다. 다만, 본 문제에서는 시장의 균형과 개별기업의 균형을 동시에 의미하는 것으로 본다.

둘째, 경쟁기업의 장기균형은 장기조정과정이 완료됨과 동시에 주어진 가격수준하에서 이윤극대화 산출이 달성된다. 개별기업의 장기균형에서 개별기업은 이윤극대화를 달성하고 있기 때문에 가격과 장기한계비용은 일치한다. 더 이상의 진입과 퇴출이 없기 때문에 기업은 정상이윤만 얻고 있으며 가격은 장기평균비용과 일치한다.

1) 장기조정의 완료
   장기조정의 완료는 (ㅁ) 해당 시장에 더 이상 진입 또는 퇴출의 유인이 없는 상태로서 초과이윤이 없는 상태, 즉 (ㄴ) 장기평균비용이 가격과 일치한 상태이다($P = LAC$). (ㄷ) 정상이윤이 0이라는 것이 아니라 초과이윤이 0이라는 것에 유의하자.

2) 장기 이윤극대화
   장기에서도 주어진 가격수준에서 경쟁기업의 이윤극대화 산출은 달성되어야 하므로, (ㄱ) 장기한계비용이 가격과 일치하게 된다($P = LMC$).

13 정답해설〉

ㄱ, ㄴ. 모두 옳은 내용이다.
   수요독점 요소시장에서는 노동수요의 한계비용과 한계수입이 일치하여야 이윤극대화를 달성할 수 있다. 이때, 노동수요의 한계비용은 한계요소비용(한계노동비용)이며 노동수요의 한계수입은 노동의 한계생산가치를 의미한다. 따라서 수요독점 요소시장에서 이윤극대화조건은 한계요소비용(한계노동비용)과 노동의 한계생산가치가 일치할 때 충족된다($[W(L) \cdot L]' = \overline{P} \cdot MP_L$).

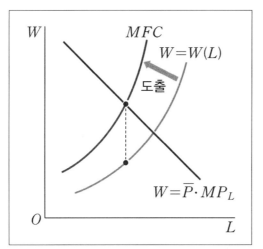

균형은 한계요소비용과 노동의 한계생산가치가 일치하는 데서 달성된다. 그런데 임금은 수요독점자로서의 지위를 활용하여 한계요소비용이 아니라 그보다 더 낮은 수준으로 설정된다. 따라서 균형에서 임금은 한계요소비용(marginal factor cost)보다 낮다.

완전경쟁적인 노동시장이라면, 노동의 한계생산가치곡선과 노동공급곡선이 교차하는 지점에서 균형이 형성된다. 그러나 수요독점적 노동시장에서는 노동의 한계생산가치곡선과 한계요소비용(한계노동비용)곡선이 교차하는 지점에서 균형이 형성된다. 따라서 경쟁적 노동시장에 비해 노동의 고용량이 더 적다.

그런데 임금은 수요독점자로서의 지위를 활용하여 한계요소비용이 아니라 그보다 더 낮은 수준으로 설정된다. 따라서 균형에서 완전경쟁인 노동시장에 비해 노동의 가격이 더 낮아진다.

ㄷ. 틀린 내용이다.

경제적 지대란 전용수입을 초과한 보수로서 생산요소의 기회비용을 초과하여 추가적으로 지불되는 보수를 의미한다. 경제적 지대란 생산요소의 공급이 가격에 대해 비탄력적이기 때문에 추가적으로 발생하는 요소소득의 성격을 가지게 되고 어떤 생산요소의 공급이 비탄력적일수록 그 요소의 수입 중에서 경제적 지대가 차지하는 비중이 커지게 되는 특징이 있다. 극단적으로 요소공급이 완전비탄력적인 경우 요소수입의 전부가 경제적 지대이다.

ㄹ. 옳은 내용이다.

전용수입(transfer earnings)은 생산요소가 전용되더라도, 즉 다른 곳에서 고용되더라도 받을 수 있는 수입이자 기회비용을 말한다. 다른 곳에서 전용수입만큼 벌 수 있으므로 이곳에서도 최소한 그만큼은 보장되어야 현재 이곳의 고용상태에 머물도록 할 수 있음을 나타낸다.

14 정답해설

ㄱ. 틀린 내용이다.

생산요소에 대한 보수를 소득으로 보고 노동, 자본 등 요소 간 보수의 분배를 기능별 소득분배라고 한다. 생산요소 중 노동은 임금소득, 자본은 이자소득, 토지는 지대소득을 획득하게 되는데 각 요소에 대한 보수는 생산요소시장에서의 요소가격에 의하여 결정된다. 따라서 기능별 소득분배이론은 생산요소시장에서의 요소가격결정에 기하여 소득분배를 분석하게 된다. 한편 계층별 소득분배는 집단구성원의 소득을 크기에 따라서 순서대로 나열하여 상위계층부터 하위계층으로 구분하는 경우 상위계층과 하위계층의 계층 간 집단 간 소득의 분배를 분석한다.

ㄴ. 틀린 내용이다.

로렌츠곡선은 소득 하위계층부터 시작하여 인구의 누적점유율과 그에 대응하는 소득의 누적점유율(소득하위 인구의 $x\%$가 전체소득의 $y\%$를 점유)을 연결한 곡선이다. 로렌츠곡선이 대각선에 가까울수록 소득분배가 균등하며, 완전히 균등한 소득분배의 경우에 대각선과 일치한다. 한편, 로렌츠곡선은 증가함수이며, 로렌츠곡선의 기울기도 증가함수이다.

ㄷ. 옳은 내용이다.

서로 다른 두 집단 혹은 국가 간 로렌츠곡선은 교차할 수 있으며 이 경우에는 로렌츠곡선만을 가지고는 소득분배 상태에 대하여 일률적인 판단을 내릴 수 없다. 이 경우에는 보통 지니계수를 추가적으로 활용한다.

ㄹ. 옳은 내용이다.

지니계수는 로렌츠곡선이 완전균등분배선인 대각선에서 얼마나 이탈해있는지를 측정해 주는 지표로서 다음과 같이 계산된다(지니계수 $G = \dfrac{\text{로렌츠곡선의 } \alpha \text{ 면적}}{\text{로렌츠곡선의 } \alpha + \beta \text{ 면적}}$). 이때, 로렌츠곡선이 완전균등분배선인 대각선에 접근할수록 지니계수는 작아지며 소득분배는 균등해진다. 완전균등한 소득분배인 경우 로렌츠곡선이 완전균등분배선인 대각선과 일치하므로 지니계수는 0이 된다. 완전불균등한 소득분배인 경우에는 지니계수가 1이 된다.

15 정답해설

① 옳은 내용이다.

경제 내의 어느 누구에게도 손해가 가지 않으면서 최소한 한 사람 이상에게 이득이 되도록 하는 것이 불가능한 자원배분상태를 파레토효율이라고 한다. 즉, 이는 파레토개선이 불가능한 상황으로서 이를 구체적으로 보면 경제 내 주체들의 효용, 이윤, 잉여 및 재화의 생산이 극대화된 상태를 의미한다. 특히 파레토효율을 기하적으로 표시한 그래프를 계약곡선이라고 한다.

② 옳은 내용이다.

왈라스 일반균형이란 경제 내 모든 시장이 동시에 균형상태에 있음을 의미한다. 이때 현실에서는 많은 경우 시장이 불완전경쟁상태에 있음에도 불구하고 이에 대하여 경쟁적 상황만을 고려하여 가격수용자 가정을 통해서 일반경쟁균형을 도출할 수 있다.

③ 옳은 내용이다.

파레토효율 달성을 위해서는 여러 조건이 충족되어야 하는데 현실에서는 그러한 조건이 충족되기 어렵다. 따라서 모든 조건의 충족이 안 된 배분상태들 간에 비교를 통하여 차선을 택해야 한다. 그런데 충족되는 효율성 조건의 수들이 많다고 해서 사회후생이 커지는 것은 아니므로 단순히 효율성 조건의 수로 차선을 선택해서는 안 된다. 즉, 차선처럼 보이는 상태가 차선이 아닐 수도 있다는 것이다. 따라서 차선의 상태를 골라내기 위해서는 매우 신중해야 한다. 이를 차선의 이론이라고 한다.

차선의 이론에 의하면, 경제전반의 상황을 무시한 채 부분적으로 효율성을 개선하더라도 전체적인 효율성은 오히려 악화될 수도 있다. 부분적으로 혹은 점진적으로 경제적 여건을 일부 개선하더라도 오히려 후생이 악화될 수도 있다는 것이다. 단순히 효율성 조건의 충족 개수가 많아서 차선의 배분상태처럼 보이더라도 실은 차선이 아닐 수 있다. 이런 경우에는 차라리 제약된 조건하에서 효율적인 자원배분을 추구하는 것이 차선의 배분을 달성할 수 있다.

④ 옳은 내용이다.

후생경제학 제1정리에 의하면 모든 소비자의 선호체계가 강단조성을 갖고 경제 안에 외부성이 존재하지 않으면 일반경쟁균형에 의한 배분은 파레토효율적이다. 따라서 후생경제학 제1정리는 독점이 아니라 일반경쟁적 균형이 파레토효율적임을 의미한다.

⑤ 틀린 내용이다.

만일 초기부존자원이 적절히 분배된 상황에서 모든 사람의 선호가 연속적이고 강단조적이고 볼록성을 가지면 파레토효율적인 배분은 일반경쟁균형이 된다. 이를 후생경제학 제2정리라고 하며 간단히 표현하면 특정 조건이 충족된 상황에서는 파레토효율적 배분을 일반경쟁균형을 통해서 달성할 수 있음을 나타낸다.

후생경제학 제2정리의 성립을 위해서는 반드시 초기배분상태에 대한 적절한 재분배 과정이 필요하다. 즉 정액세 부과 및 보조를 통하여 초기 부존자원을 재분배하여야 하는데 이는 재분배의 이론적 가능성만을 보여주는 것일 뿐 확실하게 현실가능성이 있는 것은 아니라는 한계가 있다. 그리고 재분배를 위해서는 가격체계를 건드리지 않고 정액세-현금이전의 방식이 바람직함이 알려져 있다. 만일 정부가 가격체계를 건드리는 경우 가격체계에 왜곡을 가져와 비효율을 초래하게 된다.

16 〔정답해설〕

①은 틀린 내용이며, ②는 옳은 내용이다.

외부성이란 어떤 한 경제주체의 행위가 제3자에게 의도하지 않은 이득이나 손해를 가져다줌에도 불구하고 이에 대한 대가를 받거나 주지 않는 상황으로서 시장의 테두리 밖에 존재하는 현상을 의미한다.

특히 생산의 외부성이란 어떤 경제주체의 생산행위가 다른 경제주체의 효용함수 혹은 생산함수에 긍정적 혹은 부정적 영향을 미치는 것을 의미한다.

생산에 있어서 부정적 외부효과가 있을 경우 사적 비용에 비해 사회적 비용이 더 크다. 기하적으로는 아래 첫번째 그래프와 같이 사회적 한계비용곡선이 사적 한계비용곡선보다 상방에 존재하는 것으로 묘사할 수 있다. 이는 생산에 수반되는 부정적 외부성이 사회적 관점에서는 생산비용의 상승을 만들어 내기 때문이다. 사적 한계비용이 사회적 한계비용보다 더 작기 때문에 시장균형 산출량은 사회적 최적 산출량을 상회한다.

〈생산의 부정적 외부효과〉

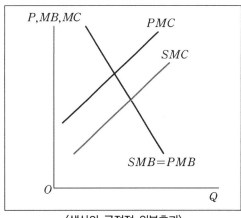

〈생산의 긍정적 외부효과〉

③ 틀린 내용이다.

소비의 외부성이란 어떤 경제주체의 소비행위가 다른 경제주체의 효용함수 혹은 생산함수에 긍정적 혹은 부정적 영향을 미치는 것을 의미한다.

소비에 있어서 부정적 외부성이 있는 경우 사회적 한계편익에 비해 사적 한계편익이 더 크다. 기하적으로는 아래 첫번째 그래프와 같이 사회적 한계편익곡선이 사적 한계편익곡선보다 하방에 존재하는 것으로 묘사할 수 있다. 이는 소비에 수반되는 부정적 외부성이 사회적 관점에서 편익의 감소를 만들어 내기 때문이다. 사적 한계편익이 사회적 한계편익보다 더 크기 때문에 시장균형 산출량은 사회적 최적 산출량을 상회한다.

〈소비의 부정적 외부효과〉

〈소비의 긍정적 외부효과〉

④ 틀린 내용이다.

코즈에 의하면 외부성의 존재가 반드시 정부의 개입에 의한 해결을 필요로 하지 않을 수도 있다. 정부개입 없이도 민간부문에서 자율적인 협상을 통해서 해결할 수 있음을 의미한다. 코즈정리에 따르면, 첫째 외부성이 존재하는 경우, 둘째 외부성과 관련된 재산권의 부여가 확립되고, 셋째 협상에 따른 거래비용이 존재하지 않는다고 가정하면 정부개입이 없더라도 이해당사자인 경제주체들 간의 자율적인 협상을 통해 효율적인 자원 배분이 가능하다.

⑤ 틀린 내용이다.

공유지는 공유재의 한 예로서 일반적으로 공유재란 경합성은 있으나 배제성은 없는 재화를 의미한다. 공유재 는 공공재와 유사하게 배제불가능성의 특징을 가지고 있지만 또한 사적재와도 유사하게 경합성의 특징을 모두 가지고 있다.

공유자원의 비극은 공유재의 독특한 성격 때문에 발생한다. 공유재의 성격상 배제가 불가능하기 때문에 누구 나 공유재를 사용하고 주인이 될 수 있어서 소유권과 주인이 분명하지 않기 때문에 과잉소비가 발생한다. 이러한 과잉소비는 공유재의 경합성으로 인하여 결국 고갈문제를 초래한다. 공유재의 배제불가능성과 경합성 이 결합되어 공유재가 적정수준 이상으로 남용되어 고갈되는 문제로 나타나는 것이다.

공유자원에 접근가능한 특정주체의 소비 혹은 생산행위는 불분명한 소유권 확립과 결부되어 과잉소비로 이어 진다. 특정주체의 과잉소비는 공유자원을 고갈시킴으로써 다른 주체들의 소비 혹은 생산행위에 부정적 영향, 즉 부정적 외부성을 초래하게 된다.

공유자원을 사용하는 개별주체의 관점에서는 자신의 이익을 극대화하는 것이므로 합리적인 의사결정임에 틀림없다. 그러나 공유자원을 사용하는 전체의 관점에서는 부정적 외부성, 과잉소비, 고갈 등의 문제로 인하여 효율적이지 않다. 이는 공유자원을 사용함에 있어서 사적 유인과 사회적 유인이 외부성에 의하여 괴리되기 때문에 발생하는 것이다.

17 정답해설

① 옳은 내용이다.

영화관의 조조할인은 3급 가격차별의 예이다. 3급 가격차별은 소비자를 그 특성에 따라서 구분하여 각기 차별적인 가격을 설정한다. 참고로 2급 가격차별은 소비자를 특성별로 구분하는 것이 아니라는 점에서 3급 가격차별과 다르다.

② 옳은 내용이다.

독점기업이 독점이윤을 조금이라도 더 증가시킬 목적으로 가격을 설정함에 있어서 1개의 가격이 아니라 2개의 부분으로 나누어 가격을 부과하는 것을 이부가격제도(two-part tariff)라고 한다. 두 부분의 가격은 일반적으로 가입비(entry fee or member's fee)와 사용료(usage fee)로 구성되어 있다. 만일 현실에서 소비자마다 다른 선호를 가지고 있는 경우에는 소비자마다 상이한 소비량과 상이한 가격에 직면하게 되므로 사실상 가격차별의 일종으로 기능하게 된다.

③ 옳은 내용이다.

3급 가격차별은 수요자를 그룹별로 분리하여, 그룹에 따라서 각각 다른 가격을 설정하는 방식이다. 시장분할에 의한 가격차별이라고 하기도 한다. 그룹에 따라 소비자들은 다른 특성을 보이는데 이는 상이한 가격탄력성과 연관이 있다. 3급 가격차별의 전제조건으로는 첫째, 소비자를 그룹별로 분리 가능하며(가격탄력성, 분리비용 고려), 둘째, 생산자는 독점력을 보유하며, 셋째, 소비자 그룹 간 전매(재판매)가 불가능해야 한다. 만일 전매(재판매)가 가능하다면, 가격이 싸게 책정된 그룹의 소비자가 상품을 대량구입하여 가격이 높이 책정된 그룹의 소비자들에게 적정한 이윤을 붙여서 판매할 수 있게 되어 가격차별은 붕괴하게 된다.

④ 틀린 내용이다.

3급 가격차별의 경우 시장 간 한계수입이 동일하도록 가격이 설정되는데 특히 수요의 가격탄력성이 상대적으로 낮은 경우 더 높은 가격이 설정된다. 즉 3급 가격차별 시 이윤극대화는 $MC = MR_A = MR_B$ 에서 달성된다. 3급 가격차별 시 이윤극대화 조건 $MC = MR_A = MR_B$을 Amoroso-Robinson의 공식을 이용하여 다시 풀어쓰면 $P_A(1 - \dfrac{1}{\epsilon_A}) = P_B(1 - \dfrac{1}{\epsilon_B})$ 이 된다. 이는 상대적으로 탄력적인 수요자 집단에 대해서는 낮은 가격을, 상대적으로 비탄력적인 수요자 집단에 대해서는 높은 가격을 설정해야 함을 의미한다.

⑤ 옳은 내용이다.

1급 가격차별에서 기업의 이윤극대화 산출량 결정은 역시 한계수입과 한계비용이 된다. 한계수입은 1급 가격차별에서는 소비자의 수요곡선(엄밀하게는 보상수요곡선)이 되므로 이윤극대화 산출량은 수요곡선과 한계비용곡선이 만나는 점에서 결정된다. 그런데 이러한 경우는 완전경쟁시장에서의 산출량과 동일하므로 자중손실이 0이 된다는 특징이다. 또한 1급 가격차별의 경우 소비자가 낼 의향이 있는 모든 금액을 가격으로 책정하기 때문에 소비자잉여가 기업의 독점이윤으로 모두 흡수되어 소비자잉여는 0이 된다는 특징이 있다. 즉, 자중손실과 소비자잉여가 모두 0이 된다.

18 정답해설

ㄱ. 옳은 내용이다.

어떤 상품 속에 담긴 정보가 그 상품에 있어서 매우 본질적이고 핵심적인 의미를 갖는 경우에 그러한 상품을 정보재(information goods)라고 한다. 예를 들면 책, 음악, 영화, 소프트웨어, 데이터 등을 정보재로 볼 수 있는데, 이러한 상품들은 상품을 싸고 있는 외양보다는 상품 속에 담긴 내용, 즉 정보가 상품으로서의 본질적 특징을 결정한다. 여러분이 읽고 있는 경제학 교과서에서 책 안에 담긴 내용을 빼고 나면 종이밖에 남지 않아 가치가 거의 없는 것이다.

ㄴ. 틀린 내용이다.

정보재는 생산의 초기 단계에서는 많은 비용이 들지만 일단 생산이 시작되면 추가적인 생산비용은 그리 크지 않다는 특징이 있다. 예를 들면, 소프트웨어를 제작하기 위해서 초기에 막대한 연구비와 개발비가 투입되어야 하지만 일단 소프트웨어 제작이 완료되면 매우 싼 비용으로 소프트웨어를 제작하여 판매할 수 있다. 즉 정보재 생산에 있어서 비용구조는 고정비용이 매우 높은 반면, 한계비용은 매우 낮으며, 고정비용의 경우 매몰비용적 성격이 매우 강하여 일단 투입되면 회수하기가 어렵다는 특징을 보인다. 이러한 비용구조로 인해서 생산이 증가하면 할수록 평균비용이 계속 감소하게 되어 자연스럽게 독점화로 진행될 가능성이 매우 커진다. 즉 규모의 경제와 자연독점화 경향을 보인다.

ㄷ. 옳은 내용이다.

같은 정보재를 사용하는 소비자들의 경우 소비자규모가 커질수록, 즉 특정 정보재에 대한 소비자 네트워크가 커질수록 소비자들의 효용이 더 커지게 된다. 상품구입의 의사결정에 있어서는 상품의 가격과 효용이 매우 중요하다. 정보재와 같이 네트워크효과가 강하게 나타나는 상품의 경우 해당 정보재를 사용하고 있는 소비자 규모가 정보재의 효용에 큰 영향을 미치게 되어 상품구입 의사결정을 좌우하게 된다.

특정 정보재에 있어서 네트워크효과가 강하게 존재할 경우 정보재에 대한 수요는 조금씩 증가하다가 어느 시점에 이르면 갑자기 폭발적으로 증가하는 특성을 보인다. 이는 특정 정보재를 사용하는 소비자들이 점점 많아지면서 그로 인한 효용도 동시에 커지면서 다시 더 많은 소비자들이 소비에 동참하게 되는 연쇄효과로 인해 쏠림현상이 나타나는데 이를 긍정적 피드백효과(positive feedback)라고 한다.

ㄹ. 옳은 내용이다.

잠김효과(lock-in effect)란 특정재화나 서비스, 특정 시스템을 사용함에 있어서 이와 관련되거나 대체가능한 다른 제품, 서비스, 시스템의 선택이 제약받는 현상을 의미한다. 예를 들어 여러 종류의 워드프로세서 소프트웨어 중에서 특정 소프트웨어를 일단 선택하여 사용하기 시작하면, 이후에 여간해서는 다른 소프트웨어로 바꾸기가 쉽지 않다. 이렇게 특정 제품이나 서비스를 사용하면 그것에 묶여서 마치 자물쇠로 잠긴 상태가 된다는 의미에서 잠김효과라고 한다.

정보재를 소비하기 위해서는 다른 일반적인 재화와는 달리 상품에 담긴 정보의 내용을 이해하고 숙달하여 활용하는 시간적 과정이 필요하다. 만일 이미 선택하여 사용하고 있던 정보재를 다른 정보재로 바꾸기 위해서는 또다시 다른 정보재에 대한 정보의 내용을 이해, 숙달하고 활용하는 과정이 필수불가결하다. 이는 소비자 입장에서 많은 시간과 노력을 들여야 하기 때문에 매우 불편하며 비용으로 작용하는데 이를 전환비용(switching cost)이라고 한다. 잠김효과가 강하게 나타날수록 전환비용이 매우 크며, 또한 전환비용이 클수록 잠김효과는 더욱 강하게 나타난다. 정보재는 잠김효과와 수요 측 규모의 경제가 강하게 작동하므로 공급자 입장에서는 가급적 빠른 시간 안에 자사 정보재에 대한 소비자 네트워크를 확충하는 것이 매우 중요하다. 이를 위해서 소비자를 유인하는 전략을 구사하게 되는데 무료견본이나 할인판매 등의 전략적 가격설정이 자주 나타난다.

19 정답해설

① 틀린 내용이다.

역선택과 도덕적 해이의 구별은 다음과 같다.

정보가 비대칭적으로 분포된 상황에서 정보를 갖지 못한 측의 입장에서 볼 때 바람직하지 못한 상대방과 거래를 할 가능성이 높아지는 현상을 역선택이라고 한다. 역선택은 감추어진 타입 혹은 특성(hidden characteristic) 때문에 발생한다.

예를 들어 보험회사는 보험가입자의 건강상태에 대하여 정확한 정보가 부족하기 때문에 건강한 사람과 그렇지 못한 사람의 중간 수준으로 보험료를 책정하게 된다. 이는 건강한 사람으로 하여금 보험가입을 꺼리게 함과 동시에 건강하지 못한 사람의 가입을 부추기는 것이 되고 마는데 이렇게 보험시장에 건강하지 못한 사람만 남게 되는 현상은 역선택의 좋은 예이다.

한편, 어느 한 거래당사자는 자기 행동이 상대방에 의해 정확하게 파악될 수 없는 특정한 상황에서 상대방에게 바람직하지 못한 결과를 초래하고 자신의 이득을 추구하는 행동을 할 유인이 있을 수 있다. 이 경우 그 거래당사자는 바람직하지 못한 행동을 할 수 있는데 이를 도덕적 해이가 발생하였다고 한다. 도덕적 해이는 거래나 계약 이후에 나타나는 감추어진 행동(hidden action)이 문제된다.

예를 들어 건강보험에 가입하기 전에 비하여 가입한 이후에 건강관리에 소홀히 하고 대신 병원에 필요 이상으로 자주 다니는 현상이 나타나는 것도 도덕적 해이의 하나의 예이다.

② 틀린 내용이다.

직업감독제도는 역선택이 아니라 도덕적 해이를 방지하기 위한 수단이다. 근로자와 고용주와의 관계에서 근로자의 행동에 대한 정보가 비대칭적으로 분포되어 있는 경우 근로자는 일단 취직이 되면 근로에 최선의 노력을 다하지 않고 본인의 안위를 추구할 유인이 매우 크다. 결국 고용주는 근로자가 열심히 일하도록 감시 및 감독하는 데 적지 않은 비용을 투입할 수밖에 없게 된다.

③ 틀린 내용이다.

기초공제란 사고발생 시 손실액 중 일정금액 이하는 고객이 부담하고 그 일정금액을 초과하는 금액에 대하여서만 보험사가 부담하는 방식으로서 공동보험과 마찬가지로 보험회사와 보험가입자가 공동으로 보상하는 것을 의미한다. 이를 통해서 도덕적 해이 문제를 완화시킬 수 있다.

④ 옳은 내용이다.

정보를 가진 측에서는 감추어진 특성에 대한 관찰 가능한 지표 또는 감추어진 특성에 대한 다양한 보증을 제공(예 중고차 성능기록부, 품질보증)하여 역선택의 문제를 완화시킬 수 있다. 보증은 바로 거래되는 상품의 질이 좋다는 신호가 된다. 이러한 정보의 제공을 신호발송(signaling)이라고 한다. 또한 정보를 가진 측에서 적극적으로 자신에 대한 평판과 신뢰를 축적하여 역선택을 해결하려는 유인이 있다. 기업이 자사 브랜드에 대한 명성을 쌓으려고 노력하는 것도 신뢰 및 평판의 축적을 통한 역선택의 해결방안으로 좋은 예가 된다.

⑤ 틀린 내용이다.

정보를 갖지 못한 측에서는 정보를 가진 측의 감추어진 특성에 관한 정보를 파악하기 위해 정보를 수집하여 바람직하지 못한 거래당사자와 바람직한 거래당사자를 구별하여 역선택의 문제를 완화시킬 수 있다. (예 학력에 따라서 차별적으로 임금을 책정하는 것, 보험가입 시 건강진단서를 제출케 하여 차별적으로 보험료를 책정하는 것, 은행의 대출심사) 이를 선별(screening)이라고 한다.

20 [정답해설]

설문의 자료를 이용하여 개별기업의 사회적 최적산출량 및 이윤극대화 산출량을 구하면 다음과 같다.

1. 비용조건

   사적 한계비용 $PMC = \frac{1}{2}Q + 300$, 한계외부비용 $MEC = 100$, 사회적 한계비용 $SMC = \frac{1}{2}Q + 400$

2. 수요조건

   경쟁시장에서 활동하고 있는 개별기업이며, 이러한 개별기업이 경쟁시장에서 직면하는 개별수요는 $P = 500$이 된다.

3. 개별기업의 사회적 최적산출량

   생산에 부정적 외부성이 있는 경우 개별기업의 사회적 최적산출량은 $P = SMC$일 때 달성되므로 따라서 $\frac{1}{2}Q + 400 = 500$이 되고 $Q = 200$이다.

4. 개별기업의 이윤극대화 산출량

   생산에 부정적 외부성이 있는 경우 개별기업의 이윤극대화 산출량은 $P = PMC$일 때 달성되므로 따라서 $\frac{1}{2}Q + 300 = 500$이 되고 $Q = 400$이다.

21 정답해설

① 옳은 내용이다.

세이의 법칙(Say's law)이란 공급이 국민소득을 결정하고 공급은 그 스스로 수요를 창출해냄을 의미한다. 이에 반해 수요가 공급을 창출하고 수요가 국민소득을 결정하는 것을 세이의 법칙에 비견하여 케인즈의 법칙이라고 한다. 고전학파의 세계에서는 공급보다는 수요가 더 큰 상황을 전제한다. 따라서 경제에 공급된 것은 수요측면에서 남김없이 모두 팔리게 된다. 공급에 대한 대가는 생산과정에 참여한 요소의 제공자들에게 소득으로 지불된다. 결국 국민소득은 공급을 의미하며 공급된 것은 반드시 모두 수요되기 때문에 공급 그 자체가 국민소득이 된다. 즉 공급이 국민소득을 결정하며, 수요는 국민소득결정에 영향이 없다.

만일 특정산업부문에서 팔리지 않고 남은 것이 있다고 하더라도 요소의 제공자들에게 소득으로 지불되었기 때문에 이들은 다른 부문에서의 수요를 늘리게 되어 결국 경제전체로 볼 때 공급은 모두 수요로 소화된다고 할 수 있다. 공급이 수요를 창출하고 국민소득을 결정하는 이유는 가격이 신축적이기 때문이다. 초과공급이나 초과수요가 있을 경우 가격이 신축적이라면 불균형이 존재하더라도 가격이 변화하여 불균형을 즉각 해소시킬 수 있게 된다. 공급된 양은 가격의 변화에 의하여 공급되기만 하면 정확하게 그만큼 수요될 수 있다. 총공급이 결정되면 이에 따라서 총수요가 총공급과 같아지도록 조절되고 총공급에 해당하는 만큼이 국민소득으로 결정된다.

② 옳은 내용이다.

고전학파의 세계에서는 모든 가격변수가 신축적으로 움직이므로 시장의 불균형은 신속히 조정되어 시장은 항상 균형을 달성한다. 특히, 노동시장의 균형은 노동에 대한 수요와 노동공급이 일치할 때 달성되며, 노동시장에 불균형이 있더라도 임금의 신축적인 조정에 의하여 균형을 즉각 회복하므로 고용은 항상 완전고용 수준을 유지한다.

③ 옳은 내용이다.

노동수요의 주체는 기업이며 노동수요는 기업의 이윤극대화과정에서 이루어진다. 노동수요는 실질임금에 의하여 결정되며 특히 실질임금의 감소함수이다.

④ 옳은 내용이다.

생산요소시장에서 노동을 얼마나 수요하여 투입할지에 대한 기업의 의사결정으로서 이때 이윤극대화 조건은 일반적으로 한계수입생산과 한계요소비용이 일치하는 $MRP_L = MFC_L$ 이 된다. 한계수입생산 MRP_L은 요소의 한계생산성 개념인바, 노동을 추가적으로 수요하여 생산에 투입했을 때 얻는 수입으로서 거시경제관점에서 거시경제 총생산함수가 $Y = f(L, K)$ 라고 하면, MRP_L은 $P f'(L)$이 된다. 요소의 한계비용 개념으로서 한계요소비용이란 노동을 추가적으로 수요하여 생산에 투입했을 때 드는 비용으로서 한계요소비용은 노동의 임금(W)이 된다. 결국 노동에 대한 수요는 실질임금과 노동의 한계생산에 의하여 결정됨을 알 수 있다.

⑤ 틀린 내용이다.

고전학파에 의하면 물가상승은 노동의 한계생산에 영향을 주지 못한다. 통화량의 증가가 국민소득과 같은 주요 실질변수에 영향을 미치지 못하며 물가, 명목임금과 같은 명목변수에만 영향을 미치는 것을 화폐의 중립성(the neutrality of money)이라고 한다. 화폐의 중립성이 성립하여 통화량 증가에 따라 물가가 상승하는 경우는 총공급곡선이 수직인 논리에 부합한다.

22 정답해설

국내총생산(GDP)이란 일정한 기간 동안 한 나라 안에서 생산되어 최종적인 용도로 사용되는 재화, 서비스의 가치를 모두 더한 것을 의미한다.

① 틀린 내용이다.

GDP는 시장에서 거래되는 상품을 대상으로 하므로 비시장재화나 지하경제의 경우 국내총생산에 포착되지 않는다. 다만, 시장에서 거래되지 않는다고 하더라도 일부 생산물에 대하여는 추산을 통하여 귀속시키는 경우

도 있으니 주의해야 한다. 예를 들어 자가소유주택으로부터의 주거서비스의 가치를 추산하는 것이라든지, 군인, 경찰, 공무원들로부터의 국방서비스, 치안서비스, 행정서비스의 가치를 추산하는 것이 좋은 예가 된다. 또한 농가에서 자신이 소비하기 위해서 생산하는 자가소비용 농산물도 추산을 통해서 국내총생산에 포함된다.

② 옳은 내용이다.

국내순생산(NDP)은 국내총생산(GDP)에서 감가상각(고정자본소모)을 차감한 것이고 국민순소득(NNI)은 국민총소득(GNI)에서 감가상각을 차감한 것이다.

③ 옳은 내용이다.

명목 국내총생산은 재화와 서비스의 생산의 가치를 쉽게 측정가능한 화폐가치로 전환한 것으로서 생산량의 변화뿐만 아니라 가격의 변화를 모두 고려하는 개념이다.

④ 옳은 내용이다.

국내총생산은 생산측면, 분배측면, 지출측면에서 각각 파악할 수 있는데 사후적으로 항상 같은 값을 가지게 되며 이를 3면 등가의 법칙 혹은 원리라고 한다. 그러나 사전적으로는 3면 등가의 법칙이 성립하지 않으며 만일 3면 등가를 달성시키기 위해서는 소득이나 이자율 등의 적절한 조정이 요구된다.

국내총생산을 생산측면에서 파악하는 경우 최종생산단계에서 최종생산물의 시장가치 혹은 생산단계별 부가가치의 합계로 측정된다. 분배측면에서 파악하는 경우 생산과정에 참여한 경제주체들에 대해 지급된 대가(임금, 이자, 지대, 이윤)로 측정된다. 지출측면에서 파악하는 경우 생산물이 처분된 유형별로 처분금액의 합계(소비, 투자, 정부지출, 순수출)로 측정된다.

참고로 원래 국내총소득(GDI)은 국내총생산에 교역조건의 변화에 따른 실질적인 무역손익을 고려한 개념으로서 다음과 같은 산식으로 정의된다. 다만, 본 문제에서 국내총소득은 국내총생산의 분배측면의 파악으로 선해하기로 한다.

국내총소득(GDI) = 국내총생산(GDP) + 교역조건의 변화에 따른 실질 무역손익

⑤ 옳은 내용이다.

앞에서 본 바와 같이 국내순생산(NDP)은 국내총생산(GDP)에서 감가상각을 차감한 것이고 국민순소득(NNI)은 국민총소득(GNI)에서 감가상각을 차감한 것이다. 국내총생산(GDP)과 국민총소득(GNI)에서 감가상각을 차감한 후에 정부부문을 고려하게 되면, 국민입장에서는 간접세와 보조금을 고려한 순간접세를 정부에 납부해야만 한다. 국민순소득(NNI)에서 순간접세를 차감한 것을 국민소득(NI)라고 한다. 따라서 국민소득이란 국민순소득에서 간접세를 차감하고 보조금을 더한 것으로서 법인세나 소득세와 같은 직접세를 납부하기 직전에 가계나 기업 같은 민간부문에 귀속되는 소득개념이다. 특히 국민소득은 국민계정에서는 임금을 나타내는 피용자보수와 이자, 지대, 이윤을 의미하는 영업잉여로 구성된다.

따라서 피용자보수와 영업잉여와 같은 요소비용국내소득인 국민소득에 순간접세를 더하면 국민순소득이 되고 국민순소득에 감가상각(고정자본소모)을 더하면 국민총소득이 되고, 특정한 경우를 상정하면 국민총소득이 국내총생산이 된다. 결국 국내총생산은 요소비용국내소득에 순간접세와 고정자본소모를 합산한 것이 됨을 알 수 있다.

참고로 본 문제는 선지에 등장하는 개념들을 정의하고 적용함에 있어서 정확한 전제가 수반되지 않고 다양한 상황으로 해석가능하기 때문에 논란의 여지가 있다. 다만, 출제의도를 선해하여 정답을 찾는 데 어려움은 없겠으나 수험생들에게 불필요한 혼동을 야기할 수 있는바 이러한 불확정적인 단순개념문제는 지양되어야 할 것이다.

23 (정답해설)

1) 현재의 균형국민소득 구하기

① 균형조건식은 $Y = 120 + 0.8(Y - 200) + 100 + 200$이 된다.

② 따라서 균형국민소득 $Y = 1,300$이 된다.

2) 정부지출이 220으로 증가할 경우 균형국민소득 구하기

   ① 균형조건식은 $Y - 120 + 0.8(Y - 200) + 100 + 220$이 된다.

   ② 따라서 균형국민소득 $Y = 1,400$이 된다.

3) 소득의 증가

   균형국민소득은 1,300에서 1,400으로 증가하므로 균형국민소득의 증가분 $\Delta Y = 100$이 된다.

참고로 케인즈 모형과 그에 따른 승수효과에 따라서 접근하면 다음과 같다.

1) 케인즈 국민소득결정모형(수요 측 결정모형)

   $$Y^D = C + I + G, \qquad Y^S = Y, \qquad Y^D = Y^S$$

2) 균형국민소득의 결정

   균형조건식은 $Y = C + I + G$ 이며 $Y = a + b(Y - T_0) + I_0 + G_0$ 이므로 $\therefore \; Y = \dfrac{a - bT_0 + I_0 + G_0}{(1-b)}$

3) 승수효과 : 설문에서 주어진 자료(한계소비성향이 0.8, 정부지출의 증가분이 20)를 활용

   $$\Delta Y = \frac{1}{1-b}\Delta I + \frac{1}{1-b}\Delta G - \frac{b}{1-b}\Delta T, \qquad \Delta Y = \frac{1}{1-b}\Delta G = \frac{1}{1-0.8} \times 20 = 100$$

따라서 균형국민소득의 증가분은 100이 됨을 승수효과를 통해서 확인할 수 있다.

24 정답해설

파셰 물가지수는 비교시점 가격과 기준시점의 가격을 비교함에 있어서 가중치로 비교시점 수량을 사용하고 있으며 그 산식은 다음과 같다.

$$\text{파셰 물가지수} = \frac{\Sigma P_t Q_t}{\Sigma P_0 Q_t} = \frac{\text{비교시점 가격} \times \text{비교시점 수량}}{\text{기준시점 가격} \times \text{비교시점 수량}}$$

한편, 라스파이레스 물가지수는 비교시점 가격과 기준시점의 가격을 비교함에 있어서 가중치로 기준시점 수량을 사용하고 있으며 그 산식은 다음과 같다.

$$\text{라스파이레스 물가지수} = \frac{\Sigma P_t Q_0}{\Sigma P_0 Q_0} = \frac{\text{비교시점 가격} \times \text{기준시점 수량}}{\text{기준시점 가격} \times \text{기준시점 수량}}$$

주어진 자료를 통해서 파셰 물가지수와 물가상승률을 계산하면 다음과 같다.

1) 기준연도 2010년 파셰 물가지수 = 1(또는 100)

2) 비교연도 2020년 파셰 물가지수

   $$= \frac{\Sigma P_t Q_t}{\Sigma P_0 Q_t} = \frac{\text{비교시점 가격} \times \text{비교시점 수량}}{\text{기준시점 가격} \times \text{비교시점 수량}} = \frac{(3 \times 200) + (4 \times 300)}{(2 \times 200) + (2 \times 300)} = 1.8(\text{또는 } 180)$$

3) 물가상승률

   2010년 파셰 물가지수가 100이고, 2020년 파셰 물가지수가 180이므로

   $$\text{물가상승률} \; \pi = \frac{P_{2020} - P_{2010}}{P_{2010}} = \frac{180 - 100}{100} = 0.8(80\%)\text{이 된다.}$$

25 정답해설

① 옳은 내용이다.

   소비수요는 사후적으로 달성되고 실현된 소비가 아니라 사전적으로 계획되고 예정된 소비를 의미한다.

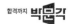

② 틀린 내용이다.

고전학파는 투자가 소득이 아니라 이자율에 의해 결정된다고 주장한다. 대부자금시장의 존재를 고려하면, 총저축은 대부자금시장에서의 자금공급이 되며, 투자는 대부자금에 대한 수요가 된다. 특히 대부자금 수요 및 공급이 이자율의 영향을 받음을 고려하면 대부자금 공급으로서 총저축은 $S = S(r)$ 이 되고, 대부자금 수요로서 투자는 $I = I(r)$ 이 된다. 저축은 이자율의 증가함수이며 투자는 이자율의 감소함수이다.

③ 옳은 내용이다.

절대소득이론이란 케인즈 및 케인지언의 이론으로서 소비에 대하여 비교적 단순한 가정을 통해서 현재가처분 소득의 절대적인 수준이 현재소비를 결정한다는 것이다. 소비는 주로 해당 기간 동안의 소득수준에 의존하며, 미래소득은 중요하지 않으며, 따라서 이자율도 소비의 결정에 중요하지 않다.

④ 옳은 내용이다.

기업이 현재 보유하고 있는 자본량(예 공장, 건물, 기계, 차량, 재고 등)이 최적의 자본량에서 괴리되어 있을 때 이를 메우기 위해서 자본량을 조정하는 것을 투자라고 한다. 투자수요 중 독립투자수요는 기업가의 야성적 충동 혹은 동물적 감각에 의하여 외생적으로 결정되는 것으로서 내생변수와 관계없는 외생변수이다.

⑤ 옳은 내용이다.

평균소비성향은 소득에서 소비가 차지하는 비중으로서 소비를 소득으로 나누어 계산한다. 한편, 한계소비성향은 소득의 증가분에서 소비의 증가분이 차지하는 비중으로서 소비의 증가분을 소득의 증가분으로 나누어 계산한다.

26 [정답해설]

① 옳은 내용이다.

본원통화는 현금통화와 지급준비금으로 구성된다. 즉, 다음과 같은 식이 성립한다.

본원통화(H) = 현금통화(C) + 지급준비금(R)

② 옳은 내용이다.

시재금은 지급준비금 중에서 은행의 금고에 현금으로 보관되고 있는 것을 의미한다. 지급준비금 중 시재금을 제외한 나머지는 중앙은행에 지준예치금으로 예치되어 있다. 즉, 다음의 식이 성립한다.

지급준비금 = 시재금 + 지준예치금

본원통화 = 현금통화 + 시재금 + 지준예치금

이때, 현금통화와 시재금을 더한 것을 화폐발행액이라고 하며, 다음의 식이 성립한다.

본원통화 = 화폐발행액 + 지준예치금

③, ④ 모두 옳은 내용이다.

중앙은행의 대차대조표는 다음과 같이 구성된다.

자산	부채와 자본
국내자산 　- 유가증권매입 　- 재할인대출 　- 대정부대출	국내부채 　- 화폐발행 　- 지준예치금
해외자산 　- 외화매입	해외부채

중앙은행의 자산은 국내자산과 해외자산으로 구성된다. 국내자산은 국내거주자에 대하여 중앙은행이 보유하는 채권으로서 유가증권, 재할인대출, 대정부대출 등으로 구성된다. 해외자산은 해외거주자에 대하여 중앙은행이 보유하는 채권이다. 이는 해외거주자가 발행한 외화표시증권 등이 있다.

한편, 중앙은행의 부채도 국내부채와 해외부채로 구성되는데 먼저 국내부채는 국내거주자에 대한 채무적 성격으로서 중앙은행이 국내자산을 매입하면서 지급한 화폐(지폐와 동전)와 지준예치금으로 구성된다. 해외부채는 해외거주자에 대한 채무적 성격으로서 외화를 매입하면서 지급한 화폐이다. 특히 화폐와 지준예치금을 합하여 본원통화라고 한다.

따라서 대차대조표에 의하면 중앙은행의 자산으로서의 정부대출이나 해외자산이 증가하면 중앙은행의 부채로서의 본원통화는 증가하게 된다.

⑤ 틀린 내용이다.

본원통화는 현금통화와 시재금, 지준예치금의 합이 되며, 추가로 발행된 화폐로 인하여 시재금이 증가하면 본원통화도 증가한다.

27 정답해설 〉

IS 곡선과 LM 곡선의 산식은 다음과 같다.

1) IS 곡선

① IS 곡선은 생산물 시장의 균형조건식에서 도출된다.

② $Y^D = Y^S$ ∴ $a + bY + I_0 + cr + G_0 = Y$ ∴ $r = \dfrac{(1-b)}{c}Y - \dfrac{(a + I_0 + G_0)}{c}$

2) LM 곡선

① LM 곡선은 화폐시장의 균형조건식에서 도출된다.

② $\dfrac{M^D}{P} = \dfrac{M^S}{P}$ ∴ $kY - lr = \dfrac{M_0}{P}$ ∴ $r = \dfrac{k}{l}Y - \dfrac{M_0}{Pl}$

위의 IS 곡선과 LM 곡선의 방정식을 도출하는 과정에 설문에서 제시한 조건을 적용하면 다음과 같다.

(ㄴ) 투자가 이자율에 영향을 받지 않는다면 소득은 소비와 기업가의 야성적 충동에 의해서 결정되므로 결국 IS 곡선은 수직선이 된다. 이는 IS 곡선의 도출과정에서 투자의 이자율탄력성이 0인 경우를 상정하면 쉽게 알 수 있다. LM 곡선과는 관련 없으므로 유의하자.

(ㄷ) 통화수요가 이자율에 영향을 받지 않는다면 소득은 거래적 화폐수요와 화폐공급에 의해서 결정되므로 결국 LM 곡선은 수직선이 된다. 이는 LM 곡선의 도출과정에서 투자적 화폐수요의 이자율탄력성이 0인 경우를 상정하면 쉽게 알 수 있다. 한편, 통화수요가 소득에 영향을 받는다면, 이는 일반적인 경우이므로 LM 곡선은 우상향한다.

28 정답해설 〉

IS 곡선과 LM 곡선의 산식은 다음과 같다.

1) IS 곡선

① IS 곡선은 생산물 시장의 균형조건식에서 도출된다.

② $Y^D = Y^S$ ∴ $a + bY + I_0 + cr + G_0 = Y$ ∴ $r = \dfrac{(1-b)}{c}Y - \dfrac{(a + I_0 + G_0)}{c}$

2) LM 곡선

① LM 곡선은 화폐시장의 균형조건식에서 도출된다.

② $\dfrac{M^D}{P} = \dfrac{M^S}{P}$ ∴ $kY - lr = \dfrac{M_0}{P}$ ∴ $r = \dfrac{k}{l}Y - \dfrac{M_0}{Pl}$

위의 IS 곡선의 방정식을 도출하는 과정에 설문에서 제시한 조건을 적용하면 다음과 같다.

투자의 이자율탄력성이 무한대인 경우 투자함수에서 c 가 무한대가 된다. 이를 IS 곡선의 도출과정에 적용하면 IS 곡선이 수평이 됨을 쉽게 알 수 있다. 이 경우 우상향하는 LM 곡선이 긴축통화정책에 따라서 좌측으로 이동하게 되면, (ㄱ) 국민소득은 감소하며, (ㄷ) 이자율은 불변이다.

29 정답해설

① 옳은 내용이다.

IS 곡선이란 생산물시장의 균형이 달성되는 국민소득과 이자율의 조합을 기하적으로 표시한 그래프를 의미하며 IS곡선의 기울기는 $\dfrac{(1-b)}{c}$ (단, b : 한계소비성향, c : 투자의 이자율탄력성)가 된다. 본 문제에서 주어진 자료에 의하면 IS곡선의 기울기는 $-\dfrac{(1-\beta)}{\delta}$ 로서 그 부호는 음수이므로 IS곡선은 우하향한다.

② 옳은 내용이다.

IS 곡선에서 독립투자(I_0)가 증가하면, 총수요가 증가하므로 IS 곡선은 우측으로 증가한다.

③ 옳은 내용이다.

IS 곡선에서 정부지출(G_0)이 증가하면, 총수요가 증가하므로 IS 곡선은 우측으로 증가한다.

④ 틀린 내용이다.

β는 한계소비성향으로서 β가 증가하면 IS곡선 기울기는 $-\dfrac{(1-\beta)}{\delta}$ 인바 IS 곡선은 완만해진다.

⑤ 옳은 내용이다.

δ는 투자의 이자율탄력성으로서 δ가 증가하면 IS곡선 기울기는 $-\dfrac{(1-\beta)}{\delta}$ 인바 IS 곡선은 완만해진다.

30 정답해설

① 옳은 내용이다.

LM곡선이란 화폐시장의 균형이 달성되는 국민소득과 이자율의 조합을 기하적으로 표시한 그래프를 의미하며 LM곡선의 기울기는 $\dfrac{k}{l}$ (단, k : 화폐수요의 소득탄력성, l : 화폐수요의 이자율탄력성)가 된다. 본 문제에서 주어진 자료에 의하면, 실질화폐수요가 이자율의 감소함수이므로 화폐수요의 이자율탄력성 l이 양수이고, 또한 실질화폐수요가 국민소득의 증가함수이므로 화폐수요의 소득탄력성 k가 양수이다. 따라서 이를 모두 고려하면 LM곡선의 기울기는 $\dfrac{k}{l}$ 에서 그 부호가 양수이므로 LM곡선은 우상향한다.

② 옳은 내용이다.

명목화폐공급이 증가하면 단기적으로 화폐시장에서 화폐초과공급이 발생하여 이자율이 하락하므로 LM 곡선이 우하방으로 이동한다. 수리적으로 도출한 LM곡선의 방정식은 $r = \dfrac{k}{l}Y - \dfrac{M_0}{Pl}$ 또는 $r = \dfrac{k}{l}Y - \dfrac{M_0}{Pl} + \dfrac{l_0}{l}$ 이므로 이때, LM곡선의 이동은 절편에 해당하는 $-\dfrac{M_0}{Pl}$ 또는 $-\dfrac{M_0}{Pl} + \dfrac{l_0}{l}$ (단, P : 물가, M_0 : 화폐공급량, l : 화폐수요의 이자율탄력성, l_0 : 독립적인 화폐수요)이 변화할 때 발생하므로 선지의 내용을 쉽게 확인할 수 있다.

③ 옳은 내용이다.

명목화폐공급이 증가하거나 감소하면 단기적으로 화폐시장에서 화폐초과공급이나 초과수요가 발생하여 이자율이 변화한다. 시간이 흘러 장기가 되면, 물가가 변화할 수 있게 되므로 명목이자율이 다시 변화하게 된다. 만일 화폐공급 증가로 단기에 이자율이 하락했다면 장기에는 물가가 상승하게 되므로 LM곡선이 좌상방으로 이동하면서 이자율도 다시 상승하게 된다. 결국 화폐공급 증가로 하락했던 이자율이 다시 상승하여 상쇄된다. 따라서 명목화폐공급의 변화가 이자율에 미치는 영향은 단기에서 크며, 장기에서 작다고 할 수 있다.

④ 옳은 내용이다.

실질화폐공급이 증가하면 화폐시장에서 화폐초과공급이 발생하여 이자율이 하락하므로 LM곡선은 우측으로 이동한다. 수리적으로 도출한 LM곡선의 방정식은 $r = \dfrac{k}{l}Y - \dfrac{M_0}{Pl}$ 또는 $r = \dfrac{k}{l}Y - \dfrac{M_0}{Pl} + \dfrac{l_0}{l}$ 이므로, 이때 LM곡선의 이동은 절편에 해당하는 $-\dfrac{M_0}{Pl}$ 또는 $-\dfrac{M_0}{Pl} + \dfrac{l_0}{l}$ (단, P : 물가, M_0 : 화폐공급량, l : 화폐수요의 이자율탄력성, l_0 : 독립적인 화폐수요)이 변화할 때 발생하므로 선지의 내용을 쉽게 확인할 수 있다.

⑤ 틀린 내용이다.

장기적으로 실질화폐공급이 변화하지 않는 경우에도 LM곡선은 우상향한다. 이는 수리적으로 도출한 LM곡선의 방정식 $r = \dfrac{k}{l}Y - \dfrac{M_0}{Pl}$ 또는 $r = \dfrac{k}{l}Y - \dfrac{M_0}{Pl} + \dfrac{l_0}{l}$ 에서 쉽게 확인할 수 있다. 다만, 만일 장기에 완전고용국민소득의 제한을 받는다면 수직인 영역이 부분적으로 나타날 수는 있다.

31 〔정답해설〕

거시경제의 총수요곡선이란 각각의 물가수준에서 대응되는 총수요를 연결한 그래프로서 생산물시장과 화폐시장의 균형을 달성시키는 국민소득과 물가의 조합을 기하적으로 표시한 것이다.

거시경제의 총공급곡선이란 각각의 물가수준에서 기업들이 공급하고자 하는 최종생산물의 양을 나타내는 그래프로서 노동시장의 균형하에서 달성되는 국민소득과 물가의 조합을 기하적으로 표시한 것이다.

이제 거시경제의 일반균형은 다음과 같다.

① 기하적으로 AD곡선과 AS곡선이 만나는 교점에서 거시경제의 일반균형이 달성된다.

② 수리적으로 AD곡선의 방정식과 AS곡선의 방정식을 연립하여 푼 해집합이 균형이다.

설문의 자료를 이용하여 AD곡선의 방정식과 AS곡선의 방정식을 연립하여 풀면 다음과 같다.

1) AD곡선의 방정식

총수요곡선의 방정식은 $Y_d = -P + 8$로 주어져 있다.

2) AS곡선의 방정식

총공급곡선의 방정식은 $Y_s = (P - P_e) + 4$가 된다.

3) $AD-AS$ 균형

① 기대물가 $P_e = 2$인 경우

균형은 총수요와 총공급이 같은 $-P + 8 = (P - 2) + 4$에서 달성된다. 이를 풀면, $P = 3$, $Y = 5$가 된다.

② 기대물가 $P_e = 4$인 경우

균형은 총수요와 총공급이 같은 $-P + 8 = (P - 4) + 4$에서 달성된다. 이를 풀면, $P = 4$, $Y = 4$가 된다.

4) 국민소득과 물가의 변화

국민소득은 5에서 4로 1만큼 감소하고 물가는 3에서 4로 1만큼 상승한다.

32 정답해설

조세삭감과 같은 확장적 재정정책으로 인해서 가처분소득이 증가하며 소비가 증가한다. 소비의 증가는 총수요의 증가를 가져오고 이에 따라 결국 소득이 증가한다. 따라서 IS곡선은 소득증가의 방향인 오른쪽으로 이동하므로 결국 이자율은 상승한다.

1) 승수효과와 국민소득의 증가

최초균형상태에서 조세가 ΔT만큼 감소하는 경우, 단순 케인즈모형과 같이 이자율이 불변이라고 하면 승수효과를 통해 국민소득은 $\dfrac{-b}{1-b}\Delta T$만큼 증가한다. 따라서 IS곡선은 우측으로 이동하며 이자율이 불변인 상황에서 생산물에 대한 총수요가 총생산을 초과하여 생산물시장의 초과수요상태가 된다. 그러나 생산물 초과수요는 생산물 공급이 증가하면서 생산물시장의 균형을 회복한다.

2) 화폐시장의 불균형

현재 여전히 이자율이 불변인 상황에서 생산물 공급이 증가하면서 국민소득이 증가하게 되어 화폐시장에서는 거래적 화폐수요가 증가한다. 따라서 화폐시장에서 초과수요가 발생하는 불균형이 나타나면서 $IS-LM$ 모형이 불균형상태가 된다.

3) 구축효과와 이자율의 상승

정부지출 증가에 의하여 국민소득이 증가한 경우 현재 상태는 $IS-LM$ 모형에서 불균형 상태로서 오래 지속될 수가 없다. 따라서 화폐시장의 초과수요로 인하여 화폐시장에서 균형을 회복하기 위해서 이자율이 상승하게 된다. 이에 따라서 생산물시장에서 투자가 감소하고 정부지출 증가로 증가했던 국민소득은 다시 감소하게 된다. 이렇게 승수효과에 의하여 증가했던 국민소득이 이자율 상승에 따라서 다시 감소하는 것을 구축효과라고 한다.

4) 새로운 균형

이자율이 상승하면서 화폐시장의 초과수요는 해소되고, 새로운 화폐시장의 균형에 도달한다. 이 과정에서 생산물시장에서도 이자율 상승으로 인해 투자가 감소하면서 국민소득이 감소하여 새로운 생산물시장의 균형에 도달한다. 정부지출 증가 이후 승수효과에 의한 국민소득의 증가와 이자율 상승에 따른 구축효과가 가져오는 국민소득의 감소가 모두 조정이 되면 새로운 $IS-LM$균형에 도달하게 된다. 새로운 균형에서는 국민소득은 증가하고 이자율은 상승하게 된다.

33 정답해설

① 옳은 내용이다.

물가상승에 따라서 가격을 인상해야 하는 경우 가격표를 변경해야 하는데 이에 소요되는 제반 비용을 총칭하여 메뉴비용이라고 한다.

② 옳은 내용이다.

인플레이션이 물가수준이 지속적으로 "상승"하는 현상을 의미한다면, 반면 디플레이션(deflation)은 물가수준이 지속적으로 "하락"하는 현상을 의미한다. 이와 구별할 개념으로 디스인플레이션(disinflation)이란 물가상승률의 하락으로서 반인플레이션정책 혹은 물가억제정책에서 사용하는 개념이다. 따라서 디스인플레이션 상황에서 물가는 상승하고 물가상승률은 하락할 수 있음에 유의하자.

③ 옳은 내용이다.

초인플레이션(hyperinflation)이란 어느 한 경제의 일반 물가수준이 매우 급격히 증가하는 현상으로서 대략 1개월 기준으로 50% 이상의 물가상승이 1년 이상 지속되는 것을 말한다. 초인플레이션의 원인으로는 주로 통화공급의 급격한 증가를 들 수 있다. 실례로 초인플레이션을 경험한 국가에서는 가게 종업원들이 가격표 교체에 많은 시간을 투입하는 등 메뉴비용이 급증하게 되었다. 또한 통화가치의 급변에 따라서 채권자와 채무자 사이의 부의 재분배현상이 나타나게 된다.

④ 옳은 내용이다.

현금보유자는 물가상승에 따라 화폐가치가 감소하므로 가급직 화폐를 작게 보유하려고 할 것이다. 이에 따라 현명한 현금잔고 관리차원에서 필요할 때마다 은행에 방문하여 현금을 인출해야 한다. 이를 위해서는 은행방문에 따른 시간이나 교통비 등 제반비용이 소요되는데 이를 구두창비용이라고 한다.

⑤ 틀린 내용이다.

유가 상승, 원자재 가격 상승 등 불리한 공급충격 혹은 부의 공급충격이 발생할 경우 총공급곡선이 좌상방으로 이동하게 된다. 따라서 물가는 상승하고 생산은 감소하고 실업률은 상승한다. 이를 경기침체 상태에서의 인플레이션이라는 의미로 스태그플레이션이라고 한다.

34 정답해설

① 옳은 내용이다.

경제학자 필립스에 의하면 필립스 곡선은 원래 명목임금상승률과 실업률 간에 부의 상관관계가 있음을 나타내는 곡선이다. 이후 필립스 곡선은 인플레이션율과 실업률 간에 부의 상관관계를 나타내는 것으로 발전하였다. 단기 필립스 곡선은 인플레이션율(명목임금상승률)과 실업률 간에 단기적으로 부의 상관관계가 있음을 나타내는 곡선이다.

② 옳은 내용이다.

단기 필립스 곡선에 오쿤의 법칙을 적용할 경우, 필립스 곡선은 총공급곡선을 의미한다. 반대로 총공급곡선에 오쿤의 법칙을 적용할 경우, 단기 필립스 곡선을 도출할 수 있다. 즉, 필립스 곡선이 인플레이션과 실업의 분석이라면, 총공급곡선은 물가와 소득(산출)의 분석이다.

③ 틀린 내용이다.

물가에 대한 예상이 노동시장과 총생산에 큰 영향을 미칠 수 있음을 고려하면 필립스 곡선도 기대를 반영하여 $\pi_t = \pi_t^e - b(u_t - u_N)$와 같이 표현할 수 있다. 이를 기대가 부가된 필립스 곡선이라고 한다. 특히 이는 적응적 기대가 반영된 것으로서 프리드만과 펠프스에 의하여 개발되었다.

참고로 적응적 기대(adaptive expectation)란 기대형성 방식 중의 하나로서 경제주체들이 예상을 함에 있어서 과거 예측오차의 일부를 반영하여 새로운 기대를 형성하는 방식을 의미한다. 예를 들어 과거의 물가예상에 있어서 기대 인플레이션율이 3%이고, 실제인플레이션율이 5%라고 하면 예측오차가 2%가 된다. 이제 새로운 물가예상에 있어서 적응적 기대를 사용한다면, 이 경제주체는 과거의 기대 인플레이션율 3%에 예측오차 2%의 일부를 반영하여 3%에서 5% 사이로 예상물가를 결정할 것이다. 이를 수식으로 나타내면 다음과 같다.

$P^e_{t+1} = P^e_t + \theta(P_t - P^e_t), 0 \leq \theta \leq 1,$

P^e_{t+1} : t기에 예상하는 $t+1$기의 예상물가, P^e_t : $t-1$기에 예상한 t기의 예상물가

θ : 예측오차의 반영비율, P_t : t기의 실제물가

장기에는 노동자와 기업의 물가상승률에 대한 기대가 정확하므로, 실제물가상승률을 반영할 수 있어서 기대물가상승률과 일치한다. 이런 경우 필립스 곡선은 자연실업률 수준에서 수직인 형태가 되는데 이를 장기 필립스 곡선이라고 한다.

④ 옳은 내용이다.

만일 단기 총공급곡선이 가파르다면, 물가가 상승하는 경우 산출의 증가가 크지 않은 경우이므로 이를 단기 필립스 곡선에서 해석하면, 물가가 상승하는 경우 실업률의 감소가 크지 않은 경우라고 할 수 있다. 따라서 물가가 상승하면 실업률이 감소하는데 만일 물가가 상승해도 실업률이 많이 감소하지 않는다면, 단기 필립스 곡선은 가파르다고 할 수 있다. 정리하자면, 단기 총공급곡선이 가파를수록 단기 필립스 곡선도 가파르다. 극단적으로 장기에 총공급곡선이 완전고용산출량 수준에서 수직이면 장기에 필립스 곡선도 자연실업률 수준에서 수직이 된다.

⑤ 옳은 내용이다.

만일 정부의 정책 변화에 따라서 민간의 기대 인플레이션율이 즉각적으로 변화한다면, 실업률의 증가라는 고통이 없이도 인플레이션율을 줄이는 것이 가능해지는데 이를 새고전학파는 고통 없는 인플레이션 감축 (painless disinflation)이라고 한다. 루카스 등 새고전학파에 의하면 점진전략에 의한 반인플레이션 정책은 오랜 기간 동안 경기침체를 유발하기 때문에 목표한 바대로 끝까지 가지 못하고 중도에 포기되는 경우가 많다고 한다. 만일 통화당국이 물가안정을 위해서 긴축적인 통화정책을 시행할 것을 사전에 공표하고 이에 대해 민간부문이 정부정책을 신뢰한다면, 합리적인 민간부문은 기대 인플레이션율을 낮게 조정할 것이다. 이제 정책이 시행과 동시에 곧바로 기대 인플레이션율이 하락하여 단기 필립스 곡선이 하방으로 이동하게 될 것이다. 이 경우에는 합리적 기대에 근거하여 국민소득의 감소 및 실업률의 증가라는 고통이 없이도 물가만 하락시키는 것이 가능하다.

35 [정답해설]

① 옳은 내용이다.

현재 물가상승률이 목표물가상승률이라는 단서를 이용하면 물가상승률은 2%가 된다. 그리고 현재 상태에서 국내총생산이 잠재국내총생산과 같으므로 성장률은 0이 된다. 참고로 주어진 4번째 수식에서 성장률의 정의가 제대로 주어지지 않은 상황이므로 출제오류로 보이지만 선해하여 성장률로 간주한다.

이제 앞의 단서들을 모두 주어진 2번째 수식인 이자율 준칙의 식에 대입하면 현재 이자율은 다음과 같이 4%가 된다.

$$이자율 = \pi + 2\% + 0.5(\pi - \pi^T) + 0.5G = 2 + 2 + 0.5 \times (2-2) + 0.5 \times 0 = 4$$

② 옳은 내용이다.

현재 물가상승률이 목표물가상승률이라는 단서를 이용하면 물가상승률은 2%가 된다. 그리고 현재 상태에서 실업률이 자연실업률과 같으므로 실업률은 3%가 된다.

이제 정리된 단서들을 모두 주어진 1번째 수식인 필립스 곡선의 식에 대입하면 현재 기대물가상승률은 다음과 같이 2%가 된다.

$$\pi = \pi^e - 0.5(u - u_n), \quad 2 = \pi^e - 0.5(3-3), \quad \pi^e = 2$$

③ 옳은 내용이다.

실업률이 5%로 상승하고 기대물가상승률이 변화하지 않았다는 단서에서 실업률은 5%, 기대물가상승률은 2% 이다. 이를 주어진 1번째 수식인 필립스 곡선의 식에 대입하면 다음과 같이 물가상승률은 1%임을 알 수 있다.

$$\pi = \pi^e - 0.5(u - u_n), \quad \pi = 2 - 0.5(5-3) = 1$$

이때, 유의할 점은 기대물가상승률이 변화하지 않았기 때문에 필립스 곡선 선상의 이동이라는 점이다. 즉 최초 실업률 3% 수준에서 5% 수준으로 상승할 때의 물가상승률을 의미한다.

④ 옳은 내용이다.

기대물가상승률이 3%로 상승한 경우 이 정보와 문제의 발문에서 주어진 자료인 실업률 3%를 주어진 1번째 수식인 필립스 곡선의 식에 대입하면 다음과 같이 물가상승률은 3%임을 쉽게 알 수 있다.

$$\pi = \pi^e - 0.5(u - u_n), \quad \pi = 3 - 0.5(3-3) = 3$$

참고로 해당 선지는 기대물가상승률만 상승했을 뿐 실업률에 대한 정보는 없으므로 실업률은 원래 주어진 3%를 그대로 활용하기로 한다. 이에 대하여 문제에서 좀더 명확히 주어졌더라면 수험생들의 혼동을 미연에 방지하였을 것이라는 아쉬움이 있다.

이제 위에서 구한 물가상승률 3%를 주어진 2번째 수식인 이자율 준칙의 식에 대입하면 이자율은 다음과 같이 5.5%가 된다.

$$이자율 = \pi + 2\% + 0.5(\pi - \pi^T) + 0.5G = 3 + 2 + 0.5 \times (3-2) + 0.5 \times 0 = 5.5$$

참고로 위에서 실업률은 원래 주어진 3%를 그대로 활용하기로 하였으므로 성장률에도 변화가 없으므로 0이 유지됨을 적용한다. 즉 현재 선지에서는 여전히 국내총생산이 잠재국내총생산과 같고 성장률은 0이 됨을 적용한다.

⑤ 틀린 내용이다.

STEP 1. 물가상승률 구하기

실업률이 1%(현재의 실업률이 됨)로 하락하고, 기대물가상승률이 3%로 상승한 경우, 이 정보를 주어진 1번째 수식인 필립스 곡선의 식에 대입하면 다음과 같이 물가상승률은 4%임을 알 수 있다.

$$\pi = \pi^e - 0.5(u - u_n), \ \pi = 3 - 0.5(1 - 3) = 4$$

STEP 2. 국내총생산의 성장률 구하기

실업률이 1%(현재의 실업률이 됨)로 하락한 경우, 이 정보와 문제의 발문에서 주어진 자료인 실업률 3%(전기의 실업률이 됨)를 주어진 3번째 산식인 성장률과 실업률의 관계식에 대입하면 다음과 같이 국내총생산의 성장률은 7%가 됨을 알 수 있다.

$$\text{국내총생산의 성장률} = 3\% - 2(u - u_{-1}) = 3 - 2(1 - 3) = 7$$

STEP 3. 이자율 구하기

이제 위에서 구한 물가상승률 4%, 상승한 기대물가상승률 3%, 국내총생산의 성장률 7%를 주어진 2번째 수식인 이자율 준칙의 식에 대입하면 이자율은 다음과 같이 10.5%가 된다.

$$\text{이자율} = \pi + 2\% + 0.5(\pi - \pi^T) + 0.5G = 4 + 2 + 0.5 \times (4 - 2) + 0.5 \times 7 = 10.5$$

36 정답해설 〉

ㄱ. 옳은 내용이다.

총수요곡선이란 각각의 물가수준에서 대응되는 총수요(한 국가경제 내의 모든 재화와 서비스에 대한 수요)를 연결한 그래프를 의미한다. 이는 생산물시장과 화폐시장의 균형을 달성시키는 국민소득과 물가의 조합을 기하적으로 표시한 그래프로 도출된다.

ㄴ. 틀린 내용이다.

AD 곡선의 방정식은 수리적으로 IS 곡선의 방정식 $r = \dfrac{(1-b)}{c} Y - \dfrac{(a + I_0 + G_0)}{c}$ 과 LM 곡선의 방정식 $r = \dfrac{k}{l} Y - \dfrac{M_0}{Pl}$ 을 통해서 도출된다. 이때, $1-b, \ c, \ l, \ k, \ M_0$ 은 각각 한계저축성향, 투자의 이자율탄력성, 화폐수요의 이자율탄력성, 화폐수요의 소득탄력성, 화폐공급량이 된다. 만일 투자와 화폐수요가 이자율에 영향을 받지 않을 경우 투자의 이자율탄력성 및 화폐수요의 이자율탄력성이 0이 된다. 이를 총수요곡선 도출과정에서 고려하면, 특정한 소득수준과 특정한 물가수준으로 도출된다. 엄밀히 표현하면 이러한 극단적인 경우에는 총수요가 특정 소득수준과 물가수준으로서 하나의 점 상태로 표출되는 것으로 사실상 총수요곡선으로서의 의미는 없게 되며 총수요점으로서의 의미만 가진다.

참고로 선지에서 통화수요 또는 투자가 이자율에 영향을 받지 않을 경우라고 표현하고 있으므로 투자만 이자율에 대해 영향을 받지 않는 경우, 통화수요만 이자율에 대해 영향을 받지 않는 경우 그리고 앞에서 살펴본 바와 같이 투자와 통화수요가 모두 이자율에 대해 영향을 받지 않는 경우로 나누어 살펴볼 수 있다. 투자만 이자율에 대해 영향을 받지 않는 경우와 통화수요만 이자율에 대해 영향을 받지 않는 경우는 이자율에 대한 특별한 가정을 하는 것을 조건으로 하면 앞서 분석한 내용과 동일하다.

ㄷ. 옳은 내용이다.

극단적인 케인즈의 총공급곡선은 수평인 형태를 보인다. 이때, 물가는 일정하게 고정된 수준이 된다. 이를 수리적으로 표현하면 $P = \overline{P}$ 가 된다. 케인즈에 의하면 가격과 임금은 경직적이므로 노동시장을 비롯한 요소시장은 불균형이 나타나게 된다. 가격의 경직성 때문에 노동을 비롯한 모든 생산요소는 완전고용될 수 없다. 특히 경제의 총수요가 총공급에 미달하여 경제 내에 고용되지 못한 유휴생산요소가 존재하는 경우, 유휴생산요소로 인해 완전고용 국민소득을 달성할 수 없다. 이는 고정된 현재의 물가수준하에서 기업이 수요로 요구되는 만큼 많은 생산물을 공급할 능력과 의사가 있음을 의미한다. 따라서 물가의 경직성과 유휴생산요소 및 공급능력을 동시에 고려하면 케인즈의 공급곡선은 고정된 물가수준에서 수평의 형태를 보인다는 것을 쉽게 도출해 낼 수 있다.

ㄹ. 틀린 내용이다.

정부지출의 변화는 총수요를 변화시키므로 총수요곡선 자체의 이동을 가져온다.

37 〔정답해설〕

ㄱ. 옳은 내용이다.

기업이 현재 보유하고 있는 자본량(예 공장, 건물, 기계, 차량, 재고 등)이 최적의 자본량에서 괴리되어 있을 때 이를 메우기 위해서 자본량을 조정하는 것을 투자라고 한다. 투자를 통해서 자본량이 축적되면 장기에 경제성장의 원동력이 되기도 한다.

ㄴ. 틀린 내용이다.

저축률이 낮아지고 소비가 증가할 경우 단기적으로 총수요가 증가하여 총생산이 증가할 수 있다. 그러나 저축률의 하락은 저축의 감소를 가져와 결국 투자가 감소하기 때문에 자본의 축적을 저해하여 장기적으로 경제성장을 저해할 가능성이 크다.

ㄷ. 옳은 내용이다.

교육 부문에 투자지출을 증가시킬 경우 높은 생산성의 인적 자본이 증가하여 경제성장을 촉진시킬 수 있다. 특히 인적 자본을 강조하는 내생적 성장이론으로서 인적자본모형에 의하면 자본을 물적자본과 인적자본으로 구분하고 인적자본을 기계설비 등의 실물자본과 구별되는 개념으로서 교육이나 기능훈련 등으로 습득되어 인간에 체화되는 자본이며 기술 및 지식과는 구별되는 것으로 본다. 인적자본의 증가에 의해서 물적자본 및 노동의 생산성이 지속적으로 향상될 수 있다. 자본을 이렇게 인적자본으로 확장할 경우 자본의 수확체감이 일어나지 않을 수 있다. 인적자본과 실물자본이 동시에 축적된다면, 실물자본의 생산성이 지속적으로 상승하여 자본의 수확체감현상이 발생하지 않을 수 있고, 지속적인 경제성장이 가능하다.

ㄹ. 옳은 내용이다.

연구개발 부문에 투자지출을 증가시켜 새로운 기술을 개발하고 실용화할 경우 경제성장을 촉진시킬 수 있다. 특히 연구개발을 강조하는 내생적 성장이론으로서 $R\&D$모형에 의하면 일국의 기술수준은 외생적으로 주어진 것이 아니며 내생적으로 자본과 노동의 투입에 의해서 생산될 수 있는 것으로 상정한다. 즉, 경제 내의 노동을 두 종류로 구분하여 경제 내에 재화를 생산하는 생산부문과 기술을 생산하는 연구개발부문에 투입되는 것으로 본다. 이를 통해 축적된 기술 및 지식의 수준이 노동의 효율성을 결정하며, 노동의 효율성 즉 지식 및 기술은 경제 내에서 지속적으로 증가가능하며 경제는 성장하게 된다.

38 〔정답해설〕

솔로우 성장모형에서 C-D함수모형은 다음과 같다.

① $Y = AK^{\alpha}L^{1-\alpha}$

② $\dfrac{Y}{L} = A(\dfrac{K}{L})^{\alpha}(\dfrac{L}{L})^{1-\alpha} = A(\dfrac{K}{L})^{\alpha}1^{1-\alpha}$

③ $y = Ak^{\alpha}1^{1-\alpha}$

④ $y = Ak^{\alpha}$

⑤ $\dot{k} = sf(k) - (n+\delta)k = sAk^{\alpha} - (n+\delta)k$

⑥ 균제조건 $\dot{k} = sAk^{\alpha} - (n+\delta)k = 0$

⑦ 균제상태에서의 1인당 자본량 $k^{*} = (\dfrac{sA}{n+\delta})^{\frac{1}{1-\alpha}}$

1인당 생산함수를 구하면 $y = k^{0.5}$, 그리고 저축률이 $s = 0.4$, 감가상각률은 $\delta = 0.2$, 인구증가율은 $n = 0$으로 주어져 있다.

따라서 설문의 자료를 위의 산식 ⑦에 대입하면 다음과 같다.

균제상태에서의 1인당 자본량은 $k^* = (\frac{sA}{u+\delta})^{\frac{1}{1-\alpha}} = (\frac{0.4 \times 1}{0+0.2})^{\frac{1}{1-0.5}} = 4$이다.

따라서 1인당 자본량을 1인당 생산함수에 넣으면, 1인당 소득은 2가 되며, 저축률이 40%임을 고려하면 저축이 0.8이므로 소비는 1.2가 된다.

39 정답해설

관세를 부과하면 아래와 같이 경제적 순손실이 발생한다. 경제적 순손실의 발생은 해당 국가의 사회후생을 감소시키기 때문에 관세부과를 통한 보호무역을 옹호하는 근거로 타당하지 않다.

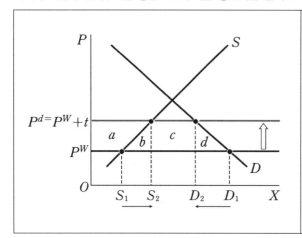

① 국제시장가격 : P^W 동일
② 국내시장가격
　: P^W에서 $P^W + t$로 상승
③ 국내생산량
　: S_1에서 S_2로 증가
④ 국내소비량
　: D_1에서 D_2로 감소
⑤ 소비자잉여 변화 ΔCS
　: $a+b+c+d$만큼 감소
⑥ 생산자잉여 변화 ΔPS
　: a만큼 증가
⑦ 자중손실 : $-(b+d)$

관세의 부과로 인하여 소비자잉여가 감소하고 생산자잉여는 증가하며 정부의 관세수입이 증가하지만, 사회후생의 손실이 $-(b+d)$만큼 발생한다. 따라서 선지 ②는 관세를 통한 보호무역의 근거가 될 수 없다.

선지 ②를 제외한 나머지는 ① 국가안보, ③ 환경보호, ④ 국내 신생산업 보호, ⑤ 국내 저임금노동자 보호 차원에서 보호무역을 옹호하는 근거가 될 수 있다.

40 정답해설

먼저 고정환율제도에서 "확대"재정정책의 효과는 다음과 같다.

확대재정정책이 실시되면, IS 곡선이 우측으로 이동하면서 국민소득이 증가하고 이자율이 상승한다. 국내이자율이 국제이자율보다 상승하여 해외로부터 자본이 유입되고 국제수지 흑자가 되어 이로 인하여 환율하락 압력(평가절상압력)이 나타난다. 고정환율제도이므로 중앙은행은 고정환율을 유지하기 위해 외환시장에 개입하여 외환을 매입하고 자국통화를 매도하므로 통화량은 증가한다(LM곡선 우측이동). 통화량 증가로 이자율이 하락하고 투자가 증가하여 국민소득이 증가한다. 확대재정정책으로 상승했던 이자율이 다시 하락하여 원래의 이자율로 회귀하고 국민소득은 크게 증가한다.

이제 반대로 고정환율제도에서 "긴축"재정정책의 효과는 다음과 같다.

긴축재정정책이 실시되면, IS 곡선이 좌측으로 이동하면서 국민소득이 감소하고 이자율이 하락한다. 국내이자율이 국제이자율보다 하락하여 해외로 자본이 유출되고 국제수지 적자가 되어 이로 인하여 환율상승 압력(평가절하압력)이 나타난다. 고정환율제도이므로 중앙은행은 고정환율을 유지하기 위해 외환시장에 개입하여 외환을 매도하고 자국통화를 매수하므로 통화량은 감소한다(LM곡선 좌측이동). 통화량 감소로 이자율이 상승하고 투자가 감소하여 국민소득이 감소한다. 축소재정정책으로 하락했던 이자율이 다시 상승하여 원래의 이자율로 회귀하고 국민소득은 크게 감소한다.

제1교시 제3과목 | 부동산학원론

정답

01 ①	02 ③	03 ①	04 ③	05 ⑤	06 ④	07 ①	08 ⑤	09 ⑤	10 ②
11 ⑤	12 ③	13 ②	14 ③	15 ④	16 ③	17 ④	18 ①	19 ⑤	20 ③
21 ④	22 ⑤	23 ②	24 ①	25 ③	26 ④	27 ②	28 ⑤	29 ②	30 ⑤
31 ①	32 ②	33 ④	34 ①	35 ②	36 ④	37 ②	38 ⑤	39 ④	40 ④

34회 계산문제 해설

01 정답해설

① 옳은 지문이다. 획지(劃地)는 다른 토지와 구별되는 '구획된 토지'를 의미한다. 넓은 면적을 가지고 있는 하나의 필지는 여러 개의 획지로 구분되어 이용될 수 있고, 반대로 여러 개의 필지는 하나의 획지로 이용될 수 있다.

오답해설

② 건부지(建敷地)는 건축물의 바닥 토지로 이용 중인 토지를 말한다. 그리고 건부지의 여부는 현재 이용상황을 기준으로 판단한다. 따라서 건축물의 부지로 이용가능한 토지를 건부지라고 할 수 없다.

③ 나지(裸地)는 건물 등 정착물이 없고, 사법상의 제한이 없는 토지를 말한다.

④ 지문은 제외지(堤外地)에 대한 설명이다. 제내지(堤內地)는 제방에 의하여 보호되고 있는 지역, 즉 제방으로부터 제방이 보호하고자 하는 지역(마을)까지를 의미한다. 반대로 제외지는 제방으로 둘러싸인 하천 측 지역을 말한다.

⑤ 일단지(一團地)는 용도상 불가분의 관계에 있는 두 필지 이상의 토지를 말한다. 따라서 지문에서 '합병한 토지'는 틀린 문구이다.

02 정답해설

③ 연립주택이다. 건축물 현황에 의하면 ㉠ 주택으로 사용하는 층수가 4개층이고, ㉡ 주택으로 쓰는 바닥면적의 합계가 660㎡를 초과하고 있다.

> ▌주택으로 사용하는 층수 산정
> 1. 지하층은 제외한다.
> 2. 1층 전부를 필로티 구조로 하여 주차장으로 사용하는 경우, 해당 층은 주택의 층수에서 제외한다.
> 3. 1층 일부를 필로티 구조로 하여 주차장으로 사용하고 나머지 부분을 주택 외의 용도로 사용하는 경우, 해당 층은 주택의 층수에서 제외한다.

03 정답해설

① 총톤수 20톤 이상의 선박은 등기 대상물이다.

등기 대상물	입목, 선박(20톤 이상), 공장재단, 광업재단 등
등록 대상물	자동차, 항공기, 건설기계 등
등록 대상 권리	광업권, 어업권 등

※ 주의 : 5천만원을 주고 구입한 소나무는 값어치가 있어 보여도 일반 나무이다. 간혹 입목과의 구별에 대한 질문들이 있는데, 입목에 관한 법률에 의하면 "입목이란 토지에 부착된 수목의 집단으로서 그 소유자가 입목에 관한 법률에 따라 소유권보존의 등기를 받은 것을 말한다."라고 규정되어 있다. 즉 입목은 등기가 되어 있는 수목의 집단으로, 등기라는 명시 없이 기재된 나무는 일반 나무로 판단하여야 한다.

04 정답해설
③ 준주택이란 주택 외의 건축물과 그 부속토지로서 주거시설로 이용가능한 시설 등을 말한다. 준주택에는 다중생활시설, 기숙사, 오피스텔, 노인복지주택 등이 있다.

05 정답해설
⑤ 한계심도란 토지소유자의 통상적 이용행위가 예상되지 않으며 지하시설물 설치로 인하여 일반적인 토지이용에 지장이 없는 것으로 판단되는 깊이를 말하는 것으로, 하수도 및 상수도 설치, 지하철 건설을 위한 지하부분 토지사용에 대한 보상과 관련된 개념이다. 한계심도는 법률로 규정된 경우는 없고, 행정규칙이나 지방자치단체 조례 등으로 정하고 있다.

06 정답해설
④ 옳은 연결이다. 도로접면의 구분과 관련하여 자동차 통행이 불가능한 도로에 접하고 있으므로 ㄴ은 소로각지가 아니라 소로한면이다.

▌소로한면과 소로각지의 구분
1. 소로한면 : 폭 8m 이상 12m 미만의 도로에 한면이 접하고 있는 토지
2. 소로각지 : 소로에 한면이 접하면서 소로, 자동차통행이 가능한 세로(가)에 한면 이상 접하고 있는 토지

07 정답해설
① 옳은 연결이다.

(ㄱ) 아파트 공급의 가격탄력성 : −6% ÷ −5% = +1.2(탄력적)
(ㄴ) 아파트와 연립주택의 관계
　　1) 아파트 가격이 하락하자 연립주택의 수요량이 증가하였다. : 보완관계
　　2) 교차탄력성 : +2% ÷ −5% = −0.4, 음수값으로 측정되었으니 보완관계

08 정답해설
⑤ 수요가 증가하는 경우, 공급이 비탄력적일수록, 가격은 더 상승하고 거래량은 덜 증가한다. 따라서 수요가 증가하는 경우, 공급의 가격탄력성이 작을수록 균형가격의 상승폭은 커지고, 균형량의 증가폭은 작아진다.

09

정답해설

⑤ 저량(stock)은 일정 시점에서 측정되는 변수를 말한다. 주택수요량과 신규주택 공급량은 대표적인 유량(flow) 변수이다. 부동산학에서 자주 출제되는 저량변수로는 가격(가치), 자산, 인구규모, 주택재고량 등이 있다.

10

정답해설

② 옳은 지문이다. 할당 효율적 시장은 어느 시장에서도 초과이윤을 얻을 수 없는 시장이다. 완전경쟁시장은 완전 경쟁을 통해 초과이윤을 획득할 수 없는 시장이므로 항상 할당 효율성이 달성된다. 또한 강성 효율적 시장은 어떤 정보를 통해서도 초과이윤을 획득할 수 없는 시장이므로 할당 효율적인 시장이다.

오답해설

① 불완전경쟁시장이라도 초과이윤을 획득할 수 없다면 할당 효율적 시장이 될 수 있다.
③ 약성 효율적 시장은 과거 정보를 통해 정상 이상의 초과이윤을 획득할 수 없다. 약성 시장에서 초과이윤을 획득하기 위해서는 현재 정보와 미래 정보를 획득하여야 한다.
④ 완전경쟁시장에서는 초과이윤이 발생할 수 없다.
⑤ 지문은 강성 효율적 시장에 대한 설명이다.

11

정답해설

⑤ 제품의 가격이 비쌀수록, 소비자들은 가격 변화에 보다 민감하게 반응한다. 즉 보다 탄력적으로 반응한다. 따라서 제품의 가격이 가계소득에서 차지하는 비중이 클수록 수요의 탄력성이 더 탄력적이다.

12

정답해설

③ C도시로부터 B도시의 구매활동에 유인되는 인구수의 증가는 18,000 − 10,000 = 8,000명이다.
   1. 작년 인구수 기준
     1) A도시 유인력 : 50,000 ÷ 5^2 = 2,000, B도시 유인력 : 200,000 ÷ 10^2 = 2,000
     2) B도시 유인력 비율 : 2,000 ÷ (2,000 + 2,000) = 50%
     3) C도시에서 B도시로 유인되는 인구수 : 2만명 × 50% = 10,000명
   2. 금년 인구수 기준
     1) A도시 유인력 : 50,000 ÷ 5^2 = 2,000, B도시 유인력 : 300,000 ÷ 10^2 = 3,000
     2) B도시 유인력 비율 : 3,000 ÷ (2,000 + 3,000) = 60%
     3) C도시에서 B도시로 유인되는 인구수 : 3만명 × 60% = 18,000명

13

정답해설

② 시장을 실패시키는 원인은 정보의 비대칭성이다.
   ※ 시장실패의 원인
     ㉠ 외부효과
     ㉡ 정보의 비대칭성(불완전성)
     ㉢ 공공재의 공급
     ㉣ 불완전경쟁시장
     ㉤ 시장의 자율적 조절기능 상실
     ㉥ 규모의 경제

14 **정답해설**

③ 옳은 지문이다. 정(+)의 외부효과는 소비에 있어 사회적 편익이 사적 편익보다 큰 결과를 초래한다.

오답해설

① 외부효과는 시장메커니즘을 통하지 않고 발생하는 효과이다.

② 부(−)의 외부효과는 외부불경제라고도 한다.

④ 부(−)의 외부효과에는 벌금・부담금의 부과, 조세부과 등 규제 정책이 필요하다.

⑤ 부(−)의 외부효과가 발생하면 사회적 최적생산량보다 시장생산량이 많은 과대생산이 초래된다.

15 **정답해설**

④ 순영업소득은 178,000,000원이다.

　1. 유효총소득 : 360,000,000원

　2. 영업경비 : 182,000,000원

　　1) 직원 인건비 : 80,000,000원

　　2) 수도광열비 : 36,000,000원

　　3) 용역비 : 30,000,000원

　　4) 수선유지비 : 18,000,000원

　　5) 재산세 : 18,000,000원

　　6) 주의 : 감가상각비는 제외된다.

　3. 순영업소득 : 178,000,000원

16 **정답해설**

③ 옳은 지문이다.

오답해설

① 상업용 부동산투자는 경기침체에 민감하기 때문에 투자 위험이 높다. 또한 상업용 부동산투자는 초기비용이 높고, 임대차 등을 통해 자본을 회수하기 때문에 회수기간도 긴 특징이 있다.

② 부동산이 위치한 입지여건의 변화 때문에 발생하는 위험은 위치적 위험이다. 부동산시장의 수요・공급과 관련된 상황의 변화와 관련된 위험은 시장위험이다.

④ 소유권위험, 정부정책위험, 정치적 위험 등은 법・제도적 위험에 해당되나, 불가항력적 위험이나 유동성 위험은 법・제도적 위험이라고 할 수 없다.

⑤ 위험과 수익은 비례 관계 또는 정(+)의 관계를 갖는다.

17 **정답해설**

④ 옳은 지문이다.

오답해설

① 부동산 투자는 환금성, 안전성 측면에서 주식 투자와 다르다. 부동산은 안전한 자산이나 상대적으로 환금성(유동성)이 좋지 않다. 반면 주식은 환금성(유동성)이 좋으나 상대적으로 안전성이 낮은 자산이다.

② 부동산은 실물자산으로 인플레이션이 발생하는 시기에 좋은 투자대상이 된다.

③ 일반적으로 부동산시장은 정보의 비대칭성의 특성을 갖는다.

⑤ 투자에서의 유동성 또는 환금성에 대한 설명이다.

18 정답해설

① ㄱ, ㄹ이 옳은 지문이다.

오답해설

ㄴ. 위험은 투자 기간, 현금수지의 형태 등을 고려하여 평가하여야 한다. 따라서 위험할증률의 추계는 투자기간의 결정 및 현금수지에 대한 예측 이후에 이루어진다.

ㄷ. 내부수익률(IRR)이란 순현재가치를 0으로 만드는 할인율 또는 수익성지수를 1로 만드는 할인율이다.

19 정답해설

⑤ 부동산 가치는 장래 기대수익을 현재가치로 환원한 값이다. 따라서 수익이 일정하다면 현재가치를 위한 할인율이 상승할수록 부동산 가치는 낮아진다. 따라서 경기침체시기에 부동산의 수익이 일정함에도 불구하고 부동산 가격이 떨어지는 것은 할인율이 높아지기 때문이다.

20 정답해설

③ 승계권의 가치는 2,500만원이다.

1. 승계권이 없는 경우, A씨의 원리금 부담
   : 15,000만원 × 저당상수(7%, 20년) = 15,000만원 ÷ 연금현가계수(7%, 20년)
   = 15,000만원 ÷ 125 = 120만원

2. 승계권이 있는 경우, A씨의 원리금 부담
   : 15,000만원 × 저당상수(5%, 20년) = 15,000만원 ÷ 연금현가계수(5%, 20년)
   = 15,000만원 ÷ 150 = 100만원

3. 승계권이 갖는 가치(승계를 통한 비용의 절감분)
   : 20만원 × 연금현가계수(7%, 20년) = 20만원 × 125 = 2,500만원

21 정답해설

④ 점증상환방식은 원금과 이자를 동시에 상환하면서 그 금액을 점점 증가시키는 방법이다.

22 정답해설

⑤ 옳은 지문이다. 프로젝트 금융은 원칙적으로 비소구 금융이다. 그러나 사업주의 도덕적 해이를 방지하기 위해 금융기관은 제한적 소구금융의 장치를 마련해두기도 한다.

오답해설

① 프로젝트 금융의 상환 재원은 프로젝트 완성 이후에 발생하는 미래현금흐름이다. 따라서 기업 전체의 자산 또는 신용을 바탕으로 자금을 조달하는 방식이라는 것은 틀린 지문이다.

② 프로젝트 사업주는 기업 또는 개인, 법인 등 모두 될 수 있다.

③ 프로젝트 금융은 사업주의 재무상태표에 부채로 기록되지 않는다. 이를 부외 금융효과라고 한다.

④ 프로젝트 회사가 파산 또는 청산할 경우, 채권자들은 프로젝트 회사에 대해 원리금상환을 청구할 수 있다.

23 정답해설

② 부동산은 분할거래가 쉽지 않다(분할거래의 비용이성).

24 정답해설

① 시장세분화는 부동산시장을 둘 이상의 하위시장으로 세분하는 과정이다.

25 정답해설

③ 대물교환방식 또는 등가교환방식에 대한 설명이다.

26 정답해설

④ ㄱ : 비용위험, ㄴ : 법률위험, ㄷ : 시장위험에 대한 설명으로 옳은 연결이다.

27 정답해설

② 주거환경개선사업에 대한 설명이다(도시 및 주거환경정비법 제2조 제2호 가목).

28 정답해설

⑤ 부동산담보신탁이 아니라 저당대출에 대한 설명이다. 일반적인 대출방식인 저당대출은 저당권을 설정하고 실행하는 비용이 높다. 또한 담보부동산을 처분하는 경우에도 법원의 경매절차로 진행되기 때문에 처분 절차도 복잡하고 시간이 많이 소요된다. 이러한 저당대출의 단점을 보완하기 위해 등장한 방식이 신탁제도를 활용하는 부동산 담보신탁 또는 신탁증서대출제도이다.

29 정답해설

② 건축물의 소유자는 명시해야 할 사항이 아니다.

> **▌ 공인중개사법 제18조의2(중개대상물의 표시·광고)**
> ① 개업공인중개사가 의뢰받은 중개대상물에 대하여 표시·광고를 하려면 중개사무소, 개업공인중개사에 관한 사항으로서 대통령령으로 정하는 사항을 명시하여야 하며, 중개보조원에 관한 사항은 명시해서는 아니 된다.
>> ※ "대통령령으로 정하는 사항"이란 다음 각 호의 사항을 말한다.
>>   1. 중개사무소의 명칭, 소재지, 연락처 및 등록번호
>>   2. 개업공인중개사의 성명(법인인 경우에는 대표자의 성명)
>
> ② 개업공인중개사가 인터넷을 이용하여 중개대상물에 대한 표시·광고를 하는 때에는 제1항에서 정하는 사항 외에 중개대상물의 종류별로 대통령령으로 정하는 소재지, 면적, 가격 등의 사항을 명시하여야 한다.
>> ※ "대통령령으로 정하는 소재지, 면적, 가격 등의 사항"이란 다음 각 호의 사항을 말한다.
>>   1. 소재지
>>   2. 면적
>>   3. 가격
>>   4. 중개대상물 종류
>>   5. 거래 형태
>>   6. 건축물 및 그 밖의 토지의 정착물인 경우 다음 각 목의 사항
>>   가. 총 층수
>>   나. 사용승인·사용검사·준공검사 등을 받은 날
>>   다. 해당 건축물의 방향, 방의 개수, 욕실의 개수, 입주가능일, 주차대수 및 관리비

PART 02

30 〔정답해설〕

⑤ 6개 모두 기재하여야 하는 사항이다.

> ▌공인중개사법 제26조(거래계약서의 작성 등)
> ① 개업공인중개사는 중개대상물에 관하여 중개가 완성된 때에는 대통령령으로 정하는 바에 따라 거래계약서를 작성하여 거래당사자에게 교부하고 대통령령으로 정하는 기간 동안 그 원본, 사본 또는 전자문서를 보존하여야 한다. 다만, 거래계약서가 공인전자문서센터에 보관된 경우에는 그러하지 아니하다.
>
> ▌공인중개사법 시행령 제22조(거래계약서 등)
> ① 법 제26조 제1항의 규정에 따른 거래계약서에는 다음 각 호의 사항을 기재하여야 한다.
> 　　1. 거래당사자의 인적 사항
> 　　2. 물건의 표시
> 　　3. 계약일
> 　　4. 거래금액·계약금액 및 그 지급일자 등 지급에 관한 사항
> 　　5. 물건의 인도일시
> 　　6. 권리이전의 내용
> 　　7. 계약의 조건이나 기한이 있는 경우에는 그 조건 또는 기한
> 　　8. 중개대상물확인·설명서 교부일자
> 　　9. 그 밖의 약정내용

31 〔정답해설〕

① ㄹ이 옳은 지문이다.

〔오답해설〕

ㄱ. 부가가치세는 국세이고, 등록면허세는 지방세이다.
ㄴ. 재산세는 부과징수방식이다.
ㄷ. 증여세는 취득단계에 부과하는 세금이고, 재산세는 보유단계에 부과하는 세금이다.

32 〔정답해설〕

② 환매(특약)등기제도는 현재 존재하는 제도이다. 다만, 예고등기제는 「부동산등기법」상 폐지되었다. 예고등기제도는 2011년 4월 12일 부동산등기법이 개정되면서 삭제·폐지되었다.

33 〔정답해설〕

④ 근저당권은 을구(乙區)에 기재된다.

〔오답해설〕

등기사항전부증명서의 갑구에는 소유권보존 및 이전에 관한 사항과 소유권을 제한하는 권리(경매개시결정, 가압류, 압류, 가등기, 가처분 등) 등이 기재된다.

34 〔정답해설〕
① ㄱ. 마당에 실치된 연못, ㄴ. 토지소유자의 동의 없이 심은 조경수는 종속정착물로 토지의 낙찰자가 취득한다.

〔오답해설〕
ㄷ. 지상권에 의해 토지의 부합물이 될 수 없다.
ㄹ. 법정지상권에 의해 토지의 부합물이 될 수 없다. 또한 판례는 사용승인을 받지 못한 신축 중인 건물도 독립된 정착물로 인정하고 있다.

35 〔정답해설〕
② 시점수정은 사례물건의 임대료 변동률로 함을 원칙으로 한다.

> ▎임대사례비교법 시점수정(감정평가 실무기준)
> ① 임대사례의 임대시점과 대상물건의 기준시점이 불일치하여 임대료 수준의 변동이 있을 경우에는 임대사례의 임대료를 기준시점의 임대료 수준으로 시점수정하여야 한다.
> ② 시점수정은 사례물건의 임대료 변동률로 한다. 다만, 사례물건의 임대료 변동률을 구할 수 없거나 사례물건의 임대료 변동률로 시점수정하는 것이 적절하지 않은 경우에는 사례물건의 가격 변동률·임대료지수·생산자물가지수 등을 고려하여 임대료 변동률을 구할 수 있다.

〔오답해설〕
① 임대사례비교법으로 감정평가할 때 임대사례에 특수한 사정이나 개별적 동기가 반영되어 수집된 임대사례의 임대료가 적절하지 못한 경우에는 사정보정을 통해 그러한 사정이 없었을 경우의 적절한 임대료 수준으로 정상화하여야 한다(감정평가 실무기준 3.3.2.3 사정보정).
③ 감정평가에 관한 규칙 제22조
④ 감정평가에 관한 규칙 제2조 제6호 및 제11조
⑤ 감정평가에 관한 규칙 제2조 제11호

36 〔정답해설〕
④ 거래사례가 인근지역에 소재하는 경우라면 거래사례와 대상물건이 동일지역에 소재하기 때문에 지역요인비교를 하지 않는다.

37 〔정답해설〕
② 옳은 지문이다.

〔오답해설〕
① 예측의 원칙은 수익방식과 관련된 원칙이다.
③ 재조달원가(복제원가, 대치원가)는 기준시점에서 측정한 원가이다.
④ 총가격적산법(총량조사법), 부분별단가적용법은 직접법으로 분류되고 변동률적용법(비용지수법), 단위비교법은 간접법으로 분류된다.
⑤ 감정평가의 감가수정은 실질을 중시하기 때문에 부동산의 가치를 하락시키는 모든 요인을 고려하고자 한다. 그 결과 부동산의 외부환경이 원인이 되는 경제적 감가까지 고려한다. 그러나 기업회계의 감가상각은 객관성을 위해 경제적 감가를 인정하지 않는다. 기업회계는 외부환경 변화로 발생하는 가치하락을 평가손실 등의 개념으로 처리한다.

38 〔정답해설〕

⑤ 세전현금흐름(BTCF)은 54,500,000원이다.

　1. 현금흐름 분석
　　1) 가능총소득 : 150,000,000원
　　2) 유효총소득 : 150,000,000원 × 0.9 = 135,000,000원
　　3) 운영경비 : 135,000,000원 × 0.3 = 40,500,000원
　　4) 순영업소득 : 94,500,000원
　　5) 부채서비스액 : 40,000,000원
　　6) 세전현금흐름 : 54,500,000원
　2. 환원율(물리적 투자결합법) : (3% × 0.4) + (5% × 0.6) = 4.2%

39 〔정답해설〕

④ 토지의 시산가액은 11,261,000원/㎡이다.

10,000,000원/㎡ × (0.95 × 0.98) × 0.96(획지) × 1.05(환경) × 1.2(그 밖의)
= 11,261,376원(≒ 11,261,000원)

40 〔정답해설〕

④ 과수원의 주된 평가방식은 거래사례비교법이다(감정평가에 관한 규칙 제18조).

〔오답해설〕

① 감정평가에 관한 규칙 제2조 제1호
② 감정평가에 관한 규칙 제7조 제4항
③ 감정평가에 관한 규칙 제7조 제1항 및 제3항
⑤ 감정평가에 관한 규칙 제6조 제1항

제4과목 | 감정평가관계법규

정답

01 ①	02 ①	03 ④	04 ③	05 ⑤	06 ②	07 ①	08 ②	09 ⑤	10 ③
11 ①	12 ⑤	13 ⑤	14 ⑤	15 ①	16 ④	17 ②	18 ③	19 ②	20 ③
21 ⑤	22 ④	23 ②	24 ①	25 ②	26 ③	27 ⑤	28 ④	29 ④	30 ②
31 ④	32 ①	33 ①	34 ⑤	35 ③	36 ②	37 ③	38 ④	39 ⑤	40 ④

01

정답해설

① 국토교통부장관이 최종평가를 실시한다.

> **법 제3조의2(도시의 지속가능성 및 생활인프라 수준 평가)**
> ① 국토교통부장관은 도시의 지속가능하고 균형 있는 발전과 주민의 편리하고 쾌적한 삶을 위하여 도시의 지속 가능성 및 생활인프라(교육시설, 문화·체육시설, 교통시설 등의 시설로서 국토교통부장관이 정하는 것을 말한다) 수준을 평가할 수 있다.
>
> **영 제4조의4(도시의 지속가능성 및 생활인프라 수준 평가의 기준·절차)**
> ② 국토교통부장관은 법 제3조의2 제1항에 따른 평가를 실시하려는 경우 특별시장·광역시장·특별자치시장· 특별자치도지사·시장 또는 군수에게 해당 지방자치단체의 자체평가를 실시하여 그 결과를 제출하도록 하여 야 하며, 제출받은 자체평가 결과를 바탕으로 최종평가를 실시한다.

오답해설

② 영 제4조의4 제1항 제1호
③ 법 제3조의2 제3항
④ 영 제4조의4 제1항 제2호
⑤ 영 제4조의4 제3항

02

정답해설

① 법 제11조 제1항 제2호

오답해설

② 2년이 아니라 3년이다.

> **법 제11조(광역도시계획의 수립권자)**
> ① 국토교통부장관, 시·도지사, 시장 또는 군수는 다음 각 호의 구분에 따라 광역도시계획을 수립하여야 한다.
>   3. 광역계획권을 지정한 날부터 3년이 지날 때까지 관할 시장 또는 군수로부터 제16조 제1항에 따른 광역도 시계획의 승인 신청이 없는 경우 : 관할 도지사가 수립

③ 중앙행정기관의 장, 시·도지사, 시장 또는 군수는 국토교통부장관이나 도지사에게 광역계획권의 지정 또는 변경을 요청할 수 있다(법 제10조 제2항).

④ 도지사가 시장 또는 군수의 요청에 의하여 수립하는 경우(법 제11조 제13항)에는 도지사가 원칙적인 승인권 자이기에 국토교통부장관의 승인을 받지 않는다.

⑤ 국토교통부장관, 시·도지사, 시장 또는 군수가 제4항에 따라 기초조사정보체계를 구축한 경우에는 등록된 정보의 현황을 5년마다 확인하고 변동사항을 반영하여야 한다(법 제13조 제5항).

03 정답해설

ㄴ. 기반시설의 설치, 정비, 개량(4/5 이상 동의)
ㄷ. 용도지구의 지정 및 변경(2/3 이상 동의 필요)

오답해설

ㄱ. 시가화조정구역의 지정 및 변경은 해당되지 않는다.
ㄹ. 입지규제최소구역에 대한 사항은 법령 개정으로 삭제되었다.

> **법 제26조(도시·군관리계획 입안의 제안)**
> ① 주민(이해관계자를 포함한다)은 다음 각 호의 사항에 대하여 제24조에 따라 도시·군관리계획을 입안할 수 있는 자에게 도시·군관리계획의 입안을 제안할 수 있다. 이 경우 제안서에는 도시·군관리계획도서와 계획 설명서를 첨부하여야 한다.
> 1. 기반시설의 설치·정비 또는 개량에 관한 사항
> 2. 지구단위계획구역의 지정 및 변경과 지구단위계획의 수립 및 변경에 관한 사항
> 3. 다음 각 목의 어느 하나에 해당하는 용도지구의 지정 및 변경에 관한 사항
>   가. 개발진흥지구 중 공업기능 또는 유통물류기능 등을 집중적으로 개발·정비하기 위한 개발진흥지구로 서 대통령령으로 정하는 개발진흥지구
>   나. 제37조에 따라 지정된 용도지구 중 해당 용도지구에 따른 건축물이나 그 밖의 시설의 용도·종류 및 규모 등의 제한을 지구단위계획으로 대체하기 위한 용도지구
> 4. 삭제 〈2024.2.6.〉
> 5. 도시·군계획시설입체복합구역의 지정 및 변경과 도시·군계획시설입체복합구역의 건축제한·건폐율· 용적률·높이 등에 관한 사항

04 정답해설

③ 계획관리지역 : 100% 이하(법 제78조 제1항 제2호 다목)

오답해설

① 준공업지역 : 150% 이상 400% 이하(영 제85조 제1항 제13호)
② 근린상업지역 : 200% 이상 900% 이하(영 제85조 제1항 제9호)
④ 자연환경보전지역 : 80% 이하(법 제78조 제1항 제4호)
⑤ 제2종일반주거지역 : 100% 이상 250% 이하(영 제85조 제1항 제4호)

05 정답해설

⑤ 개발행위허가를 받은 부지면적을 5퍼센트 축소하는 경우에는 별도의 변경허가를 받지 않아도 된다(법 제56조 제2항, 영 제52조 제1항).

> **영 제52조(개발행위허가의 경미한 변경)**
> ① 법 제56조 제2항 단서에서 "대통령령으로 정하는 경미한 사항을 변경하는 경우"란 다음 각 호의 어느 하나에 해당하는 경우(다른 호에 저촉되지 않는 경우로 한정한다)를 말한다.
> 1. 사업기간을 단축하는 경우
> 2. 다음 각 목의 어느 하나에 해당하는 경우
>   가. 부지면적 또는 건축물 연면적을 5퍼센트 범위에서 축소[공작물의 무게, 부피, 수평투영면적(하늘에서 내려다보이는 수평 면적을 말한다) 또는 토석채취량을 5퍼센트 범위에서 축소하는 경우를 포함한다] 하는 경우
>   나. 관계 법령의 개정 또는 도시·군관리계획의 변경에 따라 허가받은 사항을 불가피하게 변경하는 경우
>   다. 「공간정보의 구축 및 관리 등에 관한 법률」 제26조 제2항 및 「건축법」 제26조에 따라 허용되는 오차를 반영하기 위한 변경인 경우
>   라. 「건축법 시행령」 제12조 제3항 각 호의 어느 하나에 해당하는 변경(공작물의 위치를 1미터 범위에서 변경하는 경우를 포함한다)인 경우

오답해설

① 법 제63조 제1항
② 영 제53조 제5호 가목
③ 영 제54조 제2항
④ 법 제59조 제2항 제7호

06 **정답해설**

② 기반시설부담구역에서 기반시설설치비용의 부과대상인 건축행위는 제2조 제20호에 따른 시설로서 200제곱미터(기존 건축물의 연면적을 포함한다)를 초과하는 건축물의 신축·증축행위로 한다. 다만, 기존 건축물을 철거하고 신축하는 경우에는 기존 건축물의 건축연면적을 초과하는 건축행위만 부과대상으로 한다(법 제68조 제1항).

07 **정답해설**

① 매수하지 아니하기로 결정한 경우 설치 가능한 건축물 또는 공작물(법 제47조 제7항 제1호), 영 제41조

> *** 설치 가능 건축물 또는 공작물(영 제41조)**
> 1. 단독주택 – 3층 이하
> 2. 1종 근린생활시설 – 3층 이하
> 3. 2종 근린생활시설 – 3층 이하(다중생활시설(고시원업), 단란주점, 안마시술소, 노래연습장은 제외)
> 4. 공작물

오답해설

② 법 제47조 제7항 제2호
③ 법 제47조 제3항
④ 법 제47조 제2항
⑤ 법 제47조 제6항

08 　정답해설〉

② 지구단위계획(제26조 제1항에 따라 주민이 입안을 제안한 것에 한정한다)에 관한 도시·군관리계획결정의 고시일부터 5년 이내에 이 법 또는 다른 법률에 따라 허가·인가·승인 등을 받아 사업이나 공사에 착수하지 아니하면 그 5년이 된 날의 다음날에 그 지구단위계획에 관한 도시·군관리계획결정은 효력을 잃는다. 이 경우 지구단위계획과 관련한 도시·군관리계획결정에 관한 사항은 해당 지구단위계획구역 지정 당시의 도시·군관리계획으로 환원된 것으로 본다(법 제53조 제2항).

　오답해설〉

① 영 제46조 제6항 제1호
③ 영 제47조 제1항
④ 영 제46조 제7항 제1호
⑤ 법 제51조 제1항 제2호

09 　정답해설〉

⑤ 도시·군기본계획에 따른 도심·부도심(법 제40조의3 제1항 제1호)

> **법 제40조의3(도시혁신구역의 지정 등)**
> ① 제35조의6 제1항에 따른 공간재구조화계획 결정권자(이하 이 조 및 제40조의 4에서 "공간재구조화계획 결정권자"라 한다)는 다음 각 호의 어느 하나에 해당하는 지역을 도시혁신구역으로 지정할 수 있다.
> 1. 도시·군기본계획에 따른 도심·부도심 또는 생활권의 중심지역
> 2. 주요 기반시설과 연계하여 지역의 거점 역할을 수행할 수 있는 지역
> 3. 그 밖에 도시공간의 창의적이고 혁신적인 개발이 필요하다고 인정되는 경우로서 대통령령으로 정하는 지역

※ 입지규제최소구역이 도시혁신구역으로 개정되어 문제와 정답을 수정하였습니다.

　오답해설〉

①, ② 복합용도구역으로 지정할 수 있는 경우이다(법 제40조의4).
③, ④ 도시·군계획시설입체복합구역으로 지정할 수 있는 경우이다(법 제40조의5).

10 　정답해설〉

③은 성장관리계획의 수립에 포함되지 않는다.

> **법 제75조의3(성장관리계획의 수립 등)**
> ① 특별시장·광역시장·특별자치시장·특별자치도지사·시장 또는 군수는 성장관리계획구역을 지정할 때에는 다음 각 호의 사항 중 그 성장관리계획구역의 지정목적을 이루는 데 필요한 사항을 포함하여 성장관리계획을 수립하여야 한다.
> 1. 도로, 공원 등 기반시설의 배치와 규모에 관한 사항
> 2. 건축물의 용도제한, 건축물의 건폐율 또는 용적률
> 3. 건축물의 배치, 형태, 색채 및 높이
> 4. 환경관리 및 경관계획
> 5. 그 밖에 난개발의 방지와 체계적인 관리에 필요한 사항으로서 대통령령으로 정하는 사항(영 제70조의14 제1항)
>   • 성장관리계획구역 내 토지개발·이용, 기반시설, 생활환경 등의 현황 및 문제점
>   • 그 밖에 난개발의 방지와 체계적인 관리에 필요한 사항으로서 특별시·광역시·특별자치시·특별자치도·시 또는 군의 도시·군계획조례로 정하는 사항

11 〔정답해설〕

① 국토교통부장관이나 도지사가 직접 입안한 도시·군관리계획인 경우 국토교통부장관이나 도지사는 단계별 집행계획을 수립하여 해당 특별시장·광역시장·특별자치시장·특별자치도지사·시장 또는 군수에게 송부할 수 있다(법 제85조 제2항).

〔오답해설〕

② 대통령령으로 정하는 법률(도시 및 주거환경정비법, 도시재정비 촉진을 위한 특별법, 도시재생 활성화 및 지원에 관한 특별법)에 따라 도시·군관리계획의 결정이 의제되는 경우에는 해당 도시·군계획시설결정의 고시일부터 2년 이내에 단계별 집행계획을 수립할 수 있다(법 제85조 제1항 단서).

③ 단계별 집행계획은 제1단계 집행계획과 제2단계 집행계획으로 구분하여 수립하되, 3년 이내에 시행하는 도시·군계획시설사업은 제1단계 집행계획에, 3년 후에 시행하는 도시·군계획시설사업은 제2단계 집행계획에 포함되도록 하여야 한다(법 제85조 제3항). 따라서 제3단계 집행계획은 없다.

④ 3년 이내에 시행하는 도시·군계획시설사업은 제1단계 집행계획에 포함되도록 하여야 한다(법 제85조 제3항).

⑤ 공고된 단계별 집행계획을 변경할 수 있다. 다만, 경미한 사항을 변경하는 경우를 제외하고는 변경된 내용을 공고하여야 한다(법 제85조 제5항).

12 〔정답해설〕

⑤ 한국전력공사는 도시·군계획시설사업의 시행자로 지정받을 수 있는 공공기관에 해당한다(영 제96조 제3항 제9호).

영 제96조(시행자의 지정)
③ 법 제86조 제7항 제2호에서 "대통령령으로 정하는 공공기관"이란 다음 각 호의 어느 하나에 해당하는 기관을 말한다.
  1. 「한국농수산식품유통공사법」에 따른 한국농수산식품유통공사
  2. 「대한석탄공사법」에 따른 대한석탄공사
  3. 「한국토지주택공사법」에 따른 한국토지주택공사
  4. 「한국관광공사법」에 따른 한국관광공사
  5. 「한국농어촌공사 및 농지관리기금법」에 따른 한국농어촌공사
  6. 「한국도로공사법」에 따른 한국도로공사
  7. 「한국석유공사법」에 따른 한국석유공사
  8. 「한국수자원공사법」에 따른 한국수자원공사
  9. 「한국전력공사법」에 따른 한국전력공사
  10. 「한국철도공사법」에 따른 한국철도공사

〔오답해설〕

① 도시·군계획시설사업의 시행자(국토교통부장관, 시·도지사와 대도시 시장은 제외한다)는 제1항에 따라 실시계획을 작성하면 대통령령으로 정하는 바에 따라 국토교통부장관, 시·도지사 또는 대도시 시장의 인가를 받아야 한다. 다만, 제98조에 따른 준공검사를 받은 후에 해당 도시·군계획시설사업에 대하여 국토교통부령으로 정하는 경미한 사항을 변경하기 위하여 실시계획을 작성하는 경우에는 국토교통부장관, 시·도지사 또는 대도시 시장의 인가를 받지 아니한다(법 제88조 제2항).

② 도시·군계획시설사업이 둘 이상의 특별시·광역시·특별자치시·특별자치도·시 또는 군의 관할 구역에 걸쳐 시행되게 되는 경우에는 관계 특별시장·광역시장·특별자치시장·특별자치도지사·시장 또는 군수가 서로 협의하여 시행자를 정한다(법 제86조 제2항). 협의가 성립되지 아니하는 경우 도시·군계획시설사업을 시행하려는 구역이 둘 이상의 시·도의 관할 구역에 걸치는 경우에는 국토교통부장관이 시행자를 지정한다(법 제3조 제3항).

③ 도시·군계획시설사업의 시행자는 도시·군계획시설사업을 효율적으로 추진하기 위하여 필요하다고 인정되면 사업시행대상지역 또는 대상시설을 둘 이상으로 분할하여 도시·군계획시설사업을 시행할 수 있다(법 제87조).

④ 자금조달계획도 포함된다(영 제96조 제1항 제5호).

> **영 제96조(시행자의 지정)**
> ① 법 제86조 제5항의 규정에 의하여 도시·군계획시설사업의 시행자로 지정받고자 하는 자는 다음 각호의 사항을 기재한 신청서를 국토교통부장관, 시·도지사 또는 시장·군수에게 제출하여야 한다.
>   1. 사업의 종류 및 명칭
>   2. 사업시행자의 성명 및 주소(법인인 경우에는 법인의 명칭 및 소재지와 대표자의 성명 및 주소)
>   3. 토지 또는 건물의 소재지·지번·지목 및 면적, 소유권과 소유권외의 권리의 명세 및 그 소유자·권리자의 성명·주소
>   4. 사업의 착수예정일 및 준공예정일
>   5. 자금조달계획

13
〔정답해설〕

⑤ ㄱ, ㄴ, ㄷ, ㄹ 모두 타인의 토지에 출입할 수 있는 경우이다.

> **법 제130조(토지에의 출입 등)**
> ① 국토교통부장관, 시·도지사, 시장 또는 군수나 도시·군계획시설사업의 시행자는 다음 각 호의 행위를 하기 위하여 필요하면 타인의 토지에 출입하거나 타인의 토지를 재료 저치장 또는 임시통로로 일시 사용할 수 있으며, 특히 필요한 경우에는 나무, 흙, 돌, 그 밖의 장애물을 변경하거나 제거할 수 있다.
>   1. 도시·군계획·광역도시·군계획에 관한 기초조사
>   2. 개발밀도관리구역, 기반시설부담구역 및 제67조 제4항에 따른 기반시설설치계획에 관한 기초조사
>   3. 지가의 동향 및 토지거래의 상황에 관한 조사
>   4. 도시·군계획시설사업에 관한 조사·측량 또는 시행

14
〔정답해설〕

⑤ 산림조합이 국유지·공유지를 취득 또는 처분하고자 하는 경우에는 그 토지와 이용가치가 비슷하다고 인정되는 하나 또는 둘 이상의 표준지의 공시지가를 기준으로 토지가격비준표를 사용하여 지가를 직접 산정하거나 감정평가법인등에 감정평가를 의뢰하여 산정할 수 있다(법 제8조 제1호 나목 및 제2호 나목).

〔오답해설〕

① 국토교통부장관은 제10조에 따른 개별공시지가의 산정을 위하여 필요하다고 인정하는 경우에는 표준지와 산정대상 개별 토지의 가격형성요인에 관한 표준적인 비교표(이하 "토지가격비준표"라 한다)를 작성하여 시장·군수 또는 구청장에게 제공하여야 한다(법 제3조 제8항).

② 및 ③은 표준지공시지가의 공시사항에 포함된다.

> **법 제5조(표준지공시지가의 공시사항)**
> 제3조에 따른 공시에는 다음 각 호의 사항이 포함되어야 한다.
>   1. 표준지의 지번
>   2. 표준지의 단위면적당 가격(단위면적은 1제곱미터로 한다)
>   3. 표준지의 면적 및 형상
>   4. 표준지 및 주변토지의 이용상황
>   5. 그 밖에 대통령령으로 정하는 사항(지목, 용도지역, 도로상황, 그 밖에 표준지공시지가 공시에 필요한 사항)

④ 표준지공시지가에 이의가 있는 자는 그 공시일부터 30일 이내에 서면(전자문서를 포함한다)으로 국토교통부장관에게 이의를 신청할 수 있다(법 제7조 제1항).

15 〉정답해설〉

① 시장·군수 또는 구청장은 국세·지방세 등 각종 세금의 부과, 그 밖의 다른 법령에서 정하는 목적을 위한 지가산정에 사용되도록 하기 위하여 제25조에 따른 시·군·구부동산가격공시위원회의 심의를 거쳐 매년 공시지가의 공시기준일 현재 관할 구역 안의 개별토지의 단위면적당 가격(이하 "개별공시지가"라 한다)을 결정·공시하고, 이를 관계 행정기관 등에 제공하여야 한다(법 제10조 제1항).

〉오답해설〉

② 법 제10조 제2항
③ 법 제10조 제2항, 영 제15조 제1항
④ 영 제24조
⑤ 영 제23조 제1항 제3호

16 〉정답해설〉

④ 국토교통부장관은 제1항에 따라 표준주택가격을 조사·산정하고자 할 때에는 「한국부동산원법」에 따른 한국부동산원(이하 "부동산원"이라 한다)에 의뢰한다(법 제16조 제4항). 표준주택가격에 대한 감정평가법인등의 검증은 규정되어 있지 않다.

〉오답해설〉

① 영 제4조 제1항 제3호
② 법 제16조 제2항 제4호
③ 법 제24조 제1항 제14호
⑤ 영 제43조 제2항 제3호

17 〉정답해설〉

② 감정평가서의 원본과 관련 서류의 보관은 협회에 위탁한다(영 제47조 제2항 제1호).

〉오답해설〉

①, ③, ④, ⑤는 한국부동산원에 위탁한다(영 제47조 제1항).

> **영 제47조(업무의 위탁)**
> ① 국토교통부장관은 법 제46조 제1항에 따라 다음 각 호의 업무를 한국부동산원에 위탁한다.
>   1. 제8조 제1항에 따른 타당성조사를 위한 기초자료 수집 및 감정평가 내용 분석
>   2. 제8조의2에 따른 감정평가서에 대한 표본조사
>   3. 법 제9조에 따른 감정평가 정보체계의 구축·운영

18 〉정답해설〉

③ '5억', '10', '납부한 날의 전날'이다.

PART 02

법 제41조(과징금의 부과)
① 국토교통부장관은 감정평가법인등이 제32조 제1항 각 호의 어느 하나에 해당하게 되어 업무정지처분을 하여야 하는 경우로서 그 업무정지처분이 「부동산 가격공시에 관한 법률」 제3조에 따른 표준지공시지가의 공시 등의 업무를 정상적으로 수행하는 데에 지장을 초래하는 등 공익을 해칠 우려가 있는 경우에는 업무정지처분을 갈음하여 5천만원(감정평가법인인 경우는 5억원) 이하의 과징금을 부과할 수 있다.

법 제43조(과징금 납부기한의 연장과 분할납부)
② 과징금납부의무자가 제1항에 따라 과징금 납부기한을 연장받거나 분할납부를 하려면 납부기한 10일 전까지 국토교통부장관에게 신청하여야 한다.

법 제44조(과징금의 징수와 체납처분)
① 국토교통부장관은 과징금납부의무자가 납부기한까지 과징금을 납부하지 아니한 경우에는 납부기한의 다음 날부터 과징금을 납부한 날의 전날까지의 기간에 대하여 대통령령으로 정하는 가산금을 징수할 수 있다.

19 　정답해설
② 제24조 제1항을 위반하여 사무직원을 둔 자에게는 500만원 이하의 과태료를 부과한다(법 제52조 제1항).

　오답해설
① 3년 이하의 징역 또는 3천만원 이하의 벌금(법 제49조 제2호)
③ 시행령 별표 3에서는 업무정지처분사유로 규정하고 있다(법 제32조 제1항 제8호).
④ 3년 이하의 징역 또는 3천만원 이하의 벌금(법 제49조 제3호)
⑤ 1년 이하의 징역 또는 1천만원 이하의 벌금(법 제50조 제5호)

20 　정답해설
③ 수의계약의 방법으로 대부할 수 있는 경우가 아니면 1회만 갱신할 수 있다(법 제46조 제2항 단서).

　오답해설
① 제2항에 따라 갱신받으려는 자는 허가기간이 끝나기 1개월 전에 중앙관서의 장에게 신청하여야 한다(법 제35조 제3항).
② 중앙관서의 장은 제36조에 따라 행정재산의 사용허가를 취소하거나 철회하려는 경우에는 청문을 하여야 한다(법 제37조).
④ 사용허가를 받은 자는 허가기간이 끝나거나 제36조에 따라 사용허가가 취소 또는 철회된 경우에는 그 재산을 원래 상태대로 반환하여야 한다. 다만, 중앙관서의 장이 미리 상태의 변경을 승인한 경우에는 변경된 상태로 반환할 수 있다(법 제38조).
⑤
> **법 제52조(매각계약의 해제)**
> 일반재산을 매각한 경우에 다음 각 호의 어느 하나에 해당하는 사유가 있으면 그 계약을 해제할 수 있다.
> 1. 매수자가 매각대금을 체납한 경우
> 2. 매수자가 거짓 진술을 하거나 부실한 증명서류를 제시하거나 그 밖의 부정한 방법으로 매수한 경우
> 3. 제49조에 따라 용도를 지정하여 매각한 경우에 매수자가 지정된 날짜가 지나도 그 용도에 사용하지 아니하거나 지정된 용도에 제공한 후 지정된 기간에 그 용도를 폐지한 경우

21 정답해설

⑤ 총괄청이나 중앙관서의 장 등은 증권을 한국은행이나 은행법에 따른 은행 및 한국예탁결제원으로 하여금 보관·취급하게 하여야 한다(법 제15조 제1항, 영 제10조 제1항).

오답해설

① 일반재산에 사권(私權)의 설정이 가능하다.

> **영 제6조(사권 설정)**
> 법 제11조 제2항 단서에서 "대통령령으로 정하는 경우"란 다음 각 호의 어느 하나에 해당하는 경우를 말한다.
> 1. 다른 법률 또는 확정판결(재판상 화해 등 확정판결과 같은 효력을 갖는 것을 포함한다)에 따라 일반재산에 사권(私權)을 설정하는 경우
> 2. 일반재산의 사용 및 이용에 지장이 없고 재산의 활용가치를 높일 수 있는 경우로서 중앙관서의 장등이 필요하다고 인정하는 경우

② 국유재산에 관한 사무에 종사하는 직원은 그 처리하는 국유재산을 취득하거나 자기의 소유재산과 교환하지 못한다. 다만, 해당 총괄청이나 중앙관서의 장의 허가를 받은 경우에는 그러하지 아니하다(법 제20조 제1항).

③ 국가 외의 자는 국유재산에 건물, 교량 등 구조물과 그 밖의 영구시설물을 축조하지 못한다. 다만 기부를 조건으로 축조하는 경우에는 가능하다(법 제18조 제1항 제1호).

④ 총괄청은 다음 연도의 국유재산의 관리·처분에 관한 계획의 작성을 위한 지침을 매년 4월 30일까지 중앙관서의 장에게 통보하여야 한다(법 제9조 제1항).

22 정답해설

ㄱ. 중앙관서의 장은 행정재산에 대하여 일반경쟁입찰을 두 번 실시하여도 낙찰자가 없는 재산에 대하여는 세 번째 입찰부터 최초 사용료 예정가격의 100분의 20을 최저한도로 하여 매회 100분의 10의 금액만큼 그 예정가격을 낮추는 방법으로 조정할 수 있다(영 제27조 제5항).

ㄴ. 중앙관서의 장 등은 일반재산에 대하여 일반경쟁입찰을 두 번 실시하여도 낙찰자가 없는 경우에는 세 번째 입찰부터 최초 매각 예정가격의 100분의 50을 최저한도로 하여 매회 100분의 10의 금액만큼 그 예정가격을 낮출 수 있다(영 제42조 제3항).

23 정답해설

② 총괄청은 일반재산이 5년 이상 활용되지 않은 경우 이 일반재산을 민간사업자인 법인(외국법인을 포함한다)과 공동으로 개발할 수 있다(법 제59조의2 제1항).

오답해설

① 법 제44조
③ 법 제51조 제2항
④ 법 제46조 제4항
⑤ 제60조에 따라 현물출자하는 경우에 일반재산의 출자가액은 제44조에 따라 산정한다. 다만, 지분증권의 산정가액이 액면가에 미달하는 경우에는 그 지분증권의 액면가에 따른다(법 제62조).

24 정답해설

ㄱ. 허가권자는 제79조 제1항에 따라 시정명령을 받은 자가 이를 이행하면 새로운 이행강제금의 부과를 즉시 중지하되, 이미 부과된 이행강제금은 징수하여야 한다(법 제80조 제6항).

오답해설

ㄴ. 허가권자는 영리목적을 위한 위반이나 상습적 위반 등 대통령령으로 정하는 경우에 제1항에 따른 금액을 100분의 100의 범위에서 해당 지방자치단체의 조례로 정하는 바에 따라 가중하여야 한다(법 제80조 제2항 및 영 제115조의3).

영 제115조의3(이행강제금의 탄력적 운영)

② 법 제80조 제2항에서 "영리목적을 위한 위반이나 상습적 위반 등 대통령령으로 정하는 경우"란 다음 각 호의 어느 하나에 해당하는 경우를 말한다. 다만, 위반행위 후 소유권이 변경된 경우는 제외한다.

1. 임대 등 영리를 목적으로 법 제19조를 위반하여 용도변경을 한 경우(위반면적이 50제곱미터를 초과하는 경우로 한정한다)
2. 임대 등 영리를 목적으로 허가나 신고 없이 신축 또는 증축한 경우(위반면적이 50제곱미터를 초과하는 경우로 한정한다)
3. 임대 등 영리를 목적으로 허가나 신고 없이 다세대주택의 세대수 또는 다가구주택의 가구수를 증가시킨 경우(5세대 또는 5가구 이상 증가시킨 경우로 한정한다)
4. 동일인이 최근 3년 내에 2회 이상 법 또는 법에 따른 명령이나 처분을 위반한 경우
5. 제1호부터 제4호까지의 규정과 비슷한 경우로서 건축조례로 정하는 경우

ㄷ. 허가권자는 최초의 시정명령이 있었던 날을 기준으로 하여 1년에 2회 이내의 범위에서 해당 지방자치단체의 조례로 정하는 횟수만큼 그 시정명령이 이행될 때까지 반복하여 제1항 및 제2항에 따른 이행강제금을 부과·징수할 수 있다(법 제80조 제5항).

25 정답해설

② 허가 대상 건축물이라 하더라도 주요구조부의 해체가 없는 등 대통령령으로 정하는 대수선(특별피난계단을 수선하는 것)에 해당하는 경우에는 미리 특별자치시장·특별자치도지사 또는 시장·군수·구청장에게 신고를 하면 건축허가를 받은 것으로 본다(건축법 제14조 제1항 제4호 및 영 제11조 제2항 제6호). 즉, 건축법 제14조 제1항에서는 "주요구조부의 해체가 없는 대수선"의 경우 신고를 하면 건축허가를 받은 것으로 본다고 규정되어 있으며, 동법 시행령 제11조 제2항에서는 "주요구조부의 해체가 없는 대수선"의 경우를 규정하고 있다.

영 제11조(건축신고)

② 법 제14조 제1항 제4호에서 "주요구조부의 해체가 없는 등 대통령령으로 정하는 대수선"이란 다음 각 호의 어느 하나에 해당하는 대수선을 말한다.

1. 내력벽의 면적을 30제곱미터 이상 수선하는 것
2. 기둥을 세 개 이상 수선하는 것
3. 보를 세 개 이상 수선하는 것
4. 지붕틀을 세 개 이상 수선하는 것
5. 방화벽 또는 방화구획을 위한 바닥 또는 벽을 수선하는 것
6. 주계단·피난계단 또는 특별피난계단을 수선하는 것

오답해설

① 내력벽의 면적을 20제곱미터 이상 수선하는 것, ③ 보를 두 개 이상 수선하는 것, ④ 지붕틀을 두 개 이상 수선하는 것, ⑤ 기둥을 두 개 이상 수선하는 것은 모두 시행령 제11조 제2항에서 규정된 내용의 개수나 면적에 포함되지 않는다.

26 정답해설 >

③ 제1항에 따라 조정안을 제시받은 당사자는 제시를 받은 날부터 15일 이내에 수락 여부를 조정위원회에 알려야 한다(법 제96조 제2항).

오답해설 >

① 법 제4조 제2항 제1호

> **법 제4조(건축위원회)**
> ② 국토교통부장관, 시·도지사 및 시장·군수·구청장은 건축위원회의 심의 등을 효율적으로 수행하기 위하여 필요하면 자신이 설치하는 건축위원회에 다음 각 호의 전문위원회를 두어 운영할 수 있다.
>   1. 건축분쟁전문위원회(국토교통부에 설치하는 건축위원회에 한정한다)
>   2. 건축민원전문위원회(시·도 및 시·군·구에 설치하는 건축위원회에 한정한다)
>   3. 건축계획·건축구조·건축설비 등 분야별 전문위원회

② 분쟁위원회는 당사자의 조정신청을 받으면 60일 이내에, 재정신청을 받으면 120일 이내에 절차를 마쳐야 한다. 다만, 부득이한 사정이 있으면 분쟁위원회의 의결로 기간을 연장할 수 있다(법 제92조 제3항).
④ 법 제95조 제2항
⑤ 법 제101조

27 정답해설 >

⑤ 건축법 시행령 제10조의3 제1항의 내용이다.

> **영 제10조의3(건축물 안전영향평가)**
> ① 법 제13조의2 제1항에서 "초고층 건축물 등 대통령령으로 정하는 주요 건축물"이란 다음 각 호의 어느 하나에 해당하는 건축물을 말한다.
>   1. 초고층 건축물
>   2. 다음 각 목의 요건을 모두 충족하는 건축물
>   가. 연면적(하나의 대지에 둘 이상의 건축물을 건축하는 경우에는 각각의 건축물의 연면적을 말한다)이 10만 제곱미터 이상일 것
>   나. 16층 이상일 것

28 정답해설 >

④ "등록전환"이란 임야대장 및 임야도에 등록된 토지를 토지대장 및 지적도에 옮겨 등록하는 것을 말한다(법 제2조 제30호).

오답해설 >

① "지적소관청"이란 지적공부를 관리하는 특별자치시장, 시장(「제주특별자치도 설치 및 국제자유도시 조성을 위한 특별법」 제10조 제2항에 따른 행정시의 시장을 포함하며, 「지방자치법」 제3조 제3항에 따라 자치구가 아닌 구를 두는 시의 시장은 제외한다)·군수 또는 구청장(자치구가 아닌 구의 구청장을 포함한다)을 말한다(법 제2조 제18호).
② 법 제2조 제24호
③ 법 제2조 제26호
⑤ 법 제2조 제34호

29 〔정답해설〕

④ 토지소유자는 신규등록할 토지가 있으면 대통령령으로 정하는 바에 따라 그 사유가 발생한 날부터 60일 이내에 지적소관청에 신규등록을 신청하여야 한다(법 제77조).

〔오답해설〕

① 법 제66조 제1항
② 법 제68조 제1항
③ 법 제73조(경계점좌표등록부의 등록사항)

> **법 제73조(경계점좌표등록부의 등록사항)**
> 지적소관청은 제86조에 따른 도시개발사업 등에 따라 새로이 지적공부에 등록하는 토지에 대하여는 다음 각 호의 사항을 등록한 경계점좌표등록부를 작성하고 갖춰 두어야 한다.
> 1. 토지의 소재
> 2. 지번
> 3. 좌표
> 4. 그 밖에 국토교통부령으로 정하는 사항(토지의 고유번호, 지적도면의 번호, 필지별 경계점좌표등록부의 장번호, 부호 및 부호도)

⑤ 법 제85조 제1항

30 〔정답해설〕

② 축척변경을 하려면 축척변경 시행지역의 토지소유자 3분의 2 이상의 동의를 받아야 한다(법 제83조 제3항).

> **법 제83조(축척변경)**
> ③ 지적소관청은 제2항에 따라 축척변경을 하려면 축척변경 시행지역의 토지소유자 3분의 2 이상의 동의를 받아 제1항에 따른 축척변경위원회의 의결을 거친 후 시·도지사 또는 대도시 시장의 승인을 받아야 한다. 다만, 다음 각 호의 어느 하나에 해당하는 경우에는 축척변경위원회의 의결 및 시·도지사 또는 대도시 시장의 승인 없이 축척변경을 할 수 있다.
> 1. 합병하려는 토지가 축척이 다른 지적도에 각각 등록되어 있어 축척변경을 하는 경우
> 2. 제86조에 따른 도시개발사업 등의 시행지역에 있는 토지로서 그 사업 시행에서 제외된 토지의 축척변경을 하는 경우

〔오답해설〕

① 법 제83조 제2항 제2호
③ 법 제83조 제3항 제1호
④ 법 제83조 제3항 제2호
⑤ 영 제71조 제1항

31 〔정답해설〕

④ 영 제58조 제14호

> **영 제58조(지목의 구분)**
> 14. 도로
>   다음 각 목의 토지. 다만, 아파트·공장 등 단일 용도의 일정한 단지 안에 설치된 통로 등은 제외한다.

가. 일반 공중(公衆)의 교통 운수를 위하여 보행이나 차량운행에 필요한 일정한 설비 또는 형태를 갖추어 이용되는 토지

나. 「도로법」 등 관계 법령에 따라 도로로 개설된 토지

다. 고속도로의 휴게소 부지

라. 2필지 이상에 진입하는 통로로 이용되는 토지

오답해설

① 토지가 일시적 또는 임시적인 용도로 사용될 때에는 지목을 변경하지 아니한다(영 제59조 제2항).

② 법 제80조 제3항

법 제80조(합병 신청)

③ 다음 각 호의 어느 하나에 해당하는 경우에는 합병 신청을 할 수 없다.

1. 합병하려는 토지의 지번부여지역, 지목 또는 소유자가 서로 다른 경우
2. 합병하려는 토지에 다음 각 목의 등기 외의 등기가 있는 경우

    가. 소유권·지상권·전세권 또는 임차권의 등기

    나. 승역지(承役地)에 대한 지역권의 등기

    다. 합병하려는 토지 전부에 대한 등기원인(登記原因) 및 그 연월일과 접수번호가 같은 저당권의 등기

    라. 합병하려는 토지 전부에 대한 「부동산등기법」 제81조 제1항 각 호의 등기사항이 동일한 신탁등기

3. 그 밖에 합병하려는 토지의 지적도 및 임야도의 축척이 서로 다른 경우 등 대통령령으로 정하는 경우

③ 영 제58조 제12호

영 제58조(지목의 구분)

12. 주유소용지

    다음 각 목의 토지. 다만, 자동차·선박·기차 등의 제작 또는 정비공장 안에 설치된 급유·송유시설 등의 부지는 제외한다.

    가. 석유·석유제품, 액화석유가스, 전기 또는 수소 등의 판매를 위하여 일정한 설비를 갖춘 시설물의 부지

    나. 저유소(貯油所) 및 원유저장소의 부지와 이에 접속된 부속시설물의 부지

⑤ 토지소유자는 지목변경을 할 토지가 있으면 대통령령으로 정하는 바에 따라 그 사유가 발생한 날부터 60일 이내에 지적소관청에 지목변경을 신청하여야 한다(법 제81조).

32 **정답해설**

① 등기목적은 갑구 또는 을구 권리에 관한 등기사항이다(법 제48조 제1항 제2호).

법 제34조(등기사항)

등기관은 토지 등기기록의 표제부에 다음 각 호의 사항을 기록하여야 한다.

1. 표시번호
2. 접수연월일
3. 소재와 지번(地番)
4. 지목(地目)
5. 면적
6. 등기원인

오답해설

② 법 제35조(변경등기의 신청)

③ 법 제41조(변경등기의 신청) 제3항

④ 법 제41조(변경등기의 신청) 제4항
⑤ 법 제46조(구분건물의 표시에 관한 등기) 제1항

33 〔정답해설〕
① 국가·지방자치단체·국제기관 및 외국정부의 등록번호는 국토교통부장관이 지정·고시한다(법 제49조 제1항 제1호).

〔오답해설〕
② 법 제53조 제1호
③ 법 제54조
④ 법 제57조 제1항
⑤ 법 제62조 제3호

34 〔정답해설〕
ㄷ. 법 제104조(집행 부정지)
ㄹ. 법 제108조(송달)

〔오답해설〕
ㄱ. 새로운 사실이나 새로운 증거방법을 근거로 이의신청을 할 수는 없다(법 제102조).
ㄴ. 등기관은 이의가 이유 없다고 인정하면 이의신청일부터 3일 이내에 의견을 붙여 이의신청서를 관할 지방법원에 보내야 한다(법 제103조 제2항).

35 〔정답해설〕
③ 등기관은 제1항의 경우에 부동산이 5개 이상일 때에는 공동담보목록을 작성하여야 한다(법 제78조 제2항).

〔오답해설〕
① 법 제64조
② 법 제65조 제3호
④ 법 제75조 제2항 제1호
⑤ 등기관이 채권의 일부에 대한 양도 또는 대위변제(代位辨濟)로 인한 저당권 일부이전등기를 할 때에는 제48조에서 규정한 사항 외에 양도액 또는 변제액을 기록하여야 한다(법 제79조).

36 〔정답해설〕
② 법 제38조 제3항

〔오답해설〕
① 조합이 정관을 변경하려는 경우에는 시장·군수 등의 인가를 받아야 하지만 경미한 사항을 변경하려는 경우에는 그러하지 않다(법 제40조 제3항, 제4항). 조합임원의 수를 변경하는 경우는 경미한 경우에 해당되므로 인가를 받지 않아도 된다(영 제39조 제2호).
③ 조합에 두는 이사의 수는 3명 이상으로 하고, 감사의 수는 1명 이상 3명 이하로 한다. 다만, 토지등소유자의 수가 100인을 초과하는 경우에는 이사의 수를 5명 이상으로 한다(영 제40조).
④ 조합임원의 임기는 3년 이하의 범위에서 정관으로 정하되, 연임할 수 있다(법 제41조 제4항).
⑤ 조합장이 아닌 임원은 대의원이 될 수 없다(법 제46조 제3항).

37 정답해설 〉

③ 영 제46조(사업시행계획인가의 경미한 변경)

> *** 대통령령으로 정하는 경미한 사항을 변경하려는 때**
> 1. 정비사업비를 10퍼센트의 범위에서 변경하거나 관리처분계획의 인가에 따라 변경하는 때. 다만, 「주택법」 제2조 제5호에 따른 국민주택을 건설하는 사업인 경우에는 「주택도시기금법」에 따른 주택도시기금의 지원금액이 증가되지 아니하는 경우만 해당한다.
> 2. 건축물이 아닌 부대시설·복리시설의 설치규모를 확대하는 때(위치가 변경되는 경우는 제외한다)
> 3. 대지면적을 10퍼센트의 범위에서 변경하는 때
> 4. 세대수와 세대당 주거전용면적을 변경하지 않고 세대당 주거전용면적의 10퍼센트의 범위에서 세대 내부구조의 위치 또는 면적을 변경하는 때
> 5. 내장재료 또는 외장재료를 변경하는 때
> 6. 사업시행계획인가의 조건으로 부과된 사항의 이행에 따라 변경하는 때
> 7. 건축물의 설계와 용도별 위치를 변경하지 아니하는 범위에서 건축물의 배치 및 주택단지 안의 도로선형을 변경하는 때
> 8. 「건축법 시행령」 제12조 제3항 각 호의 어느 하나에 해당하는 사항을 변경하는 때
> 9. 사업시행자의 명칭 또는 사무소 소재지를 변경하는 때
> 10. 정비구역 또는 정비계획의 변경에 따라 사업시행계획서를 변경하는 때
> 11. 법 제35조 제5항 본문에 따른 조합설립변경 인가에 따라 사업시행계획서를 변경하는 때
> 12. 그 밖에 시·도조례로 정하는 사항을 변경하는 때

38 정답해설 〉

ㄱ. 사업시행자(공동시행 포함하되, 사업시행자가 시장·군수등인 경우 제외)는 정비사업을 시행하려는 경우에는 사업시행계획서에 정관 등과 국토교통부령으로 정하는 서류를 첨부하여 시장·군수등에게 제출하고 사업시행계획인가를 받아야 하고, 인가받은 사항을 변경하거나 정비사업을 중지 또는 폐지하려는 경우에도 또한 같다(법 제50조 제1항).

ㄴ. 시장·군수 등이 아닌 사업시행자가 정비사업 공사를 완료한 때에는 대통령령으로 정하는 방법 및 절차에 따라 시장·군수 등의 준공인가를 받아야 한다(법 제83조 제1항).

39 정답해설 〉

⑤ 법 제92조(비용부담의 원칙) 제2항

> 시장·군수 등은 시장·군수 등이 아닌 사업시행자가 시행하는 정비사업의 정비계획에 따라 설치되는 다음 각 호의 시설에 대하여는 그 건설에 드는 비용의 전부 또는 일부를 부담할 수 있다.
> 1. 도시·군계획시설 중 대통령령으로 정하는 주요 정비기반시설 및 공동이용시설
>
> > *** 대통령령으로 정하는 주요 정비기반시설 및 공동이용시설**
> > 1. 도로   2. 상·하수도 3. 공원   4. 공용주차장 5. 공동구
> > 6. 녹지   7. 하천   8. 공공공지   9. 광장
>
> 2. 임시거주시설

오답해설

① 법 제93조(비용의 조달) 제1항
② 법 제93조(비용의 조달) 제5항
③ 규칙 제16조(공동구의 설치비용 등) 제2항
④ 규칙 제16조(공동구의 설치비용 등) 제4항

40

정답해설

④ 법 제11조(과실에 대한 효력)

오답해설

① 담보등기를 할 수 없는 경우(법 제3조 제3항)

> 1. 「선박등기법」에 따라 등기된 선박, 「자동차 등 특정동산 저당법」에 따라 등록된 건설기계·자동차·항공기·소형선박, 「공장 및 광업재단 저당법」에 따라 등기된 기업재산, 그 밖에 다른 법률에 따라 등기되거나 등록된 동산
> 2. 화물상환증, 선하증권, 창고증권이 작성된 동산
> 3. 무기명채권증서 등 대통령령으로 정하는 증권
>   • 무기명채권증서
>   • 「자산유동화에 관한 법률」 제2조 제4호에 따른 유동화증권
>   • 「자본시장과 금융투자업에 관한 법률」 제4조에 따른 증권

② 담보권설정자의 사업자등록이 말소된 경우에도 이미 설정된 동산담보권의 효력에는 영향을 미치지 아니한다(법 제4조).
③ 담보권설정자에게 책임이 있는 사유로 담보목적물의 가액(價額)이 현저히 감소된 경우에는 담보권자는 담보권설정자에게 그 원상회복 또는 적당한 담보의 제공을 청구할 수 있다(법 제17조 제2항).
⑤ 약정에 따른 동산담보권의 득실변경(得失變更)은 담보등기부에 등기를 하여야 그 효력이 생긴다(법 제7조 제1항).

제5과목 I **회계학**

정답

01 ①	02 ①	03 ⑤	04 ③	05 ④	06 ①	07 ②	08 ②	09 ①	10 ②
11 ⑤	12 ④	13 ②	14 ②	15 ④	16 ③	17 ④	18 ③	19 ①	20 ③
21 ④	22 ④	23 ②	24 ③	25 ③	26 ⑤	27 ②	28 ③	29 ④	30 ④
31 ②	32 ⑤	33 ③	34 ④	35 ④	36 ⑤	37 ②	38 ⑤	39 ①	40 ⑤

01 정답해설

서술형 정보는 당기 재무제표를 이해하는 데 목적적합한 경우 비교정보를 표시한다.

02 정답해설

무형자산은 매각예정으로 분류되거나 제거되는 날 중 이른 날에 상각을 중지한다.

03 정답해설

처분예정인 자가사용부동산은 자가사용부동산으로 분류한다.

04 정답해설

20×2년 말 재무상태표상 주식선택권 = (70명 − 14명 − 5명) × 50개 × ₩10 × 2/3 = ₩17,000

05 정답해설

개념체계는 수시로 개정될 수 있으며, 개념체계가 개정되더라도 자동으로 회계기준이 개정되는 것은 아니다.

06 정답해설

1) 20×1년 가중평균유통보통주식수 = 5,000주 × 1.1 × 12/12 − 300주 × 3/12 = 5,425주
2) 20×1년 기본주당이익(₩162) = (₩900,000 − 우선주배당금) ÷ 5,425주
→ 우선주배당금 = ₩21,150

07 정답해설

ㄱ. 오류가 없다는 것은 현상의 기술에 오류나 누락이 없고, 보고 정보를 생산하는 데 사용되는 절차의 선택과 적용 시 절차상 오류가 없음을 의미하는 것이지 모든 면이 완벽하게 정확하다는 것을 의미하지는 않는다.
ㄷ. 회계기준위원회는 중요성에 대한 획일적인 계량임계치를 정하거나 특정한 상황에서 무엇이 중요한 것인지를 미리 결정할 수 없다.

08 오답해설

① 가득급여 : 종업원의 미래 계속 근무와 관계없이 퇴직급여제도에 따라 받을 권리가 있는 급여
③ 급여지급에 이용가능한 순자산 : 제도의 자산에서 약정퇴직급여의 보험수리적 현재가치를 제외한 부채를 차감한 잔액
④ 확정기여제도 : 종업원에게 지급할 퇴직급여금액이 기금에 출연하는 기여금과 그 투자수익에 의해 결정되는 퇴직급여제도
  * 확정급여제도 : 종업원에게 지급할 퇴직급여금액이 일반적으로 종업원의 임금과 근무연수에 기초하는 산정식에 의해 결정되는 퇴직급여제도
⑤ 기금적립 : 퇴직급여를 지급할 미래의무를 충족하기 위해 사용자와는 구별된 실체(기금)에 자산을 이전하는 것

09 정답해설

㈜감평의 수정 전 잔액	₩2,100	은행의 수정 전 잔액	₩4,000
은행수수료	(₩100)		
추심어음	₩1,000	기발행미인출수표	(₩1,200)
부도수표	(₩200)		
㈜감평의 수정 후 잔액	₩2,800	은행의 수정 후 잔액	₩2,800

1) ㈜감평이 가산할 금액 = ₩1,000
2) ㈜감평이 차감할 금액 = ₩300

10 정답해설

상환할증금 = ₩400 + ₩400 × 1.070(1기간, 7%, 미래가치계수) + ₩400 × 1.145(2기간, 7%, 미래가치계수)
    = ₩1,286
* ₩400 = ₩10,000(액면금액) × (보장수익률 − 표시이자율) = ₩10,000(액면금액) × (7% − 3%)

11 정답해설

1) 20×2년 감가상각비 = (₩30,000 − ₩0) × 1/5 = ₩6,000
2) 20×2년 말 손상차손 = ₩18,000(20×2년 말 감가상각 후 장부금액) − ₩15,000(회수가능액) = ₩3,000
3) 20×2년 당기순이익에 미치는 영향 = ₩6,000(감가상각비) + ₩3,000(손상차손) = ₩9,000 감소

12 정답해설

1) 20×1년 초 발행가액 = ₩26,000 × 0.8929 + ₩24,000 × 0.7972 + ₩22,000 × 0.7118 = ₩58,008
2) 20×1년 말 장부금액 = ₩58,008 × 1.12 − ₩26,000 = ₩38,969
3) 20×2년 이자비용 = ₩38,969 × 12% = ₩4,676

13 정답해설

1) 20×1년 포인트 관련 계약부채 = ₩50,000 × 1% × ₩10(포인트의 단위당 공정가치) = ₩5,000
2) 20×1년 인식할 포인트 관련 매출 = ₩5,000 × (500포인트/2,500포인트) = ₩1,000

14 정답해설

1) 20×1년 연평균지출액 = ₩2,000,000 × 12/12 + ₩400,000 × 6/12 = ₩2,200,000
2) 20×1년 특정차입금 자본화금액 = ₩2,000,000 × 6/12 × 3% = ₩30,000
3) 20×1년 일반차입금 자본화금액 = {₩2,200,000 − (₩2,000,000 × 6/12)} × 5%
   = ₩60,000(한도 : ₩5,000)
   * 일반차입금 자본화한도(실제이자비용) = ₩100,000 × 12/12 × 5% = ₩5,000
4) 20×1년 자본화할 차입원가 = ₩30,000 + ₩5,000 = ₩35,000

15 정답해설

1) 20×2년 제품보증비 추정액 = ₩100 × 10% + ₩4,000 × 5% = ₩210
2) 20×2년 제품보증회계처리

(차) 제품보증충당부채	200	(대) 현금	300
제품보증비	100		
(차) 제품보증비	210	(대) 제품보증충당부채	210

3) 20×2년도 제품보증비 = ₩100 + ₩210 = ₩310
4) 20×2년도 제품보증충당부채 = ₩200(20×1년 말 잔액) − ₩200(제품수리비용 지출) + ₩210(20×2년
   말 설정액) = ₩210

16 정답해설

1) 20×1년 진행률 = ₩300 ÷ (₩300 + ₩700) = 30%
2) 20×1년 공사이익 = (₩1,200 − ₩1,000) × 30% = ₩60
3) 20×1년 미성공사 = ₩1,200(계약금액) × 30% = ₩360
4) 20×1년 계약부채 = ₩360(미성공사) − ₩400(진행청구액) = ₩(40)

17 정답해설

금융자산과 금융부채를 재무상태표에 순액으로 표시하는 경우 공시되는 금액은 상계되는 금액을 한도로 한다. 예를 들어, 금융자산의 총액이 금융부채의 총액보다 많다면, 금융자산을 공시하는 표에는 금융자산 전체금액과 금융부채의 전체금액이 포함될 것이다. 그러나 금융부채를 공시하는 표에는 금융부채 전체 금액이 포함되는 반면, 금융부채 금액과 같은 금융자산 금액만이 포함될 것이므로 상계과정에서 손익이 발생하지 않는다.

18 정답해설

1) 20×2년 말 자본총계 = ₩48,000(기초자본) − ₩9,000(자기주식 취득) + ₩5,600(자기주식 처분) + ₩50,000
   (20×2년 당기순이익) = ₩94,600
2) 자기주식 취득가액 = 20주 × ₩450 = ₩9,000
3) 자기주식 처분가액 = 8주 × ₩700 = ₩5,600
※ 자기주식의 소각 및 무상증자는 자본총계가 불변한다.

19 정답해설

20×1년 말 재무상태표에 표시할 기말상품 금액 = ₩2,840(상품 재고실사 금액) + ₩100(타처보관 중인 재고)
+ ₩120(미판매된 적송품) + ₩200(매입의사 미표시 시송품) = ₩3,260
* 상품보관료는 재고자산 원가에 포함하지 아니하며, 도착지 인도조건의 매입은 도착시점에 재고자산에 포함한다.

20 정답해설

1) ㈜감평이 교환으로 취득한 자산의 원가 = ₩2,500(취득한 자산의 공정가치)
2) 교환거래로 인한 회계처리

(차) 건물	2,500	(대) 기계장치	2,000
현금	700	유형자산처분이익	1,200

21 정답해설

1) 감모손실 = (50개 − 30개) × ₩60 = ₩1,200
   * 비정상감모손실 = ₩1,200 × 60% = ₩720
2) 저가재고금액 = 30개(실사수량) × min[₩60(취득원가), ₩50(순실현가능가치)] = ₩1,500
3) 20×1년의 매출원가 = ₩4,200(기초재고) + ₩6,000(당기매입) − ₩1,500(기말재고) − ₩720(비정상감모손실)
   = ₩7,980

22 오답해설

ㄴ. 리스이용자는 리스의 내재이자율을 쉽게 산정할 수 없는 경우에는 리스이용자의 증분차입이자율을 사용하여 리스료를 할인한다.

23 오답해설

① 고객과의 계약으로 회계처리하기 위해서는 계약에 상업적 실질이 있어야 한다. 계약에 상업적 실질이 있다는 것은 계약의 결과로 기업의 미래 현금흐름의 위험, 시기, 금액이 변동될 것으로 예상된다는 것을 의미한다. 계약의 결과로 기업의 미래 현금흐름의 위험, 시기, 금액이 변동될 것으로 예상되지 않는 경우에는 상업적 실질이 없으므로 고객과의 계약으로 회계처리하지 않는다.
③ 고객과의 계약으로 회계처리하기 위해서는 이전할 재화나 용역의 지급조건을 식별할 수 있어야 한다.
④ 계약변경은 서면으로, 구두합의로, 기업의 사업 관행에 따라 암묵적으로 승인될 수 있다. 계약당사자들이 계약변경을 승인하지 않았다면, 계약변경의 승인을 받을 때까지는 기존 계약에 이 기준서를 계속 적용한다.
⑤ 고객과의 계약에서 식별되는 수행의무는 계약에 분명히 기재한 재화나 용역에만 한정되지 아니한다.

24 정답해설

1) 20×1년 과세소득 = ₩400,000(회계이익) + ₩55,000(감가상각비 한도초과액) − ₩25,000(미수이자)
   + ₩10,000(접대비 한도초과액) + ₩30,000(자기주식처분이익) = ₩470,000
2) 20×1년 당기법인세 = ₩470,000 × 20% = ₩94,000
3) 20×1년 이연법인세자산 = ₩55,000(감가상각비 한도초과액) × 20% = ₩11,000
   20×1년 이연법인세부채 = ₩25,000(미수이자) × 20% = ₩5,000
4) 20×1년도 법인세 회계처리

(차) 자기주식처분이익	6,000	(대) 미지급법인세	94,000
이연법인세자산	11,000	이연법인세부채	5,000
법인세비용	82,000		

25 정답해설

1) 20×1년 말 설비장부금액 = ₩1,000,000 − {(₩1,000,000 − ₩0) × 1/5} = ₩800,000
2) 20×2년 초 복구충당부채 = ₩300,000 × 0.7921(4기간, 6%, 현가계수) = ₩237,630
3) 20×2년 감가상각비 = (₩800,000 + ₩237,630 − ₩0) × 1/4 = ₩259,408

26 정답해설

20×2.9.1	(차) 건물(유형자산)	330,000	(대) 투자부동산		340,000
	투자부동산평가손실	10,000			
20×2.12.31	(차) 감가상각비	11,000	(대) 감가상각누계액		11,000
	(차) 감가상각누계액	11,000	(대) 건물(유형자산)		25,000
	재평가손실	14,000			

* 20×2년 감가상각비 = (₩330,000 − ₩0) × 1/10 × 4/12 = ₩11,000
→ 20×2년 당기순이익에 미치는 영향 = (₩10,000) + (₩11,000) + (₩14,000) = ₩35,000 감소

27 정답해설

회계변경을 반영한 비교재무제표에는 20×1년 초부터 투자부동산에 대해 공정가치모형을 적용한 것으로 표시된다.

구분	20×1년	20×2년
투자부동산(순액)	₩190,000	₩185,000
감가상각비	0	0
투자부동산평가손익	(₩10,000) 평가손실	(₩5,000) 평가손실

오답해설

① 20×1년도 투자부동산(순액)은 ₩190,000이다.
③ 20×1년도 투자부동산평가손실은 ₩10,000이다.
④ 20×2년도 투자부동산평가손실은 ₩5,000이다.
⑤ 20×2년도 투자부동산(순액)은 ₩185,000이다.

28 정답해설

1) 20×1년 지분법이익 = {₩100,000 − (₩200,000 × 1/10)} × 20% = ₩16,000
2) 20×1년 지분법자본변동 = ₩30,000(기타포괄이익) × 20% = ₩6,000
3) 20×1년 말 관계기업투자주식 장부금액 = ₩300,000(20×1년 초 관계기업투자주식 장부금액) + ₩16,000 (지분법이익) + ₩6,000(지분법자본변동) − ₩3,000(현금배당금 수령액) = ₩319,000
   ※ 지분법 회계처리 시 ₩15,000 × 20% = ₩3,000의 현금배당 수령액은 배당금수익으로 인식하지 아니하고 관계기업투자주식 장부금액에서 차감한다.

29 〔정답해설〕

1) 재고구입에 따른 현금유출액

매출원가	(?)
재고자산 증가액	(₩4,000)
매입채무 증가액	6,000
= 재고구입에 따른 현금유출액	(₩120,000)

→ 매출원가 = ₩122,000

2) 매출총이익 = ₩215,000(매출액) − ₩122,000(매출원가) = ₩93,000

30 〔정답해설〕

20×1년 영업에서 창출된 현금

= ₩147,000(당기순이익) + ₩5,000(감가상각비) + ₩30,000(법인세비용) − ₩20,000(유형자산처분이익)
+ ₩25,000(이자비용) − ₩15,000(이자수익) − ₩8,000(배당금수익) + ₩15,000(매출채권 감소액)
− ₩4,000(재고자산 증가액) − ₩6,000(매입채무 감소액) = ₩169,000

* 영업에서 창출된 현금은 이자수입, 이자지급, 배당금수입, 법인세지급액을 별도로 표시하기 위하여 당기순이익
에서 제거한다.

31 〔정답해설〕

구분	제품 X	제품 Y
단위당 공헌이익	₩300	₩200
기계시간당 공헌이익	₩300 ÷ 2시간 = ₩150	₩200 ÷ 1시간 = ₩200

1) 현재 사용 중인 기계가동시간 = 300단위(제품 X) × 2시간 + 400단위(제품 Y) × 1시간 = 1,000시간
   * 제품 Z의 특별주문 수락 시 기존시장에서의 제품을 포기하여야 한다. 제품 Z에 300 기계가동시간이 필요하
   니 기계시간당 공헌이익이 낮은 제품 X의 150단위를 포기해야 한다.
2) 총기회비용 = 150단위(제품 X) × ₩300(제품 X의 단위당 공헌이익) = ₩45,000
3) 단위당 최소판매가격 = ₩900 + (₩45,000 ÷ 200단위) = ₩1,125

32 〔정답해설〕

1) 기존 매출수량기준 배합비율이 2 : 6 : 2이며, 제품 Y의 손익분기점 매출수량이 7,800단위이므로 손익분기점
   SET 판매량은 7,800단위 ÷ 6 = 1,300SET가 된다.
2) 기존 매출수량기준에 따른 SET당 공헌이익
   = ₩12(제품 X) × 2 + ₩15(제품 Y) × 6 + ₩8(제품 Z) × 2 = ₩130
3) 기존 매출수량기준에 따른 고정원가 = 1,300SET × ₩130(SET당 공헌이익) = ₩169,000
4) 제품 Z의 생산 중단 이후 제품 X와 Y의 SET당 공헌이익 = ₩12 × 6 + ₩15 × 4 = ₩132
5) 목표이익 달성을 위한 SET 판매량 = (₩165,000 + ₩33,000) ÷ ₩132 = 1,500SET
6) 제품 X의 매출수량 = 1,500SET × 6 = 9,000단위

33 〔정답해설〕

1) 제조간접원가 표준배부액 = 4,800시간(실제생산량에 허용된 표준직접노무시간) × ₩400(변동제조간접원가
   및 고정제조간접원가 표준배부율의 합) = ₩1,920,000
2) 당기 제조간접원가 실제 발생액 = ₩1,920,000 + ₩20,000(과소배부) = ₩1,940,000

34 정답해설

1) 90% 누적평균시간 학습모형

단위	단위당 시간	총시간
100단위(1)	300시간	300시간
200단위(2)	300시간 × 90% = 270시간	540시간
400단위(4)	270시간 × 90% = 243시간	972시간

2) 부품 400단위의 단위당 제조원가 = {₩25,000(직접재료원가) × 4 + 972시간 × ₩100 + ₩97,200 × 2/3 + ₩100,000(고정제조간접원가)} ÷ 400단위 = ₩905

35 정답해설

1) 변동원가계산에 의한 영업이익   ₩60,000
  + 기말재고에 포함된 고정제조간접원가   25,000
  <u>− 기초재고에 포함된 고정제조간접원가   (?   )</u>
  = 전부원가계산에 의한 영업이익   ₩72,000
  → 기초재고에 포함된 고정제조간접원가 = ₩13,000
  ※ 전부원가계산과 변동원가계산의 재고자산 금액차이는 해당 재고자산에 포함된 고정제조간접원가 금액과 일치한다.

2) 당기 전부원가계산에 의한 기초재고자산 = ₩64,000(변동원가계산제도에 의한 기초재고자산) + ₩13,000(기초재고에 포함된 고정제조간접원가) = ₩77,000

36 정답해설

* 결합공정에 재공품이 존재하는 경우 결합공정에서 완성된 물량만이 결합제품이 된 것이므로 완성품 원가만을 결합원가로 배분해야 한다.

1) 직접재료원가 완성품환산량 = 2,400단위 × 100% + 600단위(기말재공품) × 100% = 3,000단위
2) 전환원가 완성품환산량 = 2,400단위 × 100% + 600단위(기말재공품) × 50% = 2,700단위
3) 완성품원가 = ₩180,000(직접재료원가) × (2,400단위/3,000단위) + ₩108,000(전환원가) × (2,400단위/2,700단위) = ₩240,000
4) 균등매출총이익률법에 의한 결합원가 배부

구분	제품 X	제품 Y	합계
판매가치	₩120,000	₩320,000	₩440,000
추가가공원가	−	(₩24,000)	(₩24,000)
결합원가	(₩72,000)	(₩168,000)	(₩240,000)
매출총이익	₩48,000	₩128,000	₩176,000

  * 매출총이익률 = ₩176,000 ÷ ₩440,000 = 40%
  ※ 결합원가 배부를 위한 판매가치는 단위당 판매가에 생산량을 곱하여 산출한다.

5) 제품 Y의 총제조원가 = ₩24,000 + ₩168,000 = ₩192,000
6) 제품 Y의 단위당 제조원가 = ₩192,000 ÷ 1,600단위(생산량) = ₩120

37 정답해설

1) 부품 X의 단위당 변동제조원가 = ₩40(단위당 직접재료원가) + ₩35(단위당 직접노무원가) + ₩25(단위당 변동제조간접원가) = ₩100

2) 사내대체 시 총기회비용 = 2,000단위 × (₩150 − ₩100) = ₩100,000

* 정규시장에서 부품 X를 8,000단위 판매하고 있으므로 유휴생산능력은 2,000단위이다. 총 4,000단위를 사내대체하면 기존시장에서 판매하던 부품 X의 2,000단위를 포기하여야 한다.

3) 사내대체 시 단위당 기회비용 = ₩100,000(총기회비용) ÷ 4,000단위(대체수량) = ₩25

4) 부품 X의 단위당 최소대체가격 = ₩100(단위당 변동제조원가) + ₩25(단위당 기회비용) = ₩125

38 정답해설

1) 직접재료원가 = ₩3,200(기초직접재료) + ₩35,000(직접재료매입액) − ₩6,200(기말직접재료) = ₩32,000

2) 직접노무원가 = ₩56,000(기초원가) − ₩32,000(직접재료원가) = ₩24,000

재고자산			
기초직접재료	₩3,200	기말직접재료	₩6,200
직접재료매입액	35,000	기말재공품	7,200
기초재공품	8,600	기말제품	8,000
직접노무원가	24,000	매출원가	65,000
제조간접원가(₩24,000 × 40%)	9,600		
기초제품	6,000		

3) 제조간접원가 배부차이 = ₩67,700(배부차이 조정 후 매출원가) − ₩65,000(배부차이 조정 전 매출원가) = ₩2,700 과소배부

4) 당기에 발생한 실제 제조간접원가 = ₩9,600(제조간접원가 예정배부액) + ₩2,700(과소배부) = ₩12,300

39 정답해설

1) 변경 후 단위당 변동제조원가 = 1,800단위 × {₩1,100 − 단위당 변동제조원가 − ₩100(단위당 변동판매관리비)} − (₩720,000 + ₩90,000) = ₩0
   → 단위당 변동제조원가 = ₩550

2) 절감해야 하는 단위당 변동제조원가 = ₩600 − ₩550 = ₩50

40 정답해설

1) 가중평균법 완성품환산량 = ₩72,000(기초재공품원가 + 당기발생원가) ÷ ₩80(완성품환산량 단위당 원가) = 900단위

2) 선입선출법의 완성품환산량 = 900단위(평균법 완성품환산량) − 50단위 = 850단위

3) 선입선출법에 의한 기말재공품 원가 = ₩59,500(당기발생원가) × (100단위/850단위) = ₩7,000

합격까지 박문각

2022년 기출문제
정답 및 해설

제1과목 | **민법**

정답

01 ④	02 ④	03 ⑤	04 ②	05 ⑤	06 ②	07 ⑤	08 ⑤	09 ⑤	10 ①
11 ①	12 ④	13 ②	14 ③	15 ②	16 ④	17 ①	18 ②	19 ④	20 ③
21 ③	22 ④	23 ②	24 ③	25 ①	26 ①	27 ②	28 ③	29 ③	30 ①
31 ③	32 ③	33 ③	34 ①	35 ②	36 ①	37 ④	38 ⑤	39 ⑤	40 ⑤

01 정답해설

ㄱ. (×) : 민법 제1조의 '법률'이란 형식적 의미의 법률에 한정하지 않고 모든 성문법(제정법)을 의미한다. 따라서 명령, 규칙, 조례, 조약도 포함한다.

> **제1조 【법원】**
> 민사에 관하여 법률에 규정이 없으면 관습법에 의하고 관습법이 없으면 조리에 의한다.
>
> **헌법 제6조**
> ① 헌법에 의하여 체결·공포된 조약과 일반적으로 승인된 국제법규는 **국내법과 같은 효력을 가진다.**

비교 민법 제185조 물권법정주의에서의 법률은 국회에서 제정한 형식적 의미의 법률을 말한다.
  → 제185조의 법률이란 국회가 제정하는 형식적 의미의 법률만을 의미
  → 제185조의 관습법은 ① 관습법상 법정지상권, ② 분묘기지권, ③ 동산의 양도담보만 해당한다.

ㄴ. (O), ㄷ. (O) : 관습법이란 사회의 거듭된 관행으로 생성한 사회생활규범이 사회의 법적 확신과 인식에 의하여 법적 규범으로 승인·강행되기에 이른 것을 말하고, 사실인 관습은 사회의 관행에 의하여 발생한 사회생활규범인 점에서 관습법과 같으나 사회의 법적 확신이나 인식에 의하여 법적 규범으로서 승인된 정도에 이르지 않은 것을 말하는 바, 관습법은 바로 법원으로서 법령과 같은 효력을 갖는 관습으로서 법령에 저촉되지 않는 한 법칙으로서의 효력이 있는 것이며, 이에 반하여 사실인 관습은 법령으로서의 효력이 없는 단순한 관행으로서 법률행위의 당사자의 의사를 보충함에 그치는 것이다(대판 1983.6.14, 80다3231).

■ 관습법과 사실인 관습

	관습법	사실인 관습
의의	사회생활에서 자연적으로 발생하고 반복적으로 행하여진 관행이 사회구성원의 법적 확신에 의한 지지를 받아 법적 규범화된 것 판례 인정 : 관습법상 법정지상권, 분묘기지권, 동산의 양도담보 명인방법[8], 명의신탁 부정 : 온천권, 소유권에 준하는 관습상의 물권 등	사회의 관행에 의하여 발생한 사회생활규범인 점에서 관습법과 같으나 사회의 법적 확신에 의하여 법적 규범으로서 승인된 정도에 이르지 않은 것
성립요건	① 관행 + 법적 확신 ② 헌법을 최상위 규범으로 하는 전체 법질서에 반하지 아니하여야 함(판례) ➡ 법원의 재판(국가승인)은 성립요건 ×	① 관행 ② 선량한 풍속 기타 사회질서에 반하지 않아야 함 ➡ 법적 확신은 不要

---

8) **비교** 명인방법에 의한 경우는 저당권을 설정할 수 없다.

효력	1) 성문법과의 우열관계 ➡ 보충적 효력설(판례) 2) 사실인 관습과의 관계 ➡ 양자의 구별 긍정설(판례)	법령으로서의 효력 ✕ ➡ 법률행위의 해석기준 　사적자치가 인정되는 분야에서 법 　률행위의 의사를 보충하는 기능
법원성 유무	제1조 문언상 법원성 ○	법원성 ✕
입증 책임	원칙 : 법원이 직권으로 확정 예외 : 법원이 이를 알 수 없는 경우 당사자의 주장·입증 　　　필요(판례)	원칙 : 그 존재를 당사자가 주장·입증 예외 : 경험칙에 속하는 사실인 관습은 　　　법관 스스로 직권 판단가능(판례)

02 　정답해설 〉

ㄱ. (✕) : 신의성실의 원칙에 반하는 것 또는 권리남용은 강행규정에 위배되는 것이므로 당사자의 주장이 없더라도 법원은 직권으로 판단할 수 있다(대판 1995.12.22, 94다42129).

ㄴ. (○) : 甲이 대리권 없이 乙 소유 부동산을 丙에게 매도하여 부동산소유권 이전등기 등에 관한 특별조치법에 의하여 소유권이전등기를 마쳐주었다면 그 매매계약은 무효이고 이에 터잡은 이전등기 역시 무효가 되나, 甲은 乙의 무권대리인으로서 민법 제135조 제1항의 규정에 의하여 매수인인 丙에게 부동산에 대한 소유권이전등기를 이행할 의무가 있으므로 그러한 지위에 있는 甲이 乙로부터 부동산을 상속받아 그 소유자가 되어 소유권이전등기이행의무를 이행하는 것이 가능하게 된 시점에서 자신이 소유자라고 하여 자신으로부터 부동산을 전전 매수한 丁에게 원래 자신의 매매행위가 무권대리행위여서 무효였다는 이유로 丁 앞으로 경료된 소유권이전등기가 무효의 등기라고 주장하여 그 등기의 말소를 청구하거나 부동산의 점유로 인한 부당이득금의 반환을 구하는 것은 금반언의 원칙이나 신의성실의 원칙에 반하여 허용될 수 없다(대판 1994.9.27, 94다20617).

→ 무권대리인이 본인의 지위를 상속한 후 본인의 지위에서 추인거절권을 행사하는 것은 신의칙상 허용되지 않는다고 본 사례

ㄷ. (○) : 부동산 거래에 있어 거래 상대방이 일정한 사정에 관한 고지를 받았더라면 그 거래를 하지 않았을 것임이 경험칙상 명백한 경우에는 신의성실의 원칙상 사전에 상대방에게 그와 같은 사정을 고지할 의무가 있으며, 그와 같은 고지의무의 대상이 되는 것은 직접적인 법령의 규정뿐 아니라 널리 계약상, 관습상 또는 조리상의 일반원칙에 의하여도 인정될 수 있다(대판 2006.10.12, 2004다48515).

03 　정답해설 〉

① 취소할 수 있는 행위에서 추인(제144조)이나 법정추인(제145조)은 취소의 원인이 소멸한 후이어야 한다. 그런데 甲이 그 소유 물건에 대한 매매계약을 체결한 후에 미성년인 상태에서 매매대금의 이행을 청구하여 대금을 모두 지급받았다면 취소원인인 제한능력 상태가 소멸한 것이 아니므로 법정대리인 乙은 그 매매계약을 취소할 수 있다.

> **제144조【추인의 요건】**
> ① 추인은 취소의 원인이 소멸된 후에 하여야만 효력이 있다.
> ② 제1항은 법정대리인 또는 후견인이 추인하는 경우에는 적용하지 아니한다.
>
> **제145조【법정추인】**
> 취소할 수 있는 법률행위에 관하여 전조의 규정에 의하여 추인할 수 있는 후에 다음 각 호의 사유가 있으면 추인한 것으로 본다. 그러나 이의를 보류한 때에는 그러하지 아니하다.
> 1. 전부나 일부의 이행 → 상대방의 이행을 수령하는 것을 포함한다.
> 2. 이행의 청구 → 취소권자가 상대방에게 청구한 경우만 포함된다.

　　3. 경개
　　4. 담보의 제공 → 불적 담보나 인적 담보를 불문한다.
　　5. 취소할 수 있는 행위로 취득한 권리의 전부나 일부의 양도
　　　→ 취소권자가 취득한 권리의 전부나 일부를 양도한 경우만 포함된다.
　　6. 강제집행

② 법정대리인으로부터 허락을 얻은 특정한 영업에 관하여는 미성년자는 성년자와 동일한 행위능력을 가지므로, 그 범위에서 법정대리권이 소멸한다(제8조). 따라서 법정대리인 乙이 미성년자 甲에게 특정한 영업에 관한 허락을 한 경우에는 법정대리인 乙은 그 영업에 관하여 甲을 대리할 수 없다.

> **제8조【영업의 허락】**
> ① 미성년자가 법정대리인으로부터 허락을 얻은 특정한 영업에 관하여는 성년자와 동일한 행위능력이 있다.

③ 대리인은 행위능력자임을 요하지 아니하므로(제117조), 미성년자라 하더라도 타인의 대리인의 지위에서 하는 대리행위는 단독으로 유효하게 할 수 있다. 따라서 법정대리인 乙의 동의 없이 타인의 적법한 대리인으로서 법률행위를 했더라도 乙은 미성년자 甲의 제한능력을 이유로 그 법률행위를 취소할 수 없다.

> **제117조【대리인의 행위능력】**
> 대리인은 행위능력자임을 요하지 아니한다.

④ 미성년자의 법률행위에 법정대리인의 동의를 요하도록 하는 것은 강행규정인데, 위 규정에 반하여 이루어진 신용구매계약을 미성년자 스스로 취소하는 것을 신의칙 위반을 이유로 배척한다면, 이는 오히려 위 규정에 의해 배제하려는 결과를 실현시키는 셈이 되어 미성년자 제도의 입법 취지를 몰각시킬 우려가 있으므로, 법정대리인의 동의 없이 신용구매계약을 체결한 미성년자가 사후에 법정대리인의 동의 없음을 사유로 들어 이를 취소하는 것이 신의칙에 위배된 것이라고 할 수 없다(대판 2007.11.16, 2005다71659・71666・71673). 미성년자 甲이 법정대리인 乙의 동의 없이 신용구매계약을 체결한 이후에 乙의 동의 없음을 이유로 그 계약을 취소하는 것은 신의칙에 반하지 않는다.

⑤ 법정대리인 乙이 재산의 범위를 정하여 미성년자 甲에게 처분을 허락한 경우라도(제6조), 미성년자 甲이 그에 관한 법률행위를 하기 전에는 법정대리인 乙은 그 허락을 취소할 수 있다(제7조).

> **제6조【처분을 허락한 재산】**
> 법정대리인이 범위를 정하여 처분을 허락한 재산은 미성년자가 임의로 처분할 수 있다.
>
> **제7조【동의와 허락의 취소】**
> 법정대리인은 미성년자가 아직 법률행위를 하기 전에는 전2조의 동의와 허락을 취소할 수 있다.

04 　정답해설

① 법원의 재산관리인의 초과행위허가의 결정은 그 허가받은 재산에 대한 장래의 처분행위뿐 아니라 기왕의 처분행위를 추인하는 방법으로도 할 수 있다. 따라서 관리인이 허가 없이 부재자 소유 부동산을 매각한 경우라도 사후에 법원의 허가를 얻어 이전등기절차를 경료케 하였다면 추인에 의하여 유효한 처분행위로 된다(대판 1982.9.14, 80다3063; 대판 1982.12.14, 80다1872).

② 제26조 제2항【관리인의 담보제공, 보수】 법원은 그 선임한 재산관리인에 대하여 부재자의 재산으로 상당한 보수를 지급할 수 있다.

③ 실종선고의 청구권자로서 이해관계인이란 부재자의 사망으로 직접적으로 신분상 또는 경제상의 권리를 취득하거나 의무를 면하게 되는 자만을 뜻한다. 따라서 제2순위 내지 제3순위 상속인에 불과한 자는 부재자에 대한 실종선고의 여부에 따라 상속지분에 차이가 생긴다고 하더라도 위 부재자의 사망 간주시기에 다른 간접

적인 영향에 불과하고 부재자의 실종선고 자체를 원인으로 한 직접적인 결과는 아니므로 부재자에 대한 실종선고를 청구할 이해관계인이 될 수 없다(대결 1992.4.14, 92스4).

④ 동일인에 대하여 2차례의 실종선고가 있는 경우, 상속관계의 판단 기준 시점

실종선고는 간주효가 있기 때문에 동일인에 대하여 2차례의 실종선고가 있는 경우 첫 번째 실종선고를 기준으로 상속관계를 판단한다(대판 1995.12.22, 95다12736).

⑤ 실종선고를 받은 자는 실종기간이 만료한 때에 사망한 것으로 간주되는 것이므로, 실종선고로 인하여 실종기간 만료 시를 기준으로 하여 상속이 개시된 이상 설사 이후 실종선고가 취소되어야 할 사유가 생겼다고 하더라도 실제로 실종선고가 취소되지 아니하는 한, 임의로 실종기간이 만료하여 사망한 때로 간주되는 시점과는 달리 사망시점을 정하여 이미 개시된 상속을 부정하고 이와 다른 상속관계를 인정할 수는 없다(대판 1994.9.27, 94다21542).

05 〔정답해설〕

① 재단법인은 원칙적으로 정관변경이 인정되지 않으나, 예외적으로 그 변경방법을 정관에 정한 때에 한하여 인정된다. 이 경우에도 사단법인의 정관변경 규정이 준용되어, 법인의 정관은 모두 주무관청의 허가가 있어야 효력이 발생한다.

> **제45조【재단법인의 정관변경】**
> ① 재단법인의 정관은 그 변경방법을 정관에 정한 때에 한하여 변경할 수 있다.
> ③ 제42조 제2항의 규정은 전2항의 경우에 준용한다.
>
> **제42조【사단법인의 정관의 변경】**
> ① 사단법인의 정관은 총사원 3분의 2 이상의 동의가 있는 때에 한하여 이를 변경할 수 있다. 그러나 정수에 관하여 정관에 다른 규정이 있는 때에는 그 규정에 의한다.
> ② 정관의 변경은 주무관청의 허가를 얻지 아니하면 그 효력이 없다.

② 제74조【사원이 결의권 없는 경우】사단법인과 어느 사원과의 관계사항을 의결하는 경우에는 그 사원은 결의권이 없다.

③ 사단법인의 사원자격의 득실에 관한 규정은 제40조 제5호 사유로 정관의 필요적 기재사항이다.

> **제40조【사단법인의 정관】**
> 사단법인의 설립자는 다음 각 호의 사항을 기재한 정관을 작성하여 기명날인하여야 한다.
> 1. 목적
> 2. 명칭
> 3. 사무소의 소재지
> 4. 자산에 관한 규정
> 5. 이사의 임면에 관한 규정
> 6. 사원자격의 득실에 관한 규정
> 7. 존립시기나 해산사유를 정하는 때에는 그 시기 또는 사유

④ 민법상의 청산절차에 관한 규정은 모두 제3자의 이해관계에 중대한 영향을 미치기 때문에 이른바 강행규정이라고 해석되므로 이에 반하는 잔여재산의 처분행위는 특단의 사정이 없는 한 무효라고 보아야 한다(대판 1995.2.10, 94다13473).

⑤ 제90조【채권신고기간 내의 변제금지】청산인은 제88조 제1항의 채권신고기간 내에는 채권자에 대하여 변제하지 못한다. 그러나 법인은 채권자에 대한 지연손해배상의 의무를 면하지 못한다.

■ 사단법인과 재단법인의 비교

	사단법인	재단법인
의의	일정한 목적 위해 결합한 사람의 단체	일정한 목적 위해 바쳐진 재산의 단체
종류	영리법인[9], 비영리법인	비영리법인만 존재[10]
설립요건	• 비영리성 • 설립행위 ▶ 정관작성 • 주무관처의 허가 • 설립등기	• 비영리성 • 설립행위 ▶ 정관작성 + 출연행위 • 주무관처의 허가 • 설립등기
정관작성	1. 목적 2. 명칭 3. 사무소의 소재지 4. 자산에 관한 규정 5. 이사의 임면에 관한 규정 6. 사원자격의 득실에 관한 규정 7. 존립시기나 해산사유를 정하는 때에는 그 시기 또는 사유	1. 목적 2. 명칭 3. 사무소의 소재지 4. 자산에 관한 규정 5. 이사의 임면에 관한 규정 ×[11] ×
설립의 법적성질	합동행위, 요식행위	상대방 없는 단독행위, 요식행위
정관보충	없음[12]	• 이해관계인과 검사의 청구로 법원이 함 • 보충대상 　① 명칭 ② 사무소 소재지 ③ 이사의 임면방법 • 목적과 대상은 정해져 있어야 함
정관변경	• 원칙적으로 정관변경 허용 • 총사원 2/3 동의 + 주무관청의 허가	• 원칙적으로 정관변경 불가 • 예외적으로 주무관청의 허가로 가능 　① 정관에 그 변경방법을 규정한 경우 　② 명칭, 사무소 소재지 변경 　③ 목적달성 불가능 시 목적도 포함하여 변경가능
해산사유	• 존립기간의 만료 • 법인의 목적 달성 또는 달성의 불능 • 기타 정관에 정한 해산사유의 발생 • 파산 • 설립허가의 취소 • 사원이 없게 된 때 • 총사원 3/4 결의로도 해산가능	• 존립기간의 만료 • 법인의 목적 달성 또는 달성의 불능 • 기타 정관에 정한 해산사유의 발생 • 파산 • 설립허가의 취소 ×[13] ×

---

9) 상법에서 규율
10) 사원이 없으므로 영리법인은 개념적으로 성립불가
11) 사원이 없으므로 준용하지 않음
12) 사원 스스로가 보충할 수 있기 때문
13) 사원이 없으므로 해산사유 안 됨

06 정답해설

① ④ 법인의 대표자가 그 직무에 관하여 타인에게 손해를 가함으로써 법인에 손해배상책임이 인정되는 경우에, 대표자의 행위가 제3자에 대한 불법행위를 구성한다면 그 대표자도 제3자에 대하여 손해배상책임을 면하지 못하며(민법 제35조 제1항), 또한 사원도 위 대표자와 공동으로 불법행위를 저질렀거나 이에 가담하였다고 볼 만한 사정이 있으면 제3자에 대하여 위 대표자와 연대하여 손해배상책임을 진다(대결 2009.1.30, 2006마930). ① 대표이사 乙도 丙에 대한 그 자신의 제750조의 손해배상책임을 면하지 못한다. ④ 甲의 사원 丁이 乙의 불법행위에 가담한 경우, 丁도 乙과 연대하여 丙에 대하여 손해배상책임을 진다.

> **제35조 【법인의 불법행위능력】**
> ① 법인은 이사 기타 대표자가 그 직무에 관하여 타인에게 가한 손해를 배상할 책임이 있다. 이사 기타 대표자는 이로 인하여 자기의 손해배상책임을 면하지 못한다.

② 법인은 피해자에게 무과실 손해배상책임을 진다. 법인에 대한 손해배상책임원인이 대표기관의 고의적인 불법행위라고 하여도, 피해자에게 그 불법행위 내지 손해발생에 과실이 있다면 법원은 과실상계의 법리에 좇아 손해배상의 책임 및 그 금액을 정함에 있어 이를 참작하여야 한다(대판 1987.12.8, 86다카1170). 불법행위와 채무불이행에 있어서의 과실상계는 당사자가 주장, 입증하지 않더라도 필요적으로 참작되어야 한다. 따라서 甲사단법인의 손해배상책임 원인이 대표이사 乙의 고의적인 불법행위인 경우라도 피해자 丙에게 과실이 있다면 과실상계의 법리가 적용된다.

③ 법인의 대표자의 행위가 직무에 관한 행위에 해당하지 아니함을 피해자 자신이 알았거나 또는 중대한 과실로 인하여 알지 못한 경우에는 법인에게 손해배상책임을 물을 수 없다(대판 2004.3.26, 2003다34045). 피해자 丙이 대표이사 乙의 행위가 실제로는 직무에 관한 행위에 해당하지 않는다는 사실을 알았거나 중대한 과실로 알지 못한 경우에는 甲에게 손해배상책임을 물을 수 없다.

④ 법인의 대표자가 그 직무에 관하여 타인에게 손해를 가함으로써 법인에 손해배상책임이 인정되는 경우에, 대표자의 행위가 제3자에 대한 불법행위를 구성한다면 그 대표자도 제3자에 대하여 손해배상책임을 면하지 못하며(민법 제35조 제1항), 또한 사원도 위 대표자의 공동으로 불법행위를 저질렀거나 이에 가담하였다고 볼 만한 사정이 있으면 제3자에 대하여 위 대표자와 연대하여 손해배상책임을 진다(대결 2009.1.30, 2006마930). 이사 기타 대표자도 그 자신의 제750조의 손해배상책임을 면하지 못하며, 법인과 경합하여 피해자에게 배상책임을 진다. 양자의 관계는 부진정연대채무이다.

⑤ 권리능력 없는 사단은 법인등기를 하지 않았을 뿐 법인의 실질을 갖고 있는 것이므로 사단법인에 관한 민법의 규정 중에서 법인격을 전제로 하는 것을 제외하고는 법인격 없는 사단에 유추적용해야 한다. 따라서 사단의 권리능력, 행위능력, 대표기관의 권한과 그 대표의 형식, 사단의 불법행위능력 등은 사단법인의 규정을 유추적용한다. 그러나 비법인사단의 경우에는 대표자의 대표권 제한에 관하여 등기할 방법이 없어 민법 제60조의 규정을 준용할 수 없다(대판 2003.7.22, 2002다64780).

07 정답해설

① 정관으로 정한 이사의 수가 여럿인 경우, 특별한 사정이 없는 한 법인의 사무에 관하여 각자 법인을 대표한다(제59조 제1항).

> **제59조 【이사의 대표권】**
> ① 이사는 법인의 사무에 관하여 각자 법인을 대표한다. 그러나 정관에 규정한 취지에 위반할 수 없고 특히 사단법인은 총회의 의결에 의하여야 한다.

② 이사가 수인인 경우에는 정관에 다른 규정이 없으면 법인의 사무집행은 이사의 과반수로써 결정한다(제58조 제2항).

> **제58조 【이사의 사무집행】**
> ② 이사가 수인인 경우에는 정관에 다른 규정이 없으면 법인의 사무집행은 이사의 과반수로써 결정한다.

③ 법인의 정관에 법인 대표권의 제한에 관한 규정이 있으나 그와 같은 취지가 등기되어 있지 않다면 법인은 그와 같은 정관의 규정에 대하여 선의냐 악의냐에 관계없이 제3자에 대하여 대항할 수 없다(대판 1992.2.14, 91다24564). 즉 등기 없이는 대표권 제한에 관한 정관의 규정에 대해 악의인 제3자에 대해서도 대항할 수 없다.

> **제60조 【이사의 대표권에 대한 제한의 대항요건】**
> 이사의 대표권에 대한 제한은 등기하지 아니하면 제3자에게 대항하지 못한다.

④ 이사는 정관 또는 총회의 결의로 금지하지 아니한 사항에 한하여 타인으로 하여금 특정한 행위를 대리하게 할 수 있을 뿐 포괄적으로 대리할 수는 없다(제62조). 따라서 이사 丙이 제3자에게 甲의 제반 사무를 포괄위임한 경우, 그에 따른 제3자의 사무대행행위는 원칙적으로 甲에게 효력이 없다.

> **제62조 【이사의 대리인선임】**
> 이사는 정관 또는 총회의 결의로 금지하지 아니한 사항에 한하여 타인으로 하여금 특정한 행위를 대리하게 할 수 있다.

⑤ 법인과 이사의 이익이 상반하는 사항에 관하여는 이사는 대표권이 없다. 이 경우에는 특별대리인을 선임하여야 한다(제64조). 甲 사단법인의 토지를 이사 丁이 매수하기로 한 경우, 법인과 이사의 이익이 상반하는 사항이므로 이사 丁은 이러한 사항에서는 대표권이 없으므로 법원은 이해관계인이나 검사의 청구에 의하여 특별대리인을 선임하여야 한다.

> **제64조 【특별대리인의 선임】**
> 법인과 이사의 이익이 상반하는 사항에 관하여는 이사는 대표권이 없다. 이 경우에는 전조의 규정에 의하여 특별대리인을 선임하여야 한다.
>
> **제63조 【임시이사의 선임】**
> 이사가 없거나 결원이 있는 경우에 이로 인하여 손해가 생길 염려가 있는 때에는 법원은 이해관계인이나 검사의 청구에 의하여 임시이사를 선임하여야 한다.

08 〔정답해설〕

① 조건부 법률행위에 있어 조건의 내용 자체가 불법적인 것이어서 무효일 경우 또는 조건을 붙이는 것이 허용되지 아니하는 법률행위에 조건을 붙인 경우 그 조건만을 분리하여 무효로 할 수는 없고 그 법률행위 전부가 무효로 된다(대결 2005.11.8, 2005마541).

> **제151조 【불법조건, 기성조건】**
> ① 조건이 선량한 풍속 기타 사회질서에 위반한 것인 때에는 그 법률행위는 무효로 한다.

② '법률행위의 동기'는 법률행위를 하게 된 이유일 뿐이므로, 법률행위의 내용이 아니다. 따라서 이러한 동기가 사회질서에 위반되더라도 법률행위가 무효로 되지는 않는 것이 원칙이다. 다만 예외적으로 동기가 표시되거나 상대방에게 알려진 경우에는 제103조가 적용되어 법률행위 자체가 무효로 될 수 있다(대판 1984.12.11, 84다카1402).

> **※ 동기의 불법**
> 원칙 : 계약 내용의 불법 × → 제103조에 포함 ×
> 예외 : 표시 or 상대방에게 알려진 경우 → 제103조에 포함 ○
>
> **※ 동기의 착오**
> 원칙 : 제109조의 착오에 해당 ×
> 예외 : → 상대방에게 표시 and 해석상 법률행위의 내용으로 된 경우 ○ (합의×)
> → 유발된 동기의 착오 ○ (상대방에게서 표시여부 불문)

③ 부첩관계인 부부생활의 종료를 해제조건으로 하는 증여계약은 그 조건만이 무효인 것이 아니라 증여계약 자체가 무효이다(대판 1966.6.21, 66다530).

④ 당초부터 오로지 보험사고를 가장하여 보험금을 취득할 목적으로 체결된 생명보험계약에 의하여 보험금을 지급 하게 하는 것은 보험계약을 악용하여 부정한 이득을 얻고자 하는 사행심을 조장함으로써 사회적 상당성을 일탈하게 되므로, 이와 같은 생명보험계약은 사회질서에 위배되는 법률행위로서 무효이다(대판 2000.2.11, 99다49064).

⑤ 주택매매계약에 있어서 매도인으로 하여금 주택의 보유기간이 3년 이상으로 되게 함으로써 양도소득세를 부과받지 않게 할 목적으로 매매를 원인으로 한 소유권이전등기는 3년 후에 넘겨받기로 특약을 하였다고 하더라도, 그와 같은 목적은 위 특약의 연유나 동기에 불과한 것이어서 위 특약 자체가 사회질서나 신의칙에 위반한 것이라고는 볼 수 없다(대판 1991.5.14, 91다6627).

09 정답해설

① 법률행위의 무효를 주장하는 자가 궁박·경솔 또는 무경험의 상태에 있었다는 사실, 상대방이 이를 알고 있었다는 사실, 급부와 반대급부 사이에 현저한 불공정이 있다는 사실을 모두 입증하여야 한다(대판 1970.11.24, 70다2065).

② 불공정한 법률행위가 성립하기 위한 요건인 궁박, 경솔, 무경험은 모두 구비되어야 하는 요건이 아니라 그 중 일부만 갖추어져도 충분한데, 여기에서 '궁박'이라 함은 '급박한 곤궁'을 의미하는 것으로서 경제적 원인에 기인할 수도 있고 정신적 또는 심리적 원인에 기인할 수도 있으며, '무경험'이라 함은 일반적인 생활체험의 부족을 의미하는 것으로서 어느 특정영역에 있어서의 경험부족이 아니라 거래일반에 대한 경험부족을 뜻하고, 당사자가 궁박 또는 무경험의 상태에 있었는지 여부는 그의 나이와 직업, 교육 및 사회경험의 정도, 재산 상태 및 그가 처한 상황의 절박성의 정도 등 제반 사정을 종합하여 구체적으로 판단하여야 하며, 한편 피해 당사자가 궁박, 경솔 또는 무경험의 상태에 있었다고 하더라도 그 상대방 당사자에게 그와 같은 피해 당사자측의 사정을 알면서 이를 이용하려는 의사, 즉 폭리행위의 악의가 없었다거나 또는 객관적으로 급부와 반대급부 사이에 현저한 불균형이 존재하지 아니한다면 불공정 법률행위는 성립하지 않는다(대판 2002.10.22, 2002다38927).

③ 대리인이 매매계약을 체결한 경우, 경솔과 무경험은 그 대리인을 기준으로 판단하고 궁박상태에 있었는지의 여부는 본인의 입장에서 판단해야 한다(대판 2002.10.22, 2002다38927).

④ 불공정한 법률행위는 무효이며 선의의 제3자에게도 무효를 주장할 수 있다. 그리고 무효행위의 추인에 의하여 유효로 될 수 없고, 법정추인이 적용될 여지도 없다(대판 1994.6.24, 94다10900).

⑤ 적법한 절차에 의하여 이루어진 경매에 있어서 경락가격이 경매부동산의 시가에 비하여 저렴하다는 사유는 경락허가결정에 대한 적법한 불복이유가 되지 못하는 것이고 경매에 있어서는 불공정한 법률행위 또는 채무자에게 불리한 약정에 관한 것으로서 효력이 없다는 민법 제104조, 제608조는 적용될 여지가 없다(대결 1980.3.21, 80마77).

10 정답해설

① 민법 제100조 제2항의 종물과 주물의 관계에 관한 법리는 물건 상호 간의 관계뿐 아니라 권리 상호 간에도 적용되고, 위 규정에서의 처분은 처분행위에 의한 권리변동뿐 아니라 주물의 권리관계가 압류와 같은 공법상의 처분 등에 의하여 생긴 경우에도 적용되어야 하는 점, 저당권의 효력이 종물에 대하여도 미친다는 민법 제358조 본문 규정은 같은 법 제100조 제2항과 이론적 기초를 같이한다(대판 2006.10.26, 2006다29020). 주물에 대한 압류의 효력은 특별한 사정이 없는 한 종물에도 미치게 된다.

> **제100조【주물, 종물】**
> ② 종물은 주물의 처분에 따른다.

② 사람의 유체·유골은 매장·관리·제사·공양의 대상이 될 수 있는 유체물로서, 분묘에 안치되어 있는 선조의 유체·유골은 민법 제1008조의3 소정의 제사용 재산인 분묘와 함께 그 제사주재자에게 승계되고, 피상속인 자신의 유체·유골 역시 위 제사용 재산에 준하여 그 제사주재자에게 승계된다(대판(전) 2008.11.20, 2007다27670).

③ 제98조 【물건의 정의】 본법에서 물건이라 함은 유체물 및 전기 기타 관리할 수 있는 자연력을 말한다.

④ 제102조 제2항 【과실의 취득】 법정과실은 수취할 권리의 존속기간일수의 비율로 취득한다.

⑤ 종물은 주물의 처분에 따른다는 민법 제100조의 제2항은 임의규정이므로, 당사자는 주물을 처분할 때에 특약으로 종물을 제외할 수 있고 종물만을 별도로 처분할 수 있다(대판 2012.1.26, 2009다76546).

11 정답해설〉

① 대리에 있어서 효과의사를 결정하는 자는 대리인이기 때문에 의사의 흠결, 대리행위의 하자에 관해서는 '대리인'을 표준으로 하여 하자의 유무를 결정한다. 의사의 흠결의 문제인 착오의 유무도 '대리인'을 기준으로 하여 결정한다(제116조 제1항).

> **제116조 【대리행위의 하자】**
> ① 의사표시의 효력이 의사의 흠결, 사기, 강박 또는 어느 사정을 알았거나 과실로 알지 못한 것으로 인하여 영향을 받은 경우에 그 사실의 유무는 대리인을 표준하여 결정한다.

② 제109조 제1항 【착오로 인한 의사표시】 의사표시는 법률행위의 내용의 중요부분에 착오가 있는 때에는 취소할 수 있다. 그러나 그 착오가 표의자의 중대한 과실로 인한 때에는 취소하지 못한다.

③ 착오로 인하여 표의자가 경제적인 불이익을 입은 것이 아니라면 착오를 이유로 취소할 수 없다. (따라서) 군유지로 등기된 군립공원 내에 건물 기타 영구 시설물을 지어 이를 군(郡)에 기부채납하고 그 부지 및 기부채납한 시설물을 사용하기로 약정하였으나 후에 그 부지가 군유지가 아니라 리(里) 주민의 총유로 밝혀진 사안에서, 군수가 여전히 공원관리청이고 기부채납자의 관리권이 계속 보장되는 점에 비추어 소유권 귀속에 대한 착오가 기부채납의 중요 부분에 관한 착오라고 볼 수 없다(대판 1999.2.23, 98다47924).

④ 상대방이 표의자의 진의에 동의한 경우에는 당사자의 일치하는 의사대로 효력이 생기므로 착오의 문제는 발생하지 않는다. 그러므로 표의자는 착오를 이유로 의사표시를 취소할 수 없다.

⑤ 착오를 이유로 의사표시를 취소하는 자는 법률행위의 내용에 착오가 있었다는 사실과 함께 그 착오가 의사표시에 결정적인 영향을 미쳤다는 점, 즉 만약 그 착오가 없었더라면 의사표시를 하지 않았을 것이라는 점을 증명하여야 한다(대판 2008.1.17, 2007다74188).

12 정답해설〉

① 기망행위로 인하여 법률행위의 중요부분에 관하여 착오를 일으킨 경우뿐만 아니라 법률행위의 내용으로 표시되지 아니한 의사결정의 동기에 관하여 착오를 일으킨 경우에도 표의자는 그 법률행위를 사기에 의한 의사표시로서 취소할 수 있다(대판 1985.4.9, 85도167).

② 강박에 의한 의사표시라고 하려면 상대방이 불법으로 어떤 해악을 고지하므로 말미암아 공포를 느끼고 의사표시를 한 것이어야 하므로 각서에 서명 날인할 것을 강력히 요구하였다는 것만으로 강박에 의한 의사표시로 볼 수 없다(대판 1979.1.16, 78다1968).

③ 부동산 거래에 있어 거래 상대방이 일정한 사정에 관한 고지를 받았더라면 그 거래를 하지 않았을 것임이 경험칙상 명백한 경우에는 신의성실의 원칙상 사전에 상대방에게 그와 같은 사정을 고지할 의무가 있으며, 그와 같은 고지의무의 대상이 되는 것은 직접적인 법령의 규정뿐 아니라 널리 계약상, 관습상 또는 조리상의 일반원칙에 의하여도 인정될 수 있다. 고지의무 위반은 부작위에 의한 기망행위에 해당하므로 기망을 이유로 계약을 취소할 수 있다(대판 2006.10.12, 2004다48515).

④ 제3자의 사기행위로 인하여 피해자가 주택건설사와 사이에 주택에 관한 분양계약을 체결하였다고 하더라도 제3자의 사기행위 자체가 불법행위를 구성하는 이상, 제3자로서는 그 불법행위로 인하여 피해자가 입은 손해를 배상할 책임을 부담하는 것이므로, 피해자가 제3자를 상대로 손해배상청구를 하기 위하여 반드시 그 분양계약을 취소할 필요는 없다(대판 1998.3.10, 97다55829).

⑤ 사기의 의사표시로 인한 매수인으로부터 부동산의 권리를 취득한 제3자는 특별한 사정이 없는 한 선의로 추정할 것이므로 사기로 인하여 의사표시를 한 부동산의 양도인이 제3자에 대하여 사기에 의한 의사표시의 취소를 주장하려면 제3자의 악의를 입증할 필요가 있다(대판 1970.11.24, 70다2155). 매수인이 매도인을 기망하여 부동산을 매수한 후 제3자에게 저당권을 설정해 준 경우, 제110조 제3항의 제3자로 선의는 추정된다.

13 정답해설

① 의사표시의 도달이라 함은 사회관념상 채무자가 통지의 내용을 알 수 있는 객관적 상태에 놓여졌다고 인정되는 상태를 지칭한다고 해석되므로, 채무자가 이를 현실적으로 수령하였다거나 그 통지의 내용을 알았을 것까지는 필요로 하지 않는다(대판 2008.6.12, 2008다19973).

② 민법은 제한능력자를 보호하기 위하여 모든 제한능력자를 의사표시의 수령무능력자라고 본다.

> **제112조【제한능력자에 대한 의사표시의 효력】**
> 의사표시의 상대방이 의사표시를 받은 때에 제한능력자인 경우에는 의사표시자는 그 의사표시로써 대항할 수 없다. 다만, 그 상대방의 법정대리인이 의사표시가 도달한 사실을 안 후에는 그러하지 아니하다.

③ 보통우편의 방법으로 발송되었다는 사실만으로는 그 우편물이 상당기간 내에 도달하였다고 추정할 수 없다(대판 1993.5.11, 92다2530).

④ 의사표시의 도달은 이미 완성된 의사표시의 효력발생요건이므로 발신 후 표의자가 사망하거나 행위능력・대리권을 상실하여도 그 의사표시의 효력에 영향을 미치지 아니한다(제111조 제2항).

> **제111조【의사표시의 효력발생시기】**
> ② 의사표시자가 그 통지를 발송한 후 사망하거나 제한능력자가 되어도 의사표시의 효력에 영향을 미치지 아니한다.

⑤ 민사소송법 공시송달 규정에 의하여 의사표시의 효력을 발생시키기 위해서는 표의자가 과실 없이 상대방을 알지 못하거나 상대방의 소재를 알지 못하는 경우여야 한다.

> **제113조【의사표시의 공시송달】**
> 표의자가 과실 없이 상대방을 알지 못하거나 상대방의 소재를 알지 못하는 경우에는 의사표시는 민사소송법 공시송달의 규정에 의하여 송달할 수 있다.

14 정답해설

①, ② 복대리권은 대리인의 대리권을 전제로 인정되는 권리이므로, 복대리인의 대리권은 대리인의 대리권의 범위보다 넓을 수 없고, 대리인의 대리권이 소멸하면 당연히 복대리권도 소멸한다.

③ 표현대리에 관한 법리는 대리의 경우와 복대리와의 사이에 차이가 있는 것은 아니므로, 민법 제126조의 대리인에는 복대리인도 포함되고, 복대리인이 권한을 넘은 대리행위를 한 경우에도 표현대리가 인정된다(대판 1962.10.18, 62다508 등).

④ 제122조【법정대리인의 복임권과 그 책임】법정대리인은 그 책임으로 복대리인을 선임할 수 있다. 그러나 부득이한 사유로 인한 때에는 전조 제1항에 정한 책임만이 있다.

⑤ 임의대리인은 원칙적으로 복대리인을 선임할 수 없으나 예외적으로 본인의 승낙이나 부득이한 사유가 있는
경우 복대리인을 선임할 수 있다.

> **제120조【임의대리인의 복임권】**
> 대리권이 법률행위에 의하여 부여된 경우에는 대리인은 본인의 승낙이 있거나 부득이한 사유가 있는 때가
> 아니면 복대리인을 선임하지 못한다.

15 〔정답해설〕

①, ② 무권대리행위의 추인은 무권대리인에 의하여 행하여진 불확정한 행위에 관하여 그 행위의 효과를 자기에
게 직접 발생케 하는 것을 목적으로 하는 의사표시이며, 무권대리인 또는 상대방의 동의나 승낙을 요하지
않는 단독행위로서 의사표시의 전부에 대하여 행하여져야 하고, 그 일부에 대하여 추인을 하거나 그 내용을
변경하여 추인을 하였을 경우에는 상대방의 동의를 얻지 못하는 한 무효이다. 무권대리행위의 추인은 대리행
위 전부에 대하여 행해져야 한다(대판 1982.1.26, 81다카549). 따라서 ① 본인 甲이 乙의 무권대리행위를
추인하기 위해서는 원칙적으로 무권대리인 乙의 동의를 얻어야 하는 것은 아니다. ② 그러나 의사표시의
전부에 대하여 행하여져야 하므로, 甲이 자동차할부대금 보증채무액 중 절반만 보증하겠다고 한 경우는 그
일부에 대하여만 추인하는 경우이므로 丙의 동의가 없으면 원칙적으로 무권대리행위의 추인으로서 효력이
없다.

③ 타인의 채무에 대한 보증행위는 그 성질상 아무런 반대급부 없이 오직 일방적으로 불이익만을 입는 것인
점에 비추어 볼 때, 남편이 처에게 타인의 채무를 보증함에 필요한 대리권을 수여한다는 것은 사회통념상
이례에 속하므로, 처가 특별한 수권 없이 남편을 대리하여 위와 같은 행위를 하였을 경우에 그것이 민법
제126조 소정의 표현대리가 되려면 그 처에게 일상가사대리권이 있었다는 것만이 아니라 상대방이 처에게
남편이 그 행위에 관한 대리의 권한을 주었다고 믿었음을 정당화할 만한 객관적인 사정이 있어야 한다(대판
1998.7.10, 98다18988). 처로서 남편의 인장을 비교적 용이하게 입수할 수 있는 지위에 있어 이를 남용할
위험이 많은 점, 위 보증계약을 체결 당시 제출한 남편의 인감증명서는 그 용도란에 아무런 기재가 없고
대리방식으로 발급받은 것에 불과하여 그로써 보증의사나 대리권의 존재에 관한 일반적인 신뢰성을 추인하기
어려운 점을 감안할 때, 민법 제126조 소정의 '정당한 이유'가 없다고 보아 처 乙의 대리행위는 일상가사대리
권을 기본대리권으로 하는 권한을 넘은 표현대리가 성립하지 않는다고 판시하였다.

④ 민법 제134조는 "대리권 없는 자가 한 계약은 본인의 추인이 있을 때까지 상대방은 본인이나 그 대리인에
대하여 이를 철회할 수 있다. 그러나 계약 당시에 상대방이 대리권 없음을 안 때에는 그러하지 아니하다."고
규정하고 있다. 민법 제134조에서 정한 상대방의 철회권은, 무권대리행위가 본인의 추인에 따라 효력이 좌우
되어 상대방이 불안정한 지위에 놓이게 됨을 고려하여 대리권이 없었음을 알지 못한 상대방을 보호하기 위하
여 상대방에게 부여된 권리로서, 상대방이 유효한 철회를 하면 무권대리행위는 확정적으로 무효가 되어 그
후에는 본인이 무권대리행위를 추인할 수 없다. 한편 상대방이 대리인에게 대리권이 없음을 알았다는 점에
대한 주장·입증책임은 철회의 효과를 다투는 본인에게 있다(대판 2017.6.29, 2017다213838).
따라서 계약 당시 乙이 무권대리인임을 알지 못하였던 丙이 할부대금보증계약을 철회한 후에는 본인 甲은
乙의 무권대리행위를 추인할 수 없다.

⑤ 무권대리의 상대방의 권리인 최고권은 선악불문하고 인정된다. 따라서 상대방 丙이 乙의 대리권 없음을 알고
있었다 하더라도, 상대방 丙은 甲에 대하여 추인 여부의 확답을 최고할 수 있다(제131조).

> **제131조【상대방의 최고권】**
> 대리권 없는 자가 타인의 대리인으로 계약을 한 경우에 상대방은 상당한 기간을 정하여 본인에게 그 추인여
> 부의 확답을 최고할 수 있다. 본인이 그 기간 내에 확답을 발하지 아니한 때에는 추인을 거절한 것으로 본다.

16 정답해설

① 매매계약이 약정된 매매대금의 과다로 말미암아 민법 제104조에서 정하는 '불공정한 법률행위'에 해당하여 무효인 경우에도 무효행위의 전환에 관한 민법 제138조가 적용될 수 있다(대판 2010.7.15, 2009다50308).

② 취소한 법률행위는 처음부터 무효인 것으로 간주되므로 취소할 수 있는 법률행위가 일단 취소된 이상 그 후에는 **취소할 수 있는 법률행위의 추인에 의하여 이미 취소되어 무효인 것으로 간주된 당초의 의사표시를 다시 확정적으로 유효하게 할 수는 없고,** 다만 무효인 법률행위의 추인의 요건과 효력으로서 추인할 수는 있다(대판 1997.12.12, 95다38240).

③ 민법 제137조는 임의규정으로서 의사자치의 원칙이 지배하는 영역에서 적용된다고 할 것이므로, 법률행위의 일부가 강행법규인 효력규정에 위반되어 무효가 되는 경우 그 부분의 무효가 나머지 부분의 유효·무효에 영향을 미치는가의 여부를 판단함에 있어서는 개별 법령이 일부무효의 효력에 관한 규정을 두고 있는 경우에는 그에 따라야 하고, 그러한 규정이 없다면 원칙적으로 민법 제137조가 적용될 것이나 당해 효력규정 및 그 효력규정을 둔 법의 입법 취지를 고려하여 볼 때 나머지 부분을 무효로 한다면 당해 효력규정 및 그 법의 취지에 명백히 반하는 결과가 초래되는 경우에는 나머지 부분까지 무효가 된다고 할 수는 없다(대판 2010.7.22, 2010다23425).

> **제137조【법률행위의 일부무효】**
> 법률행위의 일부분이 무효인 때에는 그 전부를 무효로 한다. 그러나 **그 무효부분이 없더라도 법률행위를 하였을 것이라고 인정될 때에는 나머지 부분은 무효가 되지 아니한다.**

④ 이른바 집합채권의 양도가 양도금지특약을 위반하여 무효인 경우 채무자는 일부 개별 채권을 특정하여 추인하는 것이 가능하다고 판시하였다(대판 2009.10.29, 2009다47685). 계속적 거래관계에서 발생하는 여러 채권(집합채권)에 대한 양도금지 특약을 하였음에도 채권자가 이를 양도하고 양수인이 중과실이 있어 양도가 무효였는데 채무자가 양수인에게 채권 가운데 일부에 대해 변제를 한 것이 그 일부채권의 양도를 추인한 것으로 본 판례이다. 즉 판례는 일부 추인을 긍정한다.

> **제139조【무효행위의 추인】**
> 무효인 법률행위는 추인하여도 그 효력이 생기지 아니한다. 그러나 당사자가 그 무효임을 알고 추인한 때에는 새로운 법률행위로 본다.

> **제449조【채권의 양도성】**
> ① 채권은 양도할 수 있다. 그러나 채권의 성질이 양도를 허용하지 아니하는 때에는 그러하지 아니하다.
> ② 채권은 당사자가 반대의 의사를 표시한 경우에는 양도하지 못한다. 그러나 그 의사표시로써 선의의 제3자에게 대항하지 못한다.

⑤ 무효인 법률행위는 당사자가 무효임을 알고 추인할 경우 새로운 법률행위를 한 것으로 간주할 뿐이고 소급효가 없는 것이므로 무효인 가등기를 유효한 등기로 전용키로 한 약정은 그때부터 유효하고 이로써 위 가등기가 소급하여 유효한 등기로 전환될 수 없다(대판 1992.5.12, 91다26546).

■ **민법상 추인 비교**

1. 무효행위의 추인		제139조	효과
1.	강행법규 위반, 반사회적 법률행위, 불공정한 법률행위 등 무효	적용 ×	추인하여도 여전히 무효
2.	통정허위표시로 무효, 무효의 가등기의 유용, 무효인 명의신탁 등 무효	적용 ○	무효임을 알고 추인한 때에는 새로운 법률로 본다(소급효 없다).

3.	유동적 무효: ㉠ 부권대리행위 ㉡ 무권리자 처분행위 ㉢ 토지거래허가를 받지 않고 한 토지매매 　계약 등	적용 ×	추인이나 허가를 받으면 소급하여 효력 발생
2. 취소할 수 있는 행위의 추인(취소권의 포기)		제141조 ○	유동적 유효 → 확정적 유효(소급효×)

17 〔정답해설〕

① 취소할 수 있는 행위의 추인은 ① 취소의 원인이 소멸한 후이어야 하고, ② 취소할 수 있는 행위임을 알아야 한다. 따라서 제한능력자는 능력자로 된 후에, 착오·사기·강박의 상태에 있던 자는 그 상태를 벗어난 후에 추인할 수 있다(제144조 제1항). 그러나 법정대리인인 친권자는 취소원인의 소멸 전이라도 추인할 수 있다(제144조 제2항).

> **제144조 【추인의 요건】**
> ① 추인은 취소의 원인이 소멸된 후에 하여야만 효력이 있다.
> ② 제1항은 법정대리인 또는 후견인이 추인하는 경우에는 적용하지 아니한다.

② 제141조 【취소의 효과】 취소된 법률행위는 처음부터 무효인 것으로 본다. 다만, 제한능력자는 그 행위로 인하여 받은 이익이 현존하는 한도에서 상환할 책임이 있다.

③ 제140조 【법률행위의 취소권자】 취소할 수 있는 법률행위는 제한능력자, 착오로 인하거나 사기·강박에 의하여 의사표시를 한 자, 그의 대리인 또는 승계인만이 취소할 수 있다.

④ 제146조 【취소권의 소멸】 취소권은 추인할 수 있는 날로부터 3년 내에, 법률행위를 한 날로부터 10년 내에 행사하여야 한다.

⑤ 법률행위의 취소는 상대방에 대한 의사표시로 하여야 하나 그 취소의 의사표시는 특별히 재판상 행하여짐이 요구되는 경우 이외에는 특정한 방식이 요구되는 것이 아니고, 취소의 의사가 상대방에 의하여 인식될 수 있다면 어떠한 방법에 의하더라도 무방하다고 할 것이고, 법률행위의 취소를 당연한 전제로 한 소송상의 이행청구나 이를 전제로 한 이행거절 가운데는 취소의 의사표시가 포함되어 있다고 볼 수 있다(대판 1993.9.14, 93다13162).

18 〔정답해설〕

① 제150조 제2항 【조건성취, 불성취에 대한 반신의행위】 조건의 성취로 인하여 이익을 받을 당사자가 신의성실에 반하여 조건을 성취시킨 때에는 상대방은 그 조건이 성취하지 아니한 것으로 주장할 수 있다.

② 제151조 제2항 【불법조건, 기성조건】 조건이 법률행위의 당시 이미 성취한 것인 경우에는 그 조건이 정지조건이면 조건 없는 법률행위로 하고 해제조건이면 그 법률행위는 무효로 한다.

③ 정지조건이 있는 법률행위는 당사자가 조건성취의 효력을 그 성취 전에 소급하게 할 의사를 표시하는 등의 특별한 사정이 없는 한 조건이 성취한 때로부터 그 효력이 생긴다(제147조).

> **제147조 【조건성취의 효과】**
> ① 정지조건 있는 법률행위는 조건이 성취한 때로부터 그 효력이 생긴다.
> ③ 당사자가 조건성취의 효력을 그 성취 전에 소급하게 할 의사를 표시한 때에는 그 의사에 의한다.

④ 제148조 【조건부권리의 침해금지】 조건 있는 법률행위의 당사자는 조건의 성부가 미정한 동안에 조건의 성취로 인하여 생길 상대방의 이익을 해하지 못한다.

⑤ 제149조 【조건부권리의 처분 등】 조건의 성취가 미정한 권리의무는 일반규정에 의하여 처분, 상속, 보존 또는 담보로 할 수 있다.

19 정답해설

① 제166조【소멸시효의 기산점】② 부작위를 목적으로 하는 채권의 소멸시효는 위반행위를 한 때로부터 진행한다.

② 부동산에 대한 매매대금 채권이 소유권이전등기청구권과 동시이행의 관계에 있다고 할지라도 매도인은 매매대금의 지급기일 이후 언제라도 그 대금의 지급을 청구할 수 있는 것이며, 다만 매수인은 매도인으로부터 그 이전등기에 관한 이행의 제공을 받기까지 그 지급을 거절할 수 있는 데 지나지 아니하므로 매매대금 청구권은 그 지급기일 이후 시효의 진행에 걸린다(대판 1991.3.22, 90다9797). 소멸시효의 기산점은 권리를 행사할 수 있는 때로부터 진행하기 때문에 동시이행의 항변권이 붙어 있는 채권이라도 그 이행기 도래 시부터 진행한다.

③ 소유권이전등기 말소등기의무의 이행불능으로 인한 전보배상청구권의 소멸시효는 말소등기의무가 이행불능 상태에 돌아간 때로부터 진행된다(대판 2005.9.15, 2005다29474).

④ 소멸시효는 권리를 행사할 수 있는 때로부터 진행하며 여기서 권리를 행사할 수 있는 때라 함은 권리행사에 법률상의 장애가 없는 때를 말하므로 정지조건부권리의 경우에는 조건 미성취의 동안은 권리를 행사할 수 없는 것이어서 소멸시효가 진행되지 않는 것이다(대판 1992.12.22, 92다28822). 甲이 자기 소유의 건물 매도 시 그 이익을 乙과 분배하기로 약정한 경우에 乙의 이익금 분배청구권은 정지조건인 甲이 건물을 매도하여 그 이익을 얻을 때에 권리를 행사할 수 있는 것이므로 소멸시효의 기산점이 된다. 분배약정 시가 아니다.

⑤ 채권의 소멸시효는 그 이행기가 도래한 때로부터 진행되지만 그 이행기일이 도래한 후에 채권자가 채무자에 대하여 기한을 유예한 경우에는 유예 시까지 진행된 시효는 포기한 것으로서 유예한 이행기일로부터 다시 시효가 진행된다고 볼 것이다(대판 1992.12.22, 92다40211).

20 정답해설

① 제169조【시효중단의 효력】시효의 중단은 당사자 및 그 승계인 간에만 효력이 있다.

② 제171조【파산절차참가와 시효중단】파산절차 참가는 채권자가 이를 취소하거나 그 청구가 각하된 때에는 시효중단의 효력이 없다.

③ 시효중단사유로서의 승인에는 상대방의 권리에 관한 처분의 능력이나 권한 있음을 요하지 아니하나(제177조), 처분권이 없는 자라도 관리권은 있어야 승인할 수 있다.
부재자의 재산관리인의 경우 법원의 허가 없이도 관리행위는 할 수 있으므로 부재자를 대리하여 상대방의 채권의 소멸시효를 중단시키는 채무의 승인을 할 수 있다.

> **제177조【승인과 시효중단】**
> 시효중단의 효력 있는 승인에는 상대방의 권리에 관한 처분의 능력이나 권한 있음을 요하지 아니한다.

④ 제182조【천재 기타 사변과 시효정지】천재 기타 사변으로 인하여 소멸시효를 중단할 수 없을 때에는 그 사유가 종료한 때부터 1개월 내에는 시효가 완성하지 아니한다.

⑤ 제180조【재산관리자에 대한 제한능력자의 권리, 부부 사이의 권리와 시효정지】② 부부 중 한쪽이 다른 쪽에 대하여 가지는 권리는 혼인관계가 종료된 때부터 6개월 내에는 소멸시효가 완성되지 아니한다.

21 정답해설

① 가등기는 원래 순위를 확보하는 데에 그 목적이 있으나, 순위 보전의 대상이 되는 물권변동의 청구권은 그 성질상 양도될 수 있는 재산권일 뿐만 아니라 가등기로 인하여 그 권리가 공시되어 결과적으로 공시방법까지 마련된 셈이므로, 이를 양도한 경우에는 양도인과 양수인의 공동신청으로 그 가등기상의 권리의 이전등기를 가등기에 대한 부기등기의 형식으로 경료할 수 있다고 보아야 한다(대판(전) 1998.11.19, 98다24105).

② 등기는 물권의 효력 발생 요건이고 존속 요건은 아니어서 등기가 원인 없이 말소된 경우에는 그 물권의 효력에 아무런 영향이 없고, 그 회복등기가 마쳐지기 전이라도 말소된 등기의 등기명의인은 적법한 권리자로 추정되며, 그 회복등기 신청절차에 의하여 말소된 등기를 회복할 수 있으므로(부동산등기법 제75조), 근저당권설정등기가 불법행위로 인하여 원인 없이 말소되었다 하더라도 말소된 근저당권설정등기의 등기명의인이 곧바로 근저당권 상실의 손해를 입게 된다고 할 수는 없다(대판 2010.2.11, 2009다68408).

③ 가등기는 그 성질상 본등기의 순위보전의 효력만이 있어 후일 본등기가 경료된 때에는 본등기의 순위가 가등기한 때로 소급하는 것뿐이지 본등기에 의한 물권변동의 효력이 가등기한 때로 소급하여 발생하는 것은 아니다(대판 1992.9.25, 92다21258).

④ 등기원인 사실에 대한 입증이 부족하다는 이유로 그 등기를 무효라고 단정할 수 없고, 또한 등기명의자가 등기부와 다른 등기원인을 주장하였으나 그 주장 사실이 인정되지 않은 것만으로는 등기의 추정력이 깨어지는 것은 아니다(대판 1997.6.24, 97다2993 등). 다만 소유권이전등기의 원인으로 주장된 계약서가 진정하지 않은 것으로 증명된 경우, 그 등기의 적법 추정은 깨어진다(대판 1998.9.22, 98다29568).

⑤ 동일 부동산에 관하여 등기명의인을 달리하여 중복된 소유권보존등기가 경료된 경우에는, 먼저 이루어진 소유권보존등기가 원인무효가 되지 아니하는 한, 뒤에 된 소유권보존등기는 실체권리관계에 부합되는지의 여부를 따질 필요도 없이 무효이다(대판(전) 1996.10.17, 96다12511).

22 정답해설

① 민법은 점유권(제204조 내지 제206조)과 소유권(제213조, 제214조)에 관해 명문규정을 두고, 소유권에 기한 물권적 청구권을 다른 물권에 준용한다(제290조, 제301조, 제319조, 제370조). 그러나 점유를 수반하지 않는 지역권과 저당권에는 물권적 반환청구권은 인정될 여지가 없으나, 방해제거 또는 예방청구권은 인정된다.

② 간접점유자는 직접점유자가 점유의 침탈을 당한 때에는 그 물건의 반환을 청구할 수 있다(제207조).

> **제207조【간접점유의 보호】**
> ① 전3조의 청구권은 제194조의 규정에 의한 간접점유자도 이를 행사할 수 있다.
> ② 점유자가 점유의 침탈을 당한 경우에 간접점유자는 그 물건을 점유자에게 반환할 것을 청구할 수 있고 점유자가 그 물건의 반환을 받을 수 없거나 이를 원하지 아니하는 때에는 자기에게 반환할 것을 청구할 수 있다.

③ 직접점유자가 임의로 점유를 타에 양도한 경우에는 점유이전이 간접점유자의 의사에 반한다 하더라도 간접점유자의 점유가 침탈된 경우에 해당하지 않는다(대판 1993.3.9, 92다5300).

④ 채권담보의 목적으로 이루어지는 부동산 양도담보의 경우에 있어서 피담보채무가 변제된 이후에 양도담보권설정자가 행사하는 등기청구권은 소멸시효의 대상이 되지 않는다(대판 1987.11.10, 87다카62). 즉 소유권에 기한 물권적 청구권으로 소멸시효에 걸리지 않는다.

⑤ 민법 제205조에 의하면, 점유자가 점유의 방해를 받은 때에는 방해의 제거 및 손해의 배상을 청구할 수 있고(제1항), 제1항의 청구권은 방해가 종료한 날로부터 1년 내에 행사하여야 하는데(제2항), 민법 제205조 제2항이 정한 '1년의 제척기간'은 재판 외에서 권리행사하는 것으로 족한 기간이 아니라 반드시 그 기간 내에 소를 제기하여야 하는 이른바 출소기간으로 해석함이 타당하다. 그리고 기산점이 되는 '방해가 종료한 날'은 방해행위가 종료한 날을 의미한다(대판 2016.7.29, 2016다214483, 2016다214490).

■ 물권적 청구권

	점유권에 기한 물권적 청구권	소유권에 기한 물권적 청구권[14]
내용	① 점유물반환청구권 ② 점유물방해제거청구권 ③ 점유물방해예방청구권	① 소유물반환청구권[15] ② 소유물방해제거청구권 ③ 소유물방해예방청구권
청구권자	침탈당한 자(사기 ×, 유실 ×)	소유자(양도인 × → 양수인 ○)
상대방	① 침탈자 ② 포괄승계인 ③ 악의의 특별승계인	• 반환 : 현재 점유하는 자 • 방해제거 : 처분권한 있는 자
행사기간	1년 = 제척기간 → 출소기간	소멸시효 ×
고의 · 과실	×	×

23 정답해설

ㄱ. (×) : 취득시효기간이 완성되었다고 하더라도 그것만으로 바로 소유권취득의 효력이 생기는 것이 아니라, 이를 원인으로 하여 소유권취득을 위한 등기청구권이 발생하는 것에 불과하고, 미등기 부동산의 경우라 하여 취득시효기간의 완성만으로 등기 없이도 점유자가 소유권을 취득한다고 볼 수 없다(대판 2013.9.13, 2012다5834). 甲이 20년간 소유의 의사로 평온, 공연하게 乙소유의 X토지를 점유한 경우, X토지가 미등기 상태라 하더라도 甲은 등기 없이는 X토지의 소유권을 취득할 수 없다.

ㄴ. (×) : 부동산에 대한 취득시효가 완성되면 점유자는 소유명의자에 대하여 취득시효완성을 원인으로 한 소유권이전등기절차의 이행을 청구할 수 있고 소유명의자는 이에 응할 의무가 있으므로 점유자가 그 명의로 소유권이전등기를 경료하지 아니하여 아직 소유권을 취득하지 못하였다고 하더라도 소유명의자는 점유자에 대하여 점유로 인한 부당이득반환청구를 할 수 없다(대판 1993.5.25, 92다51280). 20년간 소유의 의사로 평온, 공연하게 乙소유의 X토지를 점유하여 취득시효를 완성한 점유자 甲에 대하여 乙은 점유로 인한 부당이득반환청구를 할 수 없다.

ㄷ. (○) : 부동산에 관한 점유취득시효기간이 경과하였다고 하더라도 그 점유자가 자신의 명의로 등기하지 아니하고 있는 사이에 먼저 제3자 명의로 소유권이전등기가 경료되어 버리면, 특별한 사정이 없는 한 그 제3자에 대하여는 시효취득을 주장할 수 없으나, 그 제3자가 취득시효기간 만료 당시의 등기명의인으로부터 신탁 또는 명의신탁받은 경우라면 종전 등기명의인으로서는 언제든지 이를 해지하고 소유권이전등기를 청구할 수 있고, 점유시효취득자로서는 종전 등기명의인을 대위하여 이러한 권리를 행사할 수 있으므로, 그러한 제3자가 소유자로서의 권리를 행사하는 경우 점유자로서는 취득시효완성을 이유로 이를 저지할 수 있다(대판 2007.10.11, 2007다43894).

사안의 경우 취득시효에 기한 등기청구권은 채권적이기 때문에, 甲이 등기를 경료하지 않고 있는 사이에 乙이 丙에게 그 토지를 처분하여 이전등기를 해 준 경우에는 甲은 제3자 丙에게 직접 시효완성을 주장할 수 없다. 그러나 丙이 유효한 명의신탁받은 경우라면 명의신탁자 乙은 명의수탁자 丙에게 언제든지 명의신탁을 해지하고 소유권이전등기를 청구할 수 있다. 따라서 시효취득자인 甲은 점유취득시효의 완성을 이유로 인한 소유권이전등기의무자인 乙을 대위하여 丙에게 권리를 행사할 수 있는 자이므로, 丙이 甲에 대해 소유자로서의 권리를 행사하는 경우라도, 특별한 사정이 없는 한 甲은 점유취득시효의 완성을 이유로 이를 저지할 수 있다.

---

14) 준용규정 有: 지상권, 전세권, 지역권, 저당권
　　준용규정 無: 유치권 ; 물권적 청구권 인정 ×
　　　　　　　　질권 ; 통설은 입법의 불비로 보아 인정
15) 지역권과 저당권은 반환청구권 인정 안 됨. 점유하지 않기 때문

24 정답해설

① 제257조 【동산 간의 부합】동산과 동산이 부합하여 훼손하지 아니하면 분리할 수 없거나 그 분리에 과다한 비용을 요할 경우에는 그 합성물의 소유권은 주된 동산의 소유자에게 속한다. 부합된 동산의 주종을 구별할 수 없는 때에는 동산의 소유자는 부합 당시의 가액의 비율로 합성물을 공유한다.

② 부합이란 분리 훼손하지 아니하면 분리할 수 없거나 분리에 과다한 비용을 요하는 경우는 물론 분리하게 되면 경제적 가치를 심히 감손케 하는 경우도 포함하고, 부합의 원인은 인공적인 경우도 포함하나(대판 1962.1.31, 4294민상445 참조), 부동산에 부합한 물건이 타인이 적법한 권원에 의하여 부속한 것인 때에는 민법 제256조 단서에 따라 그 물건의 소유권은 그 타인의 소유에 귀속되는 것이다. 다만 부동산에 부합된 물건이 사실상 분리복구가 불가능하여 거래상 독립한 권리의 객체성을 상실하고 그 부동산과 일체를 이루는 부동산의 구성 부분이 된 경우에는 타인이 권원에 의하여 이를 부합시켰더라도 그 물건의 소유권은 부동산의 소유자에게 귀속된다(대판 2012.1.26, 2009다76546).

③ 부당이득반환청구에서 이득이란 실질적인 이익을 의미하는데, 동산에 대하여 양도담보권을 설정하면서 양도담보권설정자가 양도담보권자에게 담보목적인 동산의 소유권을 이전하는 이유는 양도담보권자가 양도담보권을 실행할 때까지 스스로 담보물의 가치를 보존할 수 있게 함으로써 만약 채무자가 채무를 이행하지 않더라도 채권자인 양도담보권자가 양도받은 담보물을 환가하여 우선변제받는 데에 지장이 없도록 하기 위한 것이고, 동산양도담보권은 담보물의 교환가치 취득을 목적으로 하는 것이다. 이러한 양도담보권의 성격에 비추어 보면, 양도담보권의 목적인 주된 동산에 다른 동산이 부합되어 부합된 동산에 관한 권리자가 권리를 상실하는 손해를 입은 경우 주된 동산이 담보로서 가치가 증가된 데 따른 실질적 이익은 주된 동산에 관한 양도담보권설정자에게 귀속되는 것이므로, 이 경우 부합으로 인하여 권리를 상실하는 자는 양도담보권설정자를 상대로 민법 제261조에 따라 보상을 청구할 수 있을 뿐 양도담보권자를 상대로 보상을 청구할 수는 없다(대판 2016.4.28, 2012다19659).

> **제261조 【첨부로 인한 구상권】**
> 전5조의 경우에 손해를 받은 자는 부당이득에 관한 규정에 의하여 보상을 청구할 수 있다.

④ 제259조 제1항【가공】타인의 동산에 가공한 때에는 그 물건의 소유권은 원재료의 소유자에게 속한다. 그러나 가공으로 인한 가액의 증가가 원재료의 가액보다 현저히 다액인 때에는 가공자의 소유로 한다.

⑤ 건물의 증축 부분이 기존건물에 부합하여 기존건물과 분리하여서는 별개의 독립물로서의 효용을 갖지 못하는 이상 기존건물에 대한 근저당권은 민법 제358조에 의하여 부합된 증축 부분에도 효력이 미치는 것이므로 기존건물에 대한 경매절차에서 경매목적물로 평가되지 아니하였다고 할지라도 경락인은 부합된 증축 부분의 소유권을 취득한다(대판 2002.10.25, 2000다63110).

25 정답해설

① 채무자 이외의 자의 소유에 속하는 동산을 경매한 경우에도 경매절차에서 그 동산을 경락받아 경락대금을 납부하고 이를 인도받은 경락인은 특별한 사정이 없는 한 소유권을 선의취득한다(대판 1998.3.27, 97다 32680).

② 동산의 선의취득에 필요한 점유의 취득은 현실적 인도가 있어야 하고 점유개정에 의한 점유취득만으로서는 그 요건을 충족할 수 없다(대판 1978.1.17, 77다1872).

③ 제343조에서 제249조를 준용하고 있어 동산질권도 선의취득할 수 있다.

> **제249조 【선의취득】**
> 평온, 공연하게 동산을 양수한 자가 선의이며 과실 없이 그 동산을 점유한 경우에는 양도인이 정당한 소유자가 아닌 때에도 즉시 그 동산의 소유권을 취득한다.

> **제343조 【준용규정】**
> 제249조 내지 제251조, 제321조 내지 제325조의 규정은 동산질권에 준용한다.

④ 선의취득은 원시취득으로, 선의취득자는 임의로 선의취득의 효과를 거부하고 종전 소유자에게 동산을 반환받아 갈 것을 요구할 수 없다(대판 1998.6.12, 98다6800).

⑤ 점유보조자 내지 소지기관의 횡령처럼 형사법상 절도죄가 되는 경우도 형사법과 민사법의 경우를 동일시해야 하는 것은 아니기 때문에, 진정한 권리자와 선의의 거래 상대방 간의 이익형량의 필요성에 있어서 위탁물 횡령의 경우와 다를 바 없으므로, 이 역시 민법 제250조의 도품·유실물에 해당하지 않는다. 따라서 점유보조자를 권리자로 오신하여 거래한 경우, 점유취득자는 목적물을 선의취득할 수 있다(대판 1991.3.22, 91다70).

26 정답해설

① 공유자 간 분할로 인하여 공로에 통하지 못하는 토지가 있는 때에는 그 토지소유자는 공로에 출입하기 위하여 다른 분할자의 토지를 통행할 수 있고, 이 경우에는 보상의 의무가 없다(제220조).

② 다른 사람의 소유토지에 대하여 상린관계로 인한 통행권을 가지고 있는 사람은 그 통행권의 범위 내에서 그 토지를 사용할 수 있을 뿐이고 그 통행지에 대한 통행지 소유자의 점유를 배제할 권능까지 있는 것은 아니므로 그 통행지 소유자는 그 통행지를 전적으로 점유하고 있는 주위토지통행권자에 대하여 그 통행지의 인도를 구할 수 있다고 할 것이다(대판 2003.8.19, 2002다53469).

③ 주위토지통행권은 법률규정에 의한 물권변동이므로 법정의 요건을 충족하면 당연히 성립하고 요건이 없어지게 되면 당연히 소멸한다(대판 1998.3.10, 97다47118).

④ 주위토지통행권자가 민법 제219조 제1항 본문에 따라 통로를 개설하는 경우 통행지 소유자는 원칙적으로 통행 권자의 통행을 수인할 소극적 의무를 부담할 뿐 통로개설 등 적극적인 작위의무를 부담하는 것은 아니고, 다만 통행지 소유자가 주위토지통행권에 기한 통행에 방해가 되는 담장 등 축조물을 설치한 경우에는 주위토지통행 권의 본래적 기능발휘를 위하여 통행지 소유자가 그 철거의무를 부담한다(대판 2006.10.26, 2005다30993).

⑤ 주위토지통행권은 주위토지 소유자의 토지에 대한 독점적 사용권을 제한하는 권리로서 인접한 토지 소유자 간의 이해를 조정하는 데 목적이 있으므로 사람이 출입하고 다소의 물건을 공로로 운반할 정도의 폭만 확보할 수 있다면 주위토지 소유자의 손해가 가장 적은 장소와 방법을 선택하여야 하고, 또 현재의 토지의 용법에 따른 이용의 범위에서 인정되는 것이지 더 나아가 장차의 이용상황까지를 미리 대비하여 통행로를 정할 것은 아니다(대판 1992.12.22, 92다30528).

27 정답해설

① 【대판 2003.11.13, 2002다57935】
  [1] 사회통념상 건물은 그 부지를 떠나서는 존재할 수 없는 것이므로 건물의 부지가 된 토지는 그 건물의 소유자가 점유하는 것으로 볼 것이고, 이 경우 건물의 소유자가 현실적으로 건물이나 그 부지를 점거하고 있지 아니하고 있더라도 그 건물의 소유를 위하여 그 부지를 점유한다고 보아야 한다.
  [2] 미등기건물을 양수하여 건물에 관한 사실상의 처분권을 보유하게 됨으로써 그 양수인이 건물부지 역시 아울러 점유하고 있다고 볼 수 있는 등의 다른 특별한 사정이 없는 한 건물의 소유명의자가 아닌 자로서는 실제로 그 건물을 점유하고 있다고 하더라도 그 건물의 부지를 점유하는 자로는 볼 수 없다.

② 건물 공유자 중 일부만이 당해 건물을 점유하고 있는 경우라도 그 건물의 부지는 건물 소유를 위하여 공유명의자 전원이 공동으로 이를 점유하고 있는 것으로 볼 것이며, 건물 공유자들이 건물부지의 공동점유로 인하여 건물부지에 대한 소유권을 시효취득하는 경우라면 그 취득시효 완성을 원인으로 한 소유권이전등기청구권은 당해 건물의 공유지분비율과 같은 비율로 건물 공유자들에게 귀속된다(대판 2003.11.13, 2002다57935).

③ 점유자의 권리추정의 규정은 특별한 사정이 없는 한 부동산 물권에 대하여는 적용되지 아니하고 다만 그 등기에 대하여서만 추정력이 부여된다(대판 1982.4.13, 81다780).

비교 점유의 권리추정력 : 동산만 적용 VS. 등기의 추정력 : 부동산에 적용

④ 제197조 제2항 【점유의 태양】 선의의 점유자라도 본권에 관한 소에 패소한 때에는 그 소가 제기된 때로부터 악의의 점유자로 본다.

⑤ 진정 소유자가 자신의 소유권을 주장하며 점유자 명의의 소유권이전등기는 원인무효의 등기라 하여 점유자를 상대로 토지에 관한 점유자 명의의 소유권이전등기의 말소등기청구소송을 제기하여 그 소송사건이 점유자의 패소로 확정되었다면, 점유자는 민법 제197조 제2항의 규정에 의하여 그 소유권이전등기말소등기청구 소송의 제기 시부터는 토지에 대한 악의의 점유자로 간주되나, 그 점유는 패소판결 확정 후부터는 타주점유로 전환되었다고 보아야 한다(대판 1996.10.11, 96다19857).

28 정답해설

① 공유자 자신의 지분이 과반수에 미달하면 소수지분권자에 지나지 않으므로 배타적으로 공유물을 점유하는 다른 과반수 미달의 공유자를 전면적으로 배제하고 자신만이 단독으로 공유물을 점유하도록 인도해 달라고 청구할 권원은 없다. 대법원은 공유물의 소수지분권자가 다른 공유자와 협의하지 않고 공유물의 전부 또는 일부를 독점적으로 점유하는 경우, 다른 소수지분권자는 배타적으로 점유하고 있는 소수지분권자에게 공유물의 인도를 청구할 수는 없다고 한다(대판(전) 2020.5.21, 2018다287522).

> **비교** 그러나 소나무 등 설치한 지상물에 대한 제거 등 방해배제는 청구할 수 있다고 판시했다(대판(전) 2020.5.21, 2018다287522).

② 소수지분권자는 공유물을 점유할 아무런 권리가 없는 제3자에 대해서 공유물에 대한 지분권자로서 공유물을 점유할 권원이 있는 자신에게 그 반환을 청구할 수 있다(대판(전) 2020.5.21, 2018다287522). 공유자 아닌 제3자 丁이 X토지 전부를 불법으로 점유하는 경우, 甲은 소수지분권자라도 단독으로 X토지 전부의 인도를 청구할 수 있다.

③ 과반수 지분의 공유자는 공유자와 사이에 미리 공유물의 관리방법에 관하여 협의가 없었다 하더라도 공유물의 관리에 관한 사항을 단독으로 결정할 수 있으므로 과반수 지분의 공유자는 그 공유물의 관리방법으로서 그 공유토지의 특정된 한 부분을 배타적으로 사용·수익할 수 있으나, 그로 말미암아 지분은 있되 그 특정 부분의 사용·수익을 전혀 하지 못하여 손해를 입고 있는 소수지분권자에 대하여 그 지분에 상응하는 임료 상당의 부당이득을 하고 있다 할 것이므로 이를 반환할 의무가 있다 할 것이나, 그 과반수 지분의 공유자로부터 다시 그 특정 부분의 사용·수익을 허락받은 제3자의 점유는 다수지분권자의 공유물관리권에 터잡은 적법한 점유이므로 그 제3자는 소수지분권자에 대하여도 그 점유로 인하여 법률상 원인 없이 이득을 얻고 있다고는 볼 수 없다(대판 2002.5.14, 2002다9738). 7분의 4의 과반수지분을 가진 丙은 다른 공유자들과의 협의 없이 X토지의 관리방법을 정할 수 있다. 그러나 사용·수익하지 못하는 소수지분권자 甲에게 차임 상당액의 7분의 1을 부당이득으로 반환할 의무가 있다. 그러나 甲은 과반수지분권자 丙으로 사용 허락받은 제3자 戊에게 부당이득으로 반환할 것을 청구할 수 없다.

④ 공유물의 관리에 관한 사항은 공유자의 지분의 과반수로써 결정하고, 공유물의 사용·수익·관리에 관한 공유자 간의 특약은 특정승계인에게도 승계되나, 공유물에 관한 특약이 지분권자로서 사용·수익권을 사실상 포기하는 등으로 공유지분권의 본질적 부분을 침해하는 경우에는 특정승계인이 그러한 사실을 알고도 공유지분권을 취득하였다는 등 특별한 사정이 없는 한 특정승계인에게 당연히 승계된다고 볼 수 없다(대판 2012.5.24, 2010다108210).

⑤ 각 공유자는 그 지분권을 다른 공유자의 동의가 없는 경우라도 양도 기타의 처분을 할 수 있는 것이며 공유자끼리 그 지분을 교환하는 것도 그것이 지분권의 처분에 해당하는 이상 다른 공유자의 동의를 요하는 것이 아니다(대판 1972.5.23, 71다2760). 공유자 甲은 특별한 사정이 없는 한 다른 공유자 乙, 丙의 동의 없이 X토지에 관한 자신의 지분을 처분할 수 있다.

> **제263조【공유지분의 처분과 공유물의 사용, 수익】**
> 공유자는 그 지분을 처분할 수 있고 공유물 전부를 지분의 비율로 사용, 수익할 수 있다.

29 〔정답해설〕

①, ② 공유물분할청구권은 공유관계에서 수반되는 형성권이므로 공유관계가 존속하는 한 그 분할청구권만이 독립하여 시효소멸될 수 없다(대판 1981.3.24, 80다1888·1889).

③ 甲, 乙의 공유인 부동산 중 甲의 지분 위에 설정된 근저당권 등 담보물권은 특단의 합의가 없는 한 공유물분할이 된 뒤에도 종전의 지분비율대로 공유물 전부의 위에 그대로 존속하고 근저당권설정자인 갑 앞으로 분할된 부분에 당연히 집중되는 것은 아니므로, 甲과 담보권자 사이에 공유물분할로 甲의 단독소유로 된 토지부분 중 원래의 乙지분부분을 근저당권의 목적물에 포함시키기로 합의하였다고 하여도 이런 합의가 乙의 단독소유로 된 토지부분 중 甲지분부분에 대한 피담보채권을 소멸시키기로 하는 합의까지 내포한 것이라고는 할 수 없다(대판 1989.8.8, 88다카24868).

④ 공유물분할의 소는 형성의 소로서 공유자 상호 간의 지분의 교환 또는 매매를 통하여 공유의 객체를 단독 소유권의 대상으로 하여 그 객체에 대한 공유관계를 해소하는 것을 말하므로, 법원은 공유물분할을 청구하는 자가 구하는 방법에 구애받지 아니하고 자유로운 재량에 따라 공유관계나 그 객체인 물건의 제반 상황에 따라 공유자의 지분비율에 따른 합리적인 분할을 하면 되는 것이다. 따라서 여러 사람이 공유하는 물건을 분할하는 경우에는 원칙적으로는 각 공유자가 취득하는 토지의 면적이 그 공유지분의 비율과 같도록 하여야 할 것이나, 반드시 그런 방법으로만 분할하여야 하는 것은 아니고, 분할 대상이 된 공유물의 형상이나 위치, 그 이용 상황이나 경제적 가치가 균등하지 아니할 때에는 이와 같은 여러 사정을 고려하여 경제적 가치가 지분비율에 상응되도록 분할하는 것도 허용되며 일정한 요건이 갖추어진 경우에는 공유자 상호 간에 금전으로 경제적 가치의 과부족을 조정하게 하여 분할을 하는 것도 현물분할의 한 방법으로 허용된다(대판 2011.8.18, 2011다24104).

⑤ 공유자는 다른 약정이 없으면 언제든지 공유물의 분할을 청구할 수 있다(민법 제268조). 공유는 공동소유자 상호 간에 아무런 인적 결합관계 없이 각기 독립적으로 목적물을 지배할 수 있는 공동소유 형태로서, 물건에 대한 1개의 소유권이 분량적으로 분할되어 여러 사람에게 속하는 것이므로 특별한 사정이 없는 한 각 공유자는 공유물의 분할을 청구하여 기존의 공유관계를 해소하고 각 공유자 간에 공유물을 분배하는 법률관계를 실현하는 일방적인 권리를 가진다(대판 1991.11.12, 91다27228 등 참조).

> **제268조【공유물의 분할청구】**
> ① 공유자는 공유물의 분할을 청구할 수 있다. 그러나 5년 내의 기간으로 분할하지 아니할 것을 약정할 수 있다.

30 〔정답해설〕

① 강제경매의 목적이 된 토지 또는 그 지상 건물의 소유권이 강제경매로 인하여 그 절차상의 매수인에게 이전된 경우에 건물의 소유를 위한 관습상 법정지상권이 성립하는가 하는 문제에 있어서는 그 매수인이 소유권을 취득하는 매각대금의 완납 시가 아니라 그 압류의 효력이 발생하는 때를 기준으로 하여 토지와 그 지상 건물이 동일인에 속하였는지가 판단되어야 한다. 강제경매개시결정의 기입등기가 이루어져 압류의 효력이 발생한 후에 경매목적물의 소유권을 취득한 이른바 제3취득자는 그의 권리를 경매절차상 매수인에게 대항하지 못하고, 나아가 그 명의로 경료된 소유권이전등기는 매수인이 인수하지 아니하는 부동산의 부담에 관한 기입에 해당하므로(민사집행법 제144조 제1항 제2호 참조) 매각대금이 완납되면 직권으로 그 말소가 촉탁되어야 하는 것이어서, 결국 매각대금 완납 당시 소유자가 누구인지는 이 문제맥락에서 별다른 의미를 가질 수 없다는 점 등을 고려하여 보면 더욱 그러하다(대판(전) 2012.10.18, 2010다52140).

② 관습상의 법정지상권은 주로 매매 등의 경우에 건물철거특약이 없는 한 인정되는 것으로 법정지상권을 취득한 자가 대지소유자와 사이에 대지에 관하여 임대차계약을 체결한 경우, 특별한 사정이 없는 한 관습상의 법정지상권을 포기한 것으로 된다(대판 1991.5.14, 91다1912).

③ 관습상의 지상권은 법률행위로 인한 물권의 취득이 아니고 관습법에 의한 부동산물권의 취득이므로 등기를 필요로 하지 아니하고 지상권취득의 효력이 발생하고 이 관습상의 법정지상권은 물권으로서의 효력에 의하여 이를 취득할 당시의 토지소유자나 이로부터 소유권을 전득한 제3자에게 대하여도 등기 없이 위 지상권을 주장할 수 있다(대판 1988.9.27, 87다카279).

④ 관습법상 법정지상권이 성립한 후에는 건물을 개축 또는 증축하는 경우는 물론 건물이 멸실되거나 철거된 후에 신축하는 경우에도 법정지상권은 성립하나, 다만 그 법정지상권의 범위는 구건물을 기준으로 하여 그 유지 또는 사용을 위하여 일반적으로 필요한 범위 내의 대지 부분에 한정되는 것이다(대판 2000.1.18, 98다58696·58702).

⑤ 토지 또는 건물이 동일한 소유자에게 속하였다가 건물 또는 토지가 매매 기타 원인으로 인하여 양자의 소유자가 다르게 된 때에 그 건물을 철거하기로 하는 합의가 있었다는 등 특별한 사정이 없는 한 건물소유자는 토지소유자에 대하여 그 건물을 위한 관습상의 지상권을 취득하게 되고, 건물을 철거하기로 하는 합의가 있었다는 등의 특별한 사정의 존재에 관한 주장입증책임은 그러한 사정의 존재를 주장하는 쪽에 있다(대판 1988.9.27, 87다카279).

31 정답해설

①, ⑤ 지역권은 일정한 목적을 위하여 타인의 토지를 자기 토지의 편익에 이용하는 권리로서 계속되고 표현된 것에 한하여 취득시효에 관한 민법 제245조의 규정을 준용하도록 되어 있다. 따라서 통행지역권은 요역지의 소유자가 승역지 위에 도로를 설치하여 요역지의 편익을 위하여 승역지를 늘 사용하는 객관적 상태가 민법 제245조에 규정된 기간 계속된 경우에 한하여 그 시효취득을 인정할 수 있다.

통행지역권의 경우에 지역의 대가로서의 지료는 그 요건이 아니다. 그렇지만 통행지역권의 취득시효는 승역지 위에 도로를 설치하여 늘 사용하는 객관적 상태를 전제로 하는데, 도로 개설에 의한 종전의 승역지 사용이 무상으로 이루어졌다는 특별한 사정이 없다면 취득시효 전에는 그 사용에 관한 지료 지급의무를 지거나 부당이득반환의무를 지므로, 이러한 상태에서의 도로 개설·사용을 전제로 하여 시효취득이 이루어진다고 할 수 있다. 종전의 승역지 사용이 무상으로 이루어졌다는 등의 다른 특별한 사정이 없다면 통행지역권을 취득시효한 경우에도 주위토지통행권의 경우와 마찬가지로 요역지 소유자는 승역지에 대한 도로 설치 및 사용에 의하여 승역지 소유자가 입은 손해를 보상하여야 한다고 해석함이 타당하다(대판 2015.3.20, 2012다17479).

② 제295조 제1항【취득과 불가분성】공유자의 1인이 지역권을 취득한 때에는 다른 공유자도 이를 취득한다.

③ 제296조【소멸시효의 중단, 정지와 불가분성】요역지가 수인의 공유인 경우에 그 1인에 의한 지역권 소멸시효의 중단 또는 정지는 다른 공유자를 위하여 효력이 있다.

④ 제295조 제2항【취득과 불가분성】점유로 인한 지역권 취득기간의 중단은 지역권을 행사하는 모든 공유자에 대한 사유가 아니면 그 효력이 없다.

32 정답해설

①, ② 전세금의 지급은 전세권 성립의 요소가 되는 것이지만 그렇다고 하여 전세금의 지급이 반드시 현실적으로 수수되어야만 하는 것은 아니고 기존의 채권으로 전세금의 지급에 갈음할 수도 있다(대판 2009.1.30, 2008다67217).

③ 제303조 제2항【전세권의 내용】농경지는 전세권의 목적으로 하지 못한다.

④ 제312조의2【전세금 증감청구권】전세금이 목적부동산에 관한 조세·공과금 기타 부담의 증감이나 경제사정의 변동으로 인하여 상당하지 아니하게 된 때에는 당사자는 장래에 대하여 그 증감을 청구할 수 있다. 그러나 증액의 경우에는 대통령령이 정하는 기준에 따른 비율을 초과하지 못한다.

⑤ 전세권의 목적물의 전부 또는 일부가 전세권자에 책임 있는 사유로 인하여 멸실된 때에는 전세권자는 손해를 배상할 책임이 있고, 이 경우에 전세권설정자는 전세권이 소멸된 후 전세금으로써 손해의 배상에 충당할 수 있다.

> **제315조【전세권자의 손해배상책임】**
> ① 전세권의 목적물의 전부 또는 일부가 전세권자에 책임 있는 사유로 인하여 멸실된 때에는 전세권자는 손해를 배상할 책임이 있다.
> ② 전항의 경우에 전세권설정자는 전세권이 소멸된 후 전세금으로써 손해의 배상에 충당하고 잉여가 있으면 반환하여야 하며 부족이 있으면 다시 청구할 수 있다.

33 〔정답해설〕

① 제304조【건물의 전세권, 지상권, 임차권에 대한 효력】① 타인의 토지에 있는 건물에 전세권을 설정한 때에는 전세권의 효력은 그 건물의 소유를 목적으로 한 지상권 또는 임차권에 미친다.

② 건물이 그 존립을 위한 토지사용권을 갖추지 못하여 토지의 소유자가 건물의 소유자에 대하여 당해 건물의 철거 및 그 대지의 인도를 청구할 수 있는 경우에라도 건물소유자가 아닌 사람(전세권자)이 건물을 점유하고 있다면 토지소유자는 그 건물 점유를 제거하지 아니하는 한 위의 건물 철거 등을 실행할 수 없다. 따라서 그때 토지소유권은 위와 같은 점유에 의하여 그 원만한 실현을 방해당하고 있다고 할 것이므로, 토지소유자는 자신의 소유권에 기한 방해배제로서 건물점유자(전세권자)에 대하여 건물로부터의 퇴출을 청구할 수 있다. 그리고 이는 건물점유자가 건물소유자로부터의 임차인으로서 그 건물임차권이 이른바 대항력을 가진다고 해서 달라지지 아니한다. 건물임차권의 대항력은 기본적으로 건물에 관한 것이고 토지를 목적으로 하는 것이 아니므로 이로써 토지소유권을 제약할 수 없고, 토지에 있는 건물에 대하여 대항력 있는 임차권이 존재한다고 하여도 이를 토지소유자에 대하여 대항할 수 있는 토지사용권이라고 할 수는 없다. 바꾸어 말하면, 건물에 관한 임차권이 대항력을 갖춘 후에 그 대지의 소유권을 취득한 사람은 민법 제622조 제1항이나 주택임대차보호법 제3조 제1항 등에서 그 임차권의 대항을 받는 것으로 정하여진 '제3자'에 해당한다고 할 수 없다(대판 2010.8.19, 2010다43801).

③ 민법 제304조는 전세권을 설정하는 건물소유자가 건물의 존립에 필요한 지상권 또는 임차권과 같은 토지사용권을 가지고 있는 경우에 관한 것으로서, 그 경우에 건물전세권자로 하여금 토지소유자에 대하여 건물소유자, 즉 전세권설정자의 그러한 토지사용권을 원용할 수 있도록 함으로써 토지소유자 기타 토지에 대하여 권리를 가지는 사람에 대한 관계에서 건물전세권자를 보다 안전한 지위에 놓으려는 취지의 규정이다. 또한 지상권을 가지는 건물소유자가 그 건물에 전세권을 설정하였으나 그가 2년 이상의 지료를 지급하지 아니하였음을 이유로 지상권설정자, 즉 토지소유자의 청구로 지상권이 소멸하는 것(민법 제287조 참조)은 전세권설정자가 전세권자의 동의 없이는 할 수 없는 위 민법 제304조 제2항 상의 "지상권 또는 임차권을 소멸하게 하는 행위"에 해당하지 아니한다(대판 2010.8.19, 2010다43801). 지상권설정자가 민법 제287의 지상권소멸청구를 하는 경우 전세권자의 동의가 없다고 하더라도 가능하므로, 지상권은 소멸하게 된다.

④ 제305조 제1항【건물의 전세권과 법정지상권】대지와 건물이 동일한 소유자에 속한 경우에 건물에 전세권을 설정한 때에는 그 대지소유권의 특별승계인은 전세권설정자에 대하여 지상권을 설정한 것으로 본다.

⑤ 민법은 1. 건물전세권의 경우 최단존속기간을 1년으로 하여 보장하고 있으며, 2. 토지·건물 모두 10년을 넘지 못한다고 함으로써 최장기간의 제한을 두고 있다.

> **제312조【전세권의 존속기간】**
> ① 전세권의 존속기간은 10년을 넘지 못한다. 당사자의 약정기간이 10년을 넘는 때에는 이를 10년으로 단축한다.
> ② 건물에 대한 전세권의 존속기간을 1년 미만으로 정한 때에는 이를 1년으로 한다

34 정답해설

① 과실이 금전이 아닐 때에는 경매하여 먼저 이자에 충당하고 나머지가 있으면 원본에 충당한다(제323조).

> **제323조 【과실수취권】**
> ① 유치권자는 유치물의 과실을 수취하여 다른 채권보다 먼저 그 채권의 변제에 충당할 수 있다. 그러나 과실이 금전이 아닌 때에는 경매하여야 한다.
> ② 과실은 먼저 채권의 이자에 충당하고 그 잉여가 있으면 원본에 충당한다.

② 유치권에는 우선변제적 효력이 없으나, 유치권자는 채권의 변제를 받기 위하여 유치물을 경매할 수는 있다. 이는 환가를 위한 경매이다(제322조).

> **제322조 【경매, 간이변제충당】**
> ① 유치권자는 채권의 변제를 받기 위하여 유치물을 경매할 수 있다.

③ 유치권자가 유치권을 행사한다 하더라도 채권의 소멸시효의 진행에 영향을 미치지 아니하므로 소멸시효는 중단되지 않고 진행된다(제326조).

> **제326조 【피담보채권의 소멸시효】**
> 유치권의 행사는 채권의 소멸시효의 진행에 영향을 미치지 아니한다.

④ 유치물의 보존에 필요한 사용은 채무자의 승낙 없이도 할 수 있다(제324조 제2항 단서). 그러나 그 외의 사용에는 채무자의 승낙이 있어야 한다.

> **제324조 【유치권자의 선관의무】**
> ① 유치권자는 선량한 관리자의 주의로 유치물을 점유하여야 한다.
> ② 유치권자는 채무자의 승낙 없이 유치물의 사용, 대여 또는 담보제공을 하지 못한다. 그러나 유치물의 보존에 필요한 사용은 그러하지 아니하다.

⑤ 제321조【유치권의 불가분성】유치권자는 채권 전부의 변제를 받을 때까지 유치물 전부에 대하여 그 권리를 행사할 수 있다.

35 정답해설

① 제한물권은 이해관계인의 이익을 부당하게 침해하지 않는 한 자유로이 포기할 수 있는 것이 원칙이다. 유치권은 채권자의 이익을 보호하기 위한 법정담보물권으로서, 당사자는 미리 유치권의 발생을 막는 특약을 할 수 있고 이러한 특약은 유효하다. 유치권 배제 특약이 있는 경우 다른 법정요건이 모두 충족되더라도 유치권은 발생하지 않는데, 특약에 따른 효력은 특약의 상대방뿐 아니라 그 밖의 사람도 주장할 수 있다(대판 2018.1.24, 2016다234043).

② 제327조【타담보제공과 유치권소멸】채무자는 상당한 담보를 제공하고 유치권의 소멸을 청구할 수 있다.

③ 유치권은 타물권인 점에 비추어 볼 때 수급인의 재료와 노력으로 건축되었고 독립한 건물에 해당되는 기성부분은 수급인의 소유라 할 것이므로 수급인은 공사대금을 지급받을 때까지 이에 대하여 유치권을 가질 수 없다(대판 1993.3.26, 91다14116). 유치권은 채권자 자신 소유 물건에 대해서는 성립하지 않는다.

④ 유치권의 성립요건이자 존속요건인 유치권자의 점유는 직접점유이든 간접점유이든 관계가 없으나, 다만 유치권은 목적물을 유치함으로써 채무자의 변제를 간접적으로 강제하는 것을 본체적 효력으로 하는 권리인 점 등에 비추어, 그 직접점유자가 채무자인 경우에는 유치권의 요건으로서의 점유에 해당하지 않는다(대판 2008.4.11, 2007다27236).

⑤ 유치권은 점유가 불법으로 개시된 경우에는 인정되지 않는다(제320조 제2항).

> **제320조 【유치권의 내용】**
> ② 전항의 규정은 그 점유가 불법행위로 인한 경우에 적용하지 아니한다.

36 〔정답해설〕

① 질권자는 피담보채권의 변제를 받기 위하여 질물을 경매할 수 있고(제338조 제1항), 그 매각대금으로부터 다른 채권자보다 자기채권의 우선변제를 받을 권리가 있다(제329조).

> **제338조 【경매, 간이변제충당】**
> ① 질권자는 채권의 변제를 받기 위하여 질물을 경매할 수 있다.
> **제329조 【동산질권의 내용】**
> 동산질권자는 채권의 담보로 채무자 또는 제3자가 제공한 동산을 점유하고 그 동산에 대하여 다른 채권자보다 자기채권의 우선변제를 받을 권리가 있다.

② 제331조 【질권의 목적물】 질권은 양도할 수 없는 물건을 목적으로 하지 못한다.

③ 제334조 【피담보채권의 범위】 질권은 원본, 이자, 위약금, 질권실행의 비용, 질물보존의 비용 및 채무불이행 또는 질물의 하자로 인한 손해배상의 채권을 담보한다. 그러나 다른 약정이 있는 때에는 그 약정에 의한다.

④ 제335조 【유치적 효력】 질권자는 전조의 채권의 변제를 받을 때까지 질물을 유치할 수 있다. 그러나 자기보다 우선권이 있는 채권자에게 대항하지 못한다.

⑤ 제333조 【동산질권의 순위】 수개의 채권을 담보하기 위하여 동일한 동산에 수개의 질권을 설정한 때에는 그 순위는 설정의 선후에 의한다.

■ 질권과 저당권의 피담보채권의 범위 비교

질권	저당권
※ 제334조 【피담보채권의 범위】 질권은 원본, 이자, 위약금, 질권실행의 비용, 질물보존의 비용 및 채무불이행 또는 질물의 하자로 인한 손해배상의 채권을 담보한다. 그러나 다른 약정이 있는 때에는 그 약정에 의한다. ⟶ 임의규정	※ 제360조 【피담보채권의 범위】 저당권은 원본, 이자, 위약금, 채무불이행으로 인한 손해배상 및 저당권의 실행비용을 담보한다. 그러나 지연배상에 대하여는 원본의 이행기일을 경과한 후의 1년분에 한하여 저당권을 행사할 수 있다. ⟶ 강행규정

37 〔정답해설〕

ㄱ. (×) : 제365조 【저당지상의 건물에 대한 경매청구권】 토지를 목적으로 저당권을 설정한 후 그 설정자가 그 토지에 건물을 축조한 때에는 저당권자는 토지와 함께 그 건물에 대하여도 경매를 청구할 수 있다. 그러나 그 건물의 경매대가에 대하여는 우선변제를 받을 권리가 없다.

ㄴ. (○) : 다만, 저당권설정자가 원시취득한 건물에 한하지 않으므로, 저당권설정자로부터 저당토지에 대한 용익권을 설정받은 자가 그 토지에 건물을 축조한 경우라도 그 후 저당권설정자가 그 건물의 소유권을 취득한 경우에는 저당권자는 토지와 함께 그 건물에 대하여 경매를 청구할 수 있다(대판 2003.4.11, 2003다3850).

ㄷ. (○) : 민법 제365조가 토지를 목적으로 한 저당권을 설정한 후 그 저당권설정자가 그 토지에 건물을 축조한 때에는 저당권자가 토지와 건물을 일괄하여 경매를 청구할 수 있도록 규정한 취지는, 저당권은 담보물의 교환가치의 취득을 목적으로 할 뿐 담보물의 이용을 제한하지 아니하여 저당권설정자로서는 저당권설정 후에도 그 지상에 건물을 신축할 수 있는데, 후에 그 저당권의 실행으로 토지가 제3자에게 경락될 경우에 건물을 철거하여야 한다면 사회경제적으로 현저한 불이익이 생기게 되어 이를 방지할 필요가 있으므로 이러한 이해관계를 조절하고, 저당권자에게도 저당 토지상의 건물의 존재로 인하여 생기게 되는 경매의 어려움을

해소하여 저당권의 실행을 쉽게 할 수 있도록 한 데에 있다고 풀이되며, 그러한 규정 취지에 비추어 보면 민법 제365조에 기한 일괄경매청구권은 원칙적으로 토지소유자인 저당권설정자가 축조하여 그가 소유하고 있는 건물이어야 한다(대결 1994.1.24, 93마1736). 따라서 토지에 저당권을 설정한 후 그 설정자가 그 토지에 축조한 경우라도 건물의 소유권이 제3자에게 이전된 경우에는 일괄경매청구권이 인정되지 않는다.

38 정답해설 〉

ㄱ. (O) : 민법 366조의 법정지상권 성립에 있어서 지상건물은 반드시 등기를 거친 것임을 필요로 하지 않는다(대판 1964.9.22, 63아62).

ㄴ. (O) : 법정지상권의 경우 당사자 사이에 지료에 관한 협의가 있었다거나 법원에 의하여 지료가 결정되었다는 아무런 입증이 없다면, 법정지상권자가 지료를 지급하지 않았다고 하더라도 지료 지급을 지체한 것으로는 볼 수 없으므로 법정지상권자가 2년 이상의 지료를 지급하지 아니하였음을 이유로 하는 토지소유자의 지상권 소멸청구는 이유가 없고, 지료액 또는 그 지급시기 등 지료에 관한 약정은 이를 등기하여야만 제3자에게 대항할 수 있는 것이고, 법원에 의한 지료의 결정은 당사자의 지료결정청구에 의하여 형식적 형성소송인 지료결정판결로 이루어져야 제3자에게도 그 효력이 미친다(대판 2001.3.13, 99다17142).

ㄷ. (O) : 건물소유를 위하여 법정지상권을 취득한 자로부터 경매에 의하여 그 건물의 소유권을 이전받은 경락인은 경락 후 건물을 철거한다는 등의 매각조건하에서 경매되는 경우 등 특별한 사정이 없는 한 건물의 경락취득과 함께 위 지상권도 당연히 취득한다(대판 1985.2.26, 84다카1578 · 1579).

39 정답해설 〉

① 근저당권은 담보할 채권의 최고액만을 정하고 채무의 확정을 장래에 유보하여 설정하는 저당권을 말한다. 근저당권설정계약이나 기본계약에서 결산기를 정하거나 근저당권의 존속기간이 있는 경우라면 원칙적으로 결산기가 도래하거나 존속기간이 만료한 때에 피담보채무가 확정된다(대판 2017.10.31, 2015다65042).

② 근저당권의 존속기간이나 결산기를 정하지 않은 때에는 피담보채무의 확정방법에 관한 다른 약정이 있으면 그에 따르고, 이러한 약정이 없는 경우라면 근저당권설정자가 근저당권자를 상대로 언제든지 계약 해지의 의사표시를 함으로써 피담보채무를 확정시킬 수 있다(대판 2017.10.31, 2015다65042).

③ 근저당권자가 피담보채무의 불이행을 이유로 경매신청을 한 경우에는 경매신청 시에 근저당권의 피담보채권액이 확정되고, 그 이후부터 근저당권은 부종성을 가지게 되어 보통의 저당권과 같은 취급을 받게 된다(대판 1998.10.27, 97다26104 · 26111).

④ 후순위 근저당권자가 경매를 신청한 경우 선순위 근저당권의 피담보채권은 그 근저당권이 소멸하는 시기, 즉 경락인이 경락대금을 완납한 때에 확정된다고 보아야 한다(대판 2009.10.29, 2009다47685).

⑤ 공동근저당권자가 목적 부동산 중 일부 부동산에 대하여 제3자가 신청한 경매절차에 소극적으로 참가하여 우선배당을 받은 경우, 해당 부동산에 관한 근저당권의 피담보채권은 그 근저당권이 소멸하는 시기, 즉 매수인이 매각대금을 지급한 때에 확정되지만, 나머지 목적 부동산에 관한 근저당권의 피담보채권은 기본거래가 종료하거나 채무자나 물상보증인에 대하여 파산이 선고되는 등의 다른 확정사유가 발생하지 아니하는 한 확정되지 아니한다. 공동근저당권자가 제3자가 신청한 경매절차에 소극적으로 참가하여 우선배당을 받았다는 사정만으로는 당연히 채권자와 채무자 사이의 기본거래가 종료된다고 볼 수 없고, 기본거래가 계속되는 동안에는 공동근저당권자가 나머지 목적 부동산에 관한 근저당권의 담보가치를 최대한 활용할 수 있도록 피담보채권의 증감 · 교체를 허용할 필요가 있으며, 위와 같이 우선배당을 받은 금액은 나머지 목적 부동산에 대한 경매절차에서 다시 공동근저당권자로서 우선변제권을 행사할 수 없어 이후에 피담보채권액이 증가하더라도 나머지 목적 부동산에 관한 공동근저당권자의 우선변제권 범위는 우선배당액을 공제한 채권최고액으로 제한되므로 후순위 근저당권자나 기타 채권자들이 예측하지 못한 손해를 입게 된다고 볼 수 없기 때문이다(대판 2017.9.21, 2015다50637).

40 정답해설

① 제361조【저당권의 처분제한】저당권은 그 담보한 채권과 분리하여 타인에게 양도하거나 다른 채권의 담보로 하지 못한다.

② 제363조 제2항【저당권자의 경매청구권, 경매인】저당물의 소유권을 취득한 제3자도 경매인이 될 수 있다.

③ 저당권의 효력이 저당부동산에 부합된 물건과 종물에 미친다는 민법 제358조 본문을 유추하여 보면 건물에 대한 저당권의 효력은 그 건물에 종된 권리인 건물의 소유를 목적으로 하는 지상권에도 미치게 되므로, 건물에 대한 저당권이 실행되어 경락인이 그 건물의 소유권을 취득하였다면 경락 후 건물을 철거한다는 등의 매각조건에서 경매되었다는 등 특별한 사정이 없는 한, 경락인은 건물 소유를 위한 지상권도 민법 제187조의 규정에 따라 등기 없이 당연히 취득하게 되고, 한편 이 경우에 경락인이 건물을 제3자에게 양도한 때에는, 특별한 사정이 없는 한 민법 제100조 제2항의 유추적용에 의하여 건물과 함께 종된 권리인 지상권도 양도하기로 한 것으로 봄이 상당하다(대판 1996.4.26, 95다52864).

④ 전세권을 목적으로 한 저당권이 설정된 경우, 전세권의 존속기간이 만료되면 전세권의 용익물권적 권능이 소멸하기 때문에 더 이상 전세권 자체에 대하여 저당권을 실행할 수 없게 되고, 저당권자는 저당권의 목적물인 전세권에 갈음하여 존속하는 것으로 볼 수 있는 전세금반환채권에 대하여 압류 및 추심명령 또는 전부명령을 받거나 제3자가 전세금반환채권에 대하여 실시한 강제집행절차에서 배당요구를 하는 등의 방법으로 물상대위권을 행사하여 전세금의 지급을 구하여야 한다(대판 2014.10.27, 2013다91672).

⑤ 민법 제370조, 제342조 단서가 저당권자는 물상대위권을 행사하기 위하여 저당권설정자가 받을 금전 기타 물건의 지급 또는 인도 전에 압류하여야 한다고 규정한 것은 물상대위의 목적인 채권의 특정성을 유지하여 그 효력을 보전함과 동시에 제3자에게 불측의 손해를 입히지 않으려는 데 있는 것이므로, 저당목적물의 변형물인 금전 기타 물건에 대하여 이미 제3자가 압류하여 그 금전 또는 물건이 특정된 이상 저당권자가 스스로 이를 압류하지 않고서도 물상대위권을 행사하여 일반 채권자보다 우선변제를 받을 수 있다(대판 2002.10.11, 2002다33137).

제2과목 | 경제학원론

정답

01 ②	02 ③	03 ①	04 ④	05 ④	06 ④	07 ⑤	08 ④	09 ④	10 ①
11 ①	12 ②	13 ③	14 ④	15 ①	16 ③	17 ③	18 ①	19 ②	20 ②
21 ④	22 ③	23 ③	24 ①	25 ②	26 ④	27 ③	28 ⑤	29 ⑤	30 ③
31 ④	32 ②	33 ②	34 ①	35 ②	36 ⑤	37 ⑤	38 ⑤	39 ⑤	40 ①

01 정답해설

시장에서의 균형은 수요와 공급의 힘이 일치할 때 달성된다. 수리적으로는 수요함수의 수요량과 공급함수의 공급량이 일치할 때 시장균형이 달성된다.

설문에서 주어진 그래프를 통해서 시장수요함수가 $Q = -P + 500$이고, 시장공급함수가 $P = 150$임을 쉽게 알 수 있다. 시장균형은 수요와 공급이 일치하는 $Q = -P + 500 = -150 + 500 = 350$일 때 달성된다. 즉 균형거래량 $Q^* = 350$이 되고, 균형가격 $P^* = 150$이 된다.

02 정답해설

한계기술대체율($\frac{MP_L}{MP_K}$) = 요소상대가격 $\frac{w}{r}$ 이어야 하는데 예외적인 생산자 균형에서는 1계 필요조건이 불필요하다. 그러한 경우는 다음과 같다.

1) 등량곡선이 직선인 경우 : 완전대체

2) 무차별곡선이 L자형인 경우 : 완전보완

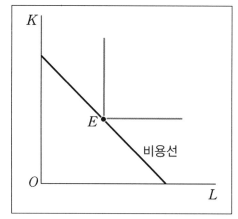

여기에서 한계기술대체율($\frac{MP_L}{MP_K}$) = 요소상대가격 $\frac{w}{r}$ 이 충족되지 않는 이유는 등량곡선이 ㄴ자 형태로서 꺾이는 지점에서는 수학적으로 한계기술대체율이 정의되지 않기 때문이다. 이러한 경우에 비용이 극소화되는 생산점은 기하적으로 항상 등량곡선이 꺾이는 점이 된다. 결국 등량곡선이 꺾이는 점과 비용선의 교점이 생산자 최적선택이 된다. 특히 비용극소화의 경우 등량곡선이 특정한 생산량을 나타낸다.

설문에서 주어진 생산함수와 비용자료를 분석하면, $L = 2K$와 등비용선 $C = 3L + 5K$가 만나는 점에서 비용극소화가 이루어짐을 알 수 있다. 즉 $L = 2K$와 $C = 3L + 5K$의 교점을 구하면 된다. 이때, 기업의 생산은 110이 므로 $L = 2K = 110$이 성립한다.

따라서 이를 풀면, 노동투입량은 $L = 110$, 자본투입량은 $K = 55$가 된다. 참고로, 이때 극소화된 비용은 $C = 3L + 5K = 330 + 275 = 605$가 된다.

03 정답해설

생산에 있어서 부정적 외부효과가 있을 경우 사적 비용에 비해 사회적 비용이 더 크다. 기하적으로는 사회적 한계비용곡선이 사적 한계비용곡선보다 상방에 존재하는 것으로 묘사할 수 있다. 이는 생산에 수반되는 부정적 외부성이 사회적 관점에서 생산비용의 상승을 만들어 내기 때문이다. 사적 한계비용이 사회적 한계비용보다 더 작기 때문에 시장균형 산출량은 사회적 최적 산출량을 상회한다.

소비에 있어서 긍정적 외부효과가 있을 경우 사적 편익에 비해 사회적 편익이 더 크다. 기하적으로는 사회적 한계편익곡선이 사적 한계편익곡선보다 상방에 존재하는 것으로 묘사할 수 있다. 이는 소비에 수반되는 긍정적 외부성이 사회적 관점에서 편익의 증가를 만들어 내기 때문이다. 사적 한계편익이 사회적 한계편익보다 더 작기 때문에 시장균형 산출량은 사회적 최적 산출량을 하회한다.

〈소비의 긍정적 외부효과〉　　　　　　〈생산의 부정적 외부효과〉

따라서 설문에서 소비의 긍정적 외부성이 존재할 때, (ㄱ. 사회적 한계편익)이 (ㄴ. 사적 한계편익)보다 크다. 생산의 부정적 외부성이 존재할 때, (ㄷ. 사적 한계비용)이 (ㄹ. 사회적 한계비용)보다 작다.

04 정답해설

1) 생산함수의 변형

　$Q = \sqrt{L}$에서 이를 변형하면, $L = Q^2$이 된다.

2) 비용함수의 도출

　비용은 $C = wL + rK$인데, 자본이 없기 때문에 주어진 정보를 활용하여 변형하면 다음과 같다.

　$C = wL = 0.5L = 0.5Q^2$

　따라서 한계비용은 $MC = Q$가 된다.

3) 경쟁기업의 이윤극대화 산출량

완전경쟁시장에서 가격이 5로 주어져 있으므로 해당 기업은 가격과 한계비용이 일치하는 수준에서 이윤을 극대화할 수 있다.

따라서 $P = 5$, $MC = Q$이므로 이윤극대화 산출량은 5가 된다.

4) 경쟁기업의 이윤극대화 투입량

이윤극대화 산출량 5를 위의 1)에서 구한 $L = Q^2$에 대입하면, 이윤극대화 노동투입량은 25가 됨을 알 수 있다.

05 〔정답해설〕

① , ② 옳은 내용이다.

공급자에게 종량세를 부과하면 공급곡선이 좌상방으로 이동하면서 균형가격은 상승한다. 수요자에게 종량세를 부과하면 수요곡선이 좌하방으로 이동하면서 균형가격은 하락한다. 그러나 소비자는 조세부담이 있으므로 실질적인 소비자부담은 균형가격의 하락에도 불구하고 상승한다. 결국 구매자가 내는 가격과 판매자가 받는 가격은 모두 동일하게 됨을 위의 분석을 통해서 알 수 있다.

③ 옳은 내용이다.

종량세를 공급자에게 부과하든 수요자에게 부과하든 납부의 주체만 차이가 있을 뿐, 과세 후 균형거래량은 동일하기 때문에 정부의 조세수입은 같다.

④ 틀린 내용이다.

공급자에게 종량세를 부과하면 공급곡선이 좌상방으로 이동하면서 균형거래량은 감소한다. 수요자에게 종량세를 부과하면 수요곡선이 좌하방으로 이동하면서 균형거래량은 감소한다.

⑤ 옳은 내용이다.

종량세를 공급자에게 부과하든 수요자에게 부과하든 소비자 직면가격, 생산자 직면가격 그리고 균형거래량 분석이 동일하므로 경제적 순손실(deadweight loss)도 동일하다. 특히 경제적 순손실이 생기므로 총잉여는 감소한다.

06 〔정답해설〕

① 옳은 내용이다. 이 경우 총수입이 총비용보다 크다.

$P = P_1$, $\boxed{P} > \boxed{AC} > \boxed{AVC}$, $TR > TC > TVC$ ∴ $TR - TC > 0$ ∴ $\pi > 0$, 초과이윤

② 옳은 내용이다. 이 경우 이윤이 0이므로 손익분기점 상황을 의미한다.

$P = P_2$, $\boxed{P} = \boxed{AC} > \boxed{AVC}$, $TR = TC > TVC$ ∴ $TR = TC$ ∴ $\pi = 0$, 정상이윤

③ 옳은 내용이다. 이 경우 총수입이 총가변비용보다 크므로 총수입으로 가변비용 충당이 가능하다.

$P = P_3$, $\boxed{AC} > \boxed{P} > \boxed{AVC}$, $TC > TR > TVC$ ∴ $TR - TC < 0$ ∴ $\pi < 0$, 손실

$0 > TR - TC$(생산 시 이윤) $> -TFC$(중단 시 이윤) ∴ 생산을 지속

④ 틀린 내용이다. 이 경우 총수입이 총가변비용과 동일하므로 총수입으로 가변비용 충당이 가능하다.

$P = P_4$, $\boxed{AC} > \boxed{P} = \boxed{AVC}$, $TC > TR = TVC$ ∴ $TR - TC < 0$ ∴ $\pi < 0$, 손실

$0 > TR - TC$(생산 시 이윤) $> -TFC$(중단 시 이윤) ∴ 생산 or 중단

⑤ 옳은 내용이다. 이 경우 생산 시 이윤이 중단 시 이윤보다 작으므로 생산을 중단한다.

$P = P_5$, $\boxed{AC} > \boxed{AVC} > \boxed{P}$, $TC > TVC > TR$ ∴ $TR - TC < 0$ ∴ $\pi < 0$, 손실

$0 > -TFC$(중단 시 이윤) $> TR - TC$(생산 시 이윤) ∴ 생산을 중단

07 정답해설

생산요소시장에서 균형은 다음의 경우에 변화하며 생산물시장과 연쇄적인 반응을 주고받는다.

1) 요소수요가 변화하는 경우
   ① 요소수요에 영향을 주는 요인이 발생하여 요소수요가 변화
   ② 예를 들어 생산물시장에서 수요가 증가하여 가격이 상승하는 경우 요소수요가 증가
   ③ 요소수요곡선이 상방이동
   ④ 임금 상승, 요소고용량 증가
   ⑤ 단, 요소공급이 고정된 경우에는 요소수요가 증가하더라도 요소고용량은 불변
   ⑥ 한편, 요소가격의 상승은 생산물시장에서 공급을 감소시키는 연쇄반응

2) 요소공급이 변화하는 경우
   ① 요소공급에 영향을 주는 요인이 발생하여 요소공급이 변화
   ② 예를 들어 해외로부터 노동력이 유입되는 경우 요소공급이 증가
   ③ 요소공급곡선이 하방이동
   ④ 임금 하락, 요소고용량 증가
   ⑤ 한편, 요소가격의 하락은 생산물시장에서 생산비용을 감소시켜 공급을 증가시키는 연쇄반응

위의 내용을 토대로 설문을 분석하면 다음과 같다.

어떤 산업에서 생산물 가격이 상승하는 경우 생산은 증가하고 요소수요도 증가한다. 요소수요의 증가로 요소가격은 상승하고 요소고용량은 증가한다. 마찬가지로 어떤 산업에서 노동의 한계생산성이 증가하는 경우 생산은 증가하고 요소수요도 증가한다. 요소수요의 증가로 요소가격은 상승하고 요소고용량은 증가한다.

08 정답해설

독점적 경쟁시장은 경쟁시장과 독점시장의 중간적 형태로서 두 시장의 특징을 모두 가지고 있다.

1) 독점의 특징
   ① 시장 내의 기업들은 조금씩 차별화된 상품을 생산한다.
   ② 개별기업은 어느 정도의 독점력을 보유한다(개별기업이 직면하는 수요곡선은 우하향).

2) 경쟁의 특징
   ① 시장 내 기업의 수는 상당히 크다(서로 눈치보지 않는 상황이 조성).
   ② 신규기업의 진입 및 기존기업의 이탈이 자유롭다(장기적으로 초과이윤 = 0).

독점적 경쟁시장에서 균형은 개별기업의 $MR = MC$에서 달성되며 가격은 한계비용보다 높은 수준이다. 개별기업은 독점력을 가지고 있기 때문에 우하향하는 수요곡선에 직면한다. 독점적 경쟁시장은 진입과 퇴출이 자유롭기 때문에 장기이윤은 0이다.

위의 내용에 따라서 설문을 검토하면 (ㄹ)에서 균형가격은 한계비용보다 높은 수준으로 설정되므로 틀린 내용임을 알 수 있다. 나머지 설문들은 매우 쉬운 내용이므로 자세한 해설은 생략하며 필요한 경우 해당 파트를 참조하기 바란다.

09 정답해설

1) 동시게임의 균형
   기업 A의 경우 우월전략은 존재하지 않으며, 기업 B의 경우 우월전략은 전략 1이 된다. 따라서 기업 B가 전략 1을 사용할 경우 기업 A는 전략 1이 아니라 전략 2를 사용해야 자신의 보수를 극대화할 수 있다. 결국 이 동시게임에서는 기업 A는 전략 2, 기업 B는 전략 1을 선택하는 것이 균형이 된다. 이때, 기업 A의 보수는 32가 된다.

2) 순차게임의 균형

　　ⅰ) 기업 B의 입장에서

　　　　① 첫 번째 부속게임에서 기업 B의 최적전략은 기업 A가 전략 1을 선택하는 경우 기업 B도 전략 1을 선택하는 것이다.

　　　　② 두 번째 부속게임에서 기업 B의 최적전략은 기업 A가 전략 2를 선택하는 경우 기업 B는 전략 1을 선택하는 것이다.

　　ⅱ) 기업 A의 입장에서

　　　　① 첫 번째 부속게임에서 기업 B가 선택한 전략 1에 대해 기업 A가 전략 1을 선택하면 기업 A는 22의 보수를 얻는다.

　　　　② 두 번째 부속게임에서 기업 B가 선택한 전략 1에 대해 기업 A가 전략 2를 선택하면 기업 A는 32의 보수를 얻는다.

3) 기업 B가 전략 1을 선택하고 기업 A는 전략 2를 채택한다. 이때, 기업 B의 보수는 14가 된다.

10 　정답해설

1급 가격차별은 상품 수요량을 극단적으로 세분화하여, 다른 가격을 설정하는 방식으로서 이는 독점기업이 소비자의 선호체계를 완벽하게 파악하고 있을 뿐만 아니라 소비자가 지불할 의사가 있는 최대가격으로서 수요가격을 부과할 수 있어야 한다는 특징이 있다. 그러나 현실에서는 기업이 소비자의 선호체계를 완벽하게 파악하기 어려운 경우에는 이에 상응하는 다양한 가격체계를 통해서 우회하고 있다. 1급 가격차별은 모든 소비자별로 그리고 판매하는 상품단위별로 가격을 모두 다르게 하는 차별적인 가격을 책정하는 방식으로서 완전가격차별(perfect price discrimination)이라고도 한다.

ㄱ. 옳은 내용이다.

　　1급 가격차별이 되면 가격차별이 없는 독점일 때보다도 산출량이 증대하여 경쟁 수준의 산출량에 근접하게 된다.

ㄴ. 옳은 내용이다.

　　1급 가격차별의 경우 소비자가 낼 의향이 있는 모든 금액을 가격으로 책정하기 때문에 소비자잉여가 독점이윤으로 모두 흡수되어 소비자잉여는 0이 되는 반면, 기업의 이윤은 증가한다.

ㄷ. 틀린 내용이다.

　　1급 가격차별의 경우 소비자가 낼 의향이 있는 모든 금액을 가격으로 책정하기 때문에 소비자잉여가 독점이윤으로 모두 흡수되고 소비자잉여는 감소하여 0이 된다.

ㄹ. 틀린 내용이다.

　　1급 가격차별에서 기업의 이윤극대화 산출량 결정은 독점과 마찬가지로 한계수입과 한계비용이 일치할 때 달성된다. 한계수입은 1급 가격차별에서는 소비자의 수요곡선(정확히는 보상수요곡선)이 되므로 이윤극대화 산출량은 수요곡선과 한계비용곡선이 만나는 점에서 결정된다. 그런데 이는 완전경쟁시장에서의 산출량과 동일하므로 자중손실은 0이 된다. 따라서 총잉여는 가격차별이 없는 독점의 경우에 비하여 증가한다.

11 　정답해설

설문의 경우는 무차별곡선이 직선이거나 L자형의 경우가 아니며 타원형으로 주어져 있다. 무차별곡선이 타원인 경우에는 한계대체율이 체감하지 않고 체증하게 되며, 이때 한계대체율과 상대가격이 같은 경우라도 효용극대화가 달성되지 않게 됨에 유의해야 한다. 이는 효용극대화 2계조건과 관련이 있는데 아래에서 상술하기로 한다. 효용극대화 1계조건이 만족되었다고 해서 반드시 효용극대화가 달성된다는 것은 아니다. 경우에 따라서는 효용극대화가 아니라 오히려 효용극소화가 될 수도 있기 때문이다. 따라서 1계조건 이외에 2계조건을 통해서 효용극대화 여부를 판정할 필요가 있다. 이러한 2계조건은 무차별곡선의 형태와 밀접한 관련이 있는데 무차별곡선이 원점에 대하여 볼록한 경우에는 효용극대화 2계조건을 충족한다.

만일 무차별곡선이 원점에 대하여 오목한 경우에는 효용극대화 1계조건을 충족했다고 하더라도 효용극대화가 달성될 수 없다. 이렇게 원점에 대하여 오목한 무차별곡선의 경우 효용극대화는 내부해가 아니라 모서리해 또는 코너해에서 달성되므로 주의할 필요가 있다.

참고로 무차별곡선이 원점에 대하여 볼록하더라도 상당히 가파르거나 완만하여 예산선과 비교할 때 동일한 기울기를 갖지 못하는 경우에는 역시 모서리해를 갖게 된다. 이는 무차별곡선이 L자이거나 직선인 경우와 유사하게 한계대체율($\frac{MU_X}{MU_Y}$) = 상대가격($\frac{P_X}{P_Y}$)이라는 1계 필요조건이 충족되지 않는다.

설문의 무차별곡선은 원점에 대하여 오목한 형태인 타원형으로서 효용극대화는 내부해가 아니라 모서리부분에서 달성된다. 따라서 예산선의 횡축절편과 종축절편에서의 효용수준을 구한 후 이를 비교하여 최종적으로 효용극대화 여부를 판정할 수 있다. 예산선의 식은 $6X+2Y=120$이므로 예산선의 횡축절편은 20, 종축절편은 60이 된다. 이때 효용은 각각 1,200과 3,600이므로 종축절편에서 효용이 극대화됨을 알 수 있으며 소비량은 X재는 0, Y재는 60이 된다.

12 정답해설

수요가 탄력적인 구간에서는 가격이 하락하는 경우, 가격하락의 효과보다도 수요량 증가의 효과가 더 크기 때문에 총수입이 증가한다. 반대로 수요가 비탄력적인 구간에서는, 가격이 상승하는 경우, 가격상승의 효과가 수요량 감소의 효과보다 더 크기 때문에 총수입이 증가한다.

수리적으로 수요의 가격탄력성 산식을 이용하여 도출하면 다음과 같다.

현재 가격이 $P=10$이고, 이를 수요함수에 대입하면 $Q=10$이며, 수요함수에서 $\frac{dQ}{dP}=-0.5$가 된다.

따라서 수요의 가격탄력성은 다음과 같다.

$$e_p = -\frac{\frac{dQ}{Q}\ (\text{수요량 변화율})}{\frac{dP}{P}\ (\text{가격 변화율})} = -\frac{dQ}{dP}\frac{P}{Q} = 0.5 \times \frac{10}{10} = 0.5\text{가 된다.}$$

가격탄력성이 0.5이므로 비탄력적이다. 비탄력적인 구간에서 가격을 인상하는 경우 가격인상의 효과가 수요량 감소의 효과가 더 클 것이므로 총수입은 이전보다 증가한다.

13 정답해설

ㄱ. 옳은 내용이다.

가격변화로 인한 가격효과는 대체효과와 소득효과로 분해된다. 가격효과를 반영한 것이 통상수요라면, 대체효과만 반영한 것이 보상수요이다. 정상재의 경우, 가격이 하락할 때, 대체효과에 의하여 소비량이 증가하고 소득효과에 의하여도 소비량이 증가한다. 정상재 보상수요의 경우 가격이 하락할 때, 소득효과에 의한 소비량의 증가는 반영되지 않으므로 정상재 보상수요곡선은 더 가파르다.

ㄴ. 틀린 내용이다.

열등재의 경우, 대체효과가 소득효과보다 작으면 가격이 하락할 때, 대체효과에 의하여 소비량이 증가하지만, 소득효과에 의하여는 소비량이 감소한다. 열등재 보상수요의 경우 가격이 하락할 때, 소득효과에 의한 소비량의 감소는 반영되지 않고 오로지 대체효과에 의한 소비량 증가만 반영되므로 열등재 보상수요곡선은 우하향한다.

ㄷ. 옳은 내용이다.

소득효과가 대체효과보다 크면 가격 하락에 따라 수요량은 감소하며, 이러한 매우 특수한 열등재를 기펜재라고 한다. 즉 기펜재의 경우 가격이 하락할 때, 대체효과에 의하여 소비량이 증가하지만, 소득효과에 의하여는 소비량이 감소하며, 특히 소득효과가 대체효과보다 크기 때문에 결국 소비량이 감소한다.

따라서 기펜재의 경우 가격이 하락할 때, 대체효과에 의한 소비량 증가보다 소득효과에 의한 소비량 감소가 더 크므로 대체효과와 소득효과를 모두 반영한 보통수요곡선은 우상향한다. 한편, 가격이 하락할 때, 대체효과에 의한 소비량 증가만 반영하는 보상수요곡선은 우하향한다.

14 정답해설

① 옳은 내용이다.

갑의 효용함수가 $U(X, Y) = X^{0.3} Y^{0.7}$이므로 재화 소비량이 증가함에 따라서 효용은 증가한다. 따라서 갑의 선호체계는 단조성을 만족한다.

② 옳은 내용이다.

갑의 $U(X, Y) = X^{0.3} Y^{0.7}$에서 한계대체율은 $\dfrac{MU_X}{MU_Y} = \dfrac{3Y}{7X}$이므로 X재 소비증가에 따라서 한계대체율이 점차로 감소함을 쉽게 알 수 있다. 한계대체율이 체감하므로 무차별곡선은 원점에 대해 볼록하다.

③ 옳은 내용이다.

소득소비곡선은 소득의 변화에 따라서 변화하는 최적의 소비자 선택점들의 궤적을 의미한다. 이러한 궤적은 예산선의 기울기와 무차별곡선의 기울기가 같게 된다. 따라서 $U(X, Y) = X^{0.3} Y^{0.7}$에서 $\dfrac{MU_X}{MU_Y} = \dfrac{3Y}{7X}$이므로 $\dfrac{3Y}{7X} = \dfrac{P_X}{P_Y}$이 소득소비곡선임을 알 수 있다. 결국 소득소비곡선은 $Y = \dfrac{7P_X}{3P_Y} X$가 되어 원점을 지나는 직선이 된다.

④ 틀린 내용이다.

가격소비곡선은 가격의 변화에 따라서 변화하는 최적의 소비자 선택점들의 궤적을 의미한다. 이러한 궤적은 예산선의 기울기와 무차별곡선의 기울기가 같게 된다. 따라서 $U(X, Y) = X^{0.3} Y^{0.7}$에서 $\dfrac{MU_X}{MU_Y} = \dfrac{3Y}{7X}$이므로 $\dfrac{3Y}{7X} = \dfrac{P_X}{P_Y}$가 성립하고 또한 X재의 가격하락을 반영하기 위해 $P_X X + P_Y Y = M$을 고려하면 $7(M - P_Y Y) = 3P_Y Y$가 된다. 즉, $Y = \dfrac{0.7M}{P_Y}$으로서 횡축인 X재의 축과 평행하다.

⑤ 옳은 내용이다.

$U(X, Y) = X^{0.3} Y^{0.7}$, $\dfrac{MU_X}{MU_Y} = \dfrac{3Y}{7X}$이므로 $\dfrac{3Y}{7X} = \dfrac{P_X}{P_Y}$이다. 예산선에 대입하면 $P_X X + \dfrac{7}{3} P_X X = M$이 되어 $X = \dfrac{0.3M}{P_X}$, $Y = \dfrac{0.7M}{P_Y}$이 된다. 따라서 소득이 2배 증가 시 X재 소비는 2배로 증가한다.

15 정답해설

ㄱ. 옳은 내용이다.

갑은 가격이 $(P_X, P_Y) = (1, 4)$일 때 소비조합 $(X, Y) = (6, 3)$을 선택하였고, 이때의 지출액은 18이다. 만일 가격이 $(P_X, P_Y) = (1, 4)$일 때 소비조합이 $(X, Y) = (7, 2)$인 경우 지출액은 15이므로 소비조합 $(X, Y) = (7, 2)$도 선택 가능하였지만 갑은 이를 선택하지 않았다. 따라서 소비조합 $(X, Y) = (6, 3)$은 소비조합 $(X, Y) = (7, 2)$보다 직접 현시선호되었다.

ㄴ. 옳은 내용이다.

갑은 가격이 $(P_X, P_Y) = (4, 2)$일 때 소비조합 $(X, Y) = (6, 4)$를 선택하였고, 이때의 지출액은 32이다.

만일 가격이 $(P_X,\ P_Y) = (4,\ 2)$일 때 소비조합이 $(X,\ Y) = (7,\ 2)$인 경우 지출액은 320이므로 소비조합 $(X,\ Y) = (7,\ 2)$도 선택 가능하였지만 갑은 이를 선택하지 않았다. 따라서 소비조합 $(X,\ Y) = (6,\ 4)$는 소비조합 $(X,\ Y) = (7,\ 2)$보다 직접 현시선호되었다.

ㄷ. 틀린 내용이다.

갑은 가격이 $(P_X,\ P_Y) = (1,\ 4)$일 때 소비조합 $(X,\ Y) = (6,\ 3)$을 선택하였고, 이때의 지출액은 180이다. 만일 가격이 $(P_X,\ P_Y) = (1,\ 4)$일 때 소비조합이 $(X,\ Y) = (6,\ 4)$인 경우 지출액은 220이므로 소비조합 $(X,\ Y) = (6,\ 4)$는 선택할 수 없었다. 따라서 소비조합 $(X,\ Y) = (6,\ 3)$은 소비조합 $(X,\ Y) = (6,\ 4)$보다 직접 현시선호되었다고 할 수 없다.

ㄹ. 틀린 내용이다.

1) 가격이 $(P_X,\ P_Y) = (1,\ 4)$일 때 소비조합 $(X,\ Y) = (6,\ 3)$ 선택

① 재화소비조합점이 $(X,\ Y) = (6,\ 3)$인 경우 지출액 $= 18 \Rightarrow$ 선택

② 재화소비조합점이 $(X,\ Y) = (7,\ 2)$인 경우 지출액 $= 15$

③ 재화소비조합점이 $(X,\ Y) = (6,\ 4)$인 경우 지출액 $= 22$

2) 가격이 $(P_X,\ P_Y) = (2,\ 3)$일 때 소비조합 $(X,\ Y) = (7,\ 2)$ 선택

① 재화소비조합점이 $(X,\ Y) = (6,\ 3)$인 경우 지출액 $= 21$

② 재화소비조합점이 $(X,\ Y) = (7,\ 2)$인 경우 지출액 $= 20 \Rightarrow$ 선택

③ 재화소비조합점이 $(X,\ Y) = (6,\ 4)$인 경우 지출액 $= 24$

3) 가격이 $(P_X,\ P_Y) = (4,\ 2)$일 때 소비조합 $(X,\ Y) = (6,\ 4)$ 선택

① 재화소비조합점이 $(X,\ Y) = (6,\ 3)$인 경우 지출액 $= 30$

② 재화소비조합점이 $(X,\ Y) = (7,\ 2)$인 경우 지출액 $= 32$

③ 재화소비조합점이 $(X,\ Y) = (6,\ 4)$인 경우 지출액 $= 32 \Rightarrow$ 선택

첫 번째, 소비조합 $(X,\ Y) = (6,\ 3)$이 직접 현시된 경우

소비조합 $(X,\ Y) = (6,\ 3)$ vs $(X,\ Y) = (7,\ 2)$

갑은 가격이 $(P_X,\ P_Y) = (1,\ 4)$일 때 소비조합 $(X,\ Y) = (6,\ 3)$을 선택하였고, 이때의 지출액은 180이다. 만일 가격이 $(P_X,\ P_Y) = (1,\ 4)$일 때 소비조합이 $(X,\ Y) = (7,\ 2)$인 경우 지출액은 150이므로 소비조합 $(X,\ Y) = (7,\ 2)$도 선택가능하였지만 갑은 이를 선택하지 않았다. 따라서 소비조합 $(X,\ Y) = (6,\ 3)$은 소비조합 $(X,\ Y) = (7,\ 2)$보다 직접 현시선호되었다.

이제 갑은 가격이 $(P_X,\ P_Y) = (2,\ 3)$일 때 소비조합 $(X,\ Y) = (7,\ 2)$를 선택하였고, 이때의 지출액은 200이다. 만일 가격이 $(P_X,\ P_Y) = (2,\ 3)$일 때 소비조합이 $(X,\ Y) = (6,\ 3)$인 경우 지출액은 210이므로 소비조합 $(X,\ Y) = (6,\ 3)$은 선택불가능하다. 따라서 약공리에 위배되지 않는다.

두 번째, 소비조합 $(X,\ Y) = (6,\ 4)$가 직접 현시된 경우

① 소비조합 $(X,\ Y) = (6,\ 4)$ vs $(X,\ Y) = (7,\ 2)$

갑은 가격이 $(P_X,\ P_Y) = (4,\ 2)$일 때 소비조합 $(X,\ Y) = (6,\ 4)$를 선택하였고, 이때의 지출액은 320이다. 만일 가격이 $(P_X,\ P_Y) = (4,\ 2)$일 때 소비조합이 $(X,\ Y) = (7,\ 2)$인 경우 지출액은 320이므로 소비조합 $(X,\ Y) = (7,\ 2)$도 선택가능하였지만 갑은 이를 선택하지 않았다. 따라서 소비조합 $(X,\ Y) = (6,\ 4)$는 소비조합 $(X,\ Y) = (7,\ 2)$보다 직접 현시선호되었다.

이제 갑은 가격이 $(P_X,\ P_Y) = (2,\ 3)$일 때 소비조합 $(X,\ Y) = (7,\ 2)$를 선택하였고, 이때의 지출액은 200이다. 만일 가격이 $(P_X,\ P_Y) = (2,\ 3)$일 때 소비조합이 $(X,\ Y) = (6,\ 4)$인 경우 지출액은 240이므로 소비조합 $(X,\ Y) = (6,\ 4)$는 선택불가능하다. 따라서 약공리에 위배되지 않는다.

② 소비조합 $(X, Y) = (6, 4)$ vs $(X, Y) = (6, 3)$

갑은 가격이 $(P_X, P_Y) = (4, 2)$일 때 소비조합 $(X, Y) = (6, 4)$를 선택하였고, 이때의 지출액은 32이다. 만일 가격이 $(P_X, P_Y) = (4, 2)$일 때 소비조합이 $(X, Y) = (6, 3)$인 경우 지출액은 30이므로 소비조합 $(X, Y) = (6, 3)$도 선택가능하였지만 갑은 이를 선택하지 않았다. 따라서 소비조합 $(X, Y) = (6, 4)$는 소비조합 $(X, Y) = (6, 3)$보다 직접 현시선호되었다.

이제 갑은 가격이 $(P_X, P_Y) = (1, 4)$일 때 소비조합 $(X, Y) = (6, 3)$를 선택하였고, 이때의 지출액은 18이다. 만일 가격이 $(P_X, P_Y) = (1, 4)$일 때 소비조합이 $(X, Y) = (6, 4)$인 경우 지출액은 22이므로 소비조합 $(X, Y) = (6, 4)$는 선택불가능하다. 따라서 약공리에 위배되지 않는다.

16 [정답해설]

1) 일반균형과 파레토효율

일반균형이 달성되는 균형배분점은 계약곡선 위에 존재하므로 설문에서 주어진 두 소비자의 효용함수를 무차별곡선으로 그려서 계약곡선의 개형을 그려보면 균형점의 위치를 쉽게 파악할 수 있다.

2) 계약곡선의 개형

소비자 을의 효용함수는 콥-더글라스 함수로서 원점에 대하여 볼록한 형태의 무차별곡선을 갖는다. 소비자 갑의 효용함수는 완전보완관계의 함수로서 L자형의 무차별곡선을 갖는다. 파레토효율이 달성되는 계약곡선의 개형을 그려보면 계약곡선이 L자형의 무차별곡선의 꺾인 점들을 지나는 것을 알 수 있다. 설문에서 L자형의 무차별곡선의 꺾인 점들은 바로 $Y = X$의 직선이 되는 것도 쉽게 찾아낼 수 있다. 따라서 일반균형은 $Y = X$의 직선 위에 위치하게 된다.

3) 최적화 조건

일반균형에서 초과수요 조건은 파레토효율에서도 당연히 달성되므로 고려할 필요가 없고, 여기서는 일반균형에서 최적화 조건을 보도록 하자. 이는 소비자가 주어진 가격에서 효용극대화를 달성할 조건으로서 한계대체율과 상대가격이 일치하면 된다. 주의할 것은 한계대체율과 상대가격이 일치하는 일반균형점은 계약곡선 위에 존재한다는 것이다.

① 한계대체율(이하에서는 갑, 을 대신 A, B라고 하자)

소비자 B의 한계대체율은 콥-더글라스 효용함수임을 고려하면, $MRS_{X,Y}^{B} = \dfrac{Y}{X}$가 된다. 일반균형을 달성시키는 배분점은 반드시 계약곡선 위에 존재하므로 $Y = X$를 만족한다. 그리고 계약곡선 위에서 한계대체율 $MRS_{X,Y}^{B} = \dfrac{Y}{X}$를 동시에 고려하면 $MRS_{X,Y}^{B} = \dfrac{Y}{X} = 1$임을 알 수 있다. 참고로 소비자 A의 경우 계약곡선 위에서 한계대체율이 정의되지 않으므로 고려하지 않아도 된다.

② 상대가격

일반균형의 최적화 조건을 위해서는 한계대체율과 상대가격이 일치하므로 상대가격은 1이 된다.

4) 설문의 해결

설문에서 X재의 가격이 1이라고 주어졌으므로 위에서 구한 바와 같이 일반균형에서 상대가격이 1임을 고려하면 Y재의 가격도 역시 1이 됨을 알 수 있다.

17 [정답해설]

꾸르노 모형은 과점시장의 수량경쟁모형으로서 상대방의 생산량이 고정된 것으로 보고 이를 추종하여 자신의 최적 산출량을 결정한다. 즉 과점시장에 존재하는 각 기업은 상대방이 산출량을 변화시키지 않을 것이라는 추측 하에서 자신의 최적 행동을 선택하는 것이다.

설문의 자료에 따라서 꾸르노 균형을 구하면 다음과 같다.

1) 각 기업의 이윤극대화

① 기업 A의 이윤극대화

ⅰ) 한계수입 $TR_A = PQ_A = (120 - 2Q_A - 2Q_B)Q_A$ ∴ $MR_A = 120 - 4Q_A - 2Q_B$

ⅱ) 한계비용 $MC_A = 40$

ⅲ) 이윤극대화 $Max\ \pi_A \Leftrightarrow MR_A = MC_A$

∴ $120 - 4Q_A - 2Q_B = 40$ ∴ $2Q_A + Q_B = 40$ → 반응곡선 RC_A

② 기업 B의 이윤극대화

ⅰ) 한계수입 $TR_B = PQ_B = (120 - 2Q_A - 2Q_B)Q_B$ ∴ $MR_B = 120 - 2Q_A - 4Q_B$

ⅱ) 한계비용 $MC_B = 20$

ⅲ) 이윤극대화 $Max\ \pi_B \Leftrightarrow MR_B = MC_B$

∴ $120 - 2Q_A - 4Q_B = 20$ ∴ $Q_A + 2Q_B = 50$ → 반응곡선 RC_B

2) 균형 : $Q_A = 10$, $Q_B = 20$, $Q = 30$, $P = 60$

18 〔정답해설〕

설문에 주어진 정보를 이용하여 현재 시장상황을 묘사하면 다음의 그래프와 같다.

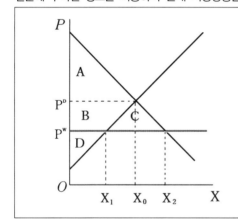

① 무역 이전의 상황
 ⅰ) 소비자잉여 : A
 ⅱ) 생산자잉여 : $B + D$
 ⅲ) 사회총잉여 : $A + B + D$
② 무역 이후의 상황
 ⅰ) 소비자잉여 : $A + B + C$
 ⅱ) 생산자잉여 : D
 ⅲ) 사회총잉여 : $A + B + C + D$
③ 무역 전후의 비교
 ⅰ) 소비자잉여 : $B + C$만큼 증가
 ⅱ) 생산자잉여 : B만큼 감소
 ⅲ) 사회총잉여 : C만큼 증가

1) 무역 이전의 상황

무역이전에 국내가격은 P^D 수준이며 X_0 수준에서 생산과 소비가 이루어지고 있다. 이때 소비자잉여는 A, 생산자잉여는 $B + D$ 그리고 사회총잉여는 $A + B + D$가 된다.

2) 무역 이후의 상황

무역 이후에 국내가격은 세계가격 수준인 P^W으로 하락한다. 이때, 국내생산량은 X_1 수준으로서 무역 이전보다 감소하며 국내소비량은 X_2 수준으로서 무역 이전보다 증가한다. 국내생산량과 국내소비량의 차이는 수입으로 메워질 것이다. 무역 이후에 소비자잉여는 $A + B + C$, 생산자잉여는 D, 사회총잉여는 $A + B + C + D$가 된다.

3) 무역 전후의 비교

무역 이전과 이후를 후생 관점에서 비교하면 먼저 소비자잉여는 $B + C$만큼 증가하지만 생산자잉여는 B만큼 감소하며 사회총잉여는 C만큼 증가한다.

위의 내용에 따라서 설문을 검토하면 다음과 같다.

① 옳은 내용이다.

교역 전과 비교하여 교역 후 생산자잉여는 감소한다.

② 틀린 내용이다.

교역 전과 비교하여 교역 후 소비자잉여는 증가한다.

③ 틀린 내용이다.

생산자잉여는 교역 여부와 관계가 있으며, 수입에 따라서 감소한다.

④ 틀린 내용이다.

교역 전과 비교하여 교역 후 총잉여는 증가한다.

⑤ 틀린 내용이다.

총잉여는 교역 여부와 관계가 있으며, 수입에 따라서 증가한다.

19 정답해설

(단, 엄밀하게는 ㄷ만 옳음에 유의하라.)

수요독점 요소시장에서는 노동수요의 한계비용과 한계수입이 일치하여야 이윤극대화를 달성할 수 있다.

이때, 노동수요의 한계비용은 한계요소비용(한계노동비용)이며 노동수요의 한계수입은 노동의 한계생산가치를

의미한다. 따라서 수요독점 요소시장에서 이윤극대화조건은 한계요소비용(한계노동비용)과 노동의 한계생산가치

가 일치할 때 충족된다. ($[W(L) \cdot L]' = \overline{P} \cdot MP_L$)

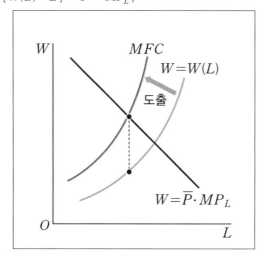

설문을 검토하면 다음과 같다.

ㄱ. 엄밀하게는 틀린 내용이다.

기업의 노동수요에 따른 한계수입은 노동의 한계생산가치를 의미한다. 노동시장이 수요독점일 때 엄밀하게
는 노동수요곡선은 존재하지 않는다. 이는 상품시장이 공급독점일 때 엄밀하게는 상품공급곡선이 존재하지
않는 것과 같은 이치이다. 다만, 설문에서 단서로서 생산물시장은 완전경쟁시장이며, 노동수요곡선은 우하향
한다고 주어진 것을 선해하도록 한다. 그러나 노동시장의 수요독점을 엄밀하게 고려하면 노동수요곡선은
존재하지 않으므로 틀린 내용임에 유의하라.

ㄴ. 틀린 내용이다.

기업의 노동수요에 따른 한계비용이 한계요소비용(한계노동비용)이다. 노동시장이 수요독점일 때 한계요소
비용은 가계의 노동공급과 기업의 임금설정을 모두 고려하여 도출된다. 이는 상품시장이 공급독점일 때 한계
비용이 가계의 상품수요와 기업의 가격설정을 모두 고려하여 도출되는 것과 같은 이치이다.

한계요소비용은 요소를 추가적으로 고용함에 따른 비용의 증가분으로서 총요소비용을 요소고용량으로 미분하여 구할 수 있다. 따라서 한계요소비용은 $MFC = [W(L) \cdot L]'$이 되며 기하적으로는 노동공급곡선의 좌상방에 위치함을 위의 그래프에서 확인할 수 있다.

ㄷ은 옳은 내용이고, ㄹ은 틀린 내용이다.

생산요소시장의 수요 측면에서 요소수요자의 이윤의 극대화를 달성하기 위해서는 요소수요에 따른 한계적 편익과 요소수요에 따른 한계적 비용이 일치해야 한다. 특히 요소수요 측면에 독점적 요소가 존재하는 경우 한계적 비용은 $[W(L) \cdot L]'$이며, 요소수요의 한계적 편익은 이와 무관하게 $P\,MP_L$이 된다. 이 둘을 일치시키는 수준에서 최적의 요소수요량이 결정되고 이에 기해서 요소공급자의 수취의사요소가격에 맞춰서 요소가격을 설정하게 된다. 따라서 균형 고용량은 노동의 한계생산가치곡선과 한계요소비용곡선이 만나는 점에서 결정된다. 이때 균형점은 아래에서 $E(L^*, W^*)$로서 요소시장이 완전경쟁인 경우와 비교하여 낮은 고용량, 낮은 임금의 특징을 갖게 된다.

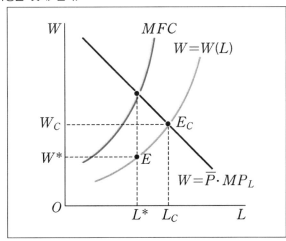

20 　정답해설

생산에 부정적 외부성이 있는 경우 사회적 최적생산량은 $SMC = SMB$일 때 달성(E^*에서 Q^*생산)된다. 그러나 시장에서의 균형생산량은 $PMC = SMB$에서 달성되어 과다생산(E_0에서 Q_0)되므로 사회적 후생손실이 발생한다.

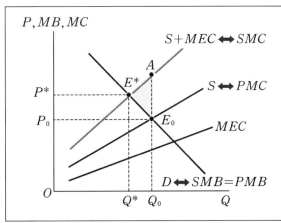

설문의 자료를 이용하여 시장 균형산출량 및 사회적 최적산출량을 구하면 다음과 같다.

1) 비용조건

　　사적 한계비용 $PMC = 2Q + 20$, 한계외부비용 $MEC = 2Q$, 사회적 한계비용 $SMC = 4Q + 20$

2) 수요조건

　　수요함수 $Q = 200 - P$

3) 사회적 최적산출량

　　생산에 부정적 외부성이 있는 경우 사회적 최적생산량은 $SMC = SMB$일 때 달성된다.

　　따라서 $4Q + 20 = 200 - Q$가 되고 $Q = 36$이다.

21 정답해설 ▷

이 문제는 엄밀한 의미에서 고전학파이론과 케인즈 이론이 혼재되어 있어 고전학파의 견해에 따라 풀 수도 있고 케인즈 이론으로도 풀 수 있다. 이런 유형의 문제에 한해서는 어떤 방식으로 풀더라도 무방하다. 왜냐하면, 고전학파와 케인즈 이론에 공통적으로 사용될 수 있는 것은 국민소득과 그 처분에 관한 식들이며 이를 이용하여 문제를 풀 수 있기 때문이다.

케인즈 모형과 그에 따른 국민소득의 결정은 다음과 같다.

1) 총수요의 구성요소 $Y^D = C + I + G + X - M$

　　① 소비 $C = a + b(Y - T)$, $0 < b < 1$

　　② 투자 $I = I_0$ (동기간에 발생한 재고 포함)

　　③ 정부 $G = G_0$ (이전지출은 제외)

　　④ 개방경제의 경우, 순수출 $X - M = X_0 - M_0 - mY$

2) 케인즈 국민소득결정모형(수요 측 결정모형)

　　① $Y^D = C + I + G + X - M$

　　② $Y^S = Y$

　　③ $Y^D = Y^S$

3) 균형국민소득의 결정

　　① 균형조건식에 따라서 $Y = C + I + G + X - M$이 된다.

　　② 균형조건식을 변형하면 다음과 같다.

　　　　$(Y - T - C) + (T - G) + (M - X) = I$ 또는 $(Y - T - C) + (T - G) - I = (X - M)$

　　　　이때, $(Y - T - C)$는 민간저축, $(T - G)$는 정부저축임에 유의하자.

4) 설문에서 주어진 자료를 위의 산식에 대입하여 풀면 다음과 같다.

　　① 변형된 균형조건식은 $(Y - T - C) + (T - G) - I = (X - M)$에 대입한다.

　　② 특히 $(Y - T - C)$는 민간저축으로서 150이며, $(T - G)$는 정부저축으로서 -20임에 유의하자.

　　③ 따라서 $150 + (50 - 70) - 50 = 80$이 되므로, 경상수지는 80임을 알 수 있다.

22 정답해설 ▷

(단, 엄밀하게는 ㄷ도 옳은 내용임에 유의하라.)

라스파이레스 물가지수로서의 소비자물가지수는 소비재 500여 개를 대상으로 하며 수입품도 포함하여 측정하는 물가지수이다. 현행 소비자물가지수는 기준시점의 물가를 100으로 두고, 비교시점의 물가를 구하므로 물가상승의 개념을 당연히 포함하며 기준시점의 수량을 가중치로 두기 때문에 라스파이레스 방식이라고 할 수 있다.

(ㄴ) 소비자물가지수의 바스켓은 가계가 소비하는 대표적인 품목들로 구성(전국 주요 도시의 가게에서 판매되는 소비재들)되어 있다. 이때, 바스켓으로는 기준시점의 바스켓을 사용하는데 이를 라스파이레스 방식이라고 한다.

라스파이레스 방식은 비교시점이 바뀌더라도 가중치가 고정된다는 특징이 있다. 기준시점의 수량이 가중치이므로 이는 기준연도가 바뀌지 않는 한 가중치가 고정되므로 만일 거래량이 증가하고 가격이 하락하고 성능이 향상되는 경우에는 물가지수를 과장하는 문제가 있다.

생산자물가지수의 바스켓은 기업 간 거래되는 원자재와 자본재의 품목들로 구성되어 있다. 이때, 바스켓으로는 기준시점의 바스켓을 사용하는데 이를 라스파이레스 방식이라고 한다. 이는 소비자물가지수와 동일한 방식이다. 라스파이레스 방식은 비교시점이 바뀌더라도 가중치가 고정된다는 특징이 있다.

(ㄷ) 특히 생산자물가지수는 국내에서 생산, 출하되는 상품과 서비스를 대상으로 하기 때문에 원칙적으로 수입물가는 제외된다. 수입물가는 국내공급물가지수에 포함되며, 수출물가는 총산출물가지수에 포함된다. 따라서 본 문제는 출제오류의 소지가 있다고 판단된다. 다만, 현실적으로 관계당국에서 생산자물가지수를 발표할 때 국내공급물가지수와 총산출물가지수를 같이 발표하는 관행을 고려하여, 본 문제에 이와 관련한 혼동이 있을 수 있음과 확실히 옳은 두 개의 지문의 존재를 적절히 선해하도록 한다.

(ㄱ) GDP디플레이터의 바스켓은 한 나라 안에서 생산된 모든 상품으로 구성되어 있다. 따라서 GDP디플레이터는 소비자물가지수나 생산자물가지수에 비하여 국내에서 생산되는 모든 상품을 조사대상으로 하므로 매우 포괄적인 성격의 물가지수이며 이 바스켓에는 수입품은 제외됨에 유의해야 한다. 이때 바스켓으로는 비교시점의 바스켓을 사용하는데 이를 파셰 방식이라고 한다. 파셰 방식은 비교시점이 바뀌면 가중치도 그에 따라서 비교시점으로 변경된다는 특징이 있다.

23 정답해설

실업률이란 경제활동인구 중에서 실업자가 차지하는 비율을 말한다. 경제활동인구는 실업자와 취업자를 더한 개념이다. 실업률을 계산함에 있어서는 다음과 같은 Frame을 활용하면 매우 편리하다. Frame 안에 생산가능인구, 경제활동인구, 비경제활동인구, 취업자, 실업자 등의 데이터를 입력하고 경제활동참가율, 고용률, 실업률을 쉽게 구할 수 있다. 이를 통해 실업률, 경제활동참가율, 고용률 그리고 3자 사이의 관계도 쉽게 이해할 수 있다.

15세 이상 생산가능인구(P) 100(단위 : 만 명, 이하 생략)	경제활동인구(L) 60 + 10 = 70	취업자(E) 54 + 9 = 63	임금근로자
			질병휴직자
			무급가족종사자 (18시간 이상)
		실업자(U) 6 + 1 = 7	
	비경제활동인구(NL) 40 - 10 = 30	주부	
		학생 (대학원생, 진학준비생, 취업준비생)	

1) 경제활동참가율 = 70/100 = 0.7
   = 경제활동인구/생산가능인구 = 경제활동인구/(경제활동인구 + 비경제활동인구)
2) 실업률 = 7/70 = 0.1
   = 실업자/경제활동인구 = 실업자/(실업자 + 취업자)
3) 고용률 = 63/100 = 0.63
   = 취업자/생산가능인구 = 취업자/(실업자 + 취업자 + 비경제활동인구)
4) 경제활동참가율, 실업률, 고용률 간 관계
   고용률 = 경제활동참가율 × (1 - 실업률)
   0.63 = 0.7 × (1 - 0.1)

24 정답해설〉

① 틀린 내용이다.

설문에서의 필립스 곡선은 총공급곡선이 수직선이 아니라 우상향하는 경우에 나타날 수 있는 관계이다. 필립스 곡선과 총공급곡선의 관계를 보면, 단기에는 물가에 대한 정보의 불완전성으로 인해 노동자들은 실제물가 상승률을 알지 못해서 기대물가상승률에 의해 의사결정을 할 수밖에 없으며 이러한 사정이 총공급곡선에 반영되어 총공급곡선이 우상향하는 것으로 나타난다. 소득과 물가 평면에서 우상향하는 총공급곡선은 실업률과 인플레이션율 평면에서 우하향하는 필립스 곡선을 의미한다.

② 옳은 내용이다.

경제학자 필립스에 의하면 필립스 곡선은 원래 명목임금상승률과 실업률 간에 부의 상관관계에 있음을 나타내는 곡선이다. 이후 필립스 곡선은 인플레이션율과 실업률 간에 부의 상관관계를 나타내는 것으로 발전하였다. 단기 필립스 곡선은 인플레이션율(명목임금상승률)과 실업률 간에 단기적으로 부의 상관관계에 있음을 나타내는 곡선이다. 이는 위 ①에서 설명한 바와 같이 총공급곡선을 나타내는데, 주어진 총공급곡선에 대하여 수요측 충격에 의하여 총수요곡선이 이동할 때의 궤적이 되며 이때, 물가 – 소득의 축을 물가상승률 – 실업률의 축으로 바꾼 것이 필립스 곡선이 된다.

③ 옳은 내용이다.

단기 필립스 곡선은 인플레이션율(명목임금상승률)과 실업률 간에 단기적으로 부의 상관관계에 있음을 나타내는 곡선이다.

④ 옳은 내용이다.

기대가 부가된 필립스 곡선 $\pi_t = \pi_t^e - b(u_t - u_N)$ 을 해석하면 다음과 같다.

ⅰ) 실제 인플레이션 < 기대 인플레이션, 실제 실업률 > 자연실업률

ⅱ) 실제 인플레이션 > 기대 인플레이션, 실제 실업률 < 자연실업률

ⅲ) 인플레이션을 완전히 예상하는 경우 실제실업률 = 자연실업률

따라서 설문에서처럼 고용이 완전고용수준보다 높은 경우 실제실업률이 자연실업률보다 낮으므로 위의 ⅱ)에 해당한다. 이 경우에는 실제인플레이션율이 기대 인플레이션율보다 높다.

⑤ 옳은 내용이다.

반인플레이션을 위해서는 실업률 증가, 경기침체라는 비용이 발생한다. 이는 필립스 곡선을 통해서 쉽게 확인할 수 있으며, 이런 의미에서 필립스 곡선이 정책당국에게 있어서 제약으로 작용하는 것이다. 물가안정정책 혹은 디스인플레이션정책의 비용은 희생률을 통해서 계측할 수 있는데 인플레이션율을 1%p 낮추기 위해 발생하는 실업률 증가분(혹은 생산 감소분)의 누적치를 희생률이라고 한다. 희생률을 기하적으로 분석하면 필립스 곡선의 기울기와 관련이 있는데, 희생률은 필립스 곡선의 기울기의 역수가 된다. 따라서 주어진 필립스 곡선 $\pi - \pi^e = -0.5(u - u_n)$ 을 고려하면, 희생률은 필립스 곡선의 기울기의 역수인 2가 된다. 이는 인플레이션율을 1%p 낮추려면 실업률은 2%p 증가를 용인해야 한다는 의미이다.

25 정답해설〉

(단, 엄밀하게는 특정상황 하에서 ⑤도 틀린 내용이 될 수 있음에 유의하라.)

준칙에 의한 적극적 정책의 사례로 이자율 준칙의 일종인 테일러준칙을 들 수 있다. 테일러준칙은 물가안정과 경기안정화를 동시에 달성하기 위해서 미국의 연방준비제도가 통화정책을 시행하는 방식에 대하여 테일러가 추정한 식을 의미한다. 이는 통화정책의 수단으로서 연방자금금리(federal funds rate)를 정책적으로 설정함에 있어서 물가안정과 경기안정화를 모두 고려하고 있음을 잘 보여준다. 일반적인 테일러준칙은 다음과 같다.

$$i = (\pi + r^*) + 0.5(\pi - \pi^*) + 0.5\left(\frac{Y - Y_F}{Y_F}\right)$$

r^* : 균형이자율, π : 실제인플레이션율, π^* : 목표인플레이션율, Y : 실질 GDP, Y_F : 잠재 GDP

(참고로 테일러는 균형이자율 2%, 목표인플레이션율 2%를 제안하였다.)

설문에서 테일러준칙은 $i_t = \pi_t + 0.02 + 0.5(\pi_t - 0.03) + 0.5\,GDPgap$으로 주어져 있다.

설문을 검토하면 다음과 같다.

① 옳은 내용이다.

아래와 같은 테일러준칙의 식에서 목표인플레이션율은 π^*이며, 설문에서는 3%로 주어져 있다.

$$i = (\pi + r^*) + 0.5(\pi - \pi^*) + 0.5\left(\frac{Y - Y_F}{Y_F}\right)$$

r^* : 균형이자율, π : 실제인플레이션율, π^* : 목표인플레이션율, Y : 실질 GDP, Y_F : 잠재 GDP

② 틀린 내용이다.

인플레이션율 목표치를 낮추기 위해서는 금리 인상이 필요하다. 따라서 틀린 내용임을 쉽게 알 수 있다. 참고로 좀 더 엄밀하게 접근하고자 하는 경우에는 아래를 참조하기 바란다.

설문에서 주어진 테일러준칙 $i_t = \pi_t + 0.02 + 0.5(\pi_t - 0.03) + 0.5\,GDPgap$에서 인플레이션율 목표치를 변수화하여 표현하면 다음과 같다.

$$i_t = \pi_t + 0.02 + 0.5(\pi_t - \pi^*) + 0.5\,GDPgap$$

이때, 명목이자율을 인플레이션율 목표치로 미분하면 -0.5가 된다. 이를 해석하면, 인플레이션율 목표치를 1%p 증가시킬 경우, 명목이자율의 변화가 -0.5%p가 된다는 의미이다. 따라서 설문에서 인플레이션율 목표치를 현재 3%에서 2%로 1%p만큼 낮추려면 명목정책금리를 0.5%p 인상해야 한다.

③ 옳은 내용이다.

설문에서 주어진 테일러준칙 $i_t = \pi_t + 0.02 + 0.5(\pi_t - 0.03) + 0.5\,GDPgap$에서 인플레이션율이 목표치와 동일하고 총생산갭이 1%인 경우를 고려하면 다음과 같다.

$$i_t = \pi_t + 0.02 + 0.5(\pi_t - 0.03) + 0.5\,GDPgap = \pi_t + 0.02 + 0.5 \times 0 + 0.5 \times 0.01 = \pi_t + 0.025$$

따라서 실질금리는 0.025 = 2.5%가 된다.

④ 옳은 내용이다.

설문에서 주어진 테일러준칙 $i_t = \pi_t + 0.02 + 0.5(\pi_t - 0.03) + 0.5\,GDPgap$에서 완전고용 상태와 인플레이션율이 2%인 경우를 고려하면 다음과 같다.

$$i_t = \pi_t + 0.02 + 0.5(\pi_t - 0.03) + 0.5\,GDPgap = 0.02 + 0.02 + 0.5(0.02 - 0.03) + 0.5 \times 0 = 0.035$$

따라서 명목정책금리는 0.035 = 3.5%가 된다.

⑤ 옳은 내용이다. (단, 엄밀하게 특정한 상황하에서만 제한적으로 옳은 내용이다.)

지문에서 표현된 상황이 모호하여 복수의 해석이 가능하므로 오해 및 오류의 소지가 있다고 판단된다. 다만, 확실히 틀린 지문이 있다는 것으로부터 선해하여 적절한 상황을 상정하여 풀면 다음과 같다.

인플레이션율의 목표치가 1%p 낮아져서 인플레이션율이 목표치보다 1%p 높아진 경우라고 해석하면, 위의 ② 해설과 유사한 상황이 된다. 따라서 인플레이션율이 목표치보다 1%p 더 높은 경우로서 인플레이션율 목표치가 1%p 감소한다면, $i_t = \pi_t + 0.02 + 0.5(\pi_t - \pi^*) + 0.5\,GDPgap$에서 명목이자율의 변화가 0.5%p 가 된다는 의미이다. 즉 명목정책금리를 0.5%p 인상해야 한다. 이는 위 ②의 해설과 같이 간단한 편미분을 통해서 쉽게 확인할 수 있다.

만일 위와 달리 인플레이션율이 1%p 높아져서 인플레이션율이 목표치보다 1%p 높아진 경우라고 해석하면, 설문에서 주어진 테일러준칙 $i_t = \pi_t + 0.02 + 0.5(\pi_t - 0.03) + 0.5\,GDPgap$에서 명목이자율을 인플레이션율로 미분하면 1.5가 된다. 이를 해석하면, 인플레이션율이 1%p 높아질 경우, 명목이자율의 변화가 1.5%p가 된다는 의미이다. 따라서 명목정책금리를 1.5%p 인상해야 한다.

따라서 위와 같이 설문에 대하여 복수의 해석이 가능하므로 오류의 소지는 있으나 확실한 정답의 존재로부터 적절한 상황을 선해하도록 한다.

26 정답해설

1) 현재의 균형국민소득 구하기
   ① 균형조건식은 $Y = 200 + 0.7(Y - 100) + 200 + 100 + 300 - 0.2(Y - 100)$이 된다.
   ② 따라서 균형국민소득 $Y = 1,500$이 되고, 경상수지는 $X - M = 20$이 된다.
2) 수출이 100만큼 증가한 경우 균형국민소득과 경상수지의 증감 구하기
   ① 균형조건식은 $Y = 200 + 0.7(Y - 100) + 200 + 100 + 400 - 0.2(Y - 100)$이 된다.
   ② 따라서 균형국민소득 $Y = 1,700$이 되고, 경상수지는 $X - M = 80$이 된다.
3) 결국 소득의 증가는 $\Delta Y = 200$이 되고, 경상수지의 증가는 $\Delta(X - M) = 60$이 된다.

27 정답해설

정책목표를 달성하기 위해 재정정책과 통화정책을 적절히 결합하여 사용하는 것을 정책혼합 또는 정책조합(policy mix)이라고 한다. 경우에 따라서 재정정책과 통화정책이 국민소득과 이자율에 미치는 영향이 상반될 수도 있고 일치할 수도 있으므로 이를 활용하여 목표로 삼는 국민소득과 이자율 수준을 달성할 수 있다.

확장적인 통화정책을 사용하면, 화폐시장에서 통화공급이 증가로 인하여 화폐초과공급이 생겨 이자율이 하락한다. 이자율 하락으로 인하여 재화시장에서 투자가 증가하여 총수요가 증가하고 소득이 증가한다.

긴축적인 재정정책을 사용하면, 재화시장에서 정부지출의 감소로 인하여 총수요가 감소하고 소득이 감소한다. 소득의 감소로 인하여 화폐시장에서 화폐수요가 감소하여 이자율이 하락한다.

따라서 확장적인 통화정책에 따른 소득 증가는 긴축적인 재정정책에 의하여 상쇄될 수 있어서 소득과 물가를 일정하게 유지한 상태에서 이자율은 크게 하락하여 민간의 투자는 증가할 수 있다.

28 정답해설

원래 이 문제는 기대 인플레이션이 반영된 $IS - LM$모형을 이용하여 쉽게 풀 수 있다. 그러나 해당 모형은 감정평가사 수험수준을 넘으므로 불필요하다. 따라서 이하에서는 피셔효과와 먼델 – 토빈효과를 통해서 쉽게 풀기로 한다.

먼저 피셔방정식은 명목이자율과 실질이자율, 인플레이션율 간의 식으로서 아래와 같다.

명목이자율 i_t = 실질이자율 r_t + 기대 인플레이션율 π_t^e

피셔방정식에 의하면, 통화량이 증가하더라도 명목이자율이 하락하지 않고 오히려 상승할 수 있음을 알 수 있다. 즉, 화폐시장에서 통화량이 증가하여 단기적으로 명목이자율이 하락하더라도 인플레이션기대가 상승할 경우에는 장기적으로 명목이자율이 상승할 수 있다.

만일 실질이자율이 불변인 경우, 기대 인플레이션율과 명목이자율 간 일대일 대응관계를 나타내는데 이를 피셔효과라고 한다. 그러나, 만일 실질이자율이 변화하는 경우에는 기대 인플레이션율이 변화하더라도 명목이자율 간의 일대일 관계는 성립하지 않는다. 특히, 기대 인플레이션율이 상승하는 경우 실질이자율이 하락하여 투자가 증가하게 되는데 이를 먼델 – 토빈효과라고 한다.

먼델 – 토빈효과에 의하면 기대 인플레이션율이 상승할 경우 명목자산(화폐)에 대한 수익률이 하락하므로 명목자산에 대한 수요가 감소하고 대신 실물자산에 대한 수요가 증가한다. 이는 실물자산 가격의 상승으로 이어져서 실물자산의 공급이 증가한다. 이에 따라 자본의 한계생산성이 하락하게 되므로 실질이자율은 하락한다. 결국 기대 인플레이션율의 상승으로 실질이자율이 하락하여 투자가 증가하게 되는 것이다.

위의 내용에 따라서 설문을 검토하면 다음과 같다.

기대 인플레이션이 상승하면 명목자산보다는 실질자산에 대한 수요가 증가하면서 실물자산가격이 상승한다. 이에 따른 실물자산의 공급증가는 자본의 한계생산성 하락과 실질이자율 하락을 가져온다. 이에 따라 투자가 증가하여 생산이 증가한다. 한편, 피셔방정식에 의하면, 기대 인플레이션율이 상승하고 실질이자율이 불변인 경우에

명목이자율은 상승한다. 만일 기대 인플레이션율이 상승하고 실질이자율이 하락하는 경우에는 명목이자율의 상승폭이, 실질이자율이 불변인 경우에 비해 제한될 수 있다.

29 〔정답해설〕

참고로 기본서에서 재정정책과 통화정책이 왜 여러 변수들에 의해서 그리고 어떻게 영향을 받는지 그 메커니즘을 자세히 설명하였으므로 반드시 같이 숙지해야 한다. 다만, 여기서는 기계적으로 결론만을 압축하여 제시하며 문제를 풀기로 한다.

ㄱ. 틀린 내용이다.

투자가 이자율에 민감할수록 투자의 이자율 탄력성이 크고 IS곡선은 완만하다. 따라서 이 경우 통화정책의 효과가 크다.

ㄴ. 옳은 내용이다.

화폐수요가 이자율에 민감할수록 화폐수요의 이자율 탄력성이 크고 LM곡선은 완만하다. 따라서 이 경우 재정정책의 효과가 크다.

ㄷ. 옳은 내용이다.

한계소비성향이 클수록 IS곡선은 완만하여 통화정책의 효과가 크다.

30 〔정답해설〕

1) 변동환율제도에서 긴축통화정책의 효과는 다음과 같다.

① 변동환율제도에서 긴축통화정책이 실시되면, 국민소득이 감소하고 이자율이 상승한다.

② 국내이자율이 국제이자율보다 상승하여 해외로부터 자본이 유입되고 국제수지 흑자가 되어 이로 인하여 환율하락 압력이 나타난다.

③ 환율하락 압력이 나타나게 되면, 변동환율제도이므로 환율은 하락하고 이로 인해 순수출이 감소한다.

④ 순수출 감소로 국민소득이 감소하고 이자율이 하락한다.

⑤ 긴축통화정책으로 상승했던 이자율이 다시 하락하여 원래 이자율로 회귀하고 국민소득은 크게 감소한다.

따라서 설문에서 실질소득은 감소하고 해외자본이 유입되는 것이 옳다.

2) 참고로 변동환율제도에서 확대통화정책의 효과를 같이 비교하도록 한다.

① 변동환율제도에서 확대통화정책이 실시되면, 국민소득이 증가하고 이자율이 하락한다.

② 국내이자율이 국제이자율보다 하락하여 해외로 자본이 유출되고 국제수지 적자가 되어 이로 인하여 환율상승 압력이 나타난다.

③ 환율상승 압력이 나타나게 되면, 변동환율제도이므로 환율은 상승하고 이로 인해 순수출이 증가한다.

④ 순수출 증가로 국민소득이 증가하고 이자율이 상승한다.

⑤ 확대통화정책으로 하락했던 이자율이 다시 상승하여 원래 이자율로 회귀하고 국민소득은 크게 증가한다.

31 정답해설

황금률의 균제상태는 1인당 소비수준의 극대화를 달성시키는 상태로서 $f'(k) = n + \delta$을 만족하는 k^*의 균제상태에서 달성된다.

황금률의 균제상태는 그래프에서 $f(k)$의 접선의 기울기인 $f'(k)$와 자본유지선 $(n+\delta)k$의 기울기인 $(n+\delta)$가 일치할 때 달성된다.

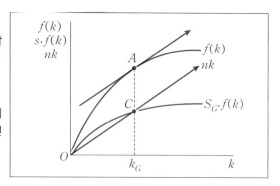

균제상태에서 소비가 극대화되는 이른바 자본축적의 황금률모형에서 C–D함수모형은 다음과 같다.

① 황금률 조건

$$C = Ak^\alpha - s\,Ak^\alpha, \quad s\,Ak^\alpha = (n+\delta)k, \quad Max\ C$$

② 황금률의 1인당 자본량 k_G

$$\therefore \frac{dC}{dk} = 0 \quad \therefore A\alpha k^{\alpha-1} = (n+\delta)를 풀면\ k_G\ 도출 \quad \therefore k_G = \left(\frac{\alpha A}{n+\delta}\right)^{\frac{1}{1-\alpha}}$$

③ 황금률의 저축률 s_G

앞에서 구한 k_G를 제약식에 대입하여 구한다. ∴ 황금률의 저축률 $s_G = \alpha$가 된다.

설문에서 1인당 생산함수가 $y = 5k^{0.4}$로 주어져 있다. 따라서 황금률의 저축률은 $s_G = \alpha = 0.4$가 된다.

32 정답해설

① 틀린 내용이다.

새케인즈 학파는 경제가 자연율로부터 이탈하는 원인을 시장에서 경제주체 간 상호작용 과정에 있어 시장가격기구가 완전하게 작동하는 것을 가로막는 요인이 내재되어 있기 때문이라고 본다. 그렇다면, 그러한 이탈은 일시적인 것이 아니라 구조적인 것으로서 불완전한 시장구조에 기인한다고 한다. 경직적인 가격과 불완전한 시장구조하에서 시장청산은 신속하고 완벽하게 이루어지지 않기 때문에 시장기능에 문제가 있고 결국 정부의 시장개입이 정당화된다.

② 옳은 내용이다.

새케인즈 학파는 메뉴비용이론과 총수요 외부성(aggregate – demand externality)을 통해서 가격의 경직성을 설명하고 있다.

(가) 총수요 외부성의 논의배경

총수요 감소 충격하에서 메뉴비용으로 인한 가격경직성으로 경제가 불황에 빠져 있다고 하자. 결국 이는 작은 메뉴비용으로 큰 경기변동으로서의 불황이 초래된 것이다. 불황의 고통비용이 메뉴비용보다 큰 것은 자명하기 때문에 기업으로서는 작은 메뉴비용을 무시하고 가격을 인하하여 불황을 탈출하는 것이 합리적일 것이다. 따라서 메뉴비용이론만으로는 불황을 설명하는 데 한계가 있다는 비판이 대두되었다. 이에 대해 새케인즈 학파는 기업들이 가격인하의 편익, 즉 불황을 빠져나올 수 있는 편익을 제대로 고려할 수 없기 때문에 작은 메뉴비용으로도 불황을 충분히 설명할 수 있다고 반박하였다. 여기서 가격인하의 편익이 바로 총수요 외부성이며 총수요 외부성 때문에 가격이 인하되지 않고 유지된다고 보았다.

(나) 총수요 외부성의 의의

어느 한 개별기업의 가격인하는 해당 기업의 제품에 대한 수요를 증가시킬 뿐만 아니라 다른 모든 기업의 제품에 대한 수요를 증가시키는 효과를 가져온다. 이렇게 개별기업의 가격조정이 다른 기업 제품의 수요에 미치는 효과를 총수요 외부성이라고 한다.

(다) 총수요 외부성의 발생원인

어느 한 개별기업이 가격을 인하하면, 전반적인 물가하락에 기여하는 것이고 이로 인하여 실질통화량이 증가하여 경제 내 모든 기업의 제품에 대한 수요가 증가하게 된다. 이러한 총수요 외부성은 가격변화가 가져오는 사회적 외부편익이 된다.

(라) 가격경직성과 총수요 외부성

ⅰ) 가격인하에 대한 사회적 의사결정

기업이 가격을 인하하는 경우 메뉴비용은 자신이 모두 지불해야 하지만, 그로 인한 편익은 총수요의 증가를 통해서 다른 모든 기업들에게도 나눠진다. 따라서 기업이 가격을 인하하는 것에 대한 의사결정을 할 때는 자신이 지불해야 하는 메뉴비용과 자신이 얻게 되는 편익 그리고 총수요 외부성에 의한 사회적 외부편익을 모두 고려하는 것이 합리적이다.

ⅱ) 가격인하에 대한 사적 의사결정

그러나 개별기업은 총수요 외부성으로 인한 외부적 편익은 무시하고 사적 메뉴비용에 의해서만 의사결정을 하게 된다. 가격인하로 인해 얻는 편익에서 총수요 외부성으로 인한 사회적 외부편익이 빠지게 되므로 개별기업의 입장에서는 편익이 그렇게 크지 않을 수 있고, 이로 인해서 가격을 그대로 유지하는 것이 합리적인 상황이 되어버린다.

(마) 가격경직성의 복합적 원인과 그 효과

결국 메뉴비용에 의해서 가격인하의 비용이 작음에도 불구하고 총수요 외부성에 의해서 가격인하의 편익도 작아지기 때문에 가격의 경직성이 나타난다. 메뉴비용과 총수요 외부성에 의해서 개별기업은 경직적 가격을 유지하는 것이 최적의 선택이지만, 경제 전체로는 비효율성을 초래한다.

③ 틀린 내용이다.

기본적으로 새케인즈 학파는 총수요의 변화가 경기변동의 가장 중요한 원인이라고 보는 케인즈의 전통을 그대로 따르고 있다. 실물적 균형경기변동은 경기변동의 근본적 원인을 공급충격으로서 기술충격으로 보고 있다. 기술충격 혹은 생산성충격이란 생산요소의 투입량은 고정되어 있는 상태에서 산출량이 증가 또는 하락하는 교란원인을 의미한다. 유리한 기술충격은 경기호황을 가져오고 불리한 기술충격은 경기침체를 가져온다.

④ 틀린 내용이다.

실물경기변동이론이 아니라 새케인즈 학파가 실질임금의 경직성을 가정한다. 새케인즈 학파는 새고전 학파와는 달리 경기변동을 균형국민소득 수준으로부터 이탈한 현상으로 보고 있으며 이탈의 핵심적 원인이 바로 가격 및 임금의 경직성이라고 한다. 새케인즈 학파는 가격 및 임금의 경직성이 단순한 가정이 아니라 경제주체들의 최적화 행동의 결과로 나타나는 합리적인 것임을 증명하고, 총수요 충격이 가격조정이 아닌 생산수준의 변화를 유발하여 경기변동을 촉발하는 것이라고 설명한다.

⑤ 틀린 내용이다.

실물적 경기변동이론 모형의 펀더멘털은 가계의 효용함수, 기업의 생산함수이다. 이를 이용하여 가계의 효용극대화와 기업의 이윤극대화라는 미시적 최적화 모형을 구축한다. 가계와 기업은 노동시장과 자본시장에서 만나게 되는데 노동시장과 자본시장에서 가계는 공급자, 기업은 수요자의 역할을 담당한다. 각각의 시장에서 가계와 기업은 최적화 행동을 한다. 특히 실물적 균형경기변동이론은 기대형성방식에 있어서 합리적 기대를 적극적으로 수용하고 있다. 가계는 합리적 기대 하에서 미래소득을 예상하고 현재소비를 결정한다. 실물적 기술충격에 의해서 나타나는 현재소득과 미래소득의 변화를 합리적으로 예상하고 소비를 최적으로 유지할 수 있다는 것이다. 또한 가계는 합리적 기대를 바탕으로 하여 현재임금과 미래임금 사이에서 노동의 기간 간 대체를 결정함으로써 노동의 공급도 최적으로 유지할 수 있다.

33 [정답해설]

자본을 물적자본뿐만 아니라 인적자본을 포괄하는 개념으로 확장할 경우 자본의 수확체감이 일어나지 않을 수 있다. 즉, AK 모형은 지식을 자본의 한 형태로 보거나, 또는 인적자본을 통해서 수확체감현상이 발생하지 않도록 고안된 모형이다. 자본의 외부경제성을 도입하여 개별적인 기업의 생산은 수확체감하지만, 경제 전체의 생산은 수확불변을 보이도록 하기도 한다. 따라서 이 모형은 한계생산감소의 가정을 완화하여 다음과 같은 생산함수를 가정한다.

$Y = AK$ (단, Y : 생산, K : 자본, A : 고정된 상수)

이때, 자본의 한계생산은 A로서 감소하지 않고 고정되어 있다. 자본의 한계생산이 감소하지 않기 위해서는 자본 K를 광의로 확장하여 물적자본, 인적자본, 지식자본을 포괄할 경우로 해석한다. 위의 생산함수로부터 자본축적의 방정식을 도출하면 다음과 같다.

1) $\dot{K} = sY - \delta K = sAK - \delta K$

(단, $\dot{K}$: 자본의 축적, s : 저축률, δ : 감가상각률, A : 고정된 상수)

만일 $sA > \delta$인 경우에는 자본의 축적에 따라서 지속적인 경제성장이 가능하다. 즉 외생적인 기술진보가 없더라도 저축률이 일정수준으로 유지될 수 있다면 생산이 지속적으로 증가할 수 있다. 단, 엄밀하게는 이 모형에도 기술이 지식자본, 인적자본으로 포섭될 수 있기 때문에 기술진보를 고려하지 않는다기보다는 수확체감이 일어나지 않도록 고안된 모형이다. 즉, 지식을 자본의 한 형태로 보고 있다.

2) $\dot{k} = sAk - (n + \delta)k$

(단, $\dot{k}$: 1인당 자본의 축적, s : 저축률, n : 인구증가율, δ : 감가상각률, A : 고정된 상수)

만일 $sA > n + \delta$인 경우에는 1인당 자본도 지속적으로 증가하여 자본의 축적만으로도 지속적인 경제성장이 가능하게 된다. 이는 생산요소의 축적만으로 지속적 성장이 가능함을 의미한다. 이때 저축률이 성장률을 결정하는 중요한 요소이며 저축률을 증가시키는 다양한 정부정책이 지속적인 경제성장을 가져올 수 있다.

위의 내용에 따라서 설문을 검토하면 다음과 같다.

① 틀린 내용이다.

AK 모형에서 자본의 한계생산은 A로서 감소하지 않고 고정되어 있다. 자본의 한계생산이 감소하지 않기 위해서는 자본 K를 광의로 확장하여 물적자본, 인적자본, 지식자본을 포괄할 경우로 해석한다.

② 옳은 내용이다.

AK 모형에서 자본의 축적은 다음과 같다.

$\dot{K} = sY - \delta K = sAK - \delta K, \quad \dot{k} = sAk - (n + \delta)k$

(단, $\dot{K}$: 자본의 축적, s : 저축률, δ : 감가상각률, A : 고정된 상수, $\dot{k}$: 1인당 자본의 축적, n : 인구증가율)

만일 $sA > \delta$이거나 $sA > n + \delta$인 경우에 자본의 축적에 따라서 지속적인 경제성장이 가능하다.

설문에서 $A = 0.5$, $\delta = 0.1$, $s = 0.4$로 주어진 경우, $sA = 0.2 > \delta = 0.1$이므로 자본의 축적에 따라서 지속적인 경제성장이 가능하다.

③ 틀린 내용이다.

AK 모형에서 $sA > \delta$인 경우에는 자본의 축적에 따라서 지속적인 경제성장이 가능하다. 따라서 감가상각률이 자본의 한계생산과 동일하면 경제는 지속적으로 성장한다는 지문은 틀린 것이 된다.

④ 틀린 내용이다.

AK 모형에서 균제상태는 $sA = n + \delta$인 경우에 달성되므로 $\delta = s$이면 균제상태라는 지문은 틀린 것이 된다.

⑤ 틀린 내용이다.

AK 모형에서 자본의 한계생산은 A로서 감소하지 않고 고정되어 있다. 따라서 자본의 한계생산과 자본의 평균생산이 동일하다.

34 정답해설

① 옳은 내용이다.

프리드만의 항상소득이론에 의하면 소비는 현재의 소득에만 의존하는 것이 아니고 장기적인 평균소득 수준에 의해 결정된다. 항상소득이란 장기평균소득으로서 미래에 항구적으로 벌어들일 수 있는 소득이다.

항상소득이론에서 소비함수는 $C = g(Y^P) = \beta Y^P$이므로 평균소비성향은 $\dfrac{C}{Y} = \dfrac{\beta Y^P}{Y}$가 된다. 이때, 단기에 있어서 소득이 증가할 경우, 사람들은 이 중 일부만을 항상소득의 증가로 간주한다. 일시소득의 증가로 된 부분은 소비를 전혀 변화시키지 못한다. 따라서 소득의 증가분보다 소비의 증가분은 작게 된다. 이는 한계소비성향이 0보다 크고 1보다 작음을 의미한다.

한편, 단기에 소득 증가 시 일시소득이 존재할 수 있다는 것은 소득 증가보다 항상소득 증가가 작다는 것을 의미한다. 이는 단기에 소득 증가 시 항상소득이 소득에서 차지하는 비율(항상소득/소득)이 작아짐을 의미하며, 결국 소득 증가 시 단기평균소비성향이 감소하게 된다.

반대로, 단기에 소득이 감소할 경우, 사람들은 이 중 일부만을 항상소득의 감소로 간주한다. 일시소득의 감소로 된 부분은 소비를 전혀 변화시키지 못한다. 따라서 소득의 감소분보다 소비의 감소분은 작게 된다. 단기에 소득 감소 시 일시소득이 존재할 수 있다는 것은 소득 감소보다 항상소득 감소가 작다는 것을 의미한다. 이는 단기에 소득 감소 시 항상소득이 소득이 차지하는 비율(항상소득/소득)이 커짐을 의미하며, 결국 소득 감소 시 단기평균소비성향이 증가하게 된다.

② 틀린 내용이다.

미시경제이론에서 설명한 바 있는 시점 간 자원배분모형을 통해서 소비퍼즐을 해결하려는 노력이 1950년대에 안도, 모딜리아니, 브럼버그에 의하여 평생소득이론(생애주기가설)으로 나타났다. 평생소득이론이란 평생소득(평생 동안 사용할 수 있는 소득)이 소비를 결정한다는 것으로서, 전생애에 걸친 소득의 패턴이나 흐름을 고려하여 소비행위를 결정함을 의미한다.

특히 이 이론은 소득이 일생을 거치면서, 유년기, 청장년기, 노년기에 따라서 변화하지만 이러한 소득변화에도 불구하고 각 소비자는 자신의 소비를 평준화하여 효용을 극대화하려고 한다고 가정한다. 따라서 평생소득이론에서는 소비자가 자유롭게 차입가능함을 전제로 하고 있다.

③ 틀린 내용이다.

절대소득이론이란 케인즈 및 케인지언의 이론으로서 소비에 대하여 비교적 단순한 가정을 통해서 현재가처분소득의 절대적인 수준이 현재소비를 결정한다는 것이다. 특히 소비는 주로 해당 기간 동안의 소득수준에 의존하며, 미래소득은 중요하지 않으며, 따라서 이자율도 소비의 결정에 중요하지 않다. 즉 이자율이 소비에 미치는 효과는 없다고 가정한다.

④ 틀린 내용이다.

1970년대에 로버트 홀은 항상소득이론에 합리적 기대를 도입하여 소비는 임의보행의 확률과정을 따른다는 것을 입증하였다. 이를 소비의 랜덤워크가설이라고 한다. 이에 따르면 경제에 불확실성이 존재함을 가정하여 미래소득이 불확정적이기 때문에 소비자는 일반적인 효용극대화가 아니라 기대효용극대화를 목표로 한다. 특히 이 이론은 합리적 기대를 도입하여 소비자는 현재 이용가능한 모든 정보를 활용하여 미래의 불확실한 소득을 예측하고 소비를 결정한다. 따라서 소비자의 근시안성이 아니라 합리성에 의한 소비를 가정하는 것이다.

⑤ 틀린 내용이다.

프리드만의 항상소득이론에 의하면 소비는 현재의 소득에만 의존하는 것이 아니고 장기적인 평균소득 수준에 의해 결정된다. 항상소득이란 장기 평균소득으로서 미래에 항구적으로 벌어들일 수 있는 소득이다. 소비는 미래에도 항구적으로 벌어들일 수 있는 항상소득 혹은 장기평균소득에 의해서 결정된다. 따라서 소비는 매기 일정함을 알 수 있으며 이는 실제소득이 매기 변동하더라도 사람들은 소비를 평준화시키기를 원한다는 것을 의미한다.

항상소득이론에 의하면 현재소득이 항상소득보다 작은 경우라도 항상소득에 따라 소비를 하기 때문에 균등화된 소비가 현재소득을 초과할 수도 있다. 이렇게 현재소득보다 더 많은 소비를 하기 위해서는 기본적으로 차입이 자유로워야 함을 전제로 하고 있는 것이다.

참고로 만일 현실에서 소비자가 차입제약 혹은 유동성제약에 직면해 있다면 항상소득이론으로 소비를 설명할 수 없으며, 유동성제약에 처한 소비자는 현재소득 증가 시에 극단적으로 항상소득에는 변화가 없더라도 소비를 늘리게 될 것이다.

35 정답해설

q 이론은 주식시장이 기업의 투자계획을 반영하여 주가에 의해 기업가치를 평가하면 이를 근거로 하여 기업은 투자의사결정(투자여부 및 투자량 결정)을 한다는 이론이다. 기존의 투자이론이 자본재시장에서 자본재에 대한 최적수요과정에서 투자를 도출하여 이자율 및 생산량을 통해 투자를 설명하고 있다면 q 이론은 주식시장의 주식 및 기업가치 평가과정에서 주가를 통해 투자를 설명하고 있다.

① 옳은 내용이다.

법인세가 감소되면 기업의 현금유출이 감소하므로 설치된 자본의 시장가치가 증가하고 토빈 q 는 증가한다.

② 틀린 내용이다.

$q < 1$ 이면 설치된 자본의 대체비용이 설치된 자본의 시장가치보다 큰 경우를 의미한다. 이때는 설치된 자본에 대하여 주식시장이 낮은 가치를 부여하는 경우로서 기업은 자본을 줄이는 것이 더 유리하기 때문에 투자가 감소하고 자본스톡도 감소한다.

③ 옳은 내용이다.

자본의 한계생산물이 증가하면 설치된 자본의 시장가치가 증가하므로 토빈 q 는 증가한다.

④ 옳은 내용이다.

자본재의 실질가격 하락은 자본을 각각의 자본재시장에서 새로 구입할 경우에 드는 비용이 감소함을 의미하므로 설치된 자본의 대체비용이 하락하여 토빈 q 는 증가한다.

⑤ 옳은 내용이다.

설치된 자본의 시장가치가 하락하면 이미 형성되어 있는 자본을 보유하는 기업을 주식시장에서 매수하는데 드는 비용이 감소하고 토빈 q 는 감소한다.

36 정답해설

AD 곡선은 IS 곡선과 LM 곡선으로부터 도출된다.

1) IS 곡선

$r = 10 - 0.4 Y$ 로 주어져 있다.

2) LM 곡선

$\dfrac{M^D}{P} = \dfrac{M^S}{P}$, $0.1 Y - r = \dfrac{4}{P}$ 이므로 LM 곡선은 $r = 0.1 Y - \dfrac{4}{P}$ 로 구할 수 있다.

3) AD 곡선

IS 곡선인 $r = 10 - 0.4 Y$ 와 LM 곡선인 $r = 0.1 Y - \dfrac{4}{P}$ 를 동시에 고려하면,

$10 - 0.4 Y = 0.1 Y - \dfrac{4}{P}$ 가 된다.

이를 정리하면 $Y = \dfrac{8}{P} + 20$ 혹은 $P = \dfrac{8}{(Y-20)}$ 이 되며 이것이 AD 곡선의 식이 된다.

37 〔정답해설〕

자연실업률이란 노동시장이 균형(안정상태)을 이룰 경우의 실업률로서 균제상태에서의 실업률, 완전고용상태에서의 실업률, 완전고용GDP·잠재GDP일 때의 실업률, 마찰적 실업과 구조적 실업만 존재할 때의 실업률, 노동시장의 불완전성으로 인하여 시간이 경과하여도 사라지지 않는 실업률 등의 특징을 갖는다.

자연실업률의 결정은 다음과 같다.

1) 경제활동인구 L (외생적으로 주어짐)

2) 취업자수 E, 실업자수 $U = L - E$

3) 실업률 $\dfrac{U}{L}$

4) 실직률과 구직률

     i) s (실직률) : 주어진 기간에 취업자 중 직업을 잃는 비율

     ii) f (구직률) : 주어진 기간에 실업자 중 직업을 얻는 비율

5) 균제상태 $sE = fU$이므로 자연실업률 = $\dfrac{\text{실직률}}{\text{실직률} + \text{구직률}} = \dfrac{U}{L} = \dfrac{s}{s + f}$

위의 내용에 따라서 문제를 풀면 다음과 같다.

설문에서 실직률은 0.05, 구직률 0.2이므로 자연실업률은 $\dfrac{0.05}{0.05 + 0.2} = 0.2$가 된다. 자연실업률은 균제상태에서의 실업률로서 실업자수가 경제활동인구에서 차지하는 비율이다. 따라서 $\dfrac{L}{6,000} = 0.2$가 성립한다.

결국 실업자수 $L = 1,200$(만 명)이 된다.

38 〔정답해설〕

총수요곡선이란 각각의 물가수준에서 대응되는 총수요를 연결한 그래프로서 생산물시장과 화폐시장의 균형을 달성시키는 국민소득과 물가의 조합을 기하적으로 표시한 것이다. 총수요곡선의 이동요인은 다음과 같이 총수요관리정책과 기타 총수요충격으로 나눌 수 있다.

1) 정부의 총수요관리정책

     ① 정부지출 증가 시 IS곡선이 우측이동, AD곡선도 우측이동한다.

     ② 통화량 증가 시 LM곡선이 우측이동, AD곡선도 우측이동한다.

2) 기타 총수요충격

     ① 실질자산가치 상승 시 IS곡선이 우측이동, AD곡선도 우측이동한다.

     ② 조세 감면, 이전지출 증가 시 IS곡선이 우측이동, AD곡선도 우측이동한다.

한편, 총공급곡선이란 각각의 물가수준에서 기업들이 공급하고자 하는 최종생산물의 양을 나타내는 그래프로서 노동시장의 균형하에서 달성되는 국민소득과 물가의 조합을 기하적으로 표시한 것이다. 총공급곡선의 이동요인은 다음과 같이 예상물가의 변화와 기타 총공급충격으로 나눌 수 있다.

1) 물가에 대한 예상의 변화

     ① 기대물가가 상승하는 경우 총공급곡선은 상방이동한다.

     ② 기대물가가 하락하는 경우 총공급곡선은 하방이동한다.

2) 기타 총공급충격

     ① 원자재가격 상승, 임금의 상승

     ② 가뭄, 파업 등

     ③ 재고관리 효율성 증가, 신기술 개발

설문에서는 전염병의 발생이 총수요와 총공급을 감소시킨다고 설시하고 있다. 따라서 총수요곡선은 좌하방으로 이동하고 총공급곡선은 좌상방으로 이동하므로 소득은 감소하고 물가는 불확실하다.

39 정답해설

경제성장의 요인으로서 노동, 자본, 기술이 각각 경제성장에 기여하는 상대적 크기를 비교함으로써 경제성장에서 어떤 요인이 특히 중요한 역할을 하는지 분석하는 것을 성장회계라고 한다.

특히 Cobb – Douglas 생산함수에서 성장회계방정식은 다음과 같다.

1) $Y = AK^{\alpha}L^{1-\alpha}$, Y : 생산량, K : 자본, L : 노동, A : 기술수준 혹은 총요소생산성, $0 < \alpha < 1$

2) 자연로그로 변형 $\ln Y = \ln A + \alpha \ln K + (1-\alpha)\ln L$, 시간에 대하여 미분 $\widehat{Y} = \widehat{A} + \alpha \widehat{K} + (1-\alpha)\widehat{L}$

3) $Y = AK^{\alpha}L^{1-\alpha}$에서 $MP_L = AK^{\alpha}(1-\alpha)L^{-\alpha}$이며, 이는 노동의 보수이다.

   노동의 총보수는 $LMP_L = AK^{\alpha}(1-\alpha)L^{1-\alpha} = (1-\alpha)Y$가 된다.

4) $Y = AK^{\alpha}L^{1-\alpha}$에서 $MP_K = A\alpha K^{\alpha-1}L^{1-\alpha}$이며, 이는 자본의 보수이다.

   자본의 총보수는 $KMP_K = A\alpha K^{\alpha}L^{1-\alpha} = \alpha Y$가 된다.

5) $\widehat{Y} = \widehat{A} + \alpha \widehat{K} + (1-\alpha)\widehat{L}$, α : 자본의 분배몫, $1-\alpha$: 노동의 분배몫

   경제성장률 = 총요소생산성증가율 + (자본분배몫 × 자본증가율) + (노동분배몫 × 노동증가율)

6) $\widehat{Y} = \widehat{A} + \alpha \widehat{K} + (1-\alpha)\widehat{L}$ 의 양변에서 노동증가율을 뺀다.

   $(\widehat{Y} - \widehat{L}) = \widehat{A} + \alpha(\widehat{K} - \widehat{L}) \rightarrow \hat{y} = \widehat{A} + \alpha \hat{k}$

7) 1인당 소득의 증가율은 총요소생산성 증가율 + (자본의 분배몫 × 1인당 자본의 증가율)

   1인당 소득의 증가는 결국 1인당 자본의 축적 또는 기술진보에 의하여 가능하다.

설문에서 노동량과 자본량 증가율은 각각 −2%와 5%로 주어졌으므로 1인당 자본의 증가율은 7%가 된다. 이제 위의 7)을 활용하여 풀면 다음과 같다.

1인당 소득의 증가율 = 총요소생산성 증가율 + (자본분배몫 × 1인당 자본의 증가율) = 5% + (0.4 × 7%)

따라서 1인당 소득의 증가율은 7.8%가 된다.

40 정답해설

IS곡선과 LM곡선의 산식은 다음과 같다.

1) IS곡선

   ① IS곡선은 생산물시장의 균형조건식에서 도출된다.

   ② $Y^D = Y^S$ ∴ $a + bY + I_0 + cr + G_0 = Y$ ∴ $r = \dfrac{(1-b)}{c}Y - \dfrac{(a + I_0 + G_0)}{c}$

2) LM곡선

   ① LM곡선은 화폐시장의 균형조건식에서 도출된다.

   ② $\dfrac{M^D}{P} = \dfrac{M^S}{P}$ ∴ $kY - lr = \dfrac{M_0}{P}$ ∴ $r = \dfrac{k}{l}Y - \dfrac{M_0}{Pl}$

위의 IS곡선과 LM곡선의 방정식에 설문의 자료를 대입하면 다음과 같다.

1) IS곡선의 방정식 : $Y = 8 + 0.8(Y-5) + (14 - 2r) + 2$ ∴ $Y = 100 - 10r$

2) LM곡선의 방정식 : $Y - 10r = 10$ ∴ $Y = 10 + 10r$

3) $IS - LM$ 균형 : 위의 두 식을 연립하여 풀면 $Y = 55$, $r = 4.5$

4) 민간저축

   민간저축은 $Y - T - C$인데, $Y = 55$, $T = 5$, $C = 8 + 0.8(55 - 5) = 48$임을 고려하면, $Y - T - C = 2$가 된다.

제3과목 | **부동산학원론**

제1교시

정답

01 ②	02 ②	03 ⑤	04 ⑤	05 ①	06 ⑤	07 ③	08 ③	09 ①	10 ①
11 ③	12 ②	13 ①	14 ⑤	15 ④	16 ⑤	17 ③	18 ④	19 ④	20 ③
21 ⑤	22 ④	23 ④	24 ①	25 ④	26 ⑤	27 ④	28 ④	29 ①	30 ④
31 ③	32 ⑤	33 ③	34 ②	35 ②	36 ②	37 ①	38 ④	39 ②	40 ②

33회 계산문제 해설

01 〔정답해설〕

② 부동산학의 지식을 묻기보다는 보편적인 일반 상식을 출제한 것으로 판단된다. 자연으로서 토지는 인간의 노력에 의해 변화되고 극복될 수 있다.

02 〔정답해설〕

② 옳은 지문은 ㄱ, ㄷ, ㄹ이다.

ㄱ. 1필지의 토지를 2인 이상이 공동으로 소유하고 있는 토지(공유지)의 지분을 감정평가할 때에는 대상토지 전체의 가액에 지분비율을 적용하여 감정평가한다. 다만, 대상지분의 위치가 확인되는 경우에는 그 위치에 따라 감정평가할 수 있다.

ㄷ. 고압선 등이 통과하는 토지(선하지)는 통과전압의 종별, 고압선 등의 높이, 고압선 통과 부분의 면적 및 획지 안에서의 위치, 철탑 및 전선로의 이전가능성, 지상권설정 여부 등에 따른 제한의 정도를 고려하여 감정평가할 수 있다.

ㄹ. 맹지는 공로에 출입하기 위한 통로를 개설하기 위해 비용이 발생하는 경우에는 그 비용을 고려하여 감정평가한다. 다만, 다음 어느 하나에 해당하는 경우에는 해당 도로에 접한 것으로 보고 감정평가할 수 있다.

> 1. 토지소유자가 그 의사에 의하여 타인의 통행을 제한할 수 없는 경우 등 관습상 도로가 있는 경우
> 2. 지역권(도로로 사용하기 위한 경우) 등이 설정되어 있는 경우

〔오답해설〕

ㄴ. 일단지와 같이 용도상 불가분의 관계에 있는 2필지 이상의 토지는 2필지가 함께 가치를 형성한다고 할 수 있다. 따라서 2필지를 일괄하여 감정평가한다.

ㅁ. 환지방식에 따른 사업시행지구 안에 있는 토지(환지)는 다음과 같이 감정평가한다.

> 1. 환지처분 이전에 환지예정지로 지정된 경우에는 환지예정지의 위치, 확정예정지번, 면적, 형상, 도로접면상태와 그 성숙도 등을 고려하여 감정평가한다. 다만, 환지면적이 권리면적보다 큰 경우로서 청산금이 납부되지 않은 경우에는 권리면적을 기준으로 한다.
> 2. 환지예정지로 지정 전인 경우에는 종전 토지의 위치, 지목, 면적, 형상, 이용상황 등을 기준으로 감정평가한다.

03 정답해설

⑤ ㄱ : 부증성, ㄴ : 부동성, ㄷ : 개별성에 내한 설멍으로 옳은 언걸이다.

04 정답해설

⑤ 모두 옳은 지문이다.

- 부동성에 의해 부동산 시장은 지역적 시장으로 존재한다. 따라서 인근지역, 유사지역 등 지역을 강조하고 있기 때문에 '부동성은 인근지역과 유사지역의 분류를 가능하게 한다'는 옳은 지문이다.

05 정답해설

① 4사분면 모형에 의하면 장기균형에서 임대료(1사분면), 자산가격(2사분면), 건물의 신규 공급량(3사분면), 공간 재고(4사분면)가 결정된다.

> **▌4사분면 모형의 균형**
> 1사분면 : 공간 재고량(단기 공급량)과 공간 수요에 의해 균형 임대료가 결정
> 2사분면 : 균형 임대료를 자본 환원하여 자산 가격이 결정
> 3사분면 : 자산 가격과 개별비용의 관계를 통해 신규 건설 공급량(건설량)이 결정
> 4사분면 : 신규 건설 공급량과 부동산 재고의 변동(멸실) 등에 의해 공간 재고량이 결정

오답해설

③ 투자자는 투자를 분석하거나 가치를 판단하는 경우에 자신의 요구수익률을 할인율 또는 환원율로 적용한다.

06 정답해설

⑤ 수요의 가격탄력성($\frac{36}{29}$)과 공급의 가격탄력성($\frac{24}{29}$)의 합은 $\frac{60}{29}$이다.

1. 균형을 측정하면 균형 가격(P)은 720, 균형 거래량(Q)은 1,600이다.

2. 수요의 가격탄력성 $= -\dfrac{dQ}{dP} \cdot \dfrac{P}{Q}$

   1) 수요함수를 가격에 대해 미분하면 $\dfrac{dQ}{dP} = -2$

   2) $-\dfrac{dQ}{dP} \cdot \dfrac{P}{Q} = -(-2) \cdot \dfrac{720}{1,160} = \dfrac{720}{580} = \dfrac{36}{29}$

3. 공급의 가격탄력성 $= \dfrac{dQ}{dP} \cdot \dfrac{P}{Q}$

   1) 공급함수를 가격에 대해 미분하면 $\dfrac{dQ}{dP} = \dfrac{4}{3}$

   2) $\dfrac{dQ}{dP} \cdot \dfrac{P}{Q} = \dfrac{4}{3} \cdot \dfrac{720}{1,160} = \dfrac{240}{290} = \dfrac{24}{29}$

4. 수요의 가격탄력성과 공급의 가격탄력성의 합 : $\dfrac{36}{29} + \dfrac{24}{29} = \dfrac{60}{29}$

07 「정답해설」

③ 옳은 묶음이다.

  1. 직접개입방식 : 임대료상한제
  2. 간접개입방식 : 개발부담금제, 부동산보유세, 부동산거래세, 담보대출규제, 부동산가격공시제도
  3. 토지이용규제 : 지역지구제, 토지거래허가제

  ※ 주의 : 제시된 문제는 3분법(직접, 간접 및 토지이용규제)으로 정부의 개입방식을 구분하라는 것이다. 따라서 지역지구제와 토지거래허가제는 토지이용규제로 분류된다. 그러나 2분법(직접, 간접)으로 분류하는 문제라면 토지이용규제는 간접개입방식에 포함시켜서 정답을 찾아야 함에 주의한다.

08 「정답해설」

③ 뢰쉬이론의 세부적인 전제조건까지 모두 이해할 필요는 없다. 다만 어떤 요인을 분석할 때에는 분석하고자 하는 요인을 제외한 다른 요인들은 변화가 없다고 가정함에 주의하여야 한다. 수요 측 요인을 분석하는 뢰쉬 이론은 비용과 관련된 요인은 모두 동일하다고 가정한다. 따라서 뢰쉬의 최대수요이론은 지역의 원자재는 균등하다고 가정하고 입지이론을 분석하였다.

  ㉠ 베버의 최소비용이론은 수요 측 요인은 동일하고, 비용 측 요인만이 지역에 따라 차이가 있다고 가정한다. 그 결과 비용이 최소인 지점이 최적의 공업입지가 된다.
  ㉡ 뢰쉬의 최대수요이론은 공급 측 요인은 동일하고, 수요 측 또는 수입 측 요인만이 지역에 따라 차이가 있다고 가정한다. 그 결과 수요가 최대인 지점이 최적의 공업입지가 된다.

「오답해설」

④ 아이사드는 입지이론에 대체원리를 결합시켜 이론을 설명하였다. 즉 자본이 노동을 대체할 수 있는 것처럼 최적 입지에 영향을 주는 요인과 대체될 수 있는 다양한 다른 생산요소들의 비용을 분석함으로써 입지이론을 설명하였다.

⑤ 스미스는 최소비용이론과 최대수요이론을 종합하여 비용과 수입을 모두 고려하여 가장 이윤이 많이 발생되는 입지가 최적의 입지라고 설명하였다. 또한 종래의 입지이론이 최적 입지의 한 지점만을 찾으려고 한 것에 비해 이윤을 창출할 수 있는 공간적 한계구역(준최적입지)이라는 개념을 제시하고 그 구역에서는 어디에서나 공장이 입지할 수 있다고 설명하였다.

09 「정답해설」

① 옳은 지문이다. 초과이윤을 획득할 수 없는 경우에 할당 효율적 시장은 달성된다. 투자자가 얻는 초과이윤이 이를 발생시키는 데 소요되는 정보비용보다 크면, 즉 초과이윤이 있다면 할당(배분) 효율적 시장이 아니다.

「오답해설」

② 완전경쟁시장의 조건과 유사한 시장은 강성 효율적 시장이다.
③ 부동산 시장은 불완전하더라도 할당(배분) 효율성을 달성할 수 있다.
④ 강성 효율적 시장에서는 어떠한 정보를 이용하더라도 초과이윤을 획득할 수 없다.
⑤ 준강성 효율적 시장이 약성 효율적 시장의 성격을 포함한다.

10 「정답해설」

① 옳은 지문이다. 주택이 노후화될 때 철거된다면 신규주택에 대한 정부의 지원은 비효율적이 된다. 여과과정이 일어나 주택이 노후화될 때 주택이 철거되지 않고 상대적으로 소득이 낮은 계층의 사용으로 전환된다면, 신규주택에 대한 정부지원은 보다 효율적이며 모든 소득계층에게 이득이 될 수 있다.

오답해설

② 고소득층 주거지역에서 주택개량을 통한 가치상승분이 주택개량비용보다 큰 경우라면, 고소득층 주거지역의 주택개량이 지속적으로 이루어진다. 그 결과 고소득층 주거지역의 주택가격은 하락하지 않기 때문에 하향여과는 발생하지 않는다.

③ 고가주택에 가까이 위치한 저가주택에는 정(+)의 외부효과가 발생한다.

④ 민간주택시장에서 가격수준이 낮은 주택, 즉 불량주택이 발생하는 것은 시장이 정상적으로 기능을 발휘하기 때문이다. 저소득층은 가격수준이 낮은 주택(불량주택)을 구입할 수 밖에 없기 때문에 시장은 가격수준이 낮은 불량주택을 제공하는 것이다.

⑤ 주거분리현상은 근린지역뿐만 아니라 도시지역 전체에서도 발생하는 보편적인 현상이다.

11 **정답해설**

③ 분양가상한제가 실시되면 분양을 받는 사람은 주변 시가보다 낮은 가격으로 주택을 분양받게 된다. 따라서 주변 시가와의 차이로 발생하는 가격상승의 이익, 즉 분양프리미엄을 갖기 위해 분양 투기가 발생한다. 이 경우 정부는 분양주택의 전매제한을 강화하여 분양 투기를 억제하려고 한다.

12 **정답해설**

② 소득의 재분배 정책이란 소득의 격차를 줄이기 위해 행하는 정부의 정책이다. 저소득층에게 공급하는 공공임대주택의 임대료는 민간임대주택의 임대료에 비해 낮기 때문에 저소득층이 상대적으로 혜택을 보고, 그 결과 소득의 격차가 줄어드는 간접효과가 발생한다. 따라서 임대주택의 공급은 소득의 재분배 효과가 있다.

13 **정답해설**

① (ㄱ)은 −260,000원이고, (ㄴ)은 +16,360,000원이다.

1. 추가 투자가 없었을 때의 NPV(ㄱ)
   1) 현금유입의 현가 : 4,000만원 × 0.952 + 3,000만원 × 0.906 + 4,000만원 × 0.862 = 9,974만원
   2) 현금유출의 현가 : 10,000만원
   3) 순현가(NPV) : −26만원
2. 추가 투자로 인한 NPV 증감(ㄴ)
   1) 현금유입의 증감 : 3,000만원 × 0.906 + 4,000만원 × 0.862 = 6,166만원
   2) 현금유출의 증감 : 5,000만원 × 0.906 = 4,530만원
   3) 순현가(NPV) 증감 : 6,166만원 − 4,530만원 = 1,636만원

14 **정답해설**

⑤ 옳은 지문이다. 위탁관리 부동산투자회사가 이익을 배당할 때에는 이익을 초과하여 배당할 수 있다(부동산투자회사법 제28조 제3항).

오답해설

① 70억원이 아니라 50억원 이상이다.

② 3억원이 아니라 5억원 이상이다.

③ 감정평가사 또는 공인중개사로서 해당 분야에 5년 이상 종사한 사람은 자기관리 부동산투자회사에 자산운용 전문인력이 될 수 있다.

④ 부동산투자회사는 최저자본금준비기간이 끝난 후에는 매 분기 말 현재 총자산의 100분의 80 이상을 부동산, 부동산 관련 증권 및 현금으로 구성하여야 한다. 이 경우 총자산의 100분의 70 이상은 부동산(건축 중인 건축물을 포함한다)이어야 한다(부동산투자회사법 제25조 제1항).

PART 03

15 〔정답해설〕

④ 두 자산 간 상관계수가 음수(-)인 경우에 포트폴리오 위험절감효과가 높다.

〔오답해설〕

① 변동계수는 수익률을 올리기 위해 감수하는 위험의 비율로 표준편차를 기대수익률로 나눈 값이다.

> ▌변동계수(변이계수)
>
> 1. 변동계수(변이계수) = $\dfrac{위험(표준편차)}{수익(기대수익률)}$
> 2. 변동계수는 수익 1단위를 얻기 위해 감당해야 할 위험의 크기를 의미한다. 따라서 변동계수는 작은 수치일수록 선호되는 대안이 된다.
> 3. 변동계수는 평균·분산 지배원리로 투자대안을 선택할 수 없는 경우에 보조지표로 활용된다.

⑤ 투자안의 기대수익률이 요구수익률보다 높으면 해당 투자안의 수요증가로 부동산 가격이 상승한다. 따라서 투자자는 더 많은 금액을 투입해야 하기 때문에 기대수익률은 낮아져 요구수익률에 수렴한다.

16 〔정답해설〕

⑤ 옳은 지문이다.

〔오답해설〕

① 투자 규모가 상이한 여러 투자대안을 분석할 때, 어떤 대안이 수익성지수가 가장 크다고 해서 순현재가치도 가장 크다고 할 수 없다.

② 수익률(내부수익률)은 합산되는 것이 아니다. 즉 A의 수익률이 10%이고, B의 수익률이 6%일 때, A와 B를 결합한 투자의 수익률이 17%가 되는 것이 아니라 8%가 된다. 따라서 A, B를 결합한 새로운 투자안의 내부수익률(IRR)은 A의 내부수익률과 B의 내부수익률을 합한 값이 될 수 없다.

구분	A	B	A+B
투자금액	100	100	200
수익	10	6	16
수익률	10%	6%	8%

③ 순현재가치법과 수익성지수법은 모두 할인법으로 화폐의 시간가치를 고려하는 방식이다.

④ 내부수익률은 존재하지 않거나, 복수가 산정될 수 있다. 따라서 단일의 내부수익률만 대응되는 것은 아니다.

17 〔정답해설〕

③ 어떤 방식이든 차입자가 지급한 총누적원금(총원금)은 대출금액과 동일하다. 따라서 차입자의 총원리금상환액은 차입자가 부담하는 총누적이자(총이자지급액)에 의해 결정된다. 차입자의 이자부담의 정도는 원금을 보다 빠르게 상환하는 원금균등분할상환방식이 원리금균등분할상환방식보다 적다.

〔오답해설〕

④ 총부채상환비율(DTI)은 소득대비 원리금 상환액의 크기를 의미한다. 따라서 소득변경이 없는 경우 원금균등상환방식의 DTI(원리금)는 만기에 가까워질수록 낮아진다.

⑤ 총부채상환비율(DTI)은 소득대비 원리금 상환액의 크기를 의미한다. 따라서 소득변경이 없는 경우 원리금균등상환방식의 DTI(원리금)는 일정하게 유지된다.

18 〔정답해설〕

④ 대출산액은 36,028만원이다.

　1. 매기 원리금상환액

　　1) 대출금액 × 저당상수(0.5%, 180월) = 대출금액 ÷ 연금현가계수(0.5%, 180월) = 매기(월) 상환액

　　2) 47,400만원 ÷ 118.50 = 400만원

　2. 5년 후 대출잔금

　　1) 매기(월) 상환액 × 연금현가계수(0.5%, 120월) = 대출잔금

　　2) 400만원 × 90.07 = 36,028만원

19 〔정답해설〕

④ A, B, C의 크기 순서는 'B > C > A'이다.

　1. A : (250만원 × 4.212) ÷ 1.06 = 993.396만원

　　1) A안의 현금흐름

　　2) "2년 말부터 5년 동안 지급하는 연금(250만원)에 연금의 현재가치계수(4.212)를 곱하여 산정한 금액
(250만원 × 4.212)"은 1년 말 시점의 금액이다. 따라서 문제에서 제시된 현재가치를 구하기 위해서는
1년의 기간을 다시 할인[(250만원 × 4.212) ÷ 1.06]하여야 한다.

　2. B : 200만원 × 5.637 = 1,127.4만원

　　1) B안의 현금흐름

　　2) "2년 말부터 5년 동안 지급하는 연금(200만원)에 연금의 미래가치계수(5.637)를 곱하여 산정한 금액
(200만원 × 5.637)"은 6년 말 시점의 금액이다. 그리고 이 금액은 6년 말 시점을 기준으로 측정된 연금
의 미래가치와 동일하다.

　3. C : 40만원 ÷ (0.06 − 0.02) = 1,000만원

$$PV(\text{성장형 연금}) = \frac{C}{r-g} \quad (\text{단, } r > g)$$

20 〔정답해설〕

③ MBB의 경우, 발행자가 채무불이행위험(소유권)을 부담한다.

	MPTS	MBB	MPTB / CMO
성격	지분형	채권형	혼합형
소유권(채무불이행위험)	투자자	발행자	발행자
원리금 수취권	투자자	발행자	투자자
조기상환위험	투자자	발행자	투자자

21 정답해설

⑤ 총부채상환비율(DTI)과 총부채원리금상환비율(DSR)은 소득을 기준으로 대출(위험)을 평가하는 지표이다. 반면 담보인정비율(LTV)은 담보물의 가치를 기준으로 대출(위험)을 측정하는 지표이다.

오답해설

① 듀레이션(가중평균 회수기간)은 보다 빠르게 상환하는 방식일수록 보다 짧게 측정된다. 따라서 원금을 가장 천천히 상환하는 만기일시상환대출의 듀레이션은 길고, 상대적으로 원금을 빠르게 상환하는 원리금균등분할 상환방식의 듀레이션은 짧다.

② 실효이자율이란 대출계약에서 명시된 이자율이 아니라 차입자가 실질적으로 부담하는 이자율을 말한다. 대출수수료와 조기상환수수료를 부담하는 경우라면 차입자가 부담하는 실효이자율은 상승한다.

22 정답해설

④ 옳은 수식이다.

1. 연금의 현재가치 공식 : $\dfrac{(1+r)^n - 1}{r(1+r)^n}$ 또는 $\dfrac{1 - (1+r)^{-n}}{r}$

2. 월 금리(r) : '0.06 ÷ 12', 기간(n) : '30년 × 12월'

23 정답해설

④ 투자의 위험관리와 프로젝트 파이낸싱 등의 업무는 자산관리(A.M)의 내용이다. 재산관리(P.M)는 부동산관리 또는 임대차관리라고도 하는데, 부동산 전체의 임대차 수익을 극대화하고자 하는 관리이다.

┃ 시설관리, 재산관리(P.M), 자산관리(A.M)
1. 시설관리 : 시설의 유지 및 보수를 목적으로 하는 관리이다.
2. 임대차관리 : 부동산 임대차 수익의 극대화를 목적으로 하는 관리이다.
3. 자산관리
   ㉠ 다양한 방법으로 자산의 가치를 증가시키고자 하는 관리이다.
   ㉡ 포트폴리오, 매입 및 매각, 프로젝트 대출, 재개발, 리모델링 등을 내용으로 한다.

오답해설

③ 생애주기상 노후단계는 물리적·기능적 상태가 급격히 악화되기 시작하는 단계로 리모델링을 통하여 가치를 올릴 수 있다.

┃ 건물의 생애주기
1. 개발 전 단계 : 개발되기 전의 토지 상태를 의미한다.
2. 신축단계 : 건물의 물리적 유용성이 가장 높은 단계이다.
3. 안정단계 : 신축이 끝난 이후의 단계로, 안정단계에서 건물을 얼마나 유지·수선하는지에 따라 건물의 전체 내용연수가 결정된다.
4. 노후단계 : 건물이 급격히 노후화되는 시기로 재건축, 리모델링 등이 고려된다.
5. 폐기단계

⑤ 건물의 이용에 의한 마멸, 파손, 노후화, 우발적 사고 등으로 사용이 불가능할 때까지의 기간을 물리적 내용연수라고 한다.

▌건물의 내용연수에 미치는 영향
1. 물리적 내용연수 : 시간의 흐름, 작동이나 사용으로 인한 소모, 재해로 인한 파손
2. 기능적 내용연수 : 설계의 불량, 설비의 과대 또는 과소 등 내부 구성요소의 균형 여부
3. 경제적 내용연수 : 인근지역의 변화, 외부환경의 변화 등 외부환경과의 적합 여부

24 정답해설

① 옳은 지문이다.

오답해설

② 혼합관리방식은 문제가 발생하는 경우, 관리의 책임소재가 불분명한 단점이 있다. 따라서 관리자들 간의 협조가 긴밀하다고 할 수 없다.
③ 관리업무의 타성(게으름)을 방지할 수 있는 방식은 위탁관리방식이다.
④ 기밀 및 보안 유지에 유리한 방식은 자기관리방식이다.
⑤ 혼합관리방식은 관리문제 발생 시 책임소재가 불명확하다는 단점이 있다.

25 정답해설

④ 옳은 지문은 'ㄱ, ㄷ, ㄹ'이다.

오답해설

ㄴ. 혼합방식이 아니라 환지방식에 대한 설명이다.

26 정답해설

⑤ AIDA 원리는 주의(Attention), 관심(Interest), 욕망(Desire), 행동(Action)의 단계를 순차적으로 거친다.

27 정답해설

④ 옳은 연결이다.

▌시장성 분석과 민감도 분석
1. 시장성 분석
　① 현재나 미래의 시장상황에서 매매 또는 임대될 수 있는 가능성을 분석하는 방법이다.
　② 현재나 미래 시장에서 개발된 부동산이 얼마나 빠르고 많이 시장에 매매 또는 임대될 수 있는지, 즉 흡수율을 분석한다.
2. 민감도 분석(감응도 분석, 낙비쌍관법)
　① 투입 요소(원인)와 결과의 관계를 분석하는 방법이다.
　② 원인의 변화를 낙관적 상황과 비관적 상황으로 구분하여 분석한다.

28 정답해설

④ 에스크로 제도는 일반적으로 전문 에스크로 회사에 의해 이루어진다. 그러나 은행이나 신탁회사 등도 회사 안에 별도의 에스크로 부서를 설치하고 업무를 하기도 한다.

29 〔정답해설〕

① 순가중개계약에서는 매도자가 제시한 가격을 초과하여 거래가 이루어진 경우 그 초과액을 개업공인중개사의 중개보수로 지급하는 계약이다. 초과액을 매도자와 개업공인중개사가 나누어 갖는 것이 아니다.

30 〔정답해설〕

④ (오류로 판정된 문제를 수정하여 수록하였음) 개업공인중개사가 확인·설명해야 할 사항은 '권리를 취득함에 따라 부담하여야 할 조세의 종류 및 세율'이다.

> ▌중개대상물의 확인·설명 등(공인중개사법 제25조)
> ① 개업공인중개사는 중개를 의뢰받은 경우에는 중개가 완성되기 전에 다음 각 호의 사항을 확인하여 이를 해당 중개대상물에 관한 권리를 취득하고자 하는 중개의뢰인에게 성실·정확하게 설명하고, 토지대장 등본 또는 부동산종합증명서, 등기사항증명서 등 설명의 근거자료를 제시하여야 한다.
> ㉠ 해당 중개대상물의 상태·입지 및 권리관계
> ㉡ 법령의 규정에 의한 거래 또는 이용제한사항
> ㉢ 그 밖에 대통령령으로 정하는 사항
> 　　1. 중개대상물의 종류·소재지·지번·지목·면적·용도·구조 및 건축연도 등 중개대상물에 관한 기본적인 사항
> 　　2. 소유권·전세권·저당권·지상권 및 임차권 등 중개대상물의 권리관계에 관한 사항
> 　　3. 거래예정금액·중개보수 및 실비의 금액과 그 산출내역
> 　　4. 토지이용계획, 공법상의 거래규제 및 이용제한에 관한 사항
> 　　5. 수도·전기·가스·소방·열공급·승강기 및 배수 등 시설물의 상태
> 　　6. 벽면·바닥면 및 도배의 상태
> 　　7. 일조·소음·진동 등 환경조건
> 　　8. 도로 및 대중교통수단과의 연계성, 시장·학교와의 근접성 등 입지조건
> 　　9. 중개대상물에 대한 권리를 취득함에 따라 부담하여야 할 조세의 종류 및 세율

31 〔정답해설〕

③ 조세부과로 인한 경제적 순손실은 240억원이다.

1. 조세를 부과하기 전의 균형 거래량

　1) 수요자 가격($1,200 - \frac{1}{2}Q$) = 공급자 가격($400 + \frac{1}{3}Q$), Q = 960

　2) 균형 거래량(QE) : 960만호

2. 조세의 부과로 인한 거래량 감소

　1) $(1,200 - \frac{1}{2}Q) - (400 + \frac{1}{3}Q) = 20$(조세), Q = 936

　2) 감소되는 거래량 : 960만호 − 936만호 = 24만호

3. 사회적 손실(▶부분 면적) : (20만원 × 24만호) ÷ 2 = 240억원

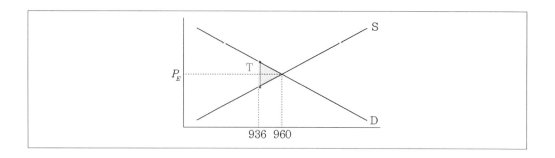

32 〈정답해설〉

⑤ 제시된 내용은 모두 재산세와 관련된다. 특히 부동산 조세 중에 정부가 부과하고 징수(보통징수)하는 세금은 재산세와 종합부동산세이다. 이 점에 착안하여 선택하는 것이 요령이다.

33 〈정답해설〉

③ 권리보증이 아니라 판독에 대한 설명이다.

34 〈정답해설〉

② 옳은 묶음이다. 유치권과 점유권은 등기할 수 없는 권리로 등기능력이 없는 것으로 분석한다.

35 〈정답해설〉

② 적산법은 대상 물건의 기초가액에 기대이율을 곱하여 산정된 기대수익에 대상 물건을 계속하여 임대하는 데에 필요한 경비를 더한다.

36 〈정답해설〉

② 할인법에 의한 수익가액은 1,877,310,000원이다.

   1. 보유기간 현금흐름의 현재가치

     1) 보유기간 현금흐름은 보유기간(5년) 동안 발생하는 순영업소득의 현가이다.

     2) 순영업소득의 현가 : 순영업소득 × 연금현가계수(5%, 5년)

          = 9,000만원 × 4.329 = 38,961만원

   2. 기간 말 현금흐름의 현가

     1) 5년 말 매도를 통한 발생하는 현금흐름의 현가이다.

     2) 추정 매도가액 : 6기 순영업소득 ÷ 기출환원율 = 10,000만원 ÷ 0.05 = 200,000만원

     3) 추정 매도비용 : 200,000만원 × 0.05 = 10,000만원

     4) 기간 말 현금흐름의 현가 : 190,000만원 × 일시불현가계수(5%, 5년)

          = 190,000만원 × 0.783 = 148,770만원

   3. 할인법에 의한 수익가액 : 38,961만원 + 148,770만원 = 187,731만원

37 〈정답해설〉

① 운영경비에 감가상각비가 포함되었다면 운영경비와 함께 감가상각비가 소득에서 차감된다. 즉 산정된 순수익은 상각 후 순수익이 된다. 따라서 상각 후 환원율을 적용한다.

1. 운영경비에 감가상각비가 포함된다면 감가상각비가 제외된(상각된) 순수익, 즉 상각 후 순수익이 된다.
2. 상각 후 순수익은 상각 후 환원율을 적용한다.

오답해설

② 직접환원법에서 사용할 환원율은 시장추출법으로 구하는 것을 원칙으로 한다. 다만, 시장추출법의 적용이 적절하지 않은 때에는 요소구성법, 투자결합법, 유효총소득승수에 의한 결정방법, 시장에서 발표된 환원율 등을 검토하여 조정할 수 있다.

③ 재매도가치는 보유기간 경과 후 초년도의 순수익을 추정하여 최종환원율로 환원한 후 매도비용을 공제하여 산정한다.

38 **정답해설**

④ C토지 거래금액은 21% 고가로 거래되었다.
1. 거래사례(C토지) 거래금액 : 100만원/㎡
2. 100만원/㎡(C토지 거래금액) × 사정보정치 × 1.1 × 1.1 = 100만원/㎡(B토지 비준가액)
3. 사정보정치 : 0.8264
4. 사정보정률(a) : $\dfrac{1}{(1 + a)}$ = 0.8264, a = 21%

39 **정답해설**

② 적정한 실거래가란 부동산 거래신고에 관한 법률에 따라 신고된 실제 거래가격으로서 거래시점이 도시지역은 3년 이내, 그 밖의 지역은 5년 이내인 거래가격 중에서 감정평가법인 등이 인근지역의 지가수준 등을 고려하여 감정평가의 기준으로 적용하기에 적정하다고 판단하는 거래가격을 말한다.

40 **정답해설**

② 건물의 연간 감가율은 2%이다.
1. 순수익(상각 전)
   1) 유효총소득 : (600만원 × 12월) − 1,200만원 = 6,000만원
   2) 순영업소득 : 6,000만원 × (1 − 0.2) = 4,800만원
2. 환원율(상각 전) : 4,800만원 ÷ 80,000만원 = 0.06(6%)
3. 건물의 연간 감가율
   1) 토지환원율 : 5%
   2) 건물환원율(상각 전) : 5%(상각 후 환원율) + a(연간 감가율)
   3) 종합환원율 : (5% × 0.5) + {(5% + a) × 0.5} = 6%, a = 2%

제4과목 | 감정평가관계법규

정답

01 ⑤	02 ④	03 ①	04 ⑤	05 ②	06 ③	07 ④	08 ①	09 ②	10 ④
11 ④	12 ③	13 ④	14 ④	15 ②	16 ②	17 ⑤	18 ③	19 ①	20 ②
21 ②	22 ④	23 ③	24 ③	25 ⑤	26 ③	27 ④	28 ③	29 ⑤	30 ⑤
31 ③	32 ⑤	33 ②	34 ④	35 ①	36 ③	37 ①	38 ②	39 ②	40 ⑤

01

정답해설

⑤ 영 제19조(도시·군관리계획의 수립기준)의 내용에 해당하지 않는다. 광역도시계획의 수립기준을 정할 때 고려해야 하는 사항이다.

오답해설

① 영 제19조 제4호
② 영 제19조 제7호
③ 영 제19조 제8호
④ 영 제19조 제10호

영 제19조(도시·군관리계획의 수립기준)

1. 광역도시계획 및 도시·군기본계획 등에서 제시한 내용을 수용하고 개별 사업계획과의 관계 및 도시의 성장 추세를 고려하여 수립하도록 할 것
2. 도시·군기본계획을 수립하지 아니하는 시·군의 경우 당해 시·군의 장기발전구상 및 법 제19조 제1항의 규정에 의한 도시·군기본계획에 포함될 사항 중 도시·군관리계획의 원활한 수립을 위하여 필요한 사항이 포함되도록 할 것
3. 도시·군관리계획의 효율적인 운영 등을 위하여 필요한 경우에는 특정지역 또는 특정부문에 한정하여 정비할 수 있도록 할 것
4. 공간구조는 생활권단위로 적정하게 구분하고 생활권별로 생활·편익시설이 고루 갖추어지도록 할 것
5. 도시와 농어촌 및 산촌지역의 인구밀도, 토지이용의 특성 및 주변환경 등을 종합적으로 고려하여 지역별로 계획의 상세정도를 다르게 하되, 기반시설의 배치계획, 토지용도 등은 도시와 농어촌 및 산촌지역이 서로 연계 되도록 할 것
6. 토지이용계획을 수립할 때에는 주간 및 야간활동인구 등의 인구규모, 도시의 성장추이를 고려하여 그에 적합 한 개발밀도가 되도록 할 것
7. 녹지축·생태계·산림·경관 등 양호한 자연환경과 우량농지, 국가유산 및 역사문화환경 등을 고려하여 토지 이용계획을 수립하도록 할 것
8. 수도권안의 인구집중유발시설이 수도권외의 지역으로 이전하는 경우 종전의 대지에 대하여는 그 시설의 지방 이전이 촉진될 수 있도록 토지이용계획을 수립하도록 할 것
9. 도시·군계획시설은 집행능력을 고려하여 적정한 수준으로 결정하고, 기존 도시·군계획시설은 시설의 설치 현황과 관리·운영상태를 점검하여 규모 등이 불합리하게 결정되었거나 실현가능성이 없는 시설 또는 존치 필요성이 없는 시설은 재검토하여 해제하거나 조정함으로써 토지이용의 활성화를 도모할 것
10. 도시의 개발 또는 기반시설의 설치 등이 환경에 미치는 영향을 미리 검토하는 등 계획과 환경의 유기적 연관 성을 높여 건전하고 지속가능한 도시발전을 도모하도록 할 것

11. 「재난 및 안전관리 기본법」 제24조 제1항에 따른 시·도안전관리계획 및 같은 법 제25조 제1항에 따른 시·군·구안전관리계획과 「자연재해대책법」 제16조 제1항에 따른 시·군 자연재해저감 종합계획을 고려하여 재해로 인한 피해가 최소화되도록 할 것

02 정답해설

④ 개발행위허가를 받은 자가 행정청이 아닌 경우 개발행위허가를 받은 자가 새로 설치한 공공시설은 그 시설을 관리할 관리청에 무상으로 귀속되고, 개발행위로 용도가 폐지되는 공공시설은 「국유재산법」과 「공유재산 및 물품 관리법」에도 불구하고 새로 설치한 공공시설의 설치비용에 상당하는 범위에서 개발행위허가를 받은 자에게 무상으로 양도할 수 있다(법 제65조 제2항).

오답해설

①, ② 개발행위허가(다른 법률에 따라 개발행위허가가 의제되는 협의를 거친 인가·허가·승인 등을 포함한다. 이하 이 조에서 같다)를 받은 자가 행정청인 경우 개발행위허가를 받은 자가 새로 공공시설을 설치하거나 기존의 공공시설에 대체되는 공공시설을 설치한 경우에는 「국유재산법」과 「공유재산 및 물품 관리법」에도 불구하고 새로 설치된 공공시설은 그 시설을 관리할 관리청에 무상으로 귀속되고, 종래의 공공시설은 개발행위허가를 받은 자에게 무상으로 귀속된다(법 제65조 제1항).

③ 개발행위허가를 받은 자가 행정청이 아닌 경우 개발행위허가를 받은 자가 새로 설치한 공공시설은 그 시설을 관리할 관리청에 무상으로 귀속되고, 개발행위로 용도가 폐지되는 공공시설은 「국유재산법」과 「공유재산 및 물품 관리법」에도 불구하고 새로 설치한 공공시설의 설치비용에 상당하는 범위에서 개발행위허가를 받은 자에게 무상으로 양도할 수 있다(법 제65조 제2항).

⑤ 특별시장·광역시장·특별자치시장·특별자치도지사·시장 또는 군수는 제1항과 제2항에 따른 공공시설의 귀속에 관한 사항이 포함된 개발행위허가를 하려면 미리 해당 공공시설이 속한 관리청의 의견을 들어야 한다. 다만, 관리청이 지정되지 아니한 경우에는 관리청이 지정된 후 준공되기 전에 관리청의 의견을 들어야 하며, 관리청이 불분명한 경우에는 도로 등에 대하여는 국토교통부장관을, 하천에 대하여는 환경부장관을 관리청으로 보고, 그 외의 재산에 대하여는 기획재정부장관을 관리청으로 본다(법 제65조 제3항).

03 정답해설

① 가스관과 하수도관은 심의를 거쳐 수용할 수 있다.

오답해설

* 공동구에 수용하여야 하는 시설(영 제35조의3)
1) 필수 : 전선로, 통신선로, 수도관, 열수송관(난방), 중수도관(물재활용), 쓰레기수송관
2) 공동구협의회 심의 거쳐 수용할 수 있는 시설 : 가스관, 하수도관, 그 밖의 시설

04 정답해설

⑤ ㄱ, ㄴ, ㄷ. 법 제59조 제1항, 제7항

> **법 제59조(개발행위에 대한 도시계획위원회의 심의)**
> ② 다음 각 호의 어느 하나에 해당하는 개발행위는 중앙도시계획위원회와 지방도시계획위원회의 심의를 거치지
> 아니한다.
> 1. 다른 법률에 따라 도시계획위원회의 심의를 받는 구역에서 하는 개발행위
> 2. 지구단위계획 또는 성장관리계획을 수립한 지역에서 하는 개발행위
> 3. 주거지역 · 상업지역 · 공업지역에서 시행하는 개발행위 중 특별시 · 광역시 · 특별자치시 · 특별자치도 ·
>   시 또는 군의 조례로 정하는 규모 · 위치 등에 해당하지 아니하는 개발행위
> 4. 「환경영향평가법」에 따라 환경영향평가를 받은 개발행위
> 5. 「도시교통정비 촉진법」에 따라 교통영향평가에 대한 검토를 받은 개발행위
> 6. 「농어촌정비법」 제2조 제4호에 따른 농어촌정비사업 중 대통령령으로 정하는 사업을 위한 개발행위
> 7. 「산림자원의 조성 및 관리에 관한 법률」에 따른 산림사업 및 「사방사업법」에 따른 사방사업을 위한 개발
>   행위

05 정답해설

② 개발밀도관리구역에 대한 설명이다.
"개발밀도관리구역"이란 개발로 인하여 기반시설이 부족할 것으로 예상되나 기반시설을 설치하기 곤란한 지
역을 대상으로 건폐율이나 용적률을 강화하여 적용하기 위하여 제66조에 따라 지정하는 구역을 말한다(법
제2조 제18호).

오답해설

> **법 제75조의2(성장관리계획구역의 지정 등)**
> ① 특별시장 · 광역시장 · 특별자치시장 · 특별자치도지사 · 시장 또는 군수는 녹지지역, 관리지역, 농림지역 및
> 자연환경보전지역 중 다음 각 호의 어느 하나에 해당하는 지역의 전부 또는 일부에 대하여 성장관리계획구역
> 을 지정할 수 있다.
> 1. 개발수요가 많아 무질서한 개발이 진행되고 있거나 진행될 것으로 예상되는 지역
> 2. 주변의 토지이용이나 교통여건 변화 등으로 향후 시가화가 예상되는 지역
> 3. 주변지역과 연계하여 체계적인 관리가 필요한 지역
> 4. 「토지이용규제 기본법」 제2조 제1호에 따른 지역 · 지구등의 변경으로 토지이용에 대한 행위제한이 완화
>   되는 지역
> 5. 그 밖에 난개발의 방지와 체계적인 관리가 필요한 지역으로서 대통령령으로 정하는 지역

06 정답해설

③ ㄱ : 100, ㄴ : 200, ㄷ : 250, ㄹ : 300

> **영 제85조(용도지역 안에서의 용적률) 제1항**
> 3. 제1종일반주거지역 : 100퍼센트 이상 200퍼센트 이하
> 4. 제2종일반주거지역 : 100퍼센트 이상 250퍼센트 이하
> 5. 제3종일반주거지역 : 100퍼센트 이상 300퍼센트 이하

07 〔정답해설〕

④ 자연환경보전지역이다.

> **법 제79조(용도지역 미지정 또는 미세분 지역에서의 행위 제한 등)**
> ① 도시지역, 관리지역, 농림지역 또는 자연환경보전지역으로 용도가 지정되지 아니한 지역에 대하여는 자연환경보전지역에 관한 규정을 적용한다.

08 〔정답해설〕

① 도시·군기본계획에 대해 정의하는 규정이다.

〔오답해설〕

> **법 제2조(정의)** 이 법에서 사용하는 용어의 뜻은 다음과 같다.
> 4. "도시·군관리계획"이란 특별시·광역시·특별자치시·특별자치도·시 또는 군의 개발·정비 및 보전을 위하여 수립하는 토지 이용, 교통, 환경, 경관, 안전, 산업, 정보통신, 보건, 복지, 안보, 문화 등에 관한 다음 각 목의 계획을 말한다.
> 가. 용도지역·용도지구의 지정 또는 변경에 관한 계획
> 나. 개발제한구역, 도시자연공원구역, 시가화조정구역(市街化調整區域), 수산자원보호구역의 지정 또는 변경에 관한 계획
> 다. 기반시설의 설치·정비 또는 개량에 관한 계획
> 라. 도시개발사업이나 정비사업에 관한 계획
> 마. 지구단위계획구역의 지정 또는 변경에 관한 계획과 지구단위계획
> 바. 삭제 〈2024.2.6.〉
> 사. 도시혁신구역의 지정 또는 변경에 관한 계획과 도시혁신계획
> 아. 복합용도구역의 지정 또는 변경에 관한 계획과 복합용도계획
> 자. 도시·군계획시설입체복합구역의 지정 또는 변경에 관한 계획

09 〔정답해설〕

② 이행보증금은 개발행위허가를 받은 자가 법 제62조 제1항의 규정에 의한 준공검사를 받은 때에는 즉시 이를 반환하여야 한다(영 제59조 제4항).

〔오답해설〕

①, ④ 이행보증금은 총공사비의 20퍼센트 이내(산지에서의 개발행위의 경우 「산지관리법」 제38조에 따른 복구비를 합하여 총공사비의 20퍼센트 이내)가 되도록 하고, 그 산정에 관한 구체적인 사항 및 예치방법은 특별시·광역시·특별자치시·특별자치도·시 또는 군의 도시·군계획조례로 정한다(영 제59조 제2항).

③ A군수는 이행보증금을 행정대집행의 비용으로 사용할 수 있다.

> **법 제89조(도시·군계획시설사업의 이행 담보)**
> ④ 특별시장·광역시장·특별자치시장·특별자치도지사·시장 또는 군수는 제3항에 따른 원상회복의 명령을 받은 자가 원상회복을 하지 아니하는 경우에는 「행정대집행법」에 따른 행정대집행에 따라 원상회복을 할 수 있다. 이 경우 행정대집행에 필요한 비용은 제1항에 따라 도시·군계획시설사업의 시행자가 예치한 이행보증금으로 충당할 수 있다.

⑤ 국가나 지방자치단체가 시행하는 개발행위의 경우에는 이행보증금을 예치하지 않는다(법 제89조 제1항 제1호).

10 〔정답해설〕

④

> **법 제48조(도시 · 군계획시설결정의 실효 등)**
> ① 도시 · 군계획시설결정이 고시된 도시 · 군계획시설에 대하여 그 고시일부터 20년이 지날 때까지 그 시설의 설치에 관한 도시 · 군계획시설사업이 시행되지 아니하는 경우 그 도시 · 군계획시설결정은 그 고시일부터 20년이 되는 날의 다음날에 그 효력을 잃는다.

11 〔정답해설〕

④ 시도지사가 아니라 국토교통부장관이다.

> **법 제16조(광역도시계획의 승인)**
> ② 국토교통부장관은 제1항에 따라 광역도시계획을 승인하거나 직접 광역도시계획을 수립 또는 변경(시 · 도지사와 공동으로 수립하거나 변경하는 경우를 포함한다)하려면 관계 중앙행정기관과 협의한 후 중앙도시계획위원회의 심의를 거쳐야 한다.

〔오답해설〕

① 법 제11조 제2항
② 법 제14조 제1항
③ 법 제13조 제2항
⑤ 영 제13조 제1항 제1호

12 〔정답해설〕

③ 영 제4조의2의 "도로, 공원, 녹지 등 대통령령으로 정하는 기반시설"(부대시설 및 편의시설 포함)에는 「고등교육법」에 따른 학교는 제외한다.

> **영 제4조의2(기반시설부담구역에 설치가 필요한 기반시설)**
> 법 제2조 제19호에서 "도로, 공원, 녹지 등 대통령령으로 정하는 기반시설"이란 다음 각 호의 기반시설(해당 시설의 이용을 위하여 필요한 부대시설 및 편의시설을 포함한다)을 말한다.
> 1. 도로(인근의 간선도로로부터 기반시설부담구역까지의 진입도로를 포함한다)
> 2. 공원
> 3. 녹지
> 4. 학교(「고등교육법」 제2조에 따른 학교는 제외한다)
> 5. 수도(인근의 수도로부터 기반시설부담구역까지 연결하는 수도를 포함한다)
> 6. 하수도(인근의 하수도로부터 기반시설부담구역까지 연결하는 하수도를 포함한다)
> 7. 폐기물처리 및 재활용시설
> 8. 그 밖에 특별시장 · 광역시장 · 특별자치시장 · 특별자치도지사 · 시장 또는 군수가 법 제68조 제2항 단서에 따른 기반시설부담계획에서 정하는 시설

13 〔정답해설〕

④ 방송 · 통신시설은 유통공급시설이다.

> **영 제2조(기반시설) 제1항**
> 3. 유통·공급시설 : 유통업무설비, 수도·전기·가스·열공급설비, 방송·통신시설, 공동구·시장, 유류저장 및 송유설비

오답해설

> **영 제2조(기반시설) 제1항**
> 4. 공공·문화체육시설 : 학교·공공청사·문화시설·공공필요성이 인정되는 체육시설·연구시설·사회복지 시설·공공직업훈련시설·청소년수련시설

14 **정답해설**

④ 토지평가 시 표준지공시지가 기준이 원칙이다. 다만 적정한 실거래가가 있는 경우에는 이를 기준으로 할 수 있다. 자산재평가법에 따른 토지등의 감정평가, 금융기관·신탁회사·보험회사 등 타인의뢰에 의한 토지 등의 감정평가, 법원에 계속 중인 소송 또는 경매를 위한 토지등의 감정평가(보상관련 평가 제외)의 경우에는 해당 토지의 임대료, 조성비용 등을 고려하여 감정평가를 할 수 있다(법 제3조 제1항 및 제2항, 영 제3조).

오답해설

① 법 제10조 제5호
② 법 제10조 제5호
③ 법 제10조 제3호
⑤ 법 제10조 제5호

> **법 제10조(감정평가법인등의 업무)**
> 감정평가법인등은 다음 각 호의 업무를 행한다.
> 1. 「부동산 가격공시에 관한 법률」에 따라 감정평가법인등이 수행하는 업무
> 2. 「부동산 가격공시에 관한 법률」 제8조 제2호에 따른 목적을 위한 토지등의 감정평가
> 3. 「자산재평가법」에 따른 토지등의 감정평가
> 4. 법원에 계속 중인 소송 또는 경매를 위한 토지등의 감정평가
> 5. 금융기관·보험회사·신탁회사 등 타인의 의뢰에 따른 토지등의 감정평가
> 6. 감정평가와 관련된 상담 및 자문
> 7. 토지등의 이용 및 개발 등에 대한 조언이나 정보 등의 제공
> 8. 다른 법령에 따라 감정평가법인등이 할 수 있는 토지등의 감정평가
> 9. 제1호부터 제8호까지의 업무에 부수되는 업무

15 **정답해설**

② 해산하거나 폐업하는 경우에는 국토교통부장관에게 제출해야 한다.

> **영 제6조(감정평가서 등의 보존)**
> ① 감정평가법인등은 해산하거나 폐업하는 경우 법 제6조 제3항에 따른 보존을 위하여 감정평가서의 원본과 그 관련 서류를 국토교통부장관에게 제출해야 한다. 이 경우 법 제6조 제3항 후단에 따라 감정평가서의 원본 과 관련 서류를 전자적 기록매체에 수록하여 보존하고 있으면 감정평가서의 원본과 관련 서류의 제출을 갈음 하여 그 전자적 기록매체를 제출할 수 있다.

① 법 제5조 제2항

③ 법 제8조 제1항

④, ⑤ 영 제8조의2(감정평가서에 대한 표본조사)

> **영 제8조의2(감정평가서에 대한 표본조사)**
> ① 국토교통부장관은 법 제8조 제4항에 따라 다음 각 호의 표본조사를 할 수 있다.
>   1. 무작위추출방식의 표본조사
>   2. 우선추출방식의 표본조사
> ② 제1항 제2호의 표본조사는 다음 각 호의 분야에 대해 국토교통부장관이 정하는 바에 따라 실시한다.
>   1. 최근 3년 이내에 실시한 제8조 제1항에 따른 타당성조사 결과 감정평가의 원칙과 기준을 준수하지 않는 등 감정평가의 부실이 발생한 분야

16

② 감정평가법인등은 토지등의 매매업을 직접 하여서는 아니 된다(법 제25조 제3항).

① 법 제24조 제1항 제3호

③ 법 제25조(성실의무 등) 제4항

④ 법 제39조(징계) 제1항 제3호의2

⑤ 법 제39조의2(징계의 공고) 제3항

17

⑤ 6월 1일부터 12월 31일까지의 사이에 사유가 발생한 단독주택 : 다음 해 1월 1일(영 제34조 제2항 제2호)

18

③ 3회 이상 받은 경우이다.

> **영 제7조(표준지공시지가 조사ㆍ평가의 의뢰)**
> ① 국토교통부장관은 법 제3조 제5항에 따라 다음 각 호의 요건을 모두 갖춘 감정평가법인등 중에서 표준지공시지가 조사ㆍ평가를 의뢰할 자를 선정해야 한다.
>   1. 표준지공시지가 조사ㆍ평가 의뢰일부터 30일 이전이 되는 날(이하 "선정기준일"이라 한다)을 기준으로 하여 직전 1년간의 업무실적이 표준지 적정가격 조사ㆍ평가업무를 수행하기에 적정한 수준일 것
>   2. 회계감사절차 또는 감정평가서의 심사체계가 적정할 것
>   3. 「감정평가 및 감정평가사에 관한 법률」에 따른 업무정지처분, 과태료 또는 소속 감정평가사에 대한 징계처분 등이 다음 각 목의 기준 어느 하나에도 해당하지 아니할 것
>   가. 선정기준일부터 직전 2년간 업무정지처분을 3회 이상 받은 경우
>   나. <u>선정기준일부터 직전 1년간 과태료처분을 3회 이상 받은 경우</u>
>   다. 선정기준일부터 직전 1년간 징계를 받은 소속 감정평가사의 비율이 선정기준일 현재 소속 전체 감정평가사의 10퍼센트 이상인 경우
>   라. 선정기준일 현재 업무정지기간이 만료된 날부터 1년이 지나지 아니한 경우

① 법 제10조 제2항

② 영 제18조 제3항

④ 영 제17조 제2항 제3호

⑤ 법 제11조 제1항

19 정답해설

ㄱ. 공시사항에는 지번, 단위면적당 가격, 면적, 형상, 주변토지 이용상황, 지목, 용도지역, 도로상황, 그밖에 필요한 사항이 있다.

> **법 제5조(표준지공시지가의 공시사항)**
> 제3조에 따른 공시에는 다음 각 호의 사항이 포함되어야 한다.
> 1. 표준지의 지번
> 2. 표준지의 단위면적당 가격
> 3. 표준지의 면적 및 형상
> 4. 표준지 및 주변토지의 이용상황
> 5. 그 밖에 대통령령으로 정하는 사항

ㄴ. 표준지공시지가는 토지시장에 지가정보를 제공하고 일반적인 토지거래의 지표가 되며, 국가 · 지방자치단체 등이 그 업무와 관련하여 지가를 산정하거나 감정평가법인등이 개별적으로 토지를 감정평가하는 경우에 기준이 된다(법 제9조).

오답해설

ㄷ. 환지를 위한 지가산정도 공시지가를 기준으로 한다.
  가. 공공용지의 매수 및 토지의 수용 · 사용에 대한 보상
  나. 국유지 · 공유지의 취득 또는 처분
  다. 조성된 용지 등의 공급 또는 분양
  라. 도시개발사업, 정비사업, 농업생산기반 정비사업 사업을 위한 환지 · 체비지의 매각 또는 환지신청
  마. 토지의 관리 · 매입 · 매각 · 경매 또는 재평가

> **영 제13조(표준지공시지가의 적용)**
> ② 법 제8조 제2호 다목에서 "대통령령으로 정하는 지가의 산정"이란 다음 각 호의 목적을 위한 지가의 산정을 말한다.
>   1. 「국토의 계획 및 이용에 관한 법률」 또는 그 밖의 법령에 따라 조성된 용지 등의 공급 또는 분양
>   2. 다음 각 목의 어느 하나에 해당하는 사업을 위한 환지 · 체비지(替費地)의 매각 또는 환지신청
>   가. 「도시개발법」 제2조 제1항 제2호에 따른 도시개발사업
>   나. 「도시 및 주거환경정비법」 제2조 제2호에 따른 정비사업
>   다. 「농어촌정비법」 제2조 제5호에 따른 농업생산기반 정비사업
>   3. 토지의 관리 · 매입 · 매각 · 경매 또는 재평가

ㄹ. 시군구별이 아니라 읍면동별 지가변동률이 전국 평균 지가변동률 이하인 지역이다.

> **영 제7조(표준지공시지가 조사 · 평가의 의뢰)**
> ④ 법 제3조 제5항 단서에서 "지가 변동이 작은 경우 등 대통령령으로 정하는 기준에 해당하는 표준지"란 다음 각 호의 요건을 모두 갖춘 지역의 표준지를 말한다.
>   1. 최근 1년간 읍 · 면 · 동별 지가변동률이 전국 평균 지가변동률 이하인 지역

> 2. 개발사업이 시행되거나 「국토의 계획 및 이용에 관한 법률」 제2조 제15호에 따른 용도지역(이하 "용도지역"이라 한다) 또는 같은 조 제16호에 따른 용도지구(이하 "용도지구"라 한다)가 변경되는 등의 사유가 없는 지역

20

② 법 제8조 제2항

① 공공용이 아니라 공용재산이다.

> **법 제6조(국유재산의 구분과 종류)**
> ② 행정재산의 종류는 다음 각 호와 같다.
> 1. 공용재산 : 국가가 직접 사무용·사업용 또는 공무원의 주거용(직무 수행을 위하여 필요한 경우로서 대통령령으로 정하는 경우로 한정한다)으로 사용하거나 대통령령으로 정하는 기한까지 사용하기로 결정한 재산
> 2. 공공용재산 : 국가가 직접 공공용으로 사용하거나 대통령령으로 정하는 기한까지 사용하기로 결정한 재산

③ 중앙관서의 장 등이 필요하다고 인정하는 경우에도 행정재산인 보존용 재산에는 사권을 설정할 수 없다. 일반재산의 사용 및 이용에 지장이 없고 재산의 활용가치를 높일 수 있는 경우로서 중앙관서의 장 등이 필요하다고 인정하는 경우에는 사권설정이 가능하다.

> **법 제11조(사권 설정의 제한)**
> ① 사권(私權)이 설정된 재산은 그 사권이 소멸된 후가 아니면 국유재산으로 취득하지 못한다. 다만, 판결에 따라 취득하는 경우에는 그러하지 아니하다.
> ② 국유재산에는 사권을 설정하지 못한다. 다만, 일반재산에 대하여 대통령령으로 정하는 경우에는 그러하지 아니하다.
>
> **영 제6조(사권 설정)**
> 법 제11조 제2항 단서에서 "대통령령으로 정하는 경우"란 다음 각 호의 어느 하나에 해당하는 경우를 말한다.
> 2. 일반재산의 사용 및 이용에 지장이 없고 재산의 활용가치를 높일 수 있는 경우로서 중앙관서의 장등이 필요하다고 인정하는 경우

④ 공용재산은 시효취득의 대상이 될 수 없다.

> **법 제7조(국유재산의 보호)**
> ② 행정재산은 「민법」 제245조에도 불구하고 시효취득(時效取得)의 대상이 되지 아니한다.

⑤ 조림을 목적으로 하는 토지와 그 정착물의 대부기간은 20년 이내로 한다.

> **법 제46조(대부기간)**
> ① 일반재산의 대부기간은 다음 각 호의 기간 이내로 한다. 다만, 제18조 제1항 단서에 따라 영구시설물을 축조하는 경우에는 10년 이내로 한다.
> 1. 조림을 목적으로 하는 토지와 그 정착물 : 20년

21 〔정답해설〕

② 법 제29조 제2항

〔오답해설〕

① 중앙관서의 장은 사용허가한 행정재산을 국가나 지방자치단체가 직접 공용이나 공공용으로 사용하기 위하여 필요하게 된 경우에는 그 허가를 철회할 수 있다(법 제36조 제2항).

③ 이러한 경우에는 수의의 방법으로 사용허가를 받을 자를 결정할 수 있다.

> **영 제27조(사용허가의 방법)**
> ③ 행정재산이 다음 각 호의 어느 하나에 해당하는 경우에는 법 제31조 제1항 단서에 따라 수의의 방법으로 사용허가를 받을 자를 결정할 수 있다.
> 2. 경작용으로 실경작자에게 사용허가를 하는 경우

④ 5년을 초과하지 않는 범위 내에서 갱신할 수 있다.

> **법 제35조(사용허가기간)**
> ② 제1항의 허가기간이 끝난 재산에 대하여 대통령령으로 정하는 경우를 제외하고는 5년을 초과하지 아니하는 범위에서 종전의 사용허가를 갱신할 수 있다. 다만, 수의의 방법으로 사용허가를 할 수 있는 경우가 아니면 1회만 갱신할 수 있다.

⑤ 중앙관서의 장은 동일인(상속인이나 그 밖의 포괄승계인은 피승계인과 동일인으로 본다)이 같은 행정재산을 사용허가기간 내에서 1년을 초과하여 계속 사용·수익하는 경우로서 대통령령으로 정하는 경우에는 사용료를 조정할 수 있다(법 제33조 제1항).

22 〔정답해설〕

④ 법 제55조 제1항 제4호, 영 제42조 제8항

〔오답해설〕

① 일반재산의 처분가격은 시가를 고려하여 결정한다(법 제44조). 증권의 경우에는 자본시장과 금융투자업에 관한 법률에 따른 매출의 방법, 증권시장에서 매각하는 방법, 공개매수에 응모하는 방법 및 상법에 따른 주식 매수청구권을 행사하는 방법과 그 밖에 다른 법령에 따른 증권의 매각방법에 의할 수 있다(영 제41조).

② 하나의 감정평가법인등의 평가액으로 결정한다(영 제42조 제1항 제2호).

③ 감정평가법인등의 평가액은 평가일부터 1년이 지나면 적용할 수 없다(영 제42조 제2항).

⑤ 1천만원 이하인 경우가 해당된다(영 제42조 제10항).

> **영 제42조(처분재산의 예정가격)**
> ⑩ 다음 각 호의 어느 하나에 해당하는 국유지를 법 제43조 제1항에 따른 경쟁입찰의 방법으로 처분하는 경우에는 제1항에도 불구하고 해당 국유지의 개별공시지가를 예정가격으로 할 수 있다.
> 2. 일단의 토지 대장가격이 1천만원 이하인 국유지

23

정답해설

③ 기부로 인한 지식재산의 사용료 면제기간은 20년으로 한다(영 제32조 제2항)

오답해설

① 법 제5조 제1항 제6호
② 법 제65조의7 제1항
④ 법 제65조의7 제2항
⑤ 법 제65조의11 제1항, 영 제67조의10 제2항

24

정답해설

③ "지하층"이란 건축물의 바닥이 지표면 아래에 있는 층으로서 바닥에서 지표면까지 평균높이가 해당 층 높이의 2분의 1 이상인 것을 말한다(법 제2조 제1항 제5호).
"고층건축물"이란 층수가 30층 이상이거나 높이가 120미터 이상인 건축물을 말한다(법 제2조 제1항 제19호).

25

정답해설

⑤ 모든 항목이 아닌 해당 항목을 평가받은 것으로 본다.

법 제13조의2(건축물 안전영향평가)
⑦ 안전영향평가를 실시하여야 하는 건축물이 다른 법률에 따라 구조안전과 인접 대지의 안전에 미치는 영향 등을 평가받은 경우에는 안전영향평가의 해당 항목을 평가받은 것으로 본다.

오답해설

①, ② 법 제13조의2 제1항
③ 법 제13조의2 제3항
④ 영 제10조의3 제1항 제2호

26

정답해설

③ 자연환경이나 수질을 보호하기 위하여 도지사가 지정・공고한 구역에 건축하는 3층 이상 또는 연면적의 합계가 1천제곱미터 이상인 건축물로서 위락시설과 숙박시설 등 대통령령으로 정하는 용도에 해당하는 건축물(법 제11조 제2항 제2호)

영 제8조(건축허가)
③ 법 제11조 제2항 제2호에서 "위락시설과 숙박시설 등 대통령령으로 정하는 용도에 해당하는 건축물"이란 다음 각 호의 건축물을 말한다.
  1. 공동주택
  2. 제2종 근린생활시설(일반음식점만 해당한다)
  3. 업무시설(일반업무시설만 해당한다)
  4. 숙박시설
  5. 위락시설

27

④

> **영 제27조의2(공개 공지 등의 확보)**
> ① 법 제43조 제1항에 따라 다음 각 호의 어느 하나에 해당하는 건축물의 대지에는 공개 공지 또는 공개
> 공간(이하 이 조에서 "공개공지등"이라 한다)을 설치해야 한다. 이 경우 공개 공지는 필로티의 구조로 설치
> 할 수 있다.
> 1. 문화 및 집회시설, 종교시설, 판매시설(「농수산물 유통 및 가격안정에 관한 법률」에 따른 농수산물유
> 통시설은 제외한다), 운수시설(여객용 시설만 해당한다), 업무시설 및 숙박시설로서 해당 용도로 쓰는
> 바닥면적의 합계가 5천 제곱미터 이상인 건축물
> 2. 그 밖에 다중이 이용하는 시설로서 건축조례로 정하는 건축물

① 법 제43조 제1항
② 법 제43조 제1항
③ 영 제27조의2 제1항 제1호
⑤ 영 제27조의2 제1항 제1호

28

③ 영 제58조(지목의 구분) 제10호

① 묘지의 관리를 위한 건축물의 부지는 "대"로 한다.

> **영 제58조(지목의 구분) 제27호 묘지**
> 사람의 시체나 유골이 매장된 토지, 「도시공원 및 녹지 등에 관한 법률」에 따른 묘지공원으로 결정·고시된 토지
> 및 「장사 등에 관한 법률」 제2조 제9호에 따른 봉안시설과 이에 접속된 부속시설물의 부지. 다만, 묘지의 관리를
> 위한 건축물의 부지는 "대"로 한다.

② 원상회복을 조건으로 흙을 파는 곳으로 허가된 토지는 잡종지에서 제외한다.

> **영 제58조(지목의 구분) 제28호 잡종지**
> 다음 각 목의 토지. 다만, 원상회복을 조건으로 돌을 캐내는 곳 또는 흙을 파내는 곳으로 허가된 토지는 제외한다.
> 가. 갈대밭, 실외에 물건을 쌓아두는 곳, 돌을 캐내는 곳, 흙을 파내는 곳, 야외시장 및 공동우물
> 나. 변전소, 송신소, 수신소 및 송유시설 등의 부지
> 다. 여객자동차터미널, 자동차운전학원 및 폐차장 등 자동차와 관련된 독립적인 시설물을 갖춘 부지
> 라. 공항시설 및 항만시설 부지
> 마. 도축장, 쓰레기처리장 및 오물처리장 등의 부지
> 바. 그 밖에 다른 지목에 속하지 않는 토지

④ 자동차 등의 판매 목적으로 설치된 물류장 및 야외전시장은 제외한다.

> **영 제58조(지목의 구분) 제11호 주차장**
> 자동차 등의 주차에 필요한 독립적인 시설을 갖춘 부지와 주차전용 건축물 및 이에 접속된 부속시설물의 부지.
> 다만, 다음 각 목의 어느 하나에 해당하는 시설의 부지는 제외한다.
> 가. 「주차장법」 제2조 제1호 가목 및 다목에 따른 노상주차장 및 부설주차장(「주차장법」 제19조 제4항에 따라
> 시설물의 부지 인근에 설치된 부설주차장은 제외한다)
> 나. 자동차 등의 판매 목적으로 설치된 물류장 및 야외전시장

⑤ 자연의 유수가 있을 것으로 예상되는 소규모 수로부지는 구거부지이다.

> **영 제58조(지목의 구분) 제18호 구거**
> 용수(用水) 또는 배수(排水)를 위하여 일정한 형태를 갖춘 인공적인 수로·둑 및 그 부속시설물의 부지와 자연의 유수(流水)가 있거나 있을 것으로 예상되는 소규모 수로부지

29 정답해설

ㄱ. 법 제80조 제3항 제1호
ㄴ. 영 제66조 제3항 제5호
ㄷ. 영 제66조 제3항 제6호

> **법 제80조(합병 신청)**
> ③ 다음 각 호의 어느 하나에 해당하는 경우에는 합병 신청을 할 수 없다.
> 1. 합병하려는 토지의 지번부여지역, 지목 또는 소유자가 서로 다른 경우
> 2. 합병하려는 토지에 다음 각 목의 등기 외의 등기가 있는 경우
>   가. 소유권·지상권·전세권 또는 임차권의 등기
>   나. 승역지(承役地)에 대한 지역권의 등기
>   다. 합병하려는 토지 전부에 대한 등기원인(登記原因) 및 그 연월일과 접수번호가 같은 저당권의 등기
>   라. 합병하려는 토지 전부에 대한 「부동산등기법」 제81조 제1항 각 호의 등기사항이 동일한 신탁등기
> 3. 그 밖에 합병하려는 토지의 지적도 및 임야도의 축척이 서로 다른 경우 등 대통령령으로 정하는 경우
>
> **영 제66조(합병 신청)**
> ③ 법 제80조 제3항 제3호에서 "합병하려는 토지의 지적도 및 임야도의 축척이 서로 다른 경우 등 대통령령으로 정하는 경우"란 다음 각 호의 경우를 말한다.
> 1. 합병하려는 토지의 지적도 및 임야도의 축척이 서로 다른 경우
> 2. 합병하려는 각 필지가 서로 연접하지 않은 경우
> 3. 합병하려는 토지가 등기된 토지와 등기되지 아니한 토지인 경우
> 4. 합병하려는 각 필지의 지목은 같으나 일부 토지의 용도가 다르게 되어 법 제79조 제2항에 따른 분할대상 토지인 경우. 다만, 합병 신청과 동시에 토지의 용도에 따라 분할 신청을 하는 경우는 제외한다.
> 5. 합병하려는 토지의 소유자별 공유지분이 다른 경우
> 6. 합병하려는 토지가 구획정리, 경지정리 또는 축척변경을 시행하고 있는 지역의 토지와 그 지역 밖의 토지인 경우
> 7. 합병하려는 토지 소유자의 주소가 서로 다른 경우. 다만, 제1항에 따른 신청을 접수받은 지적소관청이 「전자정부법」 제36조 제1항에 따른 행정정보의 공동이용을 통하여 다음 각 목의 사항을 확인(신청인이 주민등록표 초본 확인에 동의하지 않는 경우에는 해당 자료를 첨부하도록 하여 확인)한 결과 토지 소유자가 동일인임을 확인할 수 있는 경우는 제외한다.
>   가. 토지등기사항증명서
>   나. 법인등기사항증명서(신청인이 법인인 경우만 해당한다)
>   다. 주민등록표 초본(신청인이 개인인 경우만 해당한다)

30 정답해설

⑤ "토지의 표시"란 지적공부에 토지의 소재(토지가 존재하는 장소의 시군구 등 행정구역)·지번(地番)·지목(地目)·면적·경계 또는 좌표(등기부에는 없음)를 등록한 것을 말한다(법 제2조 제20호).
"토지의 이동(異動)"이란 토지의 표시를 새로 정하거나 변경 또는 말소(기록을 지워 없앰)하는 것을 말한다(법 제2조 제28호).

31 〔정답해설〕

③

> **법 제71조(토지대장 등의 등록사항)**
> ② 제1항 제5호의 소유자가 둘 이상이면 공유지연명부에 다음 각 호의 사항을 등록하여야 한다.
>   1. 토지의 소재
>   2. 지번
>   3. 소유권 지분
>   4. 소유자의 성명 또는 명칭, 주소 및 주민등록번호
>   5. 그 밖에 국토교통부령으로 정하는 사항
>
> **규칙 제68조(토지대장 등의 등록사항 등)**
> ③ 법 제71조 제2항 제5호에서 "그 밖에 국토교통부령으로 정하는 사항"이란 다음 각 호의 사항을 말한다.
>   1. 토지의 고유번호
>   2. 필지별 공유지연명부의 장번호
>   3. 토지소유자가 변경된 날과 그 원인

32 〔정답해설〕

⑤ 건물표시사항으로 표시번호, 접수연월일, 소재, 지번 및 건물번호(1개 건물만 있는 경우에는 X), 건물의 종류, 구조와 면적, 부속건물(종류, 구조, 면적), 등기원인, 도면의 번호(여러 개의 건물이 있는 경우 및 구분건물인 경우로 한정)가 있다.

> **법 제40조(등기사항)**
> ① 등기관은 건물 등기기록의 표제부에 다음 각 호의 사항을 기록하여야 한다.
>   1. 표시번호
>   2. 접수연월일
>   3. 소재, 지번 및 건물번호. 다만, 같은 지번 위에 1개의 건물만 있는 경우에는 건물번호는 기록하지 아니한다.
>   4. 건물의 종류, 구조와 면적. 부속건물이 있는 경우에는 부속건물의 종류, 구조와 면적도 함께 기록한다.
>   5. 등기원인
>   6. 도면의 번호[같은 지번 위에 여러 개의 건물이 있는 경우와 「집합건물의 소유 및 관리에 관한 법률」 제2조 제1호의 구분소유권(區分所有權)의 목적이 되는 건물(이하 "구분건물"이라 한다)인 경우로 한정한다]

33 〔정답해설〕

ㄱ. 법 제23조 제2항
ㄷ. 법 제6조 제1항

〔오답해설〕

ㄴ. 종중(宗中), 문중(門中), 그 밖에 대표자나 관리인이 있는 법인 아닌 사단(社團)이나 재단(財團)에 속하는 부동산의 등기에 관하여는 그 사단이나 재단을 등기권리자 또는 등기의무자로 한다(법 제26조 제1항).
ㄹ. 제11조 제1항에 따른 등기관이 등기를 마친 경우 그 등기는 접수한 때부터 효력을 발생한다(법 제6조 제2항).

34 정답해설

④ 전부말소 회복등기는 주등기로 한다. 일부회복등기는 부기등기로 한다(규칙 제118조).

오답해설

> **법 제52조(부기로 하는 등기)**
> 등기관이 다음 각 호의 등기를 할 때에는 부기로 하여야 한다. 다만, 제5호의 등기는 등기상 이해관계 있는 제3자의 승낙이 없는 경우에는 그러하지 아니하다.
> 1. 등기명의인표시의 변경이나 경정의 등기
> 2. 소유권 외의 권리의 이전등기
> 3. 소유권 외의 권리를 목적으로 하는 권리에 관한 등기
> 4. 소유권 외의 권리에 대한 처분제한 등기
> 5. 권리의 변경이나 경정의 등기
> 6. 제53조의 환매특약등기
> 7. 제54조의 권리소멸약정등기
> 8. 제67조 제1항 후단의 공유물 분할금지의 약정등기
> 9. 그 밖에 대법원규칙으로 정하는 등기

35 정답해설

① 1. 지상권의 등기사항(③~⑤는 약정이 있는 경우만)(법 제69조)
   ① 지상권설정의 목적
   ② 범위
   ③ 존속기간
   ④ 지료와 지급시기
   ⑤ 「민법」 제289조의2 제1항 후단의 약정
   ⑥ 지상권설정의 범위가 토지의 일부인 경우에는 그 부분을 표시한 도면의 번호

   2. 지역권의 등기사항(④는 약정 있는 경우만)(법 제70조)
   ① 지역권설정의 목적
   ② 범위
   ③ 요역지
   ④ 지역권 관련 약정
   ⑤ 승역지의 일부에 지역권설정의 등기를 할 때에는 그 부분을 표시한 도면의 번호

   3. 전세권(전전세) 등의 등기사항(③부터 ⑤까지는 약정 있는 경우만)(법 제72조)
   ① 전세금 또는 전전세금
   ② 범위
   ③ 존속기간
   ④ 위약금 또는 배상금
   ⑤ 전세권의 양도, 임대 금지 약정
   ⑥ 전세권설정이나 전전세의 범위가 부동산의 일부인 경우에는 그 부분을 표시한 도면의 번호
   * 여러 부동산에 관한 권리를 목적으로 하는 전세권설정 등기는 공동저당의 등기 준용

4. 저당권의 등기사항(③부터 ⑧까지는 약정 있는 경우만)(법 제75조)
    ① 채권액
    ② 채무자의 성명 또는 명칭과 주소 또는 사무소 소재지
    ③ 변제기(辨濟期)
    ④ 이자 및 그 발생기 · 지급시기
    ⑤ 원본(元本) 또는 이자의 지급장소
    ⑥ 채무불이행(債務不履行)으로 인한 손해배상에 관한 약정
    ⑦ 「민법」 제358조 단서의 약정(저당권 효력은 부합물과 종물에 미치나 법률규정 또는 다른 약정시는 제외)
    ⑧ 채권의 조건
  * 근저당권(根抵當權)인 경우(③ 및 ④는 약정 있는 경우만)
    ① 채권의 최고액
    ② 채무자의 성명 또는 명칭과 주소 또는 사무소 소재지
    ③ 「민법」 제358조 단서의 약정
    ④ 존속기간

36 〔정답해설〕

③ 동산담보권은 그 담보할 채무의 최고액만을 정하고 채무의 확정을 장래에 보류하여 설정할 수 있다. 채무의 이자는 최고액 중에 포함된 것으로 본다. 이 경우 그 채무가 확정될 때까지 채무의 소멸 또는 이전은 이미 설정된 동산담보권에 영향을 미치지 아니한다(법 제5조 제1항).

〔오답해설〕

① 동산담보권은 담보목적물의 매각, 임대, 멸실, 훼손 또는 공용징수 등으로 인하여 담보권설정자가 받을 금전이나 그 밖의 물건에 대하여도 행사할 수 있다. 이 경우 그 지급 또는 인도 전에 압류하여야 한다(법 제14조).
② 법 제25조 제1항
④ 법 제7조 제1항
⑤ 법 제7조 제3항

37 〔정답해설〕

①

> **영 제15조(행위허가의 대상 등)**
> ① 법 제19조 제1항에 따라 시장 · 군수등의 허가를 받아야 하는 행위는 다음 각 호와 같다.
>   1. 건축물의 건축 등 : 「건축법」 제2조 제1항 제2호에 따른 건축물(가설건축물을 포함한다)의 건축, 용도변경
>   2. 공작물의 설치 : 인공을 가하여 제작한 시설물(「건축법」 제2조 제1항 제2호에 따른 건축물을 제외한다)의 설치
>   3. 토지의 형질변경 : 절토(땅깎기) · 성토(흙쌓기) · 정지(땅고르기) · 포장 등의 방법으로 토지의 형상을 변경하는 행위, 토지의 굴착 또는 공유수면의 매립
>   4. 토석의 채취 : 흙 · 모래 · 자갈 · 바위 등의 토석을 채취하는 행위. 다만, 토지의 형질변경을 목적으로 하는 것은 제3호에 따른다.
>   5. 토지분할
>   6. 물건을 쌓아놓는 행위 : 이동이 쉽지 아니한 물건을 1개월 이상 쌓아놓는 행위
>   7. 죽목의 벌채 및 식재

법 제19조(행위제한 등)

② 다음 각 호의 어느 하나에 해당하는 행위는 제1항에도 불구하고 허가를 받지 아니하고 할 수 있다.

　1. 재해복구 또는 재난수습에 필요한 응급조치를 위한 행위

　2. 기존 건축물의 붕괴 등 안전사고의 우려가 있는 경우 해당 건축물에 대한 안전조치를 위한 행위

　3. 그 밖에 대통령령으로 정하는 행위

영 제15조(행위허가의 대상 등)

③ 법 제19조 제2항 제3호에서 "대통령령으로 정하는 행위"란 다음 각 호의 어느 하나에 해당하는 행위로서 「국토의 계획 및 이용에 관한 법률」 제56조에 따른 개발행위허가의 대상이 아닌 것을 말한다.

　1. 농림수산물의 생산에 직접 이용되는 것으로서 국토교통부령으로 정하는 간이공작물의 설치

　2. 경작을 위한 토지의 형질변경

　3. 정비구역의 개발에 지장을 주지 아니하고 자연경관을 손상하지 아니하는 범위에서의 토석의 채취

　4. 정비구역에 존치하기로 결정된 대지에 물건을 쌓아놓는 행위

　5. 관상용 죽목의 임시식재(경작지에서의 임시식재는 제외한다)

38

② 제16조 제2항 전단에 따라 고시된 정비계획에서 정한 정비사업시행 예정일부터 2년 이내에 사업시행계획인가를 신청하지 아니하거나 사업시행계획인가를 신청한 내용이 위법 또는 부당하다고 인정하는 때(재건축사업의 경우는 제외한다)(법 제26조 제1항 제2호)

① 법 제26조 제1항 제1호

③ 법 제26조 제1항 제3호

④ 법 제26조 제1항 제4호

⑤ 법 제26조 제1항 제7호

법 제26조(재개발사업·재건축사업의 공공시행자)

① 시장·군수등은 재개발사업 및 재건축사업이 다음 각 호의 어느 하나에 해당하는 때에는 제25조에도 불구하고 직접 정비사업을 시행하거나 토지주택공사등(토지주택공사등이 건설업자 또는 등록사업자와 공동으로 시행하는 경우를 포함한다)을 사업시행자로 지정하여 정비사업을 시행하게 할 수 있다.

　1. 천재지변, 「재난 및 안전관리 기본법」 제27조 또는 「시설물의 안전 및 유지관리에 관한 특별법」 제23조에 따른 사용제한·사용금지, 그 밖의 불가피한 사유로 긴급하게 정비사업을 시행할 필요가 있다고 인정하는 때

　2. 제16조 제2항 전단에 따라 고시된 정비계획에서 정한 정비사업시행 예정일부터 2년 이내에 사업시행계획인가를 신청하지 아니하거나 사업시행계획인가를 신청한 내용이 위법 또는 부당하다고 인정하는 때(재건축사업의 경우는 제외한다)

　3. 추진위원회가 시장·군수등의 구성승인을 받은 날부터 3년 이내에 조합설립인가를 신청하지 아니하거나 조합이 조합설립인가를 받은 날부터 3년 이내에 사업시행계획인가를 신청하지 아니한 때

　4. 지방자치단체의 장이 시행하는 「국토의 계획 및 이용에 관한 법률」 제2조 제11호에 따른 도시·군계획사업과 병행하여 정비사업을 시행할 필요가 있다고 인정하는 때

　5. 제59조 제1항에 따른 순환정비방식으로 정비사업을 시행할 필요가 있다고 인정하는 때

　6. 제113조에 따라 사업시행계획인가가 취소된 때

7. 해당 정비구역의 국·공유지 면적 또는 국·공유지와 토지주택공사등이 소유한 토지를 합한 면적이 전체 토지면적의 2분의 1 이상으로서 토지등소유자의 과반수가 시장·군수등 또는 토지주택공사등을 사업시행자로 지정하는 것에 동의하는 때

8. 해당 정비구역의 토지면적 2분의 1 이상의 토지소유자와 토지등소유자의 3분의 2 이상에 해당하는 자가 시장·군수등 또는 토지주택공사등을 사업시행자로 지정할 것을 요청하는 때. 이 경우 제14조 제1항 제2호에 따라 토지등소유자가 정비계획의 입안을 제안한 경우 입안제안에 동의한 토지등소유자는 토지주택공사등의 사업시행자 지정에 동의한 것으로 본다. 다만, 사업시행자의 지정 요청 전에 시장·군수등 및 제47조에 따른 주민대표회의에 사업시행자의 지정에 대한 반대의 의사표시를 한 토지등소유자의 경우에는 그러하지 아니하다.

39

정답해설〉

② 정비사업비의 추산액(재건축사업의 경우에는 「재건축초과이익 환수에 관한 법률」에 따른 재건축부담금에 관한 사항을 포함한다) 및 그에 따른 조합원 분담규모 및 분담시기(법 제74조 제1항 제6호)

오답해설〉

① 법 제74조 제1항 제3호
③ 법 제74조 제1항 제7호
④ 법 제74조 제1항 제8호
⑤ 영 제62조 제4호

법 제74조(관리처분계획의 인가 등)

① 사업시행자는 제72조에 따른 분양신청기간이 종료된 때에는 분양신청의 현황을 기초로 다음 각 호의 사항이 포함된 관리처분계획을 수립하여 시장·군수등의 인가를 받아야 하며, 관리처분계획을 변경·중지 또는 폐지하려는 경우에도 또한 같다. 다만, 대통령령으로 정하는 경미한 사항을 변경하려는 경우에는 시장·군수등에게 신고하여야 한다.

1. 분양설계
2. 분양대상자의 주소 및 성명
3. 분양대상자별 분양예정인 대지 또는 건축물의 추산액(임대관리 위탁주택에 관한 내용을 포함한다)
4. 다음 각 목에 해당하는 보류지 등의 명세와 추산액 및 처분방법. 다만, 나목의 경우에는 제30조 제1항에 따라 선정된 임대사업자의 성명 및 주소(법인인 경우에는 법인의 명칭 및 소재지와 대표자의 성명 및 주소)를 포함한다.
   가. 일반 분양분
   나. 공공지원민간임대주택
   다. 임대주택
   라. 그 밖에 부대시설·복리시설 등
5. 분양대상자별 종전의 토지 또는 건축물 명세 및 사업시행계획인가 고시가 있는 날을 기준으로 한 가격(사업시행계획인가 전에 제81조 제3항에 따라 철거된 건축물은 시장·군수등에게 허가를 받은 날을 기준으로 한 가격)
6. 정비사업비의 추산액(재건축사업의 경우에는 「재건축초과이익 환수에 관한 법률」에 따른 재건축부담금에 관한 사항을 포함한다) 및 그에 따른 조합원 분담규모 및 분담시기
7. 분양대상자의 종전 토지 또는 건축물에 관한 소유권 외의 권리명세
8. 세입자별 손실보상을 위한 권리명세 및 그 평가액
9. 그 밖에 정비사업과 관련한 권리 등에 관하여 대통령령으로 정하는 사항

40 정답해설

⑤ ㄱ, ㄴ, ㄷ, ㄹ. 모두 해당된다.

법 제5조(기본계획의 내용)

① 기본계획에는 다음 각 호의 사항이 포함되어야 한다.

1. 정비사업의 기본방향
2. 정비사업의 계획기간
3. 인구·건축물·토지이용·정비기반시설·지형 및 환경 등의 현황
4. 주거지 관리계획
5. 토지이용계획·정비기반시설계획·공동이용시설설치계획 및 교통계획
6. 녹지·조경·에너지공급·폐기물처리 등에 관한 환경계획
7. 사회복지시설 및 주민문화시설 등의 설치계획
8. 도시의 광역적 재정비를 위한 기본방향
9. 제16조에 따라 정비구역으로 지정할 예정인 구역(이하 "정비예정구역"이라 한다)의 개략적 범위
10. 단계별 정비사업 추진계획(정비예정구역별 정비계획의 수립시기가 포함되어야 한다)
11. 건폐율·용적률 등에 관한 건축물의 밀도계획
12. 세입자에 대한 주거안정대책
13. 그 밖에 주거환경 등을 개선하기 위하여 필요한 사항으로서 대통령령으로 정하는 사항

제5과목 | **회계학**

정답

01 ④	02 ③	03 ⑤	04 ①	05 ③	06 ①	07 ③	08 ②	09 ①	10 ⑤
11 ②	12 ④	13 ③	14 ⑤	15 ③	16 ③	17 ⑤	18 ②	19 ④	20 ①
21 ①	22 ④	23 ④	24 ⑤	25 ⑤	26 ④	27 ④	28 ②, ③	29 ②	30 ①
31 ⑤	32 ②	33 ②	34 ②	35 ④	36 ②	37 ①	38 ③	39 ③	40 ③

01 〔오답해설〕

ㄴ. 대금지급을 위해 발행한 수표 중 일부가 미인출수표로 남아 있는 것은 기발행미인출수표로 이는 은행이 반영해야 할 항목이다. 그 외 부도수표, 장부에 착오기재한 오류, 추심어음은 모두 ㈜감평이 장부에 반영해야 할 항목이다.

02 〔정답해설〕

실물자본유지개념하에서의 20×1년도 이익 = ₩3,000(20×1년 말 자본) − (200개 × ₩12) = ₩600

* 실물자본유지개념하에서는 기말자본이 기초실물생산능력을 초과하는 경우에만 이익이 발생하는 것으로 본다. 기초실물생산능력은 200개 × ₩12(현행원가) = ₩2,400이다.

03 〔정답해설〕

① (차) 상품(재고자산)   10,000   (대) 매입채무(유동부채)   10,000

  1) 유동비율 : 해당 거래는 유동자산 ₩10,000과 유동부채가 ₩10,000 증가하는 거래다. 금액은 동일하나 기존의 유동비율이 200%로 유동부채의 증가폭이 유동자산 증가폭에 비해 크다. 이에 따라 해당 거래 이후 유동비율은 감소한다.

  2) 당좌비율 : 재고자산은 당좌자산에 포함되지 않고, 유동부채만 ₩10,000 증가하므로 당좌비율은 감소한다.

② (차) 차량운반구(비유동자산)   13,000   (대) 현금(유동자산)   13,000

  → 유동자산 및 당좌자산에 해당하는 현금만 감소하였고 유동부채는 변동하지 않았으므로 유동비율, 당좌비율 모두 감소한다.

③ (차) 현금(유동자산)   12,000   (대) 매출채권(유동자산)   12,000

  → 유동자산 및 당좌자산의 변동이 없으며 유동부채도 변동하지 않아 유동비율, 당좌비율 모두 불변한다.

④ (차) 장기차입금(비유동부채)   15,000   (대) 현금(유동자산)   15,000

  → 유동자산 및 당좌자산에 해당하는 현금만 감소하였고, 유동부채는 변동하지 않았으므로 유동비율, 당좌비율 모두 감소한다.

⑤ (차) 현금(유동자산)   30,000   (대) 장기차입금(비유동부채)   30,000

  → 유동자산 및 당좌자산에 해당하는 현금만 증가하였고, 유동부채는 변동하지 않았으므로 유동비율, 당좌비율 모두 증가한다.

04 정답해설

1) (A)공정가치모형 = ₩930(20×1년 말 공정가치) − ₩1,000(20×1년 초 취득원가) = (₩70) 평가손실
   → 20×1년도 당기순이익 ₩70 감소
2) (B)원가모형(감가상각비) = (₩1,000 − ₩0) × 1/10 = ₩100 감소

05 오답해설

① 현행원가는 측정일 현재 동등한 자산의 원가로서 측정일에 지급할 대가와 그 날에 발생할 거래원가를 포함한다.
② 역사적원가는 자산을 취득 또는 창출할 때 발생한 원가의 가치로서 자산을 취득 또는 창출하기 위하여 지급한 대가와 거래원가를 포함한다.
④ 공정가치는 측정일에 시장참여자 사이의 정상거래에서 부채를 이전할 때 지급하게 될 가격이다.
⑤ 역사적 원가는 취득일 또는 발생일 현재 자산의 취득 또는 창출을 위해 이전해야 하는 현금이나 그 밖의 경제적자원의 가치이다.

06 정답해설

1) 상품 A : 취득원가(₩300) < 순실현가능가치(₩320) → 평가손실 발생하지 않음
2) 상품 B
   ㉠ 70개(확정판매계약) × (₩200 − ₩190) = ₩700 평가손실 발생
   ㉡ 30개(일반시장판매분)는 단위당 취득원가 ₩200보다 순실현가능가치 ₩220이 더 크므로 평가손실이 발생하지 않음
3) 상품 C = 200개 × (₩100 − ₩90) = ₩2,000 평가손실 발생
4) 20×1년에 인식할 당기손익(평가손실) = ₩700 + ₩2,000 = 손실 ₩2,700

07 정답해설

수익은 자본청구권 보유자로부터의 출자를 제외하며, 자본청구권 보유자에 대한 분배는 비용으로 인식하지 않는다.

08 정답해설

1) 기말재고(매가)
   = ₩13,000(기초재고액) + ₩91,000(당기매입액) + ₩6,000(순인상액) − ₩90,000(당기매출액)
   = ₩20,000
2) 평균원가율 = $\dfrac{₩10,000 + ₩83,500}{₩13,000 + ₩91,000 + ₩6,000(순인상액)}$ = 85%
3) 기말재고(원가) = ₩20,000(기말재고 매가) × 85%(원가율) = ₩17,000
4) 매출원가 = ₩10,000(기초재고원가) + ₩83,500(당기매입원가) − ₩17,000(기말재고원가) = ₩76,500

09 정답해설

제품의 원가가 순실현가능가치를 초과할 것으로 예상된다면 제품 생산에 투입하기 위해 보유하는 원재료 및 기타 소모품은 감액한다.

10 정답해설
1) 20×1년도 누락된 재고자산평가손실 = 16개 × (₩1,200 − ₩1,170) = ₩480
   ㉠ 20×1년도 기말재고자산은 평가손실을 반영하지 않았으므로 ₩480 과대계상되었다.
   ㉡ 20×1년도 매출원가는 ₩480 과소계상, 20×1년도 당기순이익은 ₩480 과대계상된다.
     (20×1년도 기말자산이 ₩480 과대계상되므로 20×1년도 기말자본총계도 ₩480 과대계상된다.)
2) 20×2년도 기초재고자산은 ₩480 과대계상, 20×2년도 매출원가는 ₩480 과대계상, 20×2년도 당기순이익
   은 ₩480 과소계상된다.

11 정답해설

매출액	₩410	영업비용	(₩150)
매출채권(순액) 증가	(70)	선급영업비용 감소	15
		미지급영업비용 증가	20
(A)고객으로부터 유입된 현금흐름	₩340	(B)영업비용으로 유출된 현금흐름	(₩115)

12 정답해설
1) 20×1년 초 부채요소의 공정가치 = ₩1,064,900 × 0.75131 + ₩60,000 × 2.48685 = ₩949,281
2) 20×1년 초 전환권조정 = ₩1,064,900(만기상환금액) − ₩949,281(20×1년 초 부채요소 공정가치)
                       = ₩115,619
3) 3년간 총이자비용 = ₩60,000(표시이자) × 3년 + ₩115,619(전환권조정) = ₩295,619

13 정답해설
1) 리스개시일의 리스부채 = ₩1,000,000 × 2.48685 + ₩300,000 × 0.75131 = ₩2,712,243
2) 리스개시일의 사용권자산 = ₩2,712,243(리스부채) + ₩100,000(리스이용자의 리스개설직접원가)
                        = ₩2,812,243
3) 20×1년도 사용권자산 상각비 = (₩2,812,243 − ₩0) × 1/4(내용연수) = ₩703,061
4) 20×1년도 이자비용 = ₩2,712,243 × 10% = ₩271,224
5) 20×1년에 인식할 비용총액 = ₩703,061(상각비) + ₩271,224(이자비용) = ₩974,285

14 정답해설
충당부채의 법인세효과와 그 변동은 기업회계기준서 제1012호 '법인세'에 따라 회계처리하므로 충당부채는 세전
금액으로 측정한다.

15 정답해설
20×1년 10월 1일 판매가격은 ₩1,200이나 재매입가격이 ₩1,300이므로 ㈜감평은 해당 계약을 금융약정으로
회계처리한다. ₩1,200과 ₩1,300의 차이 ₩100은 20×1.10.1~20×2.3.31의 이자비용에 해당한다.
1) 상황 A : 콜옵션이 행사된 경우
   20×2.3.31.   (차) 이자비용   50 (대) 계약부채   50
               (차) 계약부채   1,300 (대) 현금   1,300
   → 이자비용 ₩50으로 20×2년도 당기순이익은 ₩50 감소한다.

2) 상황 B : 콜옵션이 행사되지 않은 채 소멸된 경우

20×2.3.31.	(차) 이자비용	50	(대) 계약부채	50
	(차) 계약부채	1,300	(대) 매출	1,300
	(차) 매출원가	900	(대) 재고자산	900

→ 20×2년도 당기순이익 영향 = (₩50) + ₩1,300 − ₩900 = ₩350 증가한다.

16 〔정답해설〕

1) 20×1년 기초 자본총계 = ₩5,000(기초자산총계) − ₩2,500(기초부채총계) = ₩2,500
2) 20×1년 기말 자본총계 = ₩7,000(기말자산총계) − ₩3,400(기말부채총계) = ₩3,600
3) 20×1년 기말 자본총계(₩3,600)
   = ₩2,500(기초자본총계) + ₩300(유상증자) − ₩200(현금배당) + ₩80(기타포괄손익) + 당기순이익
   → 20×1년도 당기순이익 = ₩920

17 〔정답해설〕

최초 발생시점이나 매입할 때 신용이 손상되어 있는 상각후원가 측정 금융자산의 이자수익은 최초 인식시점부터 상각후원가(순장부금액)에 신용조정 유효이자율을 적용하여 계산한다.

18 〔정답해설〕

고객이 재화나 용역의 대가를 선급하였고 그 재화나 용역의 이전 시점이 고객의 재량에 따라 결정된다면, 고객과의 계약에 유의적인 금융요소가 없으므로 화폐의 시간가치가 미치는 영향을 고려하지 않는다.

> ▌**고객과의 계약에 유의적인 금융요소가 없는 경우**
> 고객과의 계약에 다음 요인 중 어느 하나라도 존재한다면 유의적인 금융요소가 없을 것이다.
> (1) 고객이 재화나 용역의 대가를 선급하였고 그 재화나 용역의 이전 시점은 고객의 재량에 따른다.
> (2) 고객이 약속한 대가 중 상당한 금액이 변동될 수 있으며 그 대가의 금액과 시기는 고객이나 기업이 실질적으로 통제할 수 없는 미래 사건의 발생 여부에 따라 달라진다(예 대가가 판매 기준 로열티인 경우).
> (3) 약속한 대가와 재화나 용역의 현금판매가격 간의 차이가 고객이나 기업에 대한 금융제공 외의 이유로 생기며, 그 금액 차이는 그 차이가 나는 이유에 따라 달라진다. 예를 들면 지급조건을 이용하여 계약상 의무의 일부나 전부를 적절히 완료하지 못하는 계약 상대방에게서 기업이나 고객을 보호할 수 있다.

19 〔정답해설〕

㈜감평은 20×1년 말에 미수이자에 대한 회계처리 자체를 수행하지 않았으므로 20×1년 당기법인세부채(자산)의 금액은 영향이 없다. 단, 미수이자로 인한 이연법인세부채(₩200 × 30% = ₩60)는 과소계상된다.

1) 누락된 회계처리

| 20×1년 말 | (차) 미수이자(자산의 증가) | 200 | (대) 이자수익(수익의 발생) | 200 |
| | (차) 법인세비용(비용의 발생) | 60 | (대) 이연법인세부채(부채의 증가) | 60 |

2) 회계처리 누락에 따른 영향

　① 당기법인세자산 : 영향 없음, ② 당기법인세부채 : 영향 없음

　③ 법인세비용 : ₩60 과소계상, ④ 당기순이익 : ₩140 과소계상, ⑤ 이연법인세자산 : 영향 없음

20 　정답해설

1) 20×1년도 이자수익(=표시이자) = ₩500,000 × 10% = ₩50,000

2) 20×1년도 평가이익 = ₩510,000(20×1년 말 공정가치) − ₩475,982(20×1년 초 장부금액)

　　　　　　　　 = ₩34,018 평가이익

3) 20×1년도 당기순이익에 미치는 영향 = ₩50,000(이자수익) + ₩34,018(평가이익) = ₩84,018 증가

21 　정답해설

1) 20×1년도 자본화할 차입원가(A)

　㉠ 20×1년도 연평균지출액 = ₩300,000 × 8/12 + ₩200,000 × 3/12 = ₩250,000

　㉡ 20×1년도 자본화할 차입원가 = ₩250,000 × 10% = ₩25,000(한도 : ₩20,000) → ₩20,000(A)

2) 20×2년도 자본화할 차입원가(B)

　㉠ 20×2년도 연평균지출액 = ₩500,000(20×1년도 지출액) × 6/12 + ₩100,000 × 3/12 = ₩275,000

　㉡ 20×2년도 자본화할 차입원가 = ₩275,000 × 8% = ₩22,000(B)(한도 : ₩24,200)

22 　정답해설

1) 20×1년 7월 1일 유상증자는 공정가치 미만의 유상증자이므로 공정가치로 발행된 400주와 무상증자 주식수
인 200주를 구분하고, 무상증자 200주는 기초유통보통주식수와 7월 1일 공정가치로 발행된 주식수의 비율대
로 배부한다.

　㉠ 기초유통보통주식수에 배부되는 무상증자 주식수 = 200주 × (1,600주/2,000주) = 160주

　㉡ 7월 1일 시가발행 유상증자 주식수에 배부되는 무상증자 주식수 = 200주 × (400주/2,000주) = 40주

2) 20×1년도 가중평균유통보통주식수 = (1,600주 + 160주) × 12/12 + (400주 + 40주) × 6/12 = 1,980주

23 　정답해설

주식선택권 행사로 인한 자본증가액(= 주식선택권 행사로 기업에 유입되는 현금)

= 35명 × 10개 × 60% × ₩6,000(행사가격) = ₩1,260,000

24 　정답해설

퇴직급여채무를 할인하기 위해 사용하는 할인율은 보고기간 말 현재 우량회사채의 시장수익률을 참조하여 결정
한다. 만약 그러한 우량회사채에 대해 거래층이 두터운 해당 통화의 시장이 없는 경우에는 보고기간 말 현재
그 통화로 표시된 국공채의 시장수익률을 사용한다. 그러한 회사채나 국공채의 통화와 만기는 퇴직급여채무의
통화 및 예상 지급 시기와 일관성이 있어야 한다.

25 정답해설

20×1.1.1.	(차) 건물	5,000	(대) 현금		5,000
20×1.12.31.	(차) 감가상각비	1,000	(대) 감가상각누계액		1,000
20×2.12.31.	(차) 감가상각비	1,000	(대) 감가상각누계액		1,000
	(차) 감가상각누계액	2,000	(대) 재평가잉여금		3,000
	건물	1,000			
20×3.12.31.	(차) 감가상각비	2,000	(대) 감가상각누계액		2,000
	(차) 재평가잉여금	1,000	(대) 이익잉여금		1,000
20×4.12.31.	(차) 감가상각비	2,000	(대) 감가상각누계액		2,000
	(차) 재평가잉여금	1,000	(대) 이익잉여금		1,000

1) 20×2년 말 재평가잉여금 = ₩6,000(20×2년 말 공정가치) − ₩3,000(20×2년 말 장부금액) = ₩3,000
2) 건물 사용 시 일부 대체가능한 재평가잉여금
= 재평가 후 감가상각비 − 재평가 전 최초원가에 근거한 감가상각비 = ₩2,000 − ₩1,000 = ₩1,000
3) 20×5년 초 건물 처분 시 대체되는 재평가잉여금(잔액)
= ₩3,000 − ₩1,000(20×3년도 일부 대체) − ₩1,000(20×4년도 일부대체) = ₩1,000

26 정답해설

내용연수가 비한정인 무형자산은 상각하지 않고, 매년 또는 무형자산의 손상을 시사하는 징후가 있을 때 손상검사를 수행한다.

27 정답해설

20×1.9.1.	(차) 토지	6,000,000[*1]	(대) 현금		6,000,000
20×2.2.1.	(차) 현금	1,829,000[*2]	(대) 토지		1,800,000
			토지처분이익		29,000

*1. 토지 = $5,000 × ₩1,200 = ₩6,000,000
 2. 현금 = $1,550 × ₩1,180 = ₩1,829,000

28 정답해설

20×1년 초	(차) 기계장치	20,000	(대) 현금		20,000
20×1년 말	(차) 감가상각비	4,000	(대) 감가상각누계액		4,000
	(차) 감가상각누계액	4,000	(대) 기계장치		2,000
			재평가잉여금		2,000
20×2년 말	(차) 감가상각비	4,500	(대) 감가상각누계액		4,500
	(차) 감가상각누계액	4,500	(대) 기계장치		6,000
	재평가잉여금	1,500			
	(차) 재평가잉여금	500	(대) 손상차손누계액		1,000
	손상차손	500			

❚ 28번 문제 복수정답
손상차손은 자산의 장부금액을 회수가능액으로 감액함에 따라 발생하는 차이를 의미한다. 단, 재평가모형을 적용하는 유형자산, 무형자산의 손상회계처리 시에는 손상차손을 재평가감소액으로 회계처리

하므로 해당 문제의 요구사항에 맞는 답은 재평가잉여금의 잔액을 감소시킨 이후 당기비용으로 계상하는 손상차손 ₩500을 의미하는 것이다. 다만, 질문에 당기손익으로 계상해야 할 손상차손이 아닌 손상차손 자체를 질의하였기에 자산의 장부금액과 회수가능액과의 차액 ₩1,000도 손상차손으로 해석할 수 있다는 판단에 따라 ②, ③을 복수정답으로 인정하였다.

29 〔정답해설〕

1) 포괄손익계산서 상 당기손익 인식 퇴직급여 관련 비용(₩28,000) = ₩10,000(이자비용) − ₩9,000(이자수익) + 당기근무원가
   → 당기근무원가 = ₩27,000
2) 기말 확정급여채무의 장부금액 = ₩100,000 + ₩10,000(이자비용) + ₩27,000(당기근무원가) − ₩12,000 (퇴직금 지급액) = ₩125,000
3) 20×1년도 기타포괄손익으로 인식할 확정급여채무의 재측정요소
   = ₩128,000(기말 확정급여채무의 현재가치) − ₩125,000(기말 확정급여채무의 장부금액)
   = 재측정손실 ₩3,000(채무가 ₩3,000 증가하므로 재측정손실이 ₩3,000 인식된다.)

30 〔오답해설〕

② 소유주에 대한 분배예정으로 분류된 비유동자산(또는 처분자산집단)은 분배부대원가 차감 후 공정가치와 장부금액 중 작은 금액으로 측정한다.
③ 비유동자산이 매각예정으로 분류되거나 매각예정으로 분류된 처분자산집단의 일부이면 그 자산은 감가상각 (또는 상각)하지 아니한다.
④ 매각예정으로 분류된 비유동자산(또는 처분자산집단)은 공정가치에서 처분부대원가를 뺀 금액과 장부금액 중 작은 금액으로 측정한다.
⑤ 매각예정으로 분류된 처분자산집단의 부채와 관련된 이자와 기타 비용은 계속해서 인식한다.

31 〔정답해설〕

1) 제품 A의 매출액 = ₩70(총제조원가) ÷ (1 − 30%) = ₩100
2) 제품 A의 순실현가치 = ₩100(매출액) − ₩40(추가가공원가) = ₩60
   * 전체 결합원가 ₩120 중 제품 A가 ₩30을 배부받았으므로 전체 순실현가치 중 25%가 ₩60이다.
3) 제품 A, B의 전체 순실현가치 = ₩60 ÷ 25% = ₩240
4) 제품 B의 순실현가치 = ₩240 − ₩60(A의 순실현가치) = ₩180
5) 제품 B의 매출액 = ₩180(순실현가치) + ₩60(추가가공원가) = ₩240
6) 제품 B의 총제조원가(매출원가) = ₩90(결합원가 배부액) + ₩60(추가가공원가) = ₩150
7) 제품 B의 매출총이익률 = (₩240 − ₩150) ÷ ₩240(매출액) = 37.5%

32 〔정답해설〕

② 연간 발생할 것으로 기대되는 총고정원가는 관련범위 내에서 일정하다.

〔오답해설〕

④ 기초고정원가 : 기업이 영업 활동을 효율적으로 수행하기 위하여 기계, 설비 따위와 같은 기초적인 고정자산을 보유함으로써 발생하는 원가

33 〔정답해설〕

1) 공헌이익률 = (₩800 − ₩500) ÷ ₩800(단위당 판매가) = 37.5%
2) 증분손익 = ₩50,000 × 37.5% − ₩15,000(증분비용) = ₩3,750 증가

34 〔정답해설〕

1) 상호배분법에 따른 보조부문 연립방정식
    S_1 = ₩90 + 0.2 × S_2
    S_2 = ₩180 + 0.5 × S_1
    → S_1 = ₩140, S_2 = ₩250
2) 제조부문 X의 총원가가 ₩275이므로 X부문의 부문발생원가 ₩158을 제외하면 보조부문으로부터 총 ₩117의 원가를 배부받은 것이다.
3) 제조부문 X가 보조부문으로부터 배부받은 원가(₩117) = ₩140 × 0.3 + ₩250 × 보조부문 S_2가 제공한 용역비율
    → 보조부문 S_2가 제공한 용역비율 = 0.3

35 〔정답해설〕

1) 단위당 공헌이익
    = ₩25(단위당 판매가격) − ₩10(단위당 변동제조원가) − ₩6(단위당 변동판매관리비) = ₩9
2) 세후현금흐름분기점 판매량(Q)
    = {₩9 × Q − ₩4,000(총고정원가)} × (1 − 20%) + ₩500(감가상각비) = ₩0
    → Q = 375단위

36 〔정답해설〕

1) 제품 A에 배부될 제조간접원가
    = ₩55 × (20회/55회) + ₩84 × (10회/28회) + ₩180 × (80시간/180시간) = ₩130
2) 제품 B에 배부될 제조간접원가
    = ₩55 × (35회/55회) + ₩84 × (18회/28회) + ₩180 × (100시간/180시간) = ₩189

37 〔정답해설〕

4월 판매예산				5월 판매예산			
기초제품	250단위	판매량	2,500단위	기초제품	240단위	판매량	2,400단위
목표생산량	2,490단위	기말제품	240단위	목표생산량	2,430단위	기말제품	270단위

4월 원재료			
기초원재료(4,980kg × 5%)	249kg	원재료사용량(2,490단위 × 2kg)	4,980kg
원재료구입량	4,974kg	기말원재료(2,430단위 × 2kg × 5%)	243kg

→ 4월의 원재료 구입예산액 = 4,974kg × ₩10 = ₩49,740

38 〔정답해설〕

1) 영업이익 차이(₩70,000) = 기말재고에 포함된 고정제조간접원가
2) 당기 판매량 = ₩1,000,000(매출액) ÷ ₩1,000(단위당 판매가격) = 1,000개
3) 전부원가계산에서의 판매관리비(₩200,000) = 변동판매관리비 + 고정판매관리비(₩50,000)
   ㉠ 변동판매관리비 = ₩150,000
   ㉡ 단위당 변동판매관리비 = ₩150,000 ÷ 1,000개(판매량) = ₩150
4) 변동원가계산에서의 변동원가(₩520,000) = 1,000개 × (단위당 변동제조원가 + ₩150)
   → 단위당 변동제조원가 = ₩370
5) 전부원가계산에서의 매출원가(₩650,000) = 1,000개 × (단위당 변동제조원가 + 단위당 고정제조간접원가)
   → 단위당 고정제조간접원가 = ₩280
6) 기말재고수량
   = ₩70,000(기말재고에 포함된 고정제조간접원가) ÷ ₩280(단위당 고정제조간접원가) = 250개
7) 전부원가계산에 의한 기말제품재고 = 250개 × (₩370 + ₩280) = ₩162,500

39 〔정답해설〕

1) 모든 원가의 완성품환산량 = 800단위 × 100% + 200단위(기말재공품) × 50% = 900단위
2) 완성품환산량 단위당 원가 = (₩3,000 + ₩42,000) ÷ 900단위 = ₩50
3) 기말재공품원가 = 100단위(기말재공품 완성품환산량) × ₩50 = ₩5,000

40 〔정답해설〕

1) 직접노무원가 능률차이 = 실제시간 × ₩10(표준임률) − {100단위 × 3시간 × ₩10(표준임률)} = ₩500
   → 실제시간 = 350시간
2) 실제 총직접노무원가 = 350시간(실제시간) × ₩8(실제임률) = ₩2,800

04

2021년 기출문제
정답 및 해설

정답

01 ⑤	02 ③	03 ①	04 ⑤	05 ④	06 ①	07 ⑤	08 ④	09 ③	10 ②
11 ④	12 ①	13 ③	14 ③	15 ①	16 ④	17 ②	18 ⑤	19 ②	20 ③
21 ①	22 ④	23 ①	24 ④	25 ⑤	26 ③	27 ⑤	28 ④	29 ②	30 ⑤
31 ④	32 ⑤	33 ①, ③	34 ⑤	35 ③	36 ②	37 ③	38 ②	39 ④	40 ②

01 정답해설

① 관습법이란 사회의 거듭된 관행으로 생성한 사회생활규범이 사회의 법적 확신과 인식에 의하여 법적 규범으로 승인·강행되기에 이른 것을 말하고, 그러한 관습법은 법원으로서 법령에 저촉되지 아니하는 한 법칙으로서의 효력이 있는 것이므로(대판(전) 2005.7.21, 2002다1178), 관습법은 성문법에 대하여 보충적 효력을 갖는다.

② 종중이란 공동선조의 분묘수호와 제사 및 종원 상호 간의 친목 등을 목적으로 하여 구성되는 자연발생적인 종족집단이므로, 종중의 이러한 목적과 본질에 비추어 볼 때 공동선조와 성과 본을 같이 하는 후손은 성별의 구별 없이 성년이 되면 당연히 그 구성원이 된다고 보는 것이 조리에 합당하다(대판(전) 2005.7.21, 2002다1178). 따라서 공동선조와 성과 본을 같이 하더라도 미성년자인 후손은 종중의 구성원이 될 수 없다.

③ 사회의 거듭된 관행으로 생성된 사회생활규범이 관습법으로 승인되었다고 하더라도 사회 구성원들이 그러한 관행의 법적 구속력에 대하여 확신을 갖지 않게 되었다거나, 사회를 지배하는 기본적 이념이나 사회질서의 변화로 인하여 그러한 관습법을 적용하여야 할 시점에 있어서의 전체 법질서에 부합하지 않게 되었다면 그러한 관습법은 법적 규범으로서의 효력이 부정될 수밖에 없다(대판(전) 2005.7.21, 2002다1178).

④ 관습법이란 사회의 거듭된 관행으로 생성한 사회생활규범이 사회의 법적 확신과 인식에 의하여 법적 규범으로 승인·강행되기에 이른 것을 말하고, 사실인 관습은 사회의 관행에 의하여 발생한 사회생활규범인 점에서 관습법과 같으나 사회의 법적 확신이나 인식에 의하여 법적 규범으로서 승인된 정도에 이르지 않은 것을 말하는 바, 관습법은 바로 법원으로서 법령과 같은 효력을 갖는 관습으로서 법령에 저촉되지 않는 한 법칙으로서의 효력이 있는 것이며, 이에 반하여 사실인 관습은 법령으로서의 효력이 없는 단순한 관행으로서 법률행위의 당사자의 의사를 보충함에 그치는 것이다(대판 1983.6.14, 80다3231).

⑤ 미등기 무허가건물의 양수인에게 소유권에 준하는 관습법상의 물권을 인정할 수 없다(대판 2006.10.7, 2006다49000).

🔖비교 관습법상 물권 : 관습법상 법정지상권, 분묘기지권, 동산의 양도담보

02 정답해설

ㄱ. (○) : 사정변경을 이유로 보증계약을 해지할 수 있는 것은 포괄근보증이나 한정근보증과 같이 채무액이 불확정적이고 계속적인 거래로 인한 채무에 대하여 보증한 경우에 한하고, 회사의 이사로 재직하면서 보증 당시 그 채무가 특정되어 있는 확정채무에 대하여 보증을 한 후 이사직을 사임하였다 하더라도 사정변경을 이유로 보증계약을 해지할 수 없는 것이다(대판 2006.7.4, 2004다30675 등).

ㄴ. (○) : 채무자의 소멸시효에 기한 항변권의 행사도 우리 민법의 대원칙인 신의성실의 원칙과 권리남용금지의 원칙의 지배를 받는 것이어서, 채무자가 시효완성 전에 채권자의 권리행사나 시효중단을 불가능 또는 현저히

곤란하게 하였거나, 그러한 조치가 불필요하다고 믿게 하는 행동을 하였거나, 객관적으로 채권자가 권리를 행사할 수 없는 장애사유가 있었거나, 또는 일단 시효완성 후에 채무자가 시효를 원용하지 아니할 것 같은 태도를 보여 권리자로 하여금 그와 같이 신뢰하게 하였거나, 채권자보호의 필요성이 크고 같은 조건의 다른 채권자가 채무의 변제를 수령하는 등의 사정이 있어 채무이행의 거절을 인정함이 현저히 부당하거나 불공평하게 되는 등의 특별한 사정이 있는 경우에는 채무자가 소멸시효의 완성을 주장하는 것이 신의성실의 원칙에 반하여 권리남용으로서 허용될 수 없다(대판 2011.7.28, 2009다92784).

ㄷ. (×) : 강행법규를 위반한 자가 스스로 그 약정의 무효를 주장하는 것이 신의칙에 위배되는 권리의 행사라는 이유로 그 주장을 배척한다면, 이는 오히려 강행법규에 의하여 배제하려는 결과를 실현시키는 셈이 되어 입법 취지를 완전히 몰각하게 되므로 달리 특별한 사정이 없는 한 위와 같은 주장은 신의칙에 반하는 것이라 고 할 수 없다(대판 2007.11.29, 2005다64552).

03 〔정답해설〕

①, ④ 제9조 제2항【성년후견개시의 심판】가정법원은 성년후견개시의 심판을 할 때 본인의 의사를 고려하여 야 한다.

> **제12조 제2항【한정후견개시의 심판】**
> 한정후견개시의 경우에 제9조 제2항을 준용한다.

비교 제14조의2 제2항【특정후견의 심판】특정후견은 본인의 의사에 반하여 할 수 없다.

② 피성년후견인이 행한 모든 재산법상의 법률행위는 취소할 수 있다(제10조 제1항). 그럼에도 가정법원은 취소 할 수 없는 피성년후견인의 법률행위의 범위를 정할 수 있고(제10조 제2항), 또한 성년후견인의 청구에 의해 가정법원이 변경할 수 있다(제10조 제3항).

> **제10조【피성년후견인의 행위와 취소】**
> ① 피성년후견인의 법률행위는 취소할 수 있다.
> ② 제1항에도 불구하고 가정법원은 취소할 수 없는 피성년후견인의 법률행위의 범위를 정할 수 있다.
> ③ 가정법원은 본인, 배우자, 4촌 이내의 친족 성년후견인, 성년후견감독인, 검사 또는 지방자치단체의 장의 청구에 의하여 제2항의 범위를 변경할 수 있다.
> ④ 제1항에도 불구하고 일용품의 구입 등 일상생활에 필요하고 그 대가가 과도하지 아니한 법률행위는 성년 후견인이 취소할 수 없다.

③, ⑤ 피성년후견인이 행한 모든 재산법상의 법률행위는 성년후견인의 동의여부 불문하고 언제든지 취소할 수 있다(제10조 제1항). 다만 일용품의 구입 등 일상생활에 필요하고 그 대가가 과도하지 아니한 법률행위는 성년후견인이 취소할 수 없다(제10조 제4항).

04 〔정답해설〕

① 호적부(현 가족관계등록부)의 기재사항은 이를 번복할 만한 명백한 반증이 없는 한 진실에 부합하는 것으로 추정되고, 특히 호적부의 사망기재는 쉽게 번복할 수 있게 해서는 안 되며, 그 기재내용을 뒤집기 위해서는 사망신고 당시에 첨부된 서류들이 위조 또는 허위조작된 문서임이 증명되거나 신고인이 공정증서원본불실기 재죄로 처단되었거나 또는 사망으로 기재된 본인이 현재 생존해 있다는 사실이 증명되고 있을 때, 또는 이에 준하는 사유가 있을 때 등에 한해서 호적상의 사망기재의 추정력을 뒤집을 수 있을 뿐이고, 그러한 정도에 미치지 못한 경우에는 그 추정력을 깰 수 없다 할 것이므로, 호적상 이미 사망한 것으로 기재되어 있는 자는 그 호적상 사망기재의 추정력을 뒤집을 수 있는 자료가 없는 한 그 생사가 불분명한 자라고 볼 수 없어 실종선 고를 할 수 없다(대결 1997.11.27, 97스4).

② 민법 제28조는 "실종선고를 받은 자는 민법 제27조 제1항 소정의 생사불명기간이 만료된 때에 사망한 것으로 본다"고 규정하고 있으므로 실종선고가 취소되지 않는 한 반증을 들어 실종선고의 효과를 다툴 수는 없다(대판 1995.2.17, 94다52751).

③ 제29조 제1항【실종선고의 취소】실종자의 생존한 사실 또는 전조의 규정과 상이한 때에 사망한 사실의 증명이 있으면 법원은 본인, 이해관계인 또는 검사의 청구에 의하여 실종선고를 취소하여야 한다. 그러나 실종선고 후 그 취소 전에 선의로 한 행위의 효력에 영향을 미치지 아니한다.

④ 실종선고를 할 때에는 공시최고가 반드시 필요하나, 실종선고 취소를 할 때에는 공시최고를 요하지 아니한다 (가사소송규칙 제53조 참조).

⑤ 실종선고의 효력이 발생하기 전에는 실종기간이 만료된 실종자라 하여도 소송상 당사자능력을 상실하는 것은 아니므로 실종선고 확정 전에는 실종기간이 만료된 실종자를 상대로 하여 제기된 소도 적법하고 실종자를 당사자로 하여 선고된 판결도 유효하며 그 판결이 확정되면 기판력도 발생한다고 할 것이고, 이처럼 판결이 유효하게 확정되어 기판력이 발생한 경우에는 그 판결이 해제조건부로 선고되었다는 등의 특별한 사정이 없는 한 그 효력이 유지되어 당사자로서는 그 판결이 재심이나 추완항소 등에 의하여 취소되지 않는 한 그 기판력에 반하는 주장을 할 수 없는 것이 원칙이라 할 것이며, 비록 실종자를 당사자로 한 판결이 확정된 후에 실종선고가 확정되어 그 사망간주의 시점이 소 제기 전으로 소급하는 경우에도 위 판결 자체가 소급하여 당사자능력이 없는 사망한 사람을 상대로 한 판결로서 무효가 된다고는 볼 수 없다(대판 1992.7.14, 92다2455).

05 정답해설

① 법인의 정관에 법인 대표권의 제한에 관한 규정이 있으나 그와 같은 취지가 등기되어 있지 않다면 법인은 그와 같은 정관의 규정에 대하여 선의냐 악의냐에 관계없이 제3자에 대하여 대항할 수 없다(대판 1992.2.14, 91다24564).

> **제60조【이사의 대표권에 대한 제한의 대항요건】**
> 이사의 대표권에 대한 제한은 등기하지 아니하면 제3자에게 대항하지 못한다.

② 재단법인은 원칙적으로 정관변경이 인정되지 않으나, 예외적으로 정관변경이 인정되는 경우 제45조 제3항에서 사단법인의 정관변경 규정을 준용하고 있어, 법인의 정관은 모두 주무관청의 허가가 있어야 효력이 발생한다.

> **제45조【재단법인의 정관변경】**
> ① 재단법인의 정관은 그 변경방법을 정관에 정한 때에 한하여 변경할 수 있다.
> ③ 제42조 제2항의 규정은 전2항의 경우에 준용한다.
>
> **제42조【사단법인의 정관의 변경】**
> ① 사단법인의 정관은 총사원 3분의 2 이상의 동의가 있는 때에 한하여 이를 변경할 수 있다. 그러나 정수에 관하여 정관에 다른 규정이 있는 때에는 그 규정에 의한다.
> ② 정관의 변경은 주무관청의 허가를 얻지 아니하면 그 효력이 없다.

③ 민법상 재단법인의 기본재산에 관한 저당권 설정행위는 특별한 사정이 없는 한 정관의 기재사항을 변경하여야 하는 경우에 해당하지 않으므로, 그에 관하여는 주무관청의 허가를 얻을 필요가 없다(대결 2018.7.20, 2017마1565).

④ 재단법인의 기본재산에 관한 사항은 정관의 기재사항으로서 기본재산의 변경은 정관의 변경을 초래하기 때문에 주무장관의 허가를 받아야 하고, 따라서 기존의 기본재산을 처분하는 행위는 물론 새로이 기본재산으로 편입하는 행위도 주무장관의 허가가 있어야 유효하고, 또 일단 주무장관의 허가를 얻어 기본재산에 편입하여 정관 기재사항의 일부가 된 경우에는 비록 그것이 명의신탁관계에 있었던 것이라 하더라도 이것을 처분(반환)하는 것은 정관의 변경을 초래하는 점에 있어서는 다를 바 없으므로 주무장관의 허가 없이 이를 이전등기할

수는 없다(대판 1991.5.28, 90다8558).
⑤ 법인이 소멸하는 것은 청산종결등기가 된 때가 아니고 청산사무가 사실상 종결된 때이다. 청산종결의 등기가 종료한 후에도 청산사무가 종결되었다고 할 수 없는 경우에는 청산법인으로 계속 존속한다(대판 1980.4.8, 79다2036).

06 〔정답해설〕

① 법인이 그 대표자의 불법행위로 인하여 손해배상의무를 지는 것은 그 대표자의 직무에 관한 행위로 인하여 손해가 발생한 것임을 요한다 할 것이나, 그 직무에 관한 것이라는 의미는 행위의 외형상 법인의 대표자의 직무행위라고 인정할 수 있는 것이라면 설사 그것이 대표자 개인의 사리를 도모하기 위한 것이었거나 혹은 법령의 규정에 위배된 것이었다 하더라도 위의 직무에 관한 행위에 해당한다고 보아야 한다(대판 1969.8.26, 68다2320). 즉 외형상 직무행위로 인정되는 대표자의 권한 남용행위에 대해서도 법인의 불법행위책임이 인정될 수 있다.
② 민법 제35조에서 말하는 '법인의 대표자'에는 그 명칭이나 직위 여하, 또는 대표자로 등기되었는지 여부를 불문하고 당해 법인을 실질적으로 운영하면서 법인을 사실상 대표하여 법인의 사무를 집행하는 사람을 포함한다고 해석함이 상당하다(대판 2011.4.28, 2008다15438).
③ 법인의 대표자의 행위가 직무에 관한 행위에 해당하지 아니함을 피해자 자신이 알았거나 또는 중대한 과실로 인하여 알지 못한 경우에는 법인에게 손해배상책임을 물을 수 없다(대판 2004.3.26, 2003다34045).
④ 민법 제35조에서 말하는 '이사 기타 대표자'는 법인의 대표기관을 의미하는 것이고 대표권이 없는 이사는 법인의 기관이기는 하지만 대표기관은 아니기 때문에 그들의 행위로 인하여 법인의 불법행위는 성립하지 않는다(대판 2005.12.23, 2003다30159).
⑤ 법인의 대표자가 그 직무에 관하여 타인에게 손해를 가함으로써 법인에 손해배상책임이 인정되는 경우에, 대표자의 행위가 제3자에 대한 불법행위를 구성한다면 그 대표자도 제3자에 대하여 손해배상책임을 면하지 못하며(민법 제35조 제1항), 또한 사원도 위 대표자와 공동으로 불법행위를 저질렀거나 이에 가담하였다고 볼 만한 사정이 있으면 제3자에 대하여 위 대표자와 연대하여 손해배상책임을 진다(대결 2009.1.30, 2006마930). 이사 기타 대표자도 그 자신의 제750조의 손해배상책임을 면하지 못하며, 법인과 경합하여 피해자에게 배상책임을 진다. 양자의 관계는 부진정연대채무이다.

07 〔정답해설〕

① 비법인사단에 대하여는 사단법인에 관한 민법 규정 가운데서 법인격을 전제로 하는 것을 제외하고는 이를 유추적용하여야 할 것인바, 민법 제62조의 규정에 비추어 보면 비법인사단의 대표자는 정관 또는 총회의 결의로 금지하지 아니한 사항에 한하여 타인으로 하여금 특정한 행위를 대리하게 할 수 있을 뿐 비법인사단의 제반 업무처리를 포괄적으로 위임할 수는 없다 할 것이므로, 비법인사단 대표자가 행한 타인에 대한 업무의 포괄적 위임과 그에 따른 포괄적 수임인의 대행행위는 민법 제62조의 규정에 위반된 것이어서 비법인사단에 대하여는 그 효력이 미치지 아니한다(대판 1996.9.6, 94다18522).
② 대표자를 선임하기 위하여 개최되는 종중총회의 소집권을 가지는 연고항존자를 확정함에 있어서 여성을 제외할 아무런 이유가 없으므로, 여성을 포함한 전체 종원 중 항렬이 가장 높고 나이가 가장 많은 사람이 연고항존자가 된다(대판 2010.12.9, 2009다26596).
③ 민법 제63조는 법인의 조직과 활동에 관한 것으로서 법인격을 전제로 하는 조항이 아니고, 법인 아닌 사단이나 재단의 경우에도 이사가 없거나 결원이 생길 수 있으며, 통상의 절차에 따른 새로운 이사의 선임이 극히 곤란하고 종전 이사의 긴급처리권도 인정되지 아니하는 경우에는 사단이나 재단 또는 타인에게 손해가 생길 염려가 있을 수 있으므로, 민법 제63조는 법인 아닌 사단이나 재단에도 유추 적용할 수 있다(대결(전) 2009.11.19, 2008마699).
④ 우리 민법이 사단법인에 있어서 구성원의 탈퇴나 해산은 인정하지만 사단법인의 구성원들이 2개의 법인으로 나뉘어 각각 독립한 법인으로 존속하면서 종전 사단법인에게 귀속되었던 재산을 소유하는 방식의 사단법인의

분열은 인정하지 아니한다. 그 법리는 법인 아닌 사단에 대하여도 동일하게 적용되며, 법인 아닌 사단의 구성원들의 집단적 탈퇴로써 사단이 2개로 분열되고 분열되기 전 사단의 재산이 분열된 각 사단들의 구성원들에게 각각 총유적으로 귀속되는 결과를 초래하는 형태의 법인 아닌 사단의 분열은 허용되지 않는다. 교회가 법인 아닌 사단으로서 존재하는 이상, 그 법률관계를 둘러싼 분쟁을 소송적인 방법으로 해결함에 있어서는 법인 아닌 사단에 관한 민법의 일반 이론에 따라 교회의 실체를 파악하고 교회의 재산 귀속에 대하여 판단하여야 하고, 이에 따라 법인 아닌 사단의 재산관계와 그 재산에 대한 구성원의 권리 및 구성원 탈퇴, 특히 집단적인 탈퇴의 효과 등에 관한 법리는 교회에 대하여도 동일하게 적용되어야 한다(대판(전) 2006.4.20, 2004다37775).

⑤ 비법인사단인 피고 주택조합의 대표자가 조합총회의 결의를 거쳐야 하는 조합원 총유에 속하는 재산의 처분에 관하여는 조합원 총회의 결의를 거치지 아니하고는 이를 대리하여 결정할 권한이 없다 할 것이어서 피고 주택조합의 대표자가 행한 총유물인 이 사건 건물의 처분행위에 관하여는 민법 제126조의 표현대리에 관한 규정이 준용될 여지가 없다 할 것이다(대판 2003.7.11, 2001다73626).

08 [정답해설]

① 어느 건물이 주된 건물의 종물이기 위하여는 주물의 상용에 이바지하는 관계에 있어야 하고 이는 주물 자체의 경제적 효용을 다하게 하는 것을 말하는 것이므로, 주물의 소유나 이용자의 사용에 공여되고 있더라도 주물 자체의 효용과 관계없는 물건은 종물이 아니다(대판 2007.12.13, 2007도7247).

> **제100조 【주물, 종물】**
> ① 물건의 소유자가 그 물건의 상용에 공하기 위하여 자기소유인 다른 물건을 이에 부속하게 한 때에는 그 부속물은 종물이다.
> ② 종물은 주물의 처분에 따른다.

② "입목"이란 토지에 부착된 수목의 집단으로서 그 소유자가 이 법에 따라 소유권보존의 등기를 받은 것을 말하며(입목에 관한 법률 제2조 제1항 제1호), 입목의 소유자는 토지와 분리하여 입목을 양도하거나 저당권의 목적으로 할 수 있다(동법 제3조 제2항).

> **비교** 명인방법에 의한 경우는 저당권을 설정할 수 없다.

③ 민법 제100조 제2항의 종물과 주물의 관계에 관한 법리는 물건 상호 간의 관계뿐 아니라 권리 상호 간에도 적용된다(대판 2006.10.26, 2006다29020).

④ 토지의 개수는 지적법에 의한 지적공부상의 토지의 필수를 표준으로 하여 결정되는 것이므로 토지의 일부는 분필절차를 밟기 전에 그것을 양도할 수 없고 저당권을 설정할 수 없으나, 지상권 · 전세권 등의 용익물권은 분필절차를 밟지 않아도 1필의 토지 일부 위에 설정될 수 있다.

⑤ 부동산의 종물은 주물의 처분에 따르고, 저당권은 그 목적 부동산의 종물에 대하여도 그 효력이 미치기 때문에, 저당권의 실행으로 개시된 경매절차에서 부동산을 경락받은 자와 그 승계인은 종물의 소유권을 취득하고, 그 저당권이 설정된 이후에 종물에 대하여 강제집행을 한 자는 위와 같은 경락인과 그 승계인에게 강제집행의 효력을 주장할 수 없다(대판 1993.8.13, 92다43142).

09 [정답해설]

① 선량한 풍속 기타 사회질서는 부단히 변천하는 가치관념으로서 어느 법률행위가 이에 위반되어 민법 제103조에 의하여 무효인지 여부는 그 법률행위가 이루어진 때를 기준으로 판단하여야 하고, 또한 그 법률행위가 유효로 인정될 경우의 부작용, 거래자유의 보장 및 규제의 필요성, 사회적 비난의 정도, 당사자 사이의 이익균형 등 제반 사정을 종합적으로 고려하여 사회통념에 따라 합리적으로 판단하여야 한다(대판(전) 2015.7.23, 2015다200111).

② 강제집행을 면할 목적으로 부동산에 허위의 근저당권설정등기를 경료하는 행위는 민법 제103조의 선량한 풍속 기타 사회질서에 위반한 사항을 내용으로 하는 법률행위로 볼 수 없다(대판 2004.5.28, 2003다70041).

③ 대리인이 부동산을 이중으로 매수한 경우, 그 매매계약이 반사회적 법률행위로서 무효인지 여부는 대리인을 기준으로 판단한다. 즉 대리인이 본인을 대리하여 매매계약을 체결함에 있어서 매매대상 토지에 관한 저간의 사정을 잘 알고 그 배임행위에 가담하였다면, 대리행위의 하자 유무는 대리인을 표준으로 판단하여야 하므로 (제116조), 설사 본인이 미리 그러한 사정을 몰랐거나 반사회성을 야기한 것이 아니라고 할지라도 그로 인하여 매매계약이 가지는 사회질서에 반한다는 장애사유가 부정되는 것은 아니다(대판 1998.2.27, 97다45532).

④ 법률행위의 성립과정에서 강박이라는 불법적 방법이 사용된 데 불과한 때에는 강박에 의한 의사표시의 하자나 의사의 흠결을 이유로 효력을 논의할 수는 있을지언정 반사회질서의 법률행위로서 무효라고 할 수는 없다 (대판 1992.11.27, 92다7719).

⑤ 반사회적 법률행위에 의한 무효는 절대적 무효이므로, 무효를 가지고 선의의 제3자에게도 대항할 수 있다(대판 1996.10.25, 96다29151).

10 정답해설

①, ③, ④, ⑤ 원시취득은 타인의 권리에 기초하지 않고 원시적으로 취득하는 것을 말한다. 이에 따르면 종전 권리에 대한 제한은 소멸하게 된다. 이에 해당하는 것이 ④ 건물의 신축, ① 무주물 선점(제252조)에 의한 소유권 취득, 취득시효(제252조), 선의취득(제249조), ⑤ 공용징수에 의한 토지 소유권 취득, ③ 환지처분에 의한 국가의 소유권 취득 등이 이에 해당한다.

② 승계취득은 타인의 권리에 기초로 하여 권리를 취득하는 것을 말한다. 즉, 종전 권리에 대한 제한은 존속하고, 전주의 권리 범위 내에서만 취득이 가능하며, 무권리자로부터 취득할 수 없다. 여기에는 이전적 승계(예 구 권리자에 속하고 있었던 권리가 동일성을 유지하면서 신 권리자에게 이전되는 것)와 설정적 승계(예 구 권리자는 그대로 그의 권리를 보유하면서, 그 권리에 기초하여 제약된 새로운 권리를 발생하게 하여 이를 신 권리자에게 취득하게 하는 것)가 있고, 이전적 승계는 다시 특정승계와 포괄승계로 나뉜다. 매매(제563조), 증여(제554조) 등의 경우와 같은 특정승계와 달리 포괄승계는 하나의 취득원인에 의하여 다수의 권리가 일괄해서 취득되는 것을 말한다. 상속(제997조), 포괄유증(제1078조), 회사의 합병(상법 제235조) 등이 이에 해당한다.

11 정답해설

① 실제로는 전세권설정계약이 없으면서도 임대차계약에 기한 임차보증금 반환채권을 담보할 목적으로 임차인과 임대인 사이의 합의에 따라 임차인 명의로 전세권설정등기를 경료한 후 그 전세권에 대하여 근저당권이 설정된 경우, 설령 위 전세권설정계약만 놓고 보아 그것이 통정허위표시에 해당하여 무효라 하더라도 이로써 위 전세권설정계약에 의하여 형성된 법률관계를 토대로 별개의 법률원인에 의하여 새로운 법률상 이해관계를 갖게 된 근저당권자에 대하여는 그와 같은 사정을 알고 있었던 경우에만 그 무효를 주장할 수 있다(대판 2008.3.13, 2006다29372).

② 채권양수인이 채권양도인으로부터 지명채권을 양도받았음을 이유로 채무자에 대하여 그 채권을 행사하기 위하여는 지명채권 양도에 관한 합의 이외에 양도받은 당해 채권에 관하여 민법 제450조 소정의 대항요건을 갖추어야 하는 것이고, 이러한 법리는 채권양도인과 채무자 사이의 법률행위가 허위표시인 경우에도 마찬가지로 적용된다(대판 2011.4.28, 2010다100315). 따라서 채권양도인과 채무자 사이의 소비대차가 가장행위에 해당하고, 가장소비대차에 기한 대여금채권을 양수한 자는 가장행위에 기초하여 새로운 이해관계를 맺은 제3자에 해당한다.

③ 채권자와 채무자가 통모하여 허위의 의사표시로써 저당권설정 행위를 하고 채권자가 그 저당권을 실행하여 경매절차가 적법히 진행된 결과 제3자가 경락으로 소유권을 취득하고 그 이전등기를 종료한 경우에 선의의 제3자에게는 그 허위표시를 주장하여 대항할 수 없다(대판 1957.3.23, 4289민상580).

④ 민법 제108조 제2항에서 말하는 제3자는 허위표시의 당사자와 그의 포괄승계인 이외의 자 모두를 가리키는 것이 아니고 그 가운데서 허위표시행위를 기초로 하여 새로운 이해관계를 맺은 자를 한정해서 가리키는 것으로 새겨야 할 것이므로 이 사건 퇴직금 채무인 피고는 원채권자인 소외(갑)이 소외(을)에게 퇴직금채권을 양도했다고 하더라도 그 퇴직금을 양수인에게 지급하지 않고 있는 동안에 위 양도계약이 허위표시란 것이 밝혀진 이상 위 허위표시의 선의의 제3자임을 내세워 진정한 퇴직금전부채권자인 원고에게 그 지급을 거절할 수 없다(대판 1983.1.18, 82다594).

⑤ 파산자가 상대방과 통정한 허위의 의사표시를 통하여 가장채권을 보유하고 있다가 파산이 선고된 경우 그 가장채권도 일단 파산재단에 속하게 되고, 파산선고에 따라 파산자와는 독립한 지위에서 파산채권자 전체의 공동의 이익을 위하여 직무를 행하게 된 파산관재인은 그 허위표시에 따라 외형상 형성된 법률관계를 토대로 실질적으로 새로운 법률상 이해관계를 가지게 된 민법 제108조 제2항의 제3자에 해당한다(대판 2003.6.24, 2002다48214).

12 〔정답해설〕

① 토지매매에 있어서 특단의 사정이 없는 한 매수인에게 측량 또는 지적도와의 대조 등 방법으로 매매목적물이 지적도상의 그것과 정확히 일치하는지의 여부를 미리 확인하여야 할 주의의무가 있다고 볼 수 없으므로, 현장답사에서 매도인이 매매목적물이라고 제시하는 토지의 점유평수가 매매계약상 매매목적물의 평수와 비슷하고 그 토지의 지적일부가 하천부지에 편입되어 있음을 의심할 만한 특별한 사정이 없었다면 매수인이 토지매매 당시 매매목적물을 측량하지 아니하거나 또는 현장답사에서 지적도와의 대조를 소홀히 하여 하천부지로 편입된 사실을 미리 발견하지 못하였다고 하여도 여기에 매수인의 과실이 있다고 할 수 없을 것이다(대판 1985.11.12, 84다카2344).

② 상대방이 표의자의 진의에 동의한 경우에는 당사자의 일치하는 의사대로 효력이 생기므로 착오의 문제는 발생하지 않는다. 그러므로 표의자는 착오를 이유로 의사표시를 취소할 수 없다.

③ 동기의 착오가 상대방에 의해 유발된 경우 동기가 표시되지 않더라도 의사표시의 취소 사유인 착오에 해당할 수 있다(대판 1990.7.10, 90다카7460). 따라서 상대방에 의해 유발된 동기의 착오는 동기가 표시되지 않았더라도 내용상 착오가 되어 중요부분의 착오가 될 수 있다.

④ 민법 제109조 제1항 단서는 의사표시의 착오가 표의자의 중대한 과실로 인한 때에는 그 의사표시를 취소하지 못한다고 규정하고 있는데, 위 단서 규정은 표의자의 상대방의 이익을 보호하기 위한 것이므로, 상대방이 표의자의 착오를 알고 이를 이용한 경우에는 착오가 표의자의 중대한 과실로 인한 것이라고 하더라도 표의자는 의사표시를 취소할 수 있다(대판 2014.11.27, 2013다49794).

⑤ 사기에 의한 의사표시란 타인의 기망행위로 말미암아 착오에 빠지게 된 결과 어떠한 의사표시를 하게 되는 경우이므로 거기에는 의사와 표시의 불일치가 있을 수 없고, 단지 의사의 형성과정 즉 의사표시의 동기에 착오가 있는 것에 불과하며, 이 점에서 고유한 의미의 착오에 의한 의사표시와 구분되는데, 신원보증서류에 서명날인한다는 착각에 빠진 상태로 연대보증의 서면에 서명날인한 경우, 결국 위와 같은 행위는 강학상 기명날인의 착오(또는 서명의 착오), 즉 어떤 사람이 자신의 의사와 다른 법률효과를 발생시키는 내용의 서면에, 그것을 읽지 않거나 올바르게 이해하지 못한 채 기명날인을 하는 이른바 표시상의 착오에 해당하므로, 비록 위와 같은 착오가 제3자의 기망행위에 의하여 일어난 것이라 하더라도 그에 관하여는 사기에 의한 의사표시에 관한 법리, 특히 상대방이 그러한 제3자의 기망행위 사실을 알았거나 알 수 있었을 경우가 아닌 한 의사표시자가 취소권을 행사할 수 없다는 민법 제110조 제2항의 규정을 적용할 것이 아니라, 착오에 의한 의사표시에 관한 법리만을 적용하여 취소권 행사의 가부를 가려야 한다(대판 2005.5.27, 2004다43824).

13 〔정답해설〕

① 일반적으로 교환계약을 체결하려는 당사자는 서로 자기가 소유하는 교환 목적물은 고가로 평가하고 상대방이 소유하는 목적물은 염가로 평가하여 보다 유리한 조건으로 교환계약을 체결하기를 희망하는 이해상반의 지위에 있고, 각자가 자신의 지식과 경험을 이용하여 최대한으로 자신의 이익을 도모할 것이 예상되기 때문에,

당사자 일방이 알고 있는 정보를 상대방에게 사실대로 고지하여야 할 신의칙상의 주의의무가 인정된다고 볼 만한 특별한 사정이 없는 한, 어느 일방이 교환 목적물의 시가나 그 가액 결정의 기초가 되는 사항에 관하여 상대방에게 설명 내지 고지를 할 주의의무를 부담한다고 할 수 없고, 일방 당사자가 자기가 소유하는 목적물의 시가를 묵비하여 상대방에게 고지하지 아니하거나 혹은 허위로 시가보다 높은 가액을 시가라고 고지하였다 하더라도 이는 상대방의 의사결정에 불법적인 간섭을 한 것이라고 볼 수 없다(대판 2002.9.4, 2000다54406 · 54413).

② 강박에 의한 법률행위가 하자 있는 의사표시로서 취소되는 것에 그치지 않고 나아가 무효로 되기 위하여는, 강박의 정도가 단순한 불법적 해악의 고지로 상대방으로 하여금 공포를 느끼도록 하는 정도가 아니고, 의사표시자로 하여금 의사결정을 스스로 할 수 있는 여지를 완전히 박탈한 상태에서 의사표시가 이루어져 단지 법률행위의 외형만이 만들어진 것에 불과한 정도이어야 한다(대판 2003.5.13, 2002다73708 · 73715).

③ 국토이용관리법(현행 국토의 계획 및 이용에 관한 법률)상 규제구역 내에 속하는 토지거래에 관하여 관할 도지사로부터 거래허가를 받지 아니한 거래계약은 처음부터 위 허가를 배제하거나 잠탈하는 내용의 계약이 아닌 한 허가를 받기까지는 유동적 무효의 상태에 있고 거래 당사자는 거래허가를 받기 위하여 서로 협력할 의무가 있으나, 그 토지거래가 계약 당사자의 표시와 불일치한 의사(비진의표시, 허위표시 또는 착오) 또는 사기, 강박과 같은 하자 있는 의사에 의하여 이루어진 경우에는, 이들 사유에 의하여 그 거래의 무효 또는 취소를 주장할 수 있는 당사자는 그러한 거래허가를 신청하기 전 단계에서 이러한 사유를 주장하여 거래허가 신청 협력에 대한 거절의사를 일방적으로 명백히 함으로써 그 계약을 확정적으로 무효화시키고 자신의 거래 허가절차에 협력할 의무를 면할 수 있다(대판 1997.11.14, 97다36118).

④ 상대방 있는 의사표시에 관하여 제3자가 사기나 강박을 한 경우에는 상대방이 그 사실을 알았거나 알 수 있었을 경우에 한하여 그 의사표시를 취소할 수 있으나, 상대방의 대리인 등 상대방과 동일시할 수 있는 자의 사기나 강박은 제3자의 사기 · 강박에 해당하지 아니한다(대판 1999.2.23, 98다60828 · 60835). 따라서 대리인의 기망행위로 계약을 체결한 상대방은 제110조 제1항이 적용되어 본인이 대리인의 기망행위에 대해 선의 · 무과실인지 여부와 상관없이 계약을 취소할 수 있다.

⑤ 일반적으로 부정행위에 대한 고소, 고발은 그것이 부정한 이익을 목적으로 하는 것이 아닌 때에는 정당한 권리행사가 되어 위법하다고 할 수 없으나, 부정한 이익의 취득을 목적으로 하는 경우에는 위법한 강박행위가 되는 경우가 있고 목적이 정당하다 하더라도 행위나 수단 등이 부당한 때에는 위법성이 있는 경우가 있을 수 있다(대판 1992.12.24, 92다25120).

14 정답해설

① 채권양도의 통지와 같은 준법률행위의 도달은 의사표시와 마찬가지로 사회관념상 채무자가 통지의 내용을 알 수 있는 객관적 상태에 놓여졌을 때를 지칭하고, 그 통지를 채무자가 현실적으로 수령하였거나 그 통지의 내용을 알았을 것까지는 필요하지 않다(대판 1983.8.23, 82다카439). 즉, 도달주의의 원칙은 채권양도의 통지와 같은 준법률행위에도 유추적용될 수 있다.

② 도달주의가 원칙이므로 의사표시가 도달되지 않거나 연착이 되면 그로 인한 불이익은 표의자가 부담한다.

③ 의사표시자가 그 통지를 발송한 후 제한능력자가 되어도 의사표시의 효력에 영향이 없으므로(제111조 제2항), 후에 의사표시가 도달하는 한 효력이 발생하여 그 의사표시는 취소할 수 없다.

> **제111조 【의사표시의 효력발생시기】**
> ② 의사표시자가 그 통지를 발송한 후 사망하거나 제한능력자가 되어도 의사표시의 효력에 영향을 미치지 아니한다.

④ 수령능력이란 타인의 의사표시의 내용을 이해할 수 있는 능력으로서 행위능력보다는 낮은 수준이어도 될 것이나 민법은 제한능력자를 보호하기 위하여 모든 제한능력자를 의사표시의 수령무능력자라고 규정하여 제한능력자를 보호하고 있다(제112조).

> **제112조【제한능력자에 대한 의사표시의 효력】**
> 의사표시의 상대방이 의사표시를 받은 때에 제한능력자인 경우에는 의사표시자는 그 의사표시로써 대항할
> 수 없다. 다만, 그 상대방의 법정대리인이 의사표시가 도달한 사실을 안 후에는 그러하지 아니하다.

⑤ 상대방이 정당한 사유 없이 통지의 수령을 거절한 경우에는 상대방이 그 통지의 내용을 알 수 있는 객관적
상태에 놓여 있는 때에 의사표시의 효력이 생기는 것으로 보아야 한다(대판 2008.6.12, 2008다19973).

15 〔정답해설〕

① 제123조 제2항【복대리인의 권한】복대리인은 본인이나 제3자에 대하여 대리인과 동일한 권리의무가 있다.
② 임의대리인은 원칙적으로 복대리인을 선임할 수 없으나 예외적으로 본인의 승낙이나 부득이한 사유가 있는
경우 복대리인을 선임할 수 있다(제120조). 대리의 목적인 법률행위의 성질상 대리인 자신에 의한 처리가
필요하지 아니한 경우에는 본인이 복대리 금지의 의사를 명시하지 아니하는 한 복대리인의 선임에 관하여
묵시적인 승낙이 있는 것으로 보는 것이 타당하다(대판 1996.1.26, 94다30690).

> **제120조【임의대리인의 복임권】**
> 대리권이 법률행위에 의하여 부여된 경우에는 대리인은 본인의 승낙이 있거나 부득이한 사유가 있는 때가
> 아니면 복대리인을 선임하지 못한다.

③ 임의대리인은 원칙적으로 복대리인을 선임할 수 없으나 예외적으로 본인의 승낙이나 부득이한 사유가 있는
경우 복대리인을 선임할 수 있다(제120조). 제120조에 기해 대리인이 복대리인을 선임한 때에는 본인에게
대하여 그 선임감독에 관한 책임이 있다(제121조 제1항).

> **제121조【임의대리인의 복대리인선임의 책임】**
> ① 전조의 규정에 의하여 대리인이 복대리인을 선임한 때에는 본인에게 대하여 그 선임감독에 관한 책임이
> 있다.

④ 법정대리인이 그 자신의 이름으로 선임한 복대리인은 법정대리인의 대리인이 아니라, 본인의 대리인이다.
⑤ 표현대리에 관한 법리는 대리의 경우와 복대리와의 사이에 차이가 있는 것은 아니므로, 민법 제126조의 대리
인에는 복대리인도 포함되고, 복대리인이 권한을 넘은 대리행위를 한 경우에도 표현대리가 인정된다(대판
1962.10.8, 62다508 등).

16 〔정답해설〕

ㄱ. (×) : 판례는 제125조 대리권수여표시에 의한 표현대리만 임의대리문제라고 하고, 나머지의 표현대리는
임의대리, 법정대리 다 적용된다고 한다. 따라서 대리권 소멸 후의 표현대리에 관한 민법 제129조는 임의대
리권이 소멸한 경우만이 아니라 법정대리인의 대리권 소멸한 경우에도 적용된다.
ㄴ. (○) : 표현대리 제도는 대리권이 있는 것 같은 외관이 생긴데 대해 본인이 민법 제125조, 제126조 및 제129
조 소정의 원인을 주고 있는 경우에 그러한 외관을 신뢰한 선의 · 무과실의 제3자를 보호하기 위하여 그
무권대리 행위에 대하여 본인이 책임을 지게 하려는 것이고 이와 같은 문제는 무권대리인과 본인과의 관계,
무권대리인의 행위 당시의 여러 가지 사정 등에 따라 결정되어야 할 것이므로 당사자가 표현대리를 주장함에
는 무권대리인과 표현대리에 해당하는 무권대리 행위를 특정하여 주장하여야 한다 할 것이고 따라서 당사자
의 표현대리의 항변은 특정된 무권대리인의 행위에만 미치고 그 밖의 무권대리인이나 무권대리 행위에는
미치지 아니한다(대판 1984.7.24, 83다카1819).
ㄷ. (×) : 총유물의 관리, 처분은 사원총회의 결의에 의하고, 보존행위도 마찬가지이다(제276조 제1항). 대법원
은 본 조항을 강행규정으로 파악하고 본 조항에 위배된 법률행위에 관하여 표현대리에 의한 보호는 있을

수 없다고 한다(대판 2003.7.11, 2001다73626).

ㄹ. (×) : 표현대리가 성립하면 그 본인은 표현대리행위에 대하여 전적인 책임을 져야 하고 상대방에게 과실이 있다고 하더라도 과실상계의 법리를 유추적용하여 그의 책임을 감경할 수 없다(대판 1996.7.12, 95다49554).

17 정답해설

① 무권대리행위에 대한 본인의 추인은 원칙적으로 소급효를 갖는다. 여기의 예외가 ㉠ 다른 의사표시를 한 경우, ㉡ 제3자의 권리를 해하는 경우이다.

> **제133조 【추인의 효력】**
> 추인은 다른 의사표시가 없는 때에는 계약 시에 소급하여 그 효력이 생긴다. 그러나 제3자의 권리를 해하지 못한다.

② 기한의 효력에는 소급효가 없으며, **당사자의 특약에 의해서도 소급효를 인정할 수 없다.**

> **제152조 【기한도래의 효과】**
> ① 시기 있는 법률행위는 기한이 도래한 때로부터 그 효력이 생긴다.
> ② 종기 있는 법률행위는 기한이 도래한 때로부터 그 효력을 잃는다.

비교 조건은 당사자의 의사표시로 소급효를 인정하는 규정이 있다(제147조 제3항).

> **제147조 【조건성취의 효과】**
> ③ 당사자가 조건성취의 효력을 그 성취 전에 소급하게 할 의사를 표시한 때에는 그 의사에 의한다.

③ 국토이용관리법상의 규제구역 내의 '토지등의 거래계약' 허가에 관한 관계규정의 내용과 그 입법취지에 비추어 볼 때 토지의 소유권 등 권리를 이전 또는 설정하는 내용의 거래계약은 관할 관청의 허가를 받아야만 그 효력이 발생하고 허가를 받기 전에는 물권적 효력은 물론 채권적 효력도 발생하지 아니하여 무효라고 보아야 할 것이지만, 일단 허가를 받으면 그 계약은 소급하여 유효한 계약이 되고 이와 달리 불허가가 된 때에는 무효로 확정되므로 허가를 받기까지는 유동적 무효의 상태에 있다고 보는 것이 타당하므로 허가받을 것을 전제로 한 거래계약은 허가받기 전의 상태에서는 거래계약의 채권적 효력도 전혀 발생하지 않으므로 권리의 이전 또는 설정에 관한 어떠한 내용의 이행청구도 할 수 없으나 일단 허가를 받으면 그 계약은 소급해서 유효화되므로 허가 후에 새로이 거래계약을 체결할 필요는 없다(대판(전) 1991.12.24, 90다12243).

④ 소멸시효가 완성되면 그로 인한 권리소멸의 효과는 그 기산일에 소급하여 효력이 생긴다(제167조).

> **제167조 【소멸시효의 소급효】**
> 소멸시효는 그 기산일에 소급하여 효력이 생긴다.

⑤ 취소한 법률행위는 처음부터 무효인 것으로 본다(제141조 본문). 즉 소급적으로 효력이 없게 된다.

> **제141조 【취소의 효과】**
> 취소된 법률행위는 처음부터 무효인 것으로 본다. 다만, 제한능력자는 그 행위로 인하여 받은 이익이 현존하는 한도에서 상환할 책임이 있다.

18 정답해설

① 법정조건은 법률이 명문으로 요구하는 조건이다. 따라서 당사자가 임의로 부가한 것이 아니기 때문에 법률행위의 부관으로서의 조건은 아니다.

② 단독행위인 취소, 해제, 해지, 추인, 상계 등은 원칙적으로 조건을 붙일 수 없으나, ㉠ 채무면제, 유증과 같이 상대방에게 이익만을 주거나 상대방의 지위를 불안케 할 염려가 없는 행위이거나, ㉡ 상대방의 동의가 있는 경우에는 허용된다.

③ 제153조 제1항【기한의 이익과 그 포기】기한은 채무자의 이익을 위한 것으로 추정한다.

④ 조건부 법률행위에 있어 조건의 내용 자체가 불법적인 것이어서 무효일 경우 또는 조건을 붙이는 것이 허용되지 아니하는 법률행위에 조건을 붙인 경우 그 조건만을 분리하여 무효로 할 수 없고 전부 무효가 된다(대결 2005.11.8, 2005마541).

⑤ 당사자가 불확정한 사실이 발생한 때를 이행기한으로 정한 경우에 있어서 그 사실이 발생한 때는 물론 그 사실의 발생이 불가능하게 된 때에도 이행기한은 도래한 것으로 보아야 한다(대판 1989.6.27, 88다카10579).

19 정답해설 〉

① 소멸시효는 권리를 행사할 수 있는 때로부터 진행하며 여기서 권리를 행사할 수 있는 때라 함은 권리행사에 법률상의 장애가 없는 때를 말하므로 정지조건부권리의 경우에는 조건 미성취의 동안은 권리를 행사할 수 없는 것이어서 소멸시효가 진행되지 않는다(대판 1992.12.22, 92다28822).

② 기한의 정함이 없는 채권은 언제나 행사가 가능하므로 그 발생 시부터 법률상의 장애가 없기 때문에 그 권리가 발생한 때인 채권성립 시부터 소멸시효가 진행한다.

③ 채무불이행으로 인한 손해배상청구권의 소멸시효는 채무불이행 시로부터 진행한다(대판 2005.1.14, 2002다57119).

④ 부동산에 대한 매매대금 채권이 소유권이전등기청구권과 동시이행의 관계에 있다고 할지라도 매도인은 매매대금의 지급기일 이후 언제라도 그 대금의 지급을 청구할 수 있는 것이며, 다만 매수인은 매도인으로부터 그 이전등기에 관한 이행의 제공을 받기까지 그 지급을 거절할 수 있는 데 지나지 아니하므로 매매대금 청구권은 그 지급기일 이후 시효의 진행에 걸린다(대판 1991.3.22, 90다9797). 즉 소멸시효의 기산점은 권리를 행사할 수 있는 때로부터 진행하기 때문에 동시이행의 항변권이 붙어 있는 채권이라도 그 이행기로부터 진행한다.

⑤ 무권대리인이 대리권을 증명하지 못하고 본인의 추인도 얻지 못한 경우 상대방의 계약이행청구권이나 손해배상청구권의 소멸시효는 그 선택권을 행사할 수 있을 때부터 진행한다(대판 1963.8.22, 63다323).

20 정답해설 〉

① 제184조 제2항【시효의 이익의 포기 기타】소멸시효는 법률행위에 의하여 이를 배제, 연장 또는 가중할 수 없으나 이를 단축 또는 경감할 수 있다.

② 시효의 중단은 원칙적으로 당사자 및 그 승계인 사이에서만 효력이 있다(제169조). 예외적으로 인적 범위는 확대된다(제176조, 제286조, 제440조 등).

> **제169조【시효중단의 효력】**
> 시효의 중단은 당사자 및 그 승계인 간에만 효력이 있다.
>
> **제296조【소멸시효의 중단, 정지와 불가분성】**
> 요역지가 수인의 공유인 경우에 그 1인에 의한 지역권 소멸시효의 중단 또는 정지는 다른 공유자를 위하여 효력이 있다.
>
> **제440조【시효중단의 보증인에 대한 효력】**
> 주채무자에 대한 시효의 중단은 보증인에 대하여 그 효력이 있다

③ 소멸시효 중단사유가 되는 채무승인은 시효이익을 받는 당사자인 채무자가 소멸시효 완성으로 채권을 상실하게 될 상대방에 대하여 상대방의 권리 또는 자신의 채무가 있음을 알고 있다는 뜻을 표시함으로써 성립하는

이른바 관념의 통지로서, 시효 완성 후 시효이익의 포기와 달리 어떠한 효과의사가 필요하지 않다(대판 2018.2.13, 2017다265556).

④ 소멸시효의 이익은 시효가 완성되기 전에 미리 포기하지 못한다.

> **제184조【시효의 이익의 포기 기타】**
> ① 소멸시효의 이익은 미리 포기하지 못한다.

⑤ 채무자가 소멸시효 완성 후 채무를 일부 변제한 때에는 액수에 관하여 다툼이 없는 한 채무 전체를 묵시적으로 승인한 것으로 보아야 하고, 이 경우 시효완성의 사실을 알고 이익을 포기한 것으로 추정되므로, 소멸시효가 완성된 채무를 피담보채무로 하는 근저당권이 실행되어 채무자 소유의 부동산이 경락되고 대금이 배당되어 채무의 일부 변제에 충당될 때까지 채무자가 아무런 이의를 제기하지 아니하였다면, 경매절차의 진행을 채무자가 알지 못하였다는 등 다른 특별한 사정이 없는 한, 채무자는 시효완성의 사실을 알고 채무를 묵시적으로 승인하여 시효의 이익을 포기한 것으로 볼 수 있기는 하다(대판 2017.7.11, 2014다32458).

21 ▷정답해설◁

① 판례는 '무효등기의 유용'과 관련하여 표제부의 유용은 허용되지 않는다고 한다. 즉 판례는 "멸실된 건물과 신축된 건물이 위치나 기타 여러 가지 면에서 서로 같다고 하더라도 그 두 건물이 동일한 건물이라고는 할 수 없으므로 신축건물의 물권변동에 관한 등기를 멸실건물의 등기부에 등재하여도 그 등기는 무효이고 가사 신축건물의 소유자가 멸실건물의 등기를 신축건물의 등기로 전용할 의사로써 멸실건물의 등기부상 표시를 신축건물의 내용으로 표시 변경 등기를 하였다고 하더라도 그 등기가 무효임에는 변함이 없다"고 한다(대판 1980.11.11, 80다441).

② 등기는 물권의 효력 발생요건이고 효력 존속요건이 아니므로 물권에 관한 등기가 원인 없이 말소된 경우에 그 물권의 효력에는 아무런 영향을 미치지 않는다고 봄이 타당한 바, 등기공무원이 관할지방법원의 명령에 의하여 소유권이전등기를 직권으로 말소하였으나 그 후 동 명령이 취소 확정된 경우에는 말소등기는 결국 원인 없이 경료된 등기와 같이 되어 말소된 소유권이전등기는 회복되어야 하고 회복등기를 마치기 전이라도 말소된 소유권이전등기의 최종명의인은 적법한 권리자로 추정된다(대판 1982.9.14, 81다카923).

③ 소유권이전청구권 보전을 위한 가등기가 경료되어 있다 하더라도 소유권이전등기를 청구할 어떤 법률관계가 있다고 추정되지 아니한다(대판 1979.5.22, 79다239).

④ 부동산등기법 제92조 제1항【가등기에 의하여 보전되는 권리를 침해하는 가등기 이후 등기의 직권말소】등기관은 가등기에 의한 본등기를 하였을 때에는 대법원규칙으로 정하는 바에 따라 가등기 이후에 된 등기로서 가등기에 의하여 보전되는 권리를 침해하는 등기를 직권으로 말소하여야 한다.

⑤ 이전등기명의자는 제3자뿐만 아니라, 그 전 소유자에 대하여는 적법한 등기원인에 의하여 소유권을 취득한 것이라는 등기의 추정력을 주장할 수 있다(대판 1982.6.22, 81다791 등).

> 🔵비교 보존등기의 경우 당사자 간의 추정력이 인정되지 않는다.
> 즉, 보존등기명의인은 양수했다고 주장하나 상대방은 양도사실을 부인하는 경우 보존등기의 추정력은 인정되지 않는다.

22 ▷정답해설◁

① 민법 제201조 제1항에 의하면 선의의 점유자는 점유물의 과실을 취득한다고 규정하고 있는바, 건물을 사용함으로써 얻는 이득은 그 건물의 과실에 준하는 것이므로, 선의의 점유자는 비록 법률상 원인 없이 타인의 건물을 점유·사용하고 이로 말미암아 그에게 손해를 입혔다고 하더라도 그 점유·사용으로 인한 이득을 반환할 의무는 없다(대판 1996.1.26, 95다44290).

② 유치권은 법정담보물권이므로 유치권자에게는 원칙적으로 수익목적의 과실수취권이 인정되지 않는다. 다만 유치권자에 의한 유치물의 사용·임대 등에 소유자의 승낙이 있거나 그것이 보존행위에 해당할 경우에는

민법 제323조에 의하여 **유치권자는 유치물의 과실을 수취하여 다른 채권보다 먼저 자기 채권의 변제에 충당할 수 있다**(대판 2018.1.25, 2015다57485).

> **제323조 【과실수취권】**
> ① 유치권자는 유치물의 과실을 수취하여 다른 채권보다 먼저 그 채권의 변제에 충당할 수 있다. 그러나 과실이 금전이 아닌 때에는 경매하여야 한다.
> ② 과실은 먼저 채권의 이자에 충당하고 그 잉여가 있으면 원본에 충당한다.

③ 제202조 【점유자의 회복자에 대한 책임】 점유물이 점유자의 책임 있는 사유로 인하여 멸실 또는 훼손된 때에는 악의의 점유자는 그 손해의 전부를 배상하여야 하며 선의의 점유자는 이익이 현존하는 한도에서 배상하여야 한다. 소유의 의사가 없는 점유자는 선의인 경우에도 손해의 전부를 배상하여야 한다.

④ 민법 제203조 제1항, 제2항에 의한 점유자의 필요비 또는 유익비상환청구권은 점유자가 회복자로부터 점유물의 반환을 청구받거나 회복자에게 점유물을 반환한 때에 비로소 회복자에 대하여 행사할 수 있다(대판 1994.9.9, 94다4592).

⑤ 민법 제203조 제2항에 의한 점유자의 회복자에 대한 유익비상환청구권은 점유자가 계약관계 등 적법하게 점유할 권리를 가지지 않아 소유자의 소유물반환청구에 응하여야 할 의무가 있는 경우에 성립되는 것으로서, 이 경우 점유자는 그 비용을 지출할 당시의 소유자가 누구이었는지 관계없이 점유회복 당시의 소유자, 즉 회복자에 대하여 비용상환청구권을 행사할 수 있는 것이나, 점유자가 유익비를 지출할 당시 계약관계 등 적법한 점유의 권원을 가진 경우에 그 지출비용의 상환에 관하여는 그 계약관계를 규율하는 법조항이나 법리 등이 적용되는 것이어서, 점유자는 그 계약관계 등의 상대방에 대하여 해당 법조항이나 법리에 따른 비용상환청구권을 행사할 수 있을 뿐 계약관계 등의 상대방이 아닌 점유회복 당시의 소유자에 대하여 민법 제203조 제2항에 따른 지출비용의 상환을 구할 수는 없다(대판 2003.7.25, 2001다64752).

■ 점유자와 회복자의 관계[16]

	점유자의 과실[17]취득	점유자의 멸실·훼손의 책임	점유자의 비용상환청구권
효과	① 선의의 점유자 선의(본권이 있다고 오신) + 오신할 만한 정당한 근거가 有 → 과실수취권 인정[18] ② 본권에 관한 소에서 패소한 때 소가 제기된 때부터 악의로 간주 (제197조 제2항) ③ 악의의 점유자의 구체적 반환범위 제201조 제2항 × 제748조 제2항 적용 (받은 이익 + 이자 + 지연손해금) ④ 악의 점유자 = 폭력·은비의 점유자	① 원칙 : 전부 배상 ② 예외 : 선의&자주 = 현존이익 배상	① 선의·악의 및 자주·타주 불문 : 비용상환청구 가능 ② 계약관계가 존재한 경우 : 제203조는 적용 × ③ 필요비 : 과실을 취득한 경우(선의)에 통상의 필요비는 청구 × ④ 유익비 ⅰ) 가액의 증가가 현존 ⅱ) 회복자의 선택채권 ⅲ) 상당기간 허여 가능 ⑤ 필요비·유익비에 기한 유치권 인정[19] ⑥ 필요비·유익비의 상환청구시기 : 반환하거나 반환청구 받은 때

---

16) 소유자와 반환의무를 부담하는 점유자(불법점유자나 무단점유자 등)와의 법률관계 규율
17) 여기서의 과실은 **사용이익을 포함**(판례)
18) 과실을 취득할 수 있는 범위 내에서 **부당이득은 성립하지 않는다.**
19) 비용상환청구권은 '물건에 관하여 생긴 채권'이기 때문이다.

23 정답해설

① 비법인사단이 **총유물에 관한 매매계약을 체결하는 행위**는 총유물 그 자체의 처분이 따르는 채무부담행위로서 **총유물의 처분행위에 해당**하나, 그 매매계약에 의하여 부담하고 있는 채무의 존재를 인식하고 있다는 뜻을 표시하는 데 불과한 소멸시효 중단사유로서의 승인은 총유물 그 자체의 관리·처분이 따르는 행위가 아니어서 총유물의 관리·처분행위라고 볼 수 없다(대판 2009.11.26, 2009다64383).

② 비법인사단이 타인 간의 금전채무를 보증하는 행위는 총유물 그 자체의 관리·처분이 따르지 아니하는 단순한 채무부담행위에 불과하여 이를 총유물의 관리·처분행위라고 볼 수는 없다(대판(전) 2007.4.19, 2004다60072·60089).

③, ④ 총유재산에 관한 소송은 법인 아닌 사단이 그 명의로 사원총회의 결의를 거쳐 하거나 또는 그 구성원 전원이 당사자가 되어 필수적 공동소송의 형태로 할 수 있을 뿐 그 사단의 구성원은 설령 그가 사단의 대표자라거나 사원총회의 결의를 거쳤다 하더라도 그 소송의 당사자가 될 수 없고, 이러한 법리는 총유재산의 보존행위로서 소를 제기하는 경우에도 마찬가지이다(대판(전) 2005.9.15, 2004다44971).

⑤ 무주택자들이 조합원이 되어 조합들의 공동주택을 건립하기 위하여 설립한 주택조합이 공동주택 건설사업이라는 단체 고유의 목적을 가지고 활동하며 규약 및 단체로서의 조직을 갖추고 집행기관인 대표자가 있고 의결이나 업무집행 방법이 총회의 다수결의 원칙에 따라 행해지며 구성원의 가입 탈퇴에 따른 변경에 관계없이 단체 그 자체가 존속하는 등 단체로서의 중요사항이 확정되어 있다면 조합이라는 명칭에 불구하고 비법인사단에 해당하므로(대판 2000.7.7, 2000다18271 참조), 주택조합이 주체가 되어 신축 완공한 건물로서 일반에게 분양되는 부분은 조합원 전원의 총유에 속하며, 총유물의 관리 및 처분에 관하여 주택조합의 정관이나 규약에 정한 바가 있으면 이에 따라야 하고, 그에 관한 정관이나 규약이 없으면 조합원 총회의 결의에 의하여야 할 것이며, 그와 같은 절차를 거치지 않은 행위는 무효라고 할 것이다(대판 2003.7.11, 2001다73626).

24 정답해설

①, ④ 취득시효의 요건인 점유는 직접점유뿐만 아니라 간접점유도 포함하는 것이고, 점유매개 관계는 법률의 규정, 국가행위 등에 의해서도 발생하는 것인데, 자연공원법의 개정으로 국립공원관리공단이 설립되어 1987.7.1.부터 북한산 국립공원의 관리업무가 지방자치단체에서 그 공단에 인계되어 그 후부터 그 공단이 당해 임야를 포함한 북한산 국립공원의 관리업무를 수행하였다고 하더라도, 같은 법 제49조의16 제2항이 "지방자치단체는 당해 행정구역 안에 있는 국립공원의 관리에 사용된 토지, 건물 등의 부동산을 국립공원관리공단으로 하여금 무상으로 사용하게 할 수 있다."고 규정하고 있음에 비추어 지방자치단체는 그 임야에 관하여 국립공원관리공단에게 반환을 청구할 수 있는 지위에 있고 따라서 1987.7.1. 이후에는 그 임야에 대하여 간접점유를 취득하였다고 할 것이다(대판 1998.2.24, 96다8888).

② 사기의 의사표시에 의해 건물을 명도해 준 것이라면 건물의 점유를 침탈당한 것이 아니므로 피해자는 점유회수의 소권을 가진다고 할 수 없다(대판 1992.2.28, 91다17443).

③ 사회통념상 건물은 그 부지를 떠나서는 존재할 수 없는 것이므로 건물의 부지가 된 토지는 그 건물의 소유자가 점유하는 것으로 볼 것이고, 이 경우 건물의 소유자가 현실적으로 건물이나 그 부지를 점거하고 있지 아니하고 있더라도 그 건물의 소유를 위하여 그 부지를 점유한다고 보아야 하며, 미등기건물을 양수하여 건물에 관한 사실의 처분권을 보유하게 된 양수인은 건물부지 역시 아울러 점유하고 있다고 볼 수 있다(대판 2010.1.28, 2009다61193).

⑤ 상속에 의하여 점유권을 취득한 경우에는 상속인은 새로운 권원에 의하여 자기 고유의 점유를 개시하지 않는 한 피상속인의 점유를 떠나 자기만의 점유를 주장할 수 없다(대판 1995.1.12, 94다19884).

25 정답해설

① 민법 제249조의 선의취득은 점유인도를 물권변동의 요건으로 하는 동산의 소유권취득에 관한 규정으로서(동법 제343조에 의하여 동산질권에도 준용) 저당권의 취득에는 적용될 수 없다(대판 1985.12.24, 84다카2428).

② 동산의 선의취득에 필요한 점유의 취득은 현실적 인도가 있어야 하고 점유개정에 의한 점유취득만으로서는 그 요건을 충족할 수 없다(대판 1978.1.17, 77다1872).

③ 선의·무과실의 판단시점은 물권행위가 완성되는 때를 기준으로 한다. 양수인이 물권적 합의 시점에 선의·무과실이면, 이후 인도받을 때에 악의이거나 과실이 있더라도 선의취득이 인정되는 것이 아니라, 인도받을 때에도, 즉 물권행위가 완성된 때까지 선의·무과실이 계속되어야 한다(대판 1991.3.22, 91다70).

④ 민법 제251조의 규정은 선의취득자에게 그가 지급한 대가의 변상을 받을 때까지는 그 물건의 반환청구를 거부할 수 있는 항변권만을 인정한 것이 아니고 피해자가 그 물건의 반환을 청구하거나 어떠한 원인으로 반환을 받은 경우에는 그 대가변상의 청구권이 있다는 취지이다(대판 1972.5.23, 72다115).

> ### 제251조 【도품, 유실물에 대한 특례】
> 양수인이 도품 또는 유실물을 경매나 공개시장에서 또는 동종류의 물건을 판매하는 상인에게서 선의로 매수한 때에는 피해자 또는 유실자는 양수인이 지급한 대가를 변상하고 그 물건의 반환을 청구할 수 있다.

⑤ 선의취득에서 양수인의 점유취득에는 목적물 반환청구권의 양도에 의한 선의취득은 인정된다. 즉 양도인이 소유자로부터 보관을 위탁받은 동산을 제3자에게 보관시킨 경우에 양도인이 그 제3자에 대한 반환청구권을 양수인에게 양도하고 지명채권 양도의 대항요건을 갖추었을 때에는 동산의 선의취득에 필요한 점유의 취득 요건을 충족한다(대판 1999.1.26, 97다48906).

26 정답해설

① 상호명의신탁관계 내지 구분소유적 공유관계에서 건물의 특정 부분을 구분소유하는 자는 그 부분에 대하여 신탁적으로 지분등기를 가지고 있는 자를 상대로 하여 그 특정 부분에 대한 명의신탁 해지를 원인으로 한 지분이전등기절차의 이행을 구할 수 있을 뿐 그 건물 전체에 대한 공유물분할을 구할 수는 없다(대판 2010.5.27, 2006다84171).

②, ④ 1필지의 토지 중 일부를 특정하여 매수하고 다만 그 소유권이전등기는 그 필지 전체에 관하여 공유지분권 이전등기를 한 경우에는 그 특정부분 이외의 부분에 관한 등기는 상호 명의신탁을 하고 있는 것으로서, 그 지분권자는 내부관계에 있어서는 특정부분에 한하여 소유권을 취득하고 이를 배타적으로 사용·수익할 수 있고, 다른 구분소유자의 방해행위에 대하여는 소유권에 터잡아 그 배제를 구할 수 있으나, 외부관계에 있어서는 1필지 전체에 관하여 공유관계가 성립되고 공유자로서의 권리만을 주장할 수 있는 것이므로, 제3자의 방해행위가 있는 경우에는 자기의 구분소유 부분뿐 아니라 전체토지에 대하여 공유물의 보존행위로서 그 배제를 구할 수 있다(대판 1994.2.8, 93다42986).

③ 1필지의 토지의 위치와 면적을 특정하여 2인 이상이 구분소유하기로 하는 약정을 하고 그 구분소유자의 공유로 등기하는 이른바 구분소유적 공유관계에 있어서, 각 구분소유적 공유자가 자신의 권리를 타인에게 처분하는 경우 중에는 구분소유의 목적인 특정 부분을 처분하면서 등기부상의 공유지분을 그 특정 부분에 대한 표상으로서 이전하는 경우와 등기부의 기재대로 1필지 전체에 대한 진정한 공유지분으로서 처분하는 경우가 있을 수 있고, 이 중 전자의 경우에는 그 제3자에 대하여 구분소유적 공유관계가 승계되나, 후자의 경우에는 제3자가 그 부동산 전체에 대한 공유지분을 취득하고 구분소유적 공유관계는 소멸한다(대판 2008.2.15, 2006다68810·68827). 구분소유적 공유지분을 매수한 자는 당연히 구분소유적 공유관계를 승계하는 것이 아니라, 합의내용에 따라 구분소유적 공유관계를 승계할 수도 있고 1필지 전체에 대한 공유지분을 취득할 수도 있다.

⑤ 구분소유적 공유관계는 어떤 토지에 관하여 그 위치와 면적을 특정하여 여러 사람이 구분소유하기로 하는 약정이 있어야만 적법하게 성립할 수 있고, 공유자들 사이에 그 공유물을 분할하기로 약정하고 그때부터

각자의 소유로 분할된 부분을 특정하여 각자 점유·사용하여 온 경우에도 구분소유적 공유관계가 성립할 수 있지만, 공유자들 사이에서 특정 부분을 각각의 공유자들에게 배타적으로 귀속시키려는 의사의 합치가 이루어지지 아니한 경우에는 이러한 관계가 성립할 여지가 없다(대판 2005.4.29, 2004다71409).

27 〔정답해설〕

① 등기부 취득시효와 달리 무과실은 점유취득시효의 요건이 아니다.

> **제245조【점유로 인한 부동산소유권의 취득기간】**
> ① 20년간 소유의 의사로 평온, 공연하게 부동산을 점유하는 자는 등기함으로써 그 소유권을 취득한다.
> → 선의·무과실 ✕
> ② 부동산의 소유자로 등기한 자가 10년간 소유의 의사로 평온, 공연하게 선의이며 과실 없이 그 부동산을 점유한 때에는 소유권을 취득한다.

② 성명불상자의 소유물에 대해서도 시효취득이 가능하다(대판 1992.2.25, 91다9312).

③ 민법은 취득시효의 경우 취득시효이익의 포기에 관한 규정은 두고 있지 않은데, 소멸시효 이익의 사전 포기금지규정(제184조 제1항)을 유추적용하여 시효완성 전에는 포기할 수 없으나 시효완성 후에는 포기하는 것이 가능하다.

④ 행정목적을 위하여 공용되는 행정재산은 공용폐지가 되지 않는 한 사법상 거래의 대상이 될 수 없으므로 취득시효의 대상도 될 수 없다(대판 1983.6.14, 83다카181).

⑤ 민법 제247조 제2항은 '소멸시효의 중단에 관한 규정은 점유로 인한 부동산소유권의 시효취득기간에 준용한다.'고 규정하고, 민법 제168조 제2호는 소멸시효 중단사유로 '압류 또는 가압류, 가처분'을 규정하고 있다. 점유로 인한 부동산소유권의 시효취득에 있어 취득시효의 중단사유는 종래의 점유상태의 계속을 파괴하는 것으로 인정될 수 있는 사유이어야 하는데, 민법 제168조 제2호에서 정하는 '압류 또는 가압류'는 금전채권의 강제집행을 위한 수단이거나 그 보전수단에 불과하여 취득시효기간의 완성 전에 부동산에 압류 또는 가압류 조치가 이루어졌다고 하더라도 이로써 종래의 점유상태의 계속이 파괴되었다고는 할 수 없으므로 이는 취득시효의 중단사유가 될 수 없다(대판 2019.4.3, 2018다296878).

28 〔정답해설〕

ㄱ. (✕): 중간생략등기의 합의가 있었다 하더라도 이러한 합의는 중간등기를 생략하여도 당사자 사이에 이의가 없겠고 또 그 등기의 효력에 영향을 미치지 않겠다는 의미가 있을 뿐이지 그러한 합의가 있었다 하여 중간매수인의 소유권이전등기청구권이 소멸된다거나 첫 매도인의 그 매수인에 대한 소유권이전등기의무가 소멸되는 것은 아니라 할 것이다(대판 1991.12.13, 91다18316).

ㄴ. (✕): 부동산의 매매로 인한 소유권이전등기청구권은 물권의 이전을 목적으로 하는 매매의 효과로서 매도인이 부담하는 재산권이전의무의 한 내용을 이루는 것이고, 매도인이 물권행위의 성립요건을 갖추도록 의무를 부담하는 경우에 발생하는 채권적 청구권으로 그 이행과정에 신뢰관계가 따르므로, 소유권이전등기청구권을 매수인으로부터 양도받은 양수인은 매도인이 그 양도에 대하여 동의하지 않고 있다면 매도인에 대하여 채권양도를 원인으로 하여 소유권이전등기절차의 이행을 청구할 수 없고, 따라서 매매로 인한 소유권이전등기청구권은 특별한 사정이 없는 이상 그 권리의 성질상 양도가 제한되고 그 양도에 채무자의 승낙이나 동의를 요한다고 할 것이므로 통상의 채권양도와 달리 양도인의 채무자에 대한 통지만으로는 채무자에 대한 대항력이 생기지 않으며 반드시 채무자의 동의나 승낙을 받아야 대항력이 생긴다(대판 2001.10.9, 2000다51216).

ㄷ. (✕): 당사자 사이에 적법한 원인행위가 성립되어 중간생략등기가 이루어진 이상, 중간생략등기에 관한 합의가 없었다는 사유만으로는 그 소유권이전등기를 무효라고 할 수 없다(대판 1980.2.12, 79다2104).

ㄹ. (○): 중간생략등기의 합의란 부동산이 전전 매도된 경우 각 매매계약이 유효하게 성립함을 전제로 그 이행

의 편의상 최초의 매도인으로부터 최종의 매수인 앞으로 소유권이전등기를 경료하기로 한다는 당사자 사이이 합의에 불과할 뿐이므로, 이러한 합의가 있다고 하여 최초의 매도인이 자신이 당사자가 된 매매계약상의 매수인인 중간자에 대하여 갖고 있는 매매대금청구권의 행사가 제한되는 것은 아니다. 따라서 최초 매도인과 중간 매수인, 중간 매수인과 최종 매수인 사이에 순차로 매매계약이 체결되고 이들 간에 중간생략등기의 합의가 있은 후에 최초 매도인과 중간 매수인 간에 매매대금을 인상하는 약정이 체결된 경우, 최초 매도인은 인상된 매매대금이 지급되지 않았음을 이유로 최종 매수인 명의로의 소유권이전등기의무의 이행을 거절할 수 있다(대판 2005.4.29, 2003다66431).

29 〔정답해설〕

① 민법 제267조는 "공유자가 그 지분을 포기하거나 상속인 없이 사망한 때에는 그 지분은 다른 공유자에게 각 지분의 비율로 귀속한다."라고 규정하고 있다. 여기서 공유지분의 포기는 법률행위로서 상대방 있는 단독행위에 해당하므로, 부동산 공유자의 공유지분 포기의 의사표시가 다른 공유자에게 도달하더라도 이로써 곧바로 공유지분 포기에 따른 물권변동의 효력이 발생하는 것은 아니고, 다른 공유자는 자신에게 귀속될 공유지분에 관하여 소유권이전등기청구권을 취득하며, 이후 민법 제186조에 의하여 등기를 하여야 공유지분 포기에 따른 물권변동의 효력이 발생한다. 그리고 부동산 공유자의 공유지분 포기에 따른 등기는 해당 지분에 관하여 다른 공유자 앞으로 소유권이전등기를 하는 형태가 되어야 한다(대판 2016.10.27, 2015다52978).

② 공유자 자신의 지분이 과반수에 미달하면 소수지분권자에 지나지 않으므로 배타적으로 공유물을 점유하는 다른 과반수 미달의 공유자를 전면적으로 배제하고 자신만이 단독으로 공유물을 점유하도록 인도해 달라고 청구할 권원은 없다. 대법원은 공유물의 소수지분권자가 다른 공유자와 협의하지 않고 공유물의 전부 또는 일부를 독점적으로 점유하는 경우, 다른 소수지분권자는 배타적으로 점유하고 있는 소수지분권자에게 공유물의 인도를 청구할 수는 없다고 한다(대판(전) 2020.5.21, 2018다287522).

> **비교** 그러나 소나무 등 설치한 지상물에 대한 제거 등 **방해배제는 청구할 수 있다**고 판시했다(대판(전) 2020.5.21, 2018다287522).

③ 공유자 사이에 공유물을 사용·수익할 구체적인 방법을 정하는 것은 공유물의 관리에 관한 사항으로서 공유자의 지분의 과반수로써 결정하여야 할 것이고, 과반수 지분의 공유자는 다른 공유자와 사이에 미리 공유물의 관리 방법에 관한 협의가 없었다 하더라도 공유물의 관리에 관한 사항을 단독으로 결정할 수 있다(대판 2002.5.14, 2002다9738).

④ 제266조 제1항【공유물의 부담】공유자는 그 지분의 비율로 공유물의 관리비용 기타 의무를 부담한다.

⑤ 공유자는 다른 약정이 없으면 언제든지 공유물의 분할을 청구할 수 있다(민법 제268조). 공유는 공동소유자 상호 간에 아무런 인적 결합관계 없이 각기 독립적으로 목적물을 지배할 수 있는 공동소유 형태로서, 물건에 대한 1개의 소유권이 분량적으로 분할되어 여러 사람에게 속하는 것이므로 특별한 사정이 없는 한 각 공유자는 공유물의 분할을 청구하여 기존의 공유관계를 해소하고 각 공유자 간에 공유물을 분배하는 법률관계를 실현하는 일방적인 권리를 가진다(대판 1991.11.12, 91다27228 등 참조).

> **제268조【공유물의 분할청구】**
> ① 공유자는 공유물의 분할을 청구할 수 있다. 그러나 5년 내의 기간으로 분할하지 아니할 것을 약정할 수 있다.

30 〔정답해설〕

① 공유물분할의 효과는 원칙적으로 소급하지 아니한다. 다만, 예외적으로 공동상속재산의 분할에 있어서는 상속법상의 원칙에 따라 분할의 효과가 상속개시 시로 소급한다(제1015조).

② 재판에 의한 공유물분할은 각 공유자의 지분에 따른 합리적인 분할을 할 수 있는 한 현물분할을 하는 것이 원칙이며 대금분할에 있어서 '현물로 분할할 수 없다'는 요건은 이를 물리적으로 엄격하게 해석할 것은 아니고 공유물의 성질, 위치나 면적, 이용상황, 분할 후의 사용가치 등에 비추어 보아 현물분할을 하는 것이 곤란하거나 부적당한 경우를 포함한다 할 것이고, '현물로 분할을 하게 되면 현저히 그 가액이 감손될 염려가 있는 경우'라는 것도 공유자의 한 사람이라도 현물분할에 의하여 단독으로 소유하게 될 부분의 가액이 분할 전의 소유지분 가액보다 현저하게 감손될 염려가 있는 경우도 포함한다고 할 것이다(대판 1991.11.12, 91다27228).

③ 공유물분할청구권은 공유관계에서 수반되는 형성권이므로 공유관계가 존속하는 한 그 분할청구권만이 독립하여 시효소멸될 수 없다(대판 1981.3.24, 80다1888·1889).

④ 현물분할의 방법은 법원의 자유재량에 따라 공유관계나 그 객체인 물건의 제반 상황에 따라 공유자의 지분비율에 따라 합리적으로 분할하면 되는 것이고, 여기에서 공유지분비율에 따른다 함은 지분에 따른 가액비율에 따름을 의미하는 것으로 보는 것이 상당하므로 토지를 분할하는 경우에는 원칙적으로는 각 공유자가 취득하는 토지의 면적이 그 공유지분의 비율과 같아야 할 것이나, 반드시 그렇게 하지 아니하면 안 되는 것은 아니고 토지의 형상이나 위치, 그 이용상황이나 경제적 가치가 균등하지 아니할 때에는 이와 같은 제반 사정을 고려하여 경제적 가치가 지분비율에 상응하도록 분할하는 것도 허용된다(대판 1991.11.12, 91다27228).

⑤ 공유물분할의 소송절차 또는 조정절차에서 공유자 사이에 공유토지에 관한 현물분할의 협의가 성립하여 그 합의사항을 조서에 기재함으로써 조정이 성립하였다고 하더라도, 그와 같은 사정만으로 재판에 의한 공유물 분할의 경우와 마찬가지로 그 즉시 공유관계가 소멸하고 각 공유자에게 그 협의에 따른 새로운 법률관계가 창설되는 것은 아니고, 공유자들이 협의한 바에 따라 토지의 분필절차를 마친 후 각 단독소유로 하기로 한 부분에 관하여 다른 공유자의 공유지분을 이전받아 등기를 마침으로써 비로소 그 부분에 대한 대세적 권리로서의 소유권을 취득하게 된다고 보아야 한다(대판(전) 2013.11.21, 2011두1917).

31 정답해설

① 부동산 실권리자명의 등기에 관한 법률이 규정하는 명의신탁약정은 부동산에 관한 물권의 실권리자가 타인과의 사이에서 대내적으로는 실권리자가 부동산에 관한 물권을 보유하거나 보유하기로 하고 그에 관한 등기는 그 타인의 명의로 하기로 하는 약정을 말하는 것일 뿐이므로, 그 자체로 선량한 풍속 기타 사회질서에 위반하는 경우에 해당한다고 단정할 수 없을 뿐만 아니라, 위 법률은 원칙적으로 명의신탁약정과 그 등기에 기한 물권변동만을 무효로 하고 명의신탁자가 다른 법률관계에 기하여 등기회복 등의 권리행사를 하는 것까지 금지하지는 않는 대신, 명의신탁자에 대하여 행정적 제재나 형벌을 부과함으로써 사적자치 및 재산권보장의 본질을 침해하지 않도록 규정하고 있으므로, 위 법률이 비록 부동산등기제도를 악용한 투기·탈세·탈법행위 등 반사회적 행위를 방지하는 것 등을 목적으로 제정되었다고 하더라도, 무효인 명의신탁약정에 기하여 타인 명의의 등기가 마쳐졌다는 이유만으로 그것이 당연히 불법원인급여에 해당한다고 볼 수 없다(대판 2003.11.27, 2003다41722).

② 어떠한 명의신탁등기가 위 법률에 따라 무효가 되었다고 할지라도 그 후 신탁자와 수탁자가 혼인하여 그 등기의 명의자가 배우자로 된 경우에는 조세포탈, 강제집행의 면탈 또는 법령상 제한의 회피를 목적으로 하지 아니하는 한 이 경우에도 위 법률 제8조 제2호의 특례를 적용하여 그 명의신탁등기는 당사자가 혼인한 때로부터 유효하게 된다고 보아야 한다(대판 2002.10.25, 2002다23840).

③ 명의신탁약정의 무효는 선·악의를 불문하고 제3자에게 대항하지 못한다(제4조 제3항). 즉 제3자에 대한 관계에서는 유효한 것으로 취급되고, 그 결과 수탁자의 처분행위는 유효하게 된다는 것이다(대판 2004.8.30, 2002다48771).

④ 부동산 실권리자명의 등기에 관한 법률(이하 '부동산실명법'이라 한다) 규정의 문언, 내용, 체계와 입법 목적 등을 종합하면, 부동산실명법을 위반하여 무효인 명의신탁약정에 따라 명의수탁자 명의로 등기를 하였다는 이유만으로 그것이 당연히 불법원인급여에 해당한다고 단정할 수는 없다. 이는 농지법에 따른 제한을 회피하고자 명의신탁을 한 경우에도 마찬가지이다(대판(전) 2019.6.20, 2013다218156).

⑤ 부동산실명법이 적용되지 않은 예외가 인정되는 경우는 조세포탈·강제집행의 면탈 또는 법령상 제한의 회피를 목적으로 하지 않는 경우로 종교단체의 명의로 그 산하 조직이 보유한 부동산에 관한 물권을 등기한 경우(동법 제8조 제3호)이므로, 종교단체장의 명의로 그 종교단체 보유 부동산의 소유권을 등기한 경우, 그 단체와 단체장 간의 명의신탁약정은 무효이다.

> **부동산 실권리자명의 등기에 관한 법률 제8조【종중, 배우자 및 종교단체에 대한 특례】**
> 다음 각 호의 어느 하나에 해당하는 경우로서 조세 포탈, 강제집행의 면탈 또는 법령상 제한의 회피를 목적으로 하지 아니하는 경우에는 제4조부터 제7조까지 및 제12조 제1항부터 제3항까지를 적용하지 아니한다.
> 1. 종중이 보유한 부동산에 관한 물권을 종중(종중과 그 대표자를 같이 표시하여 등기한 경우를 포함한다) 외의 자의 명의로 등기한 경우
> 2. 배우자 명의로 부동산에 관한 물권을 등기한 경우
> 3. 종교단체의 명의로 그 산하 조직이 보유한 부동산에 관한 물권을 등기한 경우

32 〔정답해설〕

① 토지에 관하여 저당권을 취득함과 아울러 그 저당권의 담보가치를 확보하기 위하여 지상권을 취득하는 경우, 특별한 사정이 없는 한 당해 지상권은 저당권이 실행될 때까지 제3자가 용익권을 취득하거나 목적 토지의 담보가치를 하락시키는 침해행위를 하는 것을 배제함으로써 저당 부동산의 담보가치를 확보하는 데에 그 목적이 있다(대결 2004.3.29, 2003마1753). 사안의 경우는 용익물권인 지상권이 저당권과 함께 담보가치를 위해 전용된 것으로 甲의 지상권 자체에 피담보채무가 존재하지 않는다.

②, ③ 근저당권 등 담보권설정의 당사자들이 그 목적이 된 토지 위에 차후 용익권이 설정되거나 건물 또는 공작물이 축조·설치되는 등으로써 그 목적물의 담보가치가 저감하는 것을 막는 것을 주요한 목적으로 하여 채권자 앞으로 아울러 지상권을 설정하였다면, 그 피담보채권이 변제 등으로 만족을 얻어 소멸한 경우는 물론이고 시효소멸한 경우에도 그 지상권은 피담보채권에 부종하여 소멸한다(대판 2011.4.14, 2011다6342).

④, ⑤ 토지에 관하여 저당권을 취득함과 아울러 그 저당권의 담보가치를 확보하기 위하여 지상권을 취득하는 경우, 특별한 사정이 없는 한 당해 지상권은 저당권이 실행될 때까지 제3자가 용익권을 취득하거나 목적 토지의 담보가치를 하락시키는 침해행위를 하는 것을 배제함으로써 저당 부동산의 담보가치를 확보하는 데에 그 목적이 있다고 할 것이므로, 그와 같은 경우 제3자가 비록 토지소유자로부터 신축 중인 지상 건물에 관한 건축주 명의를 변경받았다 하더라도, 그 지상권자에게 대항할 수 있는 권원이 없는 한 지상권자로서는 제3자에 대하여 목적 토지 위에 건물을 축조하는 것을 중지하도록 요구할 수 있다(대결 2004.3.29, 2003마1753). 그러나 제3자가 X를 점유·사용하는 경우, 甲은 지상권의 침해를 이유로 손해배상을 청구할 수 없다. 왜냐하면 甲은 乙의 X에 대한 사용·수익권을 배제하지 않는 지상권을 취득하였을 뿐이고 원래 사용·수익권이 없었으므로 제3자가 X를 점유·사용하더라도 손해가 생기지 않기 때문이다.

33 〔정답해설〕

① '장사 등에 관한 법률'(이하 개정 전후를 불문하고 '장사법'이라고 한다) 시행일 이전에 타인의 토지에 분묘를 설치한 다음 20년간 평온·공연하게 그 분묘의 기지를 점유함으로써 분묘기지권을 시효로 취득하였더라도, 분묘기지권자는 토지 소유자가 분묘기지에 관한 지료를 청구하면 그 청구한 날부터의 지료를 지급할 의무가 있다고 보아야 한다(대판(전) 2021.4.29, 2017다228007).

② 토지 소유자의 승낙이 없음에도 20년간 평온, 공연한 점유가 있었다는 사실만으로 사실상 영구적이고 무상인 분묘기지권의 시효취득을 인정하는 종전의 관습은 적어도 2001.1.13. 장사법(법률 제6158호)이 시행될 무렵에는 사유재산권을 존중하는 헌법을 비롯한 전체 법질서에 반하는 것으로서 정당성과 합리성을 상실하였을 뿐 아니라 이러한 관습의 법적 구속력에 대하여 우리 사회 구성원들이 확신을 가지지 않게 됨에 따라 법적

규범으로서 효력을 상실하였다. 그렇다면 2001.1.13. 당시 아직 20년의 시효기간이 경과하지 아니한 분묘의 경우에는 법적 규범의 효력을 상실한 분묘기지권의 시효취득에 관한 종전의 관습을 가지고 분묘기지권의 시효취득을 주장할 수 없다(대판(전) 2017.1.19, 2013다17292).

③ 2001.1.13.부터 시행된 부칙 규정들에 의하면, 토지 소유자의 승낙 없이 설치된 분묘에 대하여 토지 소유자가 이를 개장하는 경우에 분묘의 연고자는 당해 토지 소유자에 대항할 수 없다는 내용의 규정들은 장사법(법률 제6158호) 시행 후 설치된 분묘에 관하여만 적용한다고 명시하고 있으므로, 위 법률 시행 전에 설치된 분묘에 대한 분묘기지권의 존립 근거가 위 법률의 시행으로 상실되었다고 볼 수 없다(대판(전) 2017.1.19, 2013다17292).

④ 분묘기지권에는 그 효력이 미치는 범위 안에서 새로운 분묘를 설치하거나 원래의 분묘를 다른 곳으로 이장할 권능은 포함되지 않는다(대판 2007.6.28, 2007다16885). 따라서 분묘기지권이 인정되는 분묘를 다른 곳에 이장하면 그 분묘기지권은 소멸한다.

⑤ 토지소유자의 승낙을 얻어 분묘가 설치된 경우 분묘소유자는 분묘기지권을 취득하고, 분묘기지권의 존속기간에 관하여는 당사자 사이에 약정이 있는 등 특별한 사정이 있으면 그에 따를 것이나, 그러한 사정이 없는 경우에는 권리자가 분묘의 수호와 봉사를 계속하며 그 분묘가 존속하고 있는 동안 존속한다고 해석함이 타당하다. 또, 분묘가 멸실된 경우라고 하더라도 유골이 존재하여 분묘의 원상회복이 가능하여 일시적인 멸실에 불과하다면 분묘기지권은 소멸하지 않고 존속하고 있다고 해석함이 상당하다(대판 2007.6.28, 2005다44114).

34 정답해설

① 전세권이 성립한 후 전세목적물의 소유권이 이전된 경우 민법이 전세권 관계로부터 생기는 상환청구, 소멸청구, 갱신청구, 전세금증감청구, 원상회복, 매수청구 등의 법률관계의 당사자로 규정하고 있는 전세권설정자 또는 소유자는 모두 목적물의 소유권을 취득한 신 소유자로 새길 수밖에 없다고 할 것이므로, 전세권은 전세권자와 목적물의 소유권을 취득한 신 소유자 사이에서 계속 동일한 내용으로 존속하게 된다고 보아야 할 것이고, 따라서 목적물의 신 소유자는 구 소유자와 전세권자 사이에 성립한 전세권의 내용에 따른 권리의무의 직접적인 당사자가 되어 전세권이 소멸하는 때에 전세권자에 대하여 전세권설정자의 지위에서 전세금 반환의무를 부담하게 된다(대판 2006.5.11, 2006다6072).

② 전세권자는 전세금을 지급하고 타인의 부동산을 점유하여 그 부동산의 용도에 좇아 사용·수익하며, 그 부동산 전부에 대하여 후순위권리자 기타 채권자보다 전세금의 우선변제를 받을 권리가 있다(민법 제303조 제1항). 이처럼 전세권이 용익물권적인 성격과 담보물권적인 성격을 모두 갖추고 있는 점에 비추어 전세권 존속기간이 시작되기 전에 마친 전세권설정등기도 특별한 사정이 없는 한 유효한 것으로 추정된다. 한편 부동산등기법 제4조 제1항은 "같은 부동산에 관하여 등기한 권리의 순위는 법률에 다른 규정이 없으면 등기한 순서에 따른다."라고 정하고 있으므로, 전세권은 등기부상 기록된 전세권설정등기의 존속기간과 상관없이 등기된 순서에 따라 순위가 정해진다(대결 2018.1.25, 2017마1093).

③ 전세금의 지급은 전세권 성립의 요소가 되는 것이지만 그렇다고 하여 전세금의 지급이 반드시 현실적으로 수수되어야만 하는 것은 아니고 기존의 채권으로 전세금의 지급에 갈음할 수도 있다(대판 2009.1.30, 2008다67217).

④ 전세권의 임의경매(제318조)와 관련된 건물일부의 경매신청의 적법성 문제이다. 건물의 일부에 대하여 전세권이 설정되어 있는 경우 그 전세권자는 민법 제303조 제1항의 규정에 의하여 그 건물 전부에 대하여 후순위권리자 기타 채권자보다 전세금의 우선변제를 받을 권리가 있고, 민법 제318조의 규정에 의하여 전세권설정자가 전세금의 반환을 지체한 때에는 전세권의 목적물의 경매를 청구할 수 있는 것이나, 전세권의 목적물이 아닌 나머지 건물부분에 대하여는 우선변제권은 별론으로 하고 경매신청권은 없으므로, 위와 같은 경우 전세권자는 전세권의 목적이 된 부분을 초과하여 건물 전부의 경매를 청구할 수 없다고 할 것이고, 그 전세권의 목적이 된 부분이 구조상 또는 이용상 독립성이 없어 독립한 소유권의 객체로 분할할 수 없고 따라서 그 부분만의 경매신청이 불가능하다고 하여 달리 볼 것은 아니다(대결 2001.7.2, 2001마212).

비교 일부전세의 경우 → 나머지 경매 ×, 우선변제 ○

즉, 전세권의 목적이 된 부분을 초과한 경매 ×, 불가분관계에 있다 하더라도
✔ but 우선변제권은 전부에서 가능

⑤ 전세권자는 현상을 유지하여야 의무가 있기 때문에 전세권설정자에게 목적물의 현상을 유지하기 위하여 지출한 필요비의 상환을 청구할 수 없다(제310조).

> **제310조 【전세권자의 상환청구권】**
> ① 전세권자가 목적물을 개량하기 위하여 지출한 금액 기타 유익비에 관하여는 그 가액의 증가가 현존한 경우에 한하여 소유자의 선택에 좋아 그 지출액이나 증가액의 상환을 청구할 수 있다.
> ② 전항의 경우에 법원은 소유자의 청구에 의하여 상당한 상환기간을 허여할 수 있다.

35 〔정답해설〕

① 사안의 경우는 명의수탁자 乙이 매수인으로서 계약의 당사자가 되어 매도인 丙과 매매계약을 체결하고 등기도 명의수탁자 乙 앞으로 마친 것이므로 이른바 계약명의신탁의 유형에 해당한다. 이때 명의신탁 약정은 매도인 丙이 선의인지 악의인지 불문하고 무효이다(부동산 실권리자명의 등기에 관한 법률 제4조 제1항).

②, ④ 「부동산 실권리자명의 등기에 관한 법률」제4조 제1항, 제2항에 의하면 명의신탁자와 명의수탁자가 이른바 계약명의신탁약정을 맺고 명의수탁자가 당사자가 되어 명의신탁약정이 있다는 사실을 알지 못하는 소유자와의 사이에 부동산에 관한 매매계약을 체결한 후 그 매매계약에 따라 당해 부동산의 소유권이전등기를 수탁자 명의로 마친 경우에는 명의신탁자와 명의수탁자 사이의 명의신탁약정의 무효에도 불구하고 그 명의수탁자는 당해 부동산의 완전한 소유권을 취득하게 되고, 다만 명의수탁자는 명의신탁자에 대하여 부당이득반환의 의무를 부담하게 될 뿐이다. 이 경우 그 계약명의신탁약정이 「부동산 실권리자명의 등기에 관한 법률」시행 후인 경우에는 명의신탁자는 애초부터 당해 부동산의 소유권을 취득할 수 없었으므로, 위 계약명의신탁약정의 무효로 인하여 명의신탁자가 입은 손해는 당해 부동산 자체가 아니라 명의수탁자에게 제공한 매수자금이고, 따라서 명의수탁자는 당해 부동산 자체가 아니라 명의신탁자로부터 제공받은 매수자금 상당액을 부당이득하였다고 할 것이다(대판 2010.10.14, 2007다90432).

③ 「부동산 실권리자명의 등기에 관한 법률」제4조 제2항 단서는 부동산 거래의 상대방을 보호하기 위한 것으로 상대방이 명의신탁약정이 있다는 사실을 알지 못한 채 물권을 취득하기 위한 계약을 체결한 경우 그 계약과 그에 따른 등기를 유효라고 한 것이다. 명의신탁자와 명의수탁자가 계약명의신탁약정을 맺고 명의수탁자가 당사자가 되어 매도인과 부동산에 관한 매매계약을 체결하는 경우 그 계약과 등기의 효력은 매매계약을 체결할 당시 매도인의 인식을 기준으로 판단해야 하고, 매도인이 계약 체결 이후에 명의신탁약정 사실을 알게 되었다고 하더라도 위 계약과 등기의 효력에는 영향이 없다. 매도인이 계약 체결 이후 명의신탁약정 사실을 알게 되었다는 우연한 사정으로 인해서 위와 같이 유효하게 성립한 매매계약이 소급적으로 무효로 된다고 볼 근거가 없다. 만일 매도인이 계약 체결 이후 명의신탁약정 사실을 알게 되었다는 사정을 들어 매매계약의 효력을 다툴 수 있도록 한다면 매도인의 선택에 따라서 매매계약의 효력이 좌우되는 부당한 결과를 가져올 것이다(대판 2018.4.10, 2017다257715).

⑤ 「부동산 실권리자명의 등기에 관한 법률」(이하 '부동산실명법') 제4조 제3항에 의하면 명의신탁약정 및 이에 따른 등기로 이루어진 부동산에 관한 물권변동의 무효는 제3자에게 대항하지 못하는데, 여기서 '제3자'는 명의신탁약정의 당사자 및 포괄승계인 이외의 자로서 명의수탁자가 물권자임을 기초로 그와 사이에 직접 새로운 이해관계를 맺은 사람으로서 소유권이나 저당권 등 물권을 취득한 자뿐만 아니라 압류 또는 가압류채권자도 포함하고 그의 선의·악의를 묻지 않는다(대판 2000.3.28, 99다56529 등 참조). 따라서 丙이 甲·乙 사이의 명의신탁약정 사실을 안 경우에도 乙이 그 사정을 모르는 제3자 丁에게 X를 매도하여 소유권이전등기를 마쳤다면, 甲은 명의신탁약정과 등기의 무효를 가지고 제3자인 丁에게 대항할 수 없기 때문에 丁이 X의 소유권을 취득한다.

36 정답해설

① , ② 건물의 임대차에 있어서 임차인의 임대인에게 지급한 임차보증금반환청구권이나 임대인이 건물시설을 아니하기 때문에 임차인에게 건물을 임차목적대로 사용 못한 것을 이유로 하는 손해배상청구권은 모두 민법 제320조 소정 소위 그 건물에 관하여 생긴 채권이라 할 수 없다(대판 1976.5.11, 75다1305).

③ 유치권은 타물권인 점에 비추어 볼 때 수급인의 재료와 노력으로 건축되었고 독립한 건물에 해당되는 기성부분은 수급인의 소유라 할 것이므로 수급인은 공사대금을 지급받을 때까지 이에 대하여 유치권을 가질 수 없다(대판 1993.3.26, 91다14116).

④ 유치권의 성립요건이자 존속요건인 유치권자의 점유는 직접점유이든 간접점유이든 관계가 없으나, 다만 유치권은 목적물을 유치함으로써 채무자의 변제를 간접적으로 강제하는 것을 본체적 효력으로 하는 권리인 점 등에 비추어, 그 직접점유자가 채무자인 경우에는 유치권의 요건으로서의 점유에 해당하지 않는다(대판 2008.4.11, 2007다27236).

⑤ 유치권자가 점유침탈로 유치물의 점유를 상실한 경우, 유치권은 원칙적으로 소멸한다(제328조).

> **제328조 【점유상실과 유치권소멸】**
> 유치권은 점유의 상실로 인하여 소멸한다.

37 정답해설

① 제331조 【질권의 목적물】 질권은 양도할 수 없는 물건을 목적으로 하지 못한다.

② 제338조 제1항 【경매, 간이변제충당】 질권자는 채권의 변제를 받기 위하여 질물을 경매할 수 있다.

③ 질권의 목적이 된 채권이 금전채권인 때에는 질권자는 자기채권의 한도에서 질권의 목적이 된 채권을 직접 청구할 수 있고, 채권질권의 효력은 질권의 목적이 된 채권의 지연손해금 등과 같은 부대채권에도 미치므로 채권질권자는 질권의 목적이 된 채권과 그에 대한 지연손해금채권을 피담보채권의 범위에 속하는 자기채권액에 대한 부분에 한하여 직접 추심하여 자기채권의 변제에 충당할 수 있다(대판 2005.2.25, 2003다40668).

④ 질권의 목적인 채권의 양도행위는 민법 제352조 소정의 질권자의 이익을 해하는 변경에 해당되지 않으므로 질권자의 동의를 요하지 아니한다(대판 2005.12.22, 2003다55059).

> **제352조 【질권설정자의 권리처분제한】**
> 질권설정자는 질권자의 동의 없이 질권의 목적된 권리를 소멸하게 하거나 질권자의 이익을 해하는 변경을 할 수 없다.

⑤ 제333조 【동산질권의 순위】 수개의 채권을 담보하기 위하여 동일한 동산에 수개의 질권을 설정한 때에는 그 순위는 설정의 선후에 의한다.

38 정답해설

① 민법 제359조 제1항은 '저당권의 효력은 저당부동산에 대한 압류가 있은 후에 저당권설정자가 그 부동산으로부터 수취한 과실 또는 수취할 수 있는 과실에 미친다.'고 규정하고 있는데, 위 규정상의 '과실'에는 천연과실뿐만 아니라 법정과실도 포함된다고 할 것이므로, 저당부동산에 대한 압류가 있으면 그 압류 이후의 저당권설정자의 저당부동산에 관한 차임채권 등에도 저당권의 효력이 미친다(대판 2016.7.27, 2015다230020).

② 민법 제370조, 제342조 단서가 저당권자는 물상대위권을 행사하기 위하여 저당권설정자가 받을 금전 기타 물건의 지급 또는 인도 전에 압류하여야 한다고 규정한 것은 물상대위의 목적인 채권의 특정성을 유지하여 그 효력을 보전함과 동시에 제3자에게 불측의 손해를 입히지 않으려는 데 있는 것이므로, 저당목적물의 변형물인 금전 기타 물건에 대하여 일반 채권자가 물상대위권을 행사하려는 저당채권자보다 단순히 먼저 압류나 가압류의 집행을 함에 지나지 않은 경우에는 저당권자는 그 전은 물론 그 후에도 목적채권에 대하여 물상대위

권을 행사하여 일반 채권자보다 우선변제를 받을 수가 있다(대판 1994.11.22, 94다25728).

③ 제361조【저당권의 처분제한】저당권은 그 담보한 채권과 분리하여 타인에게 양도하거나 다른 채권의 담보로 하지 못한다.

④ 원칙적으로 저당권의 효력은 저당부동산에 부합된 물건에 미친다(제358조). 저당권설정 전에 부합한 것이든 그 후에 부합한 것이든 불문한다(판례).

> **제358조【저당권의 효력의 범위】**
> 저당권의 효력은 저당부동산에 부합된 물건과 종물에 미친다. 그러나 법률에 특별한 규정 또는 설정행위에 다른 약정이 있으면 그러하지 아니하다.

⑤ 제364조【제3취득자의 변제】저당부동산에 대하여 소유권, 지상권 또는 전세권을 취득한 제3자는 저당권자에게 그 부동산으로 담보된 채권을 변제하고 저당권의 소멸을 청구할 수 있다.

39 정답해설

④ 사안은 채권자 甲이 채무자 乙에 대한 2억원의 채권을 담보하기 위하여 모두 채무자 소유인 X토지와 Y건물에 대하여 각각 1번 공동저당권을 취득한 후 동시배당이 아니라, 이시배당이 이루어진 경우이다.

동시배당이 되었다면 제368조 제1항이 적용되어 각 부동산의 경매대가에 비례하여 채권이 분담이 되기 때문에 1순위인 공동저당권자 甲은 X토지에서는 1억 5천만원(2억원 × 3/4)만을 배당받고, Y건물에서 5천만원(2억원 × 1/4)을 배당받게 된다. 이 경우 X토지의 후순위저당권자인 丙은 X토지의 경매대금 3억원 중 남은 1억 5천만원을 배당받게 되고, Y건물의 후순위저당권자 丁이 Y건물의 경매대금 1억원 중 남은 5천만원을 배당받게 된다.

그러나 사안은 공동저당물 중 X토지에 대해 먼저 경매가 이루어져, 경매대금 3억원 중 2억원은 1순위인 공동저당권자 甲에게, 나머지 1억은 후순위저당권자인 丙에게 배당이 완료되었다.

그 후 Y건물에 대하여 경매가 이루어지는 경우로, 1순위인 공동저당권자 甲은 이미 채권 전액을 X토지에서 변제받았으므로 다시 Y건물에서는 배당받을 수 없다. 그렇다 하여도 甲의 저당권은 말소되지 않고, 동시배당의 경우보다 불이익을 받게 된 후순위저당권자 丙이 제368조 제2항에 따라 甲의 저당권을 법정대위를 할 수 있게 된다.

즉 먼저 경매된 X토지의 후순위저당권자인 丙은 동시에 배당하였으면 1억 5천만원을 배당받을 수 있음에도 1억원만 배당받게 된다. 이 경우 1순위인 공동저당권자 甲이 Y건물의 대가에서 변제받을 수 있었던 5천만원의 한도에서 공동저당권자 甲를 대위하여 저당권을 행사할 수 있다.

따라서 Y건물에 대한 경매대금 1억원은 제368조 제2항에 근거한 후순위저당권자의 법정대위에 기해 丙이 5천만원을 배당받고, Y건물의 후순위저당권자인 丁이 나머지 5천만원을 배당받게 된다.

■ 공동저당

목적물 전부가 채무자소유 또는 물상보증인 **소유인 경우**	1. 동시배당 : 제368조 제1항 적용 → 각 부동산의 경매대가에 비례하여 채권분담 2. 이시배당 : 제368조 제2항 적용 → 전문 : 공동저당권자는 먼저 경매된 부동산의 대가에서 채권 전부변제수령 가능 → 후문 : 이 경우 먼저 경매된 부동산의 후순위저당권자는 동시에 배당하였으면 공동저당권자가 다른 부동산에서 변제 받을 수 있는 금액의 한도에서 공동저당권자를 대위하여 저당권행사 가능

목적물 일부는 채무자 소유, 목적물 일부는 물상보증인 소유인 경우	1. 동시배당 : 제368조 제1항 적용 × 　→ ① 채무자 소유 : 먼저 배당 ○ 　　　② 부족 시 : 물상보증인 ○ 2. 이시배당 　(1) 채무자 소유가 먼저 경매된 경우 : 제368조 제2항 대위 × 　(2) 물상보증인 소유가 먼저 경매된 경우 　　① 물상보증인 : 법정대위(제481조) 　　② 후순위저당권자(＝ 물상보증인에게 돈을 대여한 자) : 물상대위

40 〔정답해설〕

① 제371조 제2항 【지상권, 전세권을 목적으로 하는 저당권】 지상권 또는 전세권을 목적으로 저당권을 설정한 자는 저당권자의 동의 없이 지상권 또는 전세권을 소멸하게 하는 행위를 하지 못한다.

②, ③, ④, ⑤ 전세권에 대하여 저당권이 설정된 경우 그 저당권의 목적물은 물권인 전세권 자체이지 ④ 전세금반환채권은 그 목적물이 아니고, ② 전세권의 존속기간이 만료되면 전세권은 소멸하므로 더 이상 전세권 자체에 대하여 저당권을 실행할 수 없게 되고, ③ 이러한 경우에는 민법 제370조, 제342조(물상대위) 및 민사소송법 제733조에 의하여 저당권의 목적물인 전세권에 갈음하여 존속하는 것으로 볼 수 있는 전세금반환채권에 대하여 압류 및 추심명령 또는 전부명령을 받거나 제3자가 전세금반환채권에 대하여 실시한 강제집행 절차에서 배당요구를 하는 등의 방법으로 자신의 권리를 행사하여 비로소 전세권설정자에 대해 전세금의 지급을 구할 수 있게 된다는 점, 원래 동시이행항변권은 공평의 관념과 신의칙에 입각하여 각 당사자가 부담하는 채무가 서로 대가적 의미를 가지고 관련되어 있을 때 그 이행에 있어서 견련관계를 인정하여 당사자 일방은 상대방이 채무를 이행하거나 이행의 제공을 하지 아니한 채 당사자 일방의 채무의 이행을 청구할 때에는 자기의 채무이행을 거절할 수 있도록 하는 제도인 점, 전세권을 목적물로 하는 저당권의 설정은 전세권의 목적물 소유자의 의사와는 상관없이 전세권자의 동의만 있으면 가능한 것이고, 원래 전세권에 있어 전세권설정자가 부담하는 전세금반환의무는 전세금반환채권에 대한 제3자의 압류 등이 없는 한 전세권자에 대해 전세금을 지급함으로써 그 의무이행을 다할 뿐이라는 점에 비추어 볼 때, ⑤ 전세권저당권이 설정된 경우에도 전세권이 기간만료로 소멸되면 전세권설정자는 전세금반환채권에 대한 제3자의 압류 등이 없는 한 전세권자에 대하여만 전세금반환의무를 부담한다고 보아야 한다(대판 1999.9.17, 98다31301).

제 **1**교시

제2과목 | **경제학원론**

정답

01 ③	02 ⑤	03 ②	04 ④	05 ④	06 ⑤	07 ①	08 ③	09 ⑤	10 ②
11 ⑤	12 ③	13 ②	14 ⑤	15 ①	16 ②	17 ②	18 ④	19 ④	20 정답없음
21 ②	22 ⑤	23 ④	24 ④	25 ②	26 ①	27 ④	28 ⑤	29 ①	30 ⑤
31 ①	32 ③	33 ③	34 ②	35 ④	36 ③	37 ③	38 ②	39 ①	40 ①

01 │ 정답해설 〉

① 옳은 내용이다.

무차별곡선은 동일한 효용 수준을 제공하는 상품묶음들의 궤적이다.

② 옳은 내용이다.

무차별곡선의 기울기는 한계대체율이며 두 재화의 교환비율이다.

③ 틀린 내용이다.

일반적으로 무차별곡선은 원점에 대해 볼록하지만 만일 특정한 성질의 재화를 상정하여 무차별곡선이 원점에 대해 오목할 경우 한계대체율은 체감하는 것이 아니라 체증한다.

④ 옳은 내용이다.

완전대체재 관계인 두 재화에 대한 무차별곡선은 직선의 형태로서 한계대체율이 일정하다.

⑤ 옳은 내용이다.

소비자의 최적소비선택은 주어진 예산제약하에서 효용을 극대화할 때 달성된다. 이때 모서리해를 제외하면 무차별곡선과 예산선이 접하는 점이 바로 소비자의 최적선택이 된다.

02 │ 정답해설 〉

① 옳은 내용이다.

파레토효율 달성을 위해서는 여러 조건이 충족되어야 하는데 현실에서는 그러한 조건이 충족되기 어렵다. 따라서 모든 조건의 충족이 안 된 배분상태들 간에 비교를 통하여 차선을 택해야 한다. 그런데 충족되는 효율성 조건의 수들이 많다고 해서 사회후생이 커지는 것은 아니므로 단순히 효율성 조건의 수로 차선을 선택해서는 안 된다. 즉, 차선처럼 보이는 상태가 차선이 아닐 수도 있다는 것이다. 따라서 차선의 상태를 골라내기 위해서는 매우 신중해야 한다. 이를 차선의 이론이라고 한다.

차선의 이론에 의하면, 경제전반의 상황을 무시한 채 부분적으로 효율성을 개선하더라도 전체적인 효율성은 오히려 악화될 수도 있다. 부분적으로 혹은 점진적으로 경제적 여건을 일부 개선하더라도 오히려 후생이 악화될 수도 있다는 것이다. 단순히 효율성 조건의 충족 개수가 많아서 차선의 배분상태처럼 보이더라도 실은 차선이 아닐 수 있다. 이런 경우에는 차라리 제약된 조건하에서 효율적인 자원배분을 추구하는 것이 차선의 배분을 달성할 수 있다.

② 옳은 내용이다.

효율적인 자원배분 중에서 가장 바람직한 배분을 찾기 위해서 효율성 이외에 공평성 기준을 도입하게 된다. 공평성 기준은 경제 내의 생산물이 주체들 사이에 어떻게 분배되어야 바람직한지에 대한 가치판단을 의미하며 이는 사회후생함수를 통해서 반영된다. 사회후생함수란 개인의 효용수준을 사회의 후생수준으로 나타내 주는 함수로서 두 사람의 효용수준이 만일 U^A, U^B라고 할 경우 사회후생은 $SW = f(U^A, U^B)$와 같은 함수로 나타낼 수 있다. 그리고 이를 기하적으로 표현하게 되면 동일한 수준의 사회후생을 가져다주는 개인의 효용 수준의 조합의 궤적을 구할 수 있는데 이를 사회무차별곡선이라고 한다.

사회구성원들의 개인적인 효용수준을 사회전체의 후생수준으로 변환시키는 과정에서 필연적으로 개인의 효용수준을 어떻게 비교하고 평가하는지가 반영되어야 한다. 이러한 개인의 효용 간 비교, 평가과정에서 공평성의 가치판단이 드러난다(분배적 정의). 사회후생함수에 반영되는 공평성에 대한 가치판단은 크게 공리주의적 가치관, 평등주의적 가치관, 롤스주의적 가치관으로 나누어 볼 수 있다. 이러한 가치관들은 각각의 사회후생함수에 반영되어 있다.

롤스는 1970년 초에 출간한 "정의론"에서 정의를 공평성의 관점에서 파악하였다. 특히 정의에 관하여 사회구성원들이 합의하는 원칙은 무지의 장막에 둘러싸인 원초적 입장이라고 하는 가상적 상황에서는 가장 가난한 빈자들의 효용을 증진시키는 것에만 동의하게 된다는 것이다. 롤스는 이를 통해서 최빈자의 효용을 극대화하는 이른바 최소극대화의 원칙을 도출하였다.

롤스주의적 사회후생함수는 개인 간 효용 비교에 있어서 특정개인의 효용은 다른 개인의 효용으로 대체 불가능하다고 보고 있다. 이를 수리적으로 표현하면 $SW = Min\{U^A, U^B\}$와 같으며 기하적으로 표현하면 L자형의 사회후생함수로 나타난다. 특히 롤스주의에 의하면 공평이란 극단적으로 모두 똑같이 나눠가져야 하며 가장 낮은 수준의 효용을 누리는 사람의 효용으로 사회후생을 도출한다.

③ 옳은 내용이다.

모든 소비자의 선호체계가 강단조성을 갖고 경제 안에 외부성이 존재하지 않으면 일반경쟁균형에 의한 배분은 파레토효율적이다. 이를 후생경제학 제1정리라고 하며 간단히 표현하면 일반경쟁효율은 파레토효율적임을 나타낸다. 즉 경쟁의 상황에서 파레토효율을 충족함을 의미한다. 후생경제학 제1정리는 보이지 않는 손의 현대적 해석이라고 할 수 있다. 각 경제주체의 상충되는 욕구를 조정하여 무질서한 혼돈의 상태에 균형이란 질서를 부여하고 그 결과 개인의 사리와 공익은 조화를 이루게 된다는 것이다.

한편, 만일 초기부존자원이 적절히 분배된 상황에서 모든 사람의 선호가 연속적이고 강단조적이고 볼록성을 가지면 파레토효율적인 배분은 일반경쟁균형이 된다. 이를 후생경제학 제2정리라고 하며 간단히 표현하면 특정 조건이 충족된 상황에서는 파레토효율적 배분을 일반경쟁균형을 통해서 달성할 수 있음을 나타낸다.

④ 옳은 내용이다.

공리주의적 사회후생함수에서 공평의 개념은 극단적으로 누가 많이 갖든지 관계없으며 따라서 단순히 사회구성원의 효용의 합으로 공리주의적 사회후생을 도출한다. 이를 한마디로 표현하면 최대다수의 최대행복이라고 할 수 있다. 극단적인 공리주의에 의하면 사회후생은 단순히 개인의 효용의 합으로 정의되며 이를 극대화하는 것만이 문제된다. 이때, 공리주의적 사회후생함수는 선형의 형태를 가지며 $SW = U^A + U^B$로 표시된다. 공리주의적 사고를 기하적으로 표현하면 선형의 사회후생함수로 나타난다. 이는 개인 간 효용 비교에 있어서 특정 개인의 효용은 다른 개인의 효용으로 완전히 대체 가능하다는 것이다.

⑤ 틀린 내용이다.

사회후생함수는 개인의 효용수준을 사회의 후생수준으로 나타내주는 함수로서 이는 개인의 선호체계를 집계하여 사회적 선호체계로 만들어준다는 것을 의미한다. 현실적으로는 어떠한 자원배분상태에 대한 투표를 의미한다. 특히 애로우의 불가능성 정리에 의하면, 갖추어야 할 바람직한 성격을 모두 만족하는 사회후생함수는 존재하지 않는다. 사회후생함수가 가져야 할 바람직한 성격은 다음과 같다.

ⅰ) 완전성, 완비성

사회후생함수는 모든 사회적 상태에 대하여 비교, 평가할 수 있어야 한다.

ⅱ) 이행성

사회후생함수에 의하여 사회적 상태 α보다 사회적 상태 β가 더 선호되고, 사회적 상태 β보다 사회적 상태 γ가 더 선호된다면, 사회적 상태 γ는 사회적 상태 α보다 선호되어야 한다.

iii) 보편성(비제한성)

개인이 어떤 선호체계를 갖더라도 사회선호체계가 정의되고 사회후생함수가 존재해야 한디. 즉, 개인의 선호를 제한해서는 안 된다.

iv) 파레토 원칙

모든 개인이 사회적 상태 α보다 사회적 상태 β를 선호하면 사회도 사회적 상태 α보다 사회적 상태 β를 선호해야 한다.

v) 무관한 대안으로부터의 독립성

임의의 두 사회적 상태 α, β에 대한 사회선호는 오로지 개인의 α, β에 대한 선호에 의해서만 결정되어야 하며 무관한 제3의 대안 γ에 의해서 영향받아서는 안 된다.

vi) 비독재성

어느 한 개인의 선호가 사회 전체의 선호를 좌우해서는 안 된다. 어느 한 개인의 선호를 사회 전체의 선호로 채택해서는 안 된다.

애로우의 불가능성 정리는 위의 i) ~ vi)의 조건을 모두 만족시키는 사회후생함수는 없다는 것이다. 만일 i) ~ v)의 조건을 만족한다면 그 사회후생함수는 독재적이기 때문에 결국 vi)의 조건을 만족하지 못한다. 애로우의 불가능성 정리에 의하면 모든 사회적 배분상태를 평가할 수 있는 사회적 의사결정 시스템은 없다는 의미이다.

설문에서 제시된 파레토원칙은 과반수제가 아니라 만장일치제를 의미한다. 이 원칙에 의하면 사회적 선호는 반드시 사회구성원들의 선호를 반영해야 하고 사회의 모든 구성원들이 만장일치로 선호하는 사회상태가 있다면 이는 반드시 사회에서도 선택되어야 함을 의미한다.

03 　정답해설

② 틀린 내용이다.

수요법칙에는 예외가 있을 수 있는데 가격이 오름에도 불구하고 수요량이 감소하지 않고 오히려 증가하는 현상을 보이는 것이 바로 그것이다. 예를 들어 기펜재의 경우 가격이 오르면 오히려 수요량이 늘어난다. 따라서 기펜재의 수요곡선은 우하향하지 않고 우상향한다. 기펜재는 소득 증가에도 불구하고 소비가 감소하는 이른바 열등재로서 매우 특이한 재화를 말하는데 가격변화에 따른 대체효과보다 소득효과가 더 큰 경우에 해당한다.

③ 옳은 내용이다.

먼저 사적재화 혹은 사용재란 시장에서 가격을 지불하고 구입하는 일체의 재화와 서비스를 의미한다. 단순히 민간부문에 의해서 생산되고 민간부문이 사용하는 재화와 서비스가 사용재인 것은 아니다. 사적재화는 배제성과 경합성의 특징을 갖는다. 사적재화에 있어 배제성이란 가격을 지불하지 않은 사람을 소비에서 배제시킬 수 있는 성격을 의미한다. 가격을 지불한 사람만이 그 재화를 소비할 수 있다는 뜻이다. 한편 사적재화에 있어 경합성이란 한 사람의 소비는 다른 사람이 소비할 수 있는 기회를 감소시킴을 의미한다. 구성원 간의 사적재화 소비는 경합적인 관계가 있기 때문에 소비의 제로섬이 된다.

이제 사적재화의 시장수요를 알아보자. 사용재의 소비에 있어서 개별 소비자들은 모두 동일한 가격에 직면하지만, 서로 상이한 양을 소비하게 된다. 이 과정에서 개별 소비자들은 진실한 선호를 표출(진실된 개별수요곡선)하게 되고 시장수요는 개별수요의 수평합으로 구할 수 있다.

④ 옳은 내용이다.

수요곡선의 높이는 수요자가 지불할 의향(willingness to pay)이 있는 최대가격으로서 수요가격이 된다. 이는 수요에 따른 한계편익의 크기를 의미한다.

⑤ 옳은 내용이다.

수요곡선 자체의 이동은 수요의 변화로 인하여 수요곡선 자체가 이동하는 것을 의미한다. 가격이 불변인 상황에서 수요량에 영향을 미치는 다른 요인이 변화할 때 수요량이 변화하는 것을 수요의 변화라고 한다. 수요곡선의 이동을 가져오는 수요변화의 원인으로는 소득의 변화, 다른 재화 가격의 변화, 기호의 변화 등을 들 수 있다. 예를 들어 해당 재화의 가격이 변하지 않는 상황에서 소득만 증가한 경우 해당 재화가 정상재라면 수요량이 늘어나는 것을 의미한다.

04 〔정답해설〉

① 틀린 내용이다.
수요곡선이 수직이면 가격의 변화에도 불구하고 수요량은 변화가 없기 때문에 가격탄력성은 0이 된다.
② 틀린 내용이다.
우하향하는 직선의 수요곡선에서 수요곡선상의 점의 위치에 따라서 수요의 가격탄력성은 상이하다.
③ 틀린 내용이다.
가격탄력성이 1보다 크면 탄력적이다.
④ 옳은 내용이다.
우상향 직선의 공급곡선 Y축 절편이 0보다 크면 가격탄력성은 무조건 1보다 크고, 반대로 우상향 직선의 공급곡선 Y축 절편이 0보다 작으면 가격탄력성은 무조건 1보다 작다. 그리고 원점을 통과하는 우상향 공급곡선의 경우에는 가격탄력성이 1이다.
⑤ 틀린 내용이다.
두 재화 간의 교차탄력성이 1보다 크면 양수에 해당하므로 두 재화는 대체관계에 있다.

05 〔정답해설〉

① 틀린 내용이다.
조세를 소비자에게 부과하든 생산자에게 부과하든 그 효과는 동일하다.
② 틀린 내용이다.
수요가 완전탄력적이어서 수요곡선이 수평선(수요의 가격탄력성이 무한대)인 경우 소비자에게 조세가 부과되면 거래량은 감소하고 소비자 직면가격은 불변이며, 소비자 직면가격이 불변이므로 소비자는 전혀 부담을 지지 않는다. 소비자잉여는 변함없이 0으로 동일하다.
③ 틀린 내용이다.
조세부과 이전 가격이 10, 거래량이 10임을 고려하면 생산자잉여는 50이 된다. 소비자에게 조세부과 이후 가격이 8, 거래량이 8, 생산자 직면가격이 8임을 고려하면 생산자잉여는 32가 된다. 따라서 생산자잉여의 감소분은 18(원)이 된다.
④ 옳은 내용이다.
조세부과 이후 거래량이 8, 단위당 조세가 2원임을 고려할 때, 조세수입은 16원이 된다. 수요가 완전탄력적이므로 소비자잉여는 없으며 생산자잉여의 감소분이 18(원)임을 고려하면 사회총잉여의 감소분, 즉 자중손실은 2(원)가 된다.
⑤ 틀린 내용이다.
조세부과 이후 거래량이 8, 단위당 조세가 2원임을 고려할 때, 조세수입은 16원이 된다.

06 〔정답해설〉

① 옳은 내용이다.
생산가능곡선은 우하향하며 그 기울기는 점점 커진다(원점에 대하여 오목). 이는 상품생산에 있어서 기회비용이 점점 커지는 것을 의미한다. 만일 생산가능곡선이 원점에 대해 오목한 경우 기회비용 체증을 반영하는 것이다.

② 옳은 내용이다.

생산기술이 향상되면 동일한 요소투입에도 더 많은 생산량의 산출을 달성할 수 있기 때문에 생산가능곡선이 원점에서 더 멀어진다.

③ 옳은 내용이다.

특정재화의 생산이 증가할수록 기회비용은 체증한다. 이는 자원의 희소성을 반영하고 있기 때문이다. 특정재화의 기회비용이 증가하는 경우 다른 재화의 기회비용은 상대적으로 감소한다.

④ 옳은 내용이다.

생산가능곡선의 기울기의 절댓값은 한계전환율 혹은 한계변환율이라고 하며 이는 한계비용의 비율로 표시할 수 있다.

⑤ 틀린 내용이다.

생산가능곡선상의 점에서 파레토개선이 불가능하다. 생산가능곡선상의 점은 생산의 효율성을 반영하고 있다. 생산가능곡선 바깥은 실현 불가능하며 내부는 비효율을 의미한다.

07 정답해설

ㄱ. 틀린 내용이다.

시장수요곡선은 개별수요곡선을 수평합하여 도출할 수 있다. 따라서 시장수요곡선은 개별수요곡선보다 더 완만하게 나타난다. 만일 특정수요가 다른 사람들의 수요에 영향을 받는 네트워크효과가 존재할 경우에는 시장수요곡선은 이를 반영하여 완만하거나 가파른 모습을 보인다. 특히 네트워크효과 중에서 bandwagon 효과가 있는 경우에는 다른 사람들의 수요량 증가로 인해 전체 수요가 오히려 더 늘게 되므로 시장수요곡선은 이를 반영하여 보다 완만하게 된다. 반대로 snob 효과가 있는 경우에는 다른 사람들의 소비와 차별화시키려는 경향이 나타나면서 다른 사람들의 수요량 증가로 인해 차별화된 소비를 원하는 이들의 수요는 감소하기 때문에 시장수요곡선은 보다 가파르게 된다. 정리하자면, 시장수요곡선은 개별수요곡선을 수평합하여 도출하지만 bandwagon 효과나 snob 효과와 같은 네트워크효과가 있는 경우에는 수평합된 수요곡선보다 더 완만하거나 가파르게 변화할 수 있다.

ㄴ. 틀린 내용이다.

상품 소비자의 수가 증가함에 따라 그 상품수요가 감소하는 효과를 속물효과(snob effect)라고 한다.

ㄷ. 옳은 내용이다.

열등재란 소득이 증가할 때 소비가 감소하는 재화로서 소득탄력성이 0보다 작은 재화를 의미한다. 특히 열등재의 일종인 기펜재의 경우 가격변화에 따른 대체효과의 절대적 크기보다 소득효과의 절대적 크기가 더 크기 때문에 수요곡선은 우상향하며 수요법칙이 성립하지 않는다. 그러나 기펜재가 아닌 열등재의 경우 대체효과의 절대적 크기가 소득효과의 절대적 크기보다 더 크기 때문에 수요곡선은 우하향하며 수요법칙은 성립한다.

ㄹ. 옳은 내용이다.

정상재란 소득이 증가할 때 소비가 증가하는 재화로서 소득탄력성이 0보다 큰 재화를 의미한다. 특히 소득탄력성이 0보다 크고 1보다 작은 경우에는 필수재라고 하며 소득탄력성이 1보다 큰 경우에는 사치재로 분류할 수 있다. 한편, 열등재란 소득이 증가할 때 소비가 감소하는 재화로서 소득탄력성이 0보다 작은 재화를 의미한다.

08 정답해설

ㄱ. 옳은 내용이다.

기업의 생산에 있어서 일부 생산요소의 투입량을 변화시킬 수 없는 기간이 단기인 반면, 모든 생산요소의 투입량을 변화시킬 수 있는 기간이 장기이다.

ㄴ. 옳은 내용이다.

다른 생산요소가 고정인 상태에서 특정 생산요소의 투입을 증가시켜 상품의 생산을 늘려감에 따라서 한계생산이 궁극적으로는 점차 줄어들게 되는데 이를 한계생산 체감의 법칙이라고 한다.

ㄷ. 옳은 내용이다.

등량곡선이란 동일한 수준의 생산량을 달성시키는 생산요소 투입량 간 조합의 궤적으로서 등량곡선이 원점에 대해 볼록한 경우에는 두 생산요소 간 대체의 비율이 점차로 줄어듦을 의미한다. 이를 한계기술대체율 체감의 법칙이라고 한다.

ㄹ. 틀린 내용이다.

기업의 이윤은 총수입에서 총비용을 차감한 것으로서 비용을 극소화하는 것이 바로 이윤극대화를 의미하는 것은 아니다. 따라서 비용극소화가 이윤극대화의 필요충분조건이라고 할 수 없다.

09 〔정답해설〕

① 틀린 내용이다.

소비, 교환의 파레토효율이란 더 이상 소비의 파레토 개선이 불가능한 상태로서 다른 이에게 손해를 주지 않으면서 최소한 한 사람 이상이 효용을 증가시키는 것이 불가능한 상태이다. 즉, 다른 이에게 손해를 주지 않으면서 최소한 한 사람 이상이 효용을 증가시킬 수 있으면 파레토 개선이 가능함을 의미하는데 이러한 파레토 개선이 불가능한 상태이다. 한편, 생산의 파레토효율이란 더 이상 생산의 파레토 개선이 불가능한 상태를 말한다. 즉, 어느 한 재화의 생산을 감소시키지 않고서 다른 재화의 생산을 증가시킬 수 있으면 파레토 개선이 가능함을 의미하는데, 이러한 파레토 개선이 불가능한 상태이다.

② 틀린 내용이다.

만일 초기부존자원이 적절히 분배된 상황에서 모든 사람의 선호가 연속적이고 강단조적이고 볼록성을 가지면 파레토효율적인 배분은 일반경쟁균형이 된다. 이를 후생경제학 제2정리라고 하며 간단히 표현하면 특정 조건이 충족된 상황에서는 파레토효율적 배분을 일반경쟁균형을 통해서 달성할 수 있음을 나타낸다.

③ 틀린 내용이다.

모든 소비자의 선호체계가 강단조성을 갖고 경제 안에 외부성이 존재하지 않으면 일반경쟁균형에 의한 배분은 파레토효율적이다. 이를 후생경제학 제1정리라고 하며 간단히 표현하면 일반경쟁효율은 파레토효율적임을 나타낸다.

④는 틀린 내용이며 ⑤는 옳은 내용이다.

후생경제학 제1정리는 '보이지 않는 손'의 현대적 해석이라고 할 수 있다. 각 경제주체의 상충되는 욕구를 조정하여 무질서한 혼돈의 상태에 균형이란 질서를 부여하고 그 결과 개인의 사익과 공익은 조화를 이루게 된다는 것이다.

10 〔정답해설〕

설문에서 $\frac{L}{2} = K$와 등비용선 $C = 2L + 3K$가 만나는 점에서 비용극소화가 이루어지며, 설문에서 이 경우 기업이 재화 200개를 생산하고 있기 때문에 $Q = \frac{L}{2} = K = 200$이 성립한다. 따라서 노동투입량은 400, 자본투입량은 200이 되고 총비용은 1,400이 된다. 평균비용은 총비용을 총생산 200개로 나눈 7(원)이 된다.

참고로 이를 수리적 모형으로 표현하면 다음과 같다.

$C = wL + rK$

$Q(L, K) = Q_0$

$Min\ C$

$\dfrac{MP_L}{MP_K} = \dfrac{w}{r}$

$Q(L, K) = Q_0$

$C = 2L + 3K\ ---------\ ①$

$Min\left\{\dfrac{L}{2},\ K\right\} = 200\ ----\ ②$

$Min\ C\ -----------\ ③$

$\dfrac{L}{2} = K = 200$

$L = 400,\ K = 200$

11 정답해설

1) 초기 상태의 균형 도출

① 우월전략균형

우월전략 및 우월전략균형을 도출하는 방법은 다음과 같다.

ⅰ) 상대방이 어떤 전략을 선택하든지 간에 나의 보수를 더 크게 만들어 주는 전략이 우월전략이며 이를 구하기 위해서는 보수행렬표에서 상대방의 전략을 제외하고 자신의 전략만을 비교하여 보수를 가장 극대화시키는 전략을 선택한다.

ⅱ) 이제 반대로 상대방의 입장에서도 우월전략을 구해낸다.

ⅲ) 만일 모든 경기자들이 우월전략을 가지고 있다면 모든 경기자들은 당연히 우월전략을 선택할 것이며 이를 바꾸려 하지 않을 것이다.

설문에서 우월전략을 도출하면 다음과 같다.

ⅰ) 만약 기업 갑이 조업중단전략을 선택하든, 조업가동전략을 선택하든 관계없이 기업 을은 자신의 보수를 더 크게 하는 2톤 배출전략이 최선의 전략이다.

ⅱ) 왜냐하면, 기업 을은 기업 갑이 조업중단전략을 선택할 때도 1톤 배출전략보다 2톤 배출전략을 선택하는 것이 더 큰 보수(4 < 8)를 주고, 기업 갑이 조업가동전략을 선택할 때도 1톤 배출전략보다 2톤 배출전략을 선택하는 것이 더 큰 보수(4 < 8)를 주기 때문이다.

ⅲ) 위와 같은 2톤 배출전략을 기업 을의 우월전략이라고 하며, 같은 방식으로 기업 갑의 우월전략을 구해보면, 조업가동전략이 된다.

ⅳ) 따라서 기업 갑의 우월전략은 조업가동전략이며, 기업 을의 우월전략은 2톤 배출전략이 되며 이 둘의 짝이 바로 우월전략균형이 된다.

② 내쉬균형

앞에서 도출한 우월전략에 의한 우월전략균형은 내쉬균형적 성질을 가지므로 내쉬균형은 기업 갑의 조업가동전략과 기업 을의 2톤 배출전략이 됨을 쉽게 알 수 있다. 참고로 이하에서는 좀 더 엄정하게 내쉬균형을 도출해보자.

ⅰ) 만약 기업 갑이 조업중단전략을 선택한다고 할 경우

이를 주어진 것으로 보고 기업 을은 주어진 상황에서 자신의 보수를 극대화하는 2톤 배출전략이 최선의 전략이다.

ⅱ) 이제 기업 을이 2톤 배출전략을 선택할 때

이를 주어진 것으로 보고 기업 갑은 주어진 상황에서 자신의 보수를 극대화하는 조업가동전략이 최선의 전략이다.

ⅲ) 기업 갑이 조업가동전략을 선택할 때

이를 주어진 것으로 보고 기업 을은 주어진 상황에서 자신의 보수를 극대화하는 2톤 배출전략이 최선의 전략이다.

ⅳ) 기업 을이 2톤 배출전략을 선택할 때

　기업 갑은 주어진 상황에서 자신의 보수를 극대화하는 조업가동전략을 바꾸지 않고 계속 유지한다.

ⅴ) 기업 갑이 조업가동전략을 유지하는 경우

　기업 을은 주어진 상황에서 자신의 보수를 극대화하는 2톤 배출전략을 계속 유지한다.

ⅵ) 따라서 내쉬균형전략은 기업 갑은 조업가동전략, 기업 을은 2톤 배출전략이 된다. 두 전략의 짝이 바로 내쉬균형이 된다.

2) 제도 변화 이후의 보수행렬 도출

오염을 배출하는 을은 배출 1톤에서 2톤으로 증가하는데 갑에게 보상금 5를 지불해야 하므로 보수행렬이 다음과 같이 변화한다.

		을	
		1톤 배출	2톤 배출
갑	조업중단	(0, 4)	(0+5, 8−5)
	조업가동	(10, 4)	(3+5, 8−5)

3) 제도 변화 이후의 균형 도출

① 우월전략균형

　앞에서 설명한 방식을 사용하여 우월전략을 도출하면 기업 갑은 조업가동전략이며, 기업 을은 1톤 배출전략이다. 이 둘의 짝이 우월전략균형이 된다.

② 내쉬균형

　우월전략균형은 내쉬균형적 성질을 가지므로 기업 갑의 조업가동전략과, 기업 을의 1톤 배출전략의 짝이 내쉬균형이 된다.

위의 분석내용에 따라서 설문을 검토하면 다음과 같다.

① 틀린 내용이다.

　위의 분석내용에 따르면, 초기 상태에서 내쉬균형전략은 기업 갑은 조업가동전략, 기업 을은 2톤 배출전략이 된다. 두 전략의 짝이 바로 내쉬균형이 된다.

② 틀린 내용이다.

　위의 분석내용에 따르면, 초기 상태에서 기업 갑의 우월전략은 조업가동전략이며, 기업 을의 우월전략은 2톤 배출전략이다. 이 둘의 짝이 바로 우월전략균형이 된다.

③ 틀린 내용이다.

　위의 분석내용에 따르면, 제도 변화 후 기업 갑의 우월전략은 조업가동전략이며, 기업 을의 우월전략은 1톤 배출전략이다. 이 둘의 짝이 우월전략균형이 된다.

④ 틀린 내용이다.

　위의 분석내용에 따르면, 제도 변화 후 우월전략균형 및 내쉬균형은 기업 갑의 조업가동전략과 기업 을의 1톤 배출전략이며 이에 따른 보수는 기업 갑은 10, 기업 을은 4가 된다. 한편 초기 상태에서 우월전략균형 및 내쉬균형은 기업 갑의 조업가동전략과 기업 을의 2톤 배출전략이며 이에 따른 보수는 기업 갑은 3, 기업 을은 8이 된다. 따라서 제도 변화 후 갑과 을의 전체 보수는 11에서 14로 증가하였다.

⑤ 옳은 내용이다.

　위의 분석내용에 따르면, 제도 변화 후 우월전략균형 및 내쉬균형은 기업 갑의 조업가동전략과 기업 을의 1톤 배출전략이다. 한편 초기 상태에서 우월전략균형 및 내쉬균형은 기업 갑의 조업가동전략과 기업 을의 2톤 배출전략이다. 따라서 초기 상태에서 오염물질의 총배출량은 2톤인 반면, 제도 변화 후 오염물질의 총배출량은 1톤으로 감소하였다.

12 정답해설

① 틀린 내용이다.

수요곡선에 굴절이 생기게 된 요인으로서 특정과점기업의 가격인상과 가격인하에 따른 다른 기업들의 전략적 의사결정으로 인한 추측된 변화에 있어서 비대칭적 차이를 들 수 있다. 이는 한 기업이 가격을 인하하면 다른 기업도 그에 맞춰서 같이 가격을 인하하여 대응함을 의미하며, 반대로 한 기업이 가격을 인상하면 다른 기업은 가격을 변경하지 않고 그대로 유지함을 의미한다.

② 틀린 내용이다.

과점이론 중 카르텔 모형에 의하면, 과점시장에서 담합이 있다면 가격이 고정 혹은 안정적일 것으로 예상된다. 이에 대해 P.Sweezy의 굴절수요곡선 모형은 과점시장에서 담합이 없더라도 가격이 안정적일 수 있음을 보이는 모형이다.

③ 옳은 내용이다.

현재 가격을 P_A 수준이라고 하면, P_A 보다 높이 가격을 인상할 경우에는 다른 경쟁기업들은 가격을 인상하지 않고 그대로 유지할 것이므로 가격을 인상한 기업은 수요감소의 폭이 상당히 크게 된다. 따라서 이를 반영하는 수요곡선이 완만하게 되어 탄력적이다. 반대로 P_A 보다 낮게 가격을 인하할 경우에는 다른 경쟁기업들도 따라서 가격을 인하하기 때문에 가격을 인하한 기업으로서는 수요증가의 폭이 상당히 제한된다. 따라서 이를 반영하는 수요곡선은 가파르게 되어 비탄력적이다. 결국 추측된 변화의 비대칭성을 고려하게 되면 특정가격 P_A 수준에서 수요곡선은 굴절을 보인다.

이제 과점시장에서 이렇게 굴절된 수요곡선에 직면하게 되는 개별기업이 어떠한 전략을 취하게 될지 생각해 보자. 이 기업은 과점시장에서 활동하는 기업이므로 어느 정도의 시장지배력을 보유하고 있기 때문에 이윤극 대화 의사결정은 한계수입과 한계비용이 일치하는 지점에서 나타나게 된다. 그런데 한계수입곡선을 구함에 있어서 굴절수요곡선이라는 상황을 반영하게 되면 아래의 그래프와 같이 불연속적인 한계수입곡선이 나타나게 된다. 따라서 이렇게 불연속적인 한계수입곡선과 한계비용을 일치시키는 의사결정은 한계비용의 변화 (MC_0, MC_1, MC_2)에도 불구하고 이윤극대화는 여전히 A에서 달성되는 것으로 실현된다. 즉 한계비용이 변화하더라도 이 기업은 동일한 산출량 수준을 유지하고 역시 가격도 동일하게 경직적으로 유지하는 것이 최선이다. 따라서 가격은 P_A 수준에서 경직성을 보이게 된다.

④ 틀린 내용이다.

굴절수요곡선 모형에 의하면 한 기업이 가격을 인하하면 다른 기업도 그에 맞춰서 같이 가격을 인하하여 대응함을 상정하며 반대로 한 기업이 가격을 인상하면 다른 기업은 가격을 변경하지 않고 그대로 유지함을 상정한다. 즉 경쟁기업의 가격 인하에는 같은 방향으로 반응하지만 가격 인상에는 반응하지 않는 것이다.

⑤ 틀린 내용이다.

굴절수요곡선 모형은 과점시장에서 담합이 없더라도 가격이 안정적일 수 있는 현상을 설명해 주는 이론이다. 한편, 비가격경쟁은 이른바 독점적 경쟁시장에서 발생할 가능성이 매우 크다.

독점적 경쟁(monopolistic competition)시장이란 완전경쟁시장과 독점시장의 중간적 형태로서 두 시장의 특징을 모두 가진 시장을 의미한다. 이 시장은 독점의 특징으로서 시장 내의 기업들은 모두 조금씩 차별화된 상품을 생산하고 있기 때문에 개별기업은 어느 정도의 독점력을 보유하고 있다. 따라서 독점적 경쟁시장 내의 개별기업이 직면하는 수요곡선은 우하향한다.

한편 경쟁의 특징으로서 독점적 경쟁 시장에서 활동하는 기업의 수는 충분히 크기 때문에 경쟁기업들 간에 서로 눈치보는 상황은 발생하지 않는다. 어느 기업의 행위는 다른 기업의 주의를 끌지도 못하며 다른 기업을 의식하여 의사결정을 할 필요도 없다. 그리고 신규기업이 자유롭게 진입할 수 있을 뿐만 아니라 기존기업도 자유롭게 시장으로부터 이탈이 가능하다. 따라서 장기적으로 독점적 경쟁시장 내의 기업들은 초과이윤을 얻을 수 없게 된다.

이러한 독점적 경쟁시장에서는 기업들이 상품차별화에 따라 어느 정도 독점력을 보유하기 때문에 가격경쟁을 하기 보다는 차별적인 상품의 개발 및 출시를 통해서 경쟁할 가능성이 크다. 상품의 질, 애프터서비스 등과 같은 비가격경쟁(non-price competition)을 하는 경우가 많다고 할 수 있다.

13 정답해설

꾸르노 모형은 과점시장의 수량경쟁모형으로서 상대방의 생산량이 고정된 것으로 보고 이를 추종하여 자신의 최적 산출량을 결정한다. 즉 과점시장에 존재하는 각 기업은 상대방이 산출량을 변화시키지 않을 것이라는 추측 하에서 자신의 최적 행동을 선택하는 것이다.

특히 꾸르노 모형에서 생산되는 재화는 동질적이며 산출량 변수를 경쟁전략으로 사용한다. 상대방의 생산량이 고정된 것으로 보고 이를 추종하여 자신의 최적 산출량을 결정한다. 즉 각 기업은 상대방이 산출량을 변화시키지 않을 것이라는 추측 하에서 자신의 행동을 선택한다. 즉 추측된 변화는 00이다. 이를 추종자-추종자 모형이라고도 한다.

ㄱ. 옳은 내용이다.

꾸르노 모형에서는 상대방의 생산량이 고정된 것으로 보고 이를 추종하여 자신의 최적 산출량을 결정한다. 즉 각 기업은 상대방이 산출량을 변화시키지 않을 것이라는 추측 하에서 자신의 행동을 선택한다.

ㄴ. 틀린 내용이다.

꾸르노 모형은 협조적 과점모형이 아니라 경쟁적 과점모형으로서 과점기업들은 협력이 아니라 경쟁관계에 있다. 따라서 꾸르노 모형의 주요변수인 생산량의 결정에 있어서 협력이 아니라 경쟁상황을 상정한다.

ㄷ. 틀린 내용이다.

갑, 을 두 기업이 완전한 담합을 이루는 경우는 마치 독점의 경우와 유사한 결과가 나타나므로 꾸르노 균형의 결과와는 상이하다.

ㄹ. 옳은 내용이다.

꾸르노 모형에서 기업들이 추가로 계속 진입할 경우에는 점차 경쟁시장과 유사한 자원배분상태로 접근하게 된다. 따라서 그때 꾸르노 모형의 균형가격은 경쟁시장의 균형가격인 한계비용에 접근하게 된다.

14 [정답해설]

정보가 비대칭적으로 분포된 상황에서 정보를 갖지 못한 측의 입장에서 볼 때 바람직하지 못한 상대방과 거래를 할 가능성이 높아지는 현상을 역선택이라고 한다. 역선택은 감추어진 특성 때문에 발생하는데 특히 정보를 갖고 있는 측의 자기선택과정에서 발생한다.

설문을 검토하면 다음과 같다.

① 틀린 내용이다.

보험시장에서의 역선택은 보험시장에서 보험가입자에 대한 정보(사고발생확률이나 건강에 관한 정보)가 비대칭적으로 분포되어 있는 경우 사고발생확률이 높거나 건강이 좋지 않은 사람만 보험에 가입하는 현상을 의미한다. 설문에서 동일한 조건과 보험료로 구성된 치아보험의 경우 치아건강상태가 좋지 않은 계층이 더 가입하려는 경향이 있는데 이것이 역선택이다.

② 틀린 내용이다.

중고차시장에서 역선택은 중고차에 대한 정보가 비대칭적으로 분포되어 있는 경우 나쁜 질의 중고차만 시장에서 거래되는 현상을 의미한다. 예를 들어 나쁜 질의 차를 가진 사람은 자신의 차에 대한 정보를 잘 알고 있고 그렇기 때문에 자발적으로 이를 팔려고 시장에 내놓는다. 반면 좋은 질의 차를 가진 사람도 자신의 차에 대한 정보를 잘 알고 있고 그렇기 때문에 자발적으로 이를 시장에서 거두어들인다. 이 과정에서 시장에는 좋지 못한 품질의 자동차만 남게 되어 거래에 참가하는 이들은 역선택의 상황에 직면하게 되는 것이다.

③ 틀린 내용이다.

통신사가 소비자별로 다른 요금을 부과하거나 혹은 이와 유사하게 다양한 요금제도를 구비해놓고 소비자가 스스로 요금제를 선택하도록 하는 것은 사실상 가격차별의 구현방식의 하나로서 기능한다. 한편, 이와 구분해야 하는 것이 역선택에서의 요금부과방식이다.

역선택에 직면하고 있는 정보를 갖지 못한 측은 선별을 위해서 자기선택장치를 고안하여 활용할 수 있다. 감추어진 특성이 있는 경우에 정보를 가진 측이 스스로 자신에게 유리한 선택을 하는 과정에서 자연스럽게 정보를 갖지 못한 측에게 감추어진 특성에 대한 정보를 드러내도록 하는 것을 자기선택장치라고 한다. 예를 들면, 보험회사는 보험상품을 차별화하여 복수로 제공하는데 이 과정에서 보험가입자는 자신에게 유리한 보험상품을 선택할 것이다. 보험가입자가 가입한 보험상품은 바로 보험가입자의 특성에 따라서 보험회사가 디자인한 보험상품과 정확하게 일치해야 한다. 이렇게 되도록 보험회사는 보험상품을 적절히 디자인하게 되는데 이것이 바로 자기선택장치로 기능하는 것이다.

④ 틀린 내용이다.

어느 한 거래당사자는 자기 행동이 거래상대방에 의해 정확하게 파악될 수 없는 특정한 거래상황에서 거래상대방에게 바람직하지 못한 결과를 초래하고 자신의 이득을 추구하는 행동을 할 유인이 있을 수 있다. 이 경우 그 거래당사자는 바람직하지 못한 행동을 할 수 있는데 이를 도덕적 해이가 발생하였다고 한다. 예로써 화재보험 가입 이후 화재 방지를 위한 노력을 기울이지 않거나, 의료보험 가입 이후 병원을 찾는 빈도가 증가하는 것을 들 수 있다.

도덕적 해이를 해결하기 위한 방안으로는 공동보험, 기초공제, 상한설정 등이 제시되고 있다. 기초공제란 사고발생 시 손실액 중 일정금액 이하는 고객이 부담하고 그 일정금액을 초과하는 금액에 대하여서만 보험사가 부담하는 방식으로서 이것도 공동보험과 마찬가지로 보험회사와 보험가입자가 공동으로 보상하는 것을 의미한다.

참고로 공동보험이란 사고발생 시 손실액 중 일정 비율만을 보상해 주는 보험방식으로서 보험회사와 보험가입자가 공동으로 보상하는 것을 의미한다. 보험가입자는 화재예방노력수준을 감소시키는 도덕적 해이를 할 경우 공동보상에 따라 자신이 부담해야 하는 비용이 증가하므로 당연히 화재예방노력수준을 증가시킬 것이다. 그리고 상한설정방식은 사고발생 시 보장금액의 상한을 설정하여 그 금액을 넘어설 경우에는 보험사가 비용을 부담하지 않는 방식으로서 이는 기초공제와는 반대의 메커니즘으로 작동된다는 특징이 있다. 상한설정방식뿐만 아니라 공동보험과 기초공제 모두 사고가 발생할 경우 보험가입자도 비용을 분담해야 하기 때문에 자연스럽게 보험가입자가 사고예방노력수준을 증진시키도록 유도하고 있다.

⑤ 옳은 내용이다.

역선택의 문제와 관련하여 정보를 가진 측에서는 감추어진 특성에 대한 관찰 가능한 지표 또는 감추어진 특성에 대한 다양한 보증을 제공(예 중고차 성능기록부, 품질보증)하여 역선택의 문제를 완화시킬 수 있다. 품질표시제도와 같은 보증은 바로 거래되는 상품의 질이 좋다는 신호가 된다. 이러한 정보의 제공을 신호발송(signaling)이라고 한다.

15 [정답해설]

공공재는 비경합성 혹은 배제불가능성의 성격을 가지는 재화와 서비스로서 단순히 공공부문에 의해서 생산되는 재화와 서비스를 의미하는 것이 아니다.

설문을 검토하면 다음과 같다.

① 틀린 내용이다.

재화소비에 있어서 경합적이라는 것(rivalry)은 한 사람의 소비는 다른 사람이 소비할 수 있는 기회를 감소시키는 것을 의미하며 이는 사적재의 대표적인 특성이 된다. 역으로 재화소비에 있어서 비경합적이라는 것(non－rivalry)은 한 사람의 소비는 다른 사람이 소비할 수 있는 기회를 감소시키지 않는 것을 의미하며 이는 공공재의 대표적인 특성이 된다. 따라서 소비자가 많다고 해서 개별 소비자가 이용하는 편익이 감소하는 것은 아니다. 비경합성으로 인해서 추가적인 소비에 따른 한계비용은 없기 때문에 공공재 소비배제는 바람직하지 않게 된다.

한편, 재화소비에 있어서 배제가 가능하다는 것(excludability)은 가격을 지불하지 않은 사람을 소비에서 배제시킬 수 있다는 것으로서 사적재의 대표적인 특성이 된다. 역으로 재화소비에 있어서 배제가 불가능하다는 것(non－excludability)은 가격을 지불하지 않은 사람을 소비에서 배제시킬 수 없다는 것으로서 공공재의 대표적인 특성이 된다. 따라서 구성원들은 공공재에 대하여 가격을 지불하지 않으려 하는 무임승차자 문제가 발생하여 공공재 소비배제는 불가능하게 된다.

② 옳은 내용이다.

공공재의 소비에 있어서 개별 소비자들은 모두 상이한 지불용의가격을 가지고 있지만, 서로 동일한 양을 소비하게 된다. 이 과정에서 개별 소비자들은 공공재의 배제불가능성에 의하여 진실한 선호를 표출하지 않으며(거짓된 개별수요곡선 혹은 가상수요곡선, pseudo demand) 시장수요는 개별수요의 수직합으로 구해진다.

③ 옳은 내용이다.

공공재는 개별 소비자의 한계편익 합계와 공급에 따른 한계비용이 일치하는 수준에서 사회적 최적량이 결정된다. 이하에서 공공재 최적공급에 대하여 자세히 살펴보자.

공공재 최적 공급 조건은 다음과 같다.

$$MB_A + MB_B = MC, \quad MRS_{X,Y}^{A} + MRS_{X,Y}^{B} = MRT_{X,Y}$$

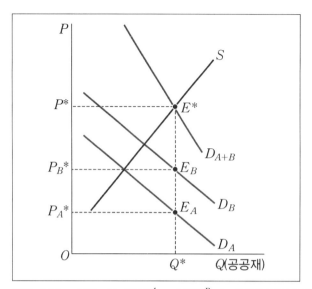

이때, MB_A, MB_B 및 $MRS_{X,Y}^A$, $MRS_{X,Y}^B$는 사회구성원 각자가 공공재에 대하여 평가하고 있는 가치를 의미하며, $MB_A + MB_B$ 및 $MRS_{X,Y}^A + MRS_{X,Y}^B$는 우리 사회가 공공재에 대하여 평가하고 있는 가치를 의미한다. MC와 $MRT_{X,Y}$는 우리 사회에서 공공재 생산을 위해서 감수해야 하는 비용이다.

④ 옳은 내용이다.

공공재의 특성상 가격을 지불하지 않은 사람을 소비에서 배제시킬 수 없기 때문에 사회구성원들은 공공재에 대한 진정한 선호를 표출하지 않을 뿐만 아니라 공공재에 대하여 가격을 지불하지 않으려 한다. 다른 사람이 돈을 내어 주기를 바라면서도 자기는 돈을 내기 꺼린다. 그러나 일단 공공재 공급이 되면 돈을 내지 않으면서도 소비는 하려고 한다. 이렇게 공공재에 대한 비용은 부담하지 않으려 하면서 일단 생산이 되면 이를 이용하려는 행태를 무임승차자 문제라고 하며 이 문제의 근본적 원인은 바로 공공재의 배제불가능성에 있다. 구성원들은 무임승차를 위해서 공공재에 대한 진실한 선호를 표출하지 않고 축소한 거짓된 선호를 표출하게 되고 결국 개인의 거짓된 한계편익의 합은 진정한 한계편익의 합보다 작다. 이러한 거짓된 선호에 기반한 시장수요를 바탕으로 공공재를 공급하게 되면 최적 공급량보다 과소공급되는 문제가 나타난다.

⑤ 옳은 내용이다.

앞에서 살펴본바, 거짓된 선호에 기반한 시장수요를 바탕으로 공공재를 공급하게 되면 최적 공급량보다 과소공급되는 문제가 나타남을 알았다. 따라서 공공재의 공급량이 사회적 최적 수준에서 결정되려면 사회 전체의 정확한 선호를 파악하는 것이 중요하다. 이를 위해서 수요표출메커니즘을 활용할 수도 있다.

16 　정답해설

ㄱ. 옳은 내용이다.

독점기업이 독점이윤을 증가시킬 목적으로 1개의 가격이 아니라 가입비(entry fee)와 사용료(usage fee)의 2개의 가격을 부과하는 것이다. 예를 들어 서비스 요금 설정에서 가입비 혹은 기본요금을 받고 추가적으로 기준수량을 초과하는 사용량에 대하여 사용료를 부과하는 것을 들 수 있다.

ㄴ. 틀린 내용이다.

소비자가 소비하는 수량과 관계없이 가입비(entry fee)가 부과되기 때문에 적은 수량을 소비하는 소비자는 많은 수량을 소비하는 소비자에 비하여 평균적인 지불가격이 더 높다.

ㄷ. 옳은 내용이다.

　　이부가격제에서 가입비(entry fee)는 경쟁시장균형에서의 소비자잉여의 크기에 해당하는 것으로서 만일 가입비를 내야 한다면 최대한 낼 용의가 있는 금액이 된다. 그리고 사용료에 해당하는 가격(usage fee)은 경쟁시장균형에서의 시장가격 수준으로 부과된다.

ㄹ. 틀린 내용이다.

　　독점에 대한 규제로서 가격규제방식은 독점기업에 대하여 적정한 가격규제를 함으로써 독점기업이 스스로 효율적인 산출량을 선택하도록 만드는 방식이다. 대표적으로 한계비용 가격설정을 들 수 있으나 이로 인한 기업의 채산성 문제로 인하여 평균비용 가격설정과 이중가격설정의 방식도 도입될 수 있다.

17 정답해설

X_1, X_2가 각각 기업 갑과 을의 오염감축량일 때, 기업 갑과 을의 오염저감비용은 각각 다음과 같다.

$$TAC_1 = 200 + 4X_1^2, \quad TAC_2 = 200 + X_2^2$$

그리고 정부의 총오염배출량 감축목표는 80톤 감축이므로 $X_1 + X_2 = 80$의 제약조건이 성립한다. 이제 두 기업의 오염저감비용의 합을 최소화하는 오염감축량은 다음과 같이 구할 수 있다.

$$\begin{cases} TC = (200 + 4X_1^2) + (200 + X_2^2) \ \text{---}① \\ X_1 + X_2 = 80 \ \text{---------------}② \\ Min \ TC \text{---------------}③ \end{cases}$$

이를 풀기 위해서는 TC의 기울기를 음함수의 미분을 통해서 도출한 후 제약식의 기울기와 일치시키면 아주 간단히 해결할 수 있다. 그러나 이는 감정평가사 수험경제학 수준을 넘는다. 따라서 이하에서는 제약식을 목적함수식에 대입하여 풀기로 한다.

②를 ①에 대입하면 $TC = 200 + 4X_1^2 + 200 + (80 - X_1)^2$가 된다.

극소화를 위해서 $TC = 200 + 4X_1^2 + 200 + (80 - X_1)^2$를 X_1으로 미분하여 0으로 두면 다음과 같다.

$$\frac{dTC}{dX_1} = 8X_1 - 160 + 2X_1 = 0$$이 성립한다.

따라서 이를 풀면, $X_1 = 16$, $X_2 = 64$가 된다.

18 정답해설

생산량이 증가함에 따라서 장기평균비용이 하락하는 현상을 규모의 경제라고 하며 이는 장기평균비용곡선이 우하향하는 것으로 나타난다. 규모의 경제가 시장 전체에 걸쳐서 나타날 경우 다수의 기업이 경쟁하는 경쟁적 시장에서는 생산비용이 크게 높아지기 때문에 결국 퇴출이 발생하여 공존할 수 없다. 결국 규모의 경제가 강하게 존재하는 상황하에서는 최종적으로 자연스럽게 하나의 기업만이 살아남아 독점의 시장구조로 형성되는데 이를 자연독점이라고 한다.

① 틀린 내용이다.

　　동일한 기업 내에서도 생산량이 다른 경우 장기평균비용은 상이하며, 생산량이 서로 다른 기업의 경우 장기평균비용은 상이하다.

② 틀린 내용이다.

　　규모의 경제가 시장 전체에 걸쳐서 나타날 경우 다수의 기업이 경쟁하는 경쟁적 시장에서는 생산비용이 크게 높아지기 때문에 결국 퇴출이 발생하여 공존할 수 없다.

③ 틀린 내용이다.

소규모 기업의 경우 대규모 기업에 비하여 생산량이 적을 것이므로 평균비용이 높아지게 되고 퇴출압력을 받게 된다.

④ 옳은 내용이다.

규모의 경제가 강하게 존재하는 상황하에서는 최종적으로 자연스럽게 하나의 기업만이 살아남아 독점의 시장 구조로 형성되는데 이를 자연독점이라고 한다.

⑤ 틀린 내용이다.

소규모 다품종을 생산하는 경우 대규모 소품종의 생산에 비하여 생산량이 적기 때문에 평균비용이 높아지게 되고 퇴출압력을 받게 된다. 참고로 소규모 다품종의 생산 자체가 범위의 경제가 있음을 의미하는 것은 아니다. 그리고 범위의 경제는 규모의 경제와는 무관하다.

19 〔정답해설〕

1) 비용조건

사적 한계비용 $PMC = 20$, 한계외부비용 $MEC = 20$, 사회적 한계비용 $SMC = 40$

2) 수요조건

수요함수 $P = 100 - 2Q$

3) 사회적 최적산출량

생산에 부정적 외부성이 있는 경우 사회적 최적생산량은 $SMC = SMB$일 때 달성된다.

따라서 $100 - 2Q = 40$이 되고 $Q = 30$이다.

4) 시장 균형산출량

생산에 부정적 외부성이 있는 경우 시장 균형산출량은 $PMC = SMB$일 때 달성된다.

따라서 $100 - 2Q = 20$이 되고 $Q = 40$이다.

5) 사회후생손실

생산에 부정적 외부성이 있는 경우 시장 균형산출량은 사회적 최적생산량을 상회하고, 이로 인해 사회적 편익보다 사회적 비용이 큼에도 불구하고 과다생산되어 사회후생손실을 초래한다. 이를 계산하면 다음과 같다.

$$후생손실 = \frac{10 \times 20}{2} = 100$$

20 〔정답해설〕

$L = 256$, $Q = 32$가 정답이다.

먼저 생산요소시장에서 기업의 이윤극대화를 수리적으로 분석하면 다음과 같다.

$$\begin{cases} \pi = P \cdot Q(L, \overline{K}) - (wL + r\overline{K}) \\ s.t. \ P = \overline{P}, \ w = \overline{w}, \ r = \overline{r} \\ Max \ \pi \end{cases}$$

$$\frac{d\pi}{dL} = \frac{dTR}{dL} - \frac{dTC}{dL} = \overline{P}MP_L - \overline{w} = 0 \quad \therefore \overline{w} = \overline{P}MP_L$$

이제 설문을 검토하면 다음과 같다.

$$\begin{cases} \pi = P \cdot 2L^{0.5} - wL \\ s.t. \ P = 4, \ w = 0.25 \\ Max \ \pi \end{cases}$$

따라서 위의 식을 풀면 다음과 같다.

$$\frac{d\pi}{dL} = 4L^{-0.5} - 0.25 = 0$$

따라서 $L = 256$, $Q = 32$가 된다.

21 정답해설

1) 최초의 균형

IS : $Y = 100 + 0.5(Y - T) - 0.5r + G$

LM : $\dfrac{M}{P} = -r + Y$

이 두 식을 연립하여 풀면 국민소득은 $Y = 100 - 0.5T + G + 0.5\dfrac{M}{P}$이 된다.

2) 균형재정 이후의 균형

IS 곡선을 균형재정에 의하여 $\Delta G = \Delta T = k$만큼 평행이동시키면 다음과 같다.

IS : $Y - k = 100 + 0.5(Y - k - T) - 0.5r + G$

이제 LM 곡선과의 교점을 구하면 다음과 같다.

IS : $Y - k = 100 + 0.5(Y - k - T) - 0.5r + G$

LM : $\dfrac{M}{P} = -r + Y$

이 두 식을 연립하여 풀면 $Y = 100 - 0.5T + G + 0.5\dfrac{M}{P} + 0.5k$가 된다.

3) 균형재정승수의 도출

정부지출의 증가와 조세의 증가가 같을 때, 즉 $\Delta G = \Delta T$인 경우 케인즈 모형에서 국민소득의 증가는 $\Delta G = \Delta T = \Delta Y$가 되므로 균형재정승수는 1이 된다. 즉 위의 모형에서는 국민소득의 증가가 k만큼이다. 그러나 $IS - LM$모형에서 국민소득의 증가는 k가 아니라 $0.5k$만큼이다.

$\Delta G = \Delta T = k$, $\Delta Y = 0.5k$가 되므로 균형재정승수는 0.5가 된다. 이때, 정부지출승수는 1이고 조세승수는 -0.5가 되므로 균형재정승수는 0.5가 됨에 유의하자.

22 정답해설

① 통화정책의 수단 중 공개시장 개입정책으로서 옳은 내용이다.

통화정책의 수단 중 공개시장 개입정책은 중앙은행이 채권시장에서 국공채 등의 유가증권을 매입 혹은 매각하여 본원통화 H를 변화시키고 이를 통해서 통화량을 조절하는 것이다. 중앙은행이 시장에서 유가증권을 매입하는 경우 본원통화가 증가하고, 그에 따라 통화량이 증가한다. 반면 중앙은행이 시장에서 유가증권을 매도하는 경우 본원통화가 감소하고 그에 따라 통화량이 감소한다. 우리나라의 경우 시장에서 국공채 거래가 충분치 않을 경우 통화안정증권(한국은행이 발행한 유가증권)을 통하여 공개시장개입을 실시하고 있다(통화안정증권을 발행하여 매각하면 통화량이 감소한다).

② 옳은 내용이다.

한국은행법 제28조에 따라서 금융통화위원회는 통화신용정책에 관한 사항을 심의·의결한다.

③ 통화정책의 수단 중 재할인율 조정정책으로서 옳은 내용이다.

통화정책의 수단 중 재할인율정책은 중앙은행이 재할인율을 조절하여 통화량을 조절하는 것이다. 재할인율은 중앙은행이 예금은행에 대출하는 자금에 대해 부과하는 대출이자율이다. 이러한 대출이자율을 낮추면, 예금은행은 중앙은행으로부터 낮은 이자율로 대출을 더 많이 받아 민간부문에 대출을 늘리려는 유인이 커진다. 예금은행이 중앙은행으로부터 대출을 받게 되면 본원통화가 증가하게 된다.

④ 통화정책의 수단 중 지급준비율 조정정책으로서 옳은 내용이다.

통화정책의 수단 중 지급준비율 조정정책은 지급준비율 r을 조절하여 통화승수 m에 영향을 미치고 이를 통해서 통화량을 조절하고자 하는 정책이다. 지급준비율이 낮을수록 통화승수는 커지므로 통화량은 많아진다.

통화승수 $m = \dfrac{1}{(c+r-cr)} = \dfrac{k+1}{k+r}$ 이므로 지급준비율을 인하하면 통화승수의 분모가 작아져서 통화승수가 커져서 통화량이 증가한다. 단, $r = R\,/\,D$(지급준비율 = 지급준비금 / 예금통화), $c = C\,/\,M$(현금통화비율 = 현금통화 / 통화), $k = C\,/\,D$(현금예금비율 = 현금통화 / 예금통화)이다.

그러나 통화승수의 구성요소인 지급준비율이 필요지급준비율과 초과지급준비율로 나뉘므로 통화당국이 필요지급준비율을 조절하더라도 개별은행이 초과지급준비율을 재조정할 경우에는 통화승수의 변화방향이 불확실하다. 결국 지급준비율조정정책은 초과지급준비율의 존재로 인하여 통화승수에 미치는 효과가 불확실할 수 있다. 또한 지급준비율을 인상할 경우 은행의 대출여력이 감소하여 은행의 수익성을 악화시킬 수 있다. 따라서 이 정책은 민간부문에 과도하게 개입하는 것으로 평가되어 다른 통화정책의 수단에 비해 잘 사용되지 않는다.

⑤ 틀린 내용이다.

물가안정목표제(inflation targeting scheme)란 통화당국이 최종정책목표인 물가안정에 대하여 명시적으로 목표를 설정하고, 통화량, 이자율, 환율, 기대 인플레이션 등 다양한 변수들을 활용하여 최종정책목표를 달성하고자 하는 정책방식을 말한다. 완전고용과 같은 최종적 정책목표를 달성하기 위해서 통화정책을 사용할 경우 이는 물가안정이라는 또 다른 정책목표와 상충될 수밖에 없다. 물가안정목표제는 완전고용, 국제수지균형 등과 같은 다른 정책목표보다 물가안정을 통화정책의 최우선의 그리고 단 하나의 목표로 일원화한 것이다. 물가안정목표제의 운용방식을 보면, 중앙은행은 먼저 물가안정을 위한 구체적인 물가상승률 목표를 설정한다. 이때, 설정된 인플레이션 목표치를 달성하기 위해서 중간목표를 설정하지 않으며 오로지 최종적인 물가상승률 목표의 달성을 위해서 사용할 수 있는 모든 수단을 동원한다. 이 과정에서 이자율, 환율, 실업률 등 다양한 변수를 활용하는데 특히 이자율을 이용하여 정책목표를 달성하는 것이 일반적이므로 이자율 중시 통화정책으로 볼 수 있다.

연혁적으로 물가안정목표제는 1990년 뉴질랜드에서 처음으로 실시되었는데 한국의 경우 1997년 한국은행법을 개정하여 물가안정을 통화정책의 목표로 명시하여 물가안정목표제를 채택하였다. 목표로 삼는 물가상승률은 연도별 목표가 아니라 중기목표로 설정한다. 이는 통화정책의 시차가 장기임을 고려한 것이다. 또한 단기적으로 통화정책을 보다 신축적으로 운용할 필요가 있을 수도 있으므로 중기목표가 적합하다. 물론 물가안정목표제는 물가안정을 최우선의 과제로 삼고 있지만 이 과정에서 다른 정책목표를 완전히 배제할 수는 없는 것이 현실이므로 통화정책을 단기에 있어서 신축적으로 운용할 수 있는 것이다. 한국은행은 목표로 하는 최종정책목표로서의 물가상승률을 달성하기 위해서 기준금리를 정한다. 이때, 기준금리(base rate)는 한국은행이 금융기관과 증권매매, 예금 및 대출 등의 거래를 할 때 기준이 되는 정책금리를 의미한다. 한국은행 금융통화위원회는 물가 동향, 국내외 경제 상황, 금융시장 여건 등을 종합적으로 고려하여 연 8회 기준금리를 결정하고 있다. 이렇게 결정된 기준금리는 초단기금리인 콜금리에 즉시 영향을 미치고, 장단기 시장금리, 예금 및 대출 금리 등의 변동으로 이어져 궁극적으로 실물경제에 영향을 미치게 된다. 정해진 기준금리를 달성하기 위해서는 통화량 조절이 필요하므로 공개시장조작 등을 통해서 통화량을 조절하여 기준금리를 달성한다.

23 정답해설

① 틀린 내용이다.

상품화폐(commodity money)는 물물교환 등에 사용되는 실물화폐로서 고유한 내재적 가치를 가지고 있다. 최초의 상품화폐의 예를 들면, 직물, 곡물, 가축, 피혁 등이었다. 특히 이들 중에서도 운반 및 휴대에 어려움이 없고 시간이 지나도 마모가 되지 않고 변화가 없는 재화들이 상품화폐로 더욱 잘 기능할 수 있었다. 그러나 상품화폐는 시간이 오래되면 변질되거나 그 가치가 하락하는 문제가 있었으며 또한 시대의 변천이나 선호의 변화에 따라서도 변할 수 있다는 문제가 있다.

② 틀린 내용이다.

준화폐(near money)는 화폐로 정의하기는 힘들지만 화폐의 기능을 일부 수행하는 자산으로서 유사화폐라고도 한다. 이는 자산가치가 화폐로 표시되어 있어서 화폐로 교환가능하며 가치저장수단이 되지만 이를 직접적으로 유통하는 것은 곤란하기 때문에 교환의 매개수단으로는 적합하지 않다. 광의통화 $M2$는 $M1$ + 정기예적금, CD, RP, 금융채, 금전신탁, 수익증권, 외화예금으로 구성되어 있으므로 준화폐를 포함한다(단, 협의통화 $M1$은 현금통화 + 요구불예금 + 수시입출식 저축성예금).

③ 틀린 내용이다.

명령화폐(fiat money)는 화폐의 내재적 가치와 무관하게 정부의 신용보증을 근거로 유통되는 신용화폐(fiduciary money)로서 실물적 가치를 갖는 화폐가 아니라 일종의 명목화폐(token money)이다. 흔히 일상생활에서 사용하는 1만원권, 5만원권 등의 지폐를 그 예로 들 수 있다.

④ 옳은 내용이다.

가치저장수단으로서의 역할이란 특정 시점 사이에서 화폐를 보유하는 것은 두 시점 간에 구매력을 저장하고 현재의 구매력을 미래로 이전시키는 것을 의미한다.

⑤ 틀린 내용이다.

여러 가지 다른 용도로 사용될 수 있는 재화는 그 사용가치에 따라서 교환의 매개수단으로도 활용될 수 있다. 앞에서 살펴본 상품화폐는 다른 용도로 사용될 수 있는 재화이며 물물교환 등에 사용되는 실물화폐로서 교환의 매개수단이다.

24 정답해설

① 옳은 내용이다.

대부자금공급은 총저축으로서 $S = S(r) = (Y - T - C) + (T - G)$와 같이 민간저축 $(Y - T - C)$와 정부저축 $(T - G)$으로 구성된다. 특히 민간저축은 이자율의 증가함수가 된다. 그리고 대부자금수요는 총투자로서 $I = I(r)$와 같이 이자율의 감소함수이다. 대부자금시장의 균형에서 대부자금공급인 총수요와 대부자금수요인 총투자는 일치한다.

② 옳은 내용이다.

민간저축이 증가하면 대부자금공급이 증가하기 때문에 이자율이 하락한다. 이자율의 하락은 투자증가를 가져온다.

③ 옳은 내용이다.

대부자금공급은 총저축으로서 $S = S(r) = (Y - T - C) + (T - G)$와 같이 민간저축 $(Y - T - C)$와 정부저축 $(T - G)$으로 구성된다.

④ 틀린 내용이다.

민간저축이 증가하면 대부자금공급이 증가하기 때문에 이자율이 하락한다. 이자율의 하락은 소비를 증가시키기 때문에 앞서 증가했던 민간저축을 어느 정도 상쇄하면서 투자증가를 가져온다.

⑤ 옳은 내용이다.

정부저축이 감소하면 대부자금공급이 감소하기 때문에 이자율이 상승한다. 이자율 상승으로 민간저축이 증가하여 소비가 감소하고 투자가 감소한다. 정부저축의 감소 혹은 정부지출의 증가는 소비 감소, 투자 감소를 가져와서 구축의 효과를 가지며, 이를 구축효과(crowding out effect)라고 한다.

25 　정답해설

화폐의 중립성(the neutrality of money)은 통화량의 증가가 국민소득과 같은 주요 실질변수에 영향을 미치지 못하며 물가, 명목임금과 같은 명목변수에만 영향을 미치는 것을 말한다. 이는 명목변수와 실물변수가 완전히 분리되어 있다는 고전적 이분성(dichotomy)을 의미한다. 그러나 고전학파의 견해와는 달리 통화론자는 고전적 이분법을 받아들이지 않으며 화폐가 실물부문에 미치는 영향이 강력하다고 주장한다. 물론 장기의 경우에는 대부분의 학파와 경제학자 모두 화폐의 중립성을 인정한다.

위의 분석내용에 따라 설문을 검토하면 다음과 같다.

① 틀린 내용이다.

　화폐의 중립성(the neutrality of money)은 통화량의 증가가 국민소득과 같은 주요 실질변수에 영향을 미치지 못하며 물가, 명목임금과 같은 명목변수에만 영향을 미치는 것을 말한다. 이는 명목변수와 실물변수가 완전히 분리되어 있다는 고전적 이분성(dichotomy)을 의미한다.

② 옳은 내용이다.

　화폐의 중립성은 통화량의 증가가 국민소득과 같은 주요 실질변수에 영향을 미치지 못하며 물가, 명목임금과 같은 명목변수에만 영향을 미치는 것이다. 따라서 통화정책으로는 장기적으로 실업률에 영향을 줄 수 없다.

③ 틀린 내용이다.

　화폐의 중립성은 통화량의 증가가 국민소득과 같은 주요 실질변수에 영향을 미치지 못하며 물가, 명목임금과 같은 명목변수에만 영향을 미치는 것이다. 따라서 통화정책으로는 장기적으로 실질 경제성장률에 영향을 줄 수 없다.

④ 틀린 내용이다.

　명목변수인 통화량의 변화는 명목변수인 물가수준만을 비례적으로 변화시키기 때문에 물가지수를 관리할 수 있다.

⑤ 틀린 내용이다.

　명목변수인 통화량의 변화는 명목변수인 물가수준만을 비례적으로 변화시킬 뿐 실물변수는 실물경제에서 독립적으로 결정되기 때문에 국채 매입 등의 통화정책으로는 실질이자율에 영향을 줄 수 없다.

추가적으로 화폐의 중립성에 대한 심화적 학습을 위해 경기변동과 통화량 간의 관계를 화폐의 중립성 관점에서 살펴보도록 하자.

먼저 고전학파에 의하면, 단기에서도 가격이 즉각적이고 연속적으로 조정되기 때문에 화폐는 중립적이다. 즉, 명목통화량의 변화는 비례적으로 물가만을 변화시킬 뿐이고 실질변수에는 아무런 영향을 미치지 못한다. 이러한 화폐의 중립성 견해에 따르면 통화량의 변화는 경기변동의 원인이 될 수 없다.

그러나 통화정책에 대한 실증적 분석에 의하면, 화폐는 단기에서 비중립적이다. 즉, 통화량의 변화는 실질국민소득을 변화시킨다. 합리적 기대와 정보의 불완전성하에서 예상치 못한 통화량의 변화는 실질국민소득을 변화시키는 경기변동을 야기하는데 이를 화폐적 균형경기변동이론이라고 한다.

이에 대하여 실물적 균형경기변동이론에 의하면, 통화량의 변화가 경기변동과 밀접한 관련을 가지는 것은 통화정책이 효과가 있어서가 아니라, 경기변동에 따라서 통화량이 내생적으로 변화한 것이기 때문이라고 주장한다. 즉, 통화량의 변화는 경기변동의 원인이 아니라 결과라는 것이며, 따라서 여전히 화폐는 장기뿐만 아니라 단기에서도 중립적이며 이분성이 성립한다.

그리고, 통화론자에 의하면 단기에는 확대통화정책에 의해서 실업률을 자연실업률보다 낮은 수준으로 달성시키고, 산출 수준을 장기 산출량보다 더 높게 달성시킬 수 있으므로 화폐가 실물부문에 영향을 미침을 의미한다. 즉, 단기에는 화폐가 비중립적이다. 그러나 장기에는 실업률이 다시 종전의 자연실업률 수준으로 되돌아가게 되고 산출도 자연산출량 수준으로 회귀하므로 결국 화폐가 실물부문에 영향을 주지 못함을 의미한다. 즉, 장기에는 화폐가 중립적이다.

26 〔정답해설〕

① 옳은 내용이다.

수익성 금융자산(예 채권 등)에 투자하기 위한 과정에서 일시적으로 화폐를 보유할 수도 있는데 이를 투기적(투자적) 화폐수요라고 한다. 투기적(투자적) 화폐수요는 가치저장수단으로서의 화폐, 즉 자산으로서의 화폐를 수요하는 것으로서 미래의 이자율이 불확실하기 때문에 존재한다.

이자율이 불확실한 상황에서 만일 앞으로 이자율이 상승하리라고 예상하는 경우(현재 이자율이 낮은 수준임을 의미한다)에는 그때 가서 채권을 구입하기 위하여 현재 일시적으로 화폐를 보유하게 된다. 그런데, 화폐보유에는 이자율이라는 기회비용이 든다. 왜냐하면, 수익률이 0인 화폐를 보유하는 것은 채권보유를 통해서 얻을 수 있는 수익을 포기하는 것이기 때문이다. 따라서 투기적(투자적) 화폐수요는 이자율과 부의 관계에 있다고 할 수 있다.

② 틀린 내용이다.

경제주체는 계획된 거래, 계획된 지출을 위해서 화폐를 보유하는데 이를 거래적 화폐수요라고 한다. 이러한 거래적 수요는 소득과 정의 관계에 있으며 소득의 증가함수이다. 왜냐하면, 소득수준이 높을수록 계획된 지출의 규모도 클 것이기 때문이다. 한편 거래적 수요는 물가에도 영향을 받을 수 있다. 물가가 높아질수록 명목거래대금의 규모가 커질 것이므로 이에 따라 화폐수요가 증가하게 된다.

③ 틀린 내용이다.

한 나라의 경제 내에 유통되고 있는 돈으로서, 법정화폐인 현금과 현금으로 쉽게 전환될 수 있는 유동성이 높은 금융자산을 합하여 통화라고 한다. 한편, 유동성이란 어떤 자산이 필요한 때에 얼마나 쉽게 다른 자산으로 교환될 수 있는가를 나타내는 척도를 의미한다. 화폐 이외의 자산 중에서도 비교적 쉽게 다른 자산으로 교환되어 형태를 바꿀 수 있는 자산이 있는바 이는 어느 정도 화폐의 본질적인 성격으로서의 유동성을 보유하고 있다. 따라서 화폐를 좀 더 넓은 의미로 보자면 어느 정도의 유동성을 가진 자산을 화폐 혹은 통화로 포함시켜야 할지가 매우 중요하다. 이에 따라 현금통화 이외에도 화폐 혹은 통화로 포함시켜 정의할 수 있다. 대표적으로 협의 통화 $M1$은 현금통화 + 요구불예금 + 수시입출식 저축성예금으로 구성된다. 따라서 요구불예금에 대한 수요가 증가하면 $M1$ 수요는 증가한다고 할 수 있다.

④ 틀린 내용이다.

실질 국내총생산이 증가함에 따라 국민소득이 증가하면 거래적 화폐수요는 증가한다. 따라서 실질 국내총생산과 $M1$ 수요는 정의 관계에 있다. 한편 이는 고전학파의 화폐수량설을 통해서도 쉽게 확인할 수 있는데 고전학파의 화폐수량설에 따른 화폐수요함수는 다음과 같다.

$$M^D = \frac{1}{V} P Y$$

M^D : 화폐수요량, V : 화폐의 유통속도(화폐의 평균지출횟수)

P : 물가(거래당 평균단가), Y : 국민소득

이때 화폐수요는 경제 내의 모든 거래들을 성사시키기 위해서 필요한 화폐량을 의미한다. 화폐의 유통속도 V는 지불과 관련된 기술이나 관습에 의해 영향을 받으며, 이들은 단기적으로 변화가 없다고 할 수 있다.

따라서 화폐수요 $M^D = \frac{1}{V} P Y$에서 V가 일정하므로 결국 화폐수요는 명목국민소득 PY의 크기에 의해서 결정된다고 할 수 있다. 또한 실질국민소득 Y가 커짐에 따라서 화폐수요는 증가한다고 해석할 수 있다.

⑤ 틀린 내용이다.

신용카드는 일종의 결제수단으로서 현금이 없더라도 거래대금을 손쉽게 지불할 수 있게 해준다. 이로 인해 소비자들은 현금을 들고 다닐 필요성이 없어지므로 화폐수요가 줄게 된다.

27 〔정답해설〕

라스파이레스 물가지수로서의 소비자물가지수는 소비재 500여 개, 생산자물가지수는 원자재 및 자본재 1,000여 개를 대상으로 하며 수입품도 포함하여 측정하는 물가지수이다. 현행 소비자물가지수는 기준시점의 물가를 100으로 두고, 비교시점의 물가를 구하므로 물가상승의 개념을 당연히 포함하며 기준시점의 수량을 가중치로 두기 때문에 라스파이레스 방식이라고 할 수 있다.

기준시점의 수량이 가중치이므로 이는 기준연도가 바뀌지 않는 한 가중치가 고정되므로 만일 거래량이 증가하고 가격이 하락하고 성능이 향상되는 경우에는 물가지수를 과장하는 문제가 있다. 또한 가격이 상승하는 경우 대체효과가 나타날 텐데 이 지수는 여전히 가중치 수량이 고정되어 있기 때문에 역시 물가지수가 과장된다. 소비재 500여 개, 원자재 및 자본재 1,000여 개를 대상으로 하여 대표적 소비자를 상정하여 구해진 물가지수이므로 특정 가계의 소비품목과 괴리가 있을 수밖에 없어서 가계의 생계비 변화를 제대로 측정하지 못할 수 있다. 설문을 검토하면 다음과 같다.

① 옳은 내용이다.

소비자물가지수는 라스파이레스 방식에 따라서 다음과 같이 정의된다.

소비자물가지수 $CPI = \dfrac{\Sigma P_t Q_0}{\Sigma P_0 Q_0} = \dfrac{비교시점 \ 가격 \times 기준시점 \ 수량}{기준시점 \ 가격 \times 기준시점 \ 수량}$

따라서 기준연도에서 소비자물가지수는 100이 된다.

② 옳은 내용이다.

특정품목의 가격이 상승하면 소비량이 감소하고 다른 대체품목의 소비량이 증가할 것이다. 이를 대체효과라고 한다. 이로 인해 특정품목의 소비량을 감소 이전인 기준시점의 수치로 사용할 경우 그 품목의 가격상승을 과장하여 물가지수에 반영하게 되는 가능성이 있다. 즉 라스파이레스 방식은 가격상승 시 가격상승을 과장하기 때문에 물가지수를 과장하므로 생계비 측정이 왜곡될 수 있다.

③ 옳은 내용이다.

자동차나 텔레비전과 같이 이전의 상품에 비하여 성능이 크게 개선된 상품이 존재하는 경우에는 기준시점에 비해 성능이 크게 개선되었음에도 가격은 그리 많이 오르지 않은 경우가 대부분이다. 이 경우 실질적으로는 가격이 하락한 것과 동일하지만 그 하락이 물가지수에 반영되지 않게 된다. 즉 라스파이레스 방식은 성능향상 시 가격하락으로 반영하지 않기 때문에 물가지수를 과장하므로 생계비 측정이 왜곡될 수 있다.

④ 틀린 내용이다.

GDP디플레이터는 국내에서 생산된 모든 상품을 고려하는 총체적 물가지수이지만 국내에서 생산된 상품만을 대상으로 하기 때문에 수입재는 미포함되어 수입재의 가격변화를 반영하지 못한다. 또한 국내에서 생산된 모든 상품을 고려하기 때문에 직접적으로 생계비와의 관련성도 떨어진다.

⑤ 옳은 내용이다.

바스켓이란 측정하고자 하는 물가를 대표하는 품목들이 골고루 들어있는 바구니로서 이는 물가 측정에 있어서 비중 혹은 가중치의 개념을 의미한다. 소비자물가지수의 바스켓은 가계가 소비하는 대표적인 품목들로 구성(전국주요도시의 가게에서 판매되는 소비재들)되어 있다. 따라서 소비자물가지수는 대표적인 재화와 서비스에 대한 생계비용을 나타내는 지표라고 할 수 있다. 이때, 바스켓으로는 기준시점의 바스켓을 사용하는데 이를 라스파이레스 방식이라고 한다. 라스파이레스 방식은 비교시점이 바뀌더라도 가중치가 고정된다는 특징이 있다.

28 〔정답해설〕

명목임금상승률과 실업률 간의 부의 관계를 나타내는 곡선을 필립스 곡선이라고 한다. 명목임금상승률 − 실업률 이외에 인플레이션율 − 실업률도 역시 부의 상관관계가 있음이 발견됨에 따라서 필립스 곡선은 인플레이션과 실업의 관계를 나타내는 것으로 해석할 수 있다.

단기에는 물가에 대한 정보의 불완전성으로 인해 노동자들은 실제물가상승률을 알지 못해서 기대물가상승률에 의해 의사결정을 할 수밖에 없으며 이러한 사정이 총공급곡선에 반영되어 총공급곡선이 우상향하는 것으로 나타난다. 소득과 물가 평면에서 우상향하는 총공급곡선은 실업률과 인플레이션율 평면에서 우하향하는 필립스 곡선을 의미한다. 특히 이때 우하향하는 필립스 곡선은 단기의 필립스 곡선으로서 기대물가상승률에 따라서 필립스 곡선의 위치가 결정된다.

설문에서 필립스 곡선은 $u = u_n - 2(\pi - \pi_e)$ 이고 자연실업률이 3%로 주어졌다.

ㄱ. 중앙은행이 0%의 인플레이션율을 유지하는 준칙적 통화정책을 사용했을 때

설문에 의하면 민간은 합리적인 기대를 하며 중앙은행이 준칙에 의하여 결정한 0%의 인플레이션율로 기대 인플레이션율을 결정하므로 $u = u_n - 2(\pi - \pi_e)$ 에서 자연실업률 3%를 고려했을 때, 실업률은 3%가 된다.

ㄴ. 중앙은행이 최적 인플레이션율로 통제했을 때

설문에 의하면 민간은 합리적인 기대를 하며 중앙은행이 결정한 인플레이션율로 기대 인플레이션율을 결정하며, 주어진 기대 인플레이션에서 중앙은행의 최적 인플레이션율은 1%이므로 $u = u_n - 2(\pi - \pi_e)$ 에서 자연실업률 3%를 고려했을 때, 실업률은 3%가 된다.

29 정답해설

ㄱ. 승수효과가 제약된다.

이자율과 물가의 변동을 고려할 경우, 이자율 상승 및 물가상승에 따라 투자가 감소하기 때문에 승수효과가 감소한다. 특히 총공급곡선이 수직인 경우에는 국민소득은 오직 총공급이 결정하기 때문에 투자가 증가하여 총수요가 증가하더라도 국민소득은 증가하지 않는다. 즉 승수효과가 전혀 나타나지 않는다.

ㄴ. 승수효과가 제약된다.

이자율과 물가의 변동을 고려할 경우, 이자율 상승 및 물가상승에 따라 투자가 감소하기 때문에 승수효과가 감소한다.

ㄷ. 승수효과에 영향 없다.

투자승수는 $\dfrac{1}{1-b+bt}$(비례세의 경우) 또는 $\dfrac{1}{1-b+m}$(수입수요의 경우)로서 비례세가 존재하거나 소득에 비례하는 수입수요가 존재할 때, 투자승수는 더 작아진다. 그러나 정부지출과 세금이 모두 외생적으로 증가하는 것은 투자승수 그 자체에 영향을 주지 못한다.

ㄹ. 승수효과에 영향 없다.

투자승수는 $\dfrac{1}{1-b+bt}$(비례세의 경우) 또는 $\dfrac{1}{1-b+m}$(수입수요의 경우)로서 비례세가 존재하거나 소득에 비례하는 수입수요가 존재할 때, 투자승수는 더 작아진다. 그러나 수출과 수입이 모두 외생적으로 증가하는 것은 투자승수 그 자체에 영향을 주지 못한다.

30 정답해설

국내총생산(GDP)이란 일정한 기간 동안 한 나라 안에서 생산되어 최종적인 용도로 사용되는 재화, 서비스의 가치를 모두 더한 것을 의미한다.

국내총생산은 생산 측면, 분배 측면, 지출 측면에서 각각 파악할 수 있는데 사후적으로 항상 같은 값을 가지게 되며 이를 3면 등가의 법칙 혹은 원리라고 한다. 그러나 사전적으로는 3면 등가의 법칙이 성립하지 않으며 만일 3면 등가를 달성시키기 위해서는 소득이나 이자율 등의 적절한 조정이 요구된다.

국내총생산을 생산 측면에서 파악하는 경우 최종생산단계에서 최종생산물의 시장가치 혹은 생산단계별 부가가치의 합계로 측정된다. 분배 측면에서 파악하는 경우 생산과정에 참여한 경제주체들에 대해 지급된 대가(임금, 이자, 지대, 이윤)로 측정된다. 지출 측면에서 파악하는 경우 생산물이 처분된 유형별로 처분금액의 합계(소비, 투자, 정부지출, 순수출)로 측정된다.

정리하자면, 국내총생산(GDP)의 측정방법은 다음과 같이 여러 측면에서 접근가능하다.

1) 최종생산물의 시장가치의 합
2) 각 생산단계에서 새로이 창출된 부가가치의 합
3) 각 생산과정에 참여한 경제주체들이 수취한 요소소득의 합
4) 소비과정에 참여한 경제주체들의 소비의 합

위의 분석내용 특히 2)와 3)에 따라 설문을 검토하면 다음과 같다.

① 옳은 내용이다.

기업 갑의 매출액 400은 생산과정에 참여한 요소공급자인 경제주체들에게 임금, 이자, 임대료, 이윤으로 분배된다. 따라서 기업 갑의 요소소득에 대한 총지출은 400이 된다.

② 옳은 내용이다.

국내총생산은 생산단계별 부가가치의 합계로 측정되는데 이는 최종생산물의 시장가치를 분해하는 작업에 해당한다. 최종생산물은 생산단계를 거치면서 점차 가치가 부가되고 증대되어 최종적인 시장가치를 가지게 된다. 따라서 생산단계별로 얼마나 가치가 부가되고 증대되었는지를 분해해 볼 수 있는데 이를 부가가치라고 한다. 각 생산단계별 부가가치는 각 생산단계에서 생산된 제품에서 중간투입물을 뺀 값이 된다. 설문에서 기업 갑의 부가가치는 매출액 400에서 중간투입액 0을 뺀 금액으로 측정된다.

③ 옳은 내용이다.

기업 갑의 매출액 400은 생산과정에 참여한 요소공급자인 경제주체들에게 임금, 이자, 임대료, 이윤으로 분배된다. 임금이 250, 이자가 0, 임대료가 100으로 주어졌으므로, 이윤은 50이 됨을 알 수 있다.

한편 기업 을의 매출액 900은 중간투입액 400을 제외한 나머지 500이 생산과정에 참여한 요소공급자인 경제주체들에게 임금, 이자, 임대료, 이윤으로 분배된다. 임금이 300, 이자가 50, 임대료가 100으로 주어졌으므로, 이윤은 50이 됨을 알 수 있다.

따라서 기업 갑의 이윤은 기업 을의 이윤과 같으며 그 금액은 50이다.

④ 옳은 내용이다.

기업 갑의 매출액 400은 생산과정에 참여한 요소공급자인 경제주체들에게 임금, 이자, 임대료, 이윤으로 분배된다. 따라서 기업 갑의 요소소득에 대한 총지출은 400이 된다. 기업 을의 매출액 900은 중간투입액 400을 제외한 나머지 500이 생산과정에 참여한 요소공급자인 경제주체들에게 임금, 이자, 임대료, 이윤으로 분배된다. 따라서 기업 을의 요소소득에 대한 총지출은 500이 된다. 따라서 A국의 임금, 이자, 임대료, 이윤에 대한 총지출은 900이다.

⑤ 틀린 내용이다.

A국의 국내총생산은 기업 갑과 기업 을의 매출액 합계에서 중간투입액을 뺀 것으로서 이는 요소소득에 대한 총지출과 같다.

31 〔정답해설〕

정부가 만일 총수요축소정책을 통하여 인플레이션율을 낮추고자 한다면, 즉 민간이 인플레이션을 완전히 예상하지 못하는 단기적 기간 동안에는 일시적으로 자연실업률보다 높은 실업률이 나타난다. 이는 아래의 그래프에서 PC_1 선상의 A점에서 C점으로의 이동으로 표시할 수 있다.

한편 시간이 흐른 경우의 효과를 보면 다음과 같다. 시간이 흐름에 따라서 민간은 자신의 예상이 잘못되었음을 깨닫고 적응적 기대에 따라 이를 재조정하게 되고 이는 단기 필립스 곡선의 이동으로 나타난다. 이는 PC_1에서 PC_2로 필립스 곡선의 자체의 이동으로 나타난다.

결국 단기에 총수요축소정책을 통해서 일시적으로 상승한 실업률은 장기에는 종전의 실업률 수준인 자연실업률로 회귀하게 된다. 이는 C점에서 B점으로의 이동으로 표시된다.

만일 위의 적응적 기대에 따른 PC_1 에서 PC_2 로 필립스 곡선의 자체의 이동이 예상된 정부정책임과 동시에 합리적 기대와 정부정책의 신뢰를 전제하는 경우 신속하게 이동이 나타난다. 이는 A점에서 B점으로의 이동으로 표시된다.

한편 위의 적응적 기대는 경제주체들의 합리적 사고 및 행동에 부합하지 않는다는 문제가 있다. 왜냐하면, 적응적 기대에 의하면, 경제주체들이 기대를 형성함에 있어서 예를 들어 물가를 예상함에 있어서 오직 과거 물가와 과거에 예상한 물가 등 과거의 정보만을 사용하고 있기 때문이다. 합리적인 경제주체라면, 과거 정보와 과거 경험뿐만 아니라 활용가능한 모든 정보를 이용할 것이다. 합리적 기대(rational expectation)란 이용가능한 모든 정보를 활용하여 기대를 형성하는 방식을 의미한다. 이를 수식으로 나타내면 다음과 같다.

$$P^e_{t+1} = E_t(P_{t+1}|\Omega_t)$$

P^e_{t+1} : t기에 상상하는 $t+1$기의 예상물가

$E_t(P_{t+1})$: $t+1$기의 물가를 현재 t기에 예상한다는 의미

Ω_t : t기의 이용가능한 모든 정보를 이용한다는 의미

적응적 기대에 따르면, 정부의 인플레이션 감축정책에 의하여 인플레이션율은 하락하고 실업률은 증가하게 되므로 위의 그래프의 A 에서 C로 이동함을 의미한다. 합리적 기대에 따르면, 민간이 정부를 신뢰하고 통화감축의 정부정책을 예상할 수 있었다면, 그에 따라 기대 인플레이션율이 곧바로 하락 조정되었기 때문에 위의 그래프의 A 에서 B로 이동함을 의미한다.

위의 분석내용에 따라 설문을 검토하면 다음과 같다.

① 옳은 내용이다.

단기적으로는, 즉 민간이 인플레이션을 완전히 예상하지 못하는 동안에는 일시적으로 자연실업률보다 높은 실업률이 나타난다.

② 틀린 내용이다.

단기적으로는, 즉 민간이 인플레이션을 완전히 예상하지 못하는 동안에는 일시적으로 자연실업률보다 높은 실업률이 나타난다.

③ 틀린 내용이다.

시간이 흐름에 따라서 민간은 자신의 예상이 잘못되었음을 깨닫고 적응적 기대에 따라 이를 재조정하게 되고 이는 단기 필립스 곡선의 이동으로 나타난다. 결국 단기에 총수요축소정책을 통해서 일시적으로 상승한 실업률은 장기에는 종전의 실업률 수준인 자연실업률로 회귀하게 된다. 따라서 장기에는 인플레이션율은 하락하고 자연실업률을 유지하기 때문에 인플레이션 저감비용은 없다.

④ 틀린 내용이다.

시간이 흐름에 따라서 민간은 자신의 예상이 잘못되었음을 깨닫고 적응적 기대에 따라 이를 재조정하게 되고 이는 단기 필립스 곡선의 이동으로 나타난다. 결국 단기에 총수요축소정책을 통해서 일시적으로 상승한 실업률은 장기에는 종전의 실업률 수준인 자연실업률로 회귀하게 된다.

⑤ 틀린 내용이다.

적응적 기대에 따르면, 정부의 인플레이션 감축정책에 의하여 인플레이션율은 하락하고 실업률은 증가하게 되므로 위의 그래프의 A에서 C로 이동함을 의미한다. 반면, 합리적 기대에 따르면, 민간이 정부를 신뢰하고 통화감축의 정부정책을 예상할 수 있었다면, 그에 따라 기대 인플레이션율이 곧바로 하락 조정되었기 때문에 위의 그래프의 A에서 B로 이동함을 의미한다. 따라서 단기적으로 합리적 기대가설과는 상이한 결과가 나타난다.

32 　정답해설

실업률이란 경제활동인구 중에서 실업자가 차지하는 비율을 말한다. 경제활동인구는 실업자와 취업자를 더한 개념이다. 실업률을 계산함에 있어서는 다음과 같은 Frame을 활용하면 매우 편리하다. Frame 안에 생산가능인구, 경제활동인구, 비경제활동인구, 취업자, 실업자 등의 데이터를 입력하고 경제활동참가율, 고용률, 실업률을 쉽게 구할 수 있다. 이를 통해 실업률, 경제활동참가율, 고용률 그리고 3자 사이의 관계도 쉽게 이해할 수 있다.

15세 이상 생산가능인구(P) 3,000	경제활동인구(L) 1,500	취업자(E) 1,400	임금근로자
			질병휴직자
			무급가족종사자 (18시간 이상)
		실업자(U) 100	
	비경제활동인구(NL) 1,500	주부	
		학생 (대학원생, 진학준비생, 취업준비생)	

1) 경제활동참가율
 = 경제활동인구/생산가능인구 = 경제활동인구/(경제활동인구 + 비경제활동인구)
2) 실업률
 = 실업자/경제활동인구 = 실업자/(실업자 + 취업자)
3) 고용률
 = 취업자/생산가능인구 = 취업자/(실업자 + 취업자 + 비경제활동인구)
4) 경제활동참가율, 실업률, 고용률 간 관계
 고용률 = 경제활동참가율 × (1 − 실업률)

설문에서 취업자가 1,400만 명, 실업자가 100만 명일 때 그 둘을 더한 인구수가 경제활동인구이므로 1,500만 명이 된다. 생산가능인구가 3,000만 명으로 주어져 있으므로 여기서 경제활동인구 1,500만 명을 차감하면, 비경제활동인구는 1,500만 명이다. 그러므로 생산가능인구에 대한 비경제활동인구의 비율(%)은 50%가 된다.

33 　정답해설

1) 인플레이션율과 실업률

주어진 $\Pi_t - \Pi_{t-1} = -0.8(U_t - 0.05)$에 의하면 인플레이션율을 1%p 낮추기 위해서는 실업률은 1.25%p 상승함을 알 수 있다. 따라서 현재 인플레이션율 8%를 4%로 낮출 경우 실업률은 5%p 상승한다. 즉 현재 실업률이 5%이므로 인플레이션율을 낮춤에 따라서 실업률은 9%가 된다는 의미이다.

2) 실업률과 총생산

주어진 자료에 의하면, 실업률이 1%p 증가할 때, GDP 2% 감소로 가정하고 있다. 이는 사실상 총생산과 실업률 간의 역의 관계를 나타내는 실증식인 오쿤의 법칙을 의미하는 것이다. 위 1)에서 인플레이션율을 8%에서 4%로 낮춤에 따라서 실업률이 5%p 상승함을 알게 되었다. 이제 여기서는 실업률이 5%p 상승함에 따라서 GDP는 10% 감소함을 알 수 있다.

3) 인플레이션율과 총생산

인플레이션율을 1%p 낮추기 위해서는 실업률은 1.25%p 상승하고, 실업률이 1%p 증가할 때, GDP는 2% 감소한다. 따라서 인플레이션율을 1%p 낮추기 위해서는 GDP 2.5% 감소를 용인해야 함을 의미한다. 설문에서는 희생률을 인플레이션율을 1%p 낮출 경우 감소되는 GDP변화율(%)로 정의했기 때문에 여기서 희생률은 2.5가 된다. 참고로 설문에서 현재 인플레이션율 8%에서 4%로 낮출 경우에는 GDP 감소가 10%가 된다.

다만, 희생률을 인플레이션율을 1%p 낮추기 위해 발생하는 실업률 증가분으로도 볼 수 있기 때문에 설문에서 어떻게 희생률을 정의하고 있는지에 유의해야 한다.

34 정답해설

변동환율제도하에서 긴축재정정책의 효과는 다음과 같다.

1) 변동환율제도에서 긴축재정정책이 실시되면, 국민소득이 감소하고 이자율이 하락한다.
2) 국내이자율이 국제이자율보다 하락하여 해외로 자본이 유출되고 국제수지 적자가 되어 이로 인하여 환율상승 압력이 나타난다.
3) 변동환율제도이므로 환율은 상승하고 이로 인해 순수출이 증가한다.
4) 순수출 증가로 국민소득이 증가하고 이자율이 상승한다. 결국 원래의 국민소득과 이자율로 회귀한다.
5) 따라서 변동환율제도에서 긴축재정정책이 실시되어도 국민소득과 이자율은 불변이다.

위의 분석내용에 따라서 설문을 검토하면 다음과 같다.

ㄱ. 옳은 내용이다.

변동환율제도에서 긴축재정정책이 실시되면, 이자율이 하락한다. 따라서 국내이자율이 국제이자율보다 하락하여 해외로 자본이 유출되고 국제수지 적자가 되어 환율은 상승하여 원화가치는 하락한다.

ㄴ. 틀린 내용이다.

변동환율제도에서 긴축재정정책이 실시되어도 종국적으로 국민소득과 이자율은 불변이다. 따라서 투자는 불변이다.

ㄷ. 옳은 내용이다.

변동환율제도에서 긴축재정정책이 실시되어도 종국적으로 국민소득과 이자율은 불변이다.

ㄹ. 틀린 내용이다.

변동환율제도에서 긴축재정정책이 실시되면, 이자율이 하락한다. 따라서 국내이자율이 국제이자율보다 하락하여 해외로 자본이 유출되고 국제수지 적자가 되어 환율은 상승하여 순수출이 증가한다.

35 정답해설

솔로우 성장모형에서 C–D함수모형은 다음과 같다.

1) $Y = AK^\alpha L^{1-\alpha}$

2) $\dfrac{Y}{L} = A(\dfrac{K}{L})^\alpha (\dfrac{L}{L})^{1-\alpha} = A(\dfrac{K}{L})^\alpha 1^{1-\alpha}$

3) $y = Ak^\alpha 1^{1-\alpha}$

4) $y = Ak^\alpha$

5) $\dot{k} = s\,f(k) - (n+\delta)\,k = s\,A\,k^{\alpha} - (n+\delta)k$

6) 균제조건 $\dot{k} = s\,A\,k^{\alpha} - (n+\delta)k = 0$

7) 균제상태에서의 1인당 자본량 $k^{*} = \left(\dfrac{s\,A}{n+\delta}\right)^{\frac{1}{1-\alpha}}$

1인당 생산함수가 $y = 2k^{0.5}$, 저축률이 $s = 0.3$, 감가상각률은 $\delta = 0.25$, 인구증가율이 $n = 0.05$로 주어져 있다. 따라서 설문의 자료를 위의 산식 7)에 대입하면 다음과 같다.

균제상태에서의 1인당 자본량 $k^{*} = \left(\dfrac{s\,A}{n+\delta}\right)^{\frac{1}{1-\alpha}} = \left(\dfrac{0.3 \times 2}{0.05 + 0.25}\right)^{\frac{1}{1-0.5}} = 4$이다.

따라서 1인당 생산량은 $y = 2k^{0.5}$이므로 1인당 생산량 $y^{*} = 2k^{0.5} = 2\sqrt{4} = 4$가 된다.

36 정답해설

재정정책과 통화정책을 동시에 사용하여 원하는 정책목표를 달성하고자 하는 것을 정책혼합(policy mix)이라고 한다. 재정정책과 통화정책이 성격상 특히 이자율에 미치는 효과가 상이하기 때문에 두 정책을 같이 사용하게 되면 이자율의 변화를 최소화할 수 있게 된다. 예를 들어 확장적 재정정책과 확장적 통화정책을 동시에 사용하는 경우를 살펴보자. 확장적 재정정책에 의하여 국민소득은 증가하고 이자율은 상승하게 된다. 그리고 확장적 통화정책에 의하여 국민소득은 증가하고 이자율은 하락하게 된다. 따라서 두 정책을 동시에 사용하게 되면 국민소득은 크게 증가하고 이자율은 변화하지 않을 수 있다.

위의 내용에 따라 설문을 검토하면 다음과 같다.

설문에서는 정부지출 증가라는 재정정책이 이자율에 미치는 영향을 줄이기 위해서 통화정책을 가미하는 경우라고 할 수 있다.

정부가 정부지출을 증가시키게 되면, IS곡선이 우상방으로 이동하면서 소득이 증가하고 이자율이 상승한다. 이때, 이자율을 유지하기 위하여 중앙은행이 통화공급을 증가시키면, LM곡선이 우하방으로 이동하면서 소득은 더욱 증가하고 이자율은 원래 수준을 유지하게 된다.

ㄱ. 옳은 내용이다.
  확장적 재정정책에 의하여 국민소득은 증가하고 이자율은 상승하게 된다. 그리고 확장적 통화정책에 의하여 국민소득은 증가하고 이자율은 하락하게 된다. 따라서 통화량이 증가한다.

ㄴ, ㄷ. 모두 틀린 내용이다.
  정부지출 증가에 의하여 소득이 증가할 뿐만 아니라 통화량 증가에 의하여도 소득이 증가하기 때문에 두 정책이 혼합되어 소득수준은 크게 증가한다.

ㄹ. 옳은 내용이다.
  이자율을 기존대로 유지하기 위하여는 통화량을 늘려야 하므로 LM곡선은 우하방으로 이동한다.

37 정답해설

최초균형상태에서 정부지출이 증가하는 경우, 단순 케인즈모형과 같이 이자율이 불변이라고 하면 승수효과를 통해 국민소득은 증가한다. 이자율이 불변인 상황에서 생산물에 대한 총수요가 총생산을 초과하여 생산물시장의 초과수요상태가 된다. 생산물 초과수요는 생산물 공급이 증가하면서 생산물시장의 균형을 회복한다. 현재 여전히 이자율이 불변인 상황에서 생산물 공급이 증가하면서 국민소득이 증가하게 되어 화폐시장에서는 거래적 화폐수요가 증가한다. 따라서 화폐시장에서 초과수요가 발생하는 불균형이 나타난다. 화폐시장의 초과수요로 인하여 화폐시장에서 균형을 회복하기 위해서 이자율이 상승하게 된다. 이에 따라서 생산물시장에서 투자가 감소하고 정부지출 증가로 증가했던 국민소득은 다시 감소하게 된다. 승수효과에 의해 증가했던 국민소득이 이자율 상승으로 감소하는 것을 구축효과라고 한다.

이자율이 상승하면서 화폐시장의 초과수요는 해소되고, 새로운 화폐시장의 균형에 도달한다. 이 과정에서 생산물시장에서도 이자율 상승으로 인해 투자가 감소하면서 국민소득이 감소하여 새로운 생산물시장의 균형에 도달한다. 정부지출 증가 이후 승수효과에 의한 국민소득의 증가와 이자율 상승에 따른 구축효과가 가져오는 국민소득의 감소가 모두 조정이 되면 새로운 균형에 도달하게 된다. 새로운 균형에서는 국민소득은 증가하고 이자율은 상승하게 된다.

ㄱ. 옳은 내용이다.

정부지출 증가로 총수요가 증가하여 국민소득이 증가한다.

ㄴ. 틀린 내용이다.

정부지출 증가로 국민소득이 증가하여 화폐수요가 증가함으로 인하여 이자율은 상승한다.

ㄷ. 틀린 내용이다.

명목통화량은 불변이다. 참고로 물가가 상승하는 경우를 보면 다음과 같다. 정부지출 증가로 총수요가 증가하여 물가는 상승하고 물가상승은 화폐시장에서 실질통화공급의 감소를 가져온다.

ㄹ. 옳은 내용이다.

정부지출 증가로 국민소득이 증가하여 화폐수요가 증가함으로 인하여 이자율은 상승한다. 이에 따라 투자는 감소한다.

38 정답해설

거시경제의 총수요곡선이란 각각의 물가수준에서 대응되는 총수요를 연결한 그래프로서 생산물시장과 화폐시장의 균형을 달성시키는 국민소득과 물가의 조합을 기하적으로 표시한 것이다.

거시경제의 총공급곡선이란 각각의 물가수준에서 기업들이 공급하고자 하는 최종생산물의 양을 나타내는 그래프로서 노동시장의 균형 하에서 달성되는 국민소득과 물가의 조합을 기하적으로 표시한 것이다.

거시경제의 일반균형은 다음과 같다. 기하적으로 AD곡선과 AS곡선이 만나는 교점에서 거시경제의 일반균형이 달성된다. 수리적으로 AD곡선과 AS곡선의 방정식을 연립하여 푼 해집합이 균형이다.

거시경제의 일반균형은 기대물가수준이 변화함에 따라 변화하게 되는데 설문에서 기대물가가 상승하는 경우 총공급이 감소하므로 국민소득은 감소하고 물가는 상승한다. 이하에서는 참고로 거시경제의 일반균형을 수리적으로 도출하기로 한다.

설문의 자료를 이용하여 AD곡선의 방정식과 AS곡선의 방정식을 연립하여 풀면 다음과 같다.

1) AD곡선의 방정식 : $Y = 4 - P$로 주어져 있다.

2) AS곡선의 방정식 : $Y = 2 + (P - P_e)$가 된다.

3) $AD - AS$ 균형

① 기대물가 $P_e = 3$인 경우

균형은 총수요와 총공급이 같은 $4 - P = 2 + (P - 3)$에서 달성된다.

이를 풀면, $P = 2.5$, $Y = 1.5$가 된다.

② 기대물가 $P_e = 5$인 경우

균형은 총수요와 총공급이 같은 $4 - P = 2 + (P - 5)$에서 달성된다.

이를 풀면, $P = 3.5$, $Y = 0.5$가 된다.

39 정답해설

① 틀린 내용이다.

예상보다 높은 인플레이션으로 명목임금이 상승할 경우 누진세 체계를 고려하면 정부의 조세수입은 증가하게 된다.

② 옳은 내용이다.

예상보다 높은 인플레이션으로 인하여 부와 소득의 재분배가 나타나는데 특히 인플레이션으로 인하여 화폐가치가 하락함에 따라 고정된 채무액을 변제받는 채권자는 손해를 보고, 반대로 고정된 채무액을 변제하는 채무자는 이익을 보게 된다.

③ 옳은 내용이다.

인플레이션으로 인하여 화폐가치가 하락함에 따라 고정된 화폐소득을 얻는 봉급생활자는 불리해진다.

④ 옳은 내용이다.

인플레이션으로 인하여 전반적으로 물가가 상승하기 때문에 명목 국민소득은 증가한다.

⑤ 옳은 내용이다.

인플레이션으로 인하여 화폐가치가 하락함에 따라 화폐의 구매력은 감소한다.

40 정답해설

1) 한계수입성향이 0.4인 경우

$Y = C + I + X - M$

$C = 100 + 0.6Y$, $I = 100$, $X = 100$, $M = 0.4Y$

$Y = 100 + 0.6Y + 100 + 100 - 0.4Y$

따라서 이를 풀면 균형국민소득은 $Y = 375$가 된다.

이때, 순수출은 $X - M = 100 - 0.4Y = -50$이 된다.

2) 한계수입성향이 0.1인 경우

$Y = C + I + X - M$

$C = 100 + 0.6Y$, $I = 100$, $X = 100$, $M = 0.1Y$

$Y = 100 + 0.6Y + 100 + 100 - 0.1Y$

따라서 이를 풀면 균형국민소득은 $Y = 600$이 된다.

이때, 순수출은 $X - M = 100 - 0.1Y = 40$이 된다.

제3과목 | 부동산학원론

1교시

정답

01 ⑤	02 ②	03 ②	04 ⑤	05 ④	06 ③	07 ④	08 ⑤	09 ③	10 ②
11 ②	12 ①	13 ②	14 ②	15 ⑤	16 ④	17 ④	18 ③	19 ①	20 ①
21 ③	22 ①	23 ⑤	24 ②	25 ③	26 ④	27 ①	28 ⑤	29 ①	30 ④
31 ⑤	32 ⑤	33 ②	34 ③	35 ③	36 ④	37 ①	38 ④	39 ④	40 ③

32회 계산문제 해설

01 정답해설
⑤ 지문은 '복합 개념'에 대한 설명이다. '복합 부동산'은 토지와 건물이 하나로 결합되어 활동의 대상이 되는 것을 의미한다.

02 정답해설
② 옳은 지문이다.

오답해설
① 필지는 법률적 개념으로 토지의 등기·등록의 단위이다. 가격수준이 비슷한 일단의 토지는 획지이다.
③ 나지가 아니라 공지에 대한 설명이다.
④ 지가를 공시하기 위해 국토교통부장관이 선정한 토지는 표준지이다.
⑤ 택지 이용의 최원방권의 토지는 택지한계지이다.

03 정답해설
② 옳은 지문은 ㄴ, ㄷ이다.

오답해설
ㄱ. 부증성이 있더라도 용도 전환 등을 통한 토지의 용도적 공급은 가능하다.
ㄹ. 부동성으로 인해 외부효과가 발생한다.

04 정답해설
⑤ 수요의 가격탄력성이 비탄력적이면 가격의 변화율보다 수요량의 변화율이 더 작다.

오답해설
① 수요곡선 기울기는 가격변화량과 수요변화량의 비율이므로, 수요곡선 기울기의 절댓값이 크다는 것은 가격이 변화할 때 수요변화량이 작다는 의미이다. 즉 기울기의 절댓값이 클수록 수요의 가격탄력성은 작아진다.

3과목 | 부동산학원론 617

05 정답해설

④ A부동산 시장은 수렴형이고, B부동산 시장은 발산형이다.
  1. A부동산 시장
     수요곡선 기울기의 절댓값(1) < 공급곡선 기울기의 절댓값(2) : 수렴형
  2. B부동산 시장
     수요곡선 기울기의 절댓값(2) > 공급곡선 기울기의 절댓값(0.5) : 발산형

06 정답해설

③ 동심원 이론의 노동자 주거지대에 대한 설명이다. 노동자 주거지대는 중심업무지구에 직장 및 생활 터전이 있어 중심업무지구에 근접하여 거주하는 주거지대를 말한다. 점이지대는 서로 다른 특성을 가진 두 지역의 사이에 있는 지역으로 두 지역의 특성이 모두 나타나는 지대이다.

07 정답해설

④ 정보의 현재 가치는 6,600만원이다.
  1. 1년 후 정보 가치
     1) 정보가 있는 경우 달성 가능한 토지 가치 : 275,000,000원
     2) 정보가 없는 경우 달성 가능한 토지 가치 : 202,400,000원
        (275,000,000원 × 0.6) + (93,500,000원 × 0.4) = 202,400,000원
     3) 정보 가치[1) − 2)] : 72,600,000원
  2. 정보의 현재 가치
     72,600,000원 ÷ 1.1 = 66,000,000원

08 정답해설

⑤ 옳은 지문이다.

오답해설

① 부동산 시장은 일반상품의 시장과 달리 조직성을 갖지 않는다(시장의 비조직성).
② 지리적 위치의 고정성(부동성)은 자연적 특성이다.
③ 부동산 시장은 매매의 장기성으로 인하여 유동성과 환금성이 좋지 않다.
④ 거래 정보가 비대칭적이기 때문에 정보수집이 어렵고 보다 은밀한 거래가 이루어진다.

09 정답해설

③ 균형 가격(P)은 100 감소하고, 균형 거래량(Q)은 50 증가한다.

  1. 단기 시장의 균형 : 수요량$(400 - \frac{1}{2}P)$ = 공급량(300)

     ∴ P = 200, Q = 300

  2. 장기 시장의 균형 : 수요량$(400 - \frac{1}{2}P)$ = 공급량(P + 250)

     ∴ P = 100, Q = 350

10 정답해설

② 옳은 지문은 1개이다.

- 개별주택 가격의 공시기준일이 6월 1일인 경우도 있다. 시장·군수 또는 구청장은 공시기준일 이후에 토지의 분할·합병이나 건축물의 신축 등이 발생한 경우에는 대통령령으로 정하는 날(사유에 따라 그 해 6월 1일 또는 다음 해 1월 1일)을 기준으로 하여 개별주택 가격을 결정·공시하여야 한다(부동산 가격공시에 관한 법률 제17조 제4항).

오답해설

- 표준주택 가격의 조사, 평가는 한국부동산원이 담당한다. 국토교통부장관은 표준주택 가격을 조사·산정하고자 할 때에는 「한국부동산원법」에 따른 한국부동산원에 의뢰한다(부동산 가격공시에 관한 법률 제16조 제4항).
- 공동주택 가격의 공시권자는 국토교통부장관이다. 국토교통부장관은 공동주택 가격을 조사·산정하여 중앙부동산가격공시위원회의 심의를 거쳐 공시하고, 이를 관계 행정기관 등에 제공하여야 한다(부동산 가격공시에 관한 법률 제18조 제1항).
- 표준지공시지가는 표준지의 사용·수익을 제한하는 사법상의 권리가 설정되어 있는 경우 이를 없는 것으로 보고 평가한다. 표준지의 평가에 있어서 그 토지에 건물이나 그 밖의 정착물이 있거나 지상권 등 사용·수익을 제한하는 사법상의 권리가 설정되어 있는 경우에는 그 정착물 등이 없는 토지의 나지상태를 상정하여 평가한다 (표준지공시지가 조사·평가기준).
- 표준지공시지가는 감정평가법인 등이 개별적으로 토지를 감정평가하는 경우에 기준이 된다. 표준지공시지가는 토지시장에 지가정보를 제공하고 일반적인 토지거래의 지표가 되며, 국가·지방자치단체 등이 그 업무와 관련하여 지가를 산정하거나 감정평가법인등이 개별적으로 토지를 감정평가하는 경우에 기준이 된다(부동산 가격공시에 관한 법률 제9조).

11 정답해설

② 지형지세는 급경사이고, 도로접면은 중로한면이다.

ㄱ. 지형지세

저지	간선도로 또는 주위의 지형지세보다 현저히 낮은 지대의 토지
평지	간선도로 또는 주위의 지형지세와 높이가 비슷하거나 경사도가 미미한 토지
완경사지	간선도로 또는 주위의 지형지세보다 높고 경사도가 15° 이하인 지대의 토지
급경사지	간선도로 또는 주위의 지형지세보다 높고 경사도가 15°를 초과하는 지대의 토지
고지	간선도로 또는 주위의 지형지세보다 현저히 높은 지대의 토지

ㄴ. 도로접면(한면 기준)

광대로한면	폭 25m 이상의 도로에 한면이 접하고 있는 토지
중로한면	폭 12m 이상 25m 미만 도로에 한면이 접하고 있는 토지
소로한면	폭 8m 이상 12m 미만의 도로에 한면이 접하고 있는 토지
세로한면(가)	자동차 통행이 가능한 폭 8m 미만의 도로에 한면이 접하고 있는 토지

12 정답해설

① 옳은 연결이다.

토지거래허가제 - 「부동산 거래신고 등에 관한 법률」 제10조(국토교통부장관 또는 시·도지사는 국토의 이용 및 관리에 관한 계획의 원활한 수립과 집행, 합리적인 토지 이용 등을 위하여 토지의 투기적인 거래가 성행하거나 지가가 급격히 상승하는 지역과 그러한 우려가 있는 지역으로서 대통령령으로 정하는 지역에 대해서는 5년 이내의 기간을 정하여 토지거래계약에 관한 허가구역으로 지정할 수 있다.)

② 검인계약서제 -「부동산등기 특별조치법」제3조(계약을 원인으로 소유권이전등기를 신청할 때에는 계약서에 검인신청인을 표시하여 부동산의 소재지를 관할하는 시장·군수 또는 그 권한의 위임을 받은 자의 검인을 받아 관할등기소에 이를 제출하여야 한다.)

③ 토지은행제 -「공공토지의 비축에 관한 법률」제2조 제3호(토지은행이란 공공토지의 비축 및 공급을 위하여 한국토지주택공사에 설치하는 토지은행계정을 말한다.)

④ 개발부담금제 -「개발이익 환수에 관한 법률」제2조 제4호(개발부담금이란 개발이익 중 이 법에 따라 시장·군수·구청장이 부과·징수하는 금액을 말한다.)

⑤ 분양가상한제 -「주택법」제57조(사업주체가 일반인에게 공급하는 공동주택 중 다음 어느 하나에 해당하는 지역에서 공급하는 주택의 경우에는 이 조에서 정하는 기준에 따라 산정되는 분양가격 이하로 공급하여야 한다.)

> 1. 공공택지
> 2. 공공택지 외의 택지에서 주택가격 상승 우려가 있어 국토교통부장관이 주거정책심의위원회의 심의를 거쳐 지정하는 지역

13 정답해설

② 준주거지역(ㄴ), 준공업지역(ㄷ)은 지정가능한 용도지역이다.
  1. 주거지역 : 전용주거지역, 일반주거지역, 준주거지역
  2. 상업지역 : 중심상업지역, 일반상업지역, 근린상업지역, 유통상업지역
  3. 공업지역 : 전용공업지역, 일반공업지역, 준공업지역
  4. 녹지지역 : 보전녹지지역, 생산녹지지역, 자연녹지지역

14 정답해설

② 옳은 지문은 1개(ㅁ)이다.
  ㅁ. 가구소득 대비 주택가격비율(PIR; Price to Income Ratio)은 중위 주택가격을 가구의 중위소득으로 나눈 비율이다. PIR은 주택가격의 적정성을 측정하는 지표 또는 가구의 주택지불능력을 측정하는 지표이다.

$$PIR = \frac{중위\ 주택가격}{중위\ 가구\ 소득}$$

ㄱ. 부동산 정책이 오히려 시장상황을 악화시키는 것은 정부 실패라 한다.
ㄴ. 법령상 도입순서는 부동산실명제(1995년)가 부동산거래신고제(2006년)보다 빠르다.
ㄷ. 택지소유상한제는 현재 폐지된 제도이다.
ㄹ. 분양가상한제는 정부가 가격을 직접 통제하는 직접 개입수단이고, 개발부담금 등 조세 및 부담금 제도는 간접 개입수단이다.

15 정답해설

⑤ 영업경비비율[영업경비(2,000만원) ÷ 유효총소득(3,000만원)]은 약 0.66(66%)이다.

> 1. 현금흐름 분석
>   1) 가능총소득 : 4,000만원
>   2) 유효총소득 : 4,000만원 − 1,000만원(공실 및 대손) = 3,000만원
>   3) 순영업소득 : 3,000만원 − 2,000만원(영업경비) = 1,000만원
> 2. 기타 분석
>   1) 영업경비 : 2,000만원
>   2) 부채서비스액(원리금상환액) : 1,000만원

오답해설

① 부채감당률(DCR) : 순영업소득(1,000만원) ÷ 부채서비스액(1,000만원) = 1.0
② 채무불이행률(DR) : {영업경비(2,000만원) + 부채서비스액(1,000만원)} ÷ 유효총소득(3,000만원) = 1.0
③ 총부채상환비율(DTI) : 원리금상환액(1,000만원) ÷ 차입자의 연소득(5,000만원) = 0.2
④ 부채비율(debt ratio) : 부채(2억원) ÷ 자기자본(2억원) = 1.0

16 정답해설

④ 내부수익률은 5.45%이다.
   1. 순현가가 0이 되기 위해서는 현금 유입의 현재 가치는 300,000천원이 되어야 한다.

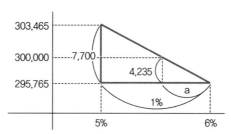

   2. 현금 유입의 현가가 300,000천원이 되는 할인율은 (6 − a)%이다.
   3. 보간법에 의한 a의 크기

   $$\frac{1\%}{7,700} = \frac{a}{4,235}, \quad a = \frac{4,235}{7,700} = 0.55\%$$

   4. 순현가를 0으로 만드는 할인율 : 6% − 0.55% = 5.45%

17 정답해설

④ 투자자가 위험선호형이라면 보다 높은 위험을 선택한다. 따라서 고위험−고수익 포트폴리오가 최적 포트폴리오가 된다.

오답해설

⑤ 기울기와 위험프리미엄의 관계

18 **정답해설**

③ 옳은 지문은 ㄹ, ㅁ이다.

오답해설

ㄱ. 수익성지수(= 현금유입 현가 ÷ 현금유출 현가)는 1.25(= 5,000만 ÷ 4,000만)이다.

ㄴ. 내부수익률은 순현재가치를 0으로 만드는 할인율이다. 또는 내부수익률은 수익성지수를 1로 만드는 할인율이다.

ㄷ. 재투자율로 내부수익률법에서는 내부수익률을 사용하지만, 순현재가치법에서는 요구수익률을 사용한다.

19 **정답해설**

① 옳은 지문이다. 연금의 현재가치 계수[$\frac{(1+r)^n - 1}{r \cdot (1+r)^n}$]에 일시불의 미래가치 계수[$(1+r)^n$]를 곱하면 연금의 미래가치 계수[$\frac{(1+r)^n - 1}{r}$]가 된다.

오답해설

② 원리금 균등 분할 상환 방식에서 매 기간의 원리금 상환액을 계산할 경우 저당상수를 사용한다.

③ 기말에 일정 누적액(기금)을 만들기 위해 매 기간마다 적립해야 할 금액을 계산할 경우에는 감채기금 계수를 사용한다.

④ 연금의 미래가치 계수[$\frac{(1+r)^n - 1}{r}$]에 일시불의 현재가치 계수[$\frac{1}{(1+r)^n}$]를 곱하면 연금의 현재가치 계수[$\frac{(1+r)^n - 1}{r \cdot (1+r)^n}$]가 된다.

⑤ 저당상수[$\frac{r \cdot (1+r)^n}{(1+r)^n - 1}$]와 연금의 현재가치 계수[$\frac{(1+r)^n - 1}{r \cdot (1+r)^n}$]는 역수의 관계에 있다. 따라서 저당상수에 연금의 현재가치 계수를 곱하면 1이 된다.

20 〔정답해설〕

① 옳은 지문이다.

　1. 역모기지의 대표적인 사례로 주택연금이 있다. 일반적인 대출은 초기에 큰 금액을 대출받고 원리금을 상환
　　할수록 대출잔금이 감소하는 형태이다. 그러나 주택연금은 주택연금을 받을수록 대출잔금이 증가하는 역
　　모기지의 구조이다.

　2. 주택연금은 담보로 제공된 주택을 처분하여 연금으로 지급한 대출금을 상환받는데, 처분된 주택가격이
　　대출금을 갚기에 부족하더라도 상속인에게 이를 청구하지 않는다. 따라서 비소구 금융의 특징을 갖는다.

〔오답해설〕

② 가치상승공유형 대출(SAM : Shared Appreciation Mortgage)은 대출금리를 상대적으로 낮게 하는 대신에
담보물의 가치상승 일부분을 은행이 취득하는 조건의 대출이다.

③ 현물출자와 최저 자본금은 기업구조조정 부동산투자회사에도 적용된다.

> ▌기업구조조정 부동산투자회사에 관한 특례(부동산투자회사법 제49조의2)
> 1. 기업구조조정 부동산투자회사에 대하여는 다음 사항을 적용하지 아니한다.
>   1) 주식의 공모
>   2) 주식의 분산
>   3) 부동산 처분 제한
>   4) 자산의 구성
> 2. 국토교통부장관은 기업구조조정 부동산투자회사의 등록을 하려는 경우에는 미리 금융위원회의 의
>   견을 들어야 한다.

④ 저당담보부증권(MBS)은 부채 금융으로 분류되나 조인트벤처(joint venture)는 지분 금융으로 분류된다.

⑤ 주택연금과 농지연금은 시행되고 있지만, 역모기지 성격의 산지연금은 현재 시행되고 있지 않다.

　※ 산림청에서 현재 산지연금이라는 제도를 시행하고 있는데, 이는 산림청이 시세보다 높은 금액으로 산지를
　　매수하고 그 매수대금을 장기로 분할해서 지급하는 제도이다. 따라서 주택이나 농지를 담보로 제공하고
　　생활비를 대출받는 역모기지 성격은 아님에 주의하여야 한다.

21 〔정답해설〕

③ 부동산개발PF ABCP는 일반적으로 3개월 만기로 발행되는 단기 상품이다.

〔오답해설〕

① MPTS의 경우, 주택저당채권의 모든 권리와 의무를 투자자가 부담한다. 따라서 MPTS는 유동화기관(한국주택
금융공사 또는 발행자)의 부채로 표기되지 않는다.

④ MPTS의 현금흐름은 유동화 기초가 되는 주택저당채권의 현금흐름에 의존한다. 즉 주택저당채권으로부터
발생하는 현금흐름(원리금)이 MPTS의 현금흐름으로 이전된다. 따라서 유동화기관의 자금관리 필요성이 원칙
적으로 제거된다.

⑤ MBB의 경우, 주택저당채권의 모든 권리와 의무를 유동화기관이 부담한다. 따라서 주택저당대출 차입자의
채무불이행이 발생하더라도 유동화기관(발행자)은 MBB에 대한 원리금을 투자자에게 지급하여야 한다.

22 〔정답해설〕

① 부동산 관련 분야의 전문가가 자산운용 전문인력이 된다. 공인회계사는 부동산 관련 분야의 전문가라고 할
수 없다.

┃ 자기관리 부동산투자회사의 사산운용 전문인력(부동산투자회사법 제22조 제1항)
1. 감정평가사 또는 공인중개사로서 해당 분야에 5년 이상 종사한 사람
2. 부동산 관련 분야의 석사학위 이상의 소지자로서 부동산의 투자·운용과 관련된 업무에 3년 이상
   종사한 사람
3. 그 밖에 제1호 또는 제2호에 준하는 경력이 있는 사람으로서 대통령령으로 정하는 사람

---

23 정답해설

⑤ 두 조건에 의해 처음으로 상환하는 원금의 차이(A–B)는 62,400원이다.

1. (A) 5년 거치기간이 있는 경우(5년 거치기간 동안에는 이자만 지급하고, 5년 이후부터 원리금을 균등하게
   상환하는 경우이므로, 거치기간이 끝난 5년 후부터 원금이 상환된다.)
   1) 원리금 : 120,000,000원 × 0.00474(월 저당상수 300개월) = 568,800원
   2) 이자 : 120,000,000원 × 0.03 ÷ 12월 = 300,000원
   3) 원금 : 268,800원
2. (B) 거치기간이 없는 경우
   1) 원리금 : 120,000,000원 × 0.00422(월 저당상수 360개월) = 506,400원
   2) 이자 : 120,000,000원 × 0.03 ÷ 12월 = 300,000원
   3) 원금 : 206,400원
3. 두 원금의 차이 : 62,400원

---

24 정답해설

② (평가사 시험의 수준을 벗어나는 지문이므로 한번 확인하고 넘기십시오.)
   채권에서 풋옵션(put option)은 조기상환청구권을 의미하고, 조기상환권은 콜옵션을 의미한다.

---

25 정답해설

③ 신탁증서대출 또는 담보신탁에 대한 설명이다.

---

26 정답해설

④ 건폐율은 60%이고, 용적률은 120%이다.

1. 건폐율
   1) 건폐율은 대지면적에 대한 건축면적의 비율이다. 건축면적은 원칙적으로 수평투영면적 중 가장 넓은
      층의 면적을 의미한다.
   2) 건폐율 : $\frac{120\,㎡}{200\,㎡}$ = 60%

      ㉠ 대지면적은 도시·군계획시설(공원)에 저촉된 면적을 제외한 200㎡로 사정한다.
      ㉡ 건축물대장상의 건축면적을 건축물의 수평투영면적으로 간주한다.
2. 용적률
   1) 용적률은 대지면적에 대한 연면적의 비율이다. 연면적은 원칙적으로 지하층을 제외한 지상층 면적의
      합계를 의미한다.
   2) 용적률 : $\frac{240\,㎡}{200\,㎡}$ = 120%

27 정답해설

① 종전 토지소유자에게 개발이익이 귀속되는 방식은 환지방식이다.

28 정답해설

⑤ 모두 옳은 지문이다.

29 정답해설

① 개업공인중개사의 교육에 관한 사항은 심의사항이 아니다.

> **▎ 공인중개사 정책심의위원회(공인중개사법 제2조의2)**
> ① 공인중개사의 업무에 관한 다음 각 호의 사항을 심의하기 위하여 국토교통부에 공인중개사 정책심의위원회를 둘 수 있다.
> 1. 공인중개사의 시험 등 공인중개사의 자격취득에 관한 사항
> 2. 부동산 중개업의 육성에 관한 사항
> 3. 중개보수 변경에 관한 사항
> 4. 손해배상책임의 보장 등에 관한 사항

30 정답해설

④ 사권(개인의 소유권)이 소멸된 포락지는 중개의 대상이 되지 못한다.

> **▎ 중개대상물(공인중개사법 제3조)**
> ① 공인중개사법령에 의한 중개대상물은 다음 각 호와 같다.
> 1. 토지
> 2. 건축물 그 밖의 토지의 정착물
> 3. 그 밖에 대통령령으로 정하는 재산권 및 물건
>   ㉠ 「입목에 관한 법률」에 따른 입목
>   ㉡ 「공장 및 광업재단 저당법」에 따른 공장재단 및 광업재단

31 정답해설

⑤ 종합부동산세와 재산세의 과세기준일은 매년 6월 1일이다.

32 정답해설

⑤ 부동산 권리분석을 행하는 주체가 분석대상 권리의 주요한 사항을 직접 확인해야 한다는 원칙은 탐문주의의 원칙이다.

33 정답해설

② 등기부를 열람해서 확인할 수 있는 권리가 아닌 것을 묻는 문제이다. 유치권, 점유권, 법정지상권, 분묘기지권 등이 있고 총 4개가 해당된다.

34 〔정답해설〕

③ 인근지역이란 대상 부동산이 속한 지역으로서 부동산의 이용이 동질적이고 가치 형성 요인 중 지역 요인을 공유하는 지역이다.

35 〔정답해설〕

③ 균형의 원칙이란 부동산의 유용성이 최고도로 발휘되기 위해서는 부동산 내부 구성요소에 균형이 있어야 한다는 원칙이다.

36 〔정답해설〕

④ 감정평가법인등은 감정평가조건을 붙여 감정평가하는 경우에는 감정평가조건의 합리성, 적법성 및 실현 가능성을 검토해야 한다(감정평가에 관한 규칙 제6조 제3항). 그러므로 생략할 수 없다.

▍현황기준

1. 감정평가는 기준시점에서 대상 물건의 (실제)이용상황 및 공법상 제한을 받는 상태를 기준으로 한다. 다만, 불법적이거나 일시적인 이용은 제외한다.
2. 공부상 지목과 실제 이용상황이 다르다면 실제 이용상황을 기준으로 한다(토지보상평가지침).
3. 감정평가법인등은 다음 각 호의 어느 하나에 해당하는 경우에는 기준시점의 가치형성요인 등을 실제와 다르게 가정하거나 특수한 경우로 한정하는 조건을 붙여 감정평가할 수 있다.
    ㉠ 법령에 다른 규정이 있는 경우
    ㉡ 의뢰인이 요청하는 경우
    ㉢ 감정평가의 목적이나 대상물건의 특성에 비추어 사회통념상 필요하다고 인정되는 경우
4. 감정평가법인등은 감정평가조건을 붙일 때에는 감정평가조건의 합리성, 적법성 및 실현가능성을 검토해야 한다. 다만, 법령의 규정이 있어서 조건을 붙여서 감정평가하는 경우에는 그렇지 않다.
5. 감정평가법인등은 감정평가조건의 합리성, 적법성이 결여되거나 사실상 실현 불가능하다고 판단할 때에는 의뢰를 거부하거나 수임을 철회할 수 있다.

---

37 〔정답해설〕

① 선박의 주된 감정평가방법은 원가법이다.

38 〔정답해설〕

④ 토지의 단위면적당 가액은 8,675,100원/㎡이다.

6,000,000원/㎡ × 1.02(시) × (1.05 × 0.9)(개) × 1.5(기타) = 8,675,100원/㎡

39 〔정답해설〕

④ 대상 건물의 가액은 198,000,000원이다.

1. 재조달원가 : (1,000,000원/㎡ × 200㎡) × 1.1 = 220,000,000원
2. 감가수정액

   1) 매년 감가액 : $\dfrac{220,000,000(재) - 0(잔가율)}{40년}$ = 5,500,000원

   2) 감가수정액 : 5,500,000원 × 4년(만년감가) = 22,000,000원

※ 경과연수 : '2016.06.30. ~ 2021.04.24.(기준시점)'의 기간은 5년이 채워지지 않은 기간이다. 따라서 만년으로 4년을 경과연수로 한다.

3. 적산가액 : 198,000,000원

40 정답해설

③ 직접환원법에서 사용할 환원율은 시장추출법으로 구하는 것을 원칙으로 한다. 다만, 시장추출법의 적용이 적절하지 않은 때에는 요소구성법, 투자결합법, 유효총수익승수에 의한 결정방법, 시장에서 발표된 환원율 등을 검토하여 조정할 수 있다.

정답

01 ①	02 ④	03 ②	04 ⑤	05 ①	06 ④	07 ①	08 ⑤	09 ②	10 ①
11 ②	12 ③	13 ③	14 ⑤	15 ③	16 ⑤	17 ⑤	18 ③	19 ④	20 ③
21 ④	22 ③	23 ①	24 ①	25 ③	26 ②	27 ②	28 ①	29 ④	30 ②
31 ④	32 ②	33 ③	34 ②	35 ⑤	36 ④	37 ⑤	38 ⑤	39 ③	40 ④

01

정답해설

① 연구시설은 공공·문화체육시설이다(영 제2조 제1항 제4호).

오답해설

영 제2조(기반시설)

① 「국토의 계획 및 이용에 관한 법률」(이하 "법"이라 한다) 제2조 제6호 각 목 외의 부분에서 "대통령령으로 정하는 시설"이란 다음 각 호의 시설(당해 시설 그 자체의 기능발휘와 이용을 위하여 필요한 부대시설 및 편익시설을 포함한다)을 말한다.

1. 교통시설 : 도로·철도·항만·공항·주차장·자동차정류장·궤도·차량 검사 및 면허시설
2. 공간시설 : 광장·공원·녹지·유원지·공공공지
3. 유통·공급시설 : 유통업무설비, 수도·전기·가스·열공급설비, 방송·통신시설, 공동구·시장, 유류저장 및 송유설비
4. 공공·문화체육시설 : 학교·공공청사·문화시설·공공필요성이 인정되는 체육시설·연구시설·사회복지시설·공공직업훈련시설·청소년수련시설
5. 방재시설 : 하천·유수지·저수지·방화설비·방풍설비·방수설비·사방설비·방조설비
6. 보건위생시설 : 장사시설·도축장·종합의료시설
7. 환경기초시설 : 하수도·폐기물처리 및 재활용시설·빗물저장 및 이용시설·수질오염방지시설·폐차장

02

정답해설

④ 도시·군기본계획 입안일부터 5년 이내에 토지적성평가를 실시한 경우 등 대통령령으로 정하는 경우에는 제2항에 따른 토지적성평가 또는 재해취약성분석을 하지 아니할 수 있다(법 제20조 제3항).

영 제16조의2(도시·군기본계획 수립을 위한 기초조사 중 토지적성평가 및 재해취약성분석 면제사유)

법 제20조 제3항에서 "도시·군기본계획 입안일부터 5년 이내에 토지적성평가를 실시한 경우 등 대통령령으로 정하는 경우"란 다음 각 호의 구분에 따른 경우를 말한다.

1. 법 제20조 제2항에 따른 토지의 적성에 대한 평가(이하 "토지적성평가"라 한다) : 다음 각 목의 어느 하나에 해당하는 경우
   가. 도시·군기본계획 입안일부터 5년 이내에 토지적성평가를 실시한 경우

오답해설

① 도지사가 아니라 시장 또는 군수이다.

> **법 제18조(도시·군기본계획의 수립권자와 대상지역)**
> ① 특별시장·광역시장·특별자치시장·특별자치도지사·시장 또는 군수는 관할 구역에 대하여 도시·군기본계획을 수립하여야 한다. 다만, 시 또는 군의 위치, 인구의 규모, 인구감소율 등을 고려하여 대통령령으로 정하는 시 또는 군은 도시·군기본계획을 수립하지 아니할 수 있다.

② 지방의회가 아니라 도지사의 승인을 받아야 한다.

> **법 제22조의2(시·군 도시·군기본계획의 승인)**
> ① 시장 또는 군수는 도시·군기본계획을 수립하거나 변경하려면 대통령령으로 정하는 바에 따라 도지사의 승인을 받아야 한다.

③ 타당하다고 인정 시 반영하여야 한다.

> **법 제14조(공청회의 개최)**
> ① 국토교통부장관, 시·도지사, 시장 또는 군수는 광역도시계획을 수립하거나 변경하려면 미리 공청회를 열어 주민과 관계 전문가 등으로부터 의견을 들어야 하며, 공청회에서 제시된 의견이 타당하다고 인정하면 광역도시계획에 반영하여야 한다.
>
> **법 제20조(도시·군기본계획 수립을 위한 기초조사 및 공청회)**
> ① 도시·군기본계획을 수립하거나 변경하는 경우에는 제13조와 제14조를 준용한다.

⑤ 행정기관의 장과 협의한 후, 심의를 거쳐야 한다.

> **법 제22조(특별시·광역시·특별자치시·특별자치도의 도시·군기본계획의 확정)**
> ① 특별시장·광역시장·특별자치시장 또는 특별자치도지사는 도시·군기본계획을 수립하거나 변경하려면 관계 행정기관의 장(국토교통부장관을 포함한다. 이하 이 조 및 제22조의2에서 같다)과 협의한 후 지방도시계획위원회의 심의를 거쳐야 한다.

03

정답해설

②

> **법 제11조(광역도시계획의 수립권자)**
> ① 국토교통부장관, 시·도지사, 시장 또는 군수는 다음 각 호의 구분에 따라 광역도시계획을 수립하여야 한다.
> 3. 광역계획권을 지정한 날부터 3년이 지날 때까지 관할 시장 또는 군수로부터 제16조 제1항에 따른 광역도시계획의 승인 신청이 없는 경우 : 관할 도지사가 수립

오답해설

② 국토교통부장관은 시·도지사가 요청하는 경우와 그 밖에 필요하다고 인정되는 경우에는 제1항에도 불구하고 관할 시·도지사와 공동으로 광역도시계획을 수립할 수 있다(법 제11조 제2항).

③ 광역계획권이 둘 이상의 시·도의 관할 구역에 걸쳐 있는 경우 : 관할 시·도지사가 공동으로 수립(법 제11조 제1항 제2호)

④ 광역계획권이 같은 도의 관할 구역에 속하여 있는 경우 : 관할 시장 또는 군수가 공동으로 수립(법 제11조 제1항 제1호)

⑤ 법 제11조(광역도시계획의 수립권자)의 규정에 해당 내용 없음

04 정답해설

⑤ 다음날부터 효력을 상실한다.

> **법 제39조(시가화조정구역의 지정)**
> ② 시가화조정구역의 지정에 관한 도시·군관리계획의 결정은 제1항에 따른 시가화 유보기간이 끝난 날의 다음 날부터 그 효력을 잃는다. 이 경우 국토교통부장관 또는 시·도지사는 대통령령으로 정하는 바에 따라 그 사실을 고시하여야 한다.

오답해설

① 영 제30조(용도지역의 세분) 제1항 제1호 나목
② 시·도지사 또는 대도시 시장은 대통령령으로 정하는 주거지역·공업지역·관리지역에 복합용도지구를 지정할 수 있으며, 그 지정기준 및 방법 등에 필요한 사항은 대통령령으로 정한다(법 제37조 제5항).
③ 영 제31조(용도지구의 지정) 제2항 제1호

> 1. 경관지구
>   가. 자연경관지구 : 산지·구릉지 등 자연경관을 보호하거나 유지하기 위하여 필요한 지구
>   나. 시가지경관지구 : 지역 내 주거지, 중심지 등 시가지의 경관을 보호 또는 유지하거나 형성하기 위하여 필요한 지구
>   다. 특화경관지구 : 지역 내 주요 수계의 수변 또는 문화적 보존가치가 큰 건축물 주변의 경관 등 특별한 경관을 보호 또는 유지하거나 형성하기 위하여 필요한 지구

④ 관리지역에서 「농지법」에 따른 농업진흥지역으로 지정·고시된 지역은 이 법에 따른 농림지역으로, 관리지역의 산림 중 「산지관리법」에 따라 보전산지로 지정·고시된 지역은 그 고시에서 구분하는 바에 따라 이 법에 따른 농림지역 또는 자연환경보전지역으로 결정·고시된 것으로 본다(법 제42조 제2항).

05 정답해설

① ㄱ : 30, ㄴ : 3

> **영 제57조(개발행위에 대한 도시계획위원회의 심의 등)**
> ④ 관계 행정기관의 장은 제1항 각 호의 행위를 법에 따라 허가하거나 다른 법률에 따라 허가·인가·승인 또는 협의를 하고자 하는 경우에는 법 제59조 제1항에 따라 다음 각 호의 구분에 따라 중앙도시계획위원회 또는 지방도시계획위원회의 심의를 거쳐야 한다.
>   3. 시·군·구도시계획위원회의 심의를 거쳐야 하는 사항
>   가. 면적이 30만제곱미터 미만인 토지의 형질변경
>   나. 부피 3만세제곱미터 이상 50만세제곱미터 미만의 토석채취
>   다. 삭제

06 정답해설

ㄱ. 도시·군계획시설채권의 상환기간은 10년 이내로 하며, 그 이율은 채권 발행 당시 「은행법」에 따른 인가를 받은 은행 중 전국을 영업으로 하는 은행이 적용하는 1년 만기 정기예금금리의 평균 이상이어야 하며, 구체적인 상환기간과 이율은 특별시·광역시·특별자치시·특별자치도·시 또는 군의 조례로 정한다(법 제47조 제3항).

ㄴ.

> **법 제47조(도시ㆍ군계획시설 부지의 매수 청구)**
> ① 다음 각 호의 어느 하나에 해당하는 경우에는 그에 해당하는 자(특별시장ㆍ광역시장ㆍ특별자치시장ㆍ특별자치도지사ㆍ시장 또는 군수를 포함한다. 이하 이 조에서 "매수의무자"라 한다)에게 그 토지의 매수를 청구할 수 있다.
>   1. 이 법에 따라 해당 도시ㆍ군계획시설사업의 시행자가 정하여진 경우에는 그 시행자

ㄹ.

> **법 제47조(도시ㆍ군계획시설 부지의 매수 청구)**
> ⑦ 제1항에 따라 매수 청구를 한 토지의 소유자는 다음 각 호의 어느 하나에 해당하는 경우 제56조에 따른 허가를 받아 대통령령으로 정하는 건축물 또는 공작물을 설치할 수 있다. 이 경우 제54조, 제58조와 제64조는 적용하지 아니한다.
> 1. 제6항에 따라 매수하지 아니하기로 결정한 경우
> 2. 제6항에 따라 매수 결정을 알린 날부터 2년이 지날 때까지 해당 토지를 매수하지 아니하는 경우

[오답해설]

ㄷ. 3년이 아니라 2년이다.

> **법 제47조(도시ㆍ군계획시설 부지의 매수 청구)**
> ⑥ 매수의무자는 제1항에 따른 매수 청구를 받은 날부터 6개월 이내에 매수 여부를 결정하여 토지 소유자와 특별시장ㆍ광역시장ㆍ특별자치시장ㆍ특별자치도지사ㆍ시장 또는 군수(매수의무자가 특별시장ㆍ광역시장ㆍ특별자치시장ㆍ특별자치도지사ㆍ시장 또는 군수인 경우는 제외한다)에게 알려야 하며, 매수하기로 결정한 토지는 매수 결정을 알린 날부터 2년 이내에 매수하여야 한다.

07 **[정답해설]**

① 「지역 개발 및 지원에 관한 법률」에 따른 지역 개발 사업구역은 해당하지 않는다.

> **법 제44조(공동구의 설치)**
> ① 다음 각 호에 해당하는 지역ㆍ지구ㆍ구역 등(이하 이 항에서 "지역등"이라 한다)이 대통령령으로 정하는 규모를 초과하는 경우에는 해당 지역등에서 개발사업을 시행하는 자(이하 이 조에서 "사업시행자"라 한다)는 공동구를 설치하여야 한다.
> 1. 「도시개발법」 제2조 제1항에 따른 도시개발구역
> 2. 「택지개발촉진법」 제2조 제3호에 따른 택지개발지구
> 3. 「경제자유구역의 지정 및 운영에 관한 특별법」 제2조 제1호에 따른 경제자유구역
> 4. 「도시 및 주거환경정비법」 제2조 제1호에 따른 정비구역
> 5. 그 밖에 대통령령으로 정하는 지역
>
> **영 제35조의2(공동구의 설치)**
> ② 법 제44조 제1항 제5호에서 "대통령령으로 정하는 지역"이란 다음 각 호의 지역을 말한다.
> 2. 「도청이전을 위한 도시건설 및 지원에 관한 특별법」 제2조 제3호에 따른 도청이전신도시

08 정답해설

⑤ ㄱ : 도시·군관리계획, ㄴ : 5년

> **법 제53조(지구단위계획구역의 지정 및 지구단위계획에 관한 도시·군관리계획결정의 실효 등)**
> ② 지구단위계획(제26조 제1항에 따라 주민이 입안을 제안한 것에 한정한다)에 관한 도시·군관리계획결정의 고시일부터 5년 이내에 이 법 또는 다른 법률에 따라 허가·인가·승인 등을 받아 사업이나 공사에 착수하지 아니하면 그 5년이 된 날의 다음날에 그 지구단위계획에 관한 도시·군관리계획결정은 효력을 잃는다. 이 경우 지구단위계획과 관련한 도시·군관리계획결정에 관한 사항은 해당 지구단위계획구역 지정 당시의 도시·군관리계획으로 환원된 것으로 본다.

09 정답해설

② 일반상업지역 : 80퍼센트 이하(영 제84조 제1항 제8호)

오답해설

① 제1종일반주거지역 : 60퍼센트 이하
③ 계획관리지역 : 40퍼센트 이하
④ 준공업지역 : 70퍼센트 이하
⑤ 준주거지역 : 70퍼센트 이하

> **영 제84조(용도지역안에서의 건폐율)**
> ① 법 제77조 제1항 및 제2항에 따른 건폐율은 다음 각 호의 범위에서 특별시·광역시·특별자치시·특별자치도·시 또는 군의 도시·군계획조례가 정하는 비율 이하로 한다.
> 1. 제1종전용주거지역 : 50퍼센트 이하
> 2. 제2종전용주거지역 : 50퍼센트 이하
> 3. 제1종일반주거지역 : 60퍼센트 이하
> 4. 제2종일반주거지역 : 60퍼센트 이하
> 5. 제3종일반주거지역 : 50퍼센트 이하
> 6. 준주거지역 : 70퍼센트 이하
> 7. 중심상업지역 : 90퍼센트 이하
> 8. 일반상업지역 : 80퍼센트 이하
> 9. 근린상업지역 : 70퍼센트 이하
> 10. 유통상업지역 : 80퍼센트 이하
> 11. 전용공업지역 : 70퍼센트 이하
> 12. 일반공업지역 : 70퍼센트이하
> 13. 준공업지역 : 70퍼센트 이하
> 14. 보전녹지지역 : 20퍼센트 이하
> 15. 생산녹지지역 : 20퍼센트 이하
> 16. 자연녹지지역 : 20퍼센트 이하
> 17. 보전관리지역 : 20퍼센트 이하
> 18. 생산관리지역 : 20퍼센트 이하
> 19. 계획관리지역 : 40퍼센트 이하
> 20. 농림지역 : 20퍼센트 이하
> 21. 자연환경보전지역 : 20퍼센트 이하

10 〔정답해설〕

① 도시·군계획시설을 공중·수중·수상 또는 지하에 설치하는 경우 그 높이나 깊이의 기준과 그 설치로 인하여 토지나 건물의 소유권 행사에 제한을 받는 자에 대한 보상 등에 관하여는 따로 법률로 정한다(법 제46조).

〔오답해설〕

② 제1항 및 제4항에 따른 주민의 의견 청취에 필요한 사항은 대통령령으로 정하는 기준에 따라 해당 지방자치단체의 조례로 정한다(법 제28조 제5항).

③ 시·도지사 또는 대도시 시장은 지역여건상 필요하면 대통령령으로 정하는 기준에 따라 그 시·도 또는 대도시의 조례로 용도지구의 명칭 및 지정목적, 건축이나 그 밖의 행위의 금지 및 제한에 관한 사항 등을 정하여 제1항 각 호의 용도지구 외의 용도지구의 지정 또는 변경을 도시·군관리계획으로 결정할 수 있다(법 제37조 제3항).

④ 특별시장·광역시장·특별자치시장·특별자치도지사·시장 또는 군수는 기반시설설치비용의 관리 및 운용을 위하여 기반시설부담구역별로 특별회계를 설치하여야 하며, 그에 필요한 사항은 지방자치단체의 조례로 정한다(법 제70조 제1항).

⑤ 공동구를 점용하거나 사용하는 자는 그 공동구를 관리하는 특별시·광역시·특별자치시·특별자치도·시 또는 군의 조례로 정하는 바에 따라 점용료 또는 사용료를 납부하여야 한다(법 제44조의3 제3항).

11 〔정답해설〕

②

> **영 제42조의3(지구단위계획의 수립)**
> ② 국토교통부장관은 지구단위계획의 수립기준을 정할 때에는 다음 각 호의 사항을 고려해야 한다.
> 9. 도시 및 주거환경정비법에 따라 지정된 정비구역 및 택지개발촉진법에 따라 지정된 택지개발지구에서 시행되는 사업이 끝난 후 10년이 지난 지역에 수립하는 지구단위계획의 내용 중 법 제52조 제1항 제1호(용도지역이나 용도지구를 대통령령으로 정하는 범위에서 세분하거나 변경하는 사항) 및 같은 항 제4호(건축물의 용도제한, 건축물의 건폐율 또는 용적률, 건축물 높이의 최고한도 또는 최저한도 : **건축물의 용도제한은 제외한다**)의 사항은 해당 지역에 시행된 사업이 끝난 때의 내용을 유지함을 원칙으로 할 것

〔오답해설〕

① 영 제42조의3(지구단위계획의 수립) 제2항 제10호
③ 영 제42조의3(지구단위계획의 수립) 제2항 제1호의3
④ 영 제42조의3(지구단위계획의 수립) 제2항 제7호
⑤ 영 제42조의3(지구단위계획의 수립) 제2항 제1호

12 〔정답해설〕

③

> **법 제144조(과태료)**
> ① 다음 각 호의 어느 하나에 해당하는 자에게는 1천만원 이하의 과태료를 부과한다.
> 2. 정당한 사유 없이 제130조 제1항에 따른 행위를 방해하거나 거부한 자
>
> **법 제130조(토지에의 출입 등)**
> ① 국토교통부장관, 시·도지사, 시장 또는 군수나 도시·군계획시설사업의 시행자는 다음 각 호의 행위를 하기 위하여 필요하면 타인의 토지에 출입하거나 타인의 토지를 재료 적치장 또는 임시통로로 일시 사용할 수 있으며, 특히 필요한 경우에는 나무, 흙, 돌, 그 밖의 장애물을 변경하거나 제거할 수 있다.
> 3. 지가의 동향 및 토지거래의 상황에 관한 조사

정답해설

① 법 제141조 제1호
② 법 제141조 제2호
④ 법 제141조 제3호

> **법 제141조(벌칙)**
> 다음 각 호의 어느 하나에 해당하는 자는 2년 이하의 징역 또는 2천만원(제5호에 해당하는 자는 계약 체결 당시
> 의 개별공시지가에 의한 해당 토지가격의 100분의 30에 해당하는 금액) 이하의 벌금에 처한다.
> 1. 제43조 제1항을 위반하여 도시·군관리계획의 결정이 없이 기반시설을 설치한 자
> 2. 제44조 제3항을 위반하여 공동구에 수용하여야 하는 시설을 공동구에 수용하지 아니한 자
> 3. 제54조를 위반하여 지구단위계획에 맞지 아니하게 건축물을 건축하거나 용도를 변경한 자
> 4. 제76조(같은 조 제5항 제2호부터 제4호까지의 규정은 제외한다)에 따른 용도지역 또는 용도지구에서의 건축
>   물이나 그 밖의 시설의 용도·종류 및 규모 등의 제한을 위반하여 건축물이나 그 밖의 시설을 건축 또는 설치
>   하거나 그 용도를 변경한 자
> 5. 삭제〈2016.1.19.〉

⑤ 기반시설설치비용을 면탈·경감할 목적 또는 면탈·경감하게 할 목적으로 거짓 계약을 체결하거나 거짓 자료
를 제출한 자는 3년 이하의 징역 또는 면탈·경감하였거나 면탈·경감하고자 한 기반시설설치비용의 3배
이하에 상당하는 벌금에 처한다(법 제140조의2).

13 정답해설

③ ㄱ, ㄴ, ㄷ.

> **법 제2조(정의)**
> 이 법에서 사용하는 용어의 뜻은 다음과 같다.
> 4. "도시·군관리계획"이란 특별시·광역시·특별자치시·특별자치도·시 또는 군의 개발·정비 및 보전을 위
>   하여 수립하는 토지 이용, 교통, 환경, 경관, 안전, 산업, 정보통신, 보건, 복지, 안보, 문화 등에 관한 다음 각
>   목의 계획을 말한다.
>   가. 용도지역·용도지구의 지정 또는 변경에 관한 계획
>   나. 개발제한구역, 도시자연공원구역, 시가화조정구역(市街化調整區域), 수산자원보호구역의 지정 또는 변경
>   에 관한 계획
>   다. 기반시설의 설치·정비 또는 개량에 관한 계획
>   라. 도시개발사업이나 정비사업에 관한 계획
>   마. 지구단위계획구역의 지정 또는 변경에 관한 계획과 지구단위계획
>   바. 삭제〈2024.2.6.〉
>   사. 도시혁신구역의 지정 또는 변경에 관한 계획과 도시혁신계획
>   아. 복합용도구역의 지정 또는 변경에 관한 계획과 복합용도계획
>   자. 도시·군계획시설입체복합구역의 지정 또는 변경에 관한 계획

오답해설

ㄹ. 시범도시사업의 내용이다.

> **법 제127조(시범도시의 지정·지원)**
> ① 국토교통부장관은 도시의 경제·사회·문화적인 특성을 살려 개성 있고 지속가능한 발전을 촉진하기 위하여
>   필요하면 직접 또는 관계 중앙행정기관의 장이나 시·도지사의 요청에 의하여 경관, 생태, 정보통신, 과학, 문
>   화, 관광, 그 밖에 대통령령으로 정하는 분야별로 시범도시(시범지구나 시범단지를 포함한다)를 지정할 수 있다.

> **영 제128조(시범도시사업계획의 수립·시행)**
> ② 시범도시사업계획에는 다음 각 호의 사항이 포함되어야 한다.
>   4. 시범도시사업의 시행에 필요한 재원조달에 관한 사항

14 정답해설

⑤ 최저치가 아닌 산술평균액으로 결정한다.

> **영 제8조(표준지공시지가 조사·평가의 절차)**
> ④ 표준지공시지가는 제1항에 따라 제출된 보고서에 따른 조사·평가액의 산술평균치를 기준으로 한다.

오답해설

① 영 제2조(표준지의 선정) 제1항
② 법 제3조(표준지공시지가의 조사·평가 및 공시 등) 제2항
③ 영 제8조(표준지공시지가 조사·평가의 절차) 제6항
④ 영 제8조(표준지공시지가 조사·평가의 절차) 제2항

15 정답해설

③ 30일 이내에 이의신청이 가능하다.

> **법 제11조(개별공시지가에 대한 이의신청)**
> ① 개별공시지가에 이의가 있는 자는 그 결정·공시일부터 30일 이내에 서면으로 시장·군수 또는 구청장에게 이의를 신청할 수 있다.

오답해설

① 시장·군수 또는 구청장은 개별공시지가에 틀린 계산, 오기, 표준지 선정의 착오, 그 밖에 대통령령으로 정하는 명백한 오류가 있음을 발견한 때에는 지체 없이 이를 정정하여야 한다(법 제12조).
② 제1항에도 불구하고 표준지로 선정된 토지, 조세 또는 부담금 등의 부과대상이 아닌 토지, 그 밖에 대통령령으로 정하는 토지에 대하여는 개별공시지가를 결정·공시하지 아니할 수 있다. 이 경우 표준지로 선정된 토지에 대하여는 해당 토지의 표준지공시지가를 개별공시지가로 본다(법 제10조 제2항).
④ 법 제14조에 따라 국고에서 보조할 수 있는 비용은 개별공시지가의 결정·공시에 드는 비용의 50퍼센트 이내로 한다(영 제24조).
⑤ 법 제10조 제1항에 따른 단위면적은 1제곱미터로 한다(영 제14조).

16 정답해설

⑤ ㄱ, ㄴ, ㄷ, ㄹ 전부 공시사항이다.

> **법 제16조(표준주택가격의 조사·산정 및 공시 등)**
> ② 제1항에 따른 공시에는 다음 각 호의 사항이 포함되어야 한다.
>   1. 표준주택의 지번
>   2. 표준주택가격
>   3. 표준주택의 대지면적 및 형상
>   4. 표준주택의 용도, 연면적, 구조 및 사용승인일(임시사용승인일을 포함한다)
>   5. 그 밖에 대통령령으로 정하는 사항

> **영 제29조(표준주택가격의 공시사항)**
> 법 제16조 제2항 제5호에서 "대통령령으로 정하는 사항"이란 다음 각 호의 사항을 말한다.
> 1. 지목
> 2. 용도지역
> 3. 도로 상황
> 4. 그 밖에 표준주택가격 공시에 필요한 사항

17 〔정답해설〕

⑤ 피성년후견인은 사무직원이 될 수 없다.

> **법 제24조(사무직원)**
> ① 감정평가법인등은 그 직무의 수행을 보조하기 위하여 사무직원을 둘 수 있다. 다만, 다음 각 호의 어느 하나에 해당하는 사람은 사무직원이 될 수 없다.
> 　1. 미성년자 또는 피성년후견인·피한정후견인

〔오답해설〕

①
> **법 제21조(사무소 개설 등)**
> ① 제17조에 따라 등록을 한 감정평가사가 감정평가업을 하려는 경우에는 감정평가사사무소를 개설할 수 있다.

② 감정평가사 또는 감정평가법인등은 다른 사람에게 자기의 성명 또는 상호를 사용하여 제10조에 따른 업무를 수행하게 하거나 자격증·등록증 또는 인가증을 양도·대여하거나 이를 부당하게 행사하여서는 아니 된다(법 제27조 제1항).

③ 감정평가사는 그 업무를 효율적으로 수행하고 공신력을 높이기 위하여 합동사무소를 대통령령으로 정하는 바에 따라 설치할 수 있다. 이 경우 합동사무소는 대통령령으로 정하는 수 이상의 감정평가사를 두어야 한다(법 제21조 제3항).

④ 감정평가사, 감정평가사가 아닌 사원 또는 이사 및 사무직원은 둘 이상의 감정평가법인(같은 법인의 주·분사무소를 포함한다) 또는 감정평가사사무소에 소속될 수 없으며, 소속된 감정평가법인 이외의 다른 감정평가법인의 주식을 소유할 수 없다(법 제25조 제5항).

18 〔정답해설〕

③ 감정평가사가 될 수 없는 사유이다(결격사유). 따라서 등록을 취소하여야 한다.

> **법 제12조(결격사유)**
> ① 다음 각 호의 어느 하나에 해당하는 사람은 감정평가사가 될 수 없다.
> 　6. 부정한 방법으로 자격을 취득하여 자격이 취소된 후 3년이 지나지 아니한 사람.
> 　7. 징계취소로써 자격이 취소된 후 5년이 지나지 아니한 사람.
>
> **법 제13조(자격의 취소)**
> ① 국토교통부장관은 감정평가사가 다음 각 호의 어느 하나에 해당하는 경우에는 그 자격을 취소하여야 한다.
> 　1. 부정한 방법으로 감정평가사의 자격을 받은 경우
> 　2. 제39조 제2항 제1호에 해당하는 징계를 받은 경우(자격취소)

법 제19조(등록의 취소)
① 국토교통부장관은 제17조에 따라 등록한 감정평가사가 다음 각 호의 어느 하나에 해당하는 경우에는 그 등록을 취소하여야 한다.
   1. 제12조(결격사유) 각 호의 어느 하나에 해당하는 경우

오답해설
① 법 제18조 제1항, 법 제19조 제1항
② 영 제18조 제1항
④ 법 제21조 제4항
⑤ 법 제12조 제1항 제6호

19 **정답해설**
④ 설립인가를 취소하여야 한다.

법 제32조(인가취소 등)
① 국토교통부장관은 감정평가법인등이 다음 각 호의 어느 하나에 해당하는 경우에는 그 설립인가를 취소(제29조에 따른 감정평가법인에 한정한다)하거나 2년 이내의 범위에서 기간을 정하여 업무의 정지를 명할 수 있다. 다만, 제2호 또는 제7호에 해당하는 경우에는 그 설립인가를 취소하여야 한다.
   2. 감정평가법인등이 업무정지처분 기간 중에 제10조에 따른 업무를 한 경우

오답해설
① 법 제10조 제7호
② 법 제25조 제3항
③ 법 제30조 제1항 제3호, 제2항
⑤ 법 제31조 제1항

20 **정답해설**
③ 의견제출이 아니라 청문을 거쳐야 한다.

법 제37조(청문)
중앙관서의 장은 제36조에 따라 행정재산의 사용허가를 취소하거나 철회하려는 경우에는 청문을 하여야 한다.

오답해설
① 법 제34조 제1항 제2호
② 법 제34조 제2항
④ 법 제40조 제1항 제2호
⑤ 법 제7조 제2항

21 **정답해설**
④ 국가 외의 자는 기부를 조건으로 하는 경우 영구시설물을 축조할 수 있다.

> **법 제18조(영구시설물의 축조 금지)**
> ① 국가 외의 자는 국유재산에 건물, 교량 등 구조물과 그 밖의 영구시설물을 축조하지 못한다. 다만, 다음 각 호의 어느 하나에 해당하는 경우에는 그러하지 아니하다.
>   1. 기부를 조건으로 축조하는 경우

오답해설

① 법 제27조의2 제3항

②

> **법 제11조(사권 설정의 제한)**
> ② 국유재산에는 사권을 설정하지 못한다. 다만, 일반재산에 대하여 대통령령으로 정하는 경우에는 그러하지 아니하다.
>
> **영 제6조(사권 설정)**
> 법 제11조 제2항 단서에서 "대통령령으로 정하는 경우"란 다음 각 호의 어느 하나에 해당하는 경우를 말한다.
> 1. 다른 법률 또는 확정판결(재판상 화해 등 확정판결과 같은 효력을 갖는 것을 포함한다)에 따라 일반재산에 사권(私權)을 설정하는 경우
> 2. 일반재산의 사용 및 이용에 지장이 없고 재산의 활용가치를 높일 수 있는 경우로서 중앙관서의 장등이 필요하다고 인정하는 경우

③

> **법 제13조(기부채납)**
> ② 총괄청이나 중앙관서의 장은 제1항에 따라 국가에 기부하려는 재산이 국가가 관리하기 곤란하거나 필요하지 아니한 것인 경우 또는 기부에 조건이 붙은 경우에는 받아서는 아니 된다.
>
> **영 제8조(기부채납)**
> ③ 법 제13조 제2항 각 호 외의 부분 본문에서 "국가가 관리하기 곤란하거나 필요하지 아니한 것인 경우"란 다음 각 호의 어느 하나에 해당하는 경우를 말한다.
>   1. 법 제13조 제2항 제1호에 따른 무상 사용허가 기간이 지난 후에도 해당 중앙관서의 장이 직접 사용하기 곤란한 경우
>   2. 재산가액 대비 유지ㆍ보수 비용이 지나치게 많은 경우
>   3. 그 밖에 국가에 이익이 없는 것으로 인정되는 경우

⑤ 법 제19조

22 **정답해설**

③ 법 제36조 제2항

오답해설

① 공용, 공공용, 기업용재산에 대한 내용이다. 보존용 재산은 보존목적의 수행에 필요한 범위에서 가능하다.

> **법 제30조(사용허가)**
> ① 중앙관서의 장은 다음 각 호의 범위에서만 행정재산의 사용허가를 할 수 있다.
>   1. 공용ㆍ공공용ㆍ기업용 재산 : 그 용도나 목적에 장애가 되지 아니하는 범위
>   2. 보존용재산 : 보존목적의 수행에 필요한 범위

② 수의방법으로 할 수 있다.

> **법 제31조(사용허가의 방법)**
> ① 행정재산을 사용허가하려는 경우에는 그 뜻을 공고하여 일반경쟁에 부쳐야 한다. 다만, 사용허가의 목적ㆍ성

질·규모 등을 고려하여 필요하다고 인정되면 대통령령으로 정하는 바에 따라 참가자의 자격을 제한하거나 참가자를 지명하여 경쟁에 부치거나 수의(隨意)의 방법으로 할 수 있다.

> **영 제27조(사용허가의 방법)**
> ③ 행정재산이 다음 각 호의 어느 하나에 해당하는 경우에는 법 제31조 제1항 단서에 따라 수의의 방법으로 사용허가를 받을 자를 결정할 수 있다.
>   1. 주거용으로 사용허가를 하는 경우

④ 사용허가 기간은 재산가액에 이르는 기간 이내로 한다.

> **법 제35조(사용허가기간)**
> ① 행정재산의 사용허가기간은 5년 이내로 한다. 다만, 제34조 제1항 제1호의 경우에는 사용료의 총액이 기부를 받은 재산의 가액에 이르는 기간 이내로 한다.

⑤ 행정재산의 사용허가에 관하여는 이 법에서 정한 것을 제외하고는 「국가를 당사자로 하는 계약에 관한 법률」의 규정을 준용한다(법 제31조 제3항).

23 〔정답해설〕

①
> **법 제60조(현물출자)**
> 정부는 다음 각 호의 어느 하나에 해당하는 경우에는 일반재산을 현물출자할 수 있다.
>   1. 정부출자기업체를 새로 설립하려는 경우
>   2. 정부출자기업체의 고유목적사업을 원활히 수행하기 위하여 자본의 확충이 필요한 경우
>   3. 정부출자기업체의 운영체제와 경영구조의 개편을 위하여 필요한 경우

〔오답해설〕

② 민간사업자와 공동으로 개발할 수 있다.

> **법 제59조의2(민간참여 개발)**
> ① 총괄청은 다음 각 호의 어느 하나에 해당하는 일반재산을 대통령령으로 정하는 민간사업자와 공동으로 개발할 수 있다.
>   1. 5년 이상 활용되지 아니한 재산
>   2. 국유재산정책심의위원회의 심의를 거쳐 개발이 필요하다고 인정되는 재산

③ 매각할 수 없다.

> **법 제48조(매각)**
> ① 일반재산은 다음 각 호의 어느 하나에 해당하는 경우 외에는 매각할 수 있다.
>   2. 「국토의 계획 및 이용에 관한 법률」 등 다른 법률에 따라 그 처분이 제한되는 경우

④ 교환할 수 있다.

> **법 제54조(교환)**
> ① 다음 각 호의 어느 하나에 해당하는 경우에는 일반재산인 토지·건물, 그 밖의 토지의 정착물, 동산과 공유 또는 사유재산인 토지·건물, 그 밖의 토지의 정착물, 동산을 교환할 수 있다.
>   1. 국가가 직접 행정재산으로 사용하기 위하여 필요한 경우

⑤ 완납 후 이전이 원칙이다.

> **법 제51조(소유권의 이전 등)**
> ① 일반재산을 매각하는 경우 해당 매각재산의 소유권 이전은 매각대금이 완납된 후에 하여야 한다.

24 정답해설

①

> **법 제2조(정의)**
> ① 이 법에서 사용하는 용어의 뜻은 다음과 같다.
> 5. "지하층"이란 건축물의 바닥이 지표면 아래에 있는 층으로서 바닥에서 지표면까지 평균높이가 해당 층 높이의 2분의 1 이상인 것을 말한다.

오답해설

② 법 제2조 제1항 제6호
③ 법 제2조 제1항 제19호
④ 영 제2조 제15호
⑤ 영 제2조 제5호

25 정답해설

③ 법 제80조 제3항

오답해설

①

> **법 제80조(이행강제금)**
> ① 허가권자는 제79조 제1항에 따라 시정명령을 받은 후 시정기간 내에 시정명령을 이행하지 아니한 건축주 등에 대하여는 그 시정명령의 이행에 필요한 상당한 이행기한을 정하여 그 기한까지 시정명령을 이행하지 아니하면 다음 각 호의 이행강제금을 부과한다. 다만, 연면적(공동주택의 경우에는 세대 면적을 기준으로 한다)이 60제곱미터 이하인 주거용 건축물과 제2호 중 주거용 건축물로서 대통령령으로 정하는 경우에는 다음 각 호의 어느 하나에 해당하는 금액의 2분의 1의 범위에서 해당 지방자치단체의 조례로 정하는 금액을 부과한다.
> 1. 건축물이 제55조와 제56조에 따른 건폐율이나 용적률을 초과하여 건축된 경우 또는 허가를 받지 아니하거나 신고를 하지 아니하고 건축된 경우에는 「지방세법」에 따라 해당 건축물에 적용되는 1제곱미터의 시가표준액의 100분의 50에 해당하는 금액에 위반면적을 곱한 금액 이하의 범위에서 위반내용에 따라 대통령령으로 정하는 비율을 곱한 금액

② 허가권자는 제4항에 따라 이행강제금 부과처분을 받은 자가 이행강제금을 납부기한까지 내지 아니하면 「지방행정제재·부과금의 징수 등에 관한 법률」에 따라 징수한다(법 제80조 제7항).
④ 허가권자는 제79조 제1항에 따라 시정명령을 받은 자가 이를 이행하면 새로운 이행강제금의 부과를 즉시 중지하되, 이미 부과된 이행강제금은 징수하여야 한다(법 제80조 제6항).
⑤ 허가권자는 최초의 시정명령이 있었던 날을 기준으로 하여 1년에 2회 이내의 범위에서 해당 지방자치단체의 조례로 정하는 횟수만큼 그 시정명령이 이행될 때까지 반복하여 제1항 및 제2항에 따른 이행강제금을 부과·징수할 수 있다(법 제80조 제5항).

26 〔정답해설〕

② 허가권자는 특별자치시장, 특별자치도지사, 시장, 군수, 구청장이다.

> **법 제20조(가설건축물)**
> ① 도시·군계획시설 및 도시·군계획시설예정지에서 가설건축물을 건축하려는 자는 특별자치시장·특별자치도지사 또는 시장·군수·구청장의 허가를 받아야 한다.

27 〔정답해설〕

②

> **법 제11조(건축허가)**
> ② 시장·군수는 제1항에 따라 다음 각 호의 어느 하나에 해당하는 건축물의 건축을 허가하려면 미리 건축계획서와 국토교통부령으로 정하는 건축물의 용도, 규모 및 형태가 표시된 기본설계도서를 첨부하여 도지사의 승인을 받아야 한다.
> 3. 주거환경이나 교육환경 등 주변 환경을 보호하기 위하여 필요하다고 인정하여 도지사가 지정·공고한 구역에 건축하는 위락시설 및 숙박시설에 해당하는 건축물

〔오답해설〕

① 특별시장, 광역시장의 허가를 받아야 한다.

> **법 제11조(건축허가)**
> ① 건축물을 건축하거나 대수선하려는 자는 특별자치시장·특별자치도지사 또는 시장·군수·구청장의 허가를 받아야 한다. 다만, 21층 이상의 건축물 등 대통령령으로 정하는 용도 및 규모의 건축물을 특별시나 광역시에 건축하려면 특별시장이나 광역시장의 허가를 받아야 한다.

③ 건축위원회 심의를 거쳐 건축허가를 하지 않을 수 있다.

> **법 제11조(건축허가)**
> ④ 허가권자는 제1항에 따른 건축허가를 하고자 하는 때에 「건축기본법」 제25조에 따른 한국건축규정의 준수 여부를 확인하여야 한다. 다만, 다음 각 호의 어느 하나에 해당하는 경우에는 이 법이나 다른 법률에도 불구하고 건축위원회의 심의를 거쳐 건축허가를 하지 아니할 수 있다.
> 1. 위락시설이나 숙박시설에 해당하는 건축물의 건축을 허가하는 경우 해당 대지에 건축하려는 건축물의 용도·규모 또는 형태가 주거환경이나 교육환경 등 주변 환경을 고려할 때 부적합하다고 인정되는 경우

④ 4년이 아니라 2년 / 2년이 아니라 1년

> **법 제11조(건축허가)**
> ⑦ 허가권자는 제1항에 따른 허가를 받은 자가 다음 각 호의 어느 하나에 해당하면 허가를 취소하여야 한다. 다만, 제1호에 해당하는 경우로서 정당한 사유가 있다고 인정되면 1년의 범위에서 공사의 착수기간을 연장할 수 있다.
> 1. 허가를 받은 날부터 2년(「산업집적활성화 및 공장설립에 관한 법률」 제13조에 따라 공장의 신설·증설 또는 업종변경의 승인을 받은 공장은 3년) 이내에 공사에 착수하지 아니한 경우

⑤ 대지 소유권을 확보하여야 한다.

> **법 제11조(건축허가)**
> ⑪ 제1항에 따라 건축허가를 받으려는 자는 해당 대지의 소유권을 확보하여야 한다. 다만, 다음 각 호의 어느 하나에 해당하는 경우에는 그러하지 아니하다.
> 1. 건축주가 대지의 소유권을 확보하지 못하였으나 그 대지를 사용할 수 있는 권원을 확보한 경우. 다만, 분양을 목적으로 하는 공동주택은 제외한다.

28

정답해설

①
법 제2조(정의)
6. "일반측량"이란 기본측량, 공공측량 및 지적측량 외의 측량을 말한다.

오답해설

②
법 제2조(정의)
19의2. "연속지적도"란 지적측량을 하지 아니하고 전산화된 지적도 및 임야도 파일을 이용하여, 도면상 경계점들을 연결하여 작성한 도면으로서 측량에 활용할 수 없는 도면을 말한다.

③
법 제2조(정의)
28. "토지의 이동(異動)"이란 토지의 표시를 새로 정하거나 변경 또는 말소하는 것을 말한다.

④
법 제2조(정의)
18. "지적소관청"이란 지적공부를 관리하는 특별자치시장, 시장(「제주특별자치도 설치 및 국제자유도시 조성을 위한 특별법」 제10조 제2항에 따른 행정시의 시장을 포함하며, 「지방자치법」 제3조 제3항에 따라 자치구가 아닌 구를 두는 시의 시장은 제외한다)・군수 또는 구청장(자치구가 아닌 구의 구청장을 포함한다)을 말한다.

⑤
법 제2조(정의)
4의2. "지적확정측량"이란 제86조 제1항에 따른 사업이 끝나 토지의 표시를 새로 정하기 위하여 실시하는 지적측량을 말한다.

29

정답해설

④ ㄱ : 60일, ㄴ : 3분의 2

법 제81조(지목변경 신청)
토지소유자는 지목변경을 할 토지가 있으면 대통령령으로 정하는 바에 따라 그 사유가 발생한 날부터 60일 이내에 지적소관청에 지목변경을 신청하여야 한다.

법 제83조(축척변경)
③ 지적소관청은 제2항에 따라 축척변경을 하려면 축척변경 시행지역의 토지소유자 3분의 2 이상의 동의를 받아 제1항에 따른 축척변경위원회의 의결을 거친 후 시・도지사 또는 대도시 시장의 승인을 받아야 한다.

30

정답해설

② "원"으로 표기한다.

영 제58조(지목의 구분)
24. 유원지
　　일반 공중의 위락・휴양 등에 적합한 시설물을 종합적으로 갖춘 수영장・유선장(遊船場)・낚시터・어린이놀이터・동물원・식물원・민속촌・경마장・야영장 등의 토지와 이에 접속된 부속시설물의 부지. 다만, 이들 시설과의 거리 등으로 보아 독립적인 것으로 인정되는 숙식시설 및 유기장(遊技場)의 부지와 하천・구거 또는 유지[공유(公有)인 것으로 한정한다]로 분류되는 것은 제외한다.

PART 04

① 영 제58조(지목의 구분)

    4. 목장용지

       다음 각 목의 토지. 다만, 주거용 건축물의 부지는 "대"로 한다.

       가. 축산업 및 낙농업을 하기 위하여 초지를 조성한 토지

③ 영 제58조(지목의 구분)

    1. 전

       물을 상시적으로 이용하지 않고 곡물·원예작물(과수류는 제외한다)·약초·뽕나무·닥나무·묘목·관상수 등의 식물을 주로 재배하는 토지와 식용(食用)으로 죽순을 재배하는 토지

④, ⑤ 영 제59조(지목의 설정방법 등)

    ① 법 제67조 제1항에 따른 지목의 설정은 다음 각 호의 방법에 따른다.

       1. 필지마다 하나의 지목을 설정할 것

       2. 1필지가 둘 이상의 용도로 활용되는 경우에는 주된 용도에 따라 지목을 설정할 것

    ② 토지가 일시적 또는 임시적인 용도로 사용될 때에는 지목을 변경하지 아니한다.

31

④ 합병하려는 토지의 소유자별 공유지분이 다른 경우는 합병불가사유이다.

법 제80조(합병 신청)

③ 다음 각 호의 어느 하나에 해당하는 경우에는 합병 신청을 할 수 없다.

    3. 그 밖에 합병하려는 토지의 지적도 및 임야도의 축척이 서로 다른 경우 등 대통령령으로 정하는 경우

영 제66조(합병 신청)

③ 법 제80조 제3항 제3호에서 "합병하려는 토지의 지적도 및 임야도의 축척이 서로 다른 경우 등 대통령령으로 정하는 경우"란 다음 각 호의 경우를 말한다.

    5. 합병하려는 토지의 소유자별 공유지분이 다른 경우

① 영 제82조 제1항 제5호

② 영 제82조 제1항 제4호

③ 영 제82조 제1항 제7호

⑤ 영 제82조 제1항 제1호

영 제82조(등록사항의 직권정정 등)

① 지적소관청이 법 제84조 제2항에 따라 지적공부의 등록사항에 잘못이 있는지를 직권으로 조사·측량하여 정정할 수 있는 경우는 다음 각 호와 같다.

    1. 제84조 제2항에 따른 토지이동정리 결의서의 내용과 다르게 정리된 경우

    2. 지적도 및 임야도에 등록된 필지가 면적의 증감 없이 경계의 위치만 잘못된 경우

    3. 1필지가 각각 다른 지적도나 임야도에 등록되어 있는 경우로서 지적공부에 등록된 면적과 측량한 실제면적은 일치하지만 지적도나 임야도에 등록된 경계가 서로 접합되지 않아 지적도나 임야도에 등록된 경계를 지상의 경계에 맞추어 정정하여야 하는 토지가 발견된 경우

    4. 지적공부의 작성 또는 재작성 당시 잘못 정리된 경우

5. 지적측량성과와 다르게 정리된 경우
6. 법 제29조 제10항에 따라 지적공부의 등록사항을 정정하여야 하는 경우
7. 지적공부의 등록사항이 잘못 입력된 경우
8. 「부동산등기법」 제37조 제2항에 따른 통지가 있는 경우(지적소관청의 착오로 잘못 합병한 경우만 해당한다)
9. 법률 제2801호 지적법개정법률 부칙 제3조에 따른 면적 환산이 잘못된 경우

32 〔정답해설〕

② 제3자의 승낙이 있어야 한다.

법 제32조(등기의 경정)
② 등기관이 등기의 착오나 빠진 부분이 등기관의 잘못으로 인한 것임을 발견한 경우에는 지체 없이 그 등기를 직권으로 경정하여야 한다. 다만, 등기상 이해관계 있는 제3자가 있는 경우에는 제3자의 승낙이 있어야 한다.

〔오답해설〕

① 법 제49조 제1항 제1호
③ 법 제73조 제1항
④ 법 제53조 제2호
⑤ 법 제50조 제1항 제2호

33 〔정답해설〕

③
법 제35조(변경등기의 신청)
토지의 분할, 합병이 있는 경우와 제34조의 등기사항에 변경이 있는 경우에는 그 토지 소유권의 등기명의인은 그 사실이 있는 때부터 1개월 이내에 그 등기를 신청하여야 한다.

〔오답해설〕

① 단독으로 신청한다.

법 제23조(등기신청인)
③ 상속, 법인의 합병, 그 밖에 대법원규칙으로 정하는 포괄승계에 따른 등기는 등기권리자가 단독으로 신청한다.

② 단독신청 가능하다.

법 제23조(등기신청인)
④ 등기절차의 이행 또는 인수를 명하는 판결에 의한 등기는 승소한 등기권리자 또는 등기의무자가 단독으로 신청하고, 공유물을 분할하는 판결에 의한 등기는 등기권리자 또는 등기의무자가 단독으로 신청한다.

④ 등기명의인에게 알려야 한다.

법 제36조(직권에 의한 표시변경등기)
② 제1항의 등기를 하였을 때에는 등기관은 지체 없이 그 사실을 지적소관청과 소유권의 등기명의인에게 알려야 한다. 다만, 등기명의인이 2인 이상인 경우에는 그 중 1인에게 통지하면 된다.

⑤ 14일이 아니라 1개월이다.

> **법 제39조(멸실등기의 신청)**
> 토지가 멸실된 경우에는 그 토지 소유권의 등기명의인은 그 사실이 있는 때부터 1개월 이내에 그 등기를 신청하여야 한다.

34　〔정답해설〕
ㄱ. 법 제84조 제1항
ㄹ. 법 제85조 제1항 제1호

〔오답해설〕
ㄴ. 대위신청의 경우 권리설정등기의 신청과 동시에 해야 한다는 규정은 적용되지 않는다.
ㄷ. 신청할 수 있다.

> **법 제82조(신탁등기의 신청방법)**
> ① 신탁등기의 신청은 해당 부동산에 관한 권리의 설정등기, 보존등기, 이전등기 또는 변경등기의 신청과 동시에 하여야 한다.
> ② 수익자나 위탁자는 수탁자를 대위하여 신탁등기를 신청할 수 있다. 이 경우 제1항은 적용하지 아니한다.

35　〔정답해설〕
⑤ 가등기명의인의 승낙을 받아 단독으로 신청가능하다.

> **법 제93조(가등기의 말소)**
> ② 가등기의무자 또는 가등기에 관하여 등기상 이해관계 있는 자는 제23조 제1항에도 불구하고 가등기명의인의 승낙을 받아 단독으로 가등기의 말소를 신청할 수 있다.

〔오답해설〕
① 법 제90조 제1항
② 법 제89조
③ 법 제90조 제2항
④ 법 제91조

36　〔정답해설〕
④ 법 제55조 제2항

〔오답해설〕
① 단독신청 가능하다.

> **법 제41조(등기신청인)**
> ③ 판결에 의한 등기는 승소한 등기권리자 또는 등기의무자 단독으로 신청할 수 있고, 상속이나 그 밖의 포괄승계로 인한 등기는 등기권리자 단독으로 신청할 수 있다.

② 접수한 때부터 효력을 발생한다.

> **법 제45조(등기신청의 접수)**
> ② 등기관이 등기를 마친 경우 그 등기는 접수한 때부터 효력을 발생한다.

③ 집행정지의 효력이 없다.

> **법 제53조(이의신청 등)**
> ① 등기관의 결정 또는 처분에 이의가 있는 자는 관할 지방법원에 이의신청을 할 수 있다.
> ③ 제1항의 이의신청은 집행정지의 효력이 없다.

⑤ 7년이 아니라 5년이다.

> **법 제49조(담보권의 존속기간 및 연장등기)**
> ① 이 법에 따른 담보권의 존속기간은 5년을 초과할 수 없다. 다만, 5년을 초과하지 않는 기간으로 이를 갱신할 수 있다.

37 〔정답해설〕

⑤

> **법 제15조(정비계획 입안을 위한 주민의견청취 등)**
> ③ 제1항 및 제2항에도 불구하고 대통령령으로 정하는 경미한 사항을 변경하는 경우에는 주민에 대한 서면통보, 주민설명회, 주민공람 및 지방의회의 의견청취 절차를 거치지 아니할 수 있다.
>
> **영 제13조(정비구역의 지정을 위한 주민공람 등)**
> ④ 법 제15조 제3항에서 "대통령령으로 정하는 경미한 사항을 변경하는 경우"란 다음 각 호의 어느 하나에 해당하는 경우를 말한다.
>   7. 건축물의 건폐율 또는 용적률을 축소하거나 10퍼센트 미만의 범위에서 확대하는 경우

〔오답해설〕

> **영 제13조(정비구역의 지정을 위한 주민공람 등)**
> ④ 법 제15조 제3항에서 "대통령령으로 정하는 경미한 사항을 변경하는 경우"란 다음 각 호의 어느 하나에 해당하는 경우를 말한다.
>   1. 정비구역의 면적을 10퍼센트 미만의 범위에서 변경하는 경우(법 제18조에 따라 정비구역을 분할, 통합 또는 결합하는 경우를 제외한다)
>   1의2. 토지등소유자별 분담금 추산액 및 산출근거를 변경하는 경우
>   2. 정비기반시설의 위치를 변경하는 경우와 정비기반시설 규모를 10퍼센트 미만의 범위에서 변경하는 경우
>   3. 공동이용시설 설치계획을 변경하는 경우
>   4. 재난방지에 관한 계획을 변경하는 경우
>   5. 정비사업시행 예정시기를 3년의 범위에서 조정하는 경우
>   6. 「건축법 시행령」 별표 1 각 호의 용도범위에서 건축물의 주용도(해당 건축물의 가장 넓은 바닥면적을 차지하는 용도를 말한다. 이하 같다)를 변경하는 경우
>   7. 건축물의 건폐율 또는 용적률을 축소하거나 10퍼센트 미만의 범위에서 확대하는 경우
>   8. 건축물의 최고 높이를 변경하는 경우
>   9. 법 제66조 제1항에 따라 용적률을 완화하여 변경하는 경우
>   10. 「국토의 계획 및 이용에 관한 법률」 제2조 제3호에 따른 도시·군기본계획, 같은 조 제4호에 따른 도시·군관리계획 또는 기본계획의 변경에 따라 정비계획을 변경하는 경우
>   11. 「도시교통정비 촉진법」에 따른 교통영향평가 등 관계법령에 의한 심의결과에 따른 변경인 경우

12. 그 밖에 제1호부터 제8호까지, 제10호 및 제11호와 유사한 사항으로서 시·도조례로 정하는 사항을 변경하는 경우

38 정답해설

⑤ 1년이 아니라 2년이다.

법 제20조(정비구역등의 해제)
① 정비구역의 지정권자는 다음 각 호의 어느 하나에 해당하는 경우에는 정비구역등을 해제하여야 한다.
  2. 재개발사업·재건축사업[제35조에 따른 조합(이하 "조합"이라 한다)이 시행하는 경우로 한정한다]이 다음 각 목의 어느 하나에 해당하는 경우
    다. 추진위원회가 추진위원회 승인일부터 2년이 되는 날까지 조합설립인가를 신청하지 아니하는 경우

오답해설

① 법 제34조 제1항
② 법 제34조 제2항
③ 법 제34조 제4항
④ 법 제35조 제10항

39 정답해설

③ ㄷ, ㅂ. 놀이터, 마을회관은 정비기반시설이 아니라 공동이용시설이다.
"정비기반시설"이란 도로·상하수도·구거(溝渠 : 도랑)·공원·공용주차장·공동구(「국토의 계획 및 이용에 관한 법률」 제2조 제9호에 따른 공동구를 말한다. 이하 같다), 그 밖에 주민의 생활에 필요한 열·가스 등의 공급시설로서 대통령령으로 정하는 시설을 말한다(법 제2조 제4호).

＊ 대통령령으로 정하는 시설(영 제3조)
1. 녹지
2. 하천
3. 공공공지
4. 광장
5. 소방용수시설
6. 비상대피시설
7. 가스공급시설
8. 지역난방시설
9. 주거환경개선사업을 위하여 지정·고시된 정비구역에 설치하는 공동이용시설로서 법 제52조에 따른 사업시행계획서(이하 "사업시행계획서"라 한다)에 해당 특별자치시장·특별자치도지사·시장·군수 또는 자치구의 구청장(이하 "시장·군수등"이라 한다)이 관리하는 것으로 포함된 시설

"공동이용시설"이란 주민이 공동으로 사용하는 놀이터·마을회관·공동작업장, 그 밖에 대통령령으로 정하는 시설을 말한다(법 제2조 제5호).

＊ 대통령령으로 정하는 시설(영 제4조)
1. 공동으로 사용하는 구판장·세탁장·화장실 및 수도
2. 탁아소·어린이집·경로당 등 노유자시설
3. 그 밖에 제1호 및 제2호의 시설과 유사한 용도의 시설로서 시·도조례로 정하는 시설

40 〔정답해설〕

④
> **법 제2조(정의)**
> 이 법에서 사용하는 용어의 뜻은 다음과 같다.
> 2. "정비사업"이란 이 법에서 정한 절차에 따라 도시기능을 회복하기 위하여 정비구역에서 정비기반시설을 정비하거나 주택 등 건축물을 개량 또는 건설하는 다음 각 목의 사업을 말한다.
>> 가. 주거환경개선사업 : 도시저소득 주민이 집단거주하는 지역으로서 정비기반시설이 극히 열악하고 노후·불량건축물이 과도하게 밀집한 지역의 주거환경을 개선하거나 단독주택 및 다세대주택이 밀집한 지역에서 정비기반시설과 공동이용시설 확충을 통하여 주거환경을 보전·정비·개량하기 위한 사업

제5과목 | **회계학**

정답

01 ②	02 ⑤	03 ③	04 ⑤	05 ③	06 ⑤	07 ③	08 ①	09 ②	10 ①
11 ③	12 ④	13 ④	14 ②	15 ①	16 ④	17 ②	18 ②	19 ③	20 ④
21 ④	22 ①	23 ①	24 ④	25 ①	26 ⑤	27 ⑤	28 ①	29 ②	30 ⑤
31 ④	32 ②	33 ⑤	34 ②	35 ⑤	36 ③	37 ④	38 ③	39 ⑤	40 ②

01 〔오답해설〕

① 근본적 질적특성은 목적적합성과 표현충실성이다.

③ 일반적으로 정보는 오래될수록 유용성이 낮아진다. 그러나 일부 정보는 보고기간 말 후에도 오랫동안 적시성이 있을 수 있다.

④ 정보가 비교가능하기 위해서는 비슷한 것은 비슷하게 보여야 하고 다른 것은 다르게 보여야 한다.

⑤ 표현충실성에서 오류가 없다는 것은 모든 면에서 완벽하게 정확하다는 것을 의미하지 않는다.

02 〔정답해설〕

ㄱ. 사용제한 요구불예금은 사용제한이 결산일로부터 1년 이내에 해제되는지의 여부에 따라 단기금융상품 또는 장기금융상품으로 구분하며 현금 및 현금성자산으로 표시하지 않는다.

ㄴ. 수입인지와 우표는 현금 및 현금성자산에 해당하지 아니한다.

ㄷ. 현금 및 현금성자산은 취득일로부터 상환일까지의 기간이 3개월 이내의 것을 말한다.

ㄹ. 현금 및 현금성자산은 큰 거래비용 없이 현금전환이 용이하고 가치변동의 위험이 경미한 자산이므로 가치변동이 큰 상장기업의 보통주는 현금 및 현금성자산에 해당하지 않는다.

ㅁ. 재취득한 자기지분상품은 자기주식으로 현금 및 현금성자산이 아닌 자본조정항목에 해당한다.

03 〔정답해설〕

공정가치를 측정하기 위해 사용하는 가치평가기법은 관측할 수 있는 투입변수를 최대한으로 사용하고 관측할 수 없는 투입변수는 최소한으로 사용한다.

04 〔정답해설〕

금융부채의 공정가치 하락에 따라 ₩15,000의 손익 증가 효과가 있으나 이 중 신용위험 변동으로 발생한 ₩5,000의 손익은 기타포괄손익으로 분류한다. 즉, 당기순이익에 미치는 영향은 ₩10,000 증가이다.

(차) 당기손익 – 공정가치 측정 금융부채 15,000 (대) 신용위험 변동으로 인한 평가이익(기타포괄손익) 5,000
당기손익 – 공정가치 측정 금융부채 평가이익 10,000

05 정답해설

사업결합 시 이전대가가 피취득자의 순자산 공정가치를 초과한 금액을 영업권이라고 칭한다. 영업권은 개별적으로 식별하여 인식할 수 없으며, 손상징후와 관계없이 매년 손상검사를 실시한다. 영업권은 손상의 인식은 있으나 손상차손환입은 인식하지 않는다.

06 정답해설

20×1년 말	(차) 상각비	10,000	(대) 사용권자산	10,000
	(차) 재평가손실	5,000	(대) 사용권자산	5,000
	(차) 이자비용	6,000	(대) 현금	13,870
	리스부채	7,870		

→ 20×1년 말 당기순이익에 미치는 영향 = (₩10,000) + (₩5,000) + (₩6,000) = (₩21,000) 감소

07 정답해설

20×1년 말 자본 = ₩10,000(20×1년 초 자본) − ₩600(자기주식 취득) + ₩1,000(당기순이익 발생) + ₩800(기타포괄이익 발생) = ₩11,200

* 무상증자 시행, 주식배당 결의, 자기주식 소각은 자본의 변화를 초래하지 않는다.

08 정답해설

1) 포인트의 개별판매가격 = 2,000포인트 × 75% × ₩0.7 = ₩1,050
   ※ 거래가격 ₩10,000은 제품의 개별판매가격 ₩9,450과 포인트의 개별판매가격 ₩1,050의 비율대로 배분한다.
2) 20×1년 말 재무상태표에 인식할 포인트 관련 이연수익(부채) = ₩10,000 × (₩1,050/₩10,500) = ₩1,000

09 정답해설

* 전환상환우선주 전환 시 자본증가액 = 부채감소액
1) 20×2년 초 부채장부금액 = ₩80,000 × 1.1 − ₩2,000 = ₩86,000
2) 20×2년 초 자본증가액 = ₩86,000 × 40% = ₩34,400

10 정답해설

ㄱ. 타처에 보관 중인 원재료는 ㈜감평의 재고자산이므로 기말재고자산에 포함시킨다.

오답해설

ㄴ. FOB 선적지 인도조건으로 판매한 상품은 매출이 성립하였으므로 기말재고자산에 포함시키지 않는다.
ㄷ. 고객에게 인도한 시송품 중 고객이 사용의사를 표시한 경우 매출이 성립하였으므로 기말재고자산에 포함시키지 않는다.
ㄹ. FOB 도착지 인도조건으로 매입한 상품은 도착시점에 재고자산에 포함시킨다.

11 정답해설

변동대가의 추정이 가능한 경우, 계약에서 가능한 결과치가 두 가지뿐일 경우에는 가능성이 가장 높은 금액이 변동대가의 적절한 추정치가 될 수 있다.

12 〔정답해설〕

공정가치로 평가하게 될 자가건설 투자부동산의 건설이나 개발이 완료되면 해당일의 공정가치와 기존 장부금액의 차액은 당기손익으로 인식한다.

13 〔정답해설〕

수익과 비용의 어느 항목도 포괄손익계산서 또는 주석에 특별손익항목으로 표시하지 않는다.

14 〔정답해설〕

1) 20×3년 말 감가상각누계액 = (₩1,000,000 − ₩50,000) × 3/5 = ₩570,000
2) 20×4년 감가상각비(₩100,000) = (₩430,000 − 잔존가치) × 1/4
→ 잔존가치 = ₩30,000

15 〔정답해설〕

매입원가 = ₩110,000(당기매입액) − ₩10,000(환급예정인 매입세액) + ₩10,000(매입운임) + ₩5,000(하역료)
  − ₩5,000(매입할인) − ₩2,000(리베이트) + ₩500(관세납부금) = ₩108,500

* 후속 생산 단계에 투입하기 전에 보관이 필요한 경우 이외의 보관료는 매입원가에 포함하지 않고 발생시점의 비용으로 인식한다.

16 〔정답해설〕

1) 기계장치 취득원가(현금가격상당액) = ₩100,000 × 2.40183 = ₩240,183
2) 20×1년도 기계장치 감가상각비 = (₩240,183 − ₩0) × 1/3 = ₩80,061
3) 20×1년도 이자비용 = ₩240,183 × 12% = ₩28,822
4) 20×1년 ㈜감평이 인식할 비용 = ₩80,061(감가상각비) + ₩28,822(이자비용) = ₩108,883

17 〔정답해설〕

1) 20×1년 7월 초 공정가치 미만의 유상증자
  ㉠ 공정가치로 발행한 유상증자 주식수 = 2,000주 × (₩40,000/₩50,000) = 1,600주
  ㉡ 무상증자 주식수 = 2,000주 − 1,600주 = 400주
  ㉢ 기초유통보통주식수에 배부되는 무상증자 주식수 = 400주 × (18,400주/20,000주) = 368주
  ㉣ 당기 공정가치 발행 유상증자 주식수에 배부되는 무상증자 주식수 = 400주 − 368주 = 32주
2) 20×1년 가중평균유통보통주식수 = (18,400주 + 368주) × 12/12 + (1,600주 + 32주) × 6/12
  − 1,500주 × 4/12 = 19,084주

18 〔정답해설〕

충당부채 = ₩120,000(원상복구원가의 현재가치금액) + ₩350,000(보증비용 전액) = ₩470,000

* 구조조정계획은 이행에 착수하지 않았으므로 충당부채 요건을 충족하지 못하였으며, 소송은 손해발생 가능성이 높지 않으므로 우발부채로 주석공시한다. 미래의 예상 영업손실은 충당부채로 인식하지 않으며, 보증비용은 보험사에서 일부 대리변제를 하더라도 인식할 충당부채는 관련의무금액 전액이다.

19 정답해설

1) 20×1년 과세소득 = ₩500,000(회계이익) + ₩20,000(벌과금 손금불산입) + ₩15,000(접대비한도초과액) + ₩15,000(감가상각비한도초과액) = ₩550,000
2) 20×1년 당기법인세 = ₩550,000 × 20% = ₩110,000
3) 20×1년 이연법인세자산 = ₩15,000(감가상각비 한도초과액) × 20% = ₩3,000
4) 20×1년도 법인세회계
   (차) 이연법인세자산   3,000   (대) 미지급법인세   110,000
        법인세비용   107,000
5) 유효법인세율 = ₩107,000(법인세비용) ÷ ₩500,000(법인세비용차감전순이익) = 21.4%

20 정답해설

1) 20×3년 초 개발비 장부금액 = ₩50,000 + ₩100,000 = ₩150,000
   * 개발비의 원가는 자산인식 요건을 충족한 이후 지출분의 합이다.
2) 20×3년 말 상각후 장부금액 = ₩150,000 − {(₩150,000 − ₩0) × 1/10} = ₩135,000
3) 20×3년 개발비 손상차손 = ₩135,000(장부금액) − ₩80,000(회수가능액) = ₩55,000

21 정답해설

고객과의 계약으로 식별하기 위해서는 계약에 상업적 실질이 있어야 한다.

22 정답해설

직접 소유 또는 금융리스를 통해 보유하고 운용리스로 제공하고 있는 건물—투자부동산

23 정답해설

1) 20×1년 초 적송품 원가 = 10대 × ₩700 + ₩100(적송운임) = ₩7,100
2) 20×1년 매출원가 = ₩7,100 × (7대/10대) = ₩4,970

24 정답해설

1) 20×2년 말 재무상태표상 장기미지급비용 = ₩6,000 + ₩6,500 = ₩12,500
2) 20×3년 주식보상비용 = 70명 × 20개 × ₩15 − ₩12,500(20×2년 말 장기미지급비용) − (10명 × 20개 × ₩5) = ₩7,500
* 20×3년에 10명이 권리를 행사하였고 권리행사자는 개당 내재가치 ₩10만큼 권리를 실현하였으나, 20×3년 말에 행사자에 대한 주가차액보상권도 개당 공정가치 ₩15으로 평가하였으므로 ₩15과 ₩10의 차액인 개당 ₩5원의 차액을 주식보상비용에서 차감한다.

25 정답해설

20×1년 초	(차) FVOCI 선택 금융자산	3,750	(대) 현금	3,750
20×1년 말	(차) FVOCI 선택 금융자산	1,050	(대) FVOCI 선택 금융자산 평가이익	1,050

※ 20×1년 초 FVOCI 선택 금융자산 취득원가 = 20주 × ₩180 + ₩150(거래원가) = ₩3,750
※ 20×1년 말 FVOCI 선택 금융자산 평가이익 = 20주 × ₩240 − ₩3,750 = ₩1,050

26 정답해설

20×2년 순현금흐름 = ₩900(발생주의 순이익) + ₩200(재고자산 감소) − ₩300(미수수익 증가)
+ ₩100(매출채권 감소) − ₩300(미지급비용 감소) = (+)₩600

27 정답해설

20×2년 기초재고   ₩300 감소
(−) 20×2년 기말재고   ₩600 증가
= 20×2년 매출원가   ₩900 감소
   20×2년 당기순이익   ₩900 증가
→ 변경 후 20×2년 당기순이익 = ₩2,000 + ₩900 = ₩2,900

28 정답해설

20×3년 초에 오류를 발견하였고 20×1년, 20×2년 장부는 마감되었으므로 20×1년과 20×2년의 오류는 전기
오류수정손익이 되어 이익잉여금에 반영된다. 20×3년도 당기순이익에는 영향이 없다.

20×3년 초	(차) 감가상각누계액	1,500	(대) 기계장치	2,500
	이익잉여금	1,000		

29 정답해설

20×1년 손상차손 = ₩3,500(20×1년 말 장부금액) − ₩1,800(회수가능액) = ₩1,700
* 회수가능액 = max[₩1,200(순공정가치), ₩1,800(사용가치)] = ₩1,800

30 정답해설

1) 개시일부터 20×2년 말까지의 충당부채 설정액 = (1,500대 + 4,000대) × ₩20 × 3% = ₩3,300
2) 20×2년 말 보증손실충당부채(잔액) = ₩3,300 − (50대 × ₩20) = ₩2,300

31 오답해설

① 제약이론을 원가관리에 적용한 재료처리량공헌이익(throughput contribution)은 매출액에서 직접재료원가를
차감하여 계산한다.
② 수명주기원가계산에서는 제조이전단계에서의 원가절감을 강조한다.
③ 목표원가계산은 제조이전단계에서의 원가절감을 강조한다.
⑤ 품질원가계산에서는 내부실패원가와 외부실패원가를 실패원가라 하며, 예방 및 평가활동을 통해 이를 절감할
수 있다.

32 정답해설

1) 정상공손수량 = 10,000개(당기검사합격물량) × 10% = 1,000개
※ 기초재공품은 전기에 검사를 통과하였으며 기말재공품은 60%만 완성되었으므로 당기 중 검사를 통과하지
못했다. 당기 중 검사를 통과한 합격품은 당기착수완성품인 10,000개다.
2) 정상공손원가 = 1,000개 × 100% × ₩30(직접재료원가 단위당 원가) + 1,000개 × 70%(검사시점) × ₩20(전
환원가의 단위당 원가) = ₩44,000

33 정답해설

증분수익 : 광고선전비 감소액   ₩60,000
증분비용 : B부문 공헌이익 감소   (100,000)
         C부문 공헌이익 감소(₩280,000 × 20%) (56,000)
증분손실 :   (₩96,000)

34 정답해설

1) 변동제조간접원가 소비차이(₩3,000 유리) → ₩23,000(실제발생액) < 10,400시간 × 표준배부율(?)
   → 표준배부율 = ₩2.5
2) 변동제조간접원가 능률차이(₩2,000 불리) → 10,400시간 × ₩2.5 > 실제생산량(?) × 2시간 × ₩2.5
   → 실제생산량 = 4,800개

35 정답해설

1) E : 5,000개 × ₩30 = ₩150,000
2) A : 2,000개 × ₩20 = ₩40,000
3) B : ₩50,000(고정원가의 총원가는 생산량과 관계없이 일정하다.)
4) C : ₩20(단위당 변동원가는 생산량과 관계없이 일정하다.)
5) D : ₩20 + (₩50,000 ÷ 2,000개) = ₩45

36 정답해설

1) 예정배부율 = ₩928,000(예산) ÷ 80,000시간(예정조업도) = ₩11.6(기계작업시간)
2) 제조간접원가 예정배부액(₩840,710) = 실제 기계작업시간 × ₩11.6(예정배부율)
   → 실제 기계작업시간 = 72,475시간

37 정답해설

1) 변동원가계산 영업이익   기초재고수량(?)
   + 기말재고에 포함된 고정제조간접원가   500개 × ₩150
   − 기초재고에 포함된 고정제조간접원가   기초재고수량(?) × ₩150
   = 전부원가계산 영업이익   기초재고수량(?) − ₩30,000
   → 기초재고수량 = 700개
2) 단위당 고정제조간접원가 = ₩750,000 ÷ 5,000개(생산량) = ₩150

38 정답해설

1) 영업레버리지도 = ₩500,000(공헌이익) ÷ ₩200,000(영업이익) = 2.5
2) 20×2년 예상영업이익 = ₩200,000 × (1 + 20% × 2.5배) = ₩300,000

39 정답해설

1) ㈜감평의 전체공헌이익 = ₩3,000,000(영업이익) + ₩2,250,000(고정원가) = ₩5,250,000
2) ㈜감평의 전체공헌이익률 = ₩5,250,000(공헌이익) ÷ ₩15,000,000(매출액) = 35%

3) 공헌이익률(35%) = 23%(제품 A의 공헌이익률) × 0.25 + 제품 B의 공헌이익률(?) × 0.75
   → 제품 B의 공헌이익률 = 39%

40 〔정답해설〕

1) 영업이익 = ₩2,500,000(평균영업용자산) × 10%(ROI) = ₩250,000
2) 잔여이익(₩25,000) = ₩250,000(영업이익) − {₩2,500,000(평균영업용자산) × 최저필수수익률(?)}
   → 최저필수수익률 = 9%

박문각
감정평가사

감정평가사 1차
4개년 전과목 기출문제집

민법 | 경제학원론 | 부동산학원론 | 감정평가관계법규 | 회계학

제2판 인쇄 2024. 9. 20. | **제2판 발행** 2024. 9. 25. | **편저자** 백운정, 조경국, 국승옥, 도승하, 신은미

발행인 박 용 | **발행처** (주)박문각출판 | **등록** 2015년 4월 29일 제2019-0000137호

주소 06654 서울시 서초구 효령로 283 서경 B/D 4층 | **팩스** (02)584-2927

전화 교재 문의 (02)6466-7202

저자와의
협의하에
인지생략

정가 32,000원
ISBN 979-11-7262-047-9